ISBN 978-0-260-07126-2
PIBN 10925836

BULLETIN

DE

L'INSTITUT

NATIONAL GENEVOIS

TRAVAUX DES CINQ SECTIONS

1° DES SCIENCES PHYSIQUES ET NATURELLES; 2° DES SCIENCES MORALES ET
POLITIQUES, D'ARCHÉOLOGIE ET D'HISTOIRE ; 3° DE LITTÉRATURE ; 4° DES
BEAUX-ARTS ; 5° D'INDUSTRIE ET D'AGRICULTURE.

TOME XXVII

GENÈVE

CHEZ GEORG, ÉDITEUR, LIBRAIRE DE L'INSTITUT GENEVOIS

ET CHEZ LES PRINCIPAUX LIBRAIRES DE LA SUISSE

1885

9 2 6/87 0
N° 46.

1884.

BULLETIN

DE

L'INSTITUT NATIONAL GENEVOIS

DISCOURS

DE

M. Jules VUY, Vice-Président de l'Institut,

dans la séance annuelle et publique du 2 Mai 1884.

M. Jules Vuy, vice-président de l'Institut, ouvre la séance générale par le discours suivant, sur l'*Origine de la commune de Genève*.

MESDAMES ET MESSIEURS !

CHERS ET HONORÉS COLLÈGUES ! (1)

Malgré les travaux intéressants publiés de nos jours sur notre vieille histoire de Genève, celle qui plonge ses racines dans les siècles du moyen âge, elle est généralement plus ou moins négligée et peu connue. On laisse volontiers dans un injuste oubli les grandes et belles pages qu'elle renferme ;

(1) M. Vuy a relu ce discours, le 5 Juin 1884, à Lausanne, dans la séance annuelle de la *Société d'histoire de la Suisse romande.*

Bull. Inst. Nat. Gen. Tome XXVII.

avec une apparente impartialité, on supprime par le silence plusieurs siècles de nos annales.

Qu'on me permette une franchise un peu brusque, mais loyale et sans détour : lorsque, de loin en loin, nous estimons convenable d'en parler, nous jugeons trop facilement les temps passés de notre pays au seul point de vue de l'époque contemporaine et nous avons ainsi peine à les bien saisir, à les bien comprendre. Un des grands penseurs du siècle dernier, l'auteur de l'*Esprit des lois* l'a dit avec raison : « Transporter « dans des siècles reculés toutes les idées du siècle où l'on vit, « c'est des sources de l'erreur celle qui est la plus féconde. »

A cette disposition des esprits se joignent des circonstances de fait dont nous serons difficilement les maîtres. Des huit ou dix vieilles chroniques originales que possédait Genève et qui auraient pu nous fournir, sur ces temps éloignés, que nous ne connaissons guères, des renseignements précieux, aucune n'est parvenue jusqu'à nous, à l'exception de quelques fragments de seconde main, de peu d'étendue, de la chronique de Saint-Victor ; et encore ces fragments ne sont que des copies, plus ou moins exactes, sans doute, mais dont l'exactitude absolue sera difficilement établie.

Toutes ces chroniques, qui jetteraient un grand jour sur cette époque lointaine, paraissent avoir définitivement péri dans les orages du seizième siècle ; je désirerais vivement me tromper, cela va sans dire, mais je ne puis, à cette heure, que partager les regrets de plusieurs de nos historiens sur une perte si grande et très probablement irréparable.

Ne nous étonnons donc point que, sur des questions de la plus haute importance et qui tiennent, comme l'on dit, au cœur de notre histoire, des opinions opposées aient été émises et soutenues avec la même bonne foi, la même conviction.

Au moment où, grâce à une décision louable de la municipalité genevoise, se restaure avec intelligence la chapelle
gothique des Macchabées, et où les archives qu'elle renfermait
dans une grande salle dallée, point inconnues sans doute, mais
peu utilisées par la force des choses, vont pouvoir bientôt être
étudiées de plus près, il m'a paru utile d'aborder, dans cette
séance, une de ces questions délicates, plus ou moins incertaines, et qui tiennent à notre titre de noblesse comme nation. Elle mériterait des développements étendus, elle pourrait
donner lieu à des études longues et intéressantes, je puis à
peine, dans le temps dont je dispose, l'effleurer aujourd'hui.

Quelle est l'origine de la commune de Genève, à quelle
époque remonte-t-elle? Quand la cité genevoise parvint-elle à
conquérir ses premières attributions, quand s'organisa-t-elle
comme municipalité indépendante?

Cette question, qui paraît très simple au premier abord,
est des plus compliquées; consultez plusieurs historiens, vous
entendrez plusieurs cloches et plusieurs sons; quelle est la
solution véritable?

Cette époque coïncide-t-elle avec la grande révolution du
moyen âge, avec ce temps qui vit naître, dans une foule de
villes, soit anciennes, soit relativement modernes, des chartes
de franchises, des espèces de constitutions libres, pour parler
le langage moderne. Est-elle antérieure à cet âge pour la
vieille cité de Genève, comme pour d'autres cités épiscopales?
Ou bien, les franchises d'Adémar Fabri ne datant que de l'an
1387, est-elle plus moderne et plus rapprochée de nous?

J'interroge avant tout un de nos écrivains que nous avons
tous connu et qui a fait, sur Genève, bien des recherches et
d'assez nombreux travaux, un jurisconsulte d'un mérite incontestable, trop préoccupé peut-être des notions strictes du droit

civil privé pour bien saisir et dominer les grands problèmes
de l'histoire, M. Edouard Mallet.

Il me répond que c'est vers la fin de l'épiscopat de Robert
de Genève que les citoyens, profitant des guerres et des troubles de cette époque, et surtout de l'entrée du comte de Savoie
en armes dans Genève, se lièrent par le serment d'une COMMUNE
JURÉE, lui donnèrent une complète organisation, élurent des
représentants *(procureurs, syndics, agents, recteurs ou gouverneurs)*, dans le but d'administrer, en leur nom et pour leur
compte, les affaires de la ville (1).

Ailleurs, il précise davantage encore son opinion en affirmant que c'est de l'année 1288 que date la première tentative
connue pour l'organisation d'une commune genevoise (2).

Ainsi, d'après lui, l'origine de la commune de Genève re-
monterait aux dernières années du treizième siècle seulement
et nous serions en arrière de plusieurs petites villes des environs qui avaient déjà, à cette époque, leur organisation municipale; d'un autre côté, un de nos confédérés les plus savants (3)
ayant établi, par des documents authentiques, que la commune
de Sion en Valais existait déjà dans le douzième siècle, Genève
serait, d'après M. Mallet, d'un siècle en arrière de la cité va-
laisanne.

Cette double comparaison me donne à réfléchir et je me dis,
avec de hautes autorités historiques, que, pour déterminer
l'époque exacte où prit naissance la commune genevoise, il ne
faut point s'arrêter uniquement, comme s'il s'agissait d'un
procès de droit civil, à certains documents écrits qui seuls

(1) *Mémoires de la Société d'histoire de Genève*, Tome IX, p. 142,
143. — *Id*, Tome I, 2ᵐᵉ partie, p. 7.

(2) *Mêmes Mémoires*, Tome VII, p. 245.

(3) M. l'abbé Gremaud.

sont parvenus jusqu'à nous; en suivant cet étroit terre à terre, on risquerait de faire fausse route, et c'est là, il faut le dire, le grand défaut de l'honorable jurisconsulte genevois et de ceux qui suivent le même chemin. Nous n'avons pas de documents écrits qui nous prouvent qu'à une époque reculée les glaciers du Mont Blanc ou des *montagnes maudites*, comme on disait autrefois, s'étendaient jusqu'à la vallée du Léman; le fait n'en est pas moins incontestable.

Et encore, au point de vue strict des documents écrits, en ne franchissant pas cet horizon, peut-on, sans peine, contrairement à l'opinion de M. Mallet, soutenir et démontrer que l'origine de la commune genevoise est antérieure à l'année 1288, que cette commune existait et qu'elle était établie au moment où, suivant lui, on en aperçoit à peine, pour ainsi dire, les premiers germes. Je me borne à en rapporter deux ou trois preuves; elles émanent des princes-évêques eux-mêmes et elles sont, par cela même, d'autant plus significatives; au point de vue purement égoïste, ils avaient intérêt, plus que personne, à ne pas laisser entamer leur souveraineté.

Trois ans avant l'année 1288, le prince-évêque Robert avait parlé lui-même de la commune de Genève dans une pièce officielle qu'il lui adressait et qui a été publiée (1) (*communitati seu universitati civitatis gebenn*). Il fallait bien que la commune existât puisque le prince-évêque s'adressait à elle.

Vingt-un ans auparavant, nous trouvons un document qui a un caractère international et dans lequel figurent à la fois le petit Charlemagne, c'est-à-dire, le comte de Savoie, et le prince-évêque de Genève. Le petit Charlemagne et sa femme promettent solennellement de ne pas prendre sous leur garde

(1) 30 **Septembre** 1285 : « tam singulariter quam *in communi* ». *Mémoires de la Société d'histoire de Genève*, Tome VIII. p. 219 à 221).

la commune de Genève (quod nos *communitatem de Gebennis in gardam non recipiemus*) (1); ce qui prouve bien que la commune de Genève était reconnue en 1267, soit par le prince-évêque de Genève, soit par le comte de Savoie. On peut en conclure qu'elle ne datait pas de la veille.

Cela est tellement vrai que, deux ans auparavant, une longue contestation ayant pris naissance entre le prince-évêque et les citoyens genevois, plusieurs arbitres furent, du consentement exprès des deux parties, choisis pour trancher le différend ; les citoyens firent valoir leurs droits après avoir été réunis en Conseil et avoir délibéré *(cives deliberato concilio responderunt)* (2). Des citoyens réunis en Conseil et qui délibèrent, constituent sans aucun doute une commune organisée.

Que la dénomination de *syndics* fût employée alors ou qu'elle ne le fût pas, qu'ils fussent appelés *recteurs, gouverneurs, procureurs* de la cité, ou désignés de toute autre manière, peu importe, ce n'est pas au nom qu'il y a lieu de s'arrêter, c'est à la chose elle-même. L'essentiel, c'est que la commune de Genève était établie, sans qu'il soit possible, il faut le reconnaître, de déterminer et de préciser très exactement, quels étaient ses droits qui se développèrent et s'étendirent dès lors ; elle gardait, en particulier, *de tout temps*, porte un document de 1286, les clés d'une des portes de la ville (3). Il y avait beaucoup de bigarrures dans le système féodal, tout n'était pas tiré au cordeau, comme de nos jours ; pour être différente de celle de notre temps, la vie publique des municipalités constituées n'en était pas moins grande. Certains

(1) 23 Août 1267. *Mémoires de la Société d'histoire de Genève.* Tome VII, pages 250, 319.

(2) 9 Juin 1265., *Id*. Tome VIII, page 255.

(3) 17 Juin 1286. *Id*. Tome VIII, page 230.

droits étaient plus récents, on les appréciait mieux et peut-
être en jouissait-on davantage.

Sans s'arrêter à d'autres preuves de la même nature, qui
ont trait au treizième siècle et qui exigeraient un développement particulier, comment expliquer ces dénominations de
bourgeois (burgenses), de *citoyens (cives)*, déjà données aux
Genevois dans le siècle précédent, soit dans le douzième siècle ? N'entraînent-elles pas avec elles la preuve qu'il y avait
alors à Genève un corps moral qu'on appellera *bourgeoisie*,
commune ou auquel on donnera toute autre qualification
quelconque, mais qui suppose nécessairement l'idée d'une
organisation municipale ? Ce corps moral, composé de citoyens, qu'était-ce donc, à voir le fond des choses, sinon la
commune de Genève ?

Et, comme à l'ongle on reconnaît le lion, un mince fragment, conservé dans nos archives cantonales, nous apporte
ici, malgré les pertes nombreuses de documents faites dans le
seizième siècle, une preuve nouvelle qui a bien son prix. C'est
le fragment d'un édit sans date, mais dont le titre nous reporte à une époque fort ancienne et bien au-delà de l'année
1288 ; c'est sans doute, ainsi qu'on l'a fait déjà remarquer avec raison, un fragment de l'ancienne compilation des
franchises genevoises, qui n'est point parvenue jusqu'à nous,
ou qui, tout au moins, n'a pas encore été retrouvée. Il mentionne la *Commune* de Genève, les *procureurs*, (c'est-à-dire,
les syndics), et le *Conseil de Genève* dont il parle à plusieurs
reprises. Il est même question, dans cet édit, de *statuts* faits
par eux (*statuta per procuratores et consilium facta*) (1); d'où
l'on peut conclure que, déjà à une époque reculée, très an-

---

(1) *Liber certorum antiquorum computorum universitatis gebenn.*
Mémoires de la Société d'histoire de Genève. Tome II, p. 275, 282, 375.

cienne, la Commune de Genève avait, en matière municipale, dans de modestes limites, sans doute, certaines attributions législatives. « Un privilège important qui compétait, a dit « M. Léon Ménabréa (1), soit aux bourgeois constitués en as- « semblée générale, soit aux syndics et conseillers réunis, « était celui de pouvoir formuler des statuts. » En d'autres termes, le pouvoir de faire des réglements municipaux était plus ou moins réservé à la commune ; il y a bien des com- munes de nos jours qui n'ont point ce pouvoir. (2)

Cette compétence se conciliait fort bien avec la souverai- neté du prince-évêque ; c'est ce que dit, en d'excellents ter- mes, Jean-Jacques Rousseau lui-même, dont je reproduis textuellement les paroles : « ... les évêques, seuls protecteurs « du peuple, le tirèrent de la soumission et *les droits muni-* *cipaux de la ville de Genève ne s'établirent que sur ceux du* « *clergé.* Le prince, qui devait au peuple sa puissance, paya « sa dette avec usure, il fonda la liberté. Elle vint du côté « dont on l'aurait le moins attendue. »

« Genève avait à peu près sous les évêques les mêmes « droits que Neuchâtel a sous ses princes, l'honneur et l'em- « barras du gouvernement était (*sic*) pour le prélat, l'avan- « tage et la sûreté était (*sic*) pour le peuple. Au dehors, pro- « tégé par son souverain, au dedans, *par ses franchises,* le « Genevois ne craignait ni son maître, ni ses voisins, il était « beaucoup plus libre que s'il eût été tout à fait républicain.

« Son administration était aussi démocratique qu'il était « possible. *Le peuple ne reconnaissait ni classes, ni privilège,* « *ni aucune inégalité parmi ses membres.... On ne sait quand*

(1) *Histoire de Chambéry*, p. 124.
(2) « Ville indépendante, a dit M. le docteur Galiffe, sans cesser d'obéir « à un prince. » *Genève historique et archéologique. Supplément,* page 161.

« *le vrai droit de bourgeoisie a commencé, on sait seulement*
« *qu'il est fort ancien.* (1) »

Ainsi, d'après Rousseau, la coexistence de la souveraineté
du prince-évêque, en réalité plus nominale que réelle, et celle
d'une commune constituée, jouissant de certains droits, sont
deux idées qui ne s'excluent point, qui semblent, au contraire,
plus ou moins inséparables l'une de l'autre. (2) On a remarqué avec raison que les pouvoirs sans contre-poids sont volontiers sans fondement. Avec son chapitre nombreux, composé d'hommes instruits et expérimentés, sans le conseil desquels il ne prenait aucune décision importante, le prince-évêque était en quelque sorte dans la position d'un roi constitutionnel ; d'un autre côté, il n'avait ni garnison ni force armée
permanente. Il devait donc s'appuyer avant tout sur l'attachement des Genevois. (3) Ce système excluait un élément onéreux au point de vue des impôts, dangereux au point de vue
de la liberté, comme on en fit plus tard longtemps l'expérience à Genève. Il plaçait les villes épiscopales dans une position toute particulière, très favorable à leur prospérité, il
donnait nécessairement à la Commune genevoise, sinon toujours en droit, au moins en fait, une grande et réelle importance. De là, le proverbe que nous constatons des deux côtés
du Rhin et qui est reproduit en toutes lettres dans le plait de

(1) *Revue Suisse*, 1861, pages 461, 462.

(2) « Ils n'eurent jamais de garnison dans la ville, ni de troupes à eux,
ni l'autorité des armes ; ils n'imposèrent jamais de peines capitales, ni par
eux-mêmes, ni par leurs officiers immédiats ». *J.-J. Rousseau. (Revue
Suisse*, 1861. page 117).

(3) « La souveraineté de l'évêque était depuis longtemps limitée par les
« droits des citoyens, tandis que le duc, par délégation du prélat, exerçait
« le vidomnat ». *Charles Lefort. L'émancipation politique de Genève*,
1883, p. 24.

Seyssel, un des plus vieux documents de notre histoire de Genève : *Melius esse episcopi quam alterius domini* (1).

Ces considérations déjà longues mériteraient toutefois d'autres développements encore. Concluons en disant que l'origine de la Commune de Genève est beaucoup plus ancienne que ne le pense M. Mallet. A cet égard, Rousseau a vu plus juste que l'honorable jurisconsulte, et il n'est pas le seul.

Qu'on me permette de citer, à l'appui de cette manière de voir, celles de deux ou trois hommes qui ont un nom dans la science et dont l'autorité est des plus respectables.

Ainsi, un des plus savants écrivains de notre pays, M. G.-A.

(1) Un historien genevois, qui a fait, durant vingt-cinq ans, une étude suivie des archives de sa ville natale, M. J.-A. Galiffe, s'exprime en ces termes :

« Les citoyens... étaient aussi heureux que possible : libres sous la sou-
« veraineté plutôt nominale qu'effective d'un prince essentiellement et pres-
« que nécessairement pacifique, ils en profitaient pour faire un commerce
« immense et très lucratif, qui les conduisait ordinairement en peu d'années
« à toutes les prérogatives et à toutes les jouissances de la noblesse féodale...
« Les affaires de la communauté étaient gérées par quatre fondés de pou-
« voirs, nommés indifféremment procureurs ou syndics, assistés de vingt
« conseillers... Les syndics et le trésorier étaient élus annuellement par
« l'assemblée générale de tous les citoyens majeurs, sans distinction de for-
« tune, qui formaient le Conseil général. On y admettait aussi ceux aux-
« quels on avait accordé le droit d'habitation, car on les nomme, en géné-
« ral, les citoyens, bourgeois et habitants, (*cives, burgenses* et *incole*)...
« Les syndics pouvaient seuls conférer la bourgeoisie... Le Conseil général...
« remettait solennellement entre les mains de ses délégués la véritable sou-
« veraineté de la ville, le pouvoir de vie et de mort ; car les syndics étaient
« juges nés, inamovibles et uniques, de toutes les causes criminelles. Ni
« l'évêque, ni le comte ne pouvaient s'y immiscer en aucune manière pen-
« dant la durée des procès..... » (*J.-A. Galiffe. Matériaux pour l'histoire de Genève.* Tome I, p. 9-11.)

Matile, (1) a fait remarquer, avec beaucoup de raison, que, dans nombre de villes, soit de la Franche-Comté, soit de la Suisse romande, les titres de liberté manquaient, qu'ils se constataient par l'usage et la tradition. M. Matile cite, dans la Franche-Comté, Pontarlier, Clerval, Vesoul et d'autres villes qui, sans avoir des titres de commune, n'ont pas cessé d'en exercer tous les droits : il remarque aussi qu'il en est de même de Lausanne, Payerne, Orbe, Genève, ce qui fait remonter bien haut l'origine de la Commune de Genève, puisqu'il est établi, d'une façon incontestable, que les franchises d'Adémar Fabri ont été précédées d'autres franchises écrites qui ne sont pas parvenues jusqu'à nous. (2)

Un des hommes, qui ont fait sur l'histoire de nos contrées les recherches les plus sérieuses, M. Léon Ménabréa, que j'ai déjà cité, s'exprime en ces termes :

« Question importante...... savoir si, antérieurement aux chartes d'affranchissement, les villes étaient organisées en communautés et possédaient les éléments de l'existence municipale. Pour la plupart d'entre elles, non. Mais pour quelques-unes et principalement pour celles qui possédaient le titre de cités, *civitates* et où résidaient les évêques, il y a apparence que oui... Peut-être, en ce qui regarde ces dernières, les éléments dont je parle remontaient-ils au municipe romain. Ainsi je ne doute pas que Grenoble, *Genève*, Moutiers n'aient eu constamment des magistrats destinés à représenter la masse

---

(1) *Musée historique de Neuchâtel et Valangin*, 1841. Tome I, p. 298,

(2) En 1381, on donne six sols à Etienne Peyrolier qui a copié pour les syndics les franchises de la ville. *J.-A. Galiffe. Matériaux pour l'histoire de Genève*. Tome I, p. 92.

des citoyens et à prendre les mesures que commandait l'intérêt commun (1)... »

Par une singulière coïncidence, un des hommes d'état qui ont le plus influé sur Genève, depuis Calvin, émet une opinion qui, en somme, est à peu près la même que celle de M. Ménabréa.

Pour lui, déjà dans le douzième siècle, Genève possédait une organisation municipale complète, elle avait des magistrats annuellement élus chargés des intérêts de la généralité et de la justice pénale ; mais tout prouve que cette organisation remontait à des temps plus anciens, tout fait présumer qu'à l'époque de la conquête elle dut conserver les mêmes institutions municipales qu'elle avait sous l'empire romain, qu'elle ne dut pas cesser dès lors de jouir des franchises dont elle jouissait lorsque les peuples du nord s'établirent dans nos contrées (2).

Et ailleurs : « Plusieurs historiens ont attribué à Charlemagne la concession de franchises en faveur de cette cité ; tout semble indiquer que Genève avait avant lui une organisation municipale, qui depuis les Romains avait subi peu d'altération. Charlemagne confirma peut-être ce qui n'était que coutume, ce qui résultait de conventions menacées de tomber en désuétude. » (3)

A l'appui de ces autorités, de nature diverse, qui, réunies, forment un faisceau assez solide, on pourrait en citer bien d'autres encore et conclure de cet ensemble, qui n'est point l'effet du hasard, à l'origine extrêmement ancienne de la commune de Genève.

(1) *Histoire municipale et politique de Chambéry,* 1847, p. 85.

(2) *J. Fazy. Précis de l'histoire de la République de Genève,* 1838, p. 20.

(3) *J. Fazy. Ibid.,* p. 11.

Au moment où je viens de citer l'historien qui, en qualité d'homme d'état, a inauguré dans Genève un système fort différent de celui de Calvin, plus conforme aux idées modernes, il ne sera pas sans intérêt d'étudier quelle opinion a émise la Genève calviniste sur la question qui nous occupe.

Lorsque, à peu près à l'époque de l'*Escalade*, se débattait, après la guerre à coups d'épée, une guerre acerbe à coups de plume, lorsque paraissaient plusieurs ouvrages de polémique internationale, le *Soldat français*, le *Cavalier de Savoie*, etc., le gouvernement de Genève jugea convenable de prendre part à la lutte, sans le faire toutefois d'une manière officielle. Les archives de la ville du Léman furent étudiées de fort près et on vit bientôt publier un volume, le *Citadin de Genève* (1); il était sans nom d'auteur, mais on sait très positivement qu'il a été rédigé par les syndics Jean Sarasin et Jacques Lect. J'emprunte un ou deux passages à ce livre qui est le fruit de nombreuses recherches et qui, abstraction faite d'un style un peu grossier, comme le comportait le goût de l'époque, est peut-être trop oublié de nos jours.

« .... Ceste puissance et jurisdiction temporelle... donnee et accordee aux Euesques estoit néanmoins limitée et restrainte dans ses bornes et regles, en telle sorte que plusieurs belles marques de souveraineté, plusieurs bonnes reliques de l'ancienne liberté demeuroyent deuers le magistrat seculier, Syndiques et conseil de la ville, si bien que tels princes et Euesques semblent avoir esté plustost princes de Geneue de titre seulement et par honneur, que d'effect et en puissance, semblables aux Ducs qui sont ès Republiques de Gennes et de Venize, ou bien à l'Euesque de Sion en Valey....» (2).

(1) Le *Citadin de Genève* ou *Response au Cavalier de Sauoye*, Paris, MDCVI.

(2) *Citadin de Genève*, p. 51, 52.

Et ailleurs : « En affaires d'importance, les Euesques ne pouvoyent en déterminer ni resouldre sans l'aduis et conseil du Chapitre et du Peuple qui estoit assemble dans les cloistres de S. Pierre au son de la grosse cloche. Mesmes les cries se faisoyent de la part de l'Euesque et des Syndiques. L'vn ne pouuoit rien sans l'autre »…. (1)

Ailleurs encore : « En somme ladite ville n'estoit point subiecte aux Euesques comme a quelques absolus Princes et Seigneurs seculiers, ains comme a Peres Pasteurs et vtiles protecteurs et administrateurs d'icelle, honorez du titre de Princes par vn respect et obeissance volontaire et religieuse…. » (2)

Qu'est-ce à dire? et pourquoi, ce qui serait facile, prolonger encore ces citations? La Genève calviniste ne proclamait-elle pas, elle-même, hautement que la Genève épiscopale jouissait, depuis une époque fort reculée, de libertés très importantes, très étendues? Ces libertés, dont le *Citadin de Genève* donne une énumération, qui est loin d'être complète, n'entraînent-elles pas, avec elles, l'idée d'une commune genevoise organisée depuis une époque extrêmement ancienne?

rien

Et que penser de cet auteur d'outre-Rhin,* qui, sans avoir la solide et profonde science allemande, dans un style que désavoue l'urbanité française, soutient que les Genevois étaient des espèces de serfs, longtemps même après les franchises d'Adémar Fabri, que les droits dont ils jouissaient n'étaient que provisoires, sans valeur, et qu'on pouvait à volonté les

—

(1) *Citadin de Genève*, p. 58.

(2) *Id.*, p. 66.— L'auteur de la *Description de la ville de Genève*, publiée en 1538, dit qu'il pourrait raconter «comment de toute mémoire ancienne elle a été de grand renom et *du nombre des cités qui jouissaient de la franchise et bourgeoisie romaine.* » *E. A. Bélant. Notice sur le Collège de Rive*, 1866.

leur enlever du jour au lendemain ? Laissons là ces pauvretés historiques qui se réfutent suffisamment d'elles-mêmes.

Il est temps de conclure et c'est à peine si j'ai effleuré le sujet dont j'ai eu l'honneur de vous entretenir. La plupart des auteurs, des hommes sérieux et savants de temps et de pays divers, donnent à la Commune de Genève une origine bien antérieure au treizième siècle, c'est-à-dire, se prononcent dans un sens opposé à celui de M. Edouard Mallet ; je ne puis que partager leur opinion.

Ils diffèrent entre eux sur un point important ; les uns, comme Rousseau, cherchent cette origine chez les princes-évêques, les autres la font remonter jusqu'à l'empire romain. A l'appui de cette dernière opinion, qui mériterait d'être étudiée de près, on fait valoir, entre autres, un argument curieux ; c'est qu'à plusieurs reprises, vers la fin du treizième siècle et dans les premières années du quatorzième, Genève eut à la fois *dix syndics*, au lieu du nombre de quatre constamment adopté dès lors. On se demande si ces dix syndics ne rappelaient pas les *decaprotes* ou *decemprimi*, de l'empire romain (1), dont parle, dans son commentaire sur le Code Théodosien, notre savant jurisconsulte, Jacques Godefroi ?

Encore un mot sur une assertion qu'on a été surpris, à ✳ juste titre, de voir émettre dans cette ville de Genève qui a donné, il y a quelques années à peine, le nom d'Adémar Fabri à l'une de ses rues.

On a prétendu, à propos d'un fait spécial mal interprété, que les princes-évêques étaient hostiles aux franchises com-

(1) Voir, à propos de la ville de Besançon, l'article de M. Auguste Castan, imprimé dans le *Magasin pittoresque* de l'année 1884, en particulier page 147. M. Castan parle, à propos de Besançon « des souvenirs du fonctionnement de l'époque romaine. »

munales ; quelques mots suffiront, j'espère, pour faire justice
de cette grave erreur.

Rappelons, avant tout, que les projets qu' a nourris longtemps sur Genève la maison de Savoie remontaient à une date
très antérieure à celle de la réformation ; plusieurs siècles,
en effet, avant 1535, la lutte, en faveur de l'indépendance
genevoise, contre ces prétentions étrangères, fut extrêmement
vive, passionnée, parfois même sanglante. On peut l'affirmer
hautement : sans le courage, l'énergie, le dévoûment et le
patriotisme de plusieurs dès princes-évêques, l'indépendance
genevoise aurait sombré, à diverses reprises, durant le moyen
âge. « Ne craignons pas de le dire, ainsi s'exprime Jean Se-
« nebier, ministre du saint Evangile, la prudence, la sa-
« gesse, le savoir, la fermeté, le courage de la plupart des
« Evêques de Genève ont assuré aux Genevois cette précieuse
« liberté qui a fait envier leur sort de toutes les nations du
« monde » (1). Ils ont, suivant l'expression employée, à propos de l'un d'eux, par M. Edouard Mallet (2), *sauvé l'avenir de
l'indépendance genevoise.* Il suffit, pour s'en convaincre, de
ne pas jeter un voile sur plusieurs belles et glorieuses pages
de notre histoire.

Dans la seconde moitié du treizième siècle, en particulier,
lorsque la maison de Savoie, qui a donné tant de princes illustres, eut à sa tête un homme d'une grande ambition, d'un
talent supérieur, le petit Charlemagne, lorsque bon nombre
de terres romandes passèrent sous sa domination, l'indépendance genevoise traversa des années bien difficiles ; il en fut
de même, à différentes reprises, plus tard.

En 1307, la lutte devint des plus orageuses ; une guerre

(1) *Histoire littéraire de Genève.* Genève, 1786. Tome I, page 26.

(2) *Mémoires de la Société d'histoire de Genève.* Tome VIII, page 93.

civile acharnée éclata, dans Genève même, entre le parti de
Savoie et le parti national soutenu par le prince-évêque, qui
ne voulut à aucun prix admettre une domination étrangère.
Les tués et les blessés couvrirent le champ de bataille ; le
drapeau de Savoie sortit vainqueur de la lutte et fut acclamé
dans Genève, les chefs du parti national virent leurs maisons
rasées et furent eux-mêmes pendus sans pitié sur les hauteurs de Champel. (1)

Exilé comme beaucoup d'autres, durant plusieurs années,
le prince-évêque s'opposa avec persévérance à une domination étrangère et aux franchises que nous ne connaissons pas,
qu'on promettait aux citoyens genevois en échange de l'indépendance nationale. Si le prince-évêque avait suivi une autre
politique, Genève serait, depuis plus de cinq siècles, rayée du
nombre des nations. De ce que, fidèle à son serment, le prince-
évêque a suivi cette ligne de conduite avec toute loyauté, en
pourrez-vous conclure qu'il n'aimait pas les franchises genevoises ? Elles demeurèrent intactes à son retour, elles tendi-
rent à se développer et le code qui les renferme, hautement
apprécié par le *Citadin de Genève* et par Rousseau lui-même,
est éternellement lié au nom d'un de ses successeurs. (2)

(1) D'après la copie de la chronique de saint Victor, publiée par
M. Edouard Mallet (*Mémoires de la Société d'histoire de Genève*, tome
IX, p. 301, 302) deux des chefs auraient été pendus, tandis que, d'après
la chronique latine, que cite, p. 348, le *Citadin de Genève*, ce serait six
au lieu de deux, et même davantage, car la chronique latine dit six : « cum
eorum complicibus ».

(2) M. Vuy a terminé son discours en parlant des membres de l'Institut
décédés durant l'année et en annonçant la pleine convalescence de M. le
professeur Charles Vogt, président de l'Institut, atteint, en Italie, d'une
grave indisposition, durant l'hiver précédent.

L'ARCHÉOLOGUE Fr. LENORMANT

Membre de l'Institut de France (1)

MESDAMES ET MESSIEURS,

Il est d'usage dans nos séances annuelles de rappeler le souvenir des membres actifs ou correspondants que nous avons perdus. Peut-être m'accorderez-vous quelques instants de bienveillante attention pour résumer une brillante carrière, prématurément brisée, celle d'un de nos membres correspondants, Fr. Lenormant, membre de l'Institut de France et professeur d'archéologie près la Bibliothèque Nationale. Le 9 décembre dernier, ce savant si distingué succombait, dans la force de l'âge et dans tout l'éclat du talent, aux atteintes d'une cruelle maladie supportée avec une stoïque résignation.

Né à Paris en 1837, Fr. Lenormant eut l'inappréciable bonne fortune de se développer au contact de deux intelligences d'élite. Son père, M. Ch. Lenormant, l'ami de Champollion et le suppléant de Guizot à la Sorbonne, était un archéologue doublé d'un artiste, aimant l'antiquité, non seulement en érudit, mais aussi en homme de goût. Sa mère, nièce de la célèbre Mme Récamier, s'est occupée avec succès de littérature ; il y a deux ans, elle publiait la correspondance de Benj. Constant avec Mme Récamier, et faisait ainsi connaître un des

---

(1) Notice lue à la séance annuelle et publique de l'Institut genevois, le 2 mai 1884.

épisodes les plus curieux de la vie intime si agitée du grand orateur de la Restauration. Elevé à pareille école, le jeune Fr. Lenormant ne tarda pas à manifester des aptitudes et une précocité vraiment surprenantes ; le croirait-on, à quatorze ans il publiait déjà dans la *Revue Archéologique* une lettre sur des tablettes grecques trouvées à Memphis. A vingt ans, en 1857, il remportait le prix de numismatique au concours de l'Académie des Inscriptions et Belles-Lettres, au moment où il terminait ses études de droit et obtenait le grade de licencié. Une irrésistible vocation l'entraînait vers les recherches d'archéologie et d'histoire. Son père ne pouvait que l'encourager dans ses goûts qu'il partageait lui-même. En 1859, ils partent ensemble pour Athènes ; M. Ch. Lenormant se réjouissait à la pensée de faire connaître à son fils les merveilles de cette terre classique de la Grèce, berceau de l'art et de la science, et qui, à ce titre, exercera toujours une puissante attraction sur l'imagination des hommes. Les deux voyageurs visitèrent ensemble Thèbes, Eleusis, mais les enchantements de ce voyage d'exploration devaient être de courte durée. Une visite aux ruines d'Epidaure fut fatale à M. Ch. Lenormant. Subitement atteint d'une terrible fièvre paludéenne, il languit quelques jours, puis succomba malgré les soins dévoués dont il fut entouré.

Privé de l'appui et des conseils paternels, Fr. Lenormant se remit néanmoins à l'œuvre avec l'ardeur fiévreuse qu'il n'a cessé de montrer jusqu'à ses derniers moments. En 1860, il retourne en Grèce pour réunir les matériaux de cette belle publication sur la voie sacrée d'Eleusis, publication qui devait d'emblée le placer au premier rang des archéologues de notre temps. Il explorait paisiblement Eleusis, lorsqu'il apprit la nouvelle des affreux massacres qui se commettaient dans le Liban. Pour être érudit, on n'en est pas moins homme ; Lenormant avait l'enthousiasme pur et désintéressé, la soif de dévouement que donne la jeunesse ; il quitte ses fouilles d'Eleusis, arrive en Syrie et se met à la disposition des comités qui s'étaient formés pour secourir les chrétiens du Liban. Sans s'inquiéter un instant du danger qu'il allait courir, il se rend dans le Liban et, de là, il écrit aux journaux français une série de lettres remplies de détails navrants. Ces lettres eurent un grand retentissement et ne furent pas sans influence sur les déterminations du gouvernement français qui envoya en Syrie une expédition militaire.

C'est vers cette époque, en 1862, que l'auteur de ces lignes rencontra pour la première fois Lenormant, au Congrès Archéologique de Lyon. C'était alors un beau jeune homme de vingt-cinq ans, débordant de vie, d'entrain et d'activité. Il prit part aux travaux du Congrès et tint plusieurs fois les assistants sous le charme de sa parole si élégante et colorée. Tous étaient émerveillés de l'étendue de ses connaissances, de la puissance de sa mémoire qui lui fournissait les termes de comparaison les plus variés. Il fut entouré et choyé comme il le méritait. Les maîtres de la science saluaient en lui l'avenir, plein de promesses et d'espérances.

Pendant ses premières années de labeurs, Lenormant s'était voué presque exclusivement à l'antiquité grecque, mais son horizon ne tarda pas à s'élargir. En 1866, il présente à l'Académie des Inscriptions un mémoire sur la propagation de l'alphabet phénicien. Bientôt il se sent attiré par ces grandes et mystérieuses civilisations de l'Orient, dont l'histoire est intimement liée aux origines du judaïsme et du christianisme. Il se familiarise avec la langue de Ninive et de Babylone ; il déchiffre des inscriptions cunéiformes et finit par condenser ses vastes recherches en un livre devenu populaire, le *Manuel de l'histoire ancienne de l'Orient jusqu'aux guerres médiques.*

Cet ouvrage, publié en 1869 et qui a atteint sa neuvième édition, contenait le germe d'une révolution dans la méthode d'enseignement ; il tendait à substituer à la routine universitaire les notions scientifiques résultant des dernières découvertes.

En 1870, les terribles évènements dont la France fut le théâtre arrachèrent Lenormant à ses paisibles études ; l'homme de cabinet, le savant, se fit soldat et paya dignement sa dette à son pays ; pendant que Henri Regnault tombait non loin de lui, les balles prussiennes l'épargnaient, trouant son képi et sa vareuse ; mais sa santé se ressentit cruellement des fatigues et des privations du siège de Paris. Après la paix, il se remet au travail avec cette ardeur fiévreuse qui était un danger permanent pour sa santé. Les origines de la civilisation orientale l'attiraient et le captivaient toujours davantage ; en 1874, il publie deux volumes sur les *Premières civilisations*, puis un curieux ouvrage qui fut immédiatement traduit en anglais et en allemand, sur *la divination et la science des présages chez les Chaldéens*.

En 1874, les brillants travaux de Lenormant obtinrent une première consécration officielle. Lorsque la mort si soudaine et mystérieuse de Beulé laissa vacante la chaire d'archéologie à la Bibliothèque nationale, Lenormant fut appelé à lui succéder. L'enseignement public fut pour lui comme un nouveau stimulant. En 1878, il publie son bel ouvrage sur la *Monnaie dans l'Antiquité*, et à peu près en même temps, il aborde un autre champ d'études qui, se rattachant à la fois à l'histoire et à la théologie, offrait pour un croyant des côtés périlleux ou délicats. C'est alors qu'il publie coup sur coup une traduction de la Genèse et un volume sur les origines de l'histoire d'après la Bible. Lenormant était un croyant, mais non un bigot ; il croyait à la possibilité de concilier les découvertes de la science avec les affirmations du dogme. Dans ses loyales tentatives de conciliation, il fit à l'esprit scientifique des concessions que l'orthodoxie théologique est peu disposée à ratifier. Ainsi il n'accepte l'inspiration divine qu'en ce qui touche à la foi et aux mœurs, c'est-à-dire aux enseignements surnaturels contenus dans les écritures. « Pour les autres choses, dit-il, « le caractère humain des écrivains de la Bible se retrouve « tout entier. Au point de vue des sciences physiques, ils « n'ont pas eu de lumières exceptionnelles ; ils ont suivi les « opinions communes et même les préjugés de leur temps. » Sans se l'avouer peut-être, il glissait sur la pente de l'hérésie.

Nous arrivons, hélas, aux dernières étapes de cette carrière si courte, mais si noblement et si utilement remplie. En 1881, Lenormant vit s'ouvrir pour lui les portes de l'Institut de France ; en entrant à l'Académie des Inscriptions, il obtenait, jeune encore, la plus haute distinction scientifique que son pays pût lui accorder. Il était arrivé au port, il aurait pu prendre quelque repos, mais il ne savait pas se reposer. En 1879, il avait entrepris un premier voyage d'exploration dans l'Italie méridionale, dans cette grande Grèce, si peu connue, où l'on peut suivre la trace des civilisations les plus diverses, des antiques colonies grecques, de la domination romaine, des invasions sarrasines et des conquêtes normandes. Le premier voyage fut pour Lenormant une véritable révélation ; il retourne en Italie en 1881 et en rapporte les matériaux d'un excellent livre, *la Grande Grèce, paysages et histoire*. Mais la curiosité insatiable de l'explorateur n'était pas encore satisfaite ; il entreprit en 1882 un troisième voyage qui devait être le dernier. Ce fut le suprême effort de cette énergique et vaillante nature. Une chûte de cheval eut pour sa santé les suites les plus funestes ; il revint d'Italie épuisé et malade. Bien loin de ménager ses forces, il se remit au travail, se prodigua avec son ardeur accoutumée et publia son dernier livre, l'*Apulie et la Lucanie.* Mais la maladie suivait impitoyablement son cours et minait sourdement sa robuste constitution. Une périostite se déclara et après plusieurs mois de cruelles souffrances, Lenormant succomba, le 9 décembre de l'année dernière, à l'âge de quarante-six ans.

Les œuvres de notre ami se distinguent non seulement par la profondeur des recherches et l'originalité des vues, mais aussi par l'élégance et la merveilleuse clarté du style ; ses derniers livres, consacrés à la Grande Grèce, ont une saveur particulière ; les incidents de voyage, les traits de mœurs, les observations piquantes y sont habilement mêlés aux récits historiques. Les descriptions des sites et des monuments sont d'une exquise fraîcheur et elles attestent à quel degré Lenormant était sensible aux sereines beautés de la nature, comme aux merveilles de l'art antique. Si je ne craignais pas d'abuser de vos instants, je me permettrais de vous lire quelques-unes de ses descriptions des paysages de l'Italie méridionale ; elles sont si harmonieuses de style et de couleur qu'elles semblent écrites plutôt par un poète que par un érudit. Laissez-moi du moins vous lire un admirable fragment, la description du Campo Santo de Catanzaro, empreinte d'une pénétrante mélancolie :

« Le Campo Santo de Catanzaro est dans des proportions assez modestes si on le compare à ceux de villes de la même population dans le nord de l'Italie et dans la Toscane, à ceux par exemple de Vicence et de Sienne. Mais c'est un des plus admirablement placés de toute la péninsule, et je ne connais guère que celui de Messine, avec son merveilleux panorama du détroit et du massif calabrais de l'Aspromonte, qui puisse rivaliser avec lui sous ce rapport. Son enceinte, accompagnée de quelques chapelles de famille à l'entour, a été établie sur un petit plateau rocheux qui présente d'un côté une pente rapide, descendant par étages vers la ville, de l'autre des escarpements abrupts et profonds, qui le séparent des hautes montagnes par lesquelles il est dominé au nord. La vue qu'on a de là est très étendue et incomparablement belle. C'est celle que je conseille au voyageur de réserver pour la dernière, afin de couronner sa visite à Catanzaro par une impression solennelle et vraiment ineffaçable de cette nature grandiose. Que l'on se tourne vers l'ouest ou vers l'est, on a devant les yeux cinq ou six plans successifs de montagnes, qui, séparés par des vallées, courent parallèlement vers la mer... C'est là ce qui ferme l'horizon du côté du septentrion, tandis que dans la direction opposée, par delà les ondulations violentes du terrain, la ville et la vallée qui s'ouvre devant elle, l'œil suit la courbure des côtes du golfe de Squillace et se repose sur le miroir étincelant de la mer, s'étendant à perte de vue. Autour de nous, les fleurs du renouveau automnal couvrent le sol, ce sont des parterres de scilles dans les endroits découverts, des tapis de cyclamens roses sur les revers des fossés ; les colchiques violettes diaprent les fonds herbus, les gentianes bleues et jaunes le gazon ras qui revêt l'esplanade de rochers autour du cimetière. La brise nous apporte des bouffées parfumées de lavande et de thym et par moments l'odeur résineuse des lentisques et des pins. Des essaims d'abeilles voltigent en bourdonnant autour des buissons. Les alouettes et les chardonnerets s'élèvent dans les airs en chantant joyeusement, tandis que les tourterelles, dans le creux des rochers, prolongent leurs roucoulements, si doux et si tristes en même temps. Du fond des ravins monte vers nous le bruit des clochettes des troupeaux et les bêlements par lesquels les agneaux et leurs mères s'appellent et se répondent. Des chèvres noires s'accrochent aux escarpements des précipices, grimpant et broutant là où aucun autre

animal ne pourrait les suivre. Des bergers passent auprès de
nous avec leurs grands chiens blancs, occupés à rassembler
leur troupeau avant la nuit. Leur tournure est superbe et
remplirait de joie le cœur d'un peintre. L'un d'eux tient dans
ses bras deux petits agneaux qui viennent de naître, un autre
porte sur ses épaules une brebis fatiguée, exactement de la
même manière que le Bon Pasteur des peintures des Cata-
combes. Sur les sentiers lointains, des femmes s'en vont,
portant des fardeaux sur leurs têtes avec l'harmonieuse attitude et la fière allure de canéphores antiques. C'est un de ces
tableaux qui se gravent à jamais dans la mémoire, et l'heure
où nous le contemplons, cette heure où l'approche du soir fait
descendre les grandes ombres des montagnes, ajoute encore à
son inoubliable majesté (1) »

Combien ce tableau est vivant et quel sentiment élevé et
poétique de la nature, dans cette page d'une touche si délicate.

MESDAMES ET MESSIEURS,

J'ai essayé de résumer en quelques pages la carrière scientifique de Fr. Lenormant; après vous avoir entretenus du
savant, qu'il me soit permis de vous parler de l'homme. On
reproche parfois aux savants de se laisser absorber par leurs
recherches, de devenir exclusifs et d'oublier ce qui les
entoure. Lenormant n'était pas atteint de ce défaut; c'était
non seulement une belle intelligence, ouverte et compréhen-
sive, mais encore un cœur chaud et généreux, accessible à
toutes les émotions, capable de tous les enthousiasmes. A

(1) *La Grande Grèce*, paysages et histoire, t. II, p. 324 et suiv.

l'exemple d'un Ancien, il pouvait dire : *Homo sum, nihil humani a me alienum puto*. Je suis homme, rien de ce qui est humain ne m'est indifférent. Patriote éclairé, libéral et tolérant, il s'intéressait vivement à toutes les questions politiques et économiques qui s'agitent en France. Ses traditions de famille le rattachaient au parti orléaniste, et sous l'Empire il s'était rangé du côté de l'opposition. Lorsque la République fut proclamée, il s'y rallia sans arrière-pensée, tout en conservant son indépendance et en déplorant, à l'occasion, les actes qui froissaient ses convictions religieuses, son libéralisme très délicat et généreux. Son merveilleux talent de parole lui réservait certainement une place à la tribune française ; la destinée en a disposé autrement.

A la suite de son mariage, Lenormant était devenu un peu notre voisin ; il avait acquis dans le Bugey, non loin de Ceyzerieux, un petit manoir, tout entouré de vignes et de frais ombrages. Rien de plus agreste, de plus paisible, que cette résidence de Bossieu, attrayante dans son isolement, et où on n'entend que le gracieux ramage des oiseaux. Le site lui-même est des plus pittoresques ; dans le lointain les coteaux de la Choutagne ; à gauche, le Valromey et ses hautes forêts de sapins. A droite, les montagnes bleuâtres qui séparent le Bugey du lac du Bourget. C'est là, dans cette paisible retraite, que Lenormant passait sept à huit mois de l'année ; il venait s'y dérober à l'agitation fiévreuse de la vie de Paris ; là, du moins, il pouvait travailler des journées entières sans être troublé ou inquiété par les oisifs et les importuns. Dans sa splendide bibliothèque, se trouvaient réunis tous les matériaux qui pouvaient lui être utiles (1). De temps à autre,

(1) Cette bibliothèque, qui renferme de grandes richesses, sera probablement vendue cet hiver à Paris ; le catalogue paraîtra incessamment.

un ami venait pendant quelques jours troubler cette retraite studieuse et le visiteur trouvait le temps trop court. Le maître du logis était un incomparable causeur ; on était émerveillé à la fois de son érudition vraiment prodigieuse et de sa simplicité, de sa modestie parfaite. Tantôt c'étaient l'Egypte et ses inscriptions hiéroglyphiques, qui servaient de thème à la conversation, tantôt les inscriptions cunéiformes et les origines des mystérieux empires de Ninive et de Babylone, ou bien encore l'entretien s'engageait sur une question d'archéologie grecque, sur un point controversé d'archéologie gallo-romaine. Savantes causeries qui se poursuivaient en été à l'ombre de quelque ormeau séculaire, en automne au coin du feu. Aujourd'hui l'habitation verdoyante où se préparèrent tant de livres excellents renaît à la lumière et au soleil du printemps, mais la voix qui l'animait ne s'y fera plus entendre. Combien le sanctuaire paraîtra désert et désolé !

Lenormant aimait notre pays où il comptait plusieurs amis. Lors du centenaire de Jean-Jacques Rousseau en 1878, il voulut assister à notre fête nationale ; il s'assit à notre modeste table du quartier de Rive. La cordialité fraternelle, les sentiments patriotiques qui dominaient les assistants firent sur lui une vive impression. Il monta, lui aussi, à la petite tribune ornée de drapeaux et de feuillage, qui s'élevait sur la place et il improvisa, d'une voix émue, un éloquent discours dans lequel il manifesta toute sa sympathie pour notre pays, ses souvenirs et ses institutions. A l'entendre, qui se fût douté que cet homme, si jeune de cœur et d'intelligence, n'avait plus que quelques années à vivre !

Lorsqu'un homme succombe aux atteintes de l'âge et des infirmités, on s'incline devant la loi immuable de la nature ; mais, comment ne pas éprouver un sentiment de révolte, une sorte de déchirement, lorsque la mort brise sans pitié une brillante carrière, frappe un homme dans tout l'éclat de son talent ! Pauvre Lenormant, il avait le droit de former tant de projets pour l'avenir ! Il se sentait une telle vitalité intellectuelle ! Malgré sa fin prématurée, il a creusé son sillon dans le champ de la science. Il a été heureux, autant qu'un homme peut l'être, car il a vécu de la vie sereine de la pensée et il a fait le plus noble usage de ses belles facultés. Il n'a connu ni les calculs mesquins, ni les ambitions vulgaires, il a servi la science avec le dévouement, l'abnégation du soldat qui sert son pays et il est mort au champ d'honneur. Il a conservé jusqu'à sa dernière heure le culte de l'idéal, de la vérité et de la science. C'est le plus digne hommage que nous puissions rendre à sa mémoire, nous qui l'avons connu et qui ne l'oublierons jamais.

Henri FAZY.

LES TARIFS

DES

CHEMINS DE FER SUISSES

ENVISAGÉS DANS LEURS

RAPPORTS AVEC L'AGRICULTURE ET L'INDUSTRIE

MÉMOIRE

Présenté par M. CHALLET-VENEL à l'Institut National Genevois

SECTION D'INDUSTRIE ET D'AGRICULTURE

Séance du 5 Décembre 1884

LES TARIFS

DES

CHEMINS DE FER SUISSES

Envisagés dans leurs rapports avec l'agriculture et l'industrie.

———

-

J'ai hésité quelque temps avant de me décider à vous entretenir de ce sujet.

D'après la loi du 28 avril 1852, qui a décrété la fondation de l'Institut national genevois et sa répartition en cinq grandes divisions distinctes, il semblerait, au premier abord, que notre Section d'agriculture et d'industrie doive rester étrangère aux questions commerciales et en particulier à la question spéciale et compliquée des tarifs de transport par chemins de fer.

Cependant la prospérité et le développement de l'agriculture et de l'industrie se trouvent intimément liés aux questions commerciales.

Les produits indigènes du sol et de l'industrie, après avoir fourni aux besoins de la consommation locale, doivent pour le surplus de la production, chercher des débouchés dans les contrées voisines et même dans les pays lointains.

Il faut songer alors à transporter ces produits, à des conditions de bas prix, qui permettent de concourir avantageusement sur les marchés étrangers.

On se trouve ainsi conduit forcément à s'occuper des moyens de transport. Or, les chemins de fer possèdent actuellement le monopole de ces moyens.

L'industrie et l'agriculture ne peuvent donc se passer de cet intermédiaire. Par conséquent, l'étude des conditions de transport, qui pouvait paraître ne concerner que le négociant proprement dit, s'impose également, dans une certaine mesure, à tous ceux qui s'occupent du trafic des produits du sol et de ceux de l'industrie.

Telles sont les considérations qui m'ont engagé à entretenir notre Section d'un sujet qui se trouve précisément à l'ordre du jour des Chambres fédérales ; je veux parler du nouveau système de tarifs pour les transports de marchandises, système que l'on désigne sous le nom caractéristique de *Tarifs de réforme.*

Le nom même qu'on a donné à ce système, indique qu'il s'agit d'une innovation d'une certaine importance.

Quelles sont les réformes que ce nouveau tarif prétend introduire pour justifier son nom ?

Les réformes portent essentiellement sur trois points principaux, qui distinguent le nouveau système de nos anciens tarifs de 1863 et de 1872.

Tous ceux qui ont dû recourir aux chemins de fer pour l'expédition de quelque produit, ont été frappés de la diversité et de la complication des tarifs de transport des Compagnies suisses.

Cette difficulté qui était déjà considérable, lorsque nous n'avions affaire qu'à un petit nombre de Compagnies, a été aggravée, dans ces dernières années, par l'apparition de nouvelles lignes, construites dans toutes les directions et qui sont exploitées par des administrations distinctes.

La diversité des tarifs est devenue telle, et présentait pour les expéditeurs de si grandes complications, qu'on en était arrivé à désirer une refonte générale de tous les tarifs, au moyen de laquelle la Suisse serait dotée d'un système uniforme et général, sans qu'on ait à se soucier des systèmes de tarifs qui sont en vigueur dans les pays limitrophes.

Le but auquel on aspirait en premier lieu était donc l'unification des tarifs de toutes les Compagnies suisses de chemins de fer.

Ce but se trouvera atteint, si, comme cela est à prévoir, l'Assemblée fédérale, dans sa présente session de décembre, décrète l'application uniforme, pour toutes les Compagnies suisses, du nouveau tarif dit de réforme.

Dès lors, les bases des tarifs de transport ne changeront plus en passant du réseau d'une Compagnie à un second ou à un troisième réseau. Les mêmes principes pour l'établissement des taxes seront maintenus dès la station de départ jusqu'à celle de destination finale.

Telle est la première réforme introduite par le nouveau système.

Une seconde modification également très importante, est celle en vertu de laquelle on fera jouir de taxes réduites, les expéditions de marchandises en grande et en petite vitesse, lorsque ces expéditions s'effectueront par wagon complet, du poids de 5,000 kilogrammes ou de 10,000 kilogrammes. Plus le poids augmentera, plus la taxe diminuera. Des taxes différentes et à base décroissante, seront donc appliquées : 1° Aux expéditions partielles de colis isolés de poids inférieur à 5,000 kilogrammes ; 2° aux expéditions atteignant 5,000 kilogrammes et 3° à celles de 10,000 kilogrammes et au-delà.

Notons, en passant, que les expéditions par wagon complet comportent généralement des marchandises lourdes, des matières premières ou des produits ébauchés de moindre valeur, et qui ne pourraient pas supporter une taxe de transport élevée. Ce sont, pour en citer quelques exemples : les combustibles, les matériaux de construction, les produits métallurgiques, les produits de l'agriculture, les engrais naturels et les engrais chimiques, les bois bruts et les bois d'œuvre, le coton brut, la laine brute, le sucre brut, les produits de la meunerie, etc., etc.

Pour ces produits, le chemin de fer peut consentir à une réduction de taxe, son intérêt étant de transporter des wagons complets et de diminuer ainsi les frais de traction du poids mort.

La réduction de taxe en faveur du transport par wagon complet, est donc une seconde réforme que réalise le nouveau système.

Parlons maintenant de la troisième modification. D'après les systèmes primitifs, il avait été établi, pour l'ensemble de toutes les marchandises, une nomenclature aussi complète que possible ; c'était une sorte de dictionnaire volumineux, où l'on trouvait la désignation de la taxe à côté de la dénomination de chaque marchandise.

Mais on avait bien été forcé de reconnaître, par la pratique, qu'une telle nomenclature laissait beaucoup à désirer ; que plus on entrait dans les détails, plus cette nomenclature devenait confuse, arbitraire, embrouillée, et plus aussi son application provoquait de malentendus, d'interprétations diverses et de réclamations.

Le système de réforme supprime le gros de la nomenclature; il n'y a de nomenclature que pour quelques *marchandises spéciales,* au nombre restreint de **700** à **800** articles tout au plus et tout ce qui n'est pas compris dans cette nomenclature abrégée, forme la masse des produits désignés sous le nom de *marchandises générales.*

En résumé, trois modifications principales caractérisent les nouveaux tarifs dits *de réforme*.

1° Abolition de toutes les anciennes bigarrures de tarifs et remplacement par un systeme uniforme applicable à tous les réseaux.

2° Réduction de taxe pour toutes les expéditions par wagon complet de 5,000 kilogrammes et de 10,000 kilogrammes.

3° Suppression de toute nomenclature détaillée et volumineuse, et établissement d'une nomenclature très restreinte, pour quelques *marchandises spéciales*, qui demandent à être traitées, au point de vue de la taxe, d'une manière exceptionnellement favorable.

C'est ici le lieu de faire observer que ce sont les chemins de fer de l'Allemagne qui, à dater de 1872, ont inauguré la réforme des tarifs des chemins de fer.

Après le rétablissement de la paix, un grand nombre d'industries diverses s'établissant en Allemagne, le transport des matières premières prit un immense développement et l'on sentit impérieusement la nécessité des transports à bas prix, par wagons complets.

Nos chemins de fer de la Suisse orientale, l'Union-Suisse et le Nord-Est, qui sont en contact journalier avec le grand réseau ferré de l'Allemagne, ne tardèrent pas à comprendre l'avantage qu'ils pourraient tirer de l'adoption du nouveau système.

La position géographique de la Suisse, au centre du continent européen, rendait désirable d'essayer d'un système qui faciliterait la soudure des chemins de fer suisses, avec ceux du nouvel Empire.

Depuis l'établissement du chemin de fer du Gothard, qui devait bientôt être suivi de celui de l'Arlberg, il fallait bien reconnaître que les chemins de fer suisses sont appelés, beaucoup plus qu'auparavant, à devenir les intermédiaires d'un trafic international très important.

Le territoire suisse est trop restreint, pour que nos chemins de fer puissent se renfermer dans un système de tarifs tout-à-fait indépendant des systèmes des pays limitrophes.

Notre réseau ferré, en effet, ne forme pas un réseau terminal, mais plutôt un réseau de transit, pour une forte partie du trafic international.

Ces considérations ne manquaient pas de justesse, et elles furent assez puissantes pour que l'impulsion donnée par les compagnies du Nord-Est et de l'Union-Suisse, entraînât bientôt successivement l'adhésion des compagnies du Gothard, du Central-Suisse, du Jura-Berne-Lucerne et de l'ensemble des autres compagnies secondaires. Seule, la compagnie de la Suisse-Occidentale et du Simplon, dont les rapports avec les chemins de fer français sont importants, persista à se tenir à l'écart. Mais le moment n'est pas éloigné où cette compagnie se ralliera et adoptera aussi le nouveau système.

Du reste, le tarif de réforme gagne peu à peu des adhérents dans toutes les directions.

La Belgique a adopté le même système pour son trafic avec l'étranger. Les chemins de fer austro-hongrois, qui se rapprochent déjà du tarif de réforme, s'en rapprocheront probablement davantage encore dans un prochain avenir. Enfin, les chemins de fer français eux-mêmes ont dû l'accepter aussi partiellement pour faciliter plusieurs de leurs relations internationales.

Il n'y a donc pas lieu de s'étonner que le Conseil national, dans sa session de juin dernier, ait déjà donné son approbation au nouveau système dit de réforme.

A son tour, le Conseil des Etats dans la présente session de décembre, s'occupera de cette importante question.

Je voudrais, Messieurs et chers collègues, vous expliquer brièvement et aussi élémentairement que possible, le mécanisme détaillé des tarifs de réforme dont je viens d'esquisser à grands traits l'origine historique et les principes généraux.

C'est une tâche qui n'est point facile, et je vais me trouver forcé d'aborder le côté le plus aride de mon sujet. J'aurai à vous imposer la lassitude d'une énumération de chiffres, qui sont absolument nécessaires pour la démonstration.

Je m'efforcerai de soutenir votre attention, par la citation de quelques exemples, qui intéressent spécialement l'agriculture et l'industrie, et, pour vous permettre de suivre les détails dans lesquels nous allons entrer, j'attire votre attention sur le tableau synoptique, qui vous a été distribué, et qui ren ferme à la fois le cadre du tarif de réforme, *système allemand*, et le cadre du tarif de réforme, *système suisse*.

Vous comprendrez mieux ainsi les analogies et les divergences des deux systèmes.

II

Commençons par le système allemand.

Nous avons dit que le système de réforme favorise les expéditions par wagons complets de 5,000 et de 10,000 kilogrammes, et vous pouvez constater du premier coup d'œil, que la majeure partie du cadre du système allemand est consacrée aux expéditions par *wagons complets*.

La place réservée aux *colis isolés*, soit aux envois de poids inférieur à 5,000 kilogrammes, est très minime en comparaison.

Pour les expéditions par wagons complets, le tableau présente deux catégories, l'une pour les *marchandises spéciales*, l'autre pour les *marchandises générales*.

Occupons-nous d'abord de la tarification des *marchandises spéciales*.

Vous trouvez au bas du tableau synoptique, dans les colonnes indiquées par les chiffres romains I, II, III, un aperçu de quelques articles dénommés dans cette catégorie de productions.

Il est bien entendu qu'en partant des diverses industries, je n'ai garde de mentionner nos importantes fabriques d'horlogerie et de bijouterie, dont le tarif de réforme ne s'est guère occupé, attendu que les produits précieux de ces industries, ne se transportent généralement pas en chargement de wagons complets de 5,000 ou de 10,000 kilogrammes.

Je m'en tiens donc aux industries en général, et aux produits divers dont le tarif de réforme favorise le transport. Je signale : l'argile, l'asphalte, les balais de bruyère, les balais de bouleau, le bitume, les briques, tuiles, poterie, charbons de bois et de tourbe, les cendres d'orfèvre, la chaux, les ciments, les cordages, les déchets des industries de toute sorte, les fers bruts, les fers et aciers ouvrés, en barres, en plaques, les tôles, les colonnes, les rails, les parties de machines, le zinc, le plomb en plaques, fil, tuyaux ; quelques catégories de produits chimiques, les goudrons, les papiers d'emballage, les cornets en papier, le verre et la verrerie creuse, les tuiles en verre ; les aiguilles, les épingles, les ciseaux, les clous, les outils en général, etc.

L'agriculture est favorisée par le tarif de réforme, quant aux principaux articles suivants : les bois de toute provenance, arbres, racines, souches, fascines, traverses de chemins de fer, poutres, planches, plateaux, etc.

Les céréales de toute sorte, froment, seigle, orge, avoine, maïs, millet, sarrazin, ainsi que les légumes secs et farineux, le chanvre, le crin végétal, les châtaignes ; les fruits des champs et des jardins, les fourrages verts, les choux, les betteraves, les oignons comestibles, les pommes de terre ; les fruits frais, comme poires, pommes, cerises, pruneaux, frais ou en fermentation ; tous les résidus agricoles, les engrais naturels et les engrais chimiques ; les écorces, les glands, la glace ; les outils d'agriculture, les osiers pour vannerie, les pierres, le gravier, le sable ; le sel pour bétail et le sel de cuisine ; les tourteaux, les tuyaux pour drainage, etc.

Tous ces articles et autres analogues sont classés dans la nomenclature des *marchandises spéciales*, en faveur desquelles on a établi des réductions de taxes de transport.

Il a été formé trois catégories de marchandises spéciales.

La colonne qui porte en tête la lettre majuscule A^2 se rapporte aux marchandises spéciales transportées par wagon complet de 5,000 kilogrammes. Il n'y a qu'un seul et même prix, pour le transport des marchandises spéciales en wagon de 5,000 kilogrammes. La taxe est fixée uniformément à 7 centimes par tonne et par kilomètre.

En ce qui concerne au contraire, le transport par 10,000 kilogrammes le tarif de réforme a déterminé trois prix différents, pour les trois classes de *marchandises spéciales*.

Ces trois classes portent en tête de colonne les chiffres romains I, II, III.

Les marchandises dénommées dans la classe

I sont taxées à $6_{,3}$ cent. par tonne et par kilomètre.

II » » $5_{,2}$ cent. » »

III » » $3_{,7}$ cent. » »

Ces taxes ne comprennent pas les frais du chargement et du déchargement, qui se paient en sus, lorsque ces manutentions ne sont pas effectuées par l'expéditeur et par le destinataire, et qu'on en laisse la charge à la Compagnie du chemin de fer.

La III° classe des marchandises spéciales, transportées par wagon de 10,000 kilogrammes jouit comme on le voit de la taxe la plus favorable. La taxe de 3,, cent. n'est que fort peu supérieure aux dépenses de traction incombant à la Compagnie de transport. Cette troisième classe, ainsi favorisée, s'applique aux matières brutes et aux divers produits qui, sous un poids considérable, ne représentent qu'une minime valeur proportionnelle.

Si nous passons à la classse II des produits spéciaux, nous trouvons encore dans la nomenclature des matières brutes ou légèrement ébauchées, mais d'une valeur un peu plus élevée. Ces articles peuvent donc supporter une taxe plus forte ; ils sont transportés à raison de 5,₂ cent. par tonne et par kilomètre.

Enfin dans la colonne sous chiffre romain I, pour chargement de 10,000 kilogrammes, la taxe suit une progression ascendante ; elle est fixée à 6,₃ cent. par tonne et par kilomètre. C'est que, dans cette classe, se trouvent les produits spéciaux. de plus haute valeur, et qui peuvent par conséquent, supporter une taxe plus élevée. C'est ce dont on se convaincra, en jetant un coup-d'œil sur la nomenclature indiquée, comme spécimen, au bas du tableau synoptique.

En résumé, le système allemand *dit de réforme* établit d'abord une nomenclature pour un certain nombre de produits, qui réclament une taxation spéciale, qui voyagent par wagon complet de 5,000 et de 10,000 kilogrammes, et qui, de cette façon, ne laissent que fort peu de poids mort à la charge de la Compagnie de transport.

Il y a une seule et même taxe pour les wagons de 5,000 kilogrammes, et trois taxes échelonnées pour les wagons de 10,000 kilogrammes ; en tout quatre prix différents, qui permettent de prendre en considération, autant que possible, la

valeur relative de la marchandise, ainsi que les besoins économiques de l'Allemagne.

Mais il n'existe de nomenclature que pour un certain nombre de marchandises spéciales, qui ont paru motiver, au point
de vue de la taxe, un traitement particulier et exceptionnel.
Tout l'ensemble des autres produits, ne donne lieu à aucune
nomenclature. Tous ces produits que nous appellerons *marchandises générales,* par opposition aux *marchandises spéciales,* rentrent sous la loi commune et paient une taxe plus
élevée

Cependant, même en ce qui concerne les marchandises générales, l'idéal du wagon complet continue encore à exercer
son empire. Les marchandises générales en wagon de 10,000
kilogrammes, paient une taxe moins élevée, que si ces mêmes
marchandises voyagent en wagon de 5,000 kilogrammes.

Le système allemand présente, à ce sujet, deux colonnes
distinctes. Celle qui est désignée par la lettre majuscule A²,
se rapporte aux marchandises générales expédiées par wagon de 5,000 kilogrammes. Pour cette classe, la taxe est fixée
à 9 centimes par tonne et par kilomètre.

Si l'expédition s'effectue par wagon de 10,000 kilogrammes,
on applique la taxe de la classe B, qui est de 8 centimes par
tonne et par kilomètre.

Mais, dira-t-on, que devient, dans le système allemand, le
transport des *colis isolés,* ou envois de marchandises, dont le
poids n'atteint pas le minimum de 5,000 kilogrammes, soit le
chargement d'un wagon complet ?

Il est évident que le tarif de réforme part, en première
ligne, de l'idée de réaliser des économies sur les frais de transport, au moyen de grosses expéditions dans lesquelles se
trouve réduite la quantité de poids mort, à attribuer à chaque
quintal de marchandise transportée.

Quant aux expéditions de poids inférieur à 5,000 kilogrammes le tarif allemand de réforme ne parait pas s'en être soucié outre-mesure.

Il ne renferme qu'un seul prix, 14,₅ cent. par tonne et par kilomètre, pour toute expédition inférieure à 5,000 kilogrammes, tandis que nous venons de voir que les expéditions de 5,000 et de 10,000 kilogrammes jouissent de six taxes différentes et graduées.

C'est là, évidemment, un des points les plus faibles du système allemand.

On a prétendu remédier à cet inconvénient, en facilitant, dans un même wagon, le *groupage* des colis isolés, de manière à présenter un chargement collectif total de 5,000 ou de 10,000 kilogrammes.

Mais ce genre d'opération, qui peut être effectué facilement et rapidement dans un vaste pays comme l'Allemagne, possédant de grands centres d'affaires, se trouve être impraticable dans une contrée comme la nôtre, où les grands centres d'affaires n'existent pas.

Du reste, on ne prétend pas en Allemagne avoir atteint la perfection. L'on s'efforce au contraire d'apporter sans cesse au système primitif des améliorations, soit dans la nomenclature des marchandises spéciales, soit dans les dispositions des tarifs mêmes, de manière à tenir compte des réclamations du commerce, sans perdre de vue cependant les intérêts des capitaux engagés dans les entreprises de chemin de fer.

Si nous avons accordé autant de place à la description du tarif de réforme allemand, c'est que nous trouvons dans ce tarif le cadre et les bases du système de réforme suisse, que nous avons intérêt à étudier, puisqu'il est probable qu'il remplacera prochainement et définitivement nos anciens tarifs de 1863 et de 1872.

III

Les chemins de fer suisses n'ont pas accepté tel quel le système allemand, et, à l'aide du tableau synoptique (v. p. 9),
nous vous ferons saisir facilement les différences.

Pour les expéditions des *colis isolés*, de poids inférieur à
5,000 kilogrammes, le système allemand, ainsi que nous l'avons
déjà constaté, ne présente qu'une seule colonne et qu'un seul
prix de transport, fixé à 14,₅ cent.

Les compagnies suisses, cédant aux réclamations énergiques du commerce de détail, ont établi deux prix différents
pour le transport des colis isolés, de manière à mieux prendre en considération le plus ou moins de valeur de la marchandise à transporter.

D'après le système suisse, les marchandises rentrant dans
la nomenclature des produits spéciaux, sont transportées à une
taxe réduite, lors même qu'elles se trouvent consignées en poids
inférieur à 5,000 kilogrammes. L'essentiel pour une marchandise est donc d'être dénommée dans les produits spéciaux.

Prenons pour exemple comparatif le *vinaigre* et les *pommes
de terre*. Le vinaigre est classé dans les marchandises générales; une expédition de 500 kilogrammes de vinaigre sera
taxée à raison de 17,₅ cent. par tonne et par kilomètre, tandis
que le même poids de pommes de terre rentrant dans les tarifs
spéciaux ne sera taxé qu'à 13,₅ cent.

Il résulte de cette disposition que là où le système allemand ne présente qu'un seul prix uniforme, les compagnies
suisses en appliquent deux différents, afin de faciliter l'expédition des marchandises spéciales, dont le poids n'atteindrait pas 5,000 kilogrammes.

Si nous passons maintenant aux expéditions par wagons complets, chargés de *marchandises générales*, nous constatons les mêmes dispositions dans le système suisse et dans le système allemand. Il y a une taxe pour les wagons de 5,000 kilogrammes et une autre taxe plus réduite pour les wagons de 10,000 kilogrammes.

Une nouvelle divergence, par contre, est à signaler dans les colonnes suivantes en ce qui concerne le transport des marchandises spéciales par wagon complet.

D'après le système allemand, le wagon de 5,000 kilogrammes chargé de marchandises spéciales est taxé uniformément à 7 centimes par tonne et par kilomètre, quelle que soit la classe des tarifs spéciaux dans laquelle rentre la marchandise transportée.

Tandis que la tarification suisse admet trois prix différents pour le transport des wagons de 5,000 kilogrammes selon que la marchandise se trouve être dénommée dans la classe I, dans la classe II, ou dans la classe III des produits spéciaux.

Mais, hâtons-nous d'ajouter que cette multiplicité de prix différents ne constitue pas, en faveur du système suisse, une supériorité bien marquée sur le système allemand, parce que la base de la taxation allemande est bien plus modérée, et par conséquent plus favorable au commerce, que celle adoptée par les compagnies suisses. Il suffit, en effet, de jeter un coup d'œil comparatif sur les diverses colonnes du tableau synoptique, pour juger de la différence considérable, qui sépare les taxes des deux systèmes.

Enfin, en dehors des tarifs que nous venons d'énumérer, les compagnies suisses ont commencé a établir quelques *tarifs exceptionnels*, pour certaines marchandises, qui paraissent nécessiter une réduction toute particulière de taxe de transport.

Nous avons indiqué, au bas du tableau synoptique, quelques

uns des produits actuellement classés dans les tarifs exceptionnels. Vous remarquerez que la plupart des productions
qui figurent dans cette nouvelle catégorie, intéressent tout
spécialement l'agriculture.

IV

On devait bien s'attendre à ce que la mise en vigueur du
tarif de réforme, dans les parties de notre pays où il a déjà
été appliqué, rencontrerait de la part du commerce de nombreuses réclamations.

Tout ce qui trouble d'anciennes notions ou d'anciennes habitudes, paraît fort incommode au premier abord.

Le Vorort de l'Union suisse du commerce et de l'industrie,
après avoir recueilli les principaux griefs que soulevait l'application du nouveau système, a publié un volumineux mémoire, auquel les compagnies intéressées ont répondu, en
cherchant à faire ressortir les avantages du tarif de réforme,
dont les taxes non seulement ne dépassent pas le maximum
fixé par les concessions, mais restent généralement fort au-
dessous.

L'Assemblée fédérale, nantie de ces réclamations par une
motion présentée par M. Zschokke, conseiller national, demanda un rapport au Conseil fédéral.

Ce rapport parut le 23 novembre 1883 ; il mérite d'être lu
en entier et longuement discuté.

L'affaire fut alors renvoyée par le Conseil national à l'examen d'une Commission, laquelle présenta son rapport le 29
mai 1884.

Enfin, le Conseil national, à la suite d'une discussion approfondie, a pris un arrêté d'après lequel le système de tarif de
réforme adopté déjà par la majeure partie des administrations

des chemins de fer suisses, est considéré comme entré en vigueur. Toutefois, le Conseil fédéral est invité à faire en sorte que le système étende aussi ses effets, dans le plus bref délai possible, sur le réseau de la Suisse-Occidentale et du Simplon, où il n'a pas encore été appliqué.

Il est également recommandé au Conseil fédéral d'engager les compagnies à introduire dans le nouveau système diverses améliorations réclamées par le commerce suisse.

Ces décisions prises par le Conseil national, le 18 juin 1884, ont été renvoyées au Conseil des Etats, qui statuera à son tour très probablement dans la présente session de décembre.

La Chambre de commerce de Genève, dans un rapport adressé en octobre dernier, à la Commission du Conseil des Etats, a insisté sur l'urgence de favoriser dans une plus large mesure les expéditions du petit commerce, soit celles de poids inférieur à 5,000 kilogrammes, et a exprimé le vœu que, dans la classification des marchandises en faveur desquelles on a créé des tarifs spéciaux, on fit entrer diverses productions, qui ont pour la Suisse une grande importance, et qui sont restées jusqu'ici classées dans les marchandises générales, et soumises à une taxe supérieure.

La Chambre de commerce a signalé surtout : La bière en fûts ; les vins ; le vinaigre ; les alcools ; les huiles en fûts ; le lait condensé; les fromages; les fruits secs; les peaux brutes; le papier ; le tabac en feuilles et en carottes ; les viandes fumées et salées; les pâtes alimentaires et autres produits dont l'énumération est indiquée dans le tableau synoptique ci-annexé.

Les compagnies de chemins de fer ont refusé jusqu'ici d'admettre ces divers produits dans la nomenclature des tarifs spéciaux, afin de se séparer le moins possible de la classification des tarifs allemands.

On objecte que si la Suisse commence à apporter des changements plus nombreux à la nomenclature allemande, la formation des tarifs directs se compliquera considérablement.

Il nous semble que cet argument n'est pas péremptoire la qu'il n'y aurait aucun inconvénient à étendre quelque peu la liste des marchandises spéciales, dans le sens des justes réclamations du commerce et de l'industrie suisses, et cela avec d'autant plus de raison, que les taxes du système suisse sont bien plus élevées que celles du système allemand.

V

Une question qui se présente ici naturellement est celle-ci : Vous nous mettez en présence d'un nouveau système de tarifs de transport, qui va être introduit pour le service de l'ensemble de toutes nos compagnies.

Les principes qui sont à la base de ce nouveau système nous paraissent acceptables, mais veuillez nous faire connaître le point qui nous intéresse le plus, et nous dire, si les nouvelles taxes de transport pour le service interne et pour nos relations de tous les jours, nous présenteront les mêmes avantages, que les anciens tarifs de 1863 et de 1872.

Je vais tâcher de répondre à cette question.

Dans le Mémoire adressé, le 31 octobre 1883, par les compagnies de chemins de fer, au Vorort de l'Union suisse du commerce et de l'industrie, à Zurich, on a cité des exemples qui tendraient à démontrer que le nouveau système procurera généralement des réductions de taxes assez importantes.

Nous allons détacher des tableaux, qui se trouvent annexés au mémoire des compagnies, quelques taxes comparatives de transport, de Genève à Olten et vice-versa, distance de parcours, 215 kilomètres.

TABLEAU N° I

Exemples comparatifs présentés dans le Mémoire des Compagnies de Chemins de fer

Prix de transport de Genève à Olten

Parcours : 215 kilomètres

DÉSIGNATION des marchandises	Prix par wagon complet			
	Tarif de réforme		Anciens tarifs	
	Poids 5,000 kil.	Poids 10.000 kil.	Poids 5,000 kil.	Poids 10000 kil.
	Fr. C.	Fr. C.	Fr. C.	Fr. C.
Pommes de terre ...	91 —	118 —	92 —	184 —
Bois de chauffage ..	91 —	118 —	69 —	138 —
Bois de construction	91 —	118 —	69 —	138 —
Pétrole	153 —	284 —	188 —	376 —
Denrées coloniales..	153 —	284 —	188 —	376 —
Fer brut..........	91 —	118 —	92 —	184 —
Fers en barres.....	107 50	182 —	132 —	264 —
Fers ouvrés grossiers	123 50	215 —	132 —	264 —
Produits manufacturés.............	153 —	284 —	188 —	376 —

On voit que les compagnies de chemins de fer, en citant les exemples ci-dessus, comme démonstration des avantages que procureront au commerce les nouveaux tarifs dits de réforme, se sont renfermées dans la taxation du transport par wagons complets de 5,000 et de 10,000 kilogrammes et se sont bien gardées d'aborder la comparaison des prix, pour le transport des envois isolés, de poids inférieur à 5,000 kilogrammes.

Et cependant, les expéditions de produits n'atteignant pas le poids de 5,000 kilogrammes sont bien plus fréquentes, en Suisse, que les expéditions par wagon complet.

Il est à remarquer, en outre, que les compagnies ont eu soin de choisir leurs exemples dans la catégorie des marchandises spéciales, qui sont traitées relativement à d'autres d'une manière plus favorable au point de vue de la taxation.

Les résultats comparatifs seraient bien différents et autrement instructifs, si l'on choisissait d'autres marchandises, tout aussi importantes, si ce n'est plus, pour notre pays ; c'est ce que nous allons essayer.

Nous citerons : les vins, la bière, les huiles de graines ; les cuirs verts; les peaux brutes; les viandes fumées et salées; les tabacs bruts ; les fromages ; les céréales et les pâtes alimentaires.

Nous prendrons le parcours de Genève à Berne et vice versa ; distance 159 kilomètres.

TABLEAU N° II

Autres exemples comparatifs à opposer aux citations du Mémoire des Compagnies de Chemins de fer

Prix du transport de Genève à Berne

Parcours : 159 kilomètres.

POIDS de l'expédition	Désignation des marchandises	TARIF de reforme PRIX du transport	ANCIENS tarifs PRIX du transport
Kilogram.		Fr C.	. Fr. C.
500	Vins en fûts	14 30	11 —
10,000	» »	193 —	220 —
2,000	Bière en fûts	57 10	44 —
10,000	» »	193 —	188 —
1,000	Huiles de graines..........	28 55	22 —
5,000	» »	108 50	110 —
500	Viandes fumées et salées...	14 30	11 —
4,500	» » ...	108 50	99 —
3,500	Tabacs bruts	99 95	77 —
10,000	» »	193 —	220 —
1,000	Fromages	28 55	22 —
10,000	»	193 —	188 —
2,500	Céréales et légumes farineux	58 55	55 —
10,000	» »	124 —	152 —
500	Pâtes alimentaires	14 30	11 —
5,000	» »	108 50	94 —
3,000	Cuirs verts	85 65	66 —
10,000	» »	193 —	220 —
4,000	Peaux brutes sèches	108 50	88 —
9,500	» »	193 —	209 —
3,000	Foin, paille, fourrages secs.	65 —	41 40
4,000	» » .	65 —	55 20
5,000	» » .	65 —	69 —

On pourrait multiplier les exemples, mais on constaterait toujours les mêmes résultats.

Les tarifs de réforme accusent une augmentation sensible de taxation sur un certain nombre d'articles, et des diminutions sur d'autres catégories de produits.

Les augmentations portent surtout sur les expéditions de faible poids, celles inférieures à 5,000 kilogrammes. Elles frappent aussi tous les produits, qui n'ont pas eu la chance d'être admis dans la nomenclature des tarifs spéciaux et des tarifs exceptionnels.

Néanmoins, il convient de constater que les taxes des tarifs de réforme ne dépassent pas les limites fixées par les concessions primitives. Les compagnies qui ont adopté ce système ont donc agi dans la plénitude de leur droit légal.

C'est sans doute pour cela que nous voyons les Chambres fédérales ne mettre aucune entrave à l'application du tarif de réforme, et se borner à inviter le Conseil fédéral à user de son influence, pour obtenir des compagnies certains allégements, soit dans l'application des principes qui sont à la base de ce système, soit dans la taxation elle-même.

Quelle sera l'influence, en Suisse, de la mise en vigueur des tarifs de réforme ? Telle est la question qu'il nous reste à examiner.

Dans toutes les contrées de notre territoire, où le tarif de réforme a été déjà expérimenté, il est certain qu'il s'est produit de nombreuses critiques, et qu'on a accusé le nouveau système de traiter le grand expéditeur, plus favorablement que le petit négociant.

Cette opinion a du vrai, et ce que nous avons dit des premières améliorations apportées déjà par les compagnies suisses au système allemand, prouve bien que les critiques avaient quelque fondement réel, puisque les administrations de nos chemins de fer se sont préoccupées d'y apporter remède.

Cependant, cette question comme la plupart de celles qui se soulèvent, présente deux faces distinctes.

Il est possible que les tarifs de réforme, basés sur le principe des expéditions par wagon complet, aient fait perdre aux colis isolés et aux envois de faible poids, une partie des faveurs dont ils jouissaient antérieurement. Mais, d'autre part, il est certain en même temps, que ces tarifs ont assuré, au public en général, et surtout aux consommateurs, l'avantage d'une réduction des taxes, pour le transport de toutes les marchandises par wagons complets, soit pour la petite vitesse, soit pour la grande vitesse, et cela sans distinction de produits spéciaux ou de produits généraux.

Le débitant de denrées coloniales, le négociant en vins et spiritueux ont à supporter une légère augmentation sur leurs expéditions de détail; d'autre part, ils jouissent d'une notable réduction de taxe, pour les marchandises qu'ils reçoivent par wagons complets.

Sans doute, il serait préférable et plus avantageux encore, d'obtenir une réduction générale sur toute la ligne; mais nos administrations de chemins de fer sont peu prospères, elles sont forcées de calculer de très près et d'établir strictement la balance entre les réductions et les augmentations de taxes, de manière à maintenir un certain équilibre dans leur situation financière.

Il est incontestable que la transformation économique que nous subissons depuis une vingtaine d'années, a produit non seulement un grand développement de trafic, mais en même temps un déplacement d'intérêts, qui a frappé les uns et favorisé les autres, et qui a jeté la perturbation dans la plupart des anciens rapports.

Les chemins de fer très certainement sont un des facteurs principaux de cette transformation extraordinaire; personne cependant ne saurait méconnaître les avantages que nous ont procurés ces nouveaux moyens de transport, et nul ne songerait à revenir en arrière, pour réinstaller les anciennes entreprises de diligences et de roulage.

L'introduction générale, en Suisse, du système de réforme nous rapprochera évidemment de cet idéal que nous avons poursuivi de nos vœux depuis bien des années, savoir l'uniformité des tarifs pour le transport des marchandises.

Le fait que toutes nos administrations de chemins de fer seront soumises à l'application d'un système uniforme, est une garantie d'une plus grande fixité dans les tarifs. Les changements seront probablement moins fréquents.

Cependant on se tromperait si l'on se flattait d'avoir atteint la fixité absolue. Il est impossible, en effet, de créer des tarifs qui n'aient jamais besoin d'être modifiés.

Il se construit de temps à autre, de nouvelles lignes, qui viennent altérer l'état antérieur des choses; il se produit des changements dans les tarifs des pays limitrophes ; les innovations qui surgissent dans les conditions générales de la production, dans les procédés qui s'introduisent dans le trafic, sont autant de motifs impérieux pour modifier les trafics antérieurs.

Nous ne pouvons pas, en conséquence, espérer de posséder dans le tarif de réforme un monument durable, qui soit à l'abri de tout changement.

Quelque désirable que puisse paraître, au premier abord, une plus grande stabilité dans les tarifs de transport pour les marchandises, d'autre part, nous devons bien nous dire que la stagnation en cette matière indiquerait, ou bien que les administrations de chemins de fer s'abandonnent au sommeil et négligent leurs devoirs, ou bien que les affaires en général souffrent d'un marasme inquiétant.

Nous croyons, Messieurs, en avoir dit assez pour vous
mettre au courant des considérations qui ont motivé, de la
part des autorités fédérales, l'étude d'un nouveau système de
tarifs pour le transport des marchandises, et qui serait
appliqué uniformément par toutes les compagnies suisses.

Les documents imprimés, dans lesquels ce sujet a été traité
depuis plusieurs années, sont très nombreux, et peu de nos
membres seraient disposés à consacrer à cette étude une partie
du temps quotidien, que réclame le soin de leurs affaires.

J'ai donc pensé qu'il pourrait être utile de condenser dans
un résumé cette volumineuse littérature, et je désire que
l'analyse que je viens de vous présenter, et qui n'est autre
chose qu'une compilation de tout ce qui a été publié sur ce
sujet, vous laisse quelques notions claires et précises, sur le
nouveau système dit : *Tarif de réforme.*

VI

Avant de terminer, je ne résiste pas au désir d'ajouter
quelques mots, au sujet d'une opinion qui ne sera peut-être
pas partagée par l'unanimité des membres de cette assemblée,
mais qui, telle est ma conviction, gagnera rapidement des
adhérents, dans toutes les classes de notre activité nationale,
par suite de l'application prochaine à l'ensemble de notre
réseau ferré, du système uniforme des nouveaux tarifs, dont
je viens de faire la description.

Je veux parler de la nécessité de compléter les avantages de
l'unification des tarifs de transport, par l'indication de l'*unité
de direction* pour tous les chemins de fer établis sur notre
territoire.

Depuis trente et quelques années, et malgré l'attachement
et la préférence des citoyens des différents cantons pour les

institutions, les mœurs, les coutumes et la législation qui leur appartiennent en propre, on a vu successivement surgir dans les esprits, l'idée d'un rapprochement, d'une fusion, d'une unification, qui ferait disparaître les bigarrures dont on ne s'étonnait pas autrefois, mais que les nouvelles facilités de locomotion ont rendues de plus en plus sensible et incomodes.

C'est ainsi que l'unification s'est établie dans les monnaies, dans le système des poids et mesures, dans la perception des péages, dans l'organisation de l'armée, dans les postes et les télégraphes, et plus récemment dans la circulation des billets de banque, dans les lois sur la capacité civile et sur les obligations commerciales.

Bientôt nous posséderons l'unification pour les tarifs de transport par chemins de fer.

Mais cette unification laissera cependant subsister la diversité dans l'application, puisque dans tous les cas de réclamations ou de contestations, l'expéditeur se trouvera toujours en présence de plusieurs administrations, représentant des intérêts différents, souvent opposés, et qui devront être consultées successivement dans les cas litigieux.

Malgré l'unification des tarifs, il existera encore toute une série de formalités bureaucratiques, qui retarderont la tractation et la solution des affaires.

Il y aura donc encore évidemment perte de temps dans un grand nombre de cas et l'on sentira impérieusement la nécessité d'arriver à une organisation moins compliquée et plus économique.

Je ne suis pas fixé personnellement sur le choix des meilleurs moyens à mettre en œuvre, pour arriver à l'unité de direction dans l'exploitation des chemins de fer suisses, mais je suis intimément convaincu que cette idée s'imposera dans un avenir plus ou moins rapproché.

Des hommes d'une grande valeur ont déjà proposé, il y a bien des années, de résoudre la question au moyen du rachat des chemins de fer par la Confédération.

MM. Bartholony, Isaac Bonna et Stæmpfli ont marqué parmi les promoteurs de cette idée.

Plus récemment, un des membres de la députation genevoise à l'Assemblée fédérale, M. Arthur Chenevière a traité le même sujet dans le Conseil national, avec toute la compétence que lui confère une longue pratique de toutes les questions administratives.

Quant à moi, il me paraît de toute évidence que, si le réseau des chemins de fer suisses, au lieu d'être divisé entre un grand nombre de compagnies distinctes, était administré à un point de vue unique, celui de faire rendre le plus possible à l'ensemble du réseau, sans se préoccuper de savoir sur quelles parties des lignes s'effectueraient les meilleures recettes, les produits généraux augmenteraient dans une notable proportion.

Il me paraît tout aussi certain que les frais d'administration pourraient, en même temps, être réduits dans une notable mesure, lorsque le service général de toutes les lignes serait remis à l'entreprise, et dirigé par une seule société d'exploitation.

C'est là, j'en conviens, une question délicate, qui sera fort débattue, tant au point de vue général du principe, qu'à celui des positions acquises et des nombreux intérêts particuliers.

Pour le moment, je dois me borner à planter un jalon, et à signaler l'unité de direction comme le corollaire presque indispensable de l'unification des tarifs de transport des chemins de fer de notre pays.

JEAN-PIERRE BÉRENGER

HISTORIEN

ANCIEN SYNDIC DE LA RÉPUBLIQUE DE GENÈVE

1737-1807

HISTOIRE POLITIQUE ET PHILOSOPHIQUE DE GENÈVE

POUR CETTE PÉRIODE

PAR

Claudius FONTAINE-BORGEL

Secrétaire de la Section des sciences morales et politiques, d'archéologie
et d'histoire de l'Institut National Genevois

Il est utile de connaître l'historien genevois dont nous nous
proposons de compléter le remarquable et impartial ouvrage,
publié à Genève en 1801, et qui porte pour titre « *Précis
historique des derniers temps de la République de Genève et de
sa réunion à la France* ».

Cette étude biographique est d'autant plus nécessaire pour
être pénétré de la valeur de Jean-Pierre Bérenger, non seulement comme littérateur, mais encore comme homme politique et comme philosophe.

La République genevoise comptait en lui un généreux
patriote, et cependant ses magistrats, à l'esprit puritain, ont
agi envers lui comme à l'égard du célèbre Jean-Jacques
Rousseau : ils ont fait bâtonner, lacérer et brûler ses premiers écrits par l'exécuteur des hautes œuvres, — ils ont
fait proscrire du sol natal, auquel il ne cessa de vouer une

affection sans égale, ce citoyen digne, à tous égards, de la considération publique.

Nul ne saurait mettre en doute l'ardent patriotisme et surtout la moralité de l'historien Bérenger.

La plupart de ses ouvrages montrent qu'il n'était pas un écrivain, ni un penseur commun. Bien doué de la nature, il était parvenu par de persévérantes études à enrichir ses connaissances et à les consolider. Ses écrits présentent de véritables déductions géométriques ; ils offrent un mélange du style si pur de Jean-Jacques Rousseau et des pénétrations de Pascal. Un auteur genevois, à l'occasion duquel nous aurons à revenir dans ce travail, Marc-Théodore *Bourrit*, que Bérenger accompagna dans plusieurs excursions, plaçait cet ami à côté de J.-J. Rousseau. (« *Description des Alpes pennines.* » T. II, p. 269.) Personne, disait-il, n'en a autant approché ; souvent il en a le charme et l'énergie

Ce n'était pas le feu de la dispute qui donnait au style de Bérenger la vivacité, l'animation, mais bien la force et la lumière de la vérité

Ami de la vérité, il ne cessa même dans son exil d'écrire et de combattre pour son triomphe : sa pensée dominante fut constamment dirigée vers l'extension rationnelle et progressive des droits du peuple. Non seulement il rêva, mais il prépara avec les grands penseurs de son temps la réforme politique et philosophique de la Genève future.

Le mobile de cet écrivain en dotant le peuple genevois de son *Précis historique* était d'aider la postérité, déclarait-il, à juger de l'événement qu'il retrace, d'éclairer les Français sur les sentiments des Genevois, tout en conservant l'espoir qu'au milieu de tant d'années consommées pour la gloire, les rivalités, l'ambition, il y aurait enfin un instant pour la justice !

Comment exprimer l'amour de Bérenger pour la libre

Genève ? Écoutons les accents du cœur de ce grand citoyen après la perte de l'indépendance genevoise en 1798, et nous, citoyens genevois rendus à la liberté, nous comprendrons mieux encore l'hommage que nous devons rendre à la mémoire du patriote Bérenger.

« A notre grosse cloche, ou à la Clémence

Clémence, toi dont les sons harmonieux et nobles semblaient donner plus de vie à notre patrie et nous rappelaient à son amour ; toi, dont les sons furent souvent pour nous la voix de la liberté, faut-il que tu sois condamnée au silence par un peuple qui se dit libre et qui annonce vouloir rendre libre toutes les nations qui l'environnent.

« Tu assistas à la naissance de la République, tu fus placée près de son berceau, tu égayas son enfance. Genève renfermait alors de gras chanoines ; ils y vivaient dans l'opulence et entouraient un évêque souvent plongé dans le luxe et les plaisirs, quelquefois cependant père et modèle de son troupeau. Mais dans son enceinte vivaient aussi des hommes honnêtes et paisibles et chaque année, à tes coups lents et répétés, on les voyait sortir de leurs maisons simples et rustiques, se rassembler, élire et mettre à leur tête des hommes vénérables par leur âge, leurs cheveux blancs et leur vertus.

« Quand la main de la tyrannie s'appesantissait sur eux, que le sentiment de l'injustice faisait bouillonner leur sang, tu les réunissais ; leur indignation cessait d'être comprimée, elle devenait force et courage, et dans un élan généreux, ils brisaient les fers qu'on leur préparait : de sujets qu'ils allaient être, ils redevenaient des hommes libres, des citoyens.

« Un prince puissant conduisait autour de leurs murs ses bataillons nombreux : ils sentirent leur faiblesse et cherchèrent des secours. Genève vit près d'elle des Républiques ; c'étaient des Suisses ; elle y trouva des alliés fidèles qui ne devinrent pas les maîtres et qui la défendirent. Les intrigues et les promesses du prince leur firent espérer que Genève serait plus tranquille si elle renonçait à leur alliance, et ils vinrent pour le leur persuader. Tu les rassemblas alors pour leur faire prononcer sous les yeux de ses alliés et des envoyés, ce décret noble et fier : « Que tout Genevois qui osera propo- « ser de rompre cette Alliance par laquelle nous sommes « libres encore, soit puni de mort. »

« Et l'alliance dura jusqu'à nos jours.

« Tu fus quelque temps l'esclave de la superstition. Tu appe- lais les Genevois à des cérémonies stériles qui n'offraient que le fantôme de la piété, qui inspiraient ni les sentiments du chrétien, ni les vertus de l'homme. Mais bientôt la raison fit renaître la religion, et tu les rassemblas alors dans les tem- ples et sous les yeux de la patrie, qui voyait à la fois ses sou- tiens et son espérance honorer le Dieu qu'ils invoquaient par des actions utiles à leurs concitoyens avec lesquels ils vivaient en frères.

« Tu les appelas à sanctionner ces anciennes lois qui firent pendant plus d'un siècle le bonheur de la République, elles étaient simples et peu nombreuses ; elles ne reposaient que sur des principes qui ne sont que dans la bouche, qui ne sont que des moyens de séductions ; mais appuyées sur les mœurs et la religion, elles descendaient dans les cœurs et faisaient régner dans l'Etat l'ordre, la tranquillité, la paix, les vertus.

« Dans les combats, lorsque l'ennemi nous attaquait à face ouverte, tu nous appelas souvent à la défense de nos murs. Lorsque cachant sa marche dans les ombres de la nuit, il tenta de nous surprendre et que nous le forçâmes à la fuite, combien de fois tes vibrations sonores se sont mêlées aux élans de la reconnaissance et aux élans de la joie.

« Tu nous rappelais ce jour heureux. A tes premiers coups, les Genevois frémissaient de plaisir, ils sortaient de leurs maisons, se rencontraient, s'embrassaient et se rendaient ensemble dans les temples pour y remercier Dieu qui les avait sauvés. Ils allaient visiter les tombeaux de leurs pères morts pour la défense de leur patrie, les honoraient, appre- naient à imiter leur dévouement et leur courage ; et quand la nuit les faisait rentrer dans leurs maisons, ils célébraient encore ce jour par des festins de famille si intéressants et si doux pour un peuple qui a des mœurs.

« Combien de fois n'as-tu pas annoncé nos solennités aux Genevois ; ils se rendaient en foule dans nos temples ; ils se sentaient environnés, pressés de leurs enfants, de leurs pères, de leurs épouses, de leurs amis, de tout ce qu'ils avaient de

plus cher, ils étaient émus, de douces larmes coulaient de
leurs yeux. Un orateur les invitait à l'union, à l'amour de
ses frères, au pardon des injures, à toutes les vertus bienveillantes qui lient les hommes entr'eux et nourrissent le calme
dans les sociétés. Et souvent pénétrés de ce qu'on venait d'entendre, croyant être sous les yeux de Dieu même, on a vu
des fils se jeter aux genoux de leurs pères, le père pardonner
à son fils, des amis, des époux se réconcilier, l'homme avide
et injuste se montrer désintéressé et généreux. Mais hélas !
la religion perd son empire, l'homme se corrompt, la vraie
sensibilité se perd, le cœur devient esprit et à force de raisonner, l'intérêt de la société se relâche et dans son sein le citoyen
est isolé.

« Tu ne fus jamais le signal de la sédition et de la révolte ;
tu ne te fis entendre qu'à la voix des chefs de l'Etat pour
appeler les citoyens au secours de la patrie ou pour demander
leur assentiment à des lois de conciliation et de paix. Tu
annonças quelquefois des orages passagers : ennemis d'une
heure, amis d'une année, des vapeurs malfaisantes égarèrent
quelques moments notre raison ; mais ces vapeurs ne sortaient
pas de notre sol, ne naissaient pas dans l'enceinte de nos
murs, — elles y étaient apportées.

« Il y avait quelques années qu'on y avait vu entrer des guerriers de cette nation pour nous donner des lois oppressives,
mais ce n'était que pour un temps. Le roi qui les envoyait
était désintéressé ; il était trompé ; il ne voulait que calmer
nos dissentions, que nous donner la paix et il les rappela quand
il crut nous l'avoir donnée. Aujourd'hui, les dissentions de
cette nation firent renaître les nôtres ; ce sont elles qui les
ont nourries et enflammées, et déjà au milieu de nous, ce feu
s'était éteint de lui-même. Ils sont revenus, ces guerriers : ce
n'est plus pour nous donner la paix, pour éloigner de nos frontières le char sanglant de la guerre qui moissonne les champs
voisins ; c'est pour s'y fixer pour toujours.

« On nous donne aussi la liberté : on le dit ; mais que celle
d'un grand Etat ressemble peu à celle dont nous jouissions, à
celle dont nous pouvions jouir ! Là, elle est gênée et pesante ;
il faut un grand pouvoir pour faire marcher ensemble un
grand empire, et l'abus est toujours lié au pouvoir ; il faut
une multitude de mains pour conduire dans le cœur de l'Etat
le sang qu'elles tirent des veines qui se multiplient et s'éten-
dent au loin, et il s'en échappe par toutes ces mains ; il faut

des masses de bras armés pour le défendre et en comprimer
les parties, et ses bras ne se meuvent pas sans froisser tout
ce qui les environne.

« Ici, sa physionomie est plus riante et sa démarche plus
légère. C'est une famille qui élit ses pères ; ce sont des chefs
qui rendent compte à leurs enfants rassemblés ; l'intérêt s'y
fait peu entendre, l'honneur suffit pour le contenir et il n'y a
point de dépradations. Non, cette liberté ne ressemble pas
plus à celle de la grande République qu'elle ne ressemblait
au gouvernement d'un monarque.

« Tais-toi, Clémence, garde un silence morne, la patrie n'est
plus. — Il fut un jour où sa tête pencha de faiblesse, elle
tomba sans éclat et sa chute ne fut entendue que des cœurs
genevois. Elle n'est plus, tais-toi : l'air vibrant sous tes
coups ne ferait que nous rappeler des souvenirs cruels, que
faire verser des larmes amères ! Couvre-toi d'un voile funèbre ;
tu seras placée près de sa tombe, comme tu le fus de son berceau. Depuis quelques jours nos regards la cherchent en
vain — elle n'est plus... Ah si elle pouvait renaître comme
nos cœurs palpiteraient, comme nos âmes s'élanceraient au-
devant d'elle ! Si nous voyions sa tête chérie se relever au
milieu de nous et que tu te fis entendre, combien nos demeures
nous paraîtraient plus riantes, nos campagnes plus belles !
Tout reprendrait à nos yeux un nouvel éclat, nos peines seraient
adoucies, nos plaisirs plus vrais, notre repos plus paisible ; la
vieillesse serait moins pesante ; les cendres mêmes de nos
pères nous paraîtraient tressaillir de joie et nous pourrions
descendre et les rejoindre dans le grand lit de la mort sans
éprouver ni la honte, ni le désespoir. »

. . . .

Après ces douloureux accents et ce chaleureux cri d'espérance de l'historien Bérenger, qui oserait lui faire un crime
d'avoir voulu inspirer quelques regrets sur la chûte honorable
de la République genevoise ? Ainsi qu'il l'espérait, nul ne lui
reprochera d'avoir débarrassé sa tombe du feuillage trompeur
dont on l'avait couverte, d'y avoir jeté quelques fleurs et
quelques larmes.

N'est-ce pas le cas de répéter ici avec un homme distingué,

devenu Genevois (1), que ces grands découragements qui, au jour des cataclysmes sociaux, envahissaient l'âme des sages font place maintenant à une religieuse conviction dans le triomphe désormais inéluctable de la vérité, de la justice et du bien. C'est ce que confirmera le travail que nous allons entreprendre sur la personnalité de notre concitoyen Jean-Pierre Bérenger.

C. FONTAINE-BORGEL.

(1) *Fragments d'une introduction à l'étude de la philosophie de l'histoire* par M. le professeur DAMETH. *Bulletin de l'Institut National Genevois*, Genève 1864, t. XI.

Jean-Pierre Bérenger (*Beranger, Berenger*) naquit à Genève, le 26 mars 1737, de Isaac-Zacharie Bérenger et de Louise Engelheim. Nos registres d'état civil portent par erreur *Angelin*. Elle était originaire de Tullins, en Dauphiné. (Il reçut le baptême au Temple-Neuf, de Spectable Perron, l'aîné, le 31 mars, présenté par Pierre *Javel*, habitant). Son père, né *par hasard* à Coppet, fils de Jacques, de simple manœuvre devenu négociant, était originaire de Movandre, en Dauphiné, admis à Genève comme habitant, le 17 juillet 1733. L'origine dauphinoise des Bérenger est attestée dans d'autres réceptions à l'habitation :

Jean, fils de Jean Bérenger, de Saint-Vincent en Dauphiné, ouvrier en laines, du 18 mai 1733.

Jean-David Bérenger, de Pontet en Dauphiné, domestique, du 7 novembre 1760.

Durand-Bérenger, fils de Durand, du Plan-de-Bay, diocèse de Die, en Dauphiné, du 27 juillet 1764.

Dans les *bourgeois* du nom de Bérenger, se trouve Pierre, fils de feu Moïse, maître tondeur, de Saint-Vincent en Dauphiné, habitant avec ses fils Pierre et Alexandre, reçu le 15 juin 1726, pour 5,000 florins, deux assortiments et 40 écus à la Bibliothèque.

Une recherche approfondie sur les origines des ancêtres de Bérenger le ferait descendre d'une souche des plus distinguées. Il suffit pour cela de rappeler Laurent-Pierre Bérenger, littérateur, né à Riez (1749-1822) ; le comte Jean Bérenger, homme politique, né près Grenoble (1767-1845) et qui eut pour fils Alphonse-Marie-Marcellin-Thomas, dit Bérenger de la Drôme, né à Valence en 1785.

[footnote 1] De l'Albine, à deux lieues environ de Tullins (Isère)

[footnote 2] De la Isaume Cren-Maurice, à dix-sept lieues environ de Montremble (Drôme.)

Bérenger avait une sœur qui vivait en Dauphiné et à laquelle il confia tous ses titres de famille en vue de se faire restituer le bien provenant de sa mère qu'il évaluait à 30,000 livres, mais des avocats qu'il consulta lui ayant montré le succès du procès comme fort incertain et les frais très grands, il écrivit à cette sœur d'abandonner son projet, ce qu'elle fit (1).

En ce qui concerne Genève, la famille de Bérenger a des affinités avec celles des Bellot, Bonnet, Bourrit, Chastel, Cherbuliez, Comblefort, Dechoudens, Deveyras, Dominicé, Guillet, Marcet, Panny, Pillet, Porte, Rampont, Rilliet, Richter, Soret, Siegrist, Toulouse, etc...

* * *

Les parents de J.-P. Bérenger n'étant pas favorisés de la fortune le destinèrent à une profession mécanique. Mais là n'était point sa vocation : l'amour de l'étude, son attachement pour les sciences et particulièrement pour l'histoire opérèrent en lui une surprenante transformation. Contemporain du philosophe Jean-Jacques Rousseau, Bérenger partagea ses hautes aspirations ; aussi, dans les divisions qui ébranlèrent l'aristocratique cité genevoise, le voit-on prendre non seulement le parti de Rousseau, mais encore s'occuper des besoins du peuple et en embrasser vigoureusement la cause.

Ainsi, en 1763, Bérenger, âgé de vingt-six ans, exprime son inaltérable attachement aux idées politiques et philosophiques de Jean-Jacques Rousseau. Ce sentiment devint en quelque sorte le prélude de cette pensée qu'il manifesta publiquement en 1775, en publiant, sous le couvert de Londres, sa brochure, *Rousseau justifié envers sa patrie.*

(1) *Lettre à M. Favre,* docteur en droit, à Rolle, du 30 mai 1776. (Archives de la bibliothèque de la ville de Rolle.)

Les penseurs, citoyens et bourgeois de Genève, représentant aussi les partisans de leurs idées dans les habitants et
sujets, ne craignirent pas de manifester nettement le mécontentement que leur inspiraient les décisions de l'autorité supérieure à l'endroit des publicistes qui avaient le courage de
prendre fait et cause en faveur de leur opinion ; ils considéraient ces décisions de l'autorité comme autant d'atteintes aux
lois de la République et à la liberté des citoyens.

C'était dans un langage plein de hardiesse et de franchise
qu'ils protestaient contre les outrages portés à la souveraineté
politique et philosophique du peuple.

La condamnation officielle de l'*Emile* et du *Contrat social*
de Jean-Jacques Rousseau leur suscita ces généreuses paroles
dans la *Représentation* qu'ils adressèrent au Conseil de Genève
le 20 juin 1763 :

« Les faits dont les citoyens et bourgeois se plaignent con-
« cernent, il est vrai, de simples particuliers; mais la liberté
« publique est une chaîne qui doit son existence et sa force à
« l'union des anneaux qui la composent : c'est un corps formé
« de libertés particulières ; un seul anneau ne peut être détruit
« sans que la chaîne perde de sa force, une seule partie du
« corps ne peut souffrir sans que tout le corps y participe.
« C'est par cette raison que les griefs d'un seul membre de
« l'Etat, quand ils ne sont pas réparés, deviennent ceux du
« public, et c'est sur ces principes impérissables du lien de
« l'Etat que les citoyens et bourgeois réclament. »

Deux ans s'écoulent ; les idées font leur chemin et la situation du Conseil de Genève devient si critique, que le 30 novembre 1765, il décide, sans attendre de nouveaux événements
propres à amoindrir son autorité, de requérir les bons offices
et la garantie des puissances médiatrices, garantes des précédents édits.

Le *peuple* genevois d'alors ne comprenait officiellement que ceux qui avaient le droit d'élire, c'est-à-dire les citoyens et bourgeois. — Ceux qui ne partageaient pas les idées du gouvernement entendaient que ce droit et d'autres prérogatives, fussent étendus aux autres catégories dénommées habitants, natifs, sujets ou étrangers.

Ce désir d'extension des droits populaires donna lieu à la publication de nombreuses brochures attaquant tour à tour les autorités civiles et religieuses.

Aussi les principales de ces publications étaient-elles condamnées à être supprimées, lacérées et brûlées par l'exécuteur de la haute justice, devant l'Hôtel de Ville.

Citons parmi les plus importantes :

Lettre d'un solitaire, brochure de quinze pages, lacérée et brûlée le 10 avril 1765.

Dialogue au village.

Réponse de l'auteur de la Gazette d'Amsterdam à la lettre qui lui fut adressée le 13 mars 1765, brochure de sept pages, lacérée et brûlée le 4 mai 1765.

Douze brochures faites à dessein de tourner en ridicule la religion, les miracles de Jésus-Christ, l'Evangile et ses ministres, lacérées et brûlées le 28 septembre 1765.

La Vérité, ode à M. de Voltaire, suivie d'une *Dissertation historique et critique sur le Gouvernement de Genève et ses révolutions,* avec cette devise: « *Veritas unquam extat.* » *Sen.* Londres, 1765, 145 pages, lacérée et brûlée le 15 novembre 1765.

Lettre d'un citoyen à Jean-Jacques Rousseau.

Lettres et Remarques d'un étranger sur la déclaration donnée par le Conseil le 12 février 1760.

Avis aux citoyens et bourgeois, lacérée et brûlée le 26 novembre 1765.

En 1766, trois écrits attirent spécialement l'attention du Conseil. Le premier est un « *Mémoire sur les droits dont les habitants ont joui avant la Réformation* » ; le second, un *Mémoire instructif et raisonné sur l'état à donner aux natifs de Genève,* attribué à Bérenger ; le troisième, le *Dictionnaire des négatifs.*

Le mémoire, rédigé par Bérenger, remis aux Seigneurs Syndics par les citoyens *Pouzait et Gros,* avait été discuté dans plusieurs assemblées de natifs.

Les membres du Conseil commencèrent par désapprouver ces assemblées faites pour concerter le mémoire de Bérenger, quoique les délégués des natifs leur donnèrent l'assurance qu'ils étaient pleins de soumission et de respect pour le Conseil et qu'ils ne s'écarteraient jamais de ces sentiments.

Ce que les natifs réclamaient, c'était surtout plus de liberté au point de vue de leur établissement et de leurs rapports commerciaux, l'admission à la bourgeoisie, ou leur part à la législation et le droit de faire partie du souverain. Après examen du mémoire, le 15 août 1766, le Conseil considéra comme criminelle et séditieuse leur proposition d'examen des preuves qu'ils pouvaient avoir des droits dont ils ne jouissent plus et de rendre un arrêt qui les anéantisse ou les consacre.

Le Conseil refusa de faire parvenir directement leurs desiderata au Gouvernement, vu qu'il ne pouvait les considérer « *comme un ordre de l'Etat ni comme un ordre dans l'Etat* ». Il se borna à transmettre leur mémoire aux Ministres plénipotentiaires.

Mais les Seigneurs plénipotentiaires estimèrent qu'il leur paraissait convenable que les Petit et Grand Conseil fissent éprouver aux natifs des effets de leur bonté, *en tant qu'ils ne seraient pas contraires aux lois.* Quant au droit à la bour-

geoisie et au pouvoir législatif, ces Seigneurs déclaraient avoir
senti le peu de fondement de telle demande et le danger qu'il
y aurait à les accorder. Ils conclurent d'anéantir toutes les
prétentions et demandes contenues dans le mémoire, excepté
celles qui regardent le commerce et l'exercice des métiers et
professions. La Haute Médiation promit en outre d'intervenir,
s'il y avait lieu.

Le Conseil, fort de cet appui, rejeta, en séance du
6 septembre 1766, les demandes formulées en faveur des
natifs par le mémoire de Bérenger.

Ces derniers ne perdirent point courage. Ils adressèrent
au Conseil un nouveau mémoire dont il prit connaissance dans
sa séance du 22 septembre 1766 et qu'ils transmirent immédiatement aux Seigneurs plénipotentiaires, avec prière de
ne confirmer que les privilèges accordés aux natifs en 1738
et d'anéantir à jamais toutes les prétentions ultérieures qu'ils
ont élevées ou pourraient élever.

C'est ce qui eut lieu. Cependant, les Seigneurs plénipotentiaires insinuèrent au Conseil d'adoucir le refus qu'on fera de
toutes les demandes des natifs relatives à leur état politique
par une déclaration leur faisant connaître que le Conseil était
et continuerait d'être animé d'un esprit de bonté pour eux,
lorsque des personnes de leur ordre lui demanderaient d'être
admises à la bourgeoisie (1).

Telle fut la réponse transmise par les Syndics aux délégués
des natifs le mercredi 3 décembre 1766.

Cette décision jeta la consternation au sein des natifs ; un
grand nombre craignant d'être mis sous surveillance ou poursuivis vinrent faire acte de soumission dès les premiers jours
de 1767.

(1) Séance du Conseil, 5 novembre 1766.

Le *Mémoire instructif concernant les natifs* (in-8°, 28 pages),
devint le sujet de violentes attaques. Imprimé après quelques
changements et répandu dans le public, Bérenger y soutenait
avoir prouvé que la stabilité de la Constitution demandait que
les natifs y entrassent comme partie nécessaire et qu'une
inégalité absolue et consacrée par la loi pourrait enfin détruire
la liberté publique. Il faisait ressortir la nécessité d'une assimilation de la population considérée comme absolument étrangère et, combattant les idées rétrogrades du Conseil, il engageait les citoyens à voir s'ils veulent du maintien d'un vain
pouvoir à ce prix, si, leur disait-il, votre orgueil satisfait, ou
plutôt nourri par des distinctions, peut compenser les avantages que vous abandonneriez, si votre amour pour la patrie
se manifeste mieux en formant des esclaves dans son sein pour
les commander qu'en voulant la rendre heureuse, la conserver
florissante, et si vous ne serez vraiment grands, plus tranquilles en voyant vos parents, vos amis, vos frères dans ceux
que la nation fit vos égaux et à qui Dieu donna la même
patrie à servir, les mêmes lois à respecter.

Bérenger avait touché au point sensible ; les Citoyens Représentants le comprirent si bien que, par leurs mémoires au
Conseil des 19 mai et 16 octobre 1767, ils mirent en demeure
ce corps d'avoir à se justifier du reproche d'être l'auteur des
malheurs de la République par le fait qu'il avait invoqué
l'intervention des puissances garantes et rejeté toute conciliation. Ils s'exprimèrent en ces termes : « Pourriez-vous soutenir
« longtemps le spectacle de votre autorité établie sur les
« ruines de nos lois, à la face de la patrie, à la face de l'Europe
« entière qui serait enfin éclairée par la force irrésistible de
« vos seuls aveux dont cette pièce est le dépôt. Ces aveux
« convaincront toute l'Europe que s'il est vrai que vous sou-
« haitiez de priver le Conseil général des droits que ces lois

« lui assurent, vous aspirez à le priver du bien que vous savez
« lui appartenir. »

Le Conseil ainsi mis en demeure publia l'*Exposé de sa
conduite* sous la signature du secrétaire d'Etat Jean-Jacques
de Chapeaurouge.

Bérenger s'était constitué correspondant des plus importants
organes de publicité à l'étranger. La *Gazette de Londres*,
entr'autres, publia plusieurs de ses lettres, écrites de Genève
aux amis genevois qu'il comptait alors sur le sol britannique.
Les numéros de ce journal du 25 au 27 décembre 1766 nous
fournissent un *article extraordinaire*, ainsi le désigne le Conseil
de Genève, eu égard à son *caractère satirique* appliqué aux
événements :

« On apprend que les citoyens ont rejeté le projet de média-
« tion incompatible avec notre liberté, que les citoyens rassem-
« blés ont annulé le Petit et Grand Conseil, qu'ils l'ont rem-
« placé par un *Grand Conseil défenseur de la foi religieuse
« orthodoxe*, lequel, après avoir donné sur le gouverne-
« ment les statuts les plus salutaires, et les plus justes, et les
« plus politiques, a résolu d'empêcher qu'un voisin ambitieux
« qui pourrait être jaloux de notre liberté, *tant spirituelle que
« temporelle*, de tenter à l'avenir de se mêler de nos affaires,
« d'établir de telles forces sur notre lac qu'elles nous assurent
« une constante supériorité, et pour mieux réussir dans ce
« dessein, notre *Conseil sublime* a déterminé de prendre à
« double paie deux mille étrangers tant officiers que gens de
« mer et constructeurs et d'élever des forts à la distance de
« trente mille l'un de l'autre. »

Bérenger se couvrait de ces deux mots : *Le Genevois*

Dans l'une de ses lettres, il avait ajouté en post-scriptum :
« Les Anglais sont un peuple libre ; c'est pourquoi ils doivent
« s'intéresser à la cause de la liberté ; ils sont aussi protes-

« tants et par la même raison feront du moins des vœux pour
« le bonheur d'un Etat protestant, car l'esclavage et le papisme
« sont inséparables. » (1).

* * *

Le rejet du projet de conciliation dont la France voulait
forcer l'acceptation aux Genevois suscita à Bérenger de violentes expressions à l'égard des magistrats de son pays:
« Dieu seul sait, écrivait-il, quelles seront les conséquences
« de cet événement. Cependant nous avons bon courage et
« nous espérons que l'union qui a subsisté entre nous et les
« citoyens Représentants pourra nous mettre en état de conser-
« ver nos chères libertés, nonobstant tous les attentats faits
« contre elle par nos perfides magistrats et leur protecteur
« avoué le Ministre français ».

Les magistrats genevois tinrent à punir l'audace de Bérenger en déférant le 31 juillet 1767 au Seigneur Procureur
général son *Mémoire instructif concernant les natifs.* Sur le
rapport des syndics André *Gallatin* et Léonard *Buisson*, le
Conseil fit mander Bérenger et deux autres natifs, Bourrit et
Auzières, pour avoir des renseignements sur le mémoire
écrit par Bérenger qu'on appelait le *Mémoire de l'avocat.* Le
7 août 1767, sur les conclusions du Procureur général *Rigot*, le
Conseil condamna le mémoire à être lacéré et brûlé par l'exécuteur de la haute justice devant la porte de l'Hôtel de Ville,
comme un libelle téméraire et séditieux, tendant à plonger
l'Etat dans le trouble en renversant la Constitution de la
République.

(1) *London Evening Post,* Archives d'Etat de Genève, 1766 et 1767
portefeuille IV, pièce n° 57.

Dans le cours de l'année 1767, Bérenger écrivit plusieurs lettres sur les affaires de Genève, une *Nouvelle relation concernant l'état actuel de Genève, contenant ce qui s'est passé de plus remarquable jusqu'à présent*, imprimée à Lyon. Le *natif, Lettres de Théodore et d'Annette*, in-octavo, de 63 pages qui fut réimprimée en 1768. Le Conseil, dans sa séance du 19 octobre 1767, condamna cette publication à être lacérée et brûlée par l'exécuteur de la haute justice, comme étant un libelle téméraire, séditieux, contenant des faits faux tendant à usurper les droits des citoyens et bourgeois, à plonger l'Etat dans le trouble et à renverser la Constitution de la République.

Un certain nombre d'autres publications furent condamnées à la suppression ou à être lacérées et brûlées par l'exécuteur.

Le 8 août 1767, c'est la *Lettre à un ami*, traduite de l'anglais, datée de Londres, 20 juin, signée Levis *Gordon* (in-12, 29 pages), libelle téméraire, dit le registre du Conseil, tendant à entretenir et augmenter le trouble dans l'Etat, injurieux et calomnieux et outrageant envers le Conseil, offensant les Hautes Puissances garantes de la manière la plus audacieuse et la plus criminelle.

Le 7 septembre 1767, c'est la brochure intitulée : « *Collection des pièces intéressantes présentées à la Haute Méditation et au Magnifique Conseil en 1766*, par les citoyens de Genève connus sous le nom de natifs ; puis la *Défense apologétique du sieur comte de Portes* ; le 20 novembre suivant, une *Lettre aux citoyens et bourgeois*, corrigée et augmentée.

Une brochure imprimée à Annecy, intitulée *Apologie du refus du plan de conciliation proposé par les Seigneurs plénipotentiaires*, donna lieu à informations dès le 18 août 1767.

Le Conseil de Genève se montra si peu disposé en faveur des natifs que, dans sa séance du 20 décembre 1767, il décida *de ne rien insérer les concernant dans le projet de conciliation,* s'en tenant, comme on le voit, à sa décision du 6 septembre 1766.

Du refus de Bérenger à ne pas assister en 1768 Jean Bacle dans les prisons et de l'accompagner à l'audience, il ne faudrait pas inférer un refroidissement de l'enthousiasme de Bérenger pour la cause des natifs. Bacle n'était, ainsi que Bérenger le déclare au Conseil, ni son parent, ni son ami, ni même de sa connaissance. (*Registre du Conseil*, 3 mai 1768.)

Jean Bacle, horloger, auteur de plusieurs brochures politiques, avait émis, comme natif, la prétention qu'il pouvait jouir des droits civils et commerciaux attribués aux citoyens. Il fut emprisonné comme inculpé d'avoir voulu usurper la qualité de citoyen et d'avoir soutenu cette prétention avec persévérance par des principes faux et destructifs de la Constitution. Après son jugement, rendu le 13 mai 1768, Bacle, banni pour dix ans de la ville et des terres de la République, se retira au Grand-Saconnex et de là à Versoix où il coopéra à la publication de plusieurs mémoires en faveur des natifs. (Voir *Ecrits condamnés en 1770.*)

Bérenger fut indigné de cette proscription. Dès l'année suivante, le Conseil eut à s'occuper de sa personne, à l'occasion d'une brochure imprimée sous le titre de *Lettre de Bérenger*.

Le temps ou l'usage, comme le rappelait justement Bérenger dans un mémoire postérieur, interdisait aux natifs les professions estimées et honorables, ou parce qu'elles étaient moins pénibles et plus lucratives, ou parce qu'elles demandaient des connaissances que peut-être on ne les jugeait pas capables d'acquérir. L'édit de 1738 leur en ouvrit l'entrée, mais en devenant maîtres ils étaient astreints à payer une imposition. Des vues étroites sur le commerce ou des rivalités firent ordonner que les natifs payeraient cette imposition en devenant apprentis, sans doute afin d'écarter de ces professions une partie d'entre eux. Ce changement à la loi de garantie, joint à d'autres sujets de plaintes, avait déjà produit l'agitation de 1767 et la présentation de mémoires au Magnifique Conseil.

La nouvelle *Lettre de Bérenger* était spécialement dirigée contre l'ordonnance édictée par le Conseil le 15 juillet 1769. Les magnifiques et très honorés Seigneurs, Syndics et Conseil, interdisaient aux particuliers, colporteurs et autres étrangers de porter par la ville et dans les maisons des marchandises à vendre au préjudice des citoyens et bourgeois. Le Conseil ne permettait la vente des marchandises colportées que par l'entremise de courtiers établis à ce sujet. L'ordonnance contenait défenses très expresses à tous natifs et habitants qui n'avaient pas obtenu le privilège de citoyenneté, de négocier, de retirer, emmagasiner, vendre, échanger ou donner en paiement aucunes marchandises, de quelque nature qu'elles soient, à peine d'amende et de confiscation. Et pour prévenir tous abus, il était défendu à tous marchands et négociants de faire porter dans les maisons des particuliers leurs marchandises par toutes autres personnes que leurs commis ou domestiques.

La lettre de Bérenger du 10 août 1769, *Protestation contre toute entrave à la liberté de défense des intérêts des natifs*, était adressée à M. Jean-André de Luc, célèbre physicien, de Genève, chaud partisan des représentants, qui l'année suivante devint membre du Conseil des Deux-Cents.

« Je ne chercherai pas, lui témoignait Bérenger, à jus-
« tifier les motifs qui m'engagent à vous écrire. C'est au
« politique, à l'homme de bien, au patriote que je m'adresse
« et cela seul prouve que mes intentions sont pures. » Puis, après un exposé d'un style aussi noble que précis, il termine sa lettre par cette délicate déclaration: « Je viens de vous

« exposer les plaintes des natifs, je puis les avoir mal saisies ;
« ils se trompent peut-être et je puis me tromper. Si je suis
« injuste, ne les accusez point ; excusez-moi ; je n'eus pas
« l'intention de l'être ; instruisez-moi, je crois le mériter.
« Vous m'estimiez, je m'en flattais du moins, je m'en flatte
« encore, et si je consulte mon cœur, les vœux qu'il m'inspire,
« les projets qu'il me fait former, j'ose croire que je mériterai
« toujours l'estime des gens de bien et par conséquent la vôtre. »

Le 28 août 1769, le Conseil chargea l'un des Seigneurs
Auditeurs de se rendre chez le libraire Jacobi pour saisir les
exemplaires imprimés de cette lettre ; cette recherche n'ayant
pas abouti, le Conseil décida de mander les sieurs Bérenger et
de Luc.

Au moment de la convocation du Conseil, Bérenger se trouvait absent, étant parti le dimanche précédent pour les pro-
vinces méridionales de la France. De Luc ayant comparu
témoigna qu'il avait bien reçu la lettre en manuscrit, qu'il
l'avait désapprouvée et en avait dit son sentiment au sieur
Bérenger, en lui reprochant qu'elle eût été imprimée. Bérenger
lui en parut lâché et lui dit qu'il n'avait eu aucune part à son
impression ; qu'il l'avait communiquée à un ami ; qu'au surplus
Bérenger lui parut disposé à la rétracter. — Sur cette déclaration, le Conseil arrêta que Bérenger serait appelé aussitôt
de retour de son voyage.

En séance du 16 octobre 1769, MM. les syndics *Saladin* et
Dunant informent « que Bérenger leur avait avoué être l'au-
« teur de la lettre incriminée ; qu'il ne l'avait composée et
« adressée au sieur de Luc que dans la vue de s'éclairer
« sur les plaintes des natifs et pour le prier de dissiper
« ses doutes. Que le sieur de Luc les lui leva en effet,
« de manière que d'abord il fut disposé à écrire une
« seconde lettre pour rétracter celle adressée, mais qu'on

« lui fit faire là-dessus des réflexions qui l'en empêchèrent ;
« qu'au surplus il n'avait eu aucune part à l'impression
« de cette lettre, qu'il ne sait qui l'a fait imprimer ; qu'un
« jour on vint la lui demander de la part du sieur Bel-
« lamy, qu'il eut la complaisance de la donner sans autres
« informations ; que plus tard sieur Bellamy à qui il réclama
« cette pièce dit qu'il ne l'avait point vue, ce qui lui fit présu-
« mer qu'on l'a surpris, et qu'on a abusé de sa confiance
« pour faire imprimer à son insu. Sur quoi opiné, l'avis a été
« que M. le Premier mande de nouveau le dit Bérenger pour
« lui remontrer ses torts et les conséquences de son impru-
« dence, lui faisant défense de rien écrire à l'avenir qui
« puisse émouvoir les esprits et apporter du trouble dans la
« République. »

Cette interdiction eut pour effet de raviver chez Bérenger
ses sympathies pour la question des natifs.

Une inégalité profonde séparait les citoyens, les bourgeois
et les natifs. Ces derniers, — *fils d'étrangers, admis à l'habitation, nés dans la ville,* — étaient, comme leurs pères, privés
de tout droit politique (1). « Ils ne pouvaient se livrer à au-
« cun commerce, être admis à aucune profession libérale,
« parvenir à aucun droit militaire, gagner les premiers prix
« dans les tirs. Pour eux, les droits des halles, ceux de lods
« ou mutation de fonds étaient bien plus élevés que pour les
« bourgeois. Ils payaient une finance à l'hôpital en se mariant ;
« ils payaient un droit d'apprentissage ; ils payaient patente
« pour s'établir, etc., leurs biens-fonds en Savoie ne partici-
« paient pas aux privilèges des traités ; ils n'avaient pas le
« droit d'adresser des représentations.

« L'acte de médiation en les admettant à toutes les maîtri-

(1) *Histoire de Genève* par JULLIEN.

« ses, c'est-à-dire à pouvoir exercer toute industrie pour leur
« compte, et non comme simples ouvriers, avait beaucoup
« amélioré leur sort. Dès lors, leur nombre, de même que celui
« des habitants et des étrangers ou simples domiciliés, s'était
« considérablement accru ; il dépassait celui des citoyens et
« bourgeois. »

C'est à l'admission des natifs aux maîtrises que l'avocat
F. d'Yvernois attribue la prospérité étonnante de l'industrie
horlogère à Genève ; il vit dans cette admission une preuve
que les privilèges exclusifs tuent l'émulation et que le succès
suit toujours la liberté.

Nul n'a plus vigoureusement fait ressortir l'ostracisme qui
frappait les natifs genevois que cet historien, dans son
*Tableau soit Histoire impartiale des révolutions de Genève dans
le dix-huitième siècle* : « L'amour de l'égalité, si naturel à
« l'homme devint en eux une espèce de fureur et ce sentiment
« qui remplissait leurs cœurs s'extravasait par les menaces
« les plus propres à leur fermer celui des citoyens. Le temps
« s'approche enfin, s'écriaient les principaux d'entre eux, où
« nous cesserons *d'être les ilotes de ces citoyens ingrats qui
« n'aiment la liberté que pour eux* : S'ils ne nous mettent pas
« bientôt à leur niveau, si ces murs doivent renfermer plus
« longtemps *un peuple souverain et un peuple sujet*, nous
« déserterons une patrie qui ne sait nous attacher à
« elle par aucun lien et nous irons porter dans l'asyle (1)
« que nous offre un grand roi une industrie qui ne
« sera plus étouffée par des entraves aussi multipliées
« qu'avilissantes. »

Les natifs s'unirent plus étroitement pour réclamer l'égalité
civile et commerciale et la bourgeoisie pour un certain nom-

_____

(1) Allusion à Ferney-Voltaire et à Versoix (Choiseul-la-Ville).

bre, chaque année. Tel était le plan de Bérenger, mais les natifs exigeaient davantage et les citoyens voulaient donner moins. Ce que redoutaient les opposés des natifs, c'était leur accès aux charges publiques. Ils se trouvaient donc dans cette alternative : ou de combattre leur admission comme citoyens ou de les réduire par la force.

Il est à croire, selon *d'Yvernois*, « qu'on serait venu à
« adopter de sages tempéraments si les natifs avaient possédé
« dans leur corps quelques hommes capables d'en régler les
« démarches, mais Bérenger, le plus éclairé d'entre eux et le
« seul qui eut les talents propres à défendre leur cause, n'ob-
« tint jamais le crédit nécessaire pour la diriger. Il avait con-
« senti à la défendre, non par la conviction que toutes leurs
« demandes étaient fondées, ni peut-être qu'aucune d'elles le
« fût sur des titres existants, mais par le sentiment profond
« qu'elles l'étaient sur l'esprit des gouvernements républicains.
« Une généreuse pitié le fit céder à leurs pressantes sollicita-
« tions. Fait pour les études méditatives du cabinet et non pour
« les affaires, philosophe sensible et ami du peuple, mais timide
« à l'excès et dépourvu de l'extérieur nécessaire pour lui en
« imposer, on juge combien il était peu propre à maîtriser les
« mouvements d'une multitude échauffée. »

* * *

Le bannissement de Jean Bacle servit de prétexte aux natifs pour la publication d'une justification que le Conseil refusa de recevoir tout en repoussant les desiderata exprimés.

La situation si critique ne fit qu'empirer. Le 22 novembre 1769, le Conseil, sur les conclusions du Procureur général, ordonne de lacérer et brûler devant la porte de l'Hôtel de Ville par l'exécuteur de la haute justice un *libelle* en sept couplets

annotés, « comme tendant à plonger l'Etat dans le trouble en
« renversant la Constitution de la République et dont l'auteur
« par une insigne calomnie représente un tribunal respectable
« comme rendant des jugements avec partialité. »

Ce libelle imprimé, répandu à profusion dans la ville,
n'était autre que la *Chanson nouvelle*, composée sur l'air
« *Pour passer doucement la vie* » et que l'on chanta dans toutes
les réunions des natifs. Cette curieuse pièce révélait les griefs
des natifs dans ses sept couplets portant chacun en regard une
annotation, il est bon d'en connaître la teneur :

> Pauvres natifs peuples d'esclaves
> Qu'on veut bien souffrir en ces murs,
> Sans chercher à faire les braves,
> Rampez dans votre état obscur.

Les soi-disant natifs seront libres lorsqu'ils connaîtront leur force : le
prix de la liberté, celle que des lois sages leur ont assignée, dont on n'a pu
les priver sans faire l'acte le plus injuste.

> A l'amusement de la pêche
> Vous osez vous livrer parfois,
> Sachez si l'on vous en empêche
> Qu'il n'est fait que pour les bourgeois.

Les lois fondamentales, les traités et les ordonnances jusqu'en 1668
n'ont supposé qu'un peuple dans l'Etat ; il était réservé au magistrat de
1707 de décomposer le peuple pour le subjuguer.

> R*** assez vous le déclare
> Par ses arrêts, ses jugemens,
> Cet homme d'un mérite rare
> Juge très équitablement.

R*** réfléchit un peu tard pour ceux qui sont appelés devant son tribunal : Le jugement prononcé il faut le subir. Il vaut mieux que des hommes sans crédit (tels que sont les natifs et habitants) souffrent et se taisent que supposer que l'homme de la loi puisse se tromper.

> Avec justice il emprisonne
> De natifs trop hardis pêcheurs,
> Et la même peine il ordonne
> Pour le simple spectateur.

Un juge qui court après les honneurs, qui sert sa patrie, moins par goût que par les avantages qu'il y trouve ; un tel homme la servira mal si le poste dont il est revêtu ne lui est donné que par la plus petite portion du peuple, l'autre doit s'attendre à être sacrifiée : pour qu'il règne plus d'impartialité dans les jugements qu'il rend. La première question que vous fait ce magistrat intègre, *qu'êtes-vous ?* Natifs ou habitants vous n'êtes point écoutés : on envoye en prison celui qui a commis le délit et celui que le hasard en a rendu témoin. Les mêmes fautes commises en différens temps par différentes personnes doivent subir les mêmes peines ; mais condamner un de ces hommes solidaires pour des personnes qu'il ne connaît pas, et avec qui il n'a pas commis le délit dont il est accusé, c'est le comble de l'injustice.

> Un bourgeois qui de compagnie
> Avec eux pêchait librement,
> Par égard pour sa bourgeoisie
> N'a point subi de jugement

Les magistrats tiennent leur autorité des bourgeois ; pour se conserver l'entrée aux charges, ils sont forcés de consulter la loi et d'être justes.

> C'est un des moindres avantages
> Du Grabeau dans différens cas,
> Il faut ménager les suffrages
> De ceux qui sont les magistrats

Pour obliger ceux qui gouvernent à remplir leur devoir envers tous, il faut abolir ces distinctions déshonorantes pour l'Etat et pour les hommes.

qui le composent ; il faut appeler tout le peuple à sanctionner les lois, à créer ses magistrats, alors et seulement alors la justice et l'équité reparaîtront dans notre patrie.

> Mais à quoi bon de se contraindre
> A rendre justice aux natifs,
> Sans pouvoir seraient-ils à craindre,
> Ce n'est qu'un peuple de captifs

Un peuple qui cherche à s'éclairer n'est pas à mépriser ; le moment où il doit rompre ses fers n'est pas loin. Heureuse ma patrie, si les hommes qui la gouvernent avancent son bonheur.

C'est au milieu de ces conflits grandissants que Bérenger écrivit l'éloge du savant et vertueux Firmin *Abauzit* (1) dont une partie des œuvres fut imprimée à Genève en 1770 chez Cl. Philibert et Barth. *Chirol.* Dans ses travaux de critique et de théologie, le Conseil genevois fit retrancher toutes les pièces dans lesquelles l'auteur exprimait des tendances sociniennes. Ces regrettables retranchements trouvèrent néanmoins place dans les éditions qui parurent en Angleterre et en Hollande. La mort d'Abauzit affecta vivement son ami Bérenger. Aussi, à la nouvelle de la publication de ses œuvres, obtint-il la faveur de les faire précéder d'un éloge historique. Il méritait, dit Bérenger, « d'être célébré par une meilleure plume ; mais le cœur et la vérité parleront et ce sera avec la simplicité qu'il aimait et qui faisait un des principaux traits de son caractère : un éloge pompeux, oratoire, trop recherché, y serait mal assorti. »

C'est par ces paroles empreintes du plus profond respect

(1) *Abauzit*, F., né à Uzès (Languedoc) le 11 novembre 1679, organisateur de la *Bibliothèque de Genève*, fut admis gratuitement à la bourgeoisie en 1727. Il mourut le 20 mars 1767.

que Bérenger commença son éloge : « Les hommes qui se
« distinguent par un génie rare, par de grandes lumières et
« surtout par leurs vertus, et tel était Abauzit, — ont un
« droit bien légitime à la considération publique. Ils en jouis-
« sent pendant leur vie, après leur mort, on conserve chère-
« ment leur souvenir, on honore leur mémoire, on les cite
« avec éloge, on chérit tout ce qui peut être un monument de
« ce qu'ils ont été. — Leur portrait en particulier retrace
« leur idée : on aime à le considérer ; on s'imagine en voyant
« leurs traits de les voir encore eux-mêmes ; illusion douce
« que l'âme se plaît à entretenir. Mais le vrai portrait des
« gens de lettres se trouve proprement dans leurs ouvrages ;
« c'est là qu'on voit leur esprit, leur âme, leur cœur, et n'est-
« ce pas ce qui fait l'homme. »

Au témoignage respectueux de Bérenger, J.-J. Rousseau
joignit le sien dans une note de sa *Nouvelle Héloïse.*

* *

Bérenger, l'un des principaux natifs, devint des plus suspects
au Conseil genevois. Il avait eu la prudence de se retirer à
Thônex en vue de conserver sa liberté d'action. Le 15 février 1770, le Conseil, saisissant cette bonne occasion, commit
un des Seigneurs-Auditeurs pour se transporter à son domicile
et y procéder à la saisie de ses papiers. Cette visite faite par
les (1) seigneurs auditeurs *Bandol* et *de Tournes* ne produisit
aucun résultat. Bérenger habitait en ce moment la rue Verdaine. Les Auditeurs lui ordonnèrent de ne pas absenter son

(1) Dans son ensemble et plus spécialement dans la personne de ses chefs,
le gouvernement genevois était qualifié de *Seigneurie*, soit parce qu'il avait
succédé à un prince souverain, soit comme seigneur féodal direct du territoire rural de la République. *D'un siècle à l'autre*, par J.-B.-G, *Galiffe.*

appartement jusqu'à nouvel ordre. On perquisitionna chez Georges Auzière, Edouard Luya et autres natifs, l'imprimerie Grasset, etc.

Les documents trouvés chez Auzière (1), entre autres, le mémoire du 30 janvier 1767 dans lequel l'appui du duc de Choiseul était sollicité en vue de faire réussir à Versoix le transport des fabriques d'horlogerie et d'orfèvrerie suffisaient pour redoubler l'exaspération des membres du Conseil à l'égard des Natifs. Cette découverte et les mesures prises en vue de déjouer le projet amenèrent un mouvement dans les journées du mercredi 13 et jeudi 14 février qui coûta la vie aux natifs *Chevallier, Ollivier* et *Cholet.*

Cinq des principaux meneurs furent mis en lieu sûr ; on n'osa pas même les conduire dans les prisons, tant on redoudait une émeute. Pour prévenir de nouveaux troubles, le Conseil, réuni le 19 février 1770, rédigea un projet d'arrêté de proscription contre divers natifs dans le nombre desquels ne figurait pas le nom de J.-P. Bérenger.

(1) Voir ma *Notice sur Versoix-la-Ville dite la Nouvelle-Choiseul, Versoix-la-Raison, Versoix-le-Bourg,* 1700 à 1846, *Bulletin de l'Institut National Genevois,* t. XXI, page 95 à 97.

Le dossier qui renferme les pièces saisies chez Auzière et principaux natifs contient entre autres des lettres-mémoires adressées à M. Vieusseux, marchand-drapier, aux rues Basses; *Réponse à une lettre anonyme circulaire adressée aux natifs de Genève le 7 janvier 1767,* du 1er Août 1767, et comme brochures imprimées : « *Les droits, libertés et franchises accordés à la République et à l'Eglise de Genève, reconnus appartenir aux citoyens et mis à couvert contre toute proscription, 1768.* » — « *Réflexions politiques sur la marche de nos idées,* Yverdun, 1769, de l'imprimerie du professeur de Félice. » — « *Lettre d'un cosmopolite à un citoyen de Genève représentant,* datée de Genève 4 février 1768. » — « *Les natifs à M. César J. ou Conclusion des Lettres de Théodore et d'Annette.*

Ce projet d'arrêté, soumis à la sanction du Conseil des
Deux-Cents était précédé de ce préambule :

« Messeigneurs avaient espéré que l'édit de 1768 en termi-
« nant nos dissentions mettrait fin aux malheurs de la Répu-
« blique. Ils avaient lieu d'attendre que tous les natifs seraient
« également touchés des avantages que cet édit leur avait
« procurés, et que flattés de l'accès qu'il leur ouvrait à la
« bourgeoisie, ils s'empresseraient à mériter cet honneur par
« leur attachement à l'Etat et à la Constitution.

« C'est avec une douleur extrême que Messeigneurs ont vu
« quelques-uns des dits natifs s'éloigner de ces dispositions,
« et oublier leurs engagements et leur fidélité à l'Etat, pour
« satisfaire une ambition aussi insensée que criminelle.
« Affectant de méconnaître l'état que la loi leur assigne, ils
« ont imaginé que les natifs de la ville sont du nombre de
« ceux que nos édits appellent citoyens; système aussi chimé-
« rique qu'absurde et qui serait le renversement total de notre
« Constitution.

« C'est pour parvenir à ce but criminel qu'ayant formé entre
« eux une association, ils ont travaillé par toutes sortes de
« voyes à grossir leur parti ; qu'ils ont tenté de corrompre la
« fidélité des habitants de la ville et de la banlieue; qu'ils ont
« établi des assemblées soit cercles pour y traiter de leurs
« prétendus intérêts politiques ; que pour échauffer les esprits
« ils ont répandu des écrits séditieux, remplis de faits faux
« et d'insinuations calomnieuses; et qu'enfin ils ont porté
« l'audace au point de s'attrouper en grand nombre près de
« la Maison de Ville, tandis que le Conseil siégeait pour juger
« un homme de leur parti, d'y tenir des propos menaçans,
« de paraître déterminés à s'opposer au cours de la justice,
« de désobéir à l'ordre qui leur fut donné de se retirer, de
« reconduire avec un triomphe insolent le coupable qui venait

« d'éprouver la clémence du Conseil (1) ; de s'attrouper le
« lendemain d'une manière plus criminelle encore, en faisant
« des dispositions offensives, et en annonçant par leurs
« discours et par leurs démarches des desseins de violence
« qui exposaient la patrie aux plus grands dangers. »

A la suite de ce préambule, suivait l'arrêt d'exil susmen-
tionné, puis un projet d'édit accepté par le Conseil des Deux-
Cents. Mais aux noms des proscriptions proposées, et à la date
du 20 février 1770, le Conseil des Deux-Cents jugea prudent
d'en ajouter de nouveaux dans lesquels Bérenger fut compris.
L'édit commença par accorder quelques concessions aux natifs,
espérant par ce moyen calmer l'irritation. Ces concessions
consistaient à maintenir inviolablement les natifs, c'est-à-dire
ceux qui étaient nés dans la ville d'un père natif ou qui
auraient été reçu habitants, dans les droits et privilèges qui
leur avaient été accordés par les édits de 1738 et de 1768 et
par l'article 6 du nouvel édit, ainsi que dans ceux dont ils
jouissaient en vertu de divers règlements, comme aussi dans le
bénéfice des lettres d'habitation accordées à leurs pères, dans
lesquelles la clause *sous le bon plaisir de la Seigneurie* sera
censée annulée ; et il était arrêté que pour l'avenir cette clause
ne serait plus insérée dans les lettres d'habitation.

L'article 6 dispensait les natifs du paiement du droit auquel
ils étaient soumis envers l'Hôpital à l'occasion de leur mariage ;
ils étaient astreints au payement du droit des halles au même
titre que les citoyens et bourgeois ; ils furent admis dans les
exercices militaires à remporter les premiers prix de tous les
tirages ; ils conservaient le droit d'admissibilité aux Jurandes
déjà accordé par l'édit de 1768, etc. Comme on le voit, il y

(1) *Resseguaire*, Guillaume, réduit aux prisons pour discours séditieux
et pour avoir chanté au café de Bel-Air une chanson politique.

avait réellement une amélioration nécessaire à apporter à la situation intolérable faite aux natifs.

Les nommés George Auzière, monteur de boîtes; *Jean-Pierre Bérenger*, Jean-Pierre Mottu, dit la Jonquille, monteur de boîtes; Edouard Luya, horloger; David-François Pouzait, tapissier; Louis-Philippe Pouzait, horloger; Pierre Rival, horloger, et Guillaume-Henri Valentin, horloger, furent condamnés à se retirer incontinent de la ville et du territoire, avec défense d'y rentrer sous peine de mort, attendu, relate l'édit, « qu'il est de notoriété publique qu'ils ont eu la princi- « pale part aux menées et machinations pernicieuses qui se « sont faites. » — Il était de plus interdit sous de grièves peines, à toute personne, d'avoir avec les condamnés aucune correspondance pour affaire d'Etat.

En sanctionnant cet édit par 1182 suffrages contre 99, le Conseil général crut qu'il contribuait à un acte de clémence.

Dans sa séance du 20 février, le Conseil délibéra sur l'exécution de l'édit. Il fut arrêté que d'abord après la tenue du Conseil général les Seigneurs Auditeurs signifieront aux condamnés l'ordre porté en l'édit et qu'incontinent, ils les conduiront hors de la ville jusqu'au Râteau de l'Avancée, avec une escorte, afin d'empêcher qu'il leur soit fait aucun mal.

Le procès-verbal, déposé le 22 février 1770, rapporte l'exécution de cette mesure prise de suite après la sanction de l'édit en Conseil général.

Bérenger, de tous les natifs, le plus intéressant et dont la modération mieux connue n'aurait mérité que des récompenses, venait de subir une détention de six jours à la porte de Rive au moment de la signification de l'arrêt. Cette signification ordonnée par Noble Rigot, seigneur syndic de la garde, fut prononcée par l'auditeur Chandol, accompagné de l'huissier Machar, d'un caporal et de six soldats de la garnison. Bérenger demanda à sortir par la porte de Rive, déclarant vouloir se retirer à Chêne sur Savoie. Cet ami de la liberté, rappelle *d'Yvernois*, sembla ne s'occuper que de la blessure qu'elle venait de recevoir dans une sentence prononcée sans entendre les accusés: « *Ce décret est bien dur et bien injuste* », dit l'exilé à quelques concitoyens qui l'accompagnaient en pleurant. Il ajouta à cette plainte les vœux de Camille: « *Puisse mon* « *exil donner la paix à Genève! Puissent ses habitants être* « *encore heureux! Puissent-ils ne pas être appelés à gémir un* « *jour sur cet acte d'injustice et d'illusion.* »

Le procureur-général Jean Robert *Tronchin*, qui avait déjà manifesté son opinion dans sa brochure: « *Lettres écrites de la campagne, 1765* », protesta contre cette injuste condamnation, contre cet outrage à la liberté où le souverain trompé substituait sa volonté aux formes judiciaires et se montrait tout à la fois , comme l'exprime *D'Yvernois* , législateur , juge et partie.

On n'appliqua pas aux exilés la peine infligée aux bannis. On faisait ordinairement *fustiger* par les *chasse-gueux*, au bas de l'escalier, ou à la Cour de discipline, les personnes condamnées à l'infamie, à une prison de six mois ou au bannissement d'un an ou à quelque autre peine plus grave. Le 31 décembre 1776, le Conseil résolut que nul ne passerait par la fustigation que par un jugement du Conseil rendu sur le vu des conclusions du Procureur général.

Le Conseil ouvrit une enquête sur les événements survenus dans les journées des 13 et 14 février. Il résulte des dépositions de l'auditeur *Perdriau*, de Spectable *Chauvet*, natif, ministre du Saint-Evangile, que Bérenger qui se trouvait à la rue du Boulé au moment de l'arrivée de l'auditeur Calendrini fit tous ses efforts pour calmer les soixante personnes armées sorties des maisons voisines et qu'il releva les fusils de ceux

qui voulaient en jouer. Il est vrai que Bérenger portait l'épée
au côté, droit qui n'appartenait alors qu'aux citoyens.

Comme nous l'avons dit, Bérenger avait pris résidence provisoire à Chêne-Thônex. C'est de ce lieu que, le 12 mars 1770,
il écrivit au premier syndic *Cramer*. Cette lettre est un document d'une haute importance ; elle forme un récit fidèle des
événements, et, d'autre part, elle est une justification de la
conduite personnelle et politique de Bérenger.

« Monsieur,

« Je voulais garder le silence, je ne le puis ; la plainte serait
« elle un crime dans la bouche de celui qui se sent innocent et
« se voit opprimé ? Nul devoir ne m'ordonne de me taire, il
« en est qui m'obligent à parler : je n'ai plus de patrie, il ne me
« reste que mon honneur à défendre ; c'est là mon premier
« devoir, c'est le seul intérêt que je consulte. Vous n'êtes plus
« mon magistrat, mais vous serez toujours pour moi un
« homme respectable ; c'est dans votre sein que je vais épan-
« cher mes plaintes, c'est à vous qui préparâtes l'arrêté qui
« m'a proscrit à qui je veux en demander les raisons.
« Le jour que vous ordonnâtes de prendre les armes, j'étais
« bien éloigné de prévoir les malheurs qui me menaçaient.
« Affligé du triomphe indécent que les natifs s'étaient permis
« le jour précédent, j'attendais qu'ils réparassent leur faute
« en l'avouant, j'avais fait le discours qu'ils devaient présenter
« et sans avoir partagé leur joie, je partageais leur repentir.
« Tout à coup on m'annonce qu'on doit se saisir de ceux qui
« portaient ce discours, qu'on doit les emprisonner ; je ne puis
« le croire, j'attends encore : je vois des apprêts militaires,
« le nombre des soldats de garde s'accroître, les capitaines,
« les majors de la garnison s'assembler, je vois des mouve-
« ments extraordinaires parmi les citoyens ; tout me parais-
« sait l'effet d'une vaine terreur qui va se dissiper : bientôt
« la foule effrayée se disperse, j'entends le cri ordinaire lors-
« que le feu a pris quelque part, le tocsin sonne, je me retire
« inquiet sur ce qui a fait naître cette alarme et sur ce qui
« peut la suivre. Chacun court à ses armes, je vais prendre
« la seule que j'aie jamais eu, mon épée, je descends, j'arrive

« au moment où des compatriotes allaient verser le sang les
« uns des autres, j'ai le bonheur d'arrêter leurs coups : à
« quelque distance du lieu où nous étions, des coups de fusil
« se font entendre, les natifs croient voir leurs amis massacrés
« expirer en leur demandant vengeance, ils veulent avancer,
« je fais ce que je puis pour les arrêter encore. Tranquille
« sur mon sort, j'essaye de calmer leurs allarmes, je vais
• m'informer si leurs craintes sont fondées, je suis arrêté. On
« veut que je demeure à la place de Rive, j'y demeure ; une
« heure après on me dit qu'il faut me retirer chez moi ;
« la nuit vient, j'entends du bruit sur l'escalier, je sors, je
« vois deux Auditeurs ; je soupçonne que c'est chez moi qu'ils
« cherchent. Je me nomme, on me demande mes papiers, je
« les déploye tous, je n'en eus jamais que je dus craindre
« de montrer, je ne fis jamais d'écrits dont j'aie à rougir de
« me dire l'auteur. On ne trouve rien, on m'avertit que je ne
« dois pas sortir de la maison, je n'en sors point. Le lende-
• main j'entends des hommes armés sur la montée, je les
« attends, ils cherchent des armes et n'en trouvent aucune,
« ils m'entourent et m'ordonnent de les suivre, je vais avec
« eux : on m'enferme dans un corps de garde, on ordonne de
« me garder à vue, de ne me laisser parler à personne. Un
« ami trouve cependant le moyen de me faire parvenir une
« lettre. On le sait, on vient me fouiller, on la trouve, elle
« est dans vos mains, elle n'a rien qui ne fasse honneur à
« celui qui l'a écrite et à celui qui l'a reçue ; j'ose le dire,
« tel eût été le caractère de toutes celles que m'auraient écrit
« mes amis. Je demande en vain quel est mon crime, je sup-
« plie qu'on vienne m'interroger, on est sourd à mes prières.
• Enfin, après six jours de détention on vient me lire un
« ordre du Conseil général de sortir des terres de la Répu-
« blique et de n'y pas rentrer sous peine de mort ; je demande
« quelques heures de délai, il faut sortir à l'instant : Cela est
« bien dur, dis-je alors, et bien injuste ; je le répète encore.

« Quels sont les faits qui peuvent justifier une procédure
« aussi extraordinaire, aussi tyrannique même appliquée à un
« étranger ? Daignez, Monsieur, me les apprendre, vous le
« devez à votre honneur, à celui de l'État dont vous êtes le
• chef : je ne puis vous citer devant ces tribunaux de justice
« établis par les lois particulières des sociétés politiques, mais
« je vous cite à celui des gens de bien, formé par les lois
« immuables de la nature, le magistrat et le sujet obscur sont

« soumis à ses décrets ; il venge le faible opprimé par le
« tendre intérêt qu'il prend à son sort et par l'opprobre qu'il
« attache au triomphe de l'homme puissant et injuste. C'est
« devant ce tribunal équitable que vous devez justifier ma
« condamnation, c'est à lui que je vais exposer mes sentiments,
« puisque si je suis criminel je ne crois pouvoir l'être que par
« eux.

« Il fut un temps où des systèmes opposés, des craintes
« réelles ou chimériques divisèrent les citoyens ; les uns
« étaient pour les autres des tyrans ou des séditieux. Né dans
« le sein d'un des partis, imbu dès mon enfance de ses prin-
« cipes, la réflexion vint en affaiblir quelques-uns et confirmer
« les autres. Attaché aux Citoyens Représentants par l'amitié,
« par mes principes, par mes préjugés peut-être, je pensais
« comme eux et sans me laisser entraîner à un fanatisme qui
« n'est pas dans mon caractère, sans m'abandonner aux con-
« seils de la haine que mon cœur repoussa toujours, je m'affli-
« geais sur leurs fautes et je partageais leurs succès comme
« leurs revers. Les natifs élevèrent des plaintes, elles par-
« vinrent jusqu'à moi, je les trouvai fondées, je joignis ma
« voix à la leur; mais cette nouvelle cause n'affaiblit point
« l'intérêt que je prenais à celle des citoyens, ne me fit point
« rejeter mes premiers sentiments. Je déclarai aux natifs, ils
« déclarèrent eux-mêmes qu'ils ne voulaient chercher leur
« bonheur que dans celui de la patrie et que leur intérêt par-
« ticulier serait toujours subordonné à l'intérêt général. Lors-
« que les passions et de fatales conjectures eurent séparé une
« partie d'entre eux des citoyens, que des craintes peut-être
« imaginaires m'eurent fait croire la liberté politique ébran-
« lée et l'indépendance de l'Etat en danger, j'abandonnai leur
« cause et la mienne, sans cesser de les plaindre, de m'inté-
« resser à eux, je me joignis à ceux qu'ils croyaient leurs
« adversaires et qui le sont en effet devenus. Je ne demandai
« jamais quel parti triomphera? quel est celui dont je dois le
« plus attendre? mais je consultai ma raison, plus souvent
« mon cœur et je me déterminai par eux.

« Enfin l'édit du 13 mars 1768 termina nos dissentions ; ce
« jour fut pour moi un de ceux dont on ne rappelle pas le
« souvenir sans éprouver encore la douce émotion, la joie
« pure à laquelle on fut livré. Mes compatriotes paraissaient
« heureux et je l'étais. Cependant, je l'avouerai, j'eus des
« instants de tristesse ; il me semblait que les citoyens n'avaient

« pas su faire des sacrifices, qu'ils n'avaient pas été généreux
« pour ceux qui n'avaient rien redouté pour les défendre,
« mais je me tus, ou si je me plaignis, ce ne fut pas à des
« natifs.

« Rendu à ma première tranquillité, je me flattais que mes
« jours s'écouleraient désormais dans son sein ; quelques
« mouvements se faisaient remarquer encore parmi nous, je
« cherchai à les ignorer, j'évitais même des hommes que
« j'estimais, auxquels je devais être lié par l'amitié et par la
« reconnaissance ; j'aimais à croire que leurs plaintes n'étaient
« qu'un reste de la fermentation qui venait d'agiter les esprits
« et que quelques instants de calme n'avaient pu faire cesser
« ainsi que le mouvement des ondes subsiste lors même que
« l'orage qui le fit naître n'est plus. Je me renfermai dans un
« cercle étroit d'amis presque tous citoyens, je fuyais tout ce
« qui pouvait m'en faire sortir ; je puis citer des écrits, des
« faits qui le prouvent ; mais je me hâte d'avancer.

« Cette fermentation loin de s'éteindre, s'étendit avec vio-
« lence ; l'esprit mercantile porté dans la politique, l'amour
« de la domination, celui de l'égalité, la hauteur, la crainte
« du mépris, l'orgueil du protecteur, l'impatience du protégé
« firent naître l'inquiétude et la haine, multiplièrent les mur-
« mures et les calomnies. En quelque lieu que j'allai, je trouvai
« de l'humeur et j'en pris : des injustices particulières for-
« mèrent le mécontentement général. On nous disait : « Il est
« des citoyens que la passion égare, mais ils ne forment pas
« le peuple, le législateur ; et vous ne devez pas imputer aux
« lois l'injustice des hommes » ; j'avais souvent entendu ces
« maximes, je n'avais jamais vu qu'elles influassent sur les
« cœurs ; des distinctions ne donnent ni n'ôtent les sentiments,
« et seuls dans l'Etat, les natifs ne pouvaient être des dieux
« pour oublier les injures du grand nombre en faveur des dix
« Justes.

« On avait vu paraître une ordonnance sur le commerce
« sollicitée par des marchands bourgeois, les natifs crurent
« qu'elle tendait à gêner le leur : la fermentation prit une
« nouvelle force, des plaintes s'élevèrent, elles me parurent
« mériter qu'on s'en occupât, j'écrivis à un citoyen que j'esti-
« mais. Cette lettre raisonnée et dont le défaut est, peut-être,
« de ne l'être pas assez, fut regardée par des hommes qui ne
« raisonnent jamais, comme un libelle affreux, et son auteur
« fut un monstre. Je passe encore ici sur des détails qui me

« mèneraient trop loin ; j'ignore s'ils sont nécessaires, j'ignore
« si cette lettre a fait mon crime, j'attendrai qu'on ait daigné
« me l'apprendre pour détailler les effets qu'elle produisit et
« les suites qu'elle eut pour moi ; il m'eût été facile d'éviter
« les inquiétudes qu'elles durent me donner, je n'avais qu'à
« suivre l'exemple que m'avaient tracé quelques-uns de ceux
« qui me condamnaient, je n'avais qu'à semer avec audace les
« craintes, l'aigreur, la zizanie et m'envelopper du manteau
« de l'anonyme, avouer l'ouvrage en secret pour jouir de sa
« gloire, et de le savourer en public pour être impuni ; mais
« de tels exemples n'étaient pas contagieux pour moi et ne
« le seront jamais ; ma lettre fut imprimée sans que je le sus
« et je ne la désavouerai pas quoiqu'on pût me rendre respon-
« sable de son impression.

   « Des magistrats m'exhortèrent à chercher de ramener la
« paix ; cette exhortation était bien inutile, la paix fut tou-
« jours un des vœux de mon cœur, j'étais né pour elle. J'avoue
« que pour la faire renaître, je ne m'avisai pas du sublime
« expédient de dire aux natifs : « Demeurez tranquilles, taisez-
« vous, vos plaintes sont injustes, vos prétentions absurdes,
« vous devez être contents, on vous a donné beaucoup plus
« même que vous ne méritez. » Tel était le langage qu'on
« semblait me dicter, mais je ne pouvais dire ce que je ne
« pensais pas. Je ne réfutai point un système qui me paraissait
« avoir des fondements et que je n'aurais pu détruire ; je ne
« cherchai point à le répandre parce que son évidence ne
« m'entrainait pas. J'étais convaincu qu'un peuple souverain
« et un peuple sujet, renfermés dans la même enceinte de
« murs, ne pouvaient s'aimer, ne pouvaient être unis, à
« moins que le dernier ne fût opprimé et faible, parce que
« recevant la même éducation, les mêmes principes, ils avaient
« des intérêts différents, parce qu'ayant les mêmes besoins,
« ils n'avaient pas les mêmes ressources ; que les arts, le
« commerce, les petites passions qu'ils font naître jettent dans
« tous les cœurs des rivalités et la haine ; parce que dans une
« ville agitée par des factions, où la liberté parait toujours
« attaquée, toujours dans la nécessité d'être défendue, elle ne
« peut l'être qu'en inspirant le fanatisme de la liberté et que
« cette passion germant dans les cœurs des natifs comme dans
« ceux des citoyens ne peut s'arrêter dans ceux-là dans les
« limites que voudront leur prescrire ceux-ci ; qu'il faudrait
« alors la réprimer par des lois violentes et que des lois

« violentes sont destructives dans un petit Etat. Je cherchais
« donc des moyens qui, en conservant des distinctions qu'on
« pouvait croire utiles, pouvaient unir tous les membres de
« l'Etat entr'eux et rendre le gouvernement moins étranger
« aux natifs, sans le rendre plus populaire: Je consultai des
« amis, je fis communiquer mes idées à un magistrat ; ce fut
« en vain et je le craignais ; c'était de ces projets dont j'étais
« occupé quand vous avez daigné vous occuper de moi. J'avais
« éprouvé que la loi de Solon qui ne permettait pas de demeurer
« neutre au milieu des dissensions, était non seulement une
« bonne loi politique, mais encore une maxime de prudence.
« Pour n'être pas suspect aux citoyens, pour ne pas être
« regardé comme un traître, il fallait parler comme eux ; il
« fallait donner aux natifs les noms de séditieux et d'ingrats,
« et je ne le pouvais pas. Déjà les natifs avaient cru mon
« inaction l'effet de la crainte, ma modération leur paraissait
« lâcheté, il fallait prendre un parti, je le pris et ce fut encore
« celui que je croyais le plus faible. Mais dans ces circonstances
« même n'ai-je pas toujours recommandé la modération,
« l'amour de l'ordre, l'équité, le dévouement à la patrie ? Ai-je
« été dans des assemblées échauffer les esprits, ai-je jamais
« inspiré de coupables desseins ? J'ai vécu avec ceux qui m'ont
« condamné dont quelques-uns me plaignent peut-être et
« d'autres me trahissent avec ceux que j'ai voulu servir et
« ceux dont je partage le sort, qu'il y en ait un qui cite de moi
« un discours, un écrit, un fait contraire à ce que j'avance,
« qu'il le prouve et je me reconnais coupable.

    « Et c'est moi que l'on transforme en conspirateur, en
« séditieux, en homme avide de sang, en ennemi de la patrie !
« S'il est des personnes qui aient pu m'en accuser, ce sont-
« elles qui le croient le moins ; j'en appelle à leurs consciences,
« si la vérité peut s'y faire entendre encore.

    « Mais pour opprimer des hommes dont les prétentions
« alarmaient, il fallait ébranler l'imagination par la crainte
« d'un complot affreux, il fallait créer des monstres pour faire
« sentir la nécessité de les combattre. Ce ne sont pas des
« crimes qui nous ont perdu, c'est le dessein de nous perdre
« qui fit nos crimes, il a fallu nous calomnier pour nous punir.
« Et ces citoyens qui durant leurs dissensions parlaient tous
« d'humanité, d'indulgence, de support, d'équité ; ces soutiens
« de la liberté n'ont pas dédaigné de prendre pour eux les
« leçons qu'un tyran donnait à son fils pour retenir sous son

« empire de nouveaux sujets, ils ont abattu les têtes des pavots
« qui s'élevaient au-dessus des autres.

« Mais voyons cet édit où se trouve notre sentence. Qui a
« été notre juge ? le souverain. Et ce juge a-t-il entendu les
« témoins ? A-t-il vu les dépositions, les faits qui nous accu-
« sent, les pièces qui les prouvent. Non ? Et l'on n'a pas craint
« d'avilir le souverain en le faisant décider sans connaissance,
« et l'on charge la conscience de ceux qui le composent de la
« condamnation de huit de leurs compagnons qu'on accuse,
« mais dont on ne justifie point les accusations ! On oublie les
« principes du gouvernement, ceux de la justice criminelle,
« ceux de la religion ; on fait du législateur un juge et un
« juge aveugle qui prononce sur des préventions, sur des
« soupçons, sur des craintes vagues et cela parce qu'on crai-
« gnait de ne pas trouver coupables ceux que l'on voulait
« bien redouter, ceux qui alarmaient l'esprit de domination.
« Monsieur, je me tais sur les conséquences qui résultent de
« ceci. Et quelles sont ces accusations ? Moi, j'ai fait des
« machinations pernicieuses ; j'ai annoncé par mes discours,
« par mes démarches des desseins de violence ; j'ai voulu
« m'opposer au cours de la justice ; j'ai fait, j'ai répandu
« des écrits séditieux, remplis de faits faux et d'insinua-
« tions calomnieuses ; j'ai tenté de corrompre la fidélité des
« sujets de l'Etat : Monsieur, je dois vous sommer de
« prouver ces faits ; montrez que j'en ai commis un seul et
« je veux être puni comme coupable de tous. Mais si
« vous ne pouvez apporter des preuves, s'il n'en existe pas
« pour des crimes imaginaires, quel nom voulez-vous que
« je donne à ceux qui font du souverain l'organe du men-
« songe, qui font parler aux lois le langage du plus lâche
« calomniateur.

« Je suis donc déclaré criminel de lèse-majesté au premier
« chef : pourriez-vous, Monsieur, m'apprendre ce que c'est
« que ce crime à Genève ? Je crains bien qu'il n'y soit
« comme sous le tyran Tibère le crime de ceux qui n'en ont
« point commis, je crains bien que ce ne soit celui d'être le
« plus faible. S'il existe dans vos murs de tels criminels, je
« dirai, et tout homme juste le dira après moi, ce furent ceux
« qui ne craignirent pas de violer la loi pour opprimer leurs
« compatriotes, qui les massacrèrent de sang-froid, qui
« aimèrent mieux porter le poignard dans le sein de leur
« patrie, exposer ses enfants à s'égorger les uns par les

« autres plutôt que de partager avec leurs frères quelques
« prérogatives.

« Et vous pouvez sans rougir nous vanter votre odieuse
« clémence, vous avez pu vous flatter que nous la reconnaî-
« trions jamais! Non, elle n'est dans vous qu'une injustice de
« plus ; elle n'est pas ici la crainte d'avoir à punir des cou-
« pables, elle est celle de trouver des innocents.

« Vous avez eu, dites-vous, la satisfaction de voir que le
« plus grand nombre des natifs s'est montré fidèle et obéissant.
« Faites-moi la grâce de m'apprendre comment vous avez pu
« distinguer les *fidèles* et les obéissants de ceux qui ne
« l'étaient pas? Ne sont-ils pas tous soumis à vos ordres
« portés même par des hommes qu'ils regardaient comme
« leurs ennemis? Armez-vous ou rendez vos armes, leur disait-
« on, et ils se sont armés ou ont rendu leurs armes. Ceux
« qui pensaient qu'en donnant la mort à quelques bourgeois
« qui les en menaçaient, ils usaient de représailles et n'exer-
« çaient qu'une vengeance juste, ne retirèrent-ils pas leurs
« armes au moment qu'un magistrat le leur ordonna. Ceux-
« mêmes que vous avez *enjoint de se retirer incontinent* et
« qui n'étaient pas déjà détenus, ne se sont-ils pas rendus à leur
« quartier, n'ont-ils pas obéi comme les autres? Où sont donc
« les rebelles? Et vous avez pu vous exprimer ainsi dans un
« édit, et dans un édit où vous nous reprochez des écrits rem-
« plis de faits faux et d'insinuations calomnieuses!

« Lorsqne vous obligez les natifs à jurer qu'ils seront fidèles
« à l'État, obéissants aux magistrats, vous les forcez à se
« calomnier eux-mêmes; et lorsque vous voulez qu'ils jurent
« qu'ils seront soumis spécialement au présent édit, vous pro-
« fanez la sainteté du serment. Quoi! vous voulez que des
« hommes persuadés que leurs prétentions étaient justes, légi-
« times, utiles au bien de la patrie, les regardent comme
« absurdes, chimériques, pernicieuses, parce que vous décidez
« qu'elles sont telles! Vous voulez qu'un commandement des-
« potique amène la persuasion dans des matières de discussion
« et de raisonnement et sur des hommes que vous n'osez
« appeler des sujets! Vous voulez qu'ils regardent comme
« atteint d'un crime capital celui qui parlera de ce qu'ils ont
« été, de ce qu'ils sont, de leurs droits, de vos injustices,
« vous voulez qu'ils signent l'exil de huit compatriotes de leurs
« amis, d'hommes qu'ils savent innocents, qu'ils les recon-
« naissent criminels lorsque tout leur crime est d'avoir voulu

« les servir ? Vous les forcez de le faire, ou de renoncer à
« leur patrie, à leur famille, à leurs liaisons, à leurs établisse-
« ments; et vous appelez cela des lois équitables, l'exer-
« cice d'une autorité légitime? Et ce sont là les *armes* dont on
« se sert pour combattre un système absurde, lorsqu'on se
« vante d'avoir pour soi tout le poids, toute la force des rai-
« sons, toute l'autorité des preuves? Et vous voulez que
« l'homme désintéressé ne soupçonne pas que toutes vos rai-
« sons se réduisent à la force?

« Il subsistera cet édit, vous le déclarez perpétuel, et c'est
« tout ce que pouvait désirer notre vengeance. Il ira attester
« à la postérité qu'il est l'ouvrage de la passion et de la vio-
« lence; il conservera les noms de ces victimes innocentes de
« ce qu'ils ont cru le bien public; il fera désirer de connaître
« les faits qui les justifient; on apprendra comment on leur
« inventa des crimes pour se donner le droit de les opprimer;
« comment on déchira leur réputation sur des soupçons inspirés
« par une haine aveugle; comment on punit en eux des
« desseins qui les eussent assurés de l'impunité, s'ils les avaient
« en effet formés, ou qui du moins eussent fait acheter à leurs
« ennemis le droit d'être injustes au prix de leur sang; il
« apprendra que pour n'être pas punis comme coupables, il
« faut oser l'être; que les natifs ne l'ont été que pour avoir
« faiblement imité ceux qui les insultent aujourd'hui! Il dira
« aux nations quels furent les ennemis de la patrie, ou ceux
« qui désiraient qu'elle ne renfermât plus que des frères
« unis par les liens de l'égalité, ou ceux qui préparèrent sa
« ruine en arrachant de son sein ceux qui aidaient à sa pros-
« périté, en la rendant odieuse à ceux qui y restent encore,
« en la peuplant d'ennemis.

« Car enfin, qu'avez-vous fait? Vous avez les armes à la
« main, vous avez fait des règlements, vous avez dicté des
« lois; mais avez-vous changé les cœurs? Vous en avez arraché
« l'amour de la patrie, vous y avez semé le désespoir, le res-
« sentiment, le désir de la vengeance. Vous les avez divisés
« par la haine et les calomnies. Pouvez-vous vous dissimuler
« que ce qu'éleva la violence peut être renversé par la vio-
« lence? Condamnés à une inquiétude éternelle, vous règnerez
« par la crainte ou vous succomberez sous votre propre fai-
« blesse, vous ferez du Genevois un peuple d'espions, de
« délateurs et d'esclaves, vous ferez d'une ville libre un cachot
« où vos prisonniers épieront le moment où vous serez occu-

« pés de vous-mêmes pour vous accabler du poids de leurs
« fers.

« Je détourne mes regards de ces images affligeantes. Per-
« mettez-moi, Monsieur, de faire encore une réflexion. Il fut
« un temps où réduit à craindre vos concitoyens, vous vous
« éloignâtes de votre patrie. Ils vous accusaient d'avoir attenté
« sur leur liberté, d'avoir corrompu les principes du gouver-
« nement, d'avoir violé les lois, altéré l'indépendance de
« l'Etat: si l'on vous eût jugé alors sur des préventions, sur
« des craintes, sur des soupçons; si l'on eût consulté la
« haine comme on l'a consultée pour nous, vous auriez été
« déclaré *criminel de lèse-majesté au premier chef*, et l'on
« eût appelé cet acte, un acte de justice. Cependant vous
« régnez, vous tenez les rênes de l'Etat, et nous sommes
« proscrits! C'est ainsi que des hommes cruels font à leur
« gré des innocents et des coupables; ils gémiront peut-être
« un jour sur leur triomphe, et c'est en versant des larmes
« sur notre condamnation qu'ils prouveront qu'ils ont encore
« des cœurs citoyens.

« Grand Dieu! c'est moi que l'on accuse d'avoir voulu ren-
« verser ma patrie! moi qui n'en pouvais entendre le nom
« sans une émotion involontaire; moi, qui consacrais à sa
« gloire le fruit de mes veilles, moi qui lors même qu'elle me
« rejettait de son sein, versais des larmes sur elle; moi, que
« son souvenir déchire, dans qui il triomphe encore du désir
« de la vengeance; moi, qui ne puis m'arracher au sentiment
« amer qu'elle n'est plus pour moi! Une consolation me reste,
« j'y laisse des hommes injustes qui m'ont accablé, mais, j'y
« laisse aussi des âmes honnêtes et sensibles, des hommes qui
« m'estiment et me plaignent, des amis: j'aime à me rappeler
« ce moment où je jouis des regrets de ceux-mêmes qui
« venaient de me condamner, où ils confondirent leurs larmes
« avec les miennes, m'ouvrirent leurs bras, me pressèrent
« pour la dernière fois contre leur sein. O mes amis! je ne
« vous oublierai jamais, puissiez-vous être heureux, puissiez-
« vous mériter votre bonheur! C'est le dernier vœu que forme
« mon cœur.

« Pardon, Monsieur, j'oublie que c'est à vous que j'écris:
« je rendrai ma lettre publique, mon jugement l'a été, ma
« défense doit l'être: j'attendrais cependant quelques jours
« pour savoir si l'on ne daignera point m'apprendre sur quelles
« preuves on m'a jugé. J'espère entrer dans de plus grands

« détails sur ceux qui partagent mon sort, sur moi, sur les
« causes de la révolution dont nous avons été les victimes ;
« mais je laisserai au temps à calmer l'agitation que ce sou-
« venir me cause, je veux pouvoir dire la vérité sans passion,
« et s'il est possible sans intérêt personnel.

« J'ai l'honneur d'être, Monsieur, avec toute la consi-
« dération que vous méritez par votre âge, vos lumières, vos
« vertus,

« Votre très humble et très obéissant serviteur.

« Jean-Pierre Bérenger.

« Tônex, ce 12 mars 1770. »

Le premier syndic *Cramer* soumit cette lettre au Conseil
qui, dans sa séance du 14 mars, estima qu'elle contenait l'aveu
et l'approbation d'un système tendant à la destruction de la
Constitution de la République et la confession d'ouvrages ayant
contribué à persuader ce système et à exciter le mouvement
dont la ville a été agitée de la part des natifs. Cela seul,
ajouta le Conseil, peut suffire pour justifier l'expulsion du dit
Bérenger et de ses sectateurs. Puis le Conseil avisa que quant
à présent il n'y a rien à faire et qu'il suffit d'envoyer copie de
cette lettre au Ministre de la République à Paris.

Dans l'intervalle nécessité pour cette transmission, la lettre
de Bérenger était imprimée à Versoix et répandue dans la
ville. Le Conseil s'en montra si vivement froissé qu'il résolut,
en séance du 9 avril 1770, de communiquer l'imprimé de
Versoix au Procureur général pour obtenir ses conclusions.

Ces conclusions furent défavorables à Bérenger.

Le 10 avril, lecture est donnée en Conseil de l'imprimé de
Versoix (1). Sur le vu des conclusions du Seigneur Procureur
général, l'avis, en deux tours, a été de condamner le dit
imprimé à être lacéré et brûlé par l'exécuteur de la haute
justice devant la porte de l'Hôtel de Ville, comme un libelle

(1) *Mémoire justificatif pour les natifs de Genève*, in-8°.

outrageant le Petit, Grand et Général Conseils de la République, calomnieux envers les citoyens et bourgeois, et dans lequel l'auteur paraît n'avoir d'autre but que de ramener le trouble et le désordre dans l'État. Suit, après cette sentence, la formule d'usage d'expresse inhibition et défenses aux libraires, imprimeurs, colporteurs, etc.

. . . .

Comme on le voit, Bérenger ne fut pas plus ménagé que Jean-Jacques Rousseau et cela pour avoir simplement réclamé et soutenu l'attribution en faveur des natifs de l'égalité des droits politiques.

* * *

L'émigration des natifs à Chêne, Ferney et à Versoix jeta l'épouvante dans Genève. Aussi voyons-nous le Conseil de Genève aviser aux moyens de la prévenir. Le 14 mars 1770, il déclarait que l'article du règlement qui défend aux ouvriers de s'établir en pays étranger plus près que de trente lieues, sous peine de cassation de maîtrise et de mille florins d'amende, sera exécuté. Le Conseil reconnut ensuite « que tout moyen « violent irait à contre-fins, qu'on ne doit employer que des « moyens doux, qu'on doit faire ses efforts pour procurer des « bons traitements aux natifs de la part des bourgeois et qu'il « convient d'accélérer à cet effet la publication qui fut résolue « le 12 de ce mois. »

Les 12 et 13 mars, le Conseil délibère sur la restitution des pistolets saisis sur les natifs ; le 20 même mois, il transmet au Ministre de la République à Paris une *Lettre anonyme d'un natif* qui présente des réflexions sur l'édit du 22 février, les suites qu'il peut avoir, un pronostic des conséquences de l'établissement de la ville de Versoix, enfin, un projet d'arrangement pour remédier aux maux dont se plaignent les natifs.

Le 30 mars, il envoie un Seigneur Auditeur à Chêne pour rassurer les natifs au sujet de ses dispositions à leur égard.

Les natifs et leurs partisans disséminés autour de Genève représentant un groupe de sept cents personnes se montraient fermes et résolus. Les chefs exilés, réunis à Versoix, exprimèrent leur vœu par une *Lettre circulaire* adressée au Conseil et qui, imprimée à Versoix, fut répandue dans la ville, toujours au grand désappointement du Conseil. De l'enquête ordonnée, il résulte que ce document a été introduit à Genève par la fille *Dejean*, hôte du *Logis-Neuf* de Sécheron ; on en saisit un certain nombre d'exemplaires chez une femme *Duchêne* et chez un sieur *Bosson*. Ce dernier les tenait d'un nommé *Daloz*, domestique de M. de Voltaire Tous ces exemplaires furent remis en chancellerie pour y demeurer supprimés.

Le 30 mars, cette *Lettre circulaire* est lue en Conseil, déférée au Procureur général, puis condamnée à être lacérée et brûlée par l'exécuteur de la haute justice devant la porte de l'Hôtel de Ville « comme un libelle séditieux, contenant des maximes « et des prétentions déjà manifestées dans plusieurs ouvrages « condamnés et flétris comme tendant à détruire la Constitu-« tion, lesquelles ont été spécialement proscrites par l'édit du « 22 février dernier, dans lequel libelle les auteurs avancent « des faits faux et publient des calomnies atroces, tant contre « le Conseil, que contre un tribunal respectable et contre les « citoyens et bourgeois. »

D'autres écrits publiés par les natifs eurent la même destinée, c'est-à-dire *lacérés, bâtonnés*, puis *brûlés;* les moins importants étaient simplement saisis et supprimés. Outre ceux indiqués dans cette notice, les registres du Conseil nous ont fourni cette nomenclature :

Chansons en forme de dialogues, imprimées, condamnées le 10 janvier 1770.

Le Citoyen exilé ou l'*Exposé des procédures et d'un jugement unique de l'esprit duquel dérive l'origine des troubles présents et à venir de la République de Genève*, imprimé à Versoix, dite la Nouvelle-Choiseul, 1770, signé par Jean Bacle (in-8°, 128 pages), brûlé le 16 mai 1770.

Edit de la République de Genève, pour servir d'éclaircissement au présent édit, 1770 (in-12, 39 pages), brûlé le 11 juin 1770.

Mémoire justificatif pour les citoyens de Genève connus sous le nom de natifs, avec cette épigraphe :

> La loi dans tout Etat doit être universelle
> Les mortels quels qu'ils soient sont égaux devant elle.
>
> (VOLTAIRE. *Poème sur la loi naturelle*, partie 4, 1770.)

Ce mémoire est signé *Bovier*, avocat au Parlement de Grenoble (151 pages, in 8°), brûlé le 3 juillet 1770.

La Vérité développée ou *Réplique à l'auteur de la Réponse aux remarques*, etc., par Goudet, bâtonnée et lacérée le 2 avril 1777.

Eloge de l'appel, par un ancien natif devenu citoyen, lacérée et brûlée le 25 mars 1777.

Lettre d'un natif à un bourgeois de ses amis, lacérée et brûlée le 19 avril 1777.

Dialogue entre un bourgeois représentant et un natif, lacérée et brûlée le 19 avril 1777.

Plaidoyer du S Du Roveray*.

Examen politico-patriotique, par Jacques-Daniel *Berlie*, lacéré et brûlé le 12 mai 1777.

Lettre de M. P. à M. le P. V., lacérée et brûlée, 1778.

Premier coup d'œil ou *Notes sur la déclaration de prétendus constitutionnaires*, du 9 novembre 1780, lacérée et brûlée le 4 décembre 1780.

Le Postillon de la liberté, lacéré et brûlé le 25 mars 1780.

Mes Vœux ou *les Etrennes du Magnifique Conseil à la patrie pour l'année 1781*, lacérée et brûlée le 3 février 1781.

A Monsieur le Général de la neutralité mensongère de la Ville et République de Genève, lacérée et brûlée le 23 juin 1781.

Catilinaire moderne suivie de notes historiques, 10 juin 1781, lacérée et brûlée le 25 juin 1781.

Les Ressources de la politique, lacérée et brûlée le 20 août 1781.

Dialogue sur l'ostracisme et les questions du jour, 27 septembre 1781.

Divers libelles recherchés, imprimés à Carouge, chez Jean *Thomas.*

Réflexions d'un citoyen patriote sur le projet de conciliation du M. P. Conseil, 1781, supprimée.

Remarques d'un citoyen sur la réponse du Magnifique Conseil, du 18 mai 1781, supprimée.

Réponse à la seconde lettre à un natif représentant, 8 juin 1781, supprimée.

La Brochure sans titre, supprimée.

Requête Rillet, Théodore, adressée au Magnifique Conseil des Deux-Cents, supprimée.

Réquisitoire du Procureur général (10 août 1781), impression interdite.

Une brochure qui ne doit pas être attribuée à Bérenger est la *Réponse* que fit le *Cercle de la Liberté* le 4 octobre 1781. Elle est signée B., secrétaire (brochure in-8°). Le procès-verbal de la séance du 12 octobre relate un verbal du sieur auditeur Argand, du 9 octobre, au sujet de la perquisition qu'il a faite inutilement de ce libelle, et la condamnation de cette publication à être lacérée et brûlée devant la porte de l'Hôtel de Ville par l'exécuteur de la haute justice, comme étant un libelle infâme et calomnieux, attentatoire à l'honneur des Conseils, et contenant des personnalités odieuses contre des personnes respectables et un grand nombre de particuliers. Arrêté de plus que l'information pour découvrir les auteurs, imprimeurs et distributeurs, sera continuée.

Cette brochure doit avoir été écrite par Abraham-Gédéon *Binet*, auteur d'un imprimé intitulé : *Très humble et très respectueuse Représentation*, adressée aux Seigneurs Syndics par A.-G. B., que le Conseil condamne à la suppression le 26 mars 1781.

Bérenger fut malmené dans une *Réfutation anonyme au Mémoire des citoyens de Genève connus sous le nom de natif.* Cette réfutation, due à la plume d'un de ses violents adversaires, fut imprimée à Genève. Elle porte la date du 30 mai 1770 avec ce titre : *Lettre d'un citoyen de Genève à l'éditeur de la « Gazette de Leyde »* (64 pages in-8°). « Le men-« songe, dit l'anonyme réfutateur, passe souvent pour vérité « à travers les brillantes antithèses ; c'est en quoi M. Bérenger « paraît très ingénieux. » — Puis il continue sur ce ton non moins aigre : « Chacun de ses écrits a porté un coup funeste « par la raison même qu'ils venaient de lui et qu'on le suivait « comme un vrai prophète, sans examiner les faux titres de « sa mission, en les comparant avec l'inconséquence de ses « principes. Sa lettre du 10 août 1769 à M. J.-André de Luc « est peut-être de ses écrits celui qui a fait le plus de mal. On « lit cette phrase à la pénultième page : « On méprise peut-« être leur faiblesse (des natifs), mais ceux qui sont faibles « aujourd'hui peuvent ne pas l'être demain. » C'était leur dire « indirectement : Profitez de la sécurité qui vous favorise,

« liez bien votre partie ; le temps est un grand maître, vous
« viendrez à bout de tout. » — Et l'anonyme écrivain pour-
suit : « *Quoique M. Bérenger traite de calomniateur qui-
« conque garde l'anonyme*, j'espère que son autorité n'aura
« pas plus de poids qu'elle ne mérite. J'ai de bons garants ;
« ceux de M. Bérenger ne sont qu'au bout de sa plume; on a
« vu ce qu'on doit en penser. »

Ces lignes acerbes de l'ennemi de Bérenger démontrent
l'importance qu'on attribuait à notre historien dans le camp
opposé ; elles révèlent en même temps la persévérance et la
franchise de celui contre qui elles étaient dirigées et qu'à
tout prix on s'efforçait de vouloir perdre dans l'opinion
publique.

Cet écrit , spécialement dirigé contre la personne de
Bérenger, était l'œuvre d'un magistrat genevois, voilé sous la
personne du sieur Jean-Antoine *Comparet*, secrétaire de la
Bourse française. Le procès-verbal de la séance du Conseil,
du 13 juillet 1770, fait mention du rapport de MM. les syndics *Rilliet* et *Sales*, chargés de l'enquête au sujet de cette
publication, lequel constate l'aveu du sieur Comparet et la
saisie de quelques centaines d'exemplaires de la *Lettre*. La
séance du 20 juillet contient une nouvelle déclaration de
Comparet, au domicile duquel un grand nombre d'exemplaires avaient été trouvés. Il répondit « qu'il pourrait nom-
« mer plusieurs auteurs de ces notes, mais qu'il aimait mieux
« prendre sur lui et s'exposer à la peine de cette faute que de
« les déclarer. »

Comparet fut, séance tenante, condamné à une forte cen-
sure et à trois jours de prison.

Le Conseil a ensuite procédé au jugement de cet imprimé
diffamant *pour le magistrat et pour Bérenger*. Voici cette
curieuse sentence :

« Vu les conclusions du sieur Procureur général, mesdits
« Seigneurs ont condamné ainsi qu'ils condamnent à être
« *supprimé, bâtonné* et *lacéré* comme un libelle, et notamment
« les notes, dans lequel l'auteur, au mépris de l'édit du
« 22ᵉ février dernier et de la publication du 2ᵉ avril suivant,
« imprimée et affichée, *fait des reproches injurieux aux natifs*
« *en général et nommément à quelques-uns d'entre eux, le dit*
« *libelle contenant de plus des insinuations odieuses propres à*
« *inspirer la défiance, à fomenter la discorde et à troubler la*
« *tranquillité publique.* »

(Suivent les inhibitions contre les introducteurs, libraires,
imprimeurs, colporteurs.)

Comme on le voit, les larges idées politiques et philosophiques de Bérenger devaient lui susciter bien des déboires de la
part d'un gouvernement au tempérament aussi vétilleux,
craintif et stationnaire que l'était celui de Genève.

Bérenger, alors retiré provisoirement à Lausanne, consacra
tout son temps aux travaux littéraires, politiques et historiques. Au nombre des travaux composés loin du sol natal, il
faut citer l'*Histoire de Genève depuis son origine jusqu'à nos
jours* (6 volumes in-8°, publiés sous le titre de : *Genève,
1772-1773)*. Cet ouvrage porte pour épigraphe : « *Admiranda
tibi levium spectacula rerum. Georg. Lib. IV.* »

La préface est admirable dans sa grande simplicité. L'auteur affirme son impartialité dans ces nobles paroles :

« Un historien doit être le prêtre de la vérité et cette fonc-
« tion auguste doit lui élever l'âme et lui aider à écarter au
« loin le nuage que les préjugés ou les passions forment
« autour de lui. »

L'apparition des premiers volumes de cet ouvrage philosophique où l'auteur donnait beaucoup plus de développements à l'histoire contemporaine qu'à l'histoire ancienne, mit

en grand émoi le Conseil genevois. Le 14 août 1772, sur le rapport fait que dans la *Gazette de Berne* n° 65, il y a un avis qui porte que M. *Grouner* reçoit des souscriptions pour la nouvelle *Histoire de Genève du célèbre exilé M. Béranger* ; il arrête « d'écrire à nos alliés de Berne pour les prier de « vouloir bien donner des ordres à l'éditeur de la *Gazette* « pour qu'il n'y soit rien inséré qui regarde notre Etat. »

En séance du Conseil du 21 août, lecture a été faite « d'une « lettre de nos alliés de Berne du 17 de ce mois, par laquelle « ils témoignent qu'ils ont été fâchés d'apprendre que le « Gazetier se fut ingéré d'insérer dans sa gazette l'avis dont « le Conseil s'était plaint au mépris des défenses précédentes, « et qu'ils lui ont fait les reproches convenables, lui intimant « de nouveau qu'il ait à s'abstenir de faire insérer dans sa « gazette aucun article relatif à notre Etat. »

Le 22 août, noble Turrettini, seigneur, ancien syndic, a communiqué au Conseil une lettre que M. l'avoyer *Sinner* lui a écrite le 21 de ce mois, qui mande « que le gazetier *Durand* « avait déclaré qu'il n'avait inséré dans la gazette l'avis dont « le Conseil s'était plaint, que conformément à l'avertisse- « ment que le libraire *Teron* lui avait envoyé, et en étant « opiné, l'avis a été que M. le Premier mandera les frères « Teron pour les censurer de la part du Conseil, et noble « Turrettini a été chargé de remercier M. l'avoyer Sinner de « la part du Conseil de son attention. »

Jacques Benjamin *Teron* fut censuré le même jour comme coupable de s'être occupé de la souscription à l'Histoire de Béranger et surtout pour avoir ajouté la qualification de *célèbre* à l'avis envoyé par lui à la *Gazette de Berne*.

Le 5 décembre 1772, le Conseil arrête que l'ouvrage de Béranger, dont on attend la suite, sera déféré au sieur Procu- reur Général. Même décision prise en séance du 15 janvier

1773, avec ordre de *saisie*, pour trois nouveaux volumes d'une brochure intitulée *le Patriotisme*, d'un *Commentaire sur le projet d'Edit* et de toutes autres brochures sur lesquelles les sieurs auditeurs *Jolivet, J.-L. Pictet*, et *Dentand* rapportèrent le 16 janvier et le Procureur Général le 6 février.

Le Conseil apprenant que Bérenger est venu clandestinement à Genève en deux ou trois fois décide que, s'il reparaît, il sera saisi et réduit incontinent dans les prisons (séance du Conseil du 23 janvier 1773.)

Les conclusions du sieur Procureur Général sur l'Histoire de Genève furent déposées en séance du Conseil du 8 février 1773 ; de suite on passa au jugement.

L'*Histoire de Genève* (!) fut condamnée « à être lacérée et « brûlée par l'exécuteur de la haute justice devant l'Hôtel de « Ville comme un ouvrage diffamatoire, contenant un grand « nombre de faits faux ou altérés et calomnieux, tendant à « troubler la tranquillité publique, contraire aux lois de « l'Etat, composé dans le dessein odieux d'inspirer la défiance « contre le gouvernement en représentant l'administration « comme suivant dans tous les temps et constamment au « projet criminel d'usurper les droits du Conseil général, « attentatoire à l'honneur de plusieurs magistrats respecta- « bles et de plusieurs citoyens, outrageant par les traits les « plus audacieux les puissances amies ou alliées de la Répu- « blique et leurs ministres qui lui ont donné des preuves « multipliées de leur précieuse bienveillance. »

(Suivent les expresses inhibitions aux détenteurs, imprimeurs, libraires, colporteurs, etc.)

Ce jugement reçut exécution le 8 février 1773.

Tel fut le sort réservé à une œuvre dont le capital défaut était d'exciter au sein du peuple des idées de réveil que les membres du gouvernement avaient tout intérêt à étouffer dans leur germe (1).

Les familles genevoises de cette époque aspiraient à une aristocratie absolue ; d'autre part la vénérable compagnie des pasteurs, véritable bras séculier, devenait un précieux auxiliaire au maintien du régime sous lequel le peuple genevois était forcé de fléchir. Les uns redoutaient l'explosion des idées philosophiques pour la perte de leurs charges et partant de là celle de leur ascendant sur la masse, les autres combattaient par tous les moyens cette révolution naissante pour les idées de parfaite égalité, dans la crainte qu'elle ne devint fatale à l'autorité ecclésiastique et à certaines croyances religieuses.

Cette situation est dépeinte dans cette maxime d'une *défense apologétique* : « Point de noblesse reconnue *dans nos familles les plus apparentes et point de roture dans celles qui le sont le moins.* » Une brochure qui parut en ce temps d'agitation des esprits avait traduit cette pensée par ce vers satirique :

> *Qu'il soit du haut, qu'il soit du bas*
> *Genevois ne se distingue pas.*

Bérenger avait touché la corde sensible en ce qui se rapportait à la domination des familles de l'ancienne magistrature ; de la plus modeste à la plus élevée elles se targuaient *de leur noblesse héréditaire*. L'écrit *les Penseurs* résumait le sentiment de tous et c'est encore cette pensée qui prévaut aujourd'hui : « Tout le monde sait que *la plupart* de nos familles genevoi-

(1) Etrange parallèle, *les chansons du poète français Bérenger* furent proscrites en 1821. Sur la demande de la Compagnie des Pasteurs, ces chansons furent déférées au Procureur général et, par suite, les libraires genevois prirent l'engagement de ne pas vendre cet ouvrage.

« ses sont très modernes ; que les unes tiennent leur origine
« du commerce et les autres de professions peu honorables,
« et dans le très petit nombre qui datent de plus loin, il en
« est bien peu qui aient des prétentions si saillantes. Tout le
« monde sait encore que la plupart des familles tiennent plus
« ou moins à d'autres familles qui vivent dans l'obscurité du
« travail de leurs mains. »

La *noblessomanie* de divers chefs des anciens novateurs de
Genève et de plusieurs autres membres ou partisans de la
bourgeoisie de cette ville est admirablement dépeinte dans les
Notices biographiques du baron de Grenus, publiées à Genève
en 1849, à l'article E de l'appendice, page 211 et à l'article
F page 213. Cet auteur prouve que les familles de la magistrature de Genève n'avaient point de prétentions nobiliaires
dans le XVIIme siècle et en ont quelquefois manifesté d'exagé-
rées dans le XVIIIme.

On doit maintenant comprendre la raison pour laquelle les
recherches historiques étaient peu favorisées à Genève. Ces
études se mêlaient au mouvement politique en ce que leurs
auteurs voulaient trouver dans les anciens titres des preuves
des antiques libertés et des armes contre les usurpations de
l'aristocratie. Inévitablement, Bérenger dut froisser les sentiments hautains de cette caste, ce qui explique l'intérêt que
l'on prit à faire tomber dans l'oubli son *Histoire de Genève*,
que l'on taxa d'œuvre exagérée, partiale et même mensongère. Ce fut, du reste, le sort réservé à tous les écrits qui
tendaient à instruire le peuple de ses droits politiques ou qui
étaient reconnus comme entachés de philosophie et, comme
tels, dangereux pour les mœurs et la religion (1).

(1) Mademoiselle Octavie *Bourrit*, petite-fille de Bérenger, domiciliée à
Grange-Canal, commune de Chêne-Bougeries, possède le manuscrit de la

Nos historiens modernes les plus éminents ont rendu justice à l'esprit d'impartialité de Bérenger tout en faisant ressortir quelques-unes de ses contradictions contre les abus de l'aristocratie genevoise. Ses reproches, dit *Galiffe*, *(D'un siècle à l'autre)* bien que fondés en principe sont contredits par ceux qui lui échappèrent sur l'intégrité parfaite des magistrats et pour juger sainement la portée de ses écrits démocratiques, il faut voir ceux fort différents dont il les a fait suivre après l'escamotage de Genève par la France révolutionnaire. Après ce jugement, *Galiffe* ajoute : « Les plaintes et les rébellions « de la bourgeoisie genevoise au XVIII° siècle, seraient beau- « coup plus intéressantes si cette classe n'avait pas montré « à l'égard des habitants et des natifs une dureté et un « égoïsme pires encore que tout ce qu'elle avait à reprocher « au gouvernement patricien dont les fautes reposaient au « moins sur des erreurs sincères et respectables. »

Bérenger eut à se défendre contre les attaques du chef du parti des Représentants, François De Luc (1), horloger, membre du Conseil des Deux Cents, auteur de brochures politiques et d'ouvrages dans lesquels il prit la défense de la religion en opposition aux écrits de savants *incrédules*. Une des lettres de Béranger à J.-F. De Luc a été imprimée (2). « Je pensais pas

partie non publiée de l'*Histoire de Genève*. Ces documents, selon indication qui nous en a été fournie dans une lettre du 24 septembre 1882, *n'ont pas été publiés jusqu'ici par discrétion et scrupule à l'égard de certains noms de Genevois vivant encore*. Plus tard, nous dit Melle Bourrit, une publication pourra en être faite ; ces documents sont donc, pour le moment, appelés à rester dans l'ombre.

(1) Né à Genève le 14 mai 1698, mort le 12 mai 1780.

(2) Archives d'Etat de Genève, année 1772, portefeuille V, pièce 12 : Lettre à J.-F. *De Luc*, citoyen et bourgeois de la ville et république de Genève.

« avoir jamais rien à vous dire, je croyais, lui dit Bérenger,
« vous laisser en paix, mais vous parlez de moi d'une manière
« si obligeante, avec un style si léger, avec des préventions
« si honnêtes et une bonté si rare qu'il m'est bien permis de
« me débattre un moment avant que vous m'ayez accablé.

« Je ne vous dirai pas ce qu'on attribue avec votre cher
« concitoyen Rousseau (qui par parenthèse vous aime bien
« autant que je vous aime). Vous voulez la guerre, vous
« l'aurez. Vous cherchez la guerre, je ne m'en étonne pas ;
« vos armes se rouillent durant la paix, et il faut bien les
« aiguiser quelque fois. »

Bérenger riposte à De Luc au sujet de fausses accusations
qu'il a portées contre lui et l'accable ainsi à propos de
son ouvrage « *Observations sur les savants incrédules* ».

« Si vous ne l'aviez pas donné, qui aurait jamais pensé à le
« lire ! Il m'en coûte un remerciement, une visite et il me
« fallut en lire quelques pages; c'était l'acheter assez cher.
« Je ne comprenais rien aux mouvements convulsifs que cet
« ouvrage me donnait, mes bras se raidissaient et s'étendaient,
« mes yeux se fermaient, mon visage s'alongeait, ma bouche
« s'ouvrait, ma tête tombait sur mes épaules : sans doute
« qu'un pressentiment m'annonçait le don d'un ennemi.
« Je m'endormis, et je crus que c'était d'admiration. »

A son adversaire De Luc, Bérenger rappelle cette pensée
de Rousseau : « Je sens dans mes malheurs que je n'ai pas
l'âme haineuse. » « Je le sens comme lui; après avoir dit ce
« que je pense, je pourrais vous voir avec indifférence, je
« pourrais vous tendre la main, dans un mauvais pas, mais
« je n'aurais jamais la force de faire un tour de promenade
« avec vous, car j'ai assisté deux fois à vos sermons du matin
« et c'est beaucoup, c'est trop sans doute pour un homme
« qui redoute les rabâcheurs et les déclamations violentes,

« qui n'aime pas qu'on voie sans cesse des projets de tyrannie
« dans nos magistrats, prouvés par les actes les plus indiffé-
« rents, par un geste, par un regard, par la manière de se
« rendre à sa chaise percée... »

« Vous dites que j'ai assisté à deux de vos exercices de
« dévotion, *machiaveliste*, c'est dire que je pourrais vous
« accabler de plaisanteries et vous marquer d'un ridicule
« ineffaçable, mais quand vous ne m'épargneriez pas cette
« peine, je me tairais encore et c'est être bien charitable
« envers un homme qui l'est si peu. »

Bérenger termine sa lettre en exposant d'avoir été fâché
d'être obligé de prendre carton avec De Luc ; « j'aurais, dit-il,
« toujours respecté votre vieillesse, vos mœurs, des vertus
« que vous avez pratiquées, si vous vous étiez respecté vous-
« même, si vous aviez respecté la vérité et l'infortune. »

Cette lettre de Bérenger du 6 septembre 1772, signée : *Les
citoyens surnommés natifs*, fut transmise au Conseil dans sa
séance du 3 octobre 1772, comme contraire à l'article 2 de
l'édit de 1768, mais ce corps avisa de suspendre de procéder
à son sujet.

* * *

Le mariage de Bérenger fut célébré au Pays de Vaud, en
l'église de Duillier, le 4 juin 1773. Il épousa Antoinette
Lorentz, fille de Gaspard Lorentz (1) (soit *Laurence, Laurent*)

---

(1) Gaspard Lorentz, fils de Jean-Pierre, s'était marié à Genève à Charlotte, fille de feu Gabriel Chatel, citoyen, femme divorcée de Jean Lechaire
(1742, 4 juillet, contrat J. Vignier, notaire à Genève). La liquidation de
son hoirie a été opérée à Genève le 26 décembre 1782 par acte Jean Vignier,
notaire.

Dans les papiers de la famille Bérenger j'ai recueilli divers actes, soit
titres de propriété et de créance, passés en l'étude *Vignier* et en celle de
M⁰ *Binet*.

de.Grossen-Hain, en Saxe, domiciliée à Genève. Ce mariage
ne put être transcrit sur les registres de l'Etat civil de
Genève, eu égard à l'état de l'époux comme exilé. Le registre
du Conseil, séance du 22 mai 1773 mentionne « que M. le
« Premier a rapporté que le nommé *Laurents* était allé chez
« lui pour le prier de signer les annonces de sa fille qui doit
« se marier avec J.-P. Bérenger et il a invité à délibérer s'il
« devait signer ces annonces, et l'avis a été qu'il peut les
« signer, et que le dit Bérenger doit y être dénommé né à
« Genève et qu'il y sera inscrit ; que le mariage ne pourra
« être béni sur le territoire de la République, et qu'au lieu
« des mots de fiancés et annoncés, il sera mis qu'on permet
« la publication des dites annonces. »

Bérenger était alors fixé à Calève, près Nyon ; il y séjournait
encore en 1775, ainsi que le constate un acte Goncerut,
notaire, du 3 août 1775.

L'épouse de Bérenger, charmante personne, avait une
instruction bien au-dessus du commun; ses correspondances
recèlent un délicieux caractère, badin parfois; elles dénotent
l'énergie, la fermeté de cette digne femme que Bérenger
apprécia si vivement aux jours de ses grandes épreuves.

Dans l'une de ses *lettres* d'invitation à une amie, madame
Pellet (1) à Genève, elle lui faisait entrevoir combien les
marques de son souvenir lui étaient agréables; « elles m'ai-
« deront, disait-elle, à supporter notre éloignement ; nous
« nous communiquerons par là nos plaisirs et nos peines.
« Mais tout devient intéressant quand on s'aime; l'on croit
même partager les uns et adoucir les autres en se les
communiquant. Nous aurons ensuite le plaisir de nous

_____

(1) *Pellet*, imprimeur de la République à Genève (bourgeois de Genève
ès 1711).

« embrasser quelquefois ; ton époux voudra bien y consentir,
« c'est à cette seule condition que je lui permettrais de
« m'appeler encore *bougnette* ; fais-le lui bien sentir, afin
« qu'il n'aille pas contrecarrer nos plaisirs quand il nous
« plaira en prendre. Embrasse-le sur le marché, d'abord pour
« toi, parce que tu as le premier privilège et puis pour moi
« parce qu'il est ton époux ; je suis un peu mécontente du
« mien : dans huit jours j'en ai passé quatre sans lui, non
« content de cela il me gourmande ; je crois en vérité qu'il
« est un peu sorcier, car il a beau faire, je l'aime toujours
« plus. Mais mon amitié pour lui n'empêchera pas que je ne
« sente celle que j'ai pour toi et que je m'en occupe souvent.

« Adieu, chère amie, mes amitiés à celui qui doit m'appeler
« *bougnette* conditionnellement. »

La malicieuse *bougnette* prie alors Bérenger d'ajouter quelques mots à sa missive ; il cède au désir si cordialement
exprimé et voici ce qu'il ajoute :

« Et l'on veut que je finisse la lettre et je la finirai avec
« plaisir parce qu'elle a été faite pour vous, parce que vous
« devez la lire et que vous penserez à ceux qui vous écrivent.
« Or, je vous dirai que *mon amie* est un peu menteuse : je ne
« l'ai point gourmandée et je ne suis point sorcier. Je ne sais
« comment m'y prendre, je veux qu'elle ne boude jamais,
« et elle ne veut me bouder, je veux lui faire la mine, elle me
« regarde et je cours la baiser. Oh ! en vérité c'est un petit
« démon ou c'est un ange. Je croirais cependant que c'est le
« dernier et voici mes raisons pour le croire. Les anges sont
« ordinairement des messagers de bonne nouvelle et elle
« semble toujours en annoncer ; ses yeux inspirent le plaisir,
« son souris fait espérer le bonheur et c'est ainsi que doivent
« faire les esprits célestes. Mais pourquoi chercher tant de
« raisons, il suffit d'une seule : elle est votre amie, vous

« l'aimez, vous la regrettez, donc elle n'est pas un être mal-
« faisant. Cela me paraît sans réplique, qu'en pensez-vous ?
« Tenez, cousine, elle est devant moi et je ne sais ce que
« j'écris, ce que je pense ; elle m'ôte l'imagination, ma foi, je
« ne puis voir, ni penser qu'à elle.

« Bonjour, aimez-nous bien, faites nos amitiés à votre
« époux. Je finis ma lettre pour baiser les yeux de *mon amie*,
« c'est mon excuse, elle doit vous faire pardonner à la brièveté
« de votre affectionné serviteur.

« BÉRENGER.

« *Mon amie* vous prie de visiter souvent mama et si je
« pouvais ajouter du poids à cette prière, je vous en prierais
« aussi. »

Bérenger fixé à Calève, près Nyon, de 1773 à 1776, devint
un intime ami du docteur en droit Jean-Marc-Louis Favre (1),
en résidence à Rolle, personnage qui se fit la réputation d'un
jurisconsulte sage et éclairé et qui s'attacha à Frédéric-César
de La Harpe comme un véritable conseiller et l'un de ses plus
actifs correspondants.

Grâce à la bienveillance de M. Charles *Vittel*, l'un des
administrateurs de la bibliothèque de la ville de Rolle, trente-
neuf lettres de Bérenger nous ont été communiquées et nous
ont fourni de précieux renseignements sur la vie de notre
concitoyen pour la période de 1773 à 1782. — Il s'occupait,
paraît-il, d'une entreprise d'imprimerie pour la production
de divers travaux politiques et scientifiques. Cette entreprise
comptait un certain nombre d'intéressés au nombre desquels
était l'avocat Favre. De Calève, le 14 décembre 1773, il lui

---

(1) Né à Rolle le 10 février 1733, d'Elisée Favre et de Jeanne-Louise
Dufresne, mort en 1793.

expédie, outre d'anciens actes, une copie d'un manuscrit de
M. *Chouet* Jean-Robert (1), écrivain genevois qui fournit à
Spon la plupart des matériaux pour son *Histoire de Genève* ;
le 4 juin 1775, il annonce à M. Favre qu'il a reçu les *Associés
typographes* et les lui adresse pour le règlement de ce qui le
concerne. « Je désire, ajoute Bérenger, le bien commun de la
« Société, je n'exige rien d'elle que ce que votre équité vous
« dictera. Je serai fâché de faire mon bien à ses dépens et je
« n'en jouirais avec plaisir qu'autant qu'elle trouvera des
« des avantages dans le mien, et que j'en trouverais dans le
« sien, autant du moins que cela est possible dans la société
« politique. »

Toujours de Calève, du 12 décembre 1775, il signale à son
ami Favre ses rapports avec *Reverdil* (2) Elie-Salomon-Fran-
çois, qui devint précepteur des princes de Danemark et dont
l'aîné, devenu roi sous le nom de Christian VII, créa cet ami
de Bérenger Conseiller d'Etat et secrétaire de son cabinet
particulier. Reverdil fut, dans la suite, lieutenant baillival
de Nyon en 1788 et occupa diverses charges publiques. Dans
cette longue missive, Bérenger s'exprimait ainsi sur sa
situation :

« Je consentirais volontiers à n'être jamais rien dans le
« Pays de Vaud si cela ne jetait de l'incertitude dans mon
« établissement et mes projets mais je ne puis couper sans
« imprudence les fils qui pourront m'attirer ailleurs tant que
« je ne serai pas sûr de mon état dans ce Pays...

« Mais pourquoi s'opposerait-on à ce que je me fixasse

---

(1) Ancien syndic, né à Genève le 30 septembre 1642, mort le 17 septembre 1731.

(2) Il était fils du secrétaire baillival Urbain Reverdil, naquit à Nyon,
le 19 mai 1732 et mourut à Genève le 4 août 1808.

« ici par une bourgeoisie? Me peut-on croire un homme dan-
« gereux? Qu'importent mes principes si je ne les répands
« pas, si je vis solitaire, si je me borne aux soins de mon
« état et de ma famille. Or c'est là ma manière de vivre
« et la seule qui me plaise. Craindrait-on mes écrits ; mais
« en me fixant dans le Pays, c'est m'obliger à ne pas en
« heurter les préjugés, les maximes, les lois ; c'est me
« rendre moins dangereux s'il est possible que je puisse
« l'être. Si j'étais en France, par exemple, je pourrais plus
« librement écrire sur les aristocraties, sur les Gouverne-
« ments en général, sur celui de Berne en particulier. — C'est
« tout ce qu'on peut craindre de moi, mais c'est ce qu'on a
« plus à craindre quand je ne serais pas établi dans ce Pays.

« Et puis, plus je me tâte, et moins je comprends comment
« je puis être à craindre, mais il ne faut pas raisonner quand
« on n'est rien, il faut se soumettre. Eh bien je me tais.

« Je n'ai point montré le portrait de Sophos à son original,
« il ignore qu'il existe ainsi que le roman dans lequel il est
« enchassé. J'aime à rendre justice à mes amis dans le silence
« de ma solitude, mais non à les instruire. Je me flatte que
« vous voudrez bien que je vous range parmi eux, j'en aurais
« plus de plaisir à les faire passer en revue. »

Comme on le voit par la lettre qui précède, l'exilé Bérenger
fit quelques tentatives pour obtenir la bourgeoisie d'Etats
voisins. (1) De 1773 à 1777, ses correspondances avec M. Favre
relatent qu'après ses démarches à Lyon et à Paris, c'est en
Suisse qu'il voyait un état plus sûr et le meilleur pour lui.
Berne n'accéda pas à sa demande en bourgeoisie vaudoise. —

(1) Lettres à M. Favre des 23 septembre, 28 novembre 1773, 25 janvier
et 4 juillet 1776, 22 novembre 1777. Bérenger eut à cette occasion de
nombreuses correspondances avec M. Tscharner et Schmidt et d'autres
personnages.

Bérenger, fixé à Lausanne, songeait à retourner à Calève ou à se fixer à Neuchâtel avec l'espérance d'y être admis.

Une brochure qui parut en 1780 ayant pour titre : « *Voyage de Galeg dans la ville de Yenef à Sindif,* » fut tour à tour attribuée à Bérenger et à l'avocat Favre, de Rolle Elle n'était cependant pas leur œuvre. Bérenger signale l'apparition de cet écrit et les suppositions auxquelles il donna lieu dans, une lettre du 16 décembre 1780. Sans en nommer l'auteur, il désigne M. de Végobre comme ayant écrit l'introduction. C'est donc par erreur que cette brochure figure à l'avoir des travaux de Bérenger dans l'intéressant *Dictionnaire biographique des Genevois et des Vaudois,* d'Albert *De Montet.*

L'exil auquel était astreint Bérenger devint pour lui un supplice d'autant plus rigoureux qu'il portait un intérêt suivi aux destinées du pays et qu'il se trouvait séparé de ceux auxquels il vouait une affection sans égale. Vers la fin de 1774, il pensa que le moment était propice pour obtenir une réhabilitation. De concert avec les sept exilés de l'édit de 1770, le 28 novembre 1774, il adresse au Magnifique Conseil une lettre datée de Versoix, pour le prier de proposer au Conseil souverain la suspension de la loi qui les condamnait jusqu'à ce qu'un examen impartial, fait dans les formes juridiques, ait prouvé qu'ils méritaient d'y être soumis. Ils exposaient qu'ayant été condamnés sans avoir été entendus, ils pouvaient avoir recours à la loi qui accordait cinq ans pour purger la contumace.

Le conseil de Genève, qui délibéra sur cette lettre dans sa séance du 7 décembre 1774, fut d'avis de n'avoir aucun égard à son objet et arrêta de n'y faire aucune réponse. Puis le 21 même mois, le conseil donne comme extension à sa décision de mettre un R. majuscule au dos de la requête, comme marque de *Refus* et d'en garder copie.

De Lausanne, le 16 novembre 1777, où il se trouvait en convalescence, Bérenger annonçait à M. Favre que des citoyens de Genève sont venus lui rendre visite, qu'ils lui ont témoigné tant de regret de ne pas le voir rendu à sa patrie et qu'ils lui en ont montré la facilité pour y rentrer. J'arrangeai une requête, dit Bérenger, telle qu'elle pouvait satisfaire les gens raisonnables sans heurter mes sentiments, et en l'envoyant, je les priai de voir la disposition des esprits. Ils les trouvèrent bien disposés; le premier syndic dit à la personne qui le consulta qu'il se ferait un grand plaisir de me servir sur ce point; d'autres membres du conseil y parurent disposés et les citoyens l'étaient. J'avais donc lieu d'espérer quand la commission s'est rompue, les mécontentements renouvelés et la défiance devenue atroce. Dès lors on s'est trop occupé de ces débats pour que je pusse m'attendre qu'on s'occupât de moi.

* *

De 1775 à 1779, Bérenger donna des leçons, collabora à quelques journaux, fit d'innombrables traductions pour son compte et pour celui de publicistes à l'étranger.

Il publia une géographie de *Busching*, abrégée dans les objets les moins intéressants, augmentée dans ceux qui ont paru l'être, retouchée partout et ornée d'un précis de l'histoire de chaque état. Cet ouvrage imprimé à Lausanne en 1776, chez la Société typographique, forme douze volumes in-8°. On doit conserver les ouvrages enfantés par le génie : il faut multiplier les ouvrages utiles, et tel était celui du géographe Antoine-Frédéric *Busching* que Bérenger rendit populaire en diminuant sou étendue, en l'améliorant, en le perfectionnant. Bérenger avait une haute idée de la science géographique si utile au militaire, au commerçant, au navigateur, au politique.

Il avait le sentiment que l'ouvrage de Busching méritait d'être recherché parce qu'il était plus étendu, mieux rempli que ceux alors connus sur la matière; il ajoute aux vérités, disait-il, il retranche aux erreurs de ceux qui le précédèrent : il est le fruit d'un long travail, du bon sens éclairé : on y voit de l'ordre, de la sagesse dans le choix des auteurs qu'il suit comme dans ses réflexions, de l'exactitude dans les descriptions de ce qu'il a vu lui-même ; c'est enfin le meilleur livre de géographie qu'on ait eu encore.

La traduction de Bérenger fut critiquée sur plusieurs points par l'auteur d'une édition traduite de l'allemand, tirée à Strasbourg en 1785, parce que Bérenger, en vue de jeter plus de clarté et plus d'intérêt sur son œuvre, avait fait précéder la description de chaque État d'un tableau du gouvernement régnant, avec un précis rapide des révolutions qui ont fait l'État ce qu'il était au moment de la publication.

Bérenger collabora à un remarquable travail de Busching, la « *Description de l'univers,* » publié à Hambourg, en dix volumes, de 1754 à 1792, ainsi qu'à d'autres œuvres de ce fécond géographe qui, né à Stadthagen en Schauenbourg-Lippe en 1724, mourut à Berlin en 1793.

La Société typographique de Lausanne, déjà citée à l'occasion du séjour de Bérenger, à Calève, comptait plusieurs Genevois parmi ses membres ; citons au nombre de ceux-ci l'avocat *Boin* et *D'Yvernois* alors apprenti avocat. Son directeur-libraire était Jean-Pierre Heubach, à Lausanne.

En relations intimes avec Pierre *Prévost*, physicien et littérateur distingué (né à Genève le 3 mars 1751 décédé le 8 avril 1839), Bérenger fit admettre une série d'articles de son ami dans le journal auquel il collaborait (*Lettre à M. Favre, du 30 mai 1776, Bibliothèque de la ville de Rolle.*) — Parmi ces articles, citons l'*Analyse de Condillac.* A ce même journal correspondait M. *De Luchet* dont la plume n'était pas bien exercée, paraît-il, à en juger par cet extrait d'une lettre de Bérenger, du 16 mai 1766. « Le *Journal* sera maigre cette « quinzaine, M. De Luchet n'a envoyé que des brinborions, la « plupart nés dans les environs de Genève et pour ces brin- « borions, il renouvelle la proposition d'imprimer le journal « à Cassel et de payer pour ceux qu'il enverrait de Lausanne. « On n'est point d'avis d'accepter. »

Dans le cours de l'année 1777, le Conseil de Genève continua la chasse aux écrits appelés séditieux. Les principaux ouvrages ou libelles condamnés furent :

Chansons de Michelin l'aveugle, brûlées le 25 février 1777.

Requête d'un père de famille jugé sans avoir été entendu.

La Vérité développée ou *Réplique à l'auteur de la Réponse aux Remarques*, etc., par Pierre *Goudet*, auteur des *Remarques sur le projet de commission pour la révision des édits politiques, proposée en deux cents le 10 février 1777*, brûlée le 2 avril 1777.

Éloge de l'appel au sens commun, par *un ancien natif, devenu citoyen*, brûlé le 25 mars 1777.

Autre retour des Indes orientales, supprimée le 25 mars 1777.

Lettre d'un natif à un bourgeois de ses amis ; dialogue entre un bourgeois, représentant et un natif, brûlé le 19 avril 1777.

Plaidoyer prononcé le 2 avril 1777 à l'audience du magnifique conseil, par l'avocat *Du Roveray*, en *faveur de Goudet*.

Examen politico-patriotique, brûlé le 12 mai 1777.

Mémoire du magnifique conseil pour le sieur David Pons, *condamné le 29 septembre 1777*.

* *
*

Dans les premiers mois de 1778, Bérenger se rendit à Versailles et fut présenté au comte de Vergennes. Le 4 avril, sur l'ordre du roi, un passeport lui était délivré afin qu'il pût se rendre en Italie par Gênes avec un sieur Trouard. Le passeport est signé par le roi Louis et contresigné par le comte de Vergennes. A son retour en juin, il communiqua ses impressions à M. Favre, de Rolle. Disons à ce sujet que Bérenger était un observateur prenant des idées justes des diverses choses qu'il ne connaissait que d'une manière vague.

Il comptait à son retour venir s'installer à Rolle, son médecin lui ayant conseillé les bains de cette localité, renommés par la vertu de leur eau ferrugineuse, mais il fut retenu à Lausanne par la visite de Marc-Théodore *Bourrit* (1) et son fils qui se rendaient au Grindelwald, puis par celles de plusieurs dames de Genève et de M. Bovier (2).

Le fils de M. Bourrit, Charles, devint le gendre de Bérenger par son mariage avec sa fille Charlotte, célébré en l'église des Machabées, près St-Pierre, à Genève, le 14 décembre 1794.

La mort de Voltaire et celle de Rousseau affecta beaucoup Béranger, mais plus particulièrement celle de son compatriote.

« On me dit que Rousseau est mort, écrivait-il le 13 juil-
« let 1778 (3) : cela peut être et je ne le crois pas encore,
« peut-être parce que je ne le désire pas. — J'ai une sorte de
« vénération pour cet homme là. Ne serait-ce point un men-
« songe officieux pour le mettre à couvert des suites de l'im-

---

(1) Né à Genève le 6 août 1739, décédé dans cette ville le 7 octobre 1819. *Bourrit* fut le compagnon de Horace Bénédict De Saussure dans ses excursions alpestres; en 1793, il comptait parmi les membres de l'Assemblée nationale de Genève.

(2) Né à Genève le 18 février 1772.

(3) Lettres à M. *Favre*, à Rolle, 11 juin, 13 et 19 juillet 1778.

« pression de ses mémoires ? C'est acheter la célébrité un peu
« cher; vous avez le meilleur lot : la sûreté et la paix,
« l'échange des droits que vous pouviez avoir à la gloire
« contre de tels biens est bien avantageux. Je n'ai fait que
« montrer mon nez dans la région qu'habite Rousseau,
« Voltaire, etc..., et j'ai reçu une si bonne nazarde que
« quand ce n'aurait pas été impuissance, ç'aurait été sagesse
« de rentrer dans ma coquille.

Les 19 juillet, il revint sur la mort du philosophe genevois.

« On m'a écrit des détails sur la mort de Rousseau : il prit
« mal à déjeuner, il se promena cependant, admira la
« sérénité du jour, la beauté de la campagne, puis tomba en
« faiblesse ; on le fit revenir, il retomba, perdit connaissance
« mourut un quart d'heure après. On dit que Paris le regrette
« plus que M. de Voltaire, que tous les honnêtes gens se sont
« intéressés à sa perte. — Il avait désiré qu'on l'ouvrît : on
« l'a fait et les causes de sa mort ont paru être la sérosité
« qu'on a trouvée dans son cerveau. On attribue sa mort par
« conséquent à la chute que lui fît faire le chien danois.
« Depuis ce temps, on remarquait qu'il était moins gai. On
« dit que le vol de son manuscrit était un conte, qu'il n'avait
« quitté Paris que pour vivre avec plus d'économie, soin
« auquel l'assujettissait la petitesse de sa fortune. Je crains
« qu'on ne parvienne à ensevelir ses mémoires. J'aimerais
« qu'on pût les mettre en sûreté ».

Bérenger vouait une réelle sympathie au philosophe genevois. Déjà, en 1775, il avait, sous le couvert de Londres,
publié une brochure de 79 pages avec ce titre : *Jean-Jacques
Rousseau justifié envers sa patrie, ouvrage dans lequel on a
inséré plusieurs lettres de cet homme célèbre qui n'ont point
encore paru.*

Quelques appréciations de Bérenger sur Rousseau, trouvent
ici leur place légitime :

« Un homme ignoré qui n'a de talens que la sensibilité de
« son cœur ose prendre la défense d'un homme célèbre et
« malheureux, haï et persécuté des grands, odieux aux faux
« dévots, aux tyrans, à quelques auteurs qui semblent
« craindre que sa réputation ne s'étende en resserrant la leur,
« mais estimé, chéri des hommes vertueux, et libres. —
« Un ami de l'humanité s'intéresse à celui dont elle échauffa
« le génie, dont elle dicta les écrits; ceux à qui la vertu est
« chère peuvent-ils ne pas aimer celui qui la leur rendit plus
« chère encore, qui la peignit avec force, avec ces traits qui
« partent du cœur. »

« Tel est cet homme, dit Bérenger, dont on calomnia la
« vie, après l'avoir semée d'amertumes. Il aima la paix, il
« voulut toujours le bien, sa sensibilité extrême ajouta à ses
« malheurs, elle lui fit partager ceux des autres.

« Rousseau honora l'humanité par son génie et si ses
« ennemis en étaient crus, il l'avilissait par ses sentiments;
« j'ai prouvé qu'ils se trompaient; j'ai offert un nouvel
« examen de l'injustice des jugements humains; j'ai montré
« que des yeux fascinés par la haine jugent mal des hommes. »

Et Bérenger termine son exposé pas ces mots pleins de
dignité : « Si l'homme vertueux m'approuve, tous mes
« vœux sont remplis. »

Nul doute qu'une autre brochure, publiée le 15 juin 1791
à l'occasion du transfert probable des cendres de Rousseau
au Panthéon, et de l'érection projetée d'un monument à
Genève, n'ait pour auteur J.-P Béranger. Cette pièce, imprimée
à Genève, n'est revêtue d'aucune signature, les ressemblances de style tendent à corroborer l'hypothèse qu'elles ont
fait naître. — Elle a pour titre :

« *A la mémoire et à la patrie de J.-J. Rousseau par un
de ses concitoyens.*

Bérenger reproche aux Genevois qu'une nation voisine
gémissant naguère sous le joug du despotisme, sous l'empire
des préjugés, sous le poids des plus révoltants abus, les a
devancés dans une carrière où ils l'avaient cependant précédée. Elle a, leur dit-il, plus fait pour la liberté que vous
ne pensâtes jamais en faire. — Sur le frontispice du temple
consacré aux grands hommes dont la patrie était reconnaissante, cette nation a destiné une place à Rousseau, à ce
véritable ami des hommes qui le méconnurent et ne l'aimèrent que lorsque son cœur flétri par leur injuste haine, ne
pût plus sentir la douceur d'en être aimé ; à Rousseau dont
l'immortel ouvrage sur lequel ses concitoyens voulurent
imprimer une note d'infamie sert de base au grand œuvre de
la Constitution, à Rousseau enfin dont le crime passé fai
aujourd'hui la gloire.... à Rousseau qui vécut et mourut
peut-être victime de la haine de ces hommes qu'il voulut
éclairer et rendre heureux.

Genève ma patrie et la sienne ! ne gémis-tu pas de voir ta
gloire souillée par le décret que tu portas contre lui ! Il ne
suffit pas de l'avoir révoqué en silence, il faut encore le
révoquer à la face de l'Europe entière ; il lui faut une réparation aussi éclatante que l'offense ; il faut même la faire à
tous les hommes libres dont tu offensas le génie tutélaire.

Ne gémis-tu pas d'avoir condamné et livré aux flammes ce
livre dont les principes éternels sont écrits en caractères de
feu dans le cœur de tes concitoyens ? Ne rougis-tu pas de
l'être couverte du voile sacré de la religion dont tu préten-
dais voiler l'injure pour essayer de diffamer ce grand homme ?
de la religion que tu disais insultée, tandis que tu ne songeais
qu'à retarder l'instant où les grands et immuables principes

du droit naturel et politique, éclaircis, consacrés par lui, produiraient une explosion, fatale aux tyrans condamnés, ainsi qu'aux petits despotes, dont la tyrannie hypocrite et concentrée n'en est que plus redoutable et plus funeste.....

. . . .

Laisser subsister l'injure et continuer à se taire, c'est l'approuver; avoir en mains la puissance de la réparer, et ne pas le faire, c'est s'en rendre complice. — Laisserons-nous donc lâchement à la France l'honneur de venger Rousseau de notre ingratitude? Ne lui disputerons-nous pas ce glorieux devoir? Si nous n'eûmes pas la gloire d'y penser les premiers, il est encore beau d'y penser après elle.

Bérenger voulait faire réclamer les cendres de Rousseau.

« Oui nous allons nous réunir, nous allons demander à l'Assemblée nationale ces restes précieux devenus un trésor national, nous allons faire briller notre gloire d'un nouvel éclat en réhabilitant parmi nous sa mémoire.

« O Rousseau ! ta patrie, le lieu de ta naissance que tu rendis à jamais célèbre, où tu passas les premiers jours de ta vie, les seuls hélas ! qui furent heureux, va reconnaître enfin ce qu'elle te doit; le mausolée qu'elle veut t'élever ranimera son zèle pour la liberté, son énergie presque éteinte, et renouvellera en elle le sentiment de son antique vertu ! Eloquent même après ta mort, tu nous instruiras du fond de ton tombeau.

« Pères, mères, enfants, citoyens, tous viendront baiser à genoux le marbre sacré qui couvrira ton corps; nos hommages apaiseront ton ombre chérie ; les hommes libres de tous les climats viendront payer à tes cendres le tribut de leur admiration : nous les regarderons comme le palladium de notre liberté, et ta gloire ne fera plus notre honte. »

L'érection du monument ordonné par le souverain fut consacré par une fête publique et nationale qui n'eut lieu que le 28 juin 1794; le buste placé dans la promenade des Bastions était l'œuvre du citoyen sculpteur Jacquet; la dernière main y fut mise en mars 1795. La promenade des Bastions portait alors la dénomination de *Lycée de la patrie.*

Le monument de J.-J. Rousseau fut détruit en 1815. En 1821, le 30 avril, on y plaça un nouveau buste dû au ciseau du sculpteur genevois Pradier et le 24 Février 1835 on inaugurait la statue du philosophe érigée au centre de l'île des barques qui dès lors changea de nom.

Quant à la mort de Voltaire, Bérenger en parle avec sobriété de détail dans une lettre du 11 Juin 1778. « On me « dit, annonce-t-il à M. Favre, que le corps de M. *de Voltaire* « revient à Ferney, et qu'il est mort de mauvaise grâce. »

Dans cette même lettre, Bérenger, dirige une pointe à l'endroit de l'avocat et littérateur Simon-Nicolas-Henri *Linguet* (1) rédacteur du *Journal politique* et des *Annales politiques,* (on retrouvera plus loin ce nom dans une note concernant l'historien genevois *Mallet-Du Pan*), avec lequel il forma une association. « Vous savez les bizarreries de M. *Linguet* ; « il donne de l'inquiétude à Genève parce qu'il a soupé avec « des Représentants. Je ne le crois pas propre à faire des « sages républicains: lui-même ne s'entend pas trop dans « ses principes de politique et ces principes encore s'allient « mal avec son caractère. »

Le publiciste *Linguet* auteur d'un libelle imprimé contre le

(1) Linguet. né à Reims en 1736, fut emprisonné à la Bastille en 1782, puis exilé. Il obtint des lettres de noblesse de Joseph II et mourut en 1791, victime du Tribunal révolutionnaire de Paris.

Ministre de France, le comte *de Vergennes* avait fait répandre cet écrit à Genève en juin 1777. Le 17 même mois après avoir entendu lecture d'un procès-verbal du Seigneur auditeur *Claparède*, le Conseil de Genève condamna le libelle de Linguet à la suppression.

Cinq ans plus tard, soit le 14 avril 1783, le Conseil interdit au libraire Barde d'annoncer en public l'abonnement pour la lecture aux *Annales politiques* de Linguet, ce journal devant contenir des choses contre le Ministère de Versailles et contre le gouvernement qu'il serait dangereux de laisser rendre publiques.

Le Docteur Favre ayant sa femme dans une position intéressante, Bérenger terminait sa lettre du 11 juin 1778 en le saluant de toute la sincérité de son cœur, lui souhaitant de ne point ressentir les suites du péché d'Adam et d'être aussi heureux qu'il était digne de l'être.

A Lausanne, Bérenger vivait en solitaire relégué dans une petite campagne et toujours renfermé dans sa famille. Ses relations de voyage, divers travaux littéraires ainsi que ses correspondances absorbaient tout son temps. Il s'entretenait fréquemment avec M. Favre de la politique genevoise à propos des divisions entre Représentants et Négatifs. Il s'agit de définir en quoi consiste l'autorité du Conseil général : « Ceux-ci, dit Bérenger, reconnaissent que le Conseil général « est souverain dans toutes les matières qu'on lui porte, et « ceux-là disent que rien ne peut être porté au Souverain qui « n'ait été traité et approuvé par les Conseils. Or, entre ces « deux opinions je ne vois qu'un être métaphysique, un nom « qui les sépare. En voyant les choses de sang-froid, je crois

« qu'il serait bien facile de se rapprocher, » (Lettre du 18 novembre 1779).

L'année suivante, dans sa lettre du 19 mars, la politique semble inspirer du dégoût à Bérenger : « J'ai toujours eu, « écrit-il, plus de plaisir à voir jouer qu'à jouer moi-même. » Il passe aux nouvelles : « Le journal *De Félice* est mort ou « suspendu, j'en suis fâché pour ma part. Je regrette surtout « de n'avoir plus rien du journal de *Rosier* (1), dont je « préférais bien des articles à ceux de cette littérature banale « qui en remplissait au moins le tiers. — Bérenger a colla- « boré à l'*Encyclopédie* soit *Dictionnaire universel raisonné* « *des connaissances humaines*, » imprimé à Yverdon et formant quarante-deux volumes. *De Félice*, Fortuné-Barthélemy, était un publiciste distingué, né à Rome le 24 août 1723 ; il avait établi à Yverdon un pensionnat ainsi qu'une imprimerie qui acquit une réputation européenne. De Félice est décédé le 15 février 1789.

Le 4 avril 1780, Bérenger se réjouit de ce que l'abbé *Raynal* a parlé avec chaleur à des Représentants en faveur des Natifs et contre l'édit de 1770. Ce contentement lui fait tenir ce vigoureux langage : « Je sens que j'aurais pris le « parti du peuple, je n'aime pas les grands, j'en ai vu assez « pour connaître leur orgueil, leurs mœurs, leur mépris « intérieur pour tout ce qui n'est pas grand ou riche comme « eux, j'en ai vu qui cachaient entre eux des faits qu'ils « allaient gravement punir sur un misérable, etc..... Tout « enfin m'a fait désirer non pas que le peuple fût maître,

(1) L'abbé *Rosier*, Jean-François, agronome, fondateur du *Journal encyclopédique*, est né à Lyon en 1734. Curé constitutionnel de la paroisse des Feuillants, il a laissé un certain nombre d'ouvrages de chimie, d'agriculture et de botanique. Il périt écrasé par une bombe pendant le siège de Lyon, en 1793.

« mais qu'il n'en eut pas, que les grands fussent aussi soumis
« aux lois que les individus, qu'ils n'eussent pas trop les
« coudées franches. Si l'on m'élisait pour médiateur je crois
« cependant que je serais juste et impartial, que je ferais aussi
« bien que M. *de Lautrec*, mais je vois qu'il me manque un
« titre et que je n'ai que celui de médiateur de ma famille. »

Puis, Bérenger compare son mode de vivre avec celui de
son correspondant *(M. Favre)* :

« En vérité, mon ami, votre vie est bien vagabonde com-
« parée à la mienne : si je vous faisais l'énumération de mes
« courses pendant une semaine, vous trouveriez que de grand
« matin et le soir j'ai fait un tour de jardin, qu'après dîner
« j'ai été avec ma compagne et mes deux enfants sur une
« roche du Signal, que là pendant que les bambins font des
« maisons de sable, de mousse, nous contemplons le lac,
« nous comptons les chevaux qui passent sur le chemin de
« Berne et nous nous enrichissons en supposant que chaque
« cheval nous rapporte mille francs, que chaque barque à
« la voile nous en apporte deux mille. Quelquefois nous y
« lisons, puis nous nous amusons des amusements des enfants
« et quand nous avons passé ainsi trois quarts d'heure, nous
« revenons, je reprends mon œuvre. Voilà tous mes voyages,
« je ne fais guère celui de la ville qu'une fois par mois, mais
« il faut pourtant que je me secoue un peu : une vie trop
« sédentaire m'appesantit ; je ferai ma tournée ordinaire dans
« quelque temps et alors je pourrai vous faire une visite qui
« ne sera ni de deuil, ni d'intérêt, ni de nouvelliste. »

Les nouvelles de Genève ne sont pas abondantes, selon
Bérenger. Le 19 juin 1780, il parle de *Cornuaud* qu'on lui dit
avoir été houspillé dans deux brochures ; l'une le fait un peu
grossièrement, l'autre avec plus de sel. Il déclare n'avoir rien
vu de tout cela et n'en pleure pas. En septembre, c'est le

procès de *Rilliet* qui occupe tous les esprits et Bérenger ajoute
à cette nouvelle : « *Cornuaud* cependant, l'infatigable *Cor-*
« *nuaud*, y a toujours, dit-on, une diarrhée effroyable de
« brochures. L'odeur n'en vient point jusqu'à moi. (Lettre du
30 septembre 1780).

C'est en novembre de cette année, qu'ensuite de procédés
dégoûtants de malhonnêteté, d'accusations bien méchantes,
bien atroces, Bérenger publia une brochure portant sa
signature, sous forme de *Lettre sur les Natifs de Genève*. Il
en reçut des reproches de quelques amis, de Favre en particulier auquel il répondit le 20 novembre : « Je le sens, je ne
« puis le changer et quoiqu'on me fasse, quelque danger que
« je courre, je serai toujours prêt à signer que les Natifs
« doivent être vraiment neutres, que la réélection n'est pas
« une loi sage, que la République est indépendante et que
« ceux qui se refusent à tout accomodement honnête, hono-
« rable, consenti et formé dans le sein de la République, sont
« de mauvais et méprisables citoyens. Lisez-moi, critiquez-
« moi, mais surtout plaignez et aimez-moi. »

Bérenger eut de fréquentes relations avec le statuaire
Etienne-Maurice *Falconnet* (1), élève de *Lemoyne*, et membre
de l'académie des beaux-arts. Il le reçut à son domicile,
l'aida de ses conseils et de ses directions pour la publication
de l'*Histoire de l'art*, œuvre importante qui parut en six
volumes à Lausanne, en 1781. Bérenger appréciait fort cet
artiste. « Il a en effet beaucoup de goût, exprimait-il dans sa

(1) Né à Paris, en 1716, de parents pauvres, devint bourgeois de Vevey.
C'est Falconnet qui exécuta à Saint-Pétersbourg la belle statue équestre
de Pierre-le-Grand. Il est decédé en 1791.

« lettre du 19 juin 1780 à *M. Favre*; il faut l'entendre
« raisonner sur la peinture, la sculpture. Il est très instruit
« et ce qu'il dit, on le sent..... C'est réellement un homme
« estimable et même agréable car il est presque toujours fort
« gai et sa gaîté n'est pas bête, il s'en faut. Je voudrais le
« mener un jour à Rolle mais je ne sais si je pourrais réussir,
« c'est un ours..... »

En septembre 1780, Bérenger parvint enfin à décider
Falconnet à se rendre auprès de M. Favre, à Rolle. Il lui
remit le 27 une lettre ainsi conçue :

« M. Falconnet me demande une lettre pour vous, mon
« ami; c'est un titre pour vous faire une visite : en a-t-il
« besoin? Ce qu'il est lui assure la considération que vous
« aurez pour lui. Il part et je le vois s'éloigner avec un vif
« regret : il est un homme de bien, et sous ce titre il restera
« plus longtemps dans mon souvenir que sous la relation d'un
« homme de génie. Peut-être je ne le reverrai plus, mais je
« m'en souviendrai toujours. Je voudrais le suivre partout
« pour le faire jouir des attentions qu'il mérite. Je n'ai
« pas besoin de vous le dire pour que vous en ayez pour
« lui. »

· · · · · · · · · · · · · · · ·

Bérenger contribua aussi à encourager un de nos historiens
genevois, Mallet-Du Pan. (1) Il parle souvent en sa faveur

(1) *Mallet-Du Pan*, Jacques, publiciste, né à Céligny en 1749, ami
de *Voltaire*, écrivit en faveur de *Linguet*, qui, plus tard, chercha à
l'accabler en 1782. Il fut condamné à mort, par contumace, par le Tribunal
révolutionnaire de Genève, en 1794, comme libelliste, puis fut exclu du
droit de devenir citoyen français en 1798, lors de la réunion de Genève à
la France. Il se retira alors à Londres, où il fonda le *Mercure britannique*. Il mourut chez le comte *Lally-Tolendall*, à Richemond, le 10 mai
1880. — Un autre Mallet (Paul-Henri), historien genevois, se réfugia à

auprès de ses plus intimes relations. Le 16 décembre 1780, il
fit à *M. Favre* l'éloge de son ouvrage «*Idées soumises à l'examen
de tous les conciliateurs par un médiateur sans conséquence*»
(Genève, in-8° 1780). — Bérenger suivait avec attention les
publications de son compatriote sur lequel il porta ce jugement dans une lettre du 12 juin 1781 à propos d'un article
sur *Necker*, inséré dans les *Annales politiques, civiles et littéraires du XVIII° siècle* » que *Mallet-Du Pan* continua sous
le nom de « *Mémoires historiques, politiques et littéraires sur
l'état présent de l'Europe*. « Il me semble, dit Bérenger, que
« s'il peut prendre un style plus châtié, plus facile, un peu
« plus clair ; Mallet deviendra un de nos meilleurs écrivains.
« Je souhaite vivement que le succès l'encourage et le dé-
« dommage. »

L'année 1781 s'ouvrit sous des auspices favorables au retour
de l'exilé Bérenger. Dans une très humble et très respectueuse
représentation des citoyens et bourgeois représentants, remise
aux seigneurs syndics le 24 janvier, ils faisaient ressortir les
conséquences de l'attitude des Négatifs qui leur imposait la
nécessité de détruire, par l'exposition de la vérité, le contenu
de leur réquisition du 12 janvier. Ils reprochaient aux Négatifs d'avoir, dans leurs déclarations du 9 novembre et 7 décembre 1780, osé rejeter sur les citoyens et bourgeois représentants ou sur ceux qu'ils affectaient de considérer comme
leurs chefs contre la connaissance qu'ils avaient eux-mêmes
des faits le blâme d'avoir provoqué une intervention étrangère.

Rolle, tandis que la Révolution s'emparait de ses biens en 1792. Ce
dernier est né à Genève le 20 août 1730 et décédé dans cette ville, le
8 février 1807.

Les pétitionnaires attribuaient aux Négatifs d'avoir été, par leurs menées, la source des mouvements qui troublèrent la République, et ils déclaraient que si l'indépendance de l'Etat est un bien sacré pour tout citoyen, ce n'était pas en la foulant aux pieds que les Négatifs calmeraient les agitations qu'ils avaient fait naître et qu'ils cherchaient à entretenir. Après les importantes considérations soumises au Conseil, ils lui proposaient une incessante amélioration du sort des différents ordres d'individus, que les natifs privés de leur patrie y soient rappelés, que réunis à leurs compatriotes, ils jouissent des mêmes biens conjointement avec les citoyens et bourgeois.

S'il est vrai, disaient-ils, que ce soit aussi là le désir des Négatifs, si cet attachement dont ils parlent n'est point chez eux un sentiment dérisoire, qu'ils cessent de nous repousser par leur conduite tout en nous pressant d'aller à eux, qu'ils cessent de solliciter une intervention étrangère, là où il n'existe de difficultés que celles qu'ils ont suscitées, et que le moindre patriotisme de leur part ferait disparaître ; qu'ils cessent d'invoquer la force, là où les raisonnements les abandonnent ; qu'ils se montrent enfin citoyens. Nous pourrons croire alors à leurs protestations et nous nous efforcerons d'oublier tous leurs torts envers la patrie.

L'intervention désignée par le règlement de 1738 était l'objectif du gouvernement, aussi une nouvelle représentation fut-elle adressée au Conseil le 1ᵉʳ février 1781 par la généralité des citoyens et représentants. Nous sentons, exprimait-elle, qu'il en coûte aux membres du Magnifique Conseil pour combattre des vues dans lesquelles leurs proches, leurs amis, les personnes qui composent leurs sociétés journalières se trouvent engagés. Mais quand ils s'assirent dans ces places qui donnent à leurs opinions un si grand poids sur tout ce qui concerne la chose publique, ils jurèrent de n'avoir devant les yeux que les lois, la justice, la liberté et l'indépendance de la patrie. A quelques désagréments que puisse l'exposer sa fidélité envers elle, le Magnifique Conseil ne peut plus différer de joindre sa voix à la nôtre, pour déclarer qu'il n'existe rien, absolument rien dans l'Etat qui exige une médiation et moins encore un exercice de la garantie.

C'était cette déclaration qu'attendaient la très grande pluralité des citoyens, bourgeois, natifs, habitants et sujets comme une suite nécessaire de la protestation faite par le Conseil à la face de la patrie dans son préambule de projet de conciliation du mois de décembre 1780.

Ces fermes représentations provoquèrent l'édit du 10 février, sanctionné par le peuple, qui par son article 13 au chapitre III contenait cette formule de réintégration des natifs :

« Ceux des natifs auxquels il avait été enjoint de se retirer
« de la ville et du territoire, auront la faculté d'y rentrer et
« seront réintégrés dans leur état de natifs, en prêtant entre
« les mains du Petit Conseil le serment de fidélité à l'Etat, de
« soumission aux lois et d'obéissance aux magistrats. »

Le chapitre IV du susdit édit était réservé au titre *Acte d'oubli* en vertu duquel, pour procurer un entier rétablissement de la paix et de l'harmonie, tout ce qui avait pu être dit ou écrit de répréhensible relativement aux dissensions, était mis dans un entier oubli ; personne ne pouvait être recherché à l'avenir. Dérogation expresse à ces fins était faite aux jugements rendus à cet égard depuis le 18 janvier 1781.

Bérenger fut donc relevé de toute peine et, en ce qui le concernait personnellement, le Conseil en fit la déclaration dans sa séance du 13 février.

Il est intéressant de connaître quelle était, à cette époque, la composition de la population de la cité genevoise. D'après le dénombrement opéré en juin, les rôles des vingt-sept dizaines de la Ville présentent les résultats suivants :

Citoyens ou bourgeois.	2,965
Natifs de tout âge	3,800
Habitants.	1,355
Femmes et filles des citoyens, bourgeois, natifs et habitants	9,805
Simples hommes	1,344
Domiciliés, femmes.	1,212

Étrangers
- Protestants 1,103
- Catholiques romains . 371
- Femmes 246

Domestiques
- Hommes 256
- Femmes 2,276

4,252

Total. . . . 24,733

Bérenger avait donné son approbation aux réformes proclamées par l'édit du 10 février. Il développa dans une brochure de 60 pages, in-8°, ses considérations sur cet acte si important à l'application duquel le Conseil réservait une opposition toute systématique. Cette remarquable publication est précédée d'un avis aux lecteurs : l'idée de la paix dans la patrie en est la note dominante.

Bérenger y combat ce penchant qui existe encore dans les coteries politiques de notre temps, celui de condamner un

parti pour justifier l'autre. Il fait appel aux Genevois de tout
rang et de tout ordre, et les supplie, pour l'amour de la patrie
et d'eux-mêmes, de se souvenir que le principe, l'unique
principe qui serve de base à la liberté et à l'indépendance
d'une petite république, c'est selon tous les hommes de sens
et l'immortel Montesquieu, la *Vérité*.

Il voyait dans cet édit l'union tant désirée des natifs,
des habitants et des sujets de l'Etat aux citoyens ; son effet,
disait-il, ne blesse point les riches, les familles respectées ou
par leur ancienneté ou par leurs services, car leur intérêt
est devenu le même que celui de tous les autres individus de
l'Etat.

L'édit maintenait, conservait, ranimait l'esprit national.
Quand cet esprit national n'existerait plus à Genève, il faudrait
l'y faire revivre, car, selon Bérenger, c'est l'esprit vraiment
conservateur de l'Etat et plus il y a de causes qui tendent à le
détruire, plus on doit lui donner de nouveaux appuis. Bérenger
ne ménageait pas ses riches adversaires ; déjà la plus grande
partie d'entre eux ne sont plus Genevois, pour ainsi dire ; ils
tâchent d'atteindre à l'amabilité, à l'élégance française, ils en
ont les mœurs, le brillant, la légèreté et surtout dans les
manières de voir et leur exemple devient contagieux ; les uns
ne se marient point pour ne pas diminuer leur fortune; les
autres ne se marient que pour l'accroître ; tous en craignent
le partage par le nombre de leurs enfants; ils ne sont plus
ainsi républicains, citoyens, ils veulent être des grands. Et
si l'on n'admet pas des lois dont l'effet soit de répandre plus
d'énergie dans l'âme des autres Genevois, qui encouragent
leur industrie et enflamment cette activité qui crée sans cesse
des ressources à des arts, à un commerce d'économie et fassent
renaître de nouvelles branches au tronc nourricier à mesure
que les révolutions font dessécher et tomber les anciennes, on

ne verra bientôt dans nos murs que des grands et des petits; on n'y verra que la pauvreté rampant autour des fortunes colossales pour s'en alimenter, et aux ressources des âmes *honnêtes* et indépendantes, substituer l'adresse du vicieux et *du bas* flatteur.

Bérenger considérait la misère comme un facteur qui avilit l'âme, et l'opulence comme un facteur qui la corrompt et dans l'intervalle qui sépare ces deux extrêmes, dans cet état moyen, qui est le foyer où s'entretient l'esprit national, l'amour de la patrie, on ne trouvera plus personne, estimait-il, ou du moins trop peu de vrais citoyens pour se faire apercevoir, ou moins encore pour se faire entendre.

Tous les avantages que réunissait l'édit au point de vue des intérêts populaires bien entendus, composaient l'intéressant sujet des considérations de Bérenger.

Cornuaud (1) ne lui pardonna pas cet écrit dans lequel Bérenger, rejetant ses propositions, faisait comprendre aux natifs combien leur union avec les représentants devenait indispensable, parce qu'à ses yeux c'était le parti du pauvre contre le riche, du faible contre le puissant, de l'opprimé contre l'oppresseur et surtout celui la patrie et des mœurs que la liberté conserve en ne reconnaissant d'autres distinctions que celles du mérite. Aux virulentes lettres de Cornuaud des 6, 13 et 20 juin 1781, Bérenger répliqua toujours avec la plus grande dignité et c'est ainsi qu'il agit envers tous ses adversaires. Il savait qu'il avait à redouter des hommes puissants, mais il savait qu'il n'avait rien à craindre des hommes

(1) *Cornuaud*, Isaac, originaire du Poitou, né à Genève le 13 août 1743, fils de Gaspard et de Madeleine *Gaudi*, décédé à Genève le 5 décembre 1820, joua un rôle important comme chef des *Cornualistes*. Son insistance à réclamer l'intervention des puissantes garantes causa l'occupation de Genève a la fin de juin 1782 par les armées française, sarde et bernoise.

justes et cette persuasion le rassurait. Les lettres de Bérenger datent des 28 mai, 8, 9 et 13 juin 1781 ; ajoutons que la très humble et très respectueuse déclaration des natifs et des habitants remise aux seigneurs syndics le 19 juin 1781 fut rédigée par Bérenger.

Cornuaud lui opposa un mémoire (juin 1781). Notre historien *D'Yvernois* a témoigné de l'effet salutaire produit par les écrits de Bérenger : Les leçons patriotiques de Bérenger, dit-il, et la profonde moralité de celui qui les donnait éclairèrent l'élite des natifs et enlevèrent à Cornuaud presque tout ce qu'il traînait encore d'honnêtes gens à sa suite.

Bérenger fut cependant l'objet de vives attaques de la part des partisans de Cornuaud. En février 1782 le Conseil dut faire saisir et supprimer les exemplaires d'une brochure intitulée : *Lettre à M. Bérenger, auteur du discours, etc.....* (1)

(1) Au nombre des brochures condamnées à être lacérées et brûlées par l'exécuteur de la justice, on remarque :

L'*Informateur*, de l'imprimerie des citoyens, exécutée le 30 mars 1782.

Le Négatif encore meilleur, exécutée le 12 janvier 1782.

Pièces importantes, relatives à la dernière révolution, exécutée le 3 août 1782.

Tableau historique et politique de la dernière révolution de Genève, par *Mallet-Dupan*, l'aîné, supprimé, avec interdiction à Mallet d'insérer dans ses *Annales* quoi que ce soit de relatif aux affaires de Genève.

Brochure imprimée par *Astruc*, précédée d'un Avertissement et d'une Lettre aux seigneurs plénipotentiaires, condamnée le 16 novembre 1782.

Examen de l'ouvrage des Illustres seigneurs plénipotentiaires, etc., daté de Genève le 1er décembre 1782, signé A.-G. Binet. Saisie et supprimée, séance du 18 décembre 1782.

Emigration de Genève pour aller s'établir en Barbarie, par Abraham-Gédéon Binet : *manuscrit* saisi et supprimé en décembre 1782.

Tableau historique saisi chez la veuve D'Yvernois, décembre 1782.

A l'esprit de justice de Bérenger, *D'Yvernois* rendit encore hommage dans son *Tableau des Révolutions.*

« Ai-je fait de ma patrie un tableau digne d'intéresser le
« grand nombre des lecteurs ? Je suis bien éloigné de m'en
« flatter ; ce n'est qu'aux hommes instruits que je le présente
« et quoiqu'il n'offre en apparence que des débats entre une
« petite communauté et ses syndics, les vrais observateurs ne
« dédaigneront point d'en approfondir les causes et sentiront
« peut-être la justesse de ce vers dont M. Bérenger a fait la
« devise de son « Histoire de Genève » : *Admiranda tibi*
« *levium spectacula rerum.* »

.

L'édit du 10 février 1781 ne fut pas respecté par les magistrats. Le 2 mai, 1,096 citoyens ou bourgeois représentants transmirent une réquisition aux seigneurs syndics et au Procureur général pour exprimer la vive douleur qu'ils éprouvaient en voyant, sans exécution, les divers articles relatifs à l'amélioration du sort des natifs, des habitants et des sujets de la république. Ils demandaient avec instance que l'acte de la volonté souveraine reçut son exécution sans délai.

Le Conseil resta sourd à ces justes sollicitations. Le 18 mai, il manifesta catégoriquement son opinion sur ce point si délicat, en affirmant qu'il ne pouvait envisager l'édit comme une loi de l'Etat vraiment émanée de la volonté souveraine puisqu'il le considérait comme un acte opéré par la contrainte où les formes prescrites par le règlement de la médiation de 1738 furent violées et auxquels les Petit et Grand Conseil se virent réduits à souscrire sans examen pour éviter les malheurs dont l'édit était menacé. Un pareil édit, ajoute le Conseil, ne peut subsister plus longtemps que les jours d'anarchie qui lui donnèrent naissance, « et le Conseil, devenu libre, ne saurait l'exécuter sans trahir ses devoirs envers la patrie. »

Les Etats de Zurich et de Berne partageaient l'opinion du Conseil sur la manière d'envisager l'acte du 10 février. Ils allaient jusqu'à faire entendre que les seules concessions désirables aux natifs, habitants et sujets, sont celles qui, étant faites du libre consentement de tous les Conseils et liées à la Constitution, seront consignées dans le règlement qui terminera les dissensions et qui sera garanti par les augustes puissances, auxquelles, à l'aide de la divine providence, on devra le retour d'une paix et d'une prospérité durables.

Le roi de France, garant du traité de 1738, se joignit à cette opinion, selon lettre signée *Castelnau*, du 28 mai 1781.

La non observation de l'édit produisit une grande fermentation. Le 8 avril 1782, il y eut prise d'armes. Le représentant de la France, Castelnau, se retira de Genève le 10 avril, sur l'ordre du roi qui ne jugeait pas de sa dignité de laisser personne accrédité de sa part dans une ville dont une faction s'était emparée. Le Conseil dissous ne fut réintégré dans ses fonctions qu'à partir du 4 juillet ensuite de l'intervention de leurs majestés très chrétienne et sarde et du louable canton de Berne, dont les troupes occupèrent Genève. Celles de France étaient placées sous les ordres du marquis de Jaucourt, maréchal des camps et armées, gouverneur des villes et comté de Blaye et du fort Médoc ; celles de Sardaigne sous les ordres du comte Ferrero de la Marmora, chevalier de l'ordre de l'Annonciade, lieutenant-général des armées et grand-maître de la maison royale ; celles de Berne sous le commandement du baron de Lentulus.

Une commission désignée pour travailler à la pacification reçut pour mandat de prendre pour base des concessions à accorder, l'édit de 1738 auquel seraient adjoints un petit nombre d'articles nouveaux qui devraient être combinés avec cet édit. Ce fut donc là le germe de l'édit de pacification du 21 novembre 1782. Mais, par cet édit, on ne tint aucun compte des réclamations sans cesse renaissantes relatives à la publication des lois politiques organiques, depuis si longtemps réclamée, malgré l'édit de pacification de 1738 qui l'avait solennellement promise et par suite d'un vote du Conseil général. Ainsi que le fait remarquer notre éminent jurisconsulte, Antoine *Flammer*, dans son travail, *Le Droit civil genevois dans son développement historique* (1), la collection des édits de 1713, reproduction presque textuelle des édits de 1568, demeura en conséquence le code définitif des lois de la République genevoise, en matière civile, jusqu'au 14 novembre 1791, époque où le nouveau code genevois fut sanctionné et réalisa enfin le vœu formulé d'une collection complète de nos lois politiques (2).

L'édit de pacification du 21 novembre 1782 confirma l'annulation des condamnations prononcées contre Bérenger par son *Titre XVIII, loi sur les natifs exilés en 1770*, dont voici la teneur :

« L'exil prononcé en 1770 contre huit natifs sera regardé « comme nul et non avenu ; en conséquence, ils seront censés « n'avoir jamais été déchus de leurs droits de natifs, et leurs « enfants nés pendant cet exil seront réputés natifs. »

*
*

La restauration du gouvernement aristocratique par les puissances médiatrices réduisit un certain nombre de

(1) *Bulletin de l'Institut national genevois*, t. XX.

(2) Le projet de Code fut élaboré par les Syndics avec le précieux concours de MM. Dunant et Thellusson.

Genevois du parti démocratique à s'éloigner du pays. Bérenger avait pressenti les difficultés de la situation politique ; il resta fixé à Lausanne. En effet, dans une lettre du 5 janvier 1781, il voyait avec douleur les dissensions se prolonger à Genève. « Et qui sait quand elles finiront et comment, disait-il ! « L'affection vive et sincère que j'ai toujours conservée pour « ma patrie me prépare encore bien des chagrins. Jamais ne « la verrais-je paisible et heureuse !..... Peu importe qu'on « me rappelle ou ne me rappelle pas. Je n'ai depuis quelques « années formé aucun projet pour rentrer à Genève. Je « cherche une retraite paisible où je puisse passer tranquil- « lement mes jours et je le puis aussi bien et mieux dans ce « pays qu'à Genève. » — Et malgré ce profond désespoir, le 21 janvier, Bérenger donnait cette note affirmative de son inséparable attachement à sa cause : « Je m'intéresserai « toujours pour le peuple : il est os de mes os et chair de ma « chair. ».....

« Le ministre *Royer* et sa femme sont épouvantés de se « voir à Genève dans ces circonstances et ne désirent rien « avec plus de chaleur que de s'en éloigner. »

Mottu, l'un de ses compagnons d'exil, mourut le 13 novembre 1780 ; Bérenger eut la douleur d'apprendre que l'on avait profité de son agonie pour enlever ses papiers et y recueillir les lettres qu'il lui avait adressées, pour y chercher de quoi justifier la haine de ses adversaires politiques. Dans l'une de ces pièces, Bérenger en parlant de la *Neutralité* appelait *Cornuaud un dictateur*. Ils osent, disait-il, se servir de ces lettres pour me dénigrer : si je les avais, je m'en servirais pour me défendre.

Afin de n'être mêlé en rien aux évènements de Genève, Bérenger se retira quelque temps en Savoie. Il s'y occupait à corriger ou à fortifier son *Histoire de Genève*. On lui avait procuré la facilité d'avoir de gros volumes d'*Extraits des registres du Conseil* et de la grande *Histoire manuscrite du Conseiller Gautier*. Mais, avoue-t-il dans une lettre datée de Lausanne du 20 novembre 1782 où il était rentré le 17 septembre 1781, il entendit un jour sonner le tocsin et il vint à Genève par le pont de Sierne, y calma le désespoir de quelques personnes qu'il savait portées à tout tenter et à tout braver.

Son propre désespoir à l'égard d'une amélioration politique à Genève n'avait fait qu'augmenter dès lors et il l'expose ainsi crûment à son confident, le docteur Favre.

« Quant à mes idées politiques, je les ai crues bonnes
« et vraies, je les crois telles encore ; elles ne tendaient
« point à approuver une démocratie à Genève, ni même tout
« ce qui s'y est fait pour maintenir l'égalité politique ; mais
« telles qu'elles sont, elles ne peuvent plus me faire envisager
« Genève comme ma patrie. Les lois qu'on lui prescrit, la
« manière de les lui prescrire, tout me la rend étrangère et
« très sûrement je ne quitterai pas le lieu où je suis pour m'y
« transporter. »

Pauvre Bérenger ! Ecoutons-le par cette lettre du 20 novembre 1782 et dans laquelle il reconnaît que son éloignement de Genève est devenu une nécessité aussi bien pour son propre repos que pour celui de la République dans le sein de laquelle il voudrait voir une efficace restauration de paix et de prospérité.

« J'ai vu le moment où je pouvais faire un rôle à Genève,
« j'y arrivai de Grenoble et je m'y suis refusé. J'y ai vécu
« ignoré, je suis bien vu partout ; j'allais quelquefois chez les
« chefs pour être au courant des affaires ; on y parlait avec
« confiance devant moi, mais je ne suis entré dans aucune
« opération. Je voyais mes amis le soir comme en pleine
« paix et ces amis sont d'honnêtes gens qui n'avaient pas

« d'influence. Je m'y suis instruit, mais sans y faire un per-
« sonnage. Jamais je n'ai eu cette manie, jamais je ne l'aurai.
« Je suis bien ici, j'y resterai ; au moins jusqu'à ce que je
« trouve mieux et cela n'est pas facile. J'y suis aimé de ceux
« qui m'y connaissent, je n'y ai point d'ennemis. Voilà
« comme je veux passer ma vie et comme je la passerai.
« Si vous me conservez votre amitié, j'en serai plus content
« encore. »

C'est à Paris que Bérenger fit éditer en 1782 un roman
politique en deux volumes relatif aux troubles de Genève. Cet
ouvrage porte pour titre : *Les Amans républicains ou lettres de
Nycias à Cynire*. D'un style admirable, touchant, qui rappelle
l'antiquité et sa noblesse, l'auteur, après une série de correspondances, remercie sa compagne de lui avoir fait voir en
frémissant l'abîme dont il venait de sortir, sur les bords
duquel il se sent ferme et qu'il s'apprête à quitter pour voler
dans les bras de sa plus fidèle amie. Les vrais jours de
bonheur vont renaître pour ces deux époux et leurs âmes
resteront unies dans le cours paisible et doux de la vie
nouvelle qui doit leur devenir commune. Dans sa dernière et
délirante missive, l'époux dit à sa compagne : « Je m'amuse
à t'écrire et peut-être tu me verras avant ma lettre. Je
prépare tout pour hâter mon départ. Adieu. »

Bérenger publia ensuite la *Collection de tous les voyages
faits autour du monde par les différentes nations de l'Europe.*
Ce magnifique et consciencieux travail en neuf volumes ornés
de figures, fut édité à Paris chez *Poinçot*, à Lausanne chez
P. Heubach et Cⁱᵉ et à Genève chez *François Dufart*, libraire,
en 1788. Les voyages décrits sont ceux de Fernando Magellan,

Sir François Drak, capitaine Thomas Cavendish, d'Olivier
de Noort, Georges Spilberg, Jacques Le Maire, Jacques
l'Hermite, capitaine Clippington, Genelli Carrevi, capitaine
Shelvock, Dampier, Cowley, Woode Rogers, le Gentil,
Commodore Anson, capitaine Wallis, Roggewin, Commodore
Byron, capitaine Carteret, Pagès, de Bougainville, de Surville
et trois voyages de Jacques Cook.

M. *Marc-Théodore Bourrit* attribue à Bérenger la traduction
de l'ouvrage de *John Howard* (1), philanthrope anglais, intitulé : *Etat des Prisons de l'Europe*, 1788, deux volumes in-8°.
Cette traduction est due à Mademoiselle *Louise de Kéralio* (2),
fille du littérateur *Louis-Félix Guinement de Kéralio*, la même
à laquelle on attribue les *Crimes des Reines*, auteur d'une
Histoire d'Elisabeth, reine d'Angleterre, d'une *Collection des
meilleures ouvrages composés par des femmes* (1786-1789),
de plusieurs romans, et des traductions de l'allemand et de
l'italien.

Bérenger a publié en 1790 une brochure sur l'amovibilité
des fonctions publiques. Dans une lettre qui m'a été obligeam-
ment communiquée par M. Dufour-Vernes, sous-archiviste,
adressée le 15 juillet 1790 à M. le pasteur Vernes, maison
des Trois-Rois à Genève, Bérenger lui expose qu'il a reçu
plusieurs lettres au sujet de cette brochure : les citoyens
extrêmes, dit-il, trouvent mon amovibilité trop faible; les
aristocrates et une bonne partie des modificateurs n'en
veulent point du tout. Je n'en suis pas persuadé qu'il est de
l'essence d'un Etat libre qu'il y ait une assez forte amovibilité et
qu'il n'y aura de paix à Genève que lorsqu'elle y sera établie ;
je parle d'une paix vraiment stable. Je le crois, mais ne me

(1) Né en 1726, décédé en 1790.
(2) Née à Paris en 1758, décédée à Bruxelles en 1821.

tourmenterai point pour le faire croire : je n'y mets point un intérêt d'amour-propre. J'ai lâché mon écrit ; mais peu importe son sort : il me suffit qu'on y reconnaisse de bonnes intentions.

L'occasion d'obtenir enfin justice du Conseil pour la réalisation des vœux jusqu'ici formulés au nom des natifs par le groupe auquel s'intéressait Bérenger, semblait se présenter. Non-seulement l'idée de l'égalité politique groupa de fermes adhérents dans la ville, mais elle renforça ce groupe par des réclamants les plus influents de la campagne. Le Conseil eut, en juillet et août 1790, à s'occuper de diverses adresses présentées par des Genevois, d'une adresse d'un citoyen surnommé natif à ses compatriotes de la campagne et aux citoyens surnommés natifs et habitants de Genève, d'une lettre du citoyen Lossier. Il crut devoir prendre certaines mesures de précaution contre les imprimeurs en les rendant, par son arrêté du 4 octobre, responsables de leurs publications. D'autre part, M. Tronchin signala au Conseil les articles que publiait sur Genève le journal la *Gazette de France* et dans lesquels on signalait l'existence d'un parti nombreux à Genève qui, à l'exemple d'Avignon, voulait se donner à la France. Le Conseil fit mander un certain nombre de citoyens pour s'assurer de leurs dispositions.

Le 17 décembre 1790, Bérenger fit remettre à M. le premier syndic et à la noble commission du Conseil des Deux-Cents un mémoire rédigé et signé par lui auquel était joint un mémoire des Genevois de la campagne, rédigé par MM. *Grenus*, citoyen, avocat, membre du Conseil des Deux-Cent, et *Bousquet*, citoyen, avocat. Ce dernier portait les signatures de trente délégués des campagnes, soit : Une d'Avully, le procureur *J. Durand;* — une de Bourdigny, *Terroux*, procureur ; — une du Canelet, *A. Métral ;* — trois de Cartigny, le procureur

J.-C. Rasp et les conseillers *Jacob Varin* et *T. Dufour;* — une de Céligny, *J.-M.-L. Baud;* — une de Chancy, le procureur *J.-L. Revaclier;* — deux de Chêne, le procureur *J.-S. Cauffin* et *E. Brazier;* — une de Chouilly, le conseiller *J. Dutrembley;* — deux de Cologny, *Jacques Proch* et *G. Rojoux;* — une de Crête, le procureur *Jacques-Michel Déléamont;* — une de Dardagny, *F. Ramu;* — une d'Epeisse, le procureur *J.-L.-M. Berthet;* — une de Genthod, le procureur *A.-D. Guignard;* — deux de Gy, le procureur *J.-A. Deléamont* et *Pierre Duvillard,* conseiller; — deux de Jussy, *J.-A. Olivet* et *Daniel Pittard;* — une de Malval, le procureur *A. Joly;* — une de Peissy, le procureur *A. Penay;* — une de Peney, le procureur *A. Pellegrin;* — une de Russin, le conseiller *J.-E. Vieux;* — une de Saconnex, *J. Vaillet;* — une de Satigny, le conseiller *C. Rey;* — une de Sionnex, le conseiller *M.-A. Desales;* — deux de Vandœuvres, *Guillaume Langin* et *Jacques Chambaud.*

Ce que demandent ces nombreux délégués, c'est de voir leur sort identifié avec celui de leur classe des Genevois de la ville, ils manifestent clairement leur pensée « que l'égalité politique peut seule assurer l'état de chaque membre de la République, qu'elle peut seule établir entre tous cette harmonie d'intérêt qui est l'unique base d'une paix inaltérable. Ils ne se gênaient point pour dire aux magistrats que la république les traita longtemps comme une mère ingrate, mais qu'ils ne cesseront jamais de l'aimer, qu'ils lui seront inviolablement dévoués, lorsqu'elle ne les repoussera plus de son sein et qu'ils ne formeront véritablement avec leurs frères qu'une seule et même famille.

Quand à Bérenger, il expose que l'espèce d'oubli dans lequel on laisse les natifs, a fait naître en eux un sentiment de douleur profonde. On parle de faire des lois librement

concertées, librement consenties, des lois qui doivent faire la
prospérité ou le malheur de la République et sa gloire ou sa
honte, qui décideront du sort des natifs et celui de leur
prospérité.

Genève est notre patrie, dit-il, c'est dans son sein que sont
renfermés nos familles, nos amis, nos projets de fortune, nos
espérances de bonheur ; nous ne reconnaissons de lois que les
siennes, de magistrats que les siens ; nous payons toutes les
impositions nécessaires à son administration ; nous aidons à
la prospérité de ses manufactures et de son commerce ; nous
partageons ses succès comme ses revers. Nous voguons avec
le vaisseau de l'Etat, exposés aux périls qui l'environnent,
ayant à craindre avec tous ceux qu'il porte, les tempêtes, les
écueils, les naufrages qui peuvent l'aissaillir ; nous tendons
au même port, et travaillons en commun pour le sauver. Et
voyez, Magnifiques Seigneurs, voyez combien il doit nous
paraître cruel d'y être regardés comme des étrangers dont on
peut déterminer le sort sans daigner écouter ou leurs demandes,
ou leurs plaintes !

Dans un Etat despotique, on pourrait régler notre sort en
nous ordonnant le silence ; mais dans un petit Etat libre,
dans une République où nous ne voyons que des frères, que
des amis, pourquoi ne peut-on nous consulter sur des objets
qui doivent nous intéresser également. S'il était des lois qui
ne permissent pas de nous appeler et de nous entendre, elles
seraient odieuses, elles seraient aussi injustes que cruelles.

Bérenger après avoir passé à une étude des faits historiques,
accompagnée de considérations à l'appui de la demande des
natifs, ajoute : Ils ne sont plus ces temps où chez nous comme
chez nos voisins, l'inégalité entre les diverses classes des
citoyens était consacrée par les préjugés, justifiée par l'intérêt
sous le masque de la raison. Tout annonce aujourd'hui qu'on

parviendra à répartir entr'elles des droits égaux et des impositions égales. Et si dans ces temps mêmes, par l'action seule des principes que devaient avoir les citoyens, nous avons senti le désir, le besoin de l'existence politique, que sera-ce lorsque ce besoin nous sera donné au-dedans et que tout au dehors tendra fortement à nous l'inspirer encore ?

Bérenger traite magistralement dans ce mémoire les conséquences néfastes de l'inégalité et les effets heureux que consacrera l'égalité politique. La crainte de voir plus de pauvres, plus d'hommes sans éducation mêlés au souverain, si redoutée par les magistrats de l'époque, suscite à Bérenger ces nobles pensées :

« Ils savent bien que la probité est aussi unie à la pauvreté qu'à la richesse, et que les trahisons ne germent pas toujours dans le sein de l'ignorance et de l'obscurité. C'est au milieu des factions que les vices se déploient avec le plus d'énergie, et il y a peu de temps que l'Etat était déchiré par des factions violentes. Eh bien, que ceux qui nous repoussent, nous disent s'ils trouvèrent beaucoup d'hommes vils qui se soient vendus ou à eux, ou à d'autres.

Ce préjugé contre nous prit sa naissance dans les temps où nous étions éloignés des professions lucratives et du commerce; mais c'est l'exercice des droits civils qui conduit à l'aisance, à la fortune, à la faculté de donner une éducation soignée à ses enfants, et aujourd'hui tout est égal sur ce point entre nous et les citoyens. La seule différence est qu'il en est peu parmi nous qui doive quelque chose à ses ancêtres; mais celui qui se crée lui-même est bien aussi estimable que celui qui doit tout à ses pères.

L'usage financier de mettre à prix d'argent le droit de cité, le nom de citoyen qui n'exige pour le mériter que des vertus morales, n'est pas propre à éloigner les pauvres du Conseil

général, souvent il en augmente le nombre. Et l'enfant de la
patrie qui en paya toujours les charges, auquel aucun tribunal
n'infligea de peines, que des mœurs honnêtes ont rendu
irréprochable aux yeux de l'organe des lois, ne vaut-il pas
l'étranger riche qui vient acheter le droit de décider de son
sort et de sanctionner les lois auxquelles nous sommes soumis,
sans qu'on nous consulte même dans celles qui nous intéressent particulièrement.

S'il est possible de lire l'histoire de l'avenir dans celle du
passé, on peut prévoir qu'il faudra enfin venir à cette égalité
politique que nous demandons. Depuis vingt-trois ans, chaque
agitation de l'Etat a forcé de nous en rapprocher, et aujourd'hui
moins que jamais on ne pourra conserver des privilèges
exclusifs. Ne serait-il pas plus noble, plus généreux, de faire
par sagesse et par prudence, ce qu'on a toujours fait par
nécessité, et de se donner la gloire de précéder les temps. »

Le Conseil reçut avec indifférence les mémoires de Bérenger
et des habitants des Genevois de la campagne; il les laissa
aux mains du syndic Lullin pour être communiqués aux
seigneurs commissaires (Séance du 17 décembre 1790). Dans
son procès-verbal du 7 janvier 1791, il remplaça les mots de
Genevois de la campagne par celui de *sujets*.

. . . .

Ainsi que nous l'avons déjà constaté, le nouveau *Code
genevois*, objet du vœu général depuis tant d'années, avait été
adopté le 14 novembre 1791. Des journées orageuses précédèrent cette sanction populaire et la suivirent. Avant son
adoption, Dumont, Lebeuf et Bérenger avaient envoyé au
Conseil une *très respectueuse adresse* pour lui signaler
l'existence de coupables menées contre la patrie. Dans cette
requête, soumise au Conseil le 11 février, ils espéraient que le
Conseil poursuivrait avec sévérité les auteurs de ces menées,

afin qu'il n'arrête pas de vagues soupçons pouvant tomber sur des innocents. Les trois requérants sollicitaient le Conseil de faire une recherche exacte sur le nombre, l'état et les desseins de ceux qui s'étaient rendus sans intention hostile à la porte de Saint-Gervais, afin de juger si leur présence en ce lieu était liée avec un complot organisé.

En séance du 19 février 1791, le Conseil déclarait qu'il n'avait pas attendu la démarche de Bérenger et C¹ᵉ pour ordonner des informations exactes sur les causes des dangers que la République avait courus et de ceux qui pourraient lui être suscités encore. Il reconnaissait que l'Etat devait son salut, après la protection divine, au zèle avec lequel les bons patriotes s'étaient réunis pour maintenir la tranquillité et l'indépendance et qu'il était persuadé que les sentiments patriotiques par eux manifestés dans leur adresse les animaient véritablement. L'adresse à laquelle il est ici fait allusion avait été remise au premier syndic par *Bérenger* et *Neff* de la part du Cercle du Tiers-Etat ; Bérenger et Neff sollicitaient l'égalité pour ceux de la campagne. (Séance du Conseil du 15 février 1791.) Le 16 février 1791, on rapporta au Conseil qu'il y avait beaucoup d'armes rassemblées au Cercle du Tiers-Etat, puis que les sieurs Dumont et Bérenger ont assuré que la veille, dans tous les cercles des natifs, on avait signé un engagement de ne rien faire qui pût troubler la tranquillité publique et que la Commission des natifs avait dessein de faire dire aux paysans qui s'attroupaient vers Cornavin qu'ils devaient se retirer.

Le Conseil reçut de nombreuses adresses de dévouement. L'une d'entr'elles marque le profond respect porté par le peuple genevois au verdict exprimé par le Conseil général : « Qu'elles qu'aient été notre opinion sur cet ouvrage, notre « devoir est aujourd'hui de le défendre. Le respect pour le

« vœu de la pluralité librement exprimé est un principe sacré
« pour tout républicain, et ceux même d'entre nous qui n'ont
« pas approuvé le Code genevois ne souffriront pas que la
« violence ou toute autre voie illégale soit employée pour y
« opérer des changements. »

Les réformes espérées depuis si longtemps par Bérenger
étant en voie d'accomplissement, il n'hésita pas à recourir
auprès du Conseil pour obtenir sa bourgeoisie et en faire
profiter ses deux fils mineurs Jean-Charles, né à Genève le
3 mai 1782 et Benjamin-Paul-Joseph, né à Lausanne le
4 juillet 1785.

Sur le vu des conclusions du procureur général et dans sa
séance du 18 mai 1791, le Conseil arrêta de lui accorder sa
demande en l'astreignant à satisfaire aux prescriptions du
§ 5 de l'article 5 du titre XII de l'édit du 22 mars. Dans les
lettres qui lui furent expédiées et selon ordre du Conseil,
Bérenger et son fils Jean-Charles y sont qualifiés de citoyens,
tandis que Benjamin son autre fils est qualifié de bourgeois.
Bérenger prêta serment comme citoyen le 25 mai 1791.

La considération qui entourait la personne de Bérenger et
ses talents le firent rechercher pour de hautes charges
publiques. Dès le mois de février 1793, il siégea dans l'Assemblée nationale où il avait été appelé par 2,616 suffrages
La charge d'*Hospitalier* lui aurait été dévolue en février 1793
sans son refus positif motivé sur la louable raison qu'il ne
voulait pas faire concurrence à l'un des aspirants, son ami.

Le 13 juillet suivant, il est élu membre du Comité provisoire d'administration et le lendemain désigné comme commis sur l'état des perruquiers. En 1794, il est successivement porté dans la liste des citoyens indiqués pour la grande Cour de Justice criminelle et la grande Cour de Justice civile, puis dans la liste pour l'office d'administrateur et de membre du Comité législatif. Il occupa la charge de syndic du 4 avril 1796 au 4 avril 1797, fut chargé de la présidence du Département des finances et de celle du Département de l'éducation nationale, de l'instruction et du culte public.

Bérenger présida le Conseil comme intérimaire ainsi que la direction de la Chambre des comptes et du Sénat académique. (Séances des 23 septembre et 13 décembre 1796). Il eut aussi la présidence du régiment de la garde nationale, arrondissement du Collège, par suite des élections des 23 novembre et 24 décembre 1796. Comme magistrat, Bérenger s'acquitta scrupuleusement de toutes ses fonctions. Aucun détail ne lui échappait, aucun intérêt ne devait rester en souffrance. Il n'épargnait aucune peine pour soigner les affaires publiques et donner une solution profitable même aux choses les plus ingrates. Le 9 mars 1795, il entretenait correspondance avec le ministre de la république de Genève à Paris, M. Etienne-Salomon Reybaz, (1) ancien pasteur réformé, valeureux collaborateur de Mirabeau. Dans ses missives il lui exposait la situation difficile faite à notre république par la perte des dimes autrefois possédées par elle dans le Pays de Gex, soit par les pertes éprouvées sur les denrées par les Genevois, propriétaires dans le susdit pays, et il intercédait afin que Genève obtienne quelque dédommagement.

---

(1) Né à Nyon en 1737, mort en 1804. Auteur de divers travaux littéraires très-estimés et de *Stances sur la mort de J.-J Rousseau*.

« Pardon si je vous importune, disait-il au ministre après
« son minutieux exposé, mais je voudrais servir ma patrie,
« lui donner une base qui assure mieux son existence pour
« l'avenir et ce motif sera toujours une excuse suffisante
« auprès de vous. Je vous salue, j'espère pouvoir dire un
« jour, avec la reconnaissance qu'un Genevois devra à son
« bienfaiteur; ils vous doivent déjà beaucoup. »

A l'occasion de la mort d'un savant distingué, l'abbé
Raynal, (1) Bérenger rappelait au ministre genevois à Paris
les rapports d'amitié qu'il avait eus avec cette illustration et
les nombreuses lettres qu'ils avaient échangées. Voici deux
pièces y relatives, conservées aux archives d'Etat de Genève :

En avril 1796.

« Je n'attends pas, citoyen, le départ de C. La Planche (2)
pour vous répondre comme j'en avais d'abord le dessein ; il ne
part que dans quinze jours ou trois semaines et c'est trop tard
ou peut l'être.

Comment pouvez-vous croire qu'il soit utile que je voie vos
lettres pour être persuadé qu'elles sont dictées par le vrai
civisme, par un ami de l'indépendance et du bonheur de sa
patrie? Je vous connais depuis trop longtemps pour en douter
un seul instant. Je crois que je me défierai de mes sentiments
avant de défier des vôtres et ce que je vous rapportais n'avait

(1) *Raynal*, Guillaume-Thomas-François, né à Saint-Geniez (Aveyron)
en 1713, était un prêtre catholique qui renonça au ministère pour s'attacher au parti des philosophes. Il a écrit d'importants ouvrages historiques et
philosophiques, dont plusieurs ont été condamnés à Paris ainsi qu'à Genève.
Marseille le nomma comme député du Tiers-Etat en 1788. — Raynal, fixé
en France, se rallia à la cause royaliste. Il mourut au Chaillot en 1796.

(2) *De la Planche*, Jean-Lazare, administrateur au Département provisoire de l'Education nationale en 1797, fut syndic en 1794, et ministre
de la République genevoise à Paris.

rien de contraire à ces sentiments. Ce n'est pas pour cela que je vous écris ; mais comme mon cœur en est plein, il fallait vous le dire avant tout. J'ai cherché la lettre de l'abbé Raynal que je citais : il me l'avait écrite de Paris peu de jours après qu'il y fut arrivé ; il m'avait écrit ensuite qu'il voulait venir finir ses jours avec moi ; j'avais demandé et obtenu de M. Clavière de le loger dans sa maison ; mais un décret ne lui permit plus de partir et il fut forcé d'attendre des moments plus favorables. J'ai cherché ces lettres et ne les ai plus trouvées. Après des informations, j'ai su que ma femme les avait trouvées mêlées avec d'autres *qui traitaient de politique genevoise dans l'insurrection de juillet 1794 pendant laquelle j'étais en Suisse* et qu'elle avait tout brûlé. Cependant comme j'en avais un très grand nombre écrites soit de *Paris*, à deux époques, soit de *Berlin*, de *Suisse*, de *Marseille*, de *Toulon*, j'ai fureté partout pour en trouver qui eussent échappé aux mains trop prudentes qui les livraient aux flammes ; j'en ai retrouvé deux, l'une que je ne vous envoie pas, *où il me pressait d'aller vivre avec lui près de Marseille, l'autre où il me promettait au moins une partie de ses manuscrits.* Le témoignage de personnes probes et hors de toute suspicion et qui ont vu la lettre brûlée pourrait me sauver du reproche d'avoir avancé un fait qui ne serait pas l'exacte vérité.

Au reste, je ne les réclamais pas pour m'en rendre le propriétaire ; je n'y ai des droits que par convenance. Je sais que le bon abbé promettait beaucoup soit aux libraires, soit à ses amis. Les seuls motifs que j'aie en serait le plaisir de veiller à leur impression comme j'ai veillé à celle de l'*ouvrage de M. Necker* qui est celui dont il est parlé dans la lettre que je vous envoie, et le seul intérêt est celui de mettre un imprimeur-libraire en état de me payer ce qu'il me doit. L'abbé lui en avait aussi promis l'impression en échange de services qu'il lui avait rendus gratuitement. Et je crois qu'il convient aussi de les imprimer en France.

S'ils sont corrigés ou changés, il ne faut pas craindre qu'on y mêle ici rien d'étranger, son manuscrit en ferait foi, on le conserverait et on pourrait toujours les comparer.

Je suis étonné que l'abbé n'ait pas reçu ses intérêts ; je m'en informais à M. Odier-Chevrier (1) à qui j'avais tout remis et qui m'a toujours dit que l'intérêt était payé, que la maison de Paris était chargée de la somme, que Roman m'a assuré qu'on avait été exact. Odier-Chevrier est un honnête homme avec qui je ne veux pas avoir de procès. D'ailleurs que ce soit lui ou la maison de Paris qui ait reçu, il a reçu en assignats, et peut me le rendre en même monnaie et les deux cent louis en valent moins d'un. Je consulterai sur ce point le frère aîné d'Odier-Chevrier qui doit venir ici, et qui aime je crois également son frère et moi.

Je remercie le citoyen Corsange de ses bonnes intentions ; veuillez les entretenir. Je suis obligé de finir ici ; M. Trembley vient m'offrir de porter ma lettre et de vous la remettre et je vais la lui remettre. Je me remets entre vos mains pour cet objet, faites comme vous le pourrez. Comme vous le voudrez tout sera bien par vous. Je vous salue avec les sentiments d'estime et de considération que vous méritez à tant de titres.

Tout à vous,   BÉRENGER.

P.-S. Je vous écrirai bientôt sur des objets différents. »

Lettre de l'abbé Raynal

« Je ne vous ai pas répondu plus tôt, mon ami, parce que vous me marquiez que vous partiez pour Lyon et que j'ignorais combien de temps durerait ce voyage.

(1) *Odier-Chevrier*, Jacques, fut député de Genève à Paris dans plusieurs missions.

Votre lettre s'est malheureusement égarée dans les fréquentes courses que j'ai faites durant l'été et il est possible que j'en oublie quelques articles.

On m'a remis les trois volumes. L'impression en est agréable, mais il eût été, ce me semble, à souhaiter qu'on y eût mis un petit avertissement qui indiquât d'où ces discours avaient été tirés. Il serait facile de l'ajouter aux exemplaires qui n'ont pas été distribués.

Il me paraît vraisemblable qu'on vous aura rendu un compte satisfaisant de l'entreprise que vous avez formée de concert avec les libraires de Lyon. S'il en était autrement, il faudrait renoncer à toute opération ultérieure.

J'ai refait à neuf la plupart des discours qui terminent l'*Histoire philosophique*, le reste de l'ouvrage est aussi arrangé. Je travaille à mettre au net l'Amérique septentrionale. Je prendrai des précautions pour qu'une partie de mes manuscrits vous soit remise après ma mort ; dans le cas actuel des choses, il m'est impossible de songer à leur impression.

Je vous prie de m'envoyer tous les noms de baptême de votre aimable famille. Lorsque vous apprendrez ma mort, vous vous adresserez à M. Ferdinand Grand, banquier à Paris, rue des Capucines, pour lui demander communication de mon testament.

J'ai conservé un souvenir très tendre de Mme Druon. Je voudrais bien l'avoir auprès de moi, mais l'avoir seule. Ce n'est pas que j'aie aucun éloignement pour M. Druon ; c'est un très honnête homme que j'estime beaucoup. Seulement je craindrais d'être en quelque manière étranger dans ma maison si le mari et la femme s'y trouvaient réunis. C'est une inquiétude peut-être mal fondée, mais je l'aurais. Vous me ferez plaisir d'en causer franchement avec Mme Druon, vous verrez ce qu'elle vous répondra.

Ma santé va passablement, quoique je ne prenne qu'une fois de lait par jour, je mange des fruits dont quelques-uns sont exquis. On me prodigue toujours les soins les plus tendres dans l'excellente famille où je suis incorporé depuis dix ou onze mois. Cependant j'ai voulu la quitter plusieurs fois, sans en avoir jamais été le maître; il faudra bien à la fin y venir, *et ce sera vraisemblablement Marseille* qui obtiendra la préférence. J'y dois faire un voyage à la fin de ce mois ou au commencement du mois prochain.

Mes respects les plus tendres à M*** Bérenger et mille embrassements à vos chers enfants. Je ne pense jamais sans attendrissement au vertueux bonheur dont vous jouissez ; je pense que vous êtes toujours très content de votre fille adoptive. Vous m'avez inspiré des sentiments de bienveillance pour elle, vous savez, mon cher ami, tout ce que je vous suis. »

Raynal était fort en estime de Bérenger; il le recommanda à tous les hommes lettrés avec lesquels il était en relations.

« Avez-vous, écrivait-il le 12 juin 1781 à son bienveillant
« ami le docteur en droit rollois Favre, lu l'*Histoire de*
« *Guillaume-Thomas Raynal ?* Je l'ai ouverte en divers
« endroits : il fait grand plaisir à lire, mais il est un peu
« enthousiaste. Son ouvrage fait certainement époque. Vous
« savez qu'averti du sort qui l'attendait, il s'est mis à couvert.
« J'aurai voulu qu'il fût venu près de nous ; quoique causeur,
« il est très bon homme et cette qualité fait pardonner le
« caquet, même à qui n'a pas ses connaissances. »

Il s'agissait, dans cette lettre de Bérenger, de l'*Histoire philosophique et politique des établissements et du commerce des Européens dans les deux Indes*, interdite en France et brulée par arrêt du Parlement. Raynal fut sous le coup d'un décret d'accusation.

Bérenger contribua à la rédaction de certaines parties de

l'ouvrage de Raynal, livre fait de plusieurs mains, d'un style
inégal et dans lequel on trouve des pages éloquentes et d'un
puissant effet oratoire qui font un singulier contraste avec les
détails du commerce et les chiffres de la statistique dont
l'ouvrage abonde.

* *

Pendant la période révolutionnaire, Bérenger s'était retiré
à Chougny, hameau qui fait aujourd'hui partie de la commune
de Vandœuvres, ainsi que le constatent les états officiels de
fonctionnaires dans lesquels Bérenger figure comme membre
de la Cour de Justice civile non contentieuse années 1794,
1795. En janvier 1798, il refusa son élection de président à la
Cour de Justice criminelle dont l'Assemblée souveraine avait
daigné l'honorer. La validité de cette élection étant contestée,
Bérenger fit valoir auprès du Conseil cette considération
« qu'il ne pouvait être appelé à une place par la violation ou
l'interprétation illégale de la loi et qu'il désirait faciliter soit
le retour à la loi si on reconnaissait qu'elle a été mal entendue,
soit la conciliation de deux lois qui paraissent se heurter. »
(Séance du Conseil du 12 janvier 1798.)

Parmi les pièces importantes rédigées par Bérenger
pendant son syndicat, deux adresses méritent mention. (1) La
première est une lettre destinée à l'empereur de toutes les
Russies, Paul Ier; à l'occasion de son avènement au trône; la
seconde au roi de Sardaigne, à la même occasion. Nos rapports
commerciaux avec ces Etats rendaient cette démarche nécessaire; quoique tardive, le retard en fut justifié sur l'instabilité
de la position antérieure heureusement fixée par la nouvelle
Constitution.

(1) Séance du Conseil, 21 février 1797.

Dans une liasse de documents ayant appartenu à Bérenger, se trouvait *la réponse manuscrite faite au Club fraternel pour imposition forcée sur les aristocrates*. Ce discours avait sans doute été soumis à Bérenger pour en corriger les points vicieux : son auteur, homme simple et juste, reste inconnu. Avant de reproduire ce curieux document, il est nécessaire d'examiner sur quelle base était établie la taxe révolutionnaire de 1794.

Cette taxe reposait sur une distinction politique admise par le parti qui était au pouvoir. La Commission nommée, dit l'historien *Thourel*, avait dressé un rôle des citoyens avec déclaration de leur fortune, et à côté des noms de chacun d'eux on avait mis un A, un E ou un P, pour désigner les aristocrates, les englués ou les patriotes. Les principaux membres de la Commission étaient *Cornuaud, Odier-Chevrier, Bernier* et *Bourdillon-Diedey*.

L'arrêté prenait pour base de la perception de l'impôt le 2 °/₀ sur les premières 12,000 livres avec la progression d'un sixième sur chaque mille livres en sus *pour les patriotes;* le 2 °/₀ sur les premières 12,000 livres avec la progression d'un quart pour chaque mille livres en sus *pour les englués ;* le 5 °/₀ sur les premières 12,000 livres avec la progression de un douzième par chaque mille livres en sus *pour les aristocrates*. Dans tous les cas, la taxe ne pouvait s'élever au-dessus de 25 °/₀ pour les patriotes, 30 °/₀ pour les englués, 40 °/₀ pour les aristocrates.

On considéra comme aristocrates les anciens membres du gouvernement, ceux qui avaient invoqué la garantie en 1780 et l'on plaça sur la même ligne les gens de la même classe connus sous le nom d'*égoïstes*. Les englués étaient ceux qui avaient été du parti négatif, qui avaient soutenu le gouvernement ou qui s'étaient refusés à prêter le serment civique. A cette classe, on adjoignit aussi comme égoïstes ceux qui n'avaient pas pris part aux affaires publiques, et n'avaient par conséquent rien fait pour la liberté. Tous les autres citoyens, les veuves, les demoiselles et les mineurs furent réputés patriotes.

Si, ajoute *Thourel*, la taxe n'eût pas été établie et à moitié perçue à cette époque, elle aurait certainement échoué, mais ceux qui avaient payé voulaient que les autres payassent, et ceux qui avaient pris des engagements s'en seraient cru libérés, si la même loi ne s'était pas appliquée à tous. La réaction qui se faisait sentir dans l'opinion produisit seulement quelques lenteurs et quelques difficultés de la part des contribuables : on ajourna plusieurs citoyens, on en mit d'autres en prison, et la mesure reçut ainsi sa complète exécution.

Ceci dit, passons au texte du document annoncé ; il nous montrera que dans les terribles années de la tourmente révolutionnaire, il se trouvait parmi les citoyens genevois des hommes respectables par leur esprit de justice et par leur pur patriotisme :

« Citoyens !

« La grande question qui se traite mérite selon moi une discussion approfondie. Au premier aperçu elle est juste, nécessaire, urgente, mais est-elle praticable sans danger d'occasionner des suites funestes à notre République en général ?

« Citoyens, l'appétit vient en mangeant et le goût de l'oisiveté vient souvent de la facilité de satisfaire à ses besoins sans un travail honnête, assidu. Je crains, en envisageant cette motion sur plusieurs faces, qu'elle ne facilite :

« 1° Les intrigants secrets qui pourraient se servir de ce moyen pour porter atteinte à notre indépendance ;

« 2° Que cela ne réveille des prétentions fondées qui seraient préjudiciables à un grand nombre de nos citoyens innocents ;

« 3° Que les difficultés qui naîtraient de l'exécution de cette motion ne facilitent des vexations, suscitent des haines nouvelles et ne portent enfin à changer le caractère essentiel des vrais Genevois, qui est franc, humain, sensible, charitable. Je sais que ce dernier mot ne doit plus être à l'ordre du jour et qu'il doit être remplacé par celui de secourable qui est plus analogue à l'égalité et à la liberté. Je crains, dis-je, que l'exécution de cette motion, si elle n'est pas sentie sous son vrai point de vue, ne rende les Genevois sombres, soupçonneux, aigres, violents et même cruels ; c'est ce qu'il convient à tout prix d'éviter.

« Conservons notre nacelle, Citoyens, et puisqu'elle se trouve placée au milieu d'une mer en tourmente, servons-nous de toutes nos ressources pour l'aider de toute notre force à se garantir des écueils dangereux. Je sens ainsi que vous, citoyens, l'intention qui a dirigé cette motion ; servons-nous donc de ce moyen avec prudence, développons, chacun selon nos facultés, le parti que l'on peut en tirer, mais évitons avec soin les dangers qui en peuvent résulter.

« Voici mon opinion : Trois cent soixante ou quatre cent Genevois tenant les rênes du gouvernement, croyant, les uns, être les propriétaires de l'Etat, les autres être de droit leurs héritiers à cette succession, ont fait tous leurs efforts pour parvenir à règner sans contradiction et sans obstacle, ont détourné les revenus de l'Etat pour nouer des intrigues étrangères, se faire appuyer, autoriser dans leurs prétentions et en sont venus à bout. Aujourd'hui, on leur demande qu'ils remboursent à l'Etat, de leur poche, ce qu'ils ont détourné des deniers publics. Pour faire réussir ce projet, rien n'est plus juste, mais c'est très difficile.

« Citoyens, réfléchissons à notre position ; il est triste de l'avouer : pour notre gouvernement intérieur nous sommes libres, mais notre localité nous rend dépendants de nos voisins. C'est pourquoi la justice dans cette affaire doit être liée avec les convenances.

« Je m'explique ; dans toute délibération d'administration où les arrêtés se prennent à la pluralité des suffrages, comme l'on doit juger toujours favorablement ceux dont on n'a pas la preuve de leur délit, l'on doit supposer que quand un arrêté a été formé contre l'intérêt général, ce n'a été que la majorité qui est coupable et que la minorité est innocente de l'arrêté qui a prévalu. Ainsi ce n'est que ceux qui sont coupables qui doivent être punis. Vous me répondrez : Suivant le nouveau régime la minorité devait se plaindre ; mais pour vous prouver qu'elle ne le pouvait pas, il n'y a qu'à citer en 1707 les Fatio, Galatin en 1718, Léger en 1734 ; les Le Fort en 1735, 1737 ; nos députés en 1768 ; les De Luc, Flournoy en 1781 ; les Dentand, Flournoy, Ringler, Duroveray ont-ils été soutenus de la masse ? Non, ils ne pouvaient l'être tant que de l'extérieur les intriguants du dedans étaient soutenus. Ainsi, en demandant un acte de justice évitons toute injustice.

« Développons dans un écrit clair et précis notre situation, les causes qui l'ont produite, les remèdes nécessaires et les moyens d'y remédier ; disons franchement à chacun ses torts, engageons-les à se juger eux-mêmes ; je pense que c'est le moyen préparatoire à employer avant tout autre. Je ne doute pas de son effet, et comme un homme avisé en vaut deux, cela, je crois, pourrait opérer sans secousse le bien qui est nécessaire de se procurer.

« Mais veillons à ce qu'aucun des confédérés ne fasse des dispositions contraires à ce qu'on attend d'eux ; accordons à ceux qui sont tranquilles le temps convenable pour que le fruit de leurs réflexions soit salutaire à notre patrie. »

En 1794, le bruit étant répandu dans le public que Bérenger était l'auteur d'un journal imprimé à Lausanne sous le titre de : *Tableau de la dernière quinzaine*, il crut devoir adresser aux citoyens syndics une déclaration par laquelle il reconnaissait avoir formé le plan de ce journal, plan, dit-il, qui a été mal suivi et dont il avait fait le prospectus tel qu'il est joint à sa déclaration, mais que réfléchissant sur sa situation et sur celle de la République, il craignait de la compromettre en se compromettant lui-même ; qu'il y a renoncé volontairement et qu'il n'y a pas une ligne de lui dans les numéros qui ont paru.

Le Conseil arrêta de lui donner acte de cette déclaration.

L'année 1795 fut consacrée à la publication d'une traduction de l'anglais de la *Relation des voyages*, écrits par J. Hawkesworth, docteur en droit, entrepris par ordre de S. M. Britannique pour faire des découvertes dans l'hémisphère méridional. Ces voyages avaient été successivement exécutés par le commodore Byron, le capitaine Carteret, le capitaine Wallis et le capitaine Cook dans les vaisseaux le *Dauphin*, le *Swalow*, et l'*Endeavour*.

En mai 1796, Bérenger fit un mémoire sur la vente des biens communaux. Il donna à son travail une attention toute particulière et voici comment il s'exprimait avant de soumettre le sujet de ses prudentes et judicieuses réflexions :

« Le désir de faire ce qui est bien, ce qui nous paraît juste
« entraîne toujours les âmes honnêtes, mais il est dangereux
« de s'y livrer quand on n'a pas un guide sûr : quelquefois
« on va au delà du but, quelquefois on croit l'atteindre où il
« n'est pas ; mais lorsque l'expérience a prouvé notre erreur,
« ce même désir du bien nous fait revenir sur nos pas. C'est
« ce qui nous est arrivé sur différents objets et parmi ceux là
« on doit comprendre les communes. »

Pour le développement de l'instruction publique, Bérenger ne ménagea pas ses efforts; ce fut sous son syndicat et sur son préavis que le Département chargé de l'instruction fit délivrer des encouragements *dans les écoles de la campagne*. A cet usage on frappa trente prix d'argent au coin de ceux de la huitième classe Ces médailles étaient distribuées aux élèves par des députés envoyés par le Département (1). Bérenger fit aussi accorder à ses subordonnés des encouragements pour leurs travaux pédagogiques. Le 27 décembre 1796, le citoyen *Malan-Prestreau*, régent de la IVme classe, auteur d'un ouvrage destiné à l'usage des Vme et VIme classes du collège et reconnu très propre à l'avancement des écoliers, reçut une indemnité de deux cents florins.

La cause de l'éducation et de l'instruction avait déjà occupé Bérenger bien des années précédemment à son syndicat. Le 26 février 1779, il écrivait de Lausanne à M. Favre, docteur en droit, à Rolle, qu'il pensait employer quelques moments « à faire des contes moraux et des dialogues de morale pour « les enfants qui pourront en même temps jeter les fonde-« ments de leur science politique et civile; les contes « donneront du goût pour la lecture; les dialogues feront un « système de tous les principes que les contes auront inspiré « sans liaison. J'en ferai de même, dit-il, pour l'histoire « naturelle et la physique, mais comment pourrai-je le faire « pour la géographie et l'histoire. » Le 13 mars 1779, il transmettait les premiers échantillons de ses essais qui, sans doute, sont restés dans les manuscrits du docteur Favre.

Déjà dans ses *Considérations sur l'édit du 10 février 1781*, Bérenger faisait entrevoir toute sa pensée à l'endroit d'une réforme dans le système de l'instruction publique. Il voyait un remède aux maux dans une éducation publique mieux appropriée aux besoins : qu'elle n'ait pas pour objet l'étude des langues mortes, l'art de scander des vers, de connaître et surtout de juger des anciens auteurs avant qu'on ait le

---

(1) *Séance du Conseil, 21 Mai 1796*. L'usage de délivrer en valeur des gratifications annuelles aux écoliers du Collège de Genève date du 1er mai 1562. Voir à ce sujet l'*Armorial genevois* de J.-D. Blavignac, à l'article *Médailles*.

jugement formé, de pérorer longuement sur des riens. Bérenger voulait que l'éducation publique fût dirigée vers les besoins du peuple, qu'elle ait pour but de former des artistes instruits, d'habiles négociants et de bons citoyens ; que son but principal soit les mœurs, soit de former des hommes.

Cette élévation de pensées chez Bérenger, manifestée dans tous ses écrits, l'est aussi dans ses discours. Ainsi, l'an V de l'égalité, soit le 11 décembre 1796, il faisait comprendre aux magistrats de tous ordres l'importance et la grandeur des devoirs de leur charge, dans le discours qu'il prononça à l'occasion de leur installation. Il s'adressait à eux comme syndic, président du Conseil administratif.

« Plus les fonctions sont grandes, leur disait-il, plus elles
« peuvent influer sur le bonheur de tous et plus la société
« entière est intéressée à vous les prescrire rigoureusement.
« Les négliger, ce n'est pas un oubli, c'est un crime. Il est
« rare que cette négligence ne retombe uniquement sur vous;
« elle nuit à la société ; elle nuit aux lois qui sont les garants
« de la sûreté des individus, elle peut désorganiser le corps
« politique, et l'importance de ses effets exige qu'on y oppose
« une barrière plus forte.

Aux citoyens membres de la Cour criminelle il disait :

« Que de petites convenances du moment où la crainte de
« blesser un parti ou des familles puissantes ne vous arrête
« point, il n'est qu'un moyen de remplir son devoir, c'est
« d'aller par le chemin le plus court où il vous appelle. Une
« équité sévère fait seule respecter et le juge et la loi dont il
« est l'organe. Pensez que Dieu, vos concitoyens et l'équita-
« ble postérité, vous jugeront à votre tour. »

Après avoir parlé aux divers ordres administratifs, Bérenger terminait son simple, mais ferme et noble discours en s'adressant ainsi au peuple genevois :

« Nous tous, citoyens, qui sommes rassemblés ici, soyons
« tous animés par la généreuse émulation de nous montrer
« les plus soumis aux lois, les plus attachés à nos devoirs,
« les plus dévoués à_la patrie. C'est le moyen le plus sûr de
« calmer les passions qui nous divisèrent, d'éteindre les
« haines que nos préventions firent naître, et de ramener la
« paix et une modeste prospérité au milieu de nous. »

* *

Dans la seconde partie de son *Précis historique des derniers
temps de la République de Genève*, publié à Genève en 1801
(un volume in-8°), Jean-Pierre Bérenger, ancien magistrat
genevois, traite spécialement de la réunion de Genève à la
France.

Cette annexion du territoire de la République genevoise fut
préméditée par le Directoire : la mission principale du
Résident à Genève était de la rendre facile tout en la précipitant.

Déjà en 1796, Bérenger qui n'avait cessé d'être en correspondance intime avec le ministre Reybaz, à Paris, émettait
ses inquiétudes naissantes au sujet du péril qui menaçait
l'indépendance genevoise. Le 14 avril (1) il lui écrit en
déclarant d'abord qu'il lui parle confidemment, comme
particulier, comme ami, comme Genevois. Il s'agit d'un
drapeau envoyé par le Directoire à la République genevoise,
à l'occasion duquel Reynier, envoyé extraordinaire de la
République française près celle de Genève, avait fait des
instances pour qu'il fût promené par la ville en grande
cérémonie et qu'on tirât le canon. Mais les Genevois n'avaient
pas voulu se prêter à ce jeu. L'objet n'était important, ainsi

(1) Archives cantonales de Genève, pièce n° 5479 *bis*.

que le reconnaissait Bérenger *que par la chaleur que paraissait
y mettre le Résident.* Un paragraphe du compte-rendu de
l'Administration qui rappelait ce fait fut mal interprété à
Paris ; les expressions employées furent considérées comme
inconvenantes et même offensantes pour le gouvernement
français. Le ministre Reybaz exprima même des regrets et le
Conseil, en séance du 18 mai, le chargeait d'être son interprète auprès du Directoire pour lui présenter sous une forme
détournée les excuses exigées.

« Rien ne fait plus plaisir aux Genevois, disait Bérenger
au ministre Reybaz, que de les assurer qu'on respecte leur
indépendance. *La France avait des vues sur elle, on ne peut
le nier*..... Nos principes sont d'honorer la République
française, de faire grand cas des témoignages honorables
qu'elle nous donne de son amitié et nous avons tâché de
concilier ces principes avec les convenances. Voilà les reproches
du Résident..... »

Dans cette délicate missive, Bérenger entretenait encore
Reybaz de la contrebande, des mesures tentées pour être
compris dans un traité si la paix se négocie, de l'envoi de
l'ancien syndic Gervais à Bâle auprès de M. Barthelemi.

« Notre plus grande utilité, exposait-il, serait qu'on nous
désenclave, qu'on nous donnât le baillage de Gex pour Jussy
et la Champagne ; nous deviendrions alors importants pour
les Suisses et nous aurions l'espérance de former un canton.
Si nous ne pouvons obtenir Gex, il faudrait, s'il est possible,
avoir quelques cessions de territoire qui liât les parties
séparées au tout ».

Le système politique de Bérenger reposait sur la question
de la restitution de la Savoie ; ce qu'il recherchait, c'était de
rendre Genève indépendante de ce pays.

Le 7 mai, Bérenger revient à la charge ; il demande au

ministre Reybaz si le moment est propice pour faire quelque réclamation sur les pertes en dîmes et sur les demandes pour le désenclavement du territoire. « Il serait cruel, dit-il, de laisser échapper le moment d'être utile à sa patrie. Vous savez qu'il ne s'agit ici que de faire du bien à la patrie, et non de le faire à la manière de *Gauthier* ou de *Garguille*, comme le dit élégamment le roi Jacques dans un de ses discours. »

« Pour l'intérieur, nous sommes tranquilles. Il y a bien quelques discours menaçants de la part de nos sans-culottes renforcés ; mais on veille sur eux et il est à croire que ce n'est là que quelque étincelle d'un feu qui s'éteint et que les nouvelles extérieures ont fait jaillir. En attendant, la prospérité à laquelle on ne peut guère aspirer d'atteindre, nous remettons l'ordre et l'économie dans toutes les parties de l'Administration ; des égards forcent souvent à fermer les yeux, des intérêts plus grands à négliger les petits, mais bientôt il n'y en aura plus de petits pour nous.

« J'ai remis à *M. Trembley-Detournes* une lettre relative aux manuscrits *Raynal*.....

« Je vous salue et suis avec le dévouement dicté par le cœur. Votre concitoyen,
BÉRENGER.

(Place Saint-Antoine, 20).

Le ministre Reybaz partageait les angoisses de Bérenger à l'égard de Genève. Le 22 mai 1796, il lui rapportait que le jour même où fut signé le traité entre la France et le roi Sarde, il eut avec le ministre des affaires extérieures une conversation dans laquelle celui-ci observa que notre République se trouve actuellement cernée et entièrement bouclée dans le territoire français ; que lui, citoyen Reybaz, observa au ministre en réponse qu'étant au milieu de nos amis nous devons nous regarder en parfaite sûreté et tirer nos motifs de sécurité des principes et des déclarations réitérées de la République française à notre égard, ce dont le ministre ne put s'empêcher de convenir. De ces discours, ainsi que de notre position, *le ministre Reybaz concluait que nous devons plus que jamais cultiver la bienveillance du Gouvernement français et observer la plus grande circonspection au dedans.*

Une lettre du mois de septembre 1796, adressée de Paris à Bérenger par le citoyen *Des Gouttes*, l'avisait « qu'on tra-
« vaille à la perte de l'indépendance genevoise. M. de Veyss,
« à Paris, faisait entrevoir que l'existence de la République
« genevoise était bien précaire et que l'intérêt qu'il prenait à
« Genève lui faisait désirer que nous fassions un quatorzième
« canton et il conseillait d'agir et de s'adresser en consé-
« quence. » Le citoyen Des Gouttes informe Bérenger que *Grenus* est parti pour Genève et qu'il a déclaré à quelqu'un qu'il allait travailler de manière à ce qu'il faudrait bien que d'ici à très peu de temps Genève se réunisse à la France. (Séance du Conseil du 30 septembre 1796).

Le Résident Félix *Desportes* débuta, pour l'accomplissement de sa mission, par quelques pourparlers avec divers citoyens de Genève, mû par la persuasion que ses communications parviendraient au Conseil. Ce corps, averti, se trouvait natu-rellement obligé d'entrer en lice avec le Résident ou de se mettre en rapports immédiats avec le Directoire.

On verra, dans notre complément à l'*Histoire des derniers temps de la République de Genève et de sa réunion à la France* (1), comment le Conseil de Genève fut initié au mou-

---

(1) Ce travail est prêt ; l'auteur du présent mémoire attend de posséder les ressources nécessaires pour en donner la publication.

vement annexioniste par la fidèle reproduction du procès-verbal de la séance du Conseil du jeudi 15 mars 1798 et par celle des procès-verbaux de la Commission extraordinaire, créée par la loi du 17 mars 1798.

Pour Bérenger, l'annexion de Genève devenait un crime et, à ce moment suprême, il eut le courage de manifester publiquement sa ferme volonté.

En séance du samedi 14 avril 1798, les citoyens syndics s'occupent d'un écrit de Bérenger, intitulé : *Réflexions d'un Genevois à ses concitoyens*, contre lequel une plainte était formulée par le Résident français.

Bérenger avait destiné cet écrit à quelques sociétés genevoises ; sa lecture avait produit une si puissante impression sur les auditeurs qu'ils s'offrirent d'en faire la publication à leurs frais, autorisation que l'auteur leur accorda. Mandé auprès du Conseil, Bérenger protesta contre l'imputation qu'on pourrait lui faire d'avoir voulu blesser ni la République française, ni son représentant ; que la plus grande preuve qu'il en peut donner est qu'il n'a pas voulu renforcer son écrit d'un trait que lui fournit sa mémoire relativement au citoyen Résident, c'est que se trouvant chez lui pendant son syndicat, le citoyen Résident lui déclara que s'il recevait jamais des ordres de son gouvernement qui tendissent à froisser notre indépendance, il résignerait aussitôt sa place.

L'écrit de Bérenger fut imprimé chez Bonnant. Le Conseil arrêta d'envoyer au citoyen Résident une députation pour lui témoigner ses regrets sur la publication donnée à un écrit qui a pu le blesser, qu'on suit à une procédure a ce sujet, et que pour mieux la diriger, on désire connaître plus particulièrement les traits dont il porte plainte.

Les citoyens administrateurs Deonna et Aubert ont été délégués pour cette mission.

Le Résident les reçut dans la matinée du 14 avril, exposa les phrases offensantes pour sa personne et déclara qu'il exigeait un châtiment exemplaire contre l'auteur, observant qu'il eût été fusillé en France. Qu'il était d'autant plus coupable, que comme membre de la Commission extraordinaire il manquait au serment du secret en révélant le résultat de ses négociations.

Le Résident français considéra dès lors Bérenger comme un ennemi de la France.

Mais les poursuites demandées ne purent être entreprises, car le lendemain, 15 avril, les troupes françaises effectuaient leur entrée à Genève. On se contenta de faire fermer les clubs de la *Grille* et du *Faisceau*. Le 20 avril 1798, les délégués du Conseil auprès du Résident rapportèrent que la réunion étant un fait accompli, le Résident mettait tout en oubli et qu'il consentait, en conséquence, à l'annihilation de toute procédure.

L'écrit qui avait fortifié contre Bérenger la suspicion du représentant à Genève du gouvernement français, lui avait été inspiré par son amour pour Genève dégagée de toute entrave. Nous allons en juger par son examen : ce document peut être considéré comme l'un des plus importants de ceux publiés au moment même où l'étranger fomentait l'insurrection à l'aide de quelques hommes pervers, admirateurs des jugements affreux, des confiscations et des assassinats qui couvrirent la République de sang et de fange.

La franchise, le patriotisme, la sagesse et le talent de Bérenger brillent dans ces *Réflexions d'un Genevois à ses concitoyens*. Tout homme juste et aimant la liberté, telle que l'entendait notre concitoyen, applaudira à ses généreuses pensées; leur lecture suffit pour raviver l'attachement que tout Genevois doit conserver à l'indépendance de ce sol sacré sur lequel

Bérenger consuma la meilleure part de son énergie pour le bien de ses semblables et pour la gloire du pays.

« Les circonstances extraordinaires où nous nous trouvons, le crainte de perdre notre existence politique, et jusqu'à l'espérance de voir renaître le lustre et la prospérité passée de notre patrie, doivent exciter tous les vrais amis de cette patrie à communiquer leurs réflexions à leurs concitoyens.

Lorsque je pèse les divers rapports qui sont parvenus jusqu'à moi, les craintes, les espérances, mes devoirs, mon serment, je ne puis me résoudre à concourir aux desseins des étrangers sur nous, et à jamais céder ma patrie ; car c'est la céder que de perdre son indépendance pour être englouti dans une nation de trente millions d'hommes.

On me dira que cette indépendance n'est presque qu'un vain nom. Je le sais, c'est l'indépendance d'un État faible, souvent blessée, souvent forcée de céder sous l'orage, mais qui vit encore dans plusieurs de ses parties, et qui se relève quand le calme renaît.

Si ce froissement de l'indépendance était une raison puissante pour la regarder comme n'ayant plus aucun prix, aucune importance, tous les États faibles devraient disparaître et, cependant, ils sont plus heureux que les grands États ; ils ont des compensations, d'autres jouissances ; il y a plus d'ordre, moins de vexations, plus de véritable liberté, plus de paix, plus d'attachement aux lois et à la patrie. Si nos pères avaient pensé comme quelques hommes faibles, Genève n'aurait jamais été république. Il y a trois siècles qu'elle se trouvait dans une situation pire que la nôtre, puisque les ducs de Savoie, possesseurs du Pays de Vaud, du bas Valais, de tout le pays qui l'environnait à une grande distance, avaient aussi dans son sein des droits de juridiction qu'ils exerçaient sans contestation. Avec de la patience et du courage, ils parvinrent à des temps plus heureux ; ils fondèrent la République. Avec de l'impatience et de la faiblesse, voulons-nous la faire disparaître ?

Le commerce ne se faisait autrefois que par le moyen des foires : Genève en avait de très fréquentées ; elles nous furent enlevées. François Ier, roi de France, offrit de nous les rendre, pourvu qu'on lui cédât quelques droits de juridiction. Les Genevois s'y refusèrent ; ils préférèrent la pauvreté libre

à l'opulence sujette. Aurions-nous désappris à supporter la
première ?

Et cette manière de penser sur notre indépendance nous
serait venue d'une manière bien subite. Il y a du tems que
notre indépendance a reçu des atteintes ; on cédait, mais on
se hâtait de guérir les blessures qu'elle venait de recevoir, et
on l'embrassait avec plus de force que jamais ; plus elle était
menacée, plus elle nous devenait chère. Nous avons parmi nos
concitoyens des hommes qui ont mérité notre estime éternelle
pour l'avoir défendue avec courage, avec intrépidité, et quelle
horreur ne témoignait-on pas contre quiconque voulait qu'on
l'abandonnât !

Il y a peu de jours qu'une Décade (1) parut, où l'on nous
conseillait de la céder ; on y répondit par deux brochures qui
furent lues, applaudies, dévorées par tous nos concitoyens,
parce qu'on y prouvait et notre attachement pour elle, et les
avantages dont elle nous faisait jouir. Et quelle consternation,
quel désespoir n'a pas répandu la nouvelle qu'on exigeait de
nous cet abandon ! Un vertige nous aurait-il tout à coup
changés, transformés en des hommes si différens ?

Cette indépendance est une chimère, dit-on ; cependant ce
n'est pas seulement dans ce tems qu'elle a souffert ; et voyez
quels grands effets elle a produit. Pourquoi Genève a-t-elle
fleuri ?

Pourquoi ? Allez dans un vaste domaine : vous y verrez
toujours des parties négligées ou inutiles, mal cultivées.
Visitez une petite ferme : tout y est soigné, mis à profit ; elle
produit beaucoup plus que le vaste domaine, comparative-
ment à sa grandeur. Le possesseur du domaine jouit dans
l'indolence ; celui de la petite ferme s'occupe sans cesse à
l'améliorer. C'est à sa petitesse, à sa faiblesse, à son dénue-
ment de ressources mêmes que Genève doit son industrie ;
l'abondance riverait le ressort que lui donna cette activité qui
la soutint et l'éleva. D'ailleurs, elle a lieu d'espérer que
n'ayant plus pour voisin qu'une nation grande, juste, généreuse, son indépendance sera désormais plus respectée.

Pourquoi Genève s'est-elle rendue célèbre dans le commerce, dans les arts, dans les sciences? Pourquoi tant
d'hommes illustres se sont-ils formés dans son sein ? Pour-

(1) *Décade* était le titre d'un journal français philosophique, littéraire et
politique ; son rédacteur était fils d'un Genevois.

quoi tant d'établissements publics dont elle a donné l'exemple,
tant de ressources contre l'adversité et une prospérité qui
s'obscurcit quelquefois, mais toujours renaissante ; des
mœurs qui se sont soutenues pendant deux siècles, et qui,
enfin, dégénérées, le sont moins que celles de nos voisins ;
cette activité générale, qui excite, nourrit, perfectionne les
talens ; ces vertus bienfaisantes, ce désintéressement dans
diverses parties de l'administration, qui égalent toujours les
moyens aux besoins ?

J'ai habité une ville qui, sous plusieurs rapports se rapproche de Genève, mais elle n'était pas indépendante ; et
personne ne voulait consacrer quelques heures de son temps
aux établissements publics, même de charité, si chaque
séance n'était payée. Otez-nous ce sentiment qui nous unit,
qui nous identifie avec la chose publique, qui étend notre moi
sur elle et l'égoïsme reprendra tout son empire et se renfer-
mera dans ses seules jouissances. On ne connaîtra bien tout
ce que l'on doit au sentiment de l'indépendance, que lorsque
nous l'aurons perdue, et qu'il ne nous restera plus que de
longs, d'amers et d'inutiles regrets.

Nous souffrons, je le sais, mais le vrai citoyen souffre avec
patience, avec une espèce de plaisir ; c'est un sacrifice qu'il
fait à sa patrie, et il en voit le prix dans un avenir qui
ramènera le calme et la paix, suivie de l'empire de la justice ;
il ose espérer de voir renaître des jours plus heureux pour la
République. Mais on nous présente des tableaux effrayants,
si nous ne cédons pas ; on veut que la crainte fasse ce que la
persuasion ne peut faire. La raison, le sentiment repoussent
ces tableaux. Jamais je ne pourrais penser qu'une nation,
qu'un gouvernement qui annonça, qui proclame encore des
principes de philanthropie, de générosité, de justice, de
protection pour le faible, et surtout pour ses alliés, puisse
vouloir ordonner à ses soldats de saisir, de piller, de dévaster
une ville alliée de la France depuis deux siècles, protégée
encore par des traités qui existent et qu'elle a toujours
respectés, qui a produit des hommes qui lui furent utiles par
les lumières qu'ils ont répandues et les services qu'ils lui
rendirent, qui sema dans une partie de la France des germes
d'activité et d'industrie, qui aida à sa prospérité générale,
qui adopta ses principes et régla sur eux son gouvernement,
qui fit pour les Français tout ce qu'elle pouvait faire, qui
désarmée et tranquille, se confie en ses promesses et ouvre

son sein à ses soldats. Non, de tels actes sont trop odieux pour les croire et pour les craindre ; ce serait déshonorer le Gouvernement français que de penser qu'il pourrait les vouloir et les approuver.

Son ministre à Genève nous presse, nous sollicite, etc. ; mais ses discours affaiblis par ses précédentes protestations. Il aimait l'indépendance de Genève, il voulait la protéger et la défendre. Elle lui était aussi chère qu'à aucun Genevois. Combien de fois n'a-t-il pas témoigné la plus vive indignation, non pas de crainte réelle, mais de l'apparence de crainte, que le Gouvernement français ne voulut toucher à notre indépendance ; le supposer était alors une offense, une insulte grave ; douter de l'exécution constante de ses déclarations, des promesses faites en son nom, était alors un crime ; s'y confier aujourd'hui pourrait-il devenir un crime encore ?

On dit que dans notre situation actuelle, nous partageons les malheurs de la France, sans en partager la prospérité. Cette assertion n'est point vraie. La France peut être agitée, et nous dans le calme ; elle peut être en guerre, et nous en paix ; ses moissons peuvent manquer, et nous tirer nos provisions des autres États de l'Europe, etc. Et quant à sa prospérité, il est bien difficile que l'abondance dans nos environs ne pénètre pas jusqu'à nous. Juger de notre état naturel et constant par notre situation actuelle, par les gênes que le commerce éprouve, c'est décider d'une année entière par quelques jours orageux ; cet état doit finir, il tient à des circonstances passagères ; c'est un moyen momentané qui ne peut devenir un état habituel et auquel une paix générale mettra un terme.

Sans doute, il serait honorable pour les Genevois de se fondre dans une Nation au plus haut point de la gloire militaire, et qui commande, pour ainsi dire, à l'Europe entière. Mais notre situation nous défend cette gloire, cet éclat; elle nous prescrit une existence plus modeste : c'est dans le travail de l'industrie et les tranquilles méditations que nous devons chercher notre prospérité, notre paisible célébrité.

Je n'étendrai pas ces réflexions plus loin ; je ne dirai pas que dans un État vaste les maux que font naître les fautes de l'Administration sont moins corrigibles, que ses dissentions, ses guerres civiles sont plus cruelles, plus durables, plus interminables, qu'il peut moins jouir de la paix avec ses voisins, et qu'il importe à notre existence commerciale d'être en paix avec tous les Etats, etc... Le cœur, la raison, l'intérêt, tout doit nous attacher à Genève indépendante ; tout doit nous obliger à ne céder qu'à l'absolue nécessité, à la force, et à répéter cette expression si connue et si souvent citée, parcequ'elle renfermait un sentiment noble et sage : *Nous attendrons les évènements avec confiance ; ils nous trouveront toujours citoyens.* »

Jamais la flatterie ne fut un moyen employé par Bérenger pour s'attirer l'estime de ses concitoyens. C'était par la justice dans les actes et par la vérité dans ses paroles qu'il captait la confiance générale et particulièrement celle du peuple de la campagne. Comme Bérenger, Félix Desportes, le Résident de France, avait compris que l'appui des agriculteurs n'était pas à dédaigner et voici comment, dans le discours qu'il prononça le 25 prairial, an VI (13 juin 1798), au moment de l'installation des Autorités administratives et judiciaires du Canton genevois, le Résident s'exprimait aux magistrats en faveur de la population agricole :

« Si vous êtes véritablement jaloux de faire fleurir aussi « la grande République, favorisez les cultivateurs, honorez- « les, apprenez-leur à se pénétrer de la dignité de leurs « travaux : dites-leur bien que si la Constitution tolérait des « distinctions dans l'état ordinaire de la vie, elles seraient « toutes décernées au respectable citoyen dont les sueurs « patriotiques fertilisent la terre. Fussiez-vous même au « milieu de l'éclat de vos fonctions, quand vous verrez « s'élever vers vous, pour implorer votre appui, des mains « durcies par le soc de la charrue, descendez de vos chaises « curules, venez presser ces mains-là ; elles sont précieuses « à la République; ce sont celles d'un agriculteur !... Alors « votre âme émue se remplira des plus doux sentiments et « vous payerez une dette à la reconnaissance, en prêtant une « oreille propice aux sollicitations de ce bon citoyen. »

***

Un roman en deux volumes in-12, qu'il ne nous a pas été
possible de nous procurer, sous le titre de : *Laure et Auguste*,
fut traduit de l'anglais en 1798 par Bérenger. Il est probable
que cet ouvrage devait avoir une portée toute politique pour
mériter une traduction de notre concitoyen. Bérenger n'avait
cessé de conserver des relations avec les Genevois les plus
éminents à l'intérieur et à l'extérieur ; la lettre qui va suivre
montre que l'esprit de résistance à toute domination étrangère
formait un lien puissant entre un grand nombre de citoyens
Genevois. Tous avaient à cœur d'entretenir l'esprit national
avec l'espoir qu'au jour où ils se trouveraient prêts à
reconquérir l'indépendance ils pourraient plus facilement
dominer la situation, éviter le retour d'une occupation
étrangère et surtout faire prévaloir leurs réformes politiques.

L'un des plus actifs correspondants de Bérenger fut le
proscrit *David Chauvet*, homme de lettres, bourgeois de
Genève, élu membre du Conseil des Deux-Cents le 3 janvier
1782. Retiré sur le sol britannique, à Kensington, il ne cessa
de s'occuper des affaires de Genève. Le 22 juin 1798, il
adressait à M. Gallatin, citoyen de Genève, membre de la
Chambre des représentants des Etats-Unis de l'Amérique pour
l'Etat de Pensylvanie, un tableau des crimes du Directoire
français envers la République de Genève.

David Chauvet regardait comme un sujet de spéculation,
non-seulement les projets d'envahissement du Gouvernement
français, mais encore son ambition effrénée, l'art avec lequel
il profitait de toutes les circonstances pour semer la désunion
et pour propager ses principes chez les peuples qu'il voulait
asservir. Ce n'est point un Cromwel qui usurpe un trône, lui
écrivait *Chauvet*, c'est un faussaire qui oblige un homme

faible, le poignard sur la gorge, à lui faire une donation de son bien, et qui se vante ensuite de la légitimité de son titre. *David Chauvet* exposait à *M. Gallatin* dans une brochure imprimée chez *T. Baylis*, à Londres, la conduite du Gouvernement français envers la République de Genève, faisant ressortir ce fait que moins cette République paraît importante, plus la persévérance du Directoire français pour la conquérir doit étonner. On est souvent disposé, ajoutait-il, à pardonner des crimes à la politique, quand ils sont commis pour un grand objet, mais une suite de procédés perfides et astucieux, un tissu d'alliances jurées et de serments violés pour s'emparer d'une petite ville sans territoire, une politique si perverse et si soutenue pour accomplir un si petit objet, voilà ce qui mérite l'attention de tous ceux qui veulent s'éclairer sur le vrai caractère et les desseins futurs de la République française. *Chauvet* envisageait les Français comme de prétendus républicains, ne pouvant souffrir l'existence d'une petite république, car, disait-il, ces prétendus vengeurs des violences des rois ont détruit une indépendance à laquelle les rois n'avaient porté aucune atteinte.

D. Chauvet avait été proscrit pour dix ans avec conditions de retour réservées, en même temps que ses amis politiques, Jacob Vernes, Isaac Salomon Anspach, déposés de leur charge; Julien Dentand, Jacques Vieusseux, Jean Flournoy, Etienne Clavière, J.-A. Du Roverray, F. D'Yvernois, Marc-François Rochette, exilés à perpétuité; Jacques Grenus, *David Chauvet*, Jean Janot, Guillaume Ringler, Jean-Jacques Breusse, La Motte, Jean-Antoine Thuillier, Esaïe Gasc et Jean-Louis Schraidl.

De ses correspondances avec Bérenger, nous n'avons pu recueillir que la pièce suivante, datée de Kensington, le 1er décembre 1798.

« J'ai reçu, mon cher Monsieur, le petit billet que vous avez remis à Mademoiselle V. et je vous en remercie bien sincèrement ; vous avez rencontré l'endroit sensible en me parlant de vos espérances, elles fortifient les miennes ; je me plais à m'en occuper et plus je m'y arrête plus elles me paraissent fondées ; et moi aussi je crois un Dieu puissant et juste ; il mettra des bornes aux crimes des hommes comme il en a mis à la mer, et déjà il me semble que les choses prennent une tournure qui annonce de grands changements. Il y a peu de mois qu'on nous croyait dans le plus grand danger, les bravades et les menaces des cinq Tyrans trouvaient du crédit sur le continent ; nous n'avons pas eu un instant d'allarme, mais à présent l'illusion doit être dissipée ; nous sommes également à l'abri de leurs soldats et de leurs principes. Je suppose que le journal de Mallet-Du Pan ne parvient pas jusqu'à vous, et j'en suis fâché ; vous auriez du plaisir à le lire ; vous y verriez le tableau fidèle de ce qui se passe dans les Etats qui ont résisté jusqu'à présent à cet épouvantable torrent. Quant à la brochure sur Genève, je puis vous dire qu'elle a produit ici un grand effet : je ne désespère pas que l'on ne s'intéresse pour nous quand il en sera temps ; j'ai eu soin de la répandre entre les personnes qui peuvent avoir de l'influence et peut-être il viendra un moment où il faudra rappeler ce qu'il y a à dire en notre faveur ; c'est à quoi je serai attentif, surtout si vous me faites passer quelques matériaux. Ce n'est pas très-difficile ; il faudrait seulement que l'adresse et l'extérieur des lettres eussent un peu l'air de ces lettres de servante qui n'excitent pas la curiosité et surtout les mettre à la poste à Nyon ou à Lausanne ; n'y ayant point de signature je crois qu'il n'y aurait aucun risque. En attendant, je vous envoie dix-huit exemplaires du dernier écrit, en vous priant d'en faire parvenir un à chacune des personnes suivantes : M. Roman le Régent, M. Mallet-Romilly, M. Juventin et M. Archer. J'en ai déjà envoyé une trentaine en Suisse qui doivent être arrivées par Neuchâtel, en sorte qu'il pourra être connu. Il est à souhaiter qu'il se conserve une masse de vrais Genevois, par lesquels l'esprit national puisse se renouveller lorsque le moment de la délivrance arrivera ; mais il faut se préserver de tout ce qui donnerait aux autres la moindre défiance, ce ne serait qu'attirer de nouveaux malheurs ; patience et prudence et tout tournera bien. C'est sur ce pays que roule maintenant le sort de l'Europe, et je puis vous assurer que tous les efforts gigantesques des ennemis de l'humanité ne sauraient l'atteindre : 800 vaisseaux de guerre, de toutes grandeurs, 120,000 matelots et 400,000 hommes de troupes de terre, avec l'unanimité de la nation, c'en est assez pour n'avoir rien à craindre ; il est vrai que la masse d'impôts qu'il faut supporter est énorme, mais l'accroissement du commerce et de l'industrie peut soutenir cet état de choses encore quelques années sans risque. Voilà ce qu'a produit un gouvernement sage et ferme et le bon sens d'une nation qui ne se laisse pas mener par des mots. Je me trompe beaucoup, ou ce coin de terre aura sauvé l'Europe avant que deux ans soient écoulés ; il me semble que cela doit soutenir le courage et les espérances de nos compatriotes.

D'Yvernois va publier un volume ; il vous l'enverra par la même voie que ce paquet ; il me charge, ainsi que Dumont, de vous dire mille choses affectueuses. Madame Roget me demande de vos nouvelles avec le plus vif intérêt ; M. Romilly est marié à une belle, aimable et excellente femme qui vient de le faire père d'un fils. Le jeune Roget est docteur en méde-cine ; il pratique déjà à Londres et promet de se distinguer. Voilà des détails qui vous intéresseront. J'attendrai aussi de vous ceux qui vous concernent. Je vous embrasse de tout mon cœur.

D : Cн.

L'esprit national genevois ne se perdit point malgré l'occupation française ; on supporta avec résignation et fermeté les calamités momentanées ; on se réunissait en famille pour discuter la situation et préparer sagement la délivrance.

La solennité de l'Escalade, surtout, devint une occasion de fortifier les patriotiques espérances. Pour ces modestes fêtes au foyer domestique, on réservait de délicieuses chansonnettes du crû ; un joyeux entrain, le fumet de la dinde et le cliquetis des verres faisaient oublier les défauts de ces compositions poétiques, souvent improvisées un instant avant de se mettre à table. — Les chansons qui nous sont restées de ces temps, témoignent de l'amour patriotique de nos devanciers, qui

considéraient avec raison l'anniversaire de l'Escalade comme
« *la fête des bonnes gens* ».

Célébrer l'Escalade, c'est célébrer la victoire de la liberté
sur le despotisme, le triomphe de la lumière sur l'erreur et
le fanatisme !

Pictet de Sergy, dans sa Genève ressuscitée, a eu raison de
dire « combien de cœurs soutenus par le souvenir du *miracle*
de 1602 palpitaient en secret dans l'espoir d'une nouvelle
délivrance ». La délivrance est venue et de nos jours encore
le *culte* de l'Escalade ne s'est point refroidi.

Albert *Rilliet*, dans son *Histoire de la Restauration de la
République de Genève*, relate que ce fut sous la direction et
par l'entremise de MM. *Chauvet, Dumont* et *D'Yvernois*,
genevois habitant Londres, que le 9 Décembre 1801 « ils
« présentèrent à lord Hawkesbury, ministre des affaires
« étrangères, un mémoire dans lequel étaient exposés les
« légitimes griefs de la République, et ses droits à recouvrer
« la possession de son indépendance nationale. Ce mémoire,
« auquel le ministre promit son appui, dût être remis aux
« plénipotentiaires anglais qui traitaient à Amiens avec la
« France, afin de servir de base à une intervention de leur
« part en faveur de l'affranchissement de Genève. Ce traité de
« paix fut signé le 25 mars 1802, et aucune mention n'y fut
« faite de la République genevoise. Il est vrai que tous les
« alliés de l'Angleterre étaient enveloppés dans le même
« oubli.

« Douze années devaient se passer encore avant qu'une
« occasion semblable se présentât. Durant cet intervalle,
« l'esprit national, loin de s'affaiblir dans Genève, semblait se
« nourrir au contraire et se ranimer par son opposition et sa
« résistance au régime français. Il entretenait dans la popu-
« lation une lutte sourde, mais persévérante contre un gou-

« vernement, auquel son origine étrangère enlevait plus de
« prestige que l'éclat de ses victoires et la fermeté de son
« administration ne lui donnaient d'autorité. »

Parmi la société genevoise, dit encore *Rilliet*, les coteries
de femmes et les cercles d'hommes élevaient contre les progrès de l'assimilation française une barrière presque insur-
montable, au-devant de laquelle ne pénétraient sur aucun
point les personnes venues à Genève pour représenter ou
pour servir le gouvernement impérial.

* * *

Resté Genevois par le cœur, Bérenger inspirait néanmoins
une haute confiance aux représentants de l'administration
française, puisqu'au 1ᵉʳ mars 1802, le préfet du Léman l'appela à recevoir les votes des citoyens de la première série
de la municipalité de Genève pour l'élection du juge de paix
de l'arrondissement.

L'année suivante, Bérenger travailla à une édition populaire, imprimée à Paris, puis réimprimée à Genève en 1805,
du *Cours de géographie historique, ancienne et moderne*, par
Osterwald. Cet ouvrage formait deux volumes in-12.

En 1805, il publia une édition corrigée du *Dictionnaire
géographique* ou *Description des quatre parties du monde*, de
Vosgien, célèbre savant hébraïsant, docteur de la Sorbonne,
connu sous le nom de Ladvocat, Jean-Baptiste. Le *Dictionnaire géographique portatif*, publié par lui en 1747, sous le
titre de *Vosgien*, c'est-à-dire né dans les Vosges, a été traduit
de l'anglais. Il eut une nouvelle édition publié par *Giraud*,
à Paris et à Lyon, en 1812. *Vosgien* ou *Ladvocat* était né à
Vaucouleurs en 1709 ; il mourut en 1765.

Bérenger a aussi traduit l'*Americanische Geographie* de

Auguste-Louis de *Schlœzer*, historien allemand, adjoint à l'Académie de Saint-Pétersbourg (né en 1737 à Iagstadt, Hohenlohe, mort en 1809); il a également travaillé au *Dictionnaire raisonné, universel, d'histoire naturelle* de Jacques-Christophe *Valmont de Bomare*, ouvrage qui fut réimprimé de 1768 à 1770 à Yverdon, puis à Paris et à Lyon. *Valmont de Bomare* était un naturaliste distingué, né à Rouen en 1731, mort en 1807.

* * *

Des revers avaient amoindri la petite fortune que Bérenger s'était acquise par un persévérant travail. En 1801, il était occupé dans les bureaux de la Préfecture, placée alors sous l'autorité de M. A. M. Eymar, préfet du Léman. Ce magistrat faisait grand cas du talent et du caractère élevé de Bérenger.

Qu'on en juge par la lettre suivante, qu'il lui adressa le 17 vendémiaire, an IX, avec cette suscription :

Au citoyen Bérenger, auteur de « l'Histoire de Genève »

« C'est avec le plus grand regret que j'ai vu interrompre
« les communications journalières que le travail, dont vous
« aviez bien voulu vous charger, établissaient entre nous.
« La place que vous occupiez dans les bureaux de la Préfec-
« ture absorbait un temps précieux et ne pouvait que vous
« détourner de travaux plus essentiels. Un homme de lettres
« tel que vous ne doit mettre en œuvre que ses propres idées
« et vous êtes du nombre de ceux qui, dans le travail, s'ap-
« partiennent tout entiers.

« Je fais les vœux les plus ardents, citoyen, pour qu'un
« emploi plus analogue à vos talents puisse corriger envers
« vous les torts de la fortune et vous laisser en même temps
« le loisir nécessaire pour suivre vos travaux de littérature.

« Si jamais je puis vous être bon à quelque chose, je me
« croirai trop heureux de saisir l'occasion de vous témoigner
« les sentiments d'estime et d'attachement que je vous ai
« voués. »

Il est un proverbe qui dit : « Les montagnes ne peuvent se
rencontrer, mais deux hommes se rencontrent. » — Les destinées des hommes présentent des cas extraordinaires sous ce
rapport. Ainsi, Bérenger était employé à la Préfecture du
Léman pendant que Cornuaud y remplissait les fonctions de
secrétaire général.

La franchise et la modestie de Bérenger sont révélées dans
ses lettres à ses plus intimes amis ; il rebute les banales
formules de politesse que l'on avait usage d'employer en son
temps pour clore une correspondance et dont le servilisme
était le point dominant.

Dans l'une, Bérenger se justifie d'avoir laissé cette formule
ordinaire, parce que, dit-il, elle est malpropre à rendre ce
qui est pour son correspondant ; dans deux autres lettres, il
est plus catégorique encore : « Je ne veux plus de formule
qui sente la médecine. » Ou bien après l'indication du quan-
tième, du mois et de l'année, cette satirique indication :
« Formule savante comme il appert. »

Le 11 mai 1798, Bérenger, souffrant, avait déposé son testament olographe chez le notaire Jacob Vignier, à Genève.
Le dépôt de ce titre est contresigné par Laurent Deonna,
Joseph Romieux, Philippe Romieux, Philippe Le Royer,
Etienne Miqueler, négociant, André-Esaie Ressegueire, joail-
lier, Jean-André Lesage, J.-P. Bérenger et le notaire. En
voici le texte :

Mes dernières volontés

« Comme j'ignore si je recouvrerai la santé, je crois devoir
« régler mes affaires comme suit :

« J'ai reçu de ma femme, soit comme dot, soit comme
« héritage, environ trois mille et sept cents livres courantes,
« comme on peut le voir dans les comptes de l'hoirie *Lorentz*.
« Ma femme doit donc rentrer en possession de cette somme,
« dont je suis bien sûr qu'elle fera un usage digne d'une
« bonne épouse et d'une bonne mère.

« Ma fille n'est pas assez avide de biens pour être fâchée
« que je donne à chacun de ses frères quinze cents livres de
« plus qu'à elle, parce qu'étant élevée et établie et ses frères
« ne l'étant pas, il leur est plus nécessaire d'avoir la plus
« grande part à l'héritage paternel, *laissant à ma femme*
« *le soin de compenser cette inégalité de partage entre mes*
« *enfants par celui de la somme dont elle aura à disposer à sa*
« *mort.*

« Je l'établis curatrice de nos deux fils et prie mes deux
« amis, Jacques Odier-Chevrier et Gaspard Delor, de vouloir
« bien être ses conseillers curatelaires.

« Ainsi tout mon avoir, dégagé de créances mauvaises
« s'élevant par le compte que j'en ai fait au moins à 13,800
« livres courantes, il en reste environ 10,000 livres cou-
« rantes qu'il faudra partager entre mes enfants.

« Ma fille en aura 2,333, indépendamment de la petite dot
« que je lui ai donnée, qui ne doit point être comprise dans
« le partage, comme elle ne l'a pas été dans la somme
« totale, et chacun de mes fils en aura 3,833.

« S'il y avait quelque défalcation à faire, elle se ferait dans
« la même proportion, comme aussi si quelques-unes des
« mauvaises créances rapportaient quelque chose à l'hoirie,
« elles seraient distribuées de même.

« Si l'on vend mes meubles, ma bibliothèque, etc., ils
« ajouteront quelque chose à la somme totale de mon avoir,
« je n'ai pas besoin de m'en occuper. Mes bons amis, s'ils

« veulent accepter l'office de conseillers curatelaires feront
« mieux que je ne pourrais le leur indiquer.

« Jean-Pierre BÉRENGER.

« Ce 30 janvier 1798.

« P. S. — Je n'ai pas parlé de mon gendre dans cet écrit ;
« il n'a pas besoin de cela pour être persuadé que j'eus
« toujours pour lui l'affection la plus tendre.

« Si des deux personnes que j'ai nommées ci-dessus, il s'en
« trouvait une trop occupée pour la remplir ou absente, etc.,
« j'oserai prier mon ami Charles-Jean Amat de se joindre à
« eux ou de remplir la place. Il donnera avec plaisir quel-
« ques soins à la famille de celui qu'il affectionnait.

« BÉRENGER.

« 30 janvier 1798. »

A ce testament olographe, j'ai trouvé joint l'annotation
suivante, sur une feuille séparée, qui paraît avoir été écrite
en 1807, et sur le dos de laquelle est porté (de l'écriture du
gendre de Bérenger, Charles *Bourrit*) : *Dernières volontés du
meilleur des hommes, 1807* :

« Mes enfants ont eu trop d'affection pour moi pour que
« j'aie à craindre qu'ils ne suivent pas mes dernières
« volontés.

« Je désire que le petit capital que je laisse demeure
« sous l'administration de ma femme, aidée des conseils de
« mes amis Boin, Delor et Amat. M. Delor pourra être
« curateur ; mes deux fils demeureront avec leur mère.

« Voici les raisons de cet arrangement. Si je rendais à
« ma femme quatre mille livres que j'ai reçues d'elle, son
« augment de deux mille livres et la jouissance de la
« moitié de ce qui me reste, que je puis et dois lui assi-

« gner légalement, l'autre moitié, divisée en trois, serait si
« peu de chose qu'il se dissiperait ou ne remplirait point le
« but qu'on pourrait se proposer. Au lieu que la famille et
« la somme restant réunis, ma femme, au lieu de dissiper,
« accroîtra cette somme par son économie, et après sa mort,
« mes enfants auront une part qui ne sera pas bien considé-
« rable, mais qui pourra les mettre à l'abri du besoin.

« Ma fille seule aurait quelque droit de se plaindre ;
« mais, outre qu'elle se trouve aujourd'hui dans une situation
« assez heureuse, *ma femme l'aime, est équitable et y aura égard*,
« *j'en suis bien sûr*, comme je suis sûr que ma fille et mon
« gendre ne s'en plaindront pas.

« Je désire que mon gendre ait ma bibliothèque, mon
« microscope, mes cartes et mes estampes, tous mes manus-
« crits, et que tout cela lui soit compté pour la valeur de six
« cents livres, dont il recevra le tiers quand on en viendra
« au partage de l'héritage, et par conséquent, ne lui reviendra
« réellement que quatre cents livres ; de plus, je ne veux pas
« qu'on tienne compte du peu que je lui ai livré à son
« mariage en guise de dot. Seulement, je le prie de laisser
« l'usage de la bibliothèque à mes enfants, lors même
« qu'elle sera chez lui, pourvu que mes enfants n'abusent
« pas de cette facilité.

« Ainsi par mon dernier inventaire mon avoir se trouve
« monter à la somme de . . . 24,136 francs courans
« Si à cette somme on ajoute   de Genève
« la valeur de 12 Encyclopédies
« dont 3 sont actuellement vendues
« pour près de 180 livres. C'est.   700
« La valeur de la Bibiothèque .   600
                                     ‾‾‾‾‾‾
        A reporter. . 25,436 francs

	Report . .	25,436	francs

« Peut-être l'*Histoire de la Réu-*
« *nion* pourra se vendre un jour ;
« et comme il y en a 1500 exem-
« plaires, qu'après quelques dons à
« faire, il en restera environ 1400,
« qui, à 21 sous l'exemplaire ferait
« 700 francs, mais je les réduits à   400

                                       25,836

« qui est ma fortune, dont la dernière partie n'est pas cer-
« taine.

« J'espère qu'après ma mort ma femme pourra y ajouter
« encore par son excellente économie. Mais en ne la comp-
« tant que ce qu'elle est, chacun de mes enfants aura
« pour sa part 8,612 livres courantes. C'est peu pour qui n'y
« ajoute rien par son travail ; c'est peu pour mon pauvre
« Charles, que j'aurai bien voulu avantager ; mais je n'ai
« pas voulu être injuste envers les autres, et j'ai compté sur
« leur bon cœur et sur leurs sentiments fraternels.

« Si j'avais vécu plus longtemps, j'espérais que ma femme
« et moi aurions laissé à mes enfants à chacun 9,000 livres
« courantes ou 3,000 écus ; peut-être ma femme à l'aide de
« sa bonne économie pourra faire ce que je n'ai pu exécuter.
« Je le désire. »

A cette note, le gendre de Jean-Pierre *Bérenger* a ajouté
six points dont l'exquise délicatesse servira de noble complément aux sages et prudentes volontés de son illustre parent :

« Genève, 3 juillet 1807.

« Étant père de six enfants, ignorant si je n'en aurai pas
« davantage, ayant été jusqu'à présent dans l'impossibilité de

« placer aucun argent et ne sachant point si la Divine Provi-
« dence ne me retirera pas de ce monde avant que j'ai pu
« mettre à l'abri du besoin ma chère femme et mes chers
« enfants, je crois leur *devoir* de supplier ici ma bonne
« maman d'observer :

« 1° Que mon bien-aimé père a oublié de parler dans ses
« dernières dispositions d'un compte d'environ 19 louis qu'il
« me devait dès l'année 1799 et qui si l'on ajoutait les inté-
« rêts monterait actuellement à environ 27 louis, et Dieu me
« garde de les réclamer !

« 2° Que si ma femme pouvait jouir de son capital, les
« intérêts le tierceraient au bout de 10 ans, le doubleraient au
« bout de 20 et que, par conséquent, sa possession est un
« avantage dont elle est réellement privée, mais certainement
« sans aucun regret, ni de sa part ni de la mienne, puisque
« c'est notre mère et nos frères qui l'ont appelés à en jouir.

« 3° Que la somme qui a été remise en guise de dot et qui
« devait être de cinquante louis, n'a jamais été que de douze,
« uniquement par l'effet de circonstances fâcheuses.

« 4° Que la bibliothèque que mon beau-père m'assigne
« n'est pas proprement un don, mais une vente à basse
« estimation.

« 5° Que dans son avoir, il a compris l'ouvrage de la *Réu-*
« *nion*, mais que postérieurement à l'écrit, il m'en a fait la
« donation verbale, dont je ne prétends pourtant pas profiter
« sans en avoir son libre consentement.

« 6° Que dans le testament comme dans les dernières dis-
« positions qui le remplacent, mon excellent beau-père priant
« sa femme (dans les termes les plus précis et que j'ai pris la
« liberté de souligner), la priant, dis-je, de compenser une
« fois par les dispositions qu'elle pourra prendre l'espèce
« d'inégalité qu'il a cru devoir mettre dans les siennes, j'en

« appelle aussi à l'esprit de justice et d'équité de cette bonne
« mère et à la tendresse qu'elle a de tout temps témoigné à
« ma femme, à mes enfants et à moi-même *pour qu'elle rem-*
« *plisse un jour le dernier vœu de son mari*, sans attendre
« même qu'elle en fût aux derniers instants de sa vie si je
« venais à perdre la mienne.

« Etant seul, je me tairais ; mais j'ai une nombreuse
« famille. Je ne possède rien ; j'ignore si je laisserai quelque
« chose. Puissent donc ma bonne maman et mes bons frères
« me pardonner ces réflexions et croire qu'en tout temps et
« quelles que soient les volontés de mes parents adoptifs, je
« ne cesserai jamais de les respecter et d'être en particulier
« pour mon excellente et bien-aimée mère un fils tendre
« et soumis.

« Charles BOURRIT. »

*
* *

Bérenger, qui a tant travaillé pour voir Genève *indépendante, n'a pu jouir du résultat de ses labeurs.*

La mort, à laquelle il s'était dignement préparé, l'enleva
dans sa septantième année, le 23 juin 1807 ; il habitait alors
la rue des Chaudronniers, à Genève, au numéro 291. L'inscription de son décès fut faite à l'Etat civil par les soins de
MM. Gaspard De Lor, propriétaire, et Jean-Joseph Bellamy,
négociant.

Bérenger n'est plus ! Mais son esprit demeure.

Aujourd'hui sont réalisées ses généreuses, ses patriotiques
espérances : Genève est libre ; l'égalité politique la plus rationnelle, la plus complète règne au sein de son peuple ; des
communes rurales de la France et de la Savoie, annexées au
territoire de l'ancienne République jouissent des inestimables

bienfaits de la liberté. Citadins et campagnards comprennent que le bonheur du pays et la prospérité des familles sont étroitement liés à cette égalité, à cette union de tous les les citoyens s'appliquant sans relâche à l'œuvre du développement matériel et intellectuel de toutes les institutions.

Bérenger n'est plus !

Le plus filial et le plus solennel hommage que nous puissions rendre à la mémoire du patriote-historien, nous, Genevois libres, Genevois égaux, c'est de nous pénétrer de cette impression : Bérenger a noblement servi la cause de la liberté, il a bien mérité du pays, et, sur ce sol devenu réellement libre, auquel il fut si inviolablement attaché, son esprit plane et il demeurera toujours pour vivifier dans tous les cœurs genevois, ces sentiments élevés qui font l'homme libre et qui constituent le vrai citoyen.

C. FONTAINE-BORGEL

EMILE JULLIARD

LA FEMME, LA GLOIRE ET L'ARGENT

SA MAJESTÉ LE ROI MILLION

(L'ARGENT)

Comédie en deux actes

N.-B. Les deux comédies, LA DIPLOMATIE FÉMININE (L'Amour), et LE SA-TELLITE (La Gloire), ont paru dans le précédent volume de l'Institut.

SA MAJESTÉ LE ROI MILLI

L'ARGENT

SA MAJESTÉ LE ROI MILLION

COMÉDIE EN DEUX ACTES

PERSONNAGES:

VALIN.

RODOLPHE DARIOL.

BADET.

SOPHIE, femme de Valin.

EUGÉNIE, fille de Valin, d'un premier lit.

PIERRE   } domestiques.
LISETTE }

LA SCÈNE SE PASSE A PARIS.

SA MAJESTÉ LE ROI MILLION

COMÉDIE EN DEUX ACTES

'

ACTE PREMIER

Un salon. — Portes au fond et sur les côtés.

SCÈNE I.

LISETTE (étendue sur un canapé, lit un roman) PIERRE (assis près d'un petit bureau, est occupé à écrire.)

(Au lever du rideau, on sonne dans le cabinet de gauche.)

PIERRE (lisant ce qu'il vient d'écrire.)

« Plan de réformes sociales, politiques et administratives. — Chapitre Ier. — Gouvernement des nations par les pauvres. — Art. Ier. Tout citoyen payant plus de 500 francs de loyer est exclu des charges publiques. Art. II. Les indigents seuls sont éligibles à la présidence de la République. »

(coups de sonnette répétés.)

LISETTE (sans se déranger.)

Je crois que Monsieur sonne.

PIERRE (idem.)

Je le crois aussi. (Lisant.) « Les impôts sont perçus,... »
dis-moi, Lisette, toi qui as avalé des bibliothèques entières,
tu n'aurais point par hasard rencontré le mot impôt dans tes
lectures ? On l'écrit « I M P E A U » n'est-ce pas ?

LISETTE

Est-il permis d'être ignorant à ce point ! tu ne sais donc
pas qu'impôt s'écrit « I M P A U D. »

PIERRE (corrigeant.)

Merci, je ne l'oublierai pas.

(Nouveaux coups de sonnette.)

LISETTE.

Ne penses-tu pas, Pierre, qu'il faudrait peut-être aller
voir ?...

PIERRE.

Oui, l'on pourrait aller voir,... « les impôts sont perçus... »
(cherchant dans sa mémoire.) S U ou S U T ?... c'est S U T...
« par les prolétaires sur le capital des riches... » Allons,
bon, moi qui écris capital avec un seul p comme si je ne
savais pas que ce diable de mot en demande deux.

(Violents coups de sonnette.)

LISETTE (sans se déranger.)

Il faut pourtant se décider à répondre à Monsieur.

PIERRE (idem.)

C'est vrai, il faut se décider. — Vois-tu, Lisette, si mon
projet de réorganisation sociale et d'anarchie universelle

trouve un éditeur, tu verras du nouveau dans les affaires de ce monde. Il n'y aura plus ni riches, ni pauvres ; tous les hommes deviendront de petits rentiers et personne ne travaillera plus. Les gouvernements actuels, ces bâtons jetés dans les jambes des nations pour les empêcher de marcher trop vite, les gouvernements actuels, dis-je..... (coups de sonnette furieux.) Ce carillon me dérange singulièrement..... Les gouvernements actuels, te répétai-je..... (mouvement dans la coulisse.) Eh bien!.. qui vient là ?... Bon ! c'est la sonnette avec le sonneur.

———————

SCÈNE II.

Les Mêmes, VALIN.

VALIN (entrant. — Il tient à la main une sonnette qu'il agite de toutes ses forces.)

Est-on sourd ici, ou se moque-t-on de moi? (Pierre reste assis.) Une minute de plus, coquin, et je te réduisais en poudre ; j'ai bien sonné dix fois et personne... Si tu te levais, manant, quand je te parle.

PIERRE (se levant.)

Monsieur, si je n'ai pas accouru d'abord, c'est de la faute du socialisme et de la politique ; vous ne connaissez pas encore mon plan de réformes ; écoutez : (lisant) « tout citoyen payant plus de 500 fr..... »

VALIN.

Tais-toi, ou je te brise ! Mes journaux sont-ils arrivés ?

(Pierre lui remet plusieurs gazettes chiffonnées et entièrement
dépliées.) Comment! impudent! tu te permets de déplier mes
journaux et de les lire avant moi.

PIERRE.

Le beau mal!..... Est-ce que je vieillis les nouvelles en les
lisant avant vous ?..... A propos, vous savez que le ministère
roumain est démissionnaire :.... J'en suis enchanté, car je
n'aimais pas ces ministres, moi; ils soutenaient mal la cause
du pauvre peuple. N'est-ce pas votre avis ?

VALIN.

Ecoute, Pierre, tu as mangé tout mon fonds de patience ;
je n'en ai plus à ton service. Demain, je te mets à la porte.

PIERRE.

Oh ! non, Monsieur, vous vous trompez.

VALIN.

Tu dis que.....

PIERRE.

Je dis que vous vous trompez ; d'abord, Madame ne le
permettrait pas, et puis vous-même, ne serez-vous pas toujours enchanté de me garder ?

VALIN.

Insolent ! tu crois donc.....

PIERRE.

Je ne crois pas, je suis sûr. Qui répondra à Monsieur
quand il sonnera ? Qui lui prêtera de l'argent quand il en aura
besoin ? qui dira à Madame que Monsieur est rentré à dix

heures et qu'il a fort bien dormi jusqu'au matin, tandis que Monsieur aura passé la nuit à cultiver ses amis ? qui lui parlera politique, qui lui portera ses petites lettres parfumées chez..... ?

VALIN (vivement.)

Chut ! chut ! malheureux !

PIERRE.

Vous voyez donc bien qu'il faut que je reste.

VALIN.

Tu es une abominable brute, entends-tu !

PIERRE.

Monsieur est bien bon, il me flatte... mais il comprend aussi qu'il doit conserver précieusement chez lui ma petite personne avec ses petits défauts.

LISETTE.

En effet, Monsieur ne peut faire autrement ; sans quoi il est perdu.

VALIN.

Voilà encore l'autre à présent ! avez-vous donc juré tous les deux de me rendre fou ?

LISETTE.

Vous savez combien Madame est sévère ; si elle apprenait que.....

PIERRE.

Que Monsieur se dérange,

LISETTE.

Qu'il a dehors des soupers de garçons,

PIERRE.

Où l'on joue un jeu d'enfer,

LISETTE.

Où l'on se déguise en nymphes d'opéra,

PIERRE.

Où l'on introduit.....

VALIN (hors de lui.)

Mais voulez-vous bien vous taire, voulez-vous bien vous taire !

PIERRE.

Ainsi, Monsieur me garde.

VALIN.

Mais oui, je te garde, imbécile ; qui te parle de te renvoyer ?

PIERRE.

Oh ! personne ; Monsieur ne l'aurait jamais dit.

LISETTE.

Monsieur n'aurait jamais eu cette cruauté !...

PIERRE.

Cette ingratitude !...

LISETTE.

Cette barbarie !...

PIERRE.

Cette audace !...

VALIN (se contenant.)

Mes bons amis, faites-moi un plaisir : retirez-vous, de grâce, car... (éclatant et criant) car je sens que je vais vous broyer sous mes semelles, entendez-vous ?

PIERRE.

Oui, nous entendons, Monsieur, mais ne vous mettez pas en colère ; vous savez que Madame n'aime pas cela.

LISETTE.

Et nous non plus !

PIERRE.

Cela fatigue Madame.

LISETTE.

Et cela nous fatigue aussi.

VALIN (tombant dans un fauteuil.)

Oh ! j'éclate !

LISETTE.

Cela n'est rien ; j'irai vous chercher un verre d'eau sucrée, et cela passera..... du calme surtout, du calme ! (Coups de sonnette à droite.) Courons, Pierre, c'est Madame qui sonne.

(Ils sortent tous deux.)

SCÈNE III.

VALIN (seul.)

Du calme ! du calme ! quand il y aurait de quoi exaspérer du marbre !... Je suis donc condamné à être le bilboquet de mes domestiques, de ces va-nu-pieds qui m'obéissaient comme des épagneuls avant que j'eusse perdu ma fortune..... Maudit Jarnet ! infâme banqueroutier ! tu ne m'as pas seulement emporté mon argent, mais ma liberté et ma paix, le respect de mes serviteurs et le cœur de ma femme. Aussi, pourquoi me suis-je remarié ?... Sophie avait perdu son premier mari, qui lui avait laissé une belle fortune pour le pleurer ; j'avais perdu ma première femme qui ne me laissa qu'une fille. Je crus que ces deux veuvages réunis feraient un heureux ménage, et je me jetai tête baissée dans la nasse d'un second hymen. Aveugle, aveugle, trois fois aveugle ! Sophie appartient à une famille qui croit que le mérite d'un homme est contenu tout entier dans sa caisse, et que sa valeur se compte par ses valeurs. Naguère, si elle n'adorait pas le mari, elle traitait le capitaliste avec quelques égards. Maintenant le mari vit encore, et le capitaliste est enterré. Je me rappelle toujours les paroles qu'elle me servit en forme de consolation le jour où elle apprit ma ruine. (Imitant le ton de sa femme.) « Comment, vous n'avez plus le sou ! mais vous avez perdu tout ce qui faisait votre charme ; vous allez devenir un homme insupportable, un meuble horriblement coûteux..... Oh ! ne vous flattez pas d'entrer dans ma fortune comme une mite dans une fourrure ! J'aurai l'œil sur vos dépenses, je saurai brider vos désirs, et si je consens à vous entretenir,

vous et votre fille, c'est que je ne puis faire taire les mouvements d'un cœur trop tendre et trop faible ». Je ne répondis
rien et j'eus tort. J'y suis bien résolu, maintenant ; je veux
reprendre mon sceptre conjugal, être maître chez moi, tyran
même, s'il le faut. Ah ! Madame Valin, vous croyez que je
me laisserai toujours mener à la ficelle comme un polichinelle
de bois. Je suis un autre homme maintenant, venez me
braver, si vous l'osez ! (Apercevant sa femme qui entre.) Aïe,
ma femme, où me sauver à présent ? (Il cherche à s'enfuir,
mais il est arrêté par Madame Valin.)

SCÈNE IV.

VALIN, SOPHIE.

SOPHIE.

Restez ! Que faisiez-vous là ?

VALIN.

Des réflexions amères.

SOPHIE.

Mais que disiez-vous ?

VALIN.

Un monologue sombre.

SOPHIE.

A quel propos ?

VALIN.

A propos de..... à propos de mon parapluie emporté hier

par un coup de vent. (déclamant:) Je déplorais la perte de cet excellent ami, et je comparais son sort à celui de l'humanité, toujours emportée vers les sphères azurées du bonheur par le vent de l'illusion, et retombant lourdement ensuite sur la roche calcaire de la réalité.

SOPHIE.

Vous êtes fou !

VALIN.

Bah ! vous croyez !

SOPHIE.

J'en suis certaine.

VALIN.

Alors, c'est possible.

SOPHIE.

Vous ne sortirez pas ce soir, j'ai besoin de vous.

VALIN (à part)

Ayons du caractère ! (Haut, se croisant les bras.) Ah ! ça, Madame, savez-vous qu'à la fin ?....

SOPHIE (riant)

Ah ! ah ! ah ! qui vous a appris cette jolie pantomime ?

VALIN (à part)

Ayons encore plus de caractère. (Haut, criant.) Oui, savez-vez qu'à la fin.....

SOPHIE.

Ce que je sais à la fin, c'est que vous êtes absurde et que vous ne sortirez pas.

VALIN (criant)

Ah! vraiment ! je ne sortirai pas ! ! je ne sortirai pas ! !.....
Eh bien ! je..... (très calme.) en effet, je ne sortirai pas.

SOPHIE.

Je l'espère bien !..... D'ailleurs je veux que vous restiez
désormais un peu plus à la maison ; vous faites des dépenses
révoltantes et vous prenez dehors des allures.....

VALIN.

Pardonnez-moi ; dehors, je prends un fiacre.

SOPHIE.

Ne m'interrompez donc pas ! — Vous avez dépensé deux
mille francs dans le courant du mois passé.

VALIN.

C'est que j'ai acheté de l'eau de Botot.

SOPHIE.

Pour deux mille francs d'eau de Botot !

VALIN.

Et puis, j'ai payé mon barbier..... Le savon à barbe est
hors de prix maintenant.

SOPHIE.

Avouez plutôt que vous menez une vie de désordres, que
vous avez des amis.....

VALIN.

Des amis !.... Ah ! fi donc ! vous me faites injure, Madame ;

je puis avoir des défauts, des vices même, mais je ne m'abaisserai jamais jusqu'à avoir des amis !

SOPHIE.

J'ai pourtant entendu du bruit dans votre chambre, la nuit passée.

VALIN.

Je ronflais apparemment.

SOPHIE.

Pas le moins du monde; on causait, on riait, on chantait....

VALIN.

C'étaient les rats.

SOPHIE.

C'étaient les rats qui riaient et chantaient ! Quand aurez-vous fini de me répondre des sottises ?

VALIN (à part.)

Parbleu ! quand elle aura fini de m'en dire.

SOPHIE.

A propos, mon frère aîné est arrivé de province aujourd'hui, pour me demander la main de votre fille Eugénie..... Nous la lui donnons.

VALIN.

Ah ! vraiment ! nous la lui donnons ! je ne le savais pas.

SOPHIE.

J'accorde à ma belle-fille, en faveur de mon frère, une dot de 150,000 francs.

VALIN.

C'est fort joli, et qu'en dit Eugénie ?

SOPHIE.

Il n'était pas nécessaire de la consulter ; nous l'avertirons que la chose est décidée.

VALIN.

C'est cela !..... de cette manière tout ira comme sur des roulettes. Pensez-vous seulement qu'il faudra lui indiquer quelques heures d'avance le moment de son mariage, afin qu'elle se tienne prête ?

SOPHIE.

Je crois que vous vous permettez de railler, au lieu de me remercier de la sollicitude que je porte à votre famille;..... car ce mariage est une excellente affaire pour Eugénie.

VALIN.

Oui, mais il y a un petit inconvénient.

SOPHIE.

Je n'accepte pas d'inconvénients.

VALIN.

Oh ! ça n'en est pas un, si vous voulez ! Eugénie a déjà une inclination pour le jeune Dariol.

SOPHIE.

Eh bien ! elle la retirera, son inclination.

VALIN.

C'est vrai, au fait, elle la retirera, rien de plus simple.....

seulement, j'avais fait espérer au jeune homme qui l'aime aussi.....

SOPHIE.

Comment ! vous avez osé, sans me consulter, donner des espérances à quelqu'un !

VALIN.

Pardonnez-moi ; je vous aurais aussi avertie que la chose était décidée.

SOPHIE.

Vous êtes un insolent, et vous me ferez le plaisir de dire a votre damoiseau que vous avez fait, comme toujours, une énorme balourdise et qu'il aille chercher femme ailleurs.

VALIN (à part.)

Reprenons du caractère ! (Haut) Ah ! ça, Madame, savez-vous qu'à la fin....

SOPHIE.

Allez-vous recommencer vos grimaces ?

VALIN.

Des grimaces !

SOPHIE.

Je vous avertis que je ne suis pas d'humeur à y faire attention.

VALIN (à part.)

Le fort ne réussit pas, essayons du doux. (Haut, câlin.) Ma bichette, mon ange.....

SOPHIE.

D'abord, je ne suis pas votre bichette ; et de plus, vous êtes horriblement laid quand vous souriez.

VALIN (à part.)

Le doux ne va pas, passsons au digne. (Haut.) Madame Valin, il est des circonstances dans la vie,

SOPHIE.

Il est des circonstances dans la vie ou l'on dépose sa niaiserie, mais vous ne quittez jamais la vôtre, vous !

VALIN (à part.)

O ma gracieuse épouse !

―――――

SCÈNE V.

LES PRÉCÉDENTS, EUGÉNIE

EUGÉNIE (accourant embrasser son père.)

Ah ! mon bon papa, regardez le joli bouquet que je vous apporte. (Elle le lui met à sa boutonnière.) Tenez, vous êtes charmant comme cela; vous avez l'air d'un jeune marié. (Apercevant Sophie et la saluant froidement.) Madame....

SOPHIE.

Habituez-vous, Eugénie, à m'appeler votre maman; je vous ai toujours témoigné les sentiments d'une mère, et aujourd'hui en particulier, vous reconnaîtrez jusqu'où va ma tendresse pour vous, car je vous ai trouvé un fiancé que vous voudrez bien épouser sous peu.

EUGÉNIE (vivement.)

Rodolphe Dariol ! oh ! très volontiers !

SOPHIE.

Vous vous trompez, ma chère ; ce fiancé est M. Badet, mon frère.

EUGÉNIE.

Ce gros homme court et rouge comme une grenade, ce phénomène que j'ai vu une fois en province, il y a deux ans, et qui m'a fait tant de peur ?

SOPHIE.

Précisément ; vous pourriez parler de mon frère avec plus de respect.

EUGÉNIE (à son père.)

Mais, mon père, dites à Madame que je ne veux pas épouser ce monsieur-là.

VALIN (à Sophie.)

Ma fille me charge de vous dire qu'elle ne veut pas épouser ce monsieur-là.

SOPHIE.

Et moi, je me charge toute seule de vous inviter à vous taire.

VALIN.

Permettez, je ne suis ici qu'un porte-voix.

SOPHIE.

Ecoutez, Eugénie: M. Badet possède trois cent mille francs en actions et obligations, quinze mille francs de rente sur l'Etat, et, de plus, quatre cent mille francs en prairies, forêts et immeubles de toute espèce. Outre cela, je vous donne 150,000 francs que vous toucherez le jour de votre mariage avec lui. Choisissez donc : mon frère millionnaire et la dot, ou votre pauvre père et rien du tout ; car je vous certifie que si vous résistez à mes volontés et si vous épousez votre Dariol, je ne vous donnerai pour dot que l'ordre de sortir de chez moi et de n'y plus reparaître.

EUGÉNIE.

Oh! par exemple, vous me défendrez de venir voir mon père! que dites-vous de cela, papa?

VALIN (sous le regard de Sophie.)

Je dis que.... je dis que..... je dis que je ne dis rien.

EUGÉNIE.

Eh bien! moi, je dis que je ne vous quitterai jamais.

SOPHIE.

Vous m'avez comprise, Mademoiselle; vous me donnerez votre réponse demain.

EUGÉNIE.

Pourquoi demain? je puis vous la donner tout de suite : je ne veux épouser ni votre dot, ni votre frère, car ni l'un ni l'autre ne me plaisent; et je veux être la femme de Rodolphe Dariol et partager sa pauvreté, car je les aime tous les deux.

SOPHIE.

Eh bien! c'est ce que nous verrons!

(Elle sort).

SCÈNE VI.

EUGÉNIE, VALIN.

VALIN.

Franchement, mon enfant, je trouve que tu mènes les choses un peu trop à la vapeur. Badet est un parti considérable et.....

EUGÈNIE.

Mais il est affreux !

VALIN.

Il est vrai qu'il n'est pas beau.

EUGÉNIE.

Dites qu'il est horrible !

VALIN.

Disons « horrible » pour te plaire.

EUGÈNIE.

Qui se chargerait d'épouser un pareil homme ?

VALIN.

Pas moi, certainement.

EUCÈNIE.

Tandis que Rodolphe, sans être positivement beau. ...

VALIN.

N'est pas mal.

EUGÉNIE.

Je crois bien qu'il n'est pas mal ! il est magnifique, car je l'aime..... et puis, voyez-vous, mon père, il est musicien et compositeur.

VALIN (avec une grimace de dédain.)

Hou !

EUGÉNIE.

Poëte.

VALIN.

Peuh !

EUGÉNIE.

Un poète ! Que pourrions-nous rêver de plus délicieux, nous autres jeunes filles ? Je ne comprends pas pour ma part qu'on puisse aimer un autre homme qu'un poète ; car les autres gens, sans compter qu'ils sont toujours vulgaires, nous prennent juste pour ce que nous valons, quand ils ne nous estiment pas au-dessous de notre prix ; mais les poètes, eux, nous font toujours plus aimables, plus belles, plus gracieuses que nous ne le sommes ; ils nous regardent par les lunettes de leur idéal et nous irisent de toutes les couleurs de leur ima-gination. Ainsi, Rodolphe est persuadé que j'étais déesse avant d'être votre fille et que je suis descendue du ciel tout exprès pour lui. Connaissez-vous les vers qu'il a composés pour moi, un jour que je refusais de lui dire que je l'aimais ? Il voulait absolument en mourir, le pauvre garçon ; mais je le lui ai bien défendu..... et il m'a obéi.

VALIN.

Oui, je m'en suis aperçu.

EUGÉNIE.

Ecoutez, c'est un écho ! Je dirai le vers et vous ferez la réponse de l'écho.

VALIN.

Eh ! laisse-moi donc tranquille avec tes vers.

EUGÉNIE.

Voyons, mon bon petit père, soyez gentil ; vous ne voulez donc plus me faire plaisir comme toujours ?

VALIN.

Mais je serais horriblement ridicule.

EUGÉNIE.

Pas du tout, Monsieur mon père, vous serez charmant. Allons, je commence :

« De paix et de bonheur ai-je autrefois joui ?

VALIN.
                                        Oui.

EUGÉNIE.
« Qui me cause à présent cette angoisse cruelle ?

VALIN.
                                        Elle.

EUGÉNIE.
« Sait-elle que de fois je soupire son nom ?

VALIN.
                        Non.

EUGÉNIE.

« Que dois-je faire, écho, lorsque sa voix m'enchante ?

VALIN.

Chante.

EUGÉNIE.

« Et qui recueillera mes accents pleins d'émoi ?

VALIN.

Moi.

EUGÉNIE.

« Quand irai-je à la tombe où ma douleur m'invite ?

VALIN.

Vite.

EUGÉNIE.

« Et qui prendra mon âme et mon dernier adieu ?

VALIN.

Dieu.

C'est parfait tout cela, (tirant sa tabatière.) mais ça ne vaut pas la plus petite prise du plus mauvais tabac.

EUGÉNIE.

Vous ne trouvez pas joli ?

VALIN.

Oh ! ravissant ! j'allais m'en évanouir.

EUGÉNIE.

Le moyen de ne pas aimer un homme qui vous écrit des choses comme celles-là ? Aussi, si son cœur est à moi, il peut bien compter que tout mon cœur est à lui.

VALIN.

Ton cœur, son cœur, votre cœur ! tout cela est bel et bon, ma petite ; mais on ne vit pas de cœur.

EUGÉNIE.

Oh ! nous saurons bien en vivre, nous ! il fera imprimer ses vers, qui feront le tour du monde, et la gloire viendra s'installer chez nous.

VALIN.

La gloire n'aime pas la misère ; elle aime les bons morceaux et ne s'installe que chez les gens bien logés et bien nourris.

EUGÉNIE.

Nous aurons une vie si heureuse ! il écrira des poésies que je réciterai ; il composera des romances que je chanterai, et ainsi, chaque jour....

VALIN.

Et ainsi, chaque jour, vous ferez une pastorale délicieuse jusqu'à midi, heure à laquelle vous préférerez le parfum de la soupière au parfum de tous les poèmes du monde.

EUGÉNIE.

Eh bien ! si nous avons faim, ce qui est peu probable, nous viendrons tous les deux nous asseoir à vos côtés autour de votre petite table ronde ; nous vous choisirons les meilleurs morceaux et nous mangerons les autres.

VALIN.

Oh ! tu arranges les choses à ta guise, mais je n'ai plus rien, moi ; ta belle-mère a tout. Tu me diras : N'êtes-vous

EUGÉNIE.

« Que dois-je faire, écho, lorsque sa voix m'enchante ?

VALIN.

Chante.

EUGÉNIE.

« Et qui recueillera mes accents pleins d'émoi ?

VALIN.

Moi.

EUGÉNIE.

« Quand irai-je à la tombe où ma douleur m'invite ?

VALIN.

Vite.

EUGÉNIE.

« Et qui prendra mon âme et mon dernier adieu ?

VALIN.

Dieu.

C'est parfait tout cela, (tirant sa tabatière.) mais ça ne vaut pas la plus petite prise du plus mauvais tabac.

EUGÉNIE.

Vous ne trouvez pas joli ?

VALIN.

Oh ! ravissant ! j'allais m'en évanouir.

EUGÉNIE.

Le moyen de ne pas aimer un homme qui vous écrit des choses comme celles-là ? Aussi, si son cœur est à moi, il peut bien compter que tout mon cœur est à lui.

VALIN.

Toutes tes amies? Tu n'en as qu'une, qui est aussi pauvre
que toi.

EUGÉNIE.

Rodolphe trouvera un protecteur, un Mécène.

VALIN.

C'est cela, fie-toi aux Mécénes d'aujourd'hui; on leur demande un coup de main, ils vous donnent un coup de pied.

EUGÉNIE.

Le public s'empressera.....

VALIN.

Le public n'achète plus, en fait de poésies, que le bulletin
de la Bourse et l'Indicateur des chemins de fer.

EUGÉNIE.

Vous êtes impitoyable, mon père.

VALIN.

La raison l'est toujours.

EUGÉNIE.

Vous m'aimez avec raison, mais moi...

VALIN.

On peut vivre pour aimer, mais non aimer 'pour vivre, ma
fille. Que veux-tu? ce n'est pas de ma faute si nous ne pouvons pas nous nourrir du parfum des fleurs comme les
oiseaux-mouches.

EUGÉNIE (sanglotant.)

Je suis bien malheureuse ! Ma pauvre mère ne m'aurait jamais refusé mon petit poète.

VALIN (ému et serrant sa fille dans ses bras.)

Écoute, ma chère enfant : Dieu m'est témoin que si je pouvais faire de mon corps des côtelettes et des pâtés pour toute votre existence, je me dépècerais moi-même et je vous dirais : Adieu, mes enfants, accommodez-moi aux truffes ou aux champignons et vivez en paix. Malheureusement pour vous et heureusement pour ma chair, la chose n'est pas possible; il faut donc prendre un autre parti.... Eh ! tiens, parbleu ! il est tout trouvé : Rodolphe est propriétaire d'une tante fort riche, fort âgée et non moins malade qui lui laissera toute sa fortune. Attends qu'il réalise cette tante et toutes les difficultés seront levées.

EUGÉNIE.

Oh ! non, je ne veux vivre de la mort de personne.

VALIN.

Eh bien ! n'attendons pas; Rodolphe peut chercher un emploi, et, en dernière ressource, je trouverai bien moyen de vous faire subsister une année ou deux. (à part) Diable, diable, diable ! et ma femme, nous n'y pensons plus !

EUGÉNIE (embrassant son père.)

Oh ! vous êtes le meilleur des pères et je suis la plus heureuse des filles.

VALIN.

Tu es heureuse !... je t'en félicite ; je n'ai jamais connu le bonheur que de réputation, moi.

EUGÉNIE.

Ne dites pas cela ; vous allez voir comme nous allons vous dorloter, vous choyer et vous aimer, Rodolphe et moi.

SCÈNE VII.

LES MÊMES, RODOLPHE.

RODOLPHE.

Vous prononcez le nom, voici l'homme.

EUGÉNIE.

Ah ! mon ami, que vous arrivez à propos ! venez vite, mon père consent à nous marier tout de suite.

RODOLPHE (prenant les mains de Valin.)

Oh ! merci, Monsieur.

VALIN (à Eugénie.)

Doucement, doucement, que diantre !.... tu me mets toujours en avant, comme s'il n'y avait ici que toi et moi ; il s'agit de savoir si ma femme est aussi pressée que vous de conclure ce mariage, car il dépend d'elle entièrement.

EUGÉNIE (tristement.)

Oh ! mon père.

RODOLPHE.

Ne me faites pas croire, Monsieur, que le caprice d'une personne qui, après tout, n'a aucun droit sur Mademoiselle Eugénie.....

VALIN.

Pardon, elle a tous les droits d'un bailleur de fonds, car elle donne 150,000 francs de dot à ma fille.

RODOLPHE.

Je ne les accepte pas.

VALIN.

Oh ! tranquillisez-vous ; ils ne sont pas pour vous ; ma femme les accorde à Eugénie à condition qu'elle épousera un candidat de son choix, Monsieur Badet.

EUGÉNIE (avec emportement.)

Mais je n'en veux pas, moi, encore une fois, je n'en veux pas ! Plutôt prendre de l'arsenic que cet homme ! On me sacrifie, on m'immole, je suis une victime infortunée !

VALIN.

Prout ! prout ! prout ! voilà la tête qui trotte ; tu ne seras ni victime ni infortunée, et personne ne songe à t'immoler ; mais enfin, Mᵐᵉ Valin n'a pas tort. Un père doit être prudent ! Eh ! parbleu, mes enfants, occupez-vous du cœur, des fleurs et de tous les substantifs en *cur*, c'est votre affaire ; mais laissez le papa veiller aux intérêts de l'estomac. En vérité, toutes les femmes sont des enfants ; elles prennent un mari comme un joujou ; pourvu qu'il soit bien verni et bien luisant, elles le tiennent quitte du reste et ne regardent pas de quel bois il est fait. A-t-il de quoi tenir sa maison et élever ses enfants ? Qu'importe ? Il a des bottes aimables, des cheveux passionnés, des cravates rêveuses ; il gazouille des cavatines, fait la conversation avec la lune d'opale et les étoiles d'or ; en voilà assez pour être heureux avec lui *per omnia sœcula*. Je ne dis pas cela pour vous, Rodolphe ; mais enfin, mes bons amis, on ne divise pas la vie comme une romance, en strophes ou en couplets ; on ne la chante pas, on la parle en grosse et bonne prose.

RODOLPHE.

Faisons tout d'un temps de l'existence une règle d'arithmétique ; écrivons-la en chiffres, et n'admettons comme seuls éléments du bonheur que la somme, le reste, le produit et le quotient.

VALIN.

On en viendra là, soyez en sûr ; — mais, dites donc, à propos de somme et de produit, (avec intention) comment va la tante ?

RODOLPHE.

Elle était hier à toute extrémité !

EUGÉNIE.

Pauvre femme, comme c'est triste !

VALIN.

Mais c'est bien, très bien, c'est fort heureux pour vous !

RODOLPHE.

Au point du jour cependant, elle se trouvait tout à fait mieux.

VALIN.

Diable! diable! voilà qui se gâte.

EUGÉNIE.

Oh! tant mieux! cela doit vous rassurer.

RODOLPHE.

Mais vers dix heures, elle eut une crise violente....

EUGÉNIE.

Qui la sauva?

VALIN.

Qui vous rendit riche?

RODOLPHE

Maintenant l'on craint....

VALIN.

On espère....

EUGÉNIE.

Qu'elle guérira?

VALIN.

Qu'elle rejoindra bientôt ses aïeux?

EUGÉNIE.

Quel souhait féroce, mon père !

VALIN.

C'est vrai; voilà pourtant où entraîne la paternité! S'il ne

s'agissait que de moi, je ne demanderais pas mieux que cette
tante eût la durée et la santé des pyramides d'Egypte. Mais
votre avenir est en jeu et cela me rend anthropophage. Dame !
vous comprenez ! l'argument du million ferme la bouche à
tout le monde et surtout à ma femme. Quand elle apprendra
qu'au lieu de poète, vous vous appelez capitaliste, elle sera
vaincue et anéantie !

RODOLPHE.

Nous nous dispenserons, Monsieur, d'une victoire inutile,
et, forts de votre autorité.....

VALIN.

Mon autorité !..... sans doute, mon autorité suffit, c'est-à-
dire pourrait suffire..... dans certains cas au moins..... mais,
tenez, mon ami, allez voir un peu comment se porte notre
chère malade ; cette pauvre tante doit souffrir de ne pas vous
sentir à ses côtés. Le dévouement est si bien à sa place au
chevet d'une mourante !

RODOLPHE (regardant Eugénie.)

Quoi ! déjà vous quitter !

VALIN.

Oui, je conçois qu'il est horriblement douloureux de me
quitter,..... mais votre intérêt..... je veux dire votre devoir
l'exige.

RODOLPHE.

Oh ! je reviendrai vite ! à bientôt donc !

(Il veut baiser la main d'Eugénie.)

VALIN.

Hé ! hé ! hé ! n'anticipons pas, jeune homme ; si vous avez

maintenant quelques baisers de trop, confiez-les au papa ! A
la noce, je vous rendrai votre dépôt. (Il embrasse Rodolphe.)
Le polisson ! est-il heureux d'être tombé sur un beau-père
comme moi !

RODOLPHE.

Adieu donc !

EUGÉNIE (au moment où il sort.)

Guérissez-la et apportez-nous de bonnes nouvelles.

VALIN.

Oui, apportez-nous de bonnes nouvelles et revenez-nous
millionnaire.

(Rodolphe sort).

SCÈNE VIII.

VALIN, EUGÉNIE.

VALIN.

Quel brave garçon ! je crois que je finirai par l'aimer autant
que tu l'aimes. C'est dommage seulement qu'il soit attaqué
des vers.

EUGÉNIE.

Oh ! mon père, donnez-lui toute votre affection et ne nous
séparez plus dans votre cœur. Il saura le reconnaître, je vous
le jure ; il vous célèbrera, il vous chantera.

VALIN.

Y a-t-il en moi quelque chose à chanter ?

EUGÉNIE.

Mais d'abord votre bonté infinie..... trop infinie peut-être.

VALIN.

Un reproche?

EUGÉNIE.

Loin de moi une telle pensée! seulement, je voulais vous demander une grâce.

VALIN.

Va pour la grâce.

EUGÉNIE.

Non, je n'ose pas vous la demander.

VALIN.

Tâche d'oser.

EUGÉNIE.

Je ne le puis, ou plutôt je ne le dois pas.

VALIN.

Voyons, voyons, j'attends.

EUGÉNIE

Ne me pressez pas, mon père.

VALIN.

C'est à toi de ne pas te faire presser.

EUGÉNIE.

Eh bien! vous si bon, si juste, si sensé, ne souffrez pas que personne ici n'élève sa volonté au-dessus de la vôtre.

VALIN.

Oui, j'entends, il s'agit de ma femme.

EUGÉNIE.

Je ne l'ai pas nommée.

VALIN.

C'était bien nécessaire! Crois-moi, ma fille, j'ai l'air de
passer par tous ses caprices, mais, au fond, je garde en moi
une fermeté inébranlable ; il est vrai que, jusqu'à présent,
elle ne s'est jamais fait jour ; mais, à la première occasion, je
lui ouvrirai la porte à deux battants, et tu la verras agir.

SCÈNE IX.

LES MÊMES, LISETTE, PUIS PIERRE, PUIS UN AUTRE
DOMESTIQUE.

LISETTE (portant un verre d'eau.)

Madame vous fait dire de vous rendre chez elle, Monsieur.
Je vous apporte en même temps le verre d'eau sucrée que je
vous ai promis.

VALIN (avec une colère concentrée.)

Vous êtes vraiment trop bonne ! (bas à Lisette.) Si ma fille
n'était pas présente, je vous jetterais votre verre et votre
promesse à la tête, entendez-vous ?

(Fausse sortie.)

EUGÉNIE.

Encore un mot, mon père, un seul mot.

VALIN.

Je ne puis, mon enfant ; je risquerais de la faire attendre.

EUGÉNIE (le retenant par le bras.)

On vous reparlera sans doute de cet affreux Monsieur Badet, dites bien que...

PIERRE (entrant.)

Madame informe Monsieur qu'elle n'est pas faite pour attendre.

VALIN.

J'y vais, que diantre ! dis-lui que je m'attache des ailes aux talons pour arriver plus vite.

(Il va pour sortir.)

EUGÉNIE (le retenant par son habit.)

Mon père !

VALIN.

Au nom du ciel ! laisse-moi aller.

EUGÉNIE.

Je compte sur votre fermeté ; vous ne céderez point, n'est-ce pas ?

VALIN.

Ne crains rien, mais lâche-moi, mon Dieu !

UN DOMESTIQUE (entrant.)

Madame fait dire à Monsieur qu'elle est lasse de se morfondre, et qu'il ait à se rendre immédiatement chez elle.

LISETTE

Mais allez donc, Madame pourrait se fâcher.

VALIN (sortant en courant.)

Eh ! je ne suis pas une étincelle électrique, que diable !

———

SCÈNE X.

EUGÉNIE, LISETTE, PIERRE.

LISETTE

Eh bien, Mademoiselle, comment vont les affaires de M. Dariol ?

EUGÉNIE.

Apprenez que je ne choisirai jamais pour confidente une personne qui manque de respect à mon père.

LISETTE.

Ah ! vous le prenez sur ce ton-là !

PIERRE.

Oui, vous le prenez sur ce ton-là.

EUGÉNIE.

Oh ! je ne vous le cache pas, je suis indignée de vous voir

traiter avec cette odieuse insolence un maître dont vous mangez le pain.

LISETTE.

Halte-là !

PIERRE.

Halte-là !

LISETTE.

D'abord, ce n'est ni le pain de Monsieur ni le vôtre que nous mangeons, c'est celui de Madame.

PIERRE.

Certes, c'est celui de Madame.

LISETTE.

Ensuite, c'est au service de Madame que nous sommes, et non pas à celui de M. Valin.

PIERRE.

Parbleu! ce n'est pas à celui de M. Valin.

LISETTE.

C'est elle qui nous paie nos gages, nous donne des gratifications et des soufflets, et peut nous chasser, s'il lui plaît.

PIERRE.

C'est hors de doute, quand il lui plaît.

LISETTE.

Après tout, Mademoiselle, nous vous valons bien, et ce fameux pain dont vous parlez, vous y mordez aussi et de la même façon que nous.

PIERRE.

Ça, c'est positif ! de la même façon que nous.

LISETTE.

Nous sommes tous au service de Madame ici : nous en qualité de domestiques, et votre père en qualité de mari, blanchi, nourri, logé, ou en qualité d'homme de compagnie, ce qui est la même chose.

PIERRE.

Rien de plus juste, c'est tout-à-fait la même chose.

LISETTE.

Et quand nous voyons Madame Valin nous témoigner plus de déférence qu'à son mari, je ne vois pas pourquoi nous nous gênerions !

PIERRE.

C'est vrai ça, pourquoi nous gênerions-nous ?

EUGÉNIE.

Oh ! tenez, vous me faites horreur ! je me sauve bien vite, car c'est un crime même de vous entendre. (au moment de sortir) O mon père, mon pauvre père !

SCÈNE XI.

LISETTE, PIERRE.

LISETTE.

A-t-on jamais vu cela! c'est aussi gueux que nous, et ça se croit quelque chose, et ça prend des airs?

PIERRE.

Et quels airs encore! Il me semblait voir M. Gambetta quand il présidait la Chambre.

LISETTE.

Elle était superbe avec son pain! Le travail nous l'apporte à nous, la pitié le lui jette à elle : voilà la différence !

PIERRE.

Différence énorme! C'est comme dans un gouvernement:... nous sommes fonctionnaires, elle est *sinécuriste*.

LISETTE.

Dis donc, Pierre, va me préparer mon bain et n'oublie pas d'y mettre quelques gouttes d'eau de rose ; tu trouveras le flacon sur ma toilette.

PIERRE.

J'y cours, j'y vole, Mademoiselle Lisette.

(Pierre sort.)

LISETTE (seule allant s'étendre sur un canapé.)

Pendant ce temps, je vais continuer mon roman ; j'en étais à un endroit si intéressant, si joli ! les deux enfants mouraient l'un de faim, l'autre de froid, tandis qu'on guillotinait le père et qu'on étranglait la mère.

SCÈNE XII.

LISETTE, RODOLPHE.

RODOLPHE (entrant par la porte du fond.)

Personne !... Ah ! pardon, Mademoiselle, je ne vous avais pas aperçue. (Lisette ne semble pas le voir.) Mademoiselle ! (après une pause) Mademoiselle ! (même jeu) Mademoiselle, à moins que vous ne soyez une figurine de plâtre, ou une poupée de porcelaine....

LISETTE (restant couchée.)

Qu'est-ce à dire, Monsieur ?

RODOLPHE.

Ah ! vous vivez, tant mieux !... je vous en félicite ; je craignais que vous ne fussiez qu'une statuette, fort jolie par exemple. — Monsieur et Mademoiselle Valin ne sont pas ici ?

LISETTE.

Regardez.

RODOLPHE.

J'ai regardé ; ils n'y sont pas.

LISETTE.

Eh bien ! je ne puis pas les y mettre.

RODOLPHE.

Non, mais vous pourriez sans doute me dire s'ils sont dans la maison ?

LISETTE.

Je ne sais pas.

RODOLPHE.

Ils sont peut-être sortis ?

LISETTE.

J'ignore.

RODOLPHE.

Dans le cas où ils seraient retirés dans leurs appartements, pensez-vous qu'ils soient visibles ?

LISETTE.

Je ne saurais vous dire.

RODOLPHE.

Oserais-je vous demander de vous en informer ?

LISETTE.

Cela n'entre pas dans mes attributions.

RODOLPHE.

Alors, je vais me servir moi-même.

(Il va pour sortir.)

LISETTE (se lève, le rappelant.)

Monsieur! (après une pause, Rodolphe ne répondant pas) Monsieur! (après une pause) Monsieur, vous êtes-vous pétrifié ?

RODOLPHE.

Qu'est-ce à dire, Mademoiselle ?

LISETTE.

J'ai à vous communiquer des choses de la plus haute importance.

RODOLPHE (froidement, allant s'étendre sur un canapé.)

Soit, communiquez.

LISETTE.

Il ne s'agit de rien moins que de vous sauver.

RODOLPHE (toujours très froid.)

Bien, sauvez-moi.

LISETTE.

Vous aimez Mademoiselle Eugénie, n'est-ce pas ?

RODOLPHE

Je ne sais pas.

LISETTE.

Mais vous lui faites la cour ?

RODOLPHE.

J'ignore.

LISETTE.

Et vous l'avez demandée en mariage à son père ?

RODOLPHE.

Je ne saurais vous dire.

LISETTE.

Ah! ça, Monsieur, si vous vouliez bien vous donner la peine de me répondre autrement!...

RODOLPHE.

Il n'entre pas dans mes attributions de vous répondre autrement.

LISETTE.

A votre aise, Monsieur ; cela ne m'empêchera pas de parler, et je commence. Vous saurez donc que Mademoiselle Eugénie qui tranche du chérubin près de vous n'est rien moins que cela.

RODOLPHE (très calme.)

Ah!

LISETTE.

D'abord, elle aime son grand dadais de père infiniment plus que vous.

RODOLPHE.

Oh!

LISETTE.

Et puis, elle est très capricieuse, très emportée et même très méchante....

RODOLPHE.

Hé!

LISETTE.

D'une coquetterie inouïe!...

RODOLPHE.

Tiens !

LISETTE

Et n'allez pas attribuer sa fraîcheur à ses vingt-deux ans, — car elle a 22 ans passés et non pas 18 — ; mais faites-en l'honneur au fard dont elle se badigeonne.

RODOLPHE.

Vraiment ! Alors, si elle a les yeux bleus, c'est qu'elle se les teint apparemment.

LISETTE.

Qui sait? C'est fort possible. En un mot, — et comme je vis toujours près d'elle, je suis bien placée pour le savoir : — c'est une demoiselle insupportable, fort mal élevée, douée des plus mauvais instincts, ayant peut-être des amants, et appelée à tourmenter éternellement la malheureuse victime qui sera condamnée à l'épouser.

RODOLPHE (se levant.)

Eh bien ! Mademoiselle, je vous remercie mille fois du service que vous venez de me rendre.

LISETTE.

Et moi, Monsieur, je suis heureuse de vous avoir éclairé sur le vrai caractère de cette petite sotte, afin de vous détacher d'elle.

RODOLPHE.

Ah ! pardon ; ici, nous ne nous entendons plus, car tout ce que vous venez de m'en dire me la rend infiniment plus chère.

J'adore tous ces défauts et je commençais à craindre horriblement qu'elle ne les eût pas. Merci de m'avoir rassuré!

LISETTE.

J'espère bien que vous raillez, Monsieur.

RODOLPHE.

Nullement! Oh! vous ne sauriez croire combien je suis perverti et vicieux. C'est à un tel point que les sept péchés capitaux ne me suffisent plus, et que je me propose d'en inventer un huitième pour mon usage particulier. Aussi, Mademoiselle, — vous voudrez bien me pardonner la dépravation de mes goûts, — je ne donnerais pas le plus petit des défauts de ma fiancée contre tout votre bagage de vertus.

(Il sort.)

SCÈNE XIII.

LISETTE, VALIN, PIERRE.

LISETTE (seule.)

Insolent! comme je vais t'arranger auprès de ta belle! je te ferai voir que, quand il s'agit de médire, le plus habile des hommes ne s'élève pas au talon de la plus sotte des femmes.

VALIN (entrant, suivi de Pierre à qui il parle.)

Non! encore un coup, non! Ne me romps plus la tête avec tes calembredaines!

PIERRE.

Ah! Lisette, toi qui as tant d'influence sur Monsieur, décide-le à entrer avec moi dans le *Club des Niveleurs*. Voyons, Monsieur Valin, n'êtes-vous pas comme nous un martyr de l'infâme bourgeoisie, une victime du capital?

VALIN.

Eh! grand fou ! si le capital m'opprime, il me nourrit bien et je lui dois maintes douceurs. Je ne désire donc point qu'on l'étrangle.

PIERRE.

Ah! Monsieur, rappelez-vous mon plan de réformes sociales! Vous ne possédez rien et vous êtes tyrannisé par celui qui possède. Vous avez donc toute chance d'être nommé chef dans la nouvelle société humaine que nous allons fonder sur ce fameux plan. Qu'en penses-tu Lisette?

LISETTE.

Ma foi, renversez ce monde et bâtissez-en un autre, bousculez la terre avec ses habitants; cela m'est bien égal; pour ma part, j'ai à châtier un certain petit personnage qui s'est moqué de moi, et je vais fourbir mes armes

(Elle sort.)

SCÈNE XIV.

VALIN, PIERRE

PIERRE.

Ah ! les femmes !.... cela ne prend jamais les choses que par leur petit côté. Voyons, M. Valin, vous êtes exaspéré contre votre femme, n'est-ce pas ?

VALIN.

Vive Dieu ! Si je suis exaspéré ! Ne vient-elle pas de me menacer de jeter ma fille à la rue et moi-même par dessus le marché, si nous n'épousons pas son Badet ?

PIERRE.

Et vous lui avez répondu ?

VALIN.

Rien ; le silence écrasant que j'ai gardé en disait plus que toutes les invectives.

PIERRE.

Parfaitement ; vous l'avez foudroyée de votre soumission.

VALIN.

De ma soumission ! Ah ! tu ne me connais pas encore, Pierre. L'orage s'amasse en moi ; je vais être terrible ; et je sens qu'en ce moment je suis assez fort pour la pulvériser.

PIERRE.

Vous !... allons donc !.... vous n'oseriez pas même égratigner sa photographie ! Croyez-moi, Monsieur, entrez dans le *Club des Niveleurs* et, sous peu, vous serez vengé. Je vous l'ai dit : nous avons déclaré une guerre à mort au capital. Or, Madame Valin n'est pas une femme, c'est un capital, et elle sera l'une des premières noyées dans le déluge social que que nous préparons. Tenez, j'ai formé un superbe projet : nous fondons, contre elle et contre toute sa caste, un journal incendiaire ;... j'ai déjà le titre, et le titre c'est la moitié d'un journal : l'*Antiventru*.

VALIN.

Mais ma femme n'est pas ventrue.

PIERRE.

Elle l'est, Monsieur, sinon par le corps, du moins par son âme qui....

VALIN.

Ah ! tu crois que son âme est ventrue ?

PIERRE.

Allons, Monsieur, ne me chicanez pas sur les mots. — Notre journal aura deux rédacteurs: vous et moi. Je donnerai les idées et vous fournirez l'orthographe.

VALIN.

En effet, l'orthographe n'est pas ton fort. Eh bien ! Pierre, pendant que tu seras en train de démolir l'édifice social, tu pourrais du même coup culbuter l'orthographe. Il y a assez longtemps que nous obéissons à ce tyran-là.

PIERRE.

Vous avez raison; l'abolition de l'orthographe est la première chose que je proposerai à la nouvelle académie que nous créerons sur les ruines de l'ancienne. Mais cela n'est qu'un détail de notre révolution. J'entends que dès les premiers numéros, notre feuille mette le feu aux poudres. Les riches et les repus n'ont qu'à se bien tenir ! Madame Valin en particulier et son frère Badet passeront un mauvais quart d'heure. Quand ils devraient se rouler à nos pieds, nous ne les épargnerons pas !

————

SCÈNE XV

LES MÊMES, MADAME VALIN

MADAME VALIN.

Pierre, M. Badet, mon frère, arrive en ce moment. Allez-prendre ses paquets et ses malles et montez-les dans la chambre de Monsieur Valin.

M. VALIN.

Dans ma chambre ?

MADAME VALIN.

Oui ; j'ai décidé que vous la céderiez à mon frère, ainsi que le cabinet attenant. On vous mettra un lit dans la lingerie.

VALIN (à Pierre)

Après tout, on y dort aussi bien qu'ailleurs.

PIERRE (à Valin)

Beaucoup mieux, Monsieur, beaucoup mieux.

MADAME VALIN.

Eh bien ! Pierre, qu'attendez-vous ?

PIERRE

De nouveaux ordres, si Madame veut bien m'en donner.

MADAME VALIN.

Non, allez ; et vous, M. Valin, préparez-vous à accueillir gracieusement votre futur gendre. Pour le moment, allons tous deux le recevoir (lui montrant la porte) et passez devant moi.

FIN DU PREMIER ACTE.

ACTE II.

Même décor qu'au premier acte.

SCÈNE Iʳᵉ.

BADET (seul, entrant doucement par la porte du fond)

Ma sœur m'a dit que je la trouverai dans ce salon ; où donc est-elle ? Ma foi, attendons-la ; elle va venir, sans doute. J'ai eu pourtant une idée bizarre de demander en mariage une jeune fille que je n'ai vue qu'une fois, il y a longtemps, et que je n'ai jamais regardée ! Mais les convenances y sont ; je connais la dot, c'est là le point important,... la femme elle-même n'est qu'un détail accessoire !... Il paraît que cette petite Eugénie est d'une espèce toute particulière ; au lieu de lui parler de capitaux et de rentes, il faut la régaler de quelques mots vides de sens, tels que cœur, constance, senti-ment, que sais-je ? Du sentiment ! est-ce que je connais ça, moi ? Mais à tout hasard, (tirant un papier de sa poche) j'ai aligné quelques phrases que je lui servirai, s'il en est besoin, pour faciliter l'affaire... Repassons-les un peu (lisant) : Est-il besoin de vous dire que vos grâces ont pénétré... (apercevant Lisette qui entre) Ah ! la voici... eh bien ! elle n'est pas mal du tout.

SCÈNE II.

BADET, LISETTE

LISETTE

Vous attendez quelqu'un, Monsieur ?

BADET (d'un ton composé)

Mademoiselle, je viens auprès de vous, autorisé par Madame Valin, ma sœur, à vous faire ma cour.

LISETTE

Allons donc ! Madame Valin vous envoie auprès de moi pour me faire la cour ?

BADET (naturel)

Positivement.

LISETTE.

Eh bien ! elle a pour moi des prévenances charmantes, bien qu'un peu grotesques. Seulement, elle aurait pu me choisir un Céladon moins mûr et moins rouge.

BADET (composé)

Je viens donc autorisé....

LISETTE.

Avez-vous une autorisation par écrit ?

BADET (naturel)

Non, mais je puis me la procurer, si vous voulez.

LISBTTE.

C'est bien, vous me montrerez vos papiers plus tard. Maintenant, commencez votre cour ; un... deux... attaquez !...
(Elle fait avec sa main les gestes d'un chef d'orchestre.)

BADET (composé)

Est-il besoin de vous dire, Mademoiselle, que vos grâces ont pénétré dans mon âme par tous les pores ?

LISETTE.

Non, il n'est pas besoin.

BADET (composé)

Et que l'enchantement dans lequel me jettent vos charmes ineffables m'a inspiré le brûlant désir d'enchaîner ma destinée à la vôtre ?
(Il consulte son papier à la dérobée.)

LISETTE.

Après ?

BADET (naturel et emporté)

Attendez un peu, que diantre ! je ne puis pas tout dire en même temps. (composé) J'ose donc, toujours autorisé par Madame Valin, me jeter à vos pieds....
(Il se jette à genoux.)

LISETTE.

C'est tout ?

BADET (naturel)

Non, ce n'est pas tout (composé)... et vous conjurer d'agréer une union qui portera au comble de ses vœux et au sommet de ses rêves, votre très humble, très dévoué et très passionné serviteur, admirateur et adorateur, Jérôme-Jacques-Paul-Nicolas Badet, millionnaire, propriétaire foncier au Périgord, adjoint de M. le maire, et couronné à l'exposition des bestiaux de 1877.

LISETTE.

Propriétaire ! avez-vous dit ?

BADET (naturel)

J'ai dit propriétaire : 200 hectares de terrain, consistant en prés, vignes, forêts en baliveaux et autres, pâturages et champs arables, potagers de la contenance de deux hectares, prairies artificielles et vergers de quatre hectares, six décares ; maisons de maître formant trois corps de logis séparés, communs et dépendances représentant cinq bâtiments non contigus ; 910 têtes de bétail dont 10 chevaux, 5 ânes, 100 bœufs, 200 vaches, 500 moutons, 55 veaux, 10 chèvres et 10 porcs ; basses-cours et volières, engrais, etc., etc., etc., le tout formant un revenu net de 35,000 francs par an ; de plus, en bons du trésor, obligations et autres titres.....

LISETTE.

Assez, assez ! savez-vous que c'est tentant ce que vous m'offrez-là ! mais, dites-moi, on ne pourrait pas avoir tout cela sans vous ?

BADET.

Impossible, Mademoiselle. (A part.) Elle n'est pas aussi romanesque qu'on le disait.

LISETTE.

C'est que vous êtes terriblement laid et rouge. Avouez que

c'est dommage de livrer une jolie fille comme moi à un vilain barbon comme vous ; mais vos propriétés sont belles à votre place, l'écrin fera pardonner le bijou, n'est-ce pas vrai ?

BADET (à part.)

Elle n'est pas sentimentale du tout ; elle est comme tout le monde ; on la calomniait, la pauvre enfant ! (Haut.) Allons ! je vois que nous nous entendrons très bien ; quittons les phrases et parlons d'affaires. Vous savez sans doute que ma sœur vous donne 150,000 francs de dot ?

LISETTE.

150,000 francs de dot ! mais vous plaisantez, vous vous moquez de moi !

BADET.

Je vous jure qu'elle m'en a fait la promesse.

LISETTE.

C'est trop beau, mon Dieu, c'est à ne pas y croire ! Mais Madame Valin est un ange ! Qu'ai-je donc fait pour mériter une générosité si grande ? Oh ! dès aujourd'hui, je lui appartiens corps et âme, à la vie et à la mort ! Je veux m'aller jeter à ses genoux, lui baiser les mains, lui.....

BADET (la retenant.)

Calmez-vous, Mademoiselle, calmez-vous. Je comprends tout cela pourtant. L'argent ! oh ! l'argent ! il inspire de si beaux, de si nobles enthousiasmes ! Quant à moi, la vue d'un sac d'écus peut m'attendrir jusqu'aux larmes. Mais ne perdons pas de temps. — Vous savez tenir les livres ?

LISETTE (lui présentant un roman placé sur la table.)

J'ai tenu celui-ci hier, toute la journée.

BADET (lisant.)

Œuvres d'Anne de Radcliffe (jetant le livre.) Que voulez-vous que je fasse de ces sottises ? Vous savez calculer, passer des baux et des contrats, inspecter des domaines ?

LISETTE.

Je saurai tout ce qu'il vous plaira, s'il le faut, et rien que ce que je voudrai, si je le puis.

BADET.

Donc, marché conclu, n'est-ce pas ?

LISETTE.

Marché conclu ! (Ils se serrent vigoureusement la main.)

SCÈNE III.

LES MÊMES, SOPHIE.

SOPHIE.

Eh bien ! mon frère, j'espère qu'on vous a bien reçu et que votre affaire est arrangée ?

LISETTE.

Oh ! Madame, permettez-moi de.....

SOPHIE (la repoussant.)

Eh ! mon Dieu ! ma chère, laissez-moi tranquille, je n'ai pas le temps de vous écouter.

BADET.

Votre belle-fille est charmante, ma sœur ; elle m'a accepté avec l'empressement le plus flatteur pour moi et mes pro▾priétés.

LISETTE (à part.)

Votre belle-fille ! ô désastre ! j'étais une erreur ! Il m'a prise pour Eugénie ! (En pleurant.) Je suis ruinée, ruinée !

SOPHIE.

Elle n'a donc fait aucune résistance ?

BADET.

Aucune. (Bas à Sophie.) Mais parlez donc plus bas.

SOPHIE.

Vraiment, je ne vous croyais pas si fort !

BADET.

Apprenez à me connaître !

SOPHIE.

Cachez-lui bien surtout que vous ne la laisserez jamais venir à Paris.

BADET (bas à Sophie.)

Mais prenez garde ; votre belle-fille vous entend.

SOPHIE.

Ne lui parlez pas encore des travaux auxquels vous l'assujettirez.

BADET.

Mais, sacrebleu ! vous le lui criez aux oreilles, vous !

SOPHIE.

Comment cela ? elle n'est pas ici.

BADET.

Elle n'est pas ici ! quand elle vous crève les yeux.

SOPHIE.

Trève de badinage, où a-t-elle passé ?

BADET.

Ma sœur, ce jeu est charmant, mais s'il doit durer longtemps !.....

SOPHIE.

Ah ! je perds patience, à la fin. Où est-elle ? où est-elle ? encore une fois, où est-elle ?

BADET (saisissant vivement par le bras Lisette toute confuse et la poussant vers Sophie.)

La voici ! la voici ! la voici !

SOPHIE.

Cela, c'est ma femme de chambre !

BADET (stupéfait.)

La femme de chambre ! — J'allais épouser une femme de

chambre !..... Quoi ! mes frais d'amabilité, mes phrases que j'ai mis deux heures à composer, mes sourires que j'ai étudiés si longtemps devant la glace, j'ai tout dépensé pour une femme de chambre ! — Aussi, diantre ! pourquoi habillez-vous votre soubrette comme votre fille ? Mettez-moi des sabots à l'une et des bottines à l'autre, et je vous dirai : voici la servante, voilà la maîtresse ! Le moyen de les distinguer autrement ! (à Lisette.) Ah ! friponne, vous n'étiez pas dégoûtée.

LISETTE (entre ses dents.)

On serait dégoûtée à moins.

BADET.

Que dites-vous ?

LISETTE.

Ce que je pense. — (à Sophie.) Que Madame me pardonne ! Monsieur s'est dit envoyé par Madame pour me faire la cour et me demander en mariage ; j'aurais craint d'agir contre les ordres de Madame en repoussant Monsieur, (regardant Badet avec rage) comme j'en avais grande envie, du reste !

BADET.

Oui, les raisins sont trop verts.....

LISETTE (entre ses dents.)

Non, ils sont trop rouges. — J'espère que Madame traitera avec indulgence une pauvre fille qui.....

SOPHIE.

Assez, assez ! on ne vous en demande pas davantage ; allez nous chercher Eugénie.

(Lisette sort.)

SCÈNE IV.

SOPHIE, BADET.

SOPHIE.

Maintenant, mon cher, remettez-vous sous les armes ; la victoire ne sera pas aussi facile, je vous en préviens.

BADET.

Ma fortune.....

SOPHIE.

Votre fortune !... Eugénie n'est pas si friande de fortune que vous vous l'imaginez, et vous avez de plus à détrôner un certain poète dont elle s'est permis de s'enamourer sans mon autorisation.

BADET.

Un poète !... Ah ! voilà le rival qu'on m'oppose ! en vérité, vous me faites affront ! Croyez-vous que j'aurai peur de ce gibier d'hôpital ? Une chiquenaude suffit pour en anéantir douze ou treize à la fois.

SOPHIE.

C'est possible ; mais tenez-vous ferme toujours, je vous le conseille.

BADET.

Un poète ! il n'y a qu'une chose au monde de plus absurde que les poètes, c'est l'attention qu'on leur accorde.

SOPHIE (caressante.)

Mon cher Nicolas...

BADET (idem.)

Eh bien ! ma chère Sophie ?...

SOPHIE (idem.)

Voulez-vous rendre un petit service à votre sœur qui vous aime tant, mon bijou ?

BADET.

Je ferai tout ce que vous voudrez, mon ange.

SOPHIE.

Eh bien ! descendons la dot à 140,000 francs, mon mignon.

BADET.

Oh ! ma toute belle, j'allais vous demander de la monter à 160,000 francs.

SOPHIE.

Faites cette petite diminution pour moi, mon ami.

BADET.

Faites cette petite augmentation en ma faveur, ma chérie.

SOPHIE.

Cela vous coûtera si peu, mon cœur !

BADET.

Cela sera pour vous si peu de chose, mon chou !

SOPHIE.

Quoi ! je vous donne 140,000 francs pour enfermer une petite fille en province et l'éloigner à tout jamais de Paris, et vous trouvez que ce n'est pas bien payé !

BADET.

Non, car si je voulais, je pourrais choisir entre douze filles de 200,000 francs chacune, épousables à toute échéance.

SOPHIE.

Eh bien ! allez les chercher, vieux grippe-sou.

BADET.

Et vous, grande avare, allez mettre votre belle-fille] aux enchères.

SOPHIE.

Fi donc ! vilain ladre !

BADET.

Pouah ! méchante marâtre !

SOPHIE.

Cessons de nous quereller, mon frère, c'est mauvais genre, et restons-en à 150,000 fr., puisqu'il le faut.

BADET.

C'est bien maigre, mais pour une sœur, que ne ferait-on pas ?

SCÈNE V.

Les Mêmes, EUGÉNIE.

EUGÉNIE.

Vous m'avez fait demander, Madame ?

SOPHIE.

Oui, ma chère Eugénie.... Je vous présente mon frère, dont je vous ai parlé; je vous laisse avec lui, et je ne doute pas que vous lui fassiez l'accueil que vous lui devez.

EUGÉNIE.

Je crains seulement que Monsieur ne s'ennuie dans la compagnie d'une personne qu'il ne connaît pas, et qui ne sera jamais pour lui qu'une humble et respectueuse étrangère.

SOPHIE.

Prenez garde, Eugénie; on n'a jamais résisté impunément à mes volontés.

EUGÉNIE.

Oh ! je resterai, si vous le désirez ; il m'est parfaitement indifférent d'être seule ou avec Monsieur.

SOPHIE.

Soyez raisonnable, chère enfant, et songez qu'un brillant avenir vous attend. D'ailleurs, il est un peu poète, lui aussi.

BADET.

Si je suis poète! je crois bien ! je l'étais avant de naître. La poésie est dans ma famille un majorat dont héritent tous les fils aînés.

SOPHIE (bas à Badet.)

Du sentiment surtout, beaucoup de sentiment.

BADET (bas à Sophie et lui montrant son papier.)

J'en ai fait provision.

(Sophie sort.)

———

SCÈNE VI.

EUGÉNIE, BADET.

(Eugénie s'assied, prend sa broderie et semble y travailler avec beaucoup d'attention. Badet se rajuste devant la glace.)

BADET (remontant sa cravate.)

(à part) Maintenant il s'agit de recommencer. (haut) Mademoiselle, je viens auprès de vous, autorisé par Madame Valin, ma sœur, à vous faire la cour... (à part) Pas de réponse, elle est déjà émue. (haut) Est-il besoin de vous dire que vos grâces ont pénétré dans mon âme par tous les pores ? (à part) Rien, l'émotion redouble ; (haut) et que l'enchantement dans lequel me jettent vos charmes ineffables m'a inspiré le brûlant désir d'unir ma destinée à la vôtre ? (à part) Ses lèvres tremblent, elle baisse les yeux, des larmes peut-être !... Portons le dernier coup. (haut) J'ose donc, Mademoiselle, toujours autorisé par Madame Valin, me jeter à vos pieds.... (Il se jette aux genoux d'Eugénie.)

EUGÉNIE (se levant et partant d'un grand éclat de rire.)

Ah ! ah ! ah ! ah ! Monsieur, vous êtes irrésistible !

BADET (toujours à genoux.)

Ça ne m'étonne pas.

EUGÉNIE.

Ravissant !

BADET.

Je le crois de reste.

EUGÉNIE (riant toujours.)

Vous n'avez pas votre pareil au monde.

BADET.

Ah ! Mademoiselle, vous me comblez !

EUGÉNIE.

Oh ! si vous pouviez voir comme vous êtes drôle !...

BADET.

Drôle !

EUGÉNIE (allant prendre un miroir et le plaçant sous le nez de Badet.)

Regardez-vous donc ! Comment, vous ne riez pas ! vous n'éclatez pas ! vous ne vous tordez pas !

BADET (se levant furieux.)

Mais non, sacrebleu ! non, je ne ris pas ; non, je n'éclate pas ; non, je ne me tords pas ! Vous êtes encore plaisante, vous !

EUGÉNIE.

Oh! Monsieur, pardonnez-moi ; je ne voulais pas vous offenser ; mais vous étiez si grotes..., si agréable, que je n'ai pu m'empêcher de ri... d'être toute joyeuse.

BADET (à part.)

Elle a dit agréable! (haut) Oh ! mon Dieu, je ne vous en veux pas ; je sais que l'émotion produit quelquefois cet effet sur les nerfs..., mais je poursuis : (composé) J'ose donc vous conjurer d'agréer une union....

EUGÉNIE.

Ah! Monsieur, si vous recommencez, je ne réponds plus de mon sérieux.

BADET (naturel.)

Ne me coupez donc pas mes phrases, sans quoi, je ne m'y reconnaîtrai plus.... (composé) une union qui portera au comble de ses vœux et au sommet de ses rêves, votre très dévoué et très passionné serviteur, admirateur et adorateur, Jérôme-Jacques-Paul-Nicolas Badet, propriétaire foncier au Périgord, adjoint de M. le maire, et couronné à l'exposition des bestiaux de 1877.

EUGÉNIE.

Vous voyez, Monsieur, que je n'ai pas ri.

BADET.

Je le crois bien, parbleu! Il ne manquerait plus que de rire d'un propriétaire adjoint et couronné! Mais laissez-moi terminer... Serait-ce trop hardi d'oser prendre la liberté d'espérer que vous daignerez accorder à l'offre de ma main un accueil favorable ?

EUGÉNIE.

Voyons, Monsieur, terminons cette plaisanterie et laissez-moi vous parler franchement. Vous sentez bien que vous n'êtes pas le mari qu'il me faut.

BADET.

Mais non, je ne le sens pas du tout.

EUGÉNIE.

Eh bien! je le sens, moi. Au reste, de mon côté, je ne vous conviens pas le moins du monde. Je suis une petite fille très méchante, très espiègle, qui vous tourmenterait toute la journée. Je chanterais des romances et lirais des vers au lieu d'aller visiter vos vignes ; je courrais dans les champs cueillir les primevères, les violettes et les pervenches, au lieu de tenir vos comptes et de traiter avec vos fermiers ; je vous ferais une vie si tracassée, si turbulente, si misérable que vous maudiriez vingt fois par jour votre méchante étoile de vous avoir marié à un démon comme moi, et enfin.... enfin, si cela ne vous suffit pas, je ne vous aime pas et j'en aime un autre.

BADET.

Aimer ! aimer ! voilà le grand mot lâché ; eh bien! c'est une belle raison pour refuser un mari millionnaire.

EUGÉNIE.

Mauvaise ou non, cette raison me suffit ; et sur ce, je lève la séance.

(Elle salue comme pour sortir.)

BADET (la retenant.)

Permettez ! permettez ! vous ne vous en irez pas comme cela. Il y a un malentendu entre nous, c'est évident. — Avez-vous bien compris que je suis riche, très riche ?

EUGÉNIE.

Oh ! parfaitement, après ?

BADET.

Après ! — Mon rival est donc bien plus riche encore, puis-que vous le préférez à moi ?

EUGÉNIE.

Rodolphe ?.... Dieu merci !... il n'a rien du tout !

BADET.

Maintenant, c'est moi qui ne comprends plus.

EUGÉNIE.

Le jour où il vous fleurira un cœur dans la poitrine, vous comprendrez, Monsieur.

SCÈNE VII.

LES PRÉCÉDENTS, RODOLPHE.

RODOLPHE (accourant.)

Ah ! chère Eugénie, enfin je touche au port.

EUGÉNIE.

Rodolphe ! oh ! que suis contente !

RODOLPHE.

Croiriez-vous que vos domestiques ne voulaient pas me laisser entrer, sous prétexte que Madame Valin avait défendu que je vous revisse ? Comme je ne tenais pas à perdre mon temps en discussions, j'ai renversé l'un à ma gauche, l'autre à ma droite, et j'ai couru jusqu'à vous. (bas à Eugénie en apercevant Badet.) Mais quel est ce gros Monsieur-là ?

EUGÉNIE (bas à Rodolphe.)

C'est l'affreux épouseur dont je suis menacée ; débarrassons-nous en vite.

BADET (bas à Eugénie.)

Quel est ce petit Monsieur-là ?

EUGÉNIE (bas à Badet.)

C'est M. Rodolphe Dariol, mon prétendu.

BADET (bas.)

Ah ! le poète en question. (haut) J'espère bien, Monsieur, que vous ne comptez pas entrer en rivalité avec moi.

RODOLPHE.

En effet, Monsieur, une rivalité entre nous deux serait parfaitement ridicule ; (le saluant comme pour le congédier) aussi, ma fiancée et moi, nous avons l'honneur de vous tirer notre révérence.

BADET.

Il est superbe, ma parole d'honneur ! Ne dirait-on pas qu'il entre en possession ? Ça, parlons clair, jeune homme ; je vais vous prouver par A plus B que vos prétentions n'ont pas le sens commun. J'apporte à Mademoiselle 60,000 fr. de rente, que lui apportez-vous ?

RODOLPHE.

Vingt-cinq ans et beaucoup d'amour.

BADET.

Est-ce que la Banque escompte ces titres-là ?

RODOLPHE.

Ce n'est pas la Banque que j'épouse ; pourvu que Mademoiselle....

EUGÉNIE.

Oh ! moi, je n'accepte pas d'autres titres.

RODOLPHE.

Vous voyez donc bien, Monsieur, qu'il ne nous reste plus qu'à vous présenter nos salutations.

BADET.

Mais la belle-mère de Mademoiselle....

RODOLPHE.

Mais le père de Mademoiselle....

EUGÉNIE.

Mais Mademoiselle elle-même ne donnera sa main qu'à celui qu'elle a choisi.

RODOLPHE (cherchant toujours à le congédier.)

Ainsi, Monsieur, recevez nos adieux.

BADET.

Minute, minute! le mariage est une entreprise qui demande une tête rompue aux affaires. Je suis fils et petit-fils de négociants ; j'ai vécu moi-même trente-trois ans dans le commerce, (j'étais marchand de truffes) ; je puis donc, mieux que vous, traiter à fond cette question importante des associations matrimoniales. Je possède plus d'un million sonnant ; donc, je suis un beau, un superbe parti ; vous n'avez pour tout bien que vos rimes et vos moustaches ; donc, vous êtes un parti inacceptable, ou plutôt vous n'êtes pas un parti du tout.

RODOLPHE.

Eh bien ! si vous êtes un parti, moi, je serai un mari.

BADET.

Allons, jeune homme, pas d'obstination.... Eugénie m'appartient, parce que Madame Valin le veut, parce que M. Valin n'a jamais osé et n'osera jamais avoir une volonté, et surtout parce que moi et mon million l'avons décidé ainsi. Quant à vous, allez épouser les muses; elles ne sont pas frileuses et n'ont pas d'appétit.

RODOLPHE (s'emportant.)

Monsieur !....

EUGÉNIE (s'interposant.)

Rodolphe, je vous en prie...

RODOLPHE.

Oh ! je veux prouver à cet homme qui se moque de moi....

EUGÉNIE.

De grâce, mon ami, restez calme et laissez-moi lui parler.
(à Badet) Oui, Monsieur, je suis tout à fait de votre avis.

RODOLPHE (stupéfait.)

Hein !

BADET (triomphant, en regardant Rodolphe.)

Ha ! ha !

EUGÉNIE.

Et je ferai, en épousant Rodolphe, une affaire déplorable.

RODOLPHE.

Oh ! Eugénie, est-ce possible !

BADET (rayonnant.)

Vous l'entendez, Monsieur, vous l'entendez.

EUGÉNIE.

Mais je vois tant d'autres personnes entreprendre d'heureuses spéculations qui les rendent malheureuses, que cela me donne l'envie d'en tenter une mauvaise qui me rendra peut-être heureuse.

(Elle donne sa main à Rodolphe ; ils s'avancent tous les deux vers Badet et le poussent insensiblement du côté de la porte.)

RODOLPHE (saluant.)

Ainsi, Monsieur, nous vous souhaitons bon voyage.

EUGÉNIE (même jeu.)

Agréez nos adieux.

RODOLPHE.

Croyez-moi votre serviteur.

EUGÉNIE.

Et moi, votre servante.

RODOLPHE.

Je reste votre valet.

EUGÉNIE.

Et moi, votre très humble....
(Quand Badet se trouve dehors, Rodolphe referme brusquement la porte sur lui.)

SCENE VIII.

RODOLPHE, EUGÉNIE

RODOLPHE (allant s'asseoir)

Ouf! élargis-toi, ma poitrine, dilatez-vous, mes poumons.
Ces gens-là trouveraient le moyen de convertir en monnaie
l'air qui les entoure.

EUGÉNIE.

C'était peut-être un brave homme au fond; mais son million
lui a mis la lèpre au cœur. Aussi, si vous saviez, Rodolphe,
combien je vous suis reconnaissante d'être pauvre; je vous en
aime mille fois mieux, je crois; la pauvreté, c'est la poésie
vivante du poète !

RODOLPHE.

Dans ce cas, je puis me vanter de jouer de malheur; votre amour va me donner son congé.

EUGÉNIE.

Comment ?

RODOLPHE (se levant)

D'abord, les quelques vers que j'ai commis ne me prouvent pas nécessairement que je sois poète; ensuite, je suis certain de n'être plus pauvre.

EUGÉNIE.

Que dites-vous ?

RODOLPHE.

Ma tante est morte.

EUGÉNIE (avec bonté)

Vraiment! cette pauvre tante ! Vous devez être bien affligé.

RODOLPHE.

Sans doute, sans doute.... mais comme je la connaissais fort peu, j'ai cru devoir étouffer les transports de mon désespoir.... Et cependant, elle me laisse de quoi payer son deuil : neuf cent mille francs.

EUGÉNIE (tristement)

Mais alors, vous allez être riche ?

RODOLPHE.

Il paraît bien !

EUGÉNIE (soupirant)

Ah !

RODOLPHE.

Pourquoi ce soupir ?

EUGÉNIE.

Vous me gâtez tout mon bonheur.

RODOLPHE.

Quel enfantillage, Eugénie ! on peut être riche, mais heureux.

EUGÉNIE.

Oh ! jamais, jamais !

RODOLPHE.

La fortune, j'en conviens, est souvent le tyran de celui qui la possède ; je saurai être plus fort que la mienne, je vous le jure.

EUGÉNIE.

Oh ! promettez-moi, mon ami, de donner tout votre bien aux pauvres !

RODOLPHE.

Pour cela, je n'ai qu'à me le donner à moi-même.

EUGÉNIE.

Vous me renversez le charmant échafaudage de délices que je m'étais bâti dans un coin de ma tête. Je m'étais fait pour nous deux une petite mansarde au soleil avec trois chaises de paille, une table de sapin et un lit de fer ! J'y aurais ajouté seulement mon gros piano avec son tabouret, mon guéridon de laque du Japon auquel je tiens beaucoup, mon bureau incrusté de nacre et d'ivoire, le grand fauteuil que j'ai brodé moi-même, ma bibliothèque vitrée, mon divan de velours avec les chaises assorties, les autres meubles de mon petit salon y compris les rideaux de soie et les tapis de parquet ; enfin le tout eût été du dernier misérable !.... Nous aurions eu faim quelquefois ; eh bien ! nous aurions parlé d'amour et de poésie, et l'appétit se serait oublié !.... Nous aurions eu froid en hiver ; tant mieux ! nous nous serions tenus plus près l'un de l'autre pour nous réchauffer ! Nous aurions eu chaud en été ; eh bien ! nous aurions été nous promener au bois et dîner de fraises et d'épines-vinettes ! Ç'eût été si bon, si doux, d'être pauvres ! oh ! pourquoi faut-il que tout cela ne soit qu'un rêve ?....

RODOLPHE.

Croyez-moi, Eugénie, la pauvreté peut être charmante en théorie, mais elle est abominable en pratique ; elle ressemble à la flamme que vous aimez tant à regarder folâtrer dans le foyer et qui vous arrache des cris de douleur, dès que vous y touchez. Il est si doux en effet de rêver à la misère, tout en faisant sa sieste dans un bon fauteuil ; il est si bon de penser aux pieds nus dans la neige, quand on promène de moelleuses pantoufles sur d'épais tapis.

EUGÉNIE.

Ah ! si vous saviez toutes les raisons que j'ai pour craindre votre fortune !

RODOLPHE.

Bon ! ce n'est plus *la* fortune, c'est *ma* fortune que vous craignez maintenant.

EUGÉNIE.

Oui, car riche comme vous l'êtes, vous me reprocherez un jour ma misère !

RODOLPHE.

Oh ! Eugénie, ce sont vos nerfs qui parlent, ce n'est pas vous.

EUGÉNIE (avec une exaltation toujours croissante)

Vous vous trouverez bien bon de me faire la charité.

RODOLPHE.

Songez, Mademoiselle, à tout ce que vos paroles ont de cruel !

EUGÉNIE.

Vous direz, comme Lisette, que je mords à votre pain de la même façon que vos domestiques.

RODOLPHE.

Mon Dieu ! taisez-vous, encore une fois, taisez-vous !

EUGÉNIE.

Et que je ne suis pas votre femme, mais votre fille de compagnie.

RODOLPHE.

Je vous pardonne, Eugénie ; car votre cœur est à cent lieues de votre langage et n'en est point responsable ; seulement, je vous certifie que vos paroles, prononcées par un de vos laquais, lui auraient coûté les deux oreilles, et que si mon meilleur ami les avait dites, il les aurait payées de sa vie ou de la mienne.

EUGÉNIE.

Voilà que vous parlez maintenant de m'arracher les oreilles et la vie ! — ô mon Dieu.... je suis bien malheureuse !

RODOLPHE.

Assez, Mademoiselle, assez ! j'attendrai que vous ayez repris un peu de raison pour vous revoir. Adieu.

(Il va pour sortir.)

EUGÉNIE (l'arrêtant)

Oh ! mon Dieu ! qu'ai-je dit ? qu'ai-je fait ?.... Rodolphe, ne vous en allez pas ! ne me punissez pas ainsi ! (Elle fond en larmes).

RODOLPHE (s'arrête et la regarde avec attendrissement.)

Des larmes !.... et c'est moi qui les fais couler ! oh ! je suis un bourreau.... (il tombe à ses pieds et lui saisit la main) Eugénie, mon trésor, mon enfant chérie; je suis bien coupable, je le reconnais, mais j'avais perdu la tête; oui, je serai pauvre si tu le veux, je donnerai toute ma fortune, je ne veux que toi; si tu deviens ma compagne, je serai trop riche encore; oh ! dis-moi que tu as pitié, que tu as tout oublié.

EUGÉNIE (souriant à travers ses larmes)

Vous êtes bien méchant, Monsieur; mais je vous aime de tout mon cœur. (Elle lui caresse les cheveux d'une main et abandonne l'autre à ses baisers.)

SCÈNE IX.

Les Mêmes, VALIN

VALIN (en entrant)

Hé! dites donc, dites donc! n'allez pas si vite, que diantre! attendez un peu ma bénédiction.

EUGÉNIE.

Ah! mon père, si vous saviez comme nous nous aimons!

VALIN.

Oh! je le vois bien, parbleu! (frappant sur l'épaule de Rodolphe.) Hé! mon cher Dariol, j'ai rudement travaillé pour vous auprès de ma femme. (s'essuyant le front avec son mouchoir) Voyez, je suis encore tout en nage. — Il est vrai que je n'ai pas réussi..... mais c'est égal, j'ai joliment plaidé votre cause.

RODOLPHE.

Il me semble, Monsieur, que Mademoiselle Eugénie ne dépend que de vous.

VALIN.

Je le sais, je le sais.... mais je dois des égards à ma femme.

RODOLPHE.

Je vous connais assez, Monsieur, pour être certain que vous ferez toujours passer le bonheur de votre fille avant de simples considérations de politesse.

VALIN.

Sans doute.... mais ma femme.... tenez, je serai franc avec vous : ce qui l'irrite contre vous, c'est que vous êtes pauvre.

RODOLPHE.

Qu'à cela ne tienne, Monsieur, vous pouvez être hors de souci.... Ma tante en mourant....

VALIN.

Elle est morte !... la brave femme !... je suis sûr qu'elle s'est hâtée exprès pour vous.

RODOLPHE.

J'en doute, Monsieur.

VALIN.

Tiens ! tiens ! tiens ! votre tante est morte ! (lui serrant la main.) Mes félicitations, mon cher, mes félicitations !

EUGÉNIE.

Vous voulez dire « mes condoléances », mon père.

VALIN.

Je pense que maintenant ma femme ne verra plus d'obstacles à....

RODOLPHE.

Du moment qu'il n'y en a pas pour vous, cela suffit.

VALIN.

Quant à moi, c'est hors de doute, mais ma femme....

RODOLPHE.

Eh ! je vous en prie, Monsieur, laissez-là votre femme et parlez un peu de vous.

EUGÉNIE.

Oui, mon cher petit père, nous serions si contents de ne devoir notre bonheur qu'à vous seul.

VALIN.

Mais je consens à tout de grand cœur, mes enfants, pourvu que ma femme... tenez, la voici justement. Débrouillez votre affaire avec elle comme vous pourrez.

SCÈNE X.

Les Précédents, SOPHIE, puis PIERRE.

SOPHIE.

Eh bien ! qu'est-ce que j'apprends ? Il paraît qu'en mon absence on se permet ici de faire des folies !

VALIN.

Ma chère amie, la tante de M. Dariol...

RODOLPHE (l'arrêtant: bas)

De grâce, Monsieur, pas un mot de mon héritage.

SOPHIE (à Rodolphe)

Que venez-vous demander ici, Monsieur ?

RODOLPHE.

J'allais vous faire la même question, Madame.

SOPHIE (agitant une sonnette)

Vous ignorez donc que vous êtes chez moi ?

RODOLPHE.

Je sais que je suis chez M. Valin.

SOPHIE.

Il n'y a point de M. Valin dans cette maison ; il n'y a que Madame Valin.

VALIN.

Hein ! et moi ? Seriez-vous déjà veuve, et serais-je mort sans m'en apercevoir ?

PIERRE (entrant)

Madame a sonné ?

VALIN (à Pierre)

Madame ! et si c'était moi ?

PIERRE.

Je demanderais à Madame si elle me permet de vous répondre (bas à Valin.) Vous savez que les affaires vont mal en Autriche ; je n'ai pas grande opinion de cette politique de compromis, et vous ?

SOPHIE.

Pierre, j'avais défendu, ce me semble, qu'on laissât pénétrer personne auprès de ma belle-fille ?

PIERRE.

J'ai bien tâché d'obéir à Madame, mais M. Dariol a des poings qui n'admettent pas la contradiction.

RODOLPHE.

Vos décrets d'expulsion, Madame, ne pouvaient s'étendre jusqu'au fiancé de Mademoiselle Eugénie, agréé par elle et par son père, le seul parent qui lui reste.

EUGÉNIE.

Et le seul dont elle dépende.

SOPHIE.

Qui vous demande votre avis, Mademoiselle ? veuillez vous retirer.

EUGÉNIE.

M'ordonnez-vous de sortir, mon père ?

VALIN (sur un regard de Sophie.)

Eh ! ma fille, en effet, tu pourrais t'éloigner un moment.... (sur un regard de Rodolphe.) Cependant, si tu désires rester, je ne vois pas pourquoi.... (sur un regard de Sophie.) mais tu ferais peut-être mieux de te retirer... (sur un regard de Rodolphe.) Après tout, tu ne gênes personne; pourquoi t'en irais-tu ?.... (sur un regard de Sophie.) Ou plutôt monte un moment dans ta chambre.... (sur un regard de Rodolphe, bas à Eugénie.) Eh bien ! reste, mais cache-toi derrière moi.

(Eugénie feint de sortir, puis revient sans bruit se cacher derrière son père.)

SOPHIE (à Rodolphe)

Vous savez, Monsieur, que nous ne vous retenons pas.

RODOLPHE.

C'est possible ; mais je me retiens, moi.

SOPHIE.

Monsieur, cette persistance devient passablement insolente.

RODOLPHE.

Eh ! encore une fois, Madame, nous aurions été charmés, M. Valin et moi, que vous.... qu'une connaissance de Mademoiselle Eugénie reçût avec plaisir la nouvelle de notre mariage ; le malheur veut qu'il en soit autrement, et cela me désole ; mais vous sentez bien que je ne puis sacrifier à cette considération mon amour et mon bonheur.

SOPHIE.

Eh ! mon Dieu, faites de votre amour et de votre bonheur ce qu'il vous plaira, mais j'ai promis Eugénie à mon frère, et il l'aura.

SCÈNE XI.

Les Précédents, BADET.

BADET (qui est entré à ces derniers mots.)

Cela est évident, je l'aurai..... (agitant une bourse et montrant un portefeuille.) Et voici mes droits, et voici mes titres. Ces deux petits objets payeraient trois fois tout l'amour qui est répandu dans l'univers.

RODOLPHE.

Encore vous, Monsieur !.....

BADET.

Encore moi, jeune homme. Quand le cœur est en procès avec la bourse, la bourse gagne toujours ; c'est le premier article du code social.

RODOLPHE (à Valin.)

Mais parlez, Monsieur, parlez donc !

VALIN.

Parlez ! parlez ! parlez ! il croit que c'est si facile, lui, de parler !.....

EUGÉNIE (derrière Valin.)

Allons, mon père, courage !

VALIN (bas à Eugénie.)

Eh bien ! souffle-moi, ma fille.

EUGÉNIE (bas à Valin.)

Eugénie aimerait mieux épouser la mort que votre frère.

VALIN (haut, à Sophie.)

Eugénie aimerait mieux épouser la mort que votre frère.

EUGÉNIE (même jeu.)

Et ne donnerait pas un cheveu de Rodolphe pour trente hommes comme lui.

VALIN (même jeu.)

Et ne donnerait pas un cheveu de Rodolphe pour trente hommes comme lui.

SOPHIE.

Qu'est-ce que vous dites ? qu'est-ce qui vous prend ? devenez-vous fou ?

VALIN (bas, à sa fille.)

Ne va pas si fort, modère-toi.

EUGÉNIE (bas, à Valin.)

Enfin, moi, son père, je ne veux pas d'autre gendre que M. Rodolphe Dariol.

VALIN (haut, à Sophie.)

Enfin, moi, son père, je ne veux pas d'autre gendre que M. Rodolphe Dariol.

SOPHIE.

Qui vous a permis de vouloir quelque chose ? Je crois que vous vous donnez le ton d'avoir d'autres désirs que les miens, d'autres volontés que les miennes ; prenez-y garde, au moins !

VALIN (bas à Eugénie.)

Dis donc, toi, il parait que tu me fais dire des énormités.

SOPHIE.

Sachez-le tous ici : Eugénie sera Madame Badet ; (d'une voix tonnante) et cela, parce que je le veux, parce que je l'ordonne !

VALIN (tremblant)

Du moment que Madame Valin le veut et l'ordonne, il faut nous résigner, mes enfants.

RODOLPHE (impatienté à part.)

Oh! quel homme!

EUGÉNIE.

Quoi! mon père, vous aussi, vous m'abandonnez!

UN DOMESTIQUE (entrant.)

Une lettre pour Monsieur Badet; on m'a recommandé de dire qu'elle est très pressée.

BADET (prenant la lettre et la lisant à part.)

« M. Lafond a l'honneur de prévenir M. Badet qu'il accepte ses conditions, et qu'il donnera 200,000 fr. de dot à sa fille. » Ho! ho! voilà un petit mot qui change terriblement les choses! tirons-nous d'ici maintenant. (Haut) Eh bien; tenez, mes amis, vous allez vous moquer de moi, et je vais vous sembler bien ridicule! mais le spectacle de ces deux gens qui s'adorent et qu'on veut séparer, me fend l'âme! Oui, leur amour m'attendrit! Jeunes et beaux tous les deux, le ciel semble les avoir créés l'un pour l'autre. Je fais donc sur moi-même un suprême effort, je me dévoue et je vous dis : « Unissez-les, faites leur bonheur. » Oh! sans doute, ce sacrifice m'est bien pénible, mais le sentiment d'avoir fait deux heureux me servira de consolation pour toute ma vie. (à part) Amen!

EUGÉNIE (lui tendant la main.)

Oh! c'est beau, c'est noble ce que vous faites-là, Monsieur, et vous êtes un honnête homme.

SOPHIE.

Ta, ta, ta, vous devenez grotesque, Nicolas. Vous me croyez bien simple, ou vous voulez vous moquer de moi. Je vous connais trop bien, allez.... il doit y avoir quelque affaire de dot là-dessous. (saisissant la lettre qu'il tient.) Ah! je vais tout savoir.....

BADET.

Rendez-moi cette lettre, rendez-là-moi.

SOPHIE (après avoir lu, en riant)

Ah! ah! ah! voilà le secret du grand cœur qui vous pousse! Oui, Monsieur se dévoue : il sacrifie une dot de 150,000 fr. pour une autre de 200,000 fr.

BADET.

Eh bien! oui, parbleu! Je ne vous le cache plus. Vous comprenez bien que je ne vais pas prendre une femme pour ses beaux yeux. Avant de venir ici, j'avais entamé une affaire avec Lafond, qui offrait 150,000 fr. à celui qui lui prendrait sa fille. Je lui en ai demandé 200,000, et après un marché longtemps débattu, il a fini par les refuser ; c'est alors que j'ai tourné mes vues du côté de Mademoiselle Eugénie, à qui, pour la même somme de 150,000 fr., j'ai donné la préférence.

EUGÉNIE.

Vous étiez trop bon!

BADET.

Ecoutez, Mademoiselle, les 50,000 fr. que Jaqueline Lafond apporte de plus que vous ne sont pas trop pour me payer les dommages-intérêts du désespoir où me jette votre perte. (à Mme Valin) A présent, ma sœur, mettez sur Lafond une surenchère de 5,000 fr., et je prends Eugénie.

SOPHIE (à part.)

Oh ! il faut à tout prix que j'éloigne de Paris cette petite péronnelle que je ne puis souffrir. (Haut) Nicolas, je consens à porter la dot à 170,000 francs; c'est un peu moins que ne donne Lafond, mais ne m'avez-vous pas dit : Pour une sœur, que ne ferait-on pas?

BADET.

Non, non, non! je veux 205,000 fr.

SOPHIE.

Allons, je mets 180,000.

BADET.

205,000 ; pas un sou de moins.

SOPHIE.

185,000....

BADET.

205,000.....

SOPHIE.

Oh ! quel être rapace! 190,000, et n'en parlons plus.

BADET.

Non, non ; je n'ai pas deux paroles, et je n'ai pas deux prix : 205,000.

RODOLPHE (fort et indigné.)

Mais allez donc chercher le commissaire-priseur, M. Valin !
Ne voyez-vous pas que la marchandise est là, et qu'elle pourrait s'avarier ? Il faut la vendre pendant qu'elle est fraîche.

BADET.

Vous avez raison ; je n'aime pas les affaires qui traînent.
Terminons, ma sœur : prendrai-je Jacqueline Lafond ou
Eugénie Valin ?

VALIN.

Mais comment osez-vous comparer ma fille à cette Jacqueline Lafond, bossue comme un bison et la fille la plus laide et
la plus acariâtre des deux hémisphères ?

BADET.

Est-ce que je fais attention à cela, moi ? Toutes les convenances y sont ; que m'importent la laideur et la bosse ?
D'ailleurs, j'ai la vue basse.

EUGÉNIE.

Et moi qui l'admirais naïvement et l'appelais un honnête
homme !...

RODOLPHE (d'un ton singulier, à Badet.)

Ecoutez, vous ! Allez un peu chez les Lafond, hein ! ces
bonnes gens vous attendent et vous leur manquez. (serrant les
poings.) Mais, allez vite, allez vite, sans quoi !...

BADET.

J'y cours. Serviteur à tous ! (près de sortir.) Ce brave
Lafond !... 200,000 francs !... je n'aurais jamais cru qu'il y
arrivât ! C'est égal, je l'ai échappé belle !

(Il sort.)

SCÈNE XII.

LES MÊMES, MOINS BADET.

SOPHIE.

Monsieur Valin, mon aveugle tendresse pour votre fille est allée jusqu'à m'entraîner à lui sacrifier une partie de ma fortune ; vous voyez la façon dont j'ai été récompensée de tant de dévouement. Désormais, je ne me charge plus d'elle et ne veux plus la connaître.

EUGÉNIE.

Oh ! que vous êtes bonne, Madame, et que je vous remercie !

VALIN.

Ainsi, ma chère amie, vous donnez votre consentement au...

RODOLPHE.

Ah ! Monsieur, n'en demandez pas davantage.

SOPHIE.

Mariez-la à qui vous voudrez, mais que je ne la voie plus.

VALIN (se frottant les mains, à Rodolphe.)

Victoire ! victoire ! nous l'emportons ! Du reste, c'était infaillible ; la manière dont j'avais mené les choses !...

SOPHIE.

Je vous préviens que je ne donne pas une obole à Eugénie.

RODOLPHE.

J'y compte bien.

EUGÉNIE.

Et nous vous en saurons toujours gré.

VALIN.

Hé ! qu'en ferait-il de votre obole ? Il a près d'un million.

SOPHIE.

Un million !

VALIN.

Qu'il a hérité de sa tante.

SOPHIE (lui tendant la main.)

Ah ! Monsieur, dès ce moment, recevez l'assurance de toute mon estime. Pardonnez-moi seulement d'être surprise d'une chose : riche comme vous l'êtes, vous trouveriez facilement une femme qui doublerait votre fortune ; cela ne l'empêcherait pas d'être jeune et jolie, puisque vous tenez à cela. Pourquoi donc épousez-vous une fille qui n'est pas une Hébé, certes, et qui, surtout, n'a rien et n'aura jamais rien ? Voilà ce que je ne comprends pas.

RODOLPHE.

Moi, Madame, je comprends fort bien que vous ne compreniez pas. La bourse parle en chiffres et le cœur parle en vers ; comment pourraient-ils s'entendre, je vous prie ?

SOPHIE.

Eh ! Monsieur, le cœur et les vers étaient de fort bonnes choses dans les temps héroïques. Aujourd'hui, ce sont deux grossiers anachronismes. Nous vivons sous le sceptre de Sa Majesté le roi Million, et vous me permettrez d'être de mon époque.

FIN DE SA MAJESTÉ LE ROI MILLION.

NOTICE BIOGRAPHIQUE

SUR

JOSEPH HORNUNG

PROFESSEUR DE DROIT

PAR

ANDRÉ OLTRAMARE

PROFESSEUR A L'UNIVERSITÉ DE GENÈVE

JOSEPH HORNUNG

———

Celui dont la perte récente a laissé un vide difficile à combler et dont nous essayons de retracer ici la vie et les travaux, a souvent arrêté sa pensée sur ce qu'il y a de tragique dans toute destinée humaine. Chacun doit plus ou moins, en effet, lutter en ce monde, ne fût-ce que pour les conditions matérielles de l'existence; mais combien est plus rude encore le combat à soutenir par ceux qui naissent à la vie de l'esprit ! Joseph Hornung en a été un exemple frappant. Rien, assurément, de ce qu'on a l'habitude d'appeler dramatique, dans sa carrière tout heureuse et paisible à première vue ; point de ces épreuves extraordinaires qui bouleversent une existence et remuent l'âme à de grandes profondeurs. Sa vie entière s'est écoulée loin des orages, dans la calme atmosphère du foyer paternel ou conjugal, partagée entre les devoirs austères d'une vocation honorable, les travaux du cabinet et les pures joies de la famille. Mais dans ce cadre, tout restreint qu'il paraît, dans cette vie de soixante et deux années que nous pouvons aujourd'hui embrasser aisément du regard, il y a eu place pour bien des labeurs, pour bien des luttes et des traverses ; que d'espoirs déçus, que de craintes pour une noble cause, que d'amertumes et d'angoisses morales supportées avec courage pour aboutir à une fin qu'on peut dire prématurée ! Car la mort est venue briser des projets longtemps caressés avec amour ; elle a brusquement rompu les mille liens qui retiennent d'autant plus à l'existence qu'on se voit entouré de douces affections et l'objet de la considération générale. N'y a-t-il pas là tout un drame dont le triste dénouement a dû faire couler bien des larmes ? Puis quel silence et quel calme après une vie si occupée, après un mouvement intellectuel des plus intenses ! Les belles facultés d'une nature d'élite, les généreuses aspirations d'un cœur aimant, tout cela serait-il donc à jamais disparu dans une froide tombe, sous quelques pelletées de terre ? Non, rien ne s'anéantit, car tout se transforme ; tout finit pour que tout recommence.

L'âme de celui que nous avons perdu est entrée dans le repos. A nous, qui l'avons connu et qui lui survivons pour un peu de temps, de rassembler nos souvenirs et de recueillir pieusement ce qui mérite de subsister dans la mémoire de ses compagnons de voyage et de ses concitoyens. Je sens combien est délicate la tâche qui m'incombe de rendre hommage à notre cher et regretté collègue et ami. Puissé-je, en m'en acquittant, ne pas rester trop au-dessous de la mission que m'a confiée la Section de littérature de l'Institut genevois ! Si je réclame pour moi-même l'indulgence, je me plais à compter aussi sur la bienveillante sympathie des lecteurs pour la digne et touchante figure dont j'entreprends d'esquisser les traits si familiers à la plupart de ceux qui liront ces pages.

On ne sera pas trop surpris, je l'espère, de me voir entrer

dans des détails quelque peu circonstanciés sur les premières années d'Hornung. En présence d'une individualité aussi originale que la sienne, on éprouve le besoin de se replacer dans le milieu où elle s'est formée et de voir, d'un peu près, les causes qui ont concouru à la déterminer. C'est là seulement que nous pouvons trouver l'explication de ce qu'il a été et de ce qu'il a le plus aimé, de ce qu'il a fait de bien et de ce qu'il a poursuivi avec une telle ardeur dans son passage ici-bas. En nous enquérant des origines de son développement, nous n'atteindrons pas, il est vrai, le fond même des aptitudes qu'il tenait de la nature, mais nous pourrons découvrir la source intime des sentiments qui furent l'âme de toute sa vie, le germe de ses fortes convictions, le principe inspirateur de ses actes, comme de chacun de ses écrits. Si nous ne nous méprenons pas sur l'influence des impressions premières qui ont laissé chez Hornung des traces si durables, et que plusieurs appelleront, sans doute, préjugés de l'éducation, nodosités morales, que sais-je? cristallisations de l'esprit, nous comprendrons d'où procédait l'harmonie fondamentale d'une activité qui a paru se dépenser sur un trop grand nombre d'objets différents ; nous apercevrons, peut-être, les secrets ressorts qui ont eu pour effet un déploiement d'énergie bien remarquable dans un caractère naturellement doux et timide.

Joseph—Marc Hornung, fils du célèbre peintre Joseph Hornung, est né à Genève, place du Molard, le 11 février 1822. Sa famille (1) ayant bientôt après transporté ses pénates dans

(1) Originaire de Mulhouse, établie à Genève dès 1685. La mère d'Hornung, Jeannette Mazel, appartenait à une famille sortie des Cévennes.

l'ancienne maison de la Bourse française, n° 8 rue des Philosophes, l'enfance d'Hornung et plus de la moitié de sa vie se sont écoulées dans ce quartier assez sombre et solitaire que dominent les tours de notre cathédrale. La rue étroite qui l'en sépare et qui conduit à la prison de l'Evêché, est d'ordinaire silencieuse et morne ; mais elle s'égaie un peu dans la belle saison grâce à la verdure de quelques arbres, aux joyeuses envolées des martinets qui nichent dans les clochers et à l'échappée qu'on a sur l'azur du ciel où se porte naturellement le regard du passant. Les larges assises de pierres, noircies par le temps, que l'enfant avait toujours devant les yeux, durent évoquer en lui, avec toutes les visions d'un mystérieux passé, l'idée d'une puissance infinie et immuable. Les notes légères du carillon et le son grave des cloches, scandant le rythme de la vie, la voix de l'orgue, s'unissant, le dimanche, au chant des psaumes sous la nef, lui parlèrent de bonne heure de l'instant qui fuit, des réalités éternelles et d'un monde invisible. Comment les tours antiques de Saint-Pierre, où s'accomplissaient jadis tous les actes solennels de notre vie nationale, ne seraient-elles pas demeurées dans son imagination le symbole de l'âme de la patrie dans ce qu'elle a de plus élevé, dans son idéal le plus auguste ? Comment n'aurait-il pas naturellement abrité sa propre destinée à l'ombre de cette église qui s'élevait si près de son berceau ?

Si nous jetons maintenant un regard discret dans le sanctuaire encore plus rapproché de la famille où il reçut ses premières intuitions du monde moral, nous ne voyons autour de lui que les images d'une vie honorable de travail et de cette simplicité patriarcale qui n'était pas une exception dans la Genève d'alors. Entouré des affections les plus tendres, Hornung grandit sous l'aile d'une mère pleine de sens et de dévouement aux siens, près d'un père dont la célébrité croissait de jour en jour et en qui chacun a salué le type du Genevois de vieille roche. Une sœur plus jeune qui, par la nature élevée de ses goûts, semblait faite pour être bientôt la confidente habituelle de ses pensées; un frère cadet, en qui se retrouvait l'esprit tout primesautier du père, complétaient le nombre des membres de cette famille, entre toutes privilégiée, bien qu'appartenant à la simple bourgeoisie. Pas d'autre salon que l'atelier du peintre où l'on venait admirer, dans leur fraîcheur, les grandes scènes de la Réforme illustrées par le pinceau d'un maître. C'était le rendez-vous de nombreuses notabilités du dedans et du dehors; on y agitait les hautes questions de l'art, de la littérature et de la politique, avec une bonhomie assaisonnée de tout le sel de l'esprit gaulois. Il y avait là un échange d'idées autrement actif que dans nombre de maisons à prétentions aristocratiques.

On conçoit que dans un tel milieu, Hornung ait senti avec une grande vivacité, quoique d'une façon encore inconsciente, toute la saveur et la poésie de la vie de famille; on ne s'étonne plus qu'à si bonne école il ait appris à aimer de toutes les fibres de son cœur cette patrie genevoise dont il entendait parler sans cesse avec tant d'amour. Demeurant au centre même de la cité, dans la ville haute, il ne pouvait sortir sans passer et repasser devant l'Hôtel-de-Ville, où se résumait à ses yeux la vie politique de la nation. N'est-il pas à croire qu'il s'habitua dès lors à considérer les destinées de notre petite République comme indissolublement liées à celles de l'Eglise nationale ?

Les années de collège ne firent que fortifier les impressions patriotiques reçues dans la maison paternelle. L'Ecole fondée par Calvin lui rappelait encore cette réforme qui avait fait de la ville des évêques le boulevard du protestantisme au

XVIme siècle. Mais en même temps, grâce aux facultés dont il était doué et à son zèle pour l'étude, il s'abreuva largement aux sources vives de l'Antiquité, en suivant le programme de l'époque, plus resserré qu'aujourd'hui, mais suffisant à poser les bases d'une culture vraiment humaine. Ce fut sa première initiation au sens de l'histoire qui devait un jour solliciter si puissamment sa curiosité. Des régents de mérite, MM. Longchamp, Bétant, André Cherbuliez, déposèrent en lui les germes du goût littéraire et de l'esprit critique, tout en lui ouvrant, par l'étude des langues mortes, l'accès de nationalités plus vastes que la nôtre, mais de nature semblable, vu que les conditions inhérentes à la vie républicaine sont partout à peu près les mêmes. De là date l'admiration, de plus en plus raisonnée, qu'il conçut pour ces Grecs et ces Romains dont le plus grand tort est peut-être d'avoir trop rempli le monde du bruit de leur nom. Hornung ne s'est pas lassé d'applaudir à l'effort généreux de ces peuples qui créèrent les premières formes de notre civilisation et qui nous ont donné les principes de l'art, de la science, de la liberté politique et du droit. Toutes ces grandes choses, ces conquêtes de leur génie, désormais associées dans son esprit et inséparables les unes des autres, il eut l'ambition de les embrasser à la fois dans ses études ultérieures, sans les isoler par une spécialisation qui, à son sens, en aurait détruit l'intime harmonie.

Hornung quitta le collège en 1838, couronné de toutes les récompenses décernées à l'élève studieux dans ces Promotions qui sont la plus belle fête de la jeunesse. Détail insignifiant, pensera-t-on, mais qui ne laisse pourtant pas d'avoir eu sa valeur dans le moment. De quel doux rayonnement l'auréole des premiers succès n'éclaire-t-elle pas le cercle intime de la famille ! Mais le collège laisse après lui des traces plus durables ; c'est là que se nouent des amitiés solides, à l'épreuve des traverses de la vie. Hornung comptait plus d'un bon camarade dans sa volée, mais il se lia de la manière la plus étroite avec Jacques Barbezat qu'une maladie cruelle devait emporter en 1861. « Le meilleur ami de ma jeunesse, écrivait-il en 1876, en tête des lignes qu'il a consacrées à sa mémoire, (1) est mort avant d'avoir donné la mesure de son talent. » C'était un esprit de même trempe que le sien, une de ces natures sympathiques qui se donnent sans compter jamais, et dont la seule présence fait battre le cœur plus vite.

Heureux les adolescents à qui tout sourit ainsi à leurs débuts! Heureux surtout ceux qui, comme Hornung, sont d'humeur à trouver qu'il y a du plaisir à vivre ! S'il n'aimait guère à se mêler aux bruyants ébats de la cour du collège, s'il n'avait de goût, comme exécutant du moins, ni pour le chant, ni pour la danse et les mondaines réunions, il n'en jouissait pas moins à sa manière, s'intéressant à tout, s'amusant du spectacle que lui donnaient les autres, et prompt à saisir le côté comique des choses. Il avait un fond de douce gaieté; ce fut toujours l'un des traits de son caractère si sérieux d'ailleurs.

A seize ans, on n'est plus indifférent aux incidents de la vie politique qu'on voit s'agiter autour de soi, alors même qu'on n'en peut comprendre encore la gravité et qu'on n'en aperçoit pas les lointaines conséquences. Déjà l'actualité essayait son prestige sur les facultés intuitives d'Hornung ; elle l'attirait sans qu'il se doutât des douloureux étonnements que l'avenir lui réservait en ce genre. La physionomie extérieure et morale de notre vieille cité avait commencé à se transformer à partir de la vingtième année de ce siècle, lentement d'abord,

_____

(1) *Notice biographique de Moïse Hornung*, à l'*Appendice*.

puis d'une manière de plus en plus accentuée sous le contre-
coup des évènements du dehors. La guerre de l'indépendance
hellénique avait eu son retentissement chez nous et donné
essor à l'imagination populaire. Aussi, dès le milieu de la
période des vingt-sept années de bonheur (1814-1841), divers
symptômes annoncèrent que les têtes se mettaient à fermenter
et qu'on secouerait un jour avec plaisir les lisières d'un
régime trop paternel. La révolution de juillet, en France, ne
fit que hâter le mouvement qui poussait à demander des
réformes constitutionnelles. Il y eut de l'agitation dans
plusieurs cantons suisses et, à deux reprises, un bataillon
genevois dut partir, grand sujet d'émoi pour la population
enfantine. La ridicule échauffourée des réfugiés polonais et
italiens mit encore en jeu les cerveaux, dans le temps que les
chants nationaux de Kaupert électrisaient la jeunesse et que
l'on excitait en elle la flamme du patriotisme par des fêtes ou
étaient conviés tous les enfants du pays. Hornung avait dix
ans lorsque fut érigée, au milieu d'un grand enthousiasme,
la statue de Rousseau, l'écrivain dont les idées devaient
s'emparer puissamment de l'esprit du jeune homme, en
attendant le jour où il pourrait les juger en connaissance de
cause, dans la pleine maturité de la pensée. — D'un autre
côté, dans le domaine religieux, le zèle des citoyens protestants
pour leur Eglise nationale, assez languissant d'abord, comme
au siècle passé, s'était ravivé de toute l'antipathie qu'inspiraient à des fils de Jean-Jacques les sectes importées de
l'Angleterre, et aux descendants des huguenots, l'ambition
naissante de la cure catholique de Genève. L'élan tout
spontané avec lequel fut célébré, en 1835, le troisième jubilé
de la Réforme, l'affluence des fidèles remplissant tous les
temples, les maisons pavoisées, l'illumination des quartiers
les plus populaires, tout concourut à faire sur la génération

qui s'élevait une impression ineffaçable. Hornung n'a jamais oublié les émotions de ces belles journées du 21 au 23 août où un peuple entier semblait n'avoir qu'une seule âme. Le rétablissement du Jeûne genevois en 1837, où l'autorité dut céder devant l'émeute du troupeau conduit par quelques-uns de ses pasteurs, puis la chaude alarme causée, l'année suivante, par l'affaire de Louis-Napoléon, achevèrent d'exalter les esprits, en faisant vibrer plus fort que jamais la corde nationale.

Or le père d'Hornung, qui était entré au Conseil représentatif en 1836, et dont la personnalité était un centre d'attraction pour quiconque pensait librement à Genève, prenait le plus vif intérêt à toutes les questions palpitantes soulevées au près et au loin. Membre de l'Association du 3 mars, il fut appelé à faire partie du premier Conseil municipal de la ville de Genève, en 1841. Le fils, qui vivait dans cette atmosphère traversée par les courants de la vie politique, aurait-il pu ne pas s'intéresser, à son tour, à ce qui se passait dans l'étroite enceinte de nos murs ? Il commençait même à porter ses regards vers ces peuples éloignés dont la destinée se trouvait tout à coup mêlée à la nôtre. Le secret de cette solidarité lui échappait alors, mais devait faire un jour l'objet de ses recherches et de ses méditations. Ainsi s'élargissait l'horizon intellectuel de celui que nous verrons par la suite étudier les races principales de l'Europe dans leurs rapports entre elles, étendre ses sympathies même aux peuplades encore barbares et s'enquérir des lois de l'évolution sociale tout entière. En voyant l'histoire se faire sous ses yeux sur une petite échelle, il se préparait à comprendre la marche du développement historique de l'humanité.

Mais ne nous laissons pas entraîner à parler déjà des travaux de l'âge mûr; nous avons à suivre Hornung quelque

temps encore pendant les sereines années de la jeunesse qui
s'envolent, hélas! toujours trop vite. — Du collège il passa
dans l'auditoire de Belles-lettres, alors installé dans la chapelle des Macchabées, à deux pas de sa demeure. Là, le champ
des études s'étendait avec d'autres maîtres qui, eux aussi,
marquaient de leur empreinte l'esprit de leurs élèves. Bornons-nous à rappeler deux noms bien connus, le professeur
François Roget dans le domaine de l'histoire et, dans celui de
la littérature, Töpffer, notre humoristique écrivain. Les
ouvrages de ce dernier, assurément plus goûtés que ses
cours, étaient pour Hornung un vrai régal après le casse-
tête des équations algébriques. Rien qui répondit mieux aux
besoins de son esprit, lorsqu'il lui donnait vacance, que les
amusants récits et la philosophante flânerie de l'auteur des
Nouvelles genevoises. Il se plaisait à rappeler que la scène de
la *Bibliothèque de mon oncle* avait été placée par Töpffer dans
l'appartement même occupé par sa famille. Mais serait-ce
dans les pages de l'aimable conteur des *Voyages en zigzag*
qu'il aurait puisé le sentiment si vrai des beautés de la nature
dont il a donné des preuves nombreuses dans ses propres
écrits? La campagne étale autour de nous tant de magnificence
et, surtout à l'époque dont nous parlons, elle faisait à tous, à
peine au sortir des portes de la ville, un si gracieux accueil
que tout bon Genevois naît, pour ainsi dire, avec des trésors
de tendresse pour elle. Qui ne sait d'ailleurs que nos riants
environs et les flancs sauvages de notre Salève ont toujours
exercé sur les Hornung, père et fils, une séduction irrésistible? En dehors des heures laborieuses, la promenade faisait
leurs délices; vrais promeneurs, plutôt que marcheurs émérites, ils aimaient à s'adjoindre des compagnons avec qui
causer, chemin faisant, de choses légères comme de graves
questions; causeries à bâtons rompus où l'esprit trouvait son

compte, sans qu'on cessât de jouir des charmes du paysage.
On épiloguait là volontiers tel ou tel ouvrage dont la lecture
était la préoccupation du moment; car si les Hornung ont été
d'infatigables promeneurs et causeurs, ils n'ont pas été moins
grands lecteurs de bouquins poudreux et de nouveautés, des
avaleurs de livres, comme il ne s'en voit plus guère aujour-
d'hui, où l'on a peine à se défendre de l'invasion des feuilles
quotidiennes. Pour eux, ils faisaient en famille leur pâture
habituelle des meilleurs écrivains de notre temps, de vieilles
chroniques, de mémoires du XVIme siècle. Michelet et Quinet
étaient, pour lors, les auteurs préférés de notre ami. Macaulay
vint plus tard, puis bien d'autres. Ce goût pour l'histoire et
cette passion de lecture, héréditaires en quelque sorte, ne l'ont
jamais quitté. Plus que personne il a mis à contribution et
fureté les rayons de la Bibliothèque publique et de la Société
de lecture. Il lisait vite et avec fruit, prenant des notes, couchant par écrit ses propres remarques et ses jugements, ayant
l'art d'aller immédiatement dans un livre à ce qui rentrait
dans le cadre de ses recherches et d'y trouver ce qui venait à
l'appui de ses idées favorites. C'est grâce à cette méthode,
appliquée durant des années, qu'il a pu accumuler, sous forme
de volumineux cahiers, une masse énorme d'indications de tout
genre, d'aperçus et d'heureuses trouvailles. Dans ce vaste
répertoire il avait constamment sous la main des matériaux
tout prêts qu'il n'avait plus qu'à mettre en œuvre pour les
faire entrer soit dans ses cours, soit dans ses publications
toujours si substantielles, si riches, trop riches même de faits,
d'idées et de renseignements bibliographiques.

Mais, encore une fois, n'anticipons pas sur une époque plus
avancée et revenons au temps qui nous reste à parcourir
jusqu'au dernier terme de la vie d'étudiant. — Les deux
années de la Faculté préparatoire des Sciences et des Lettres

mirent Hornung en contact avec de nouveaux · professeurs
dont quelques-uns comptaient parmi les sommités de la
science contemporaine. Celui qui eut au plus haut degré le
don d'allumer le feu sacré chez la jeunesse fut Adolphe Pictet
dont les cours sur l'esthétique, sur les épopées de l'Inde et
sur Homère nous initièrent à des études ignorées jusque-là de
notre Académie. Un souffle littéraire plus élevé et plus puissant que celui qui avait régné de longues années dans notre
enseignement supérieur, eut bientôt dissipé les brouillards
d'une froide rhétorique ; les lointaines perspectives de
l'extrême Orient et des âges primitifs se découvraient à nos
regards surpris. Hornung fut l'un des plus fervents disciples d'Adolphe Pictet, et la direction de son activité se serait
définitivement tournée du côté des sciences littéraires et historiques si d'autres influences ne s'étaient fait sentir. Les
lettres seules, en dehors de l'enseignement, ne sont pas une
carrière où l'on puisse arriver aisément à une position indépendante. La plupart des jeunes gens, n'ayant pas alors des
laboratoires qui leur permissent de cultiver les sciences
naturelles, se portaient vers la théologie ou vers le droit.
Les goûts personnels d'Hornung, ses instincts religieux et le
désir qu'il avait de se dévouer à une grande tâche l'auraient
peut-être incliné vers l'auditoire de théologie, où il se plaisait
déjà à suivre par surcroît les cours de l'excellent Diodati ;
mais les sciences sociales l'attiraient, de leur côté, par leurs
rapports avec l'histoire et avec les questions qui étaient dans
l'air à ce moment. Töpffer, consulté, n'eut pas de peine à
faire pencher la balance en faveur du droit. Sans doute aussi
la société de Zofingue dont Hornung faisait partie, eut
quelque influence dans cette décision.

Pourquoi ne rappellerais-je pas, à ce propos, que les deux
sociétés académiques, alors seules existantes, Belles-Lettres

d'abord, puis Zofingue avaient trouvé dans le nouvel étudiant un membre des plus actifs et qu'elles se font encore honneur de l'avoir possédé dans leur sein ? Hornung fut président de la section genevoise en 1846, après avoir fait, l'année précédente, le pélerinage de Zofingue, en qualité de secrétaire central, sous la présidence de Jean Rivoire, notre ami commun. La belle devise *Patrie, amitié, science*, s'est comme incarnée dans sa personne. Notons ici en passant, comme un trait de caractère dont nous avons déjà vu des indices, le peu de part qu'il prenait aux seconds actes, prolongés au milieu des vapeurs de la bière et d'un nuage de fumée. Ce n'était pas sauvagerie, mais affaire de tempérament, et surtout habitude d'une vie réglée et laborieuse. Il s'intéressait d'autant plus a la première partie des séances qui ne laissait pas que d'être souvent fort agitée. Pouvait-on s'abstenir, en ces temps, de débattre les questions brûlantes de la politique du jour, alors que l'avenir de Genève et de la Suisse était en jeu ?

L'émotion causée, en 1841, par la suppression des couvents d'Argovie, les éloquents discours de Camperio, professeur de droit, le pronunciamento sur la Treille et devant l'Hôtel-de-Ville, qui aboutit à la nomination d'une Constituante, tournaient les pensées du côté des études politiques et sociales. Jamais peut-être, sauf à l'époque de la Réforme, notre république n'eut à traverser une crise plus forte qu'au milieu du siècle où nous sommes. La démolition des fortifications (dès décembre 1849), qui fit bientôt de Genève une autre ville, n'a été que la traduction, en un fait matériel, de la rupture morale qui se produisait alors entre son passé et son état présent. Une belle carrière s'ouvrait donc à l'activité de la jeune génération. Un esprit comme celui d'Hornung, attaché, d'un côté, à la tradition nationale par ses plus lointains souvenirs d'enfance, ayant reçu, d'autre part, une culture assez large pour comprendre ce qu'il y avait de légitime dans les besoins nouveaux, devait se vouer de préférence aux études qui conduisent dans l'arène politique. Aussi, sans se demander s'il était taillé pour l'action et les combats de la parole à la tribune ou au barreau, mais se sentant assez de courage pour défendre, un jour ou l'autre, son drapeau dans la chaire du professeur, dans la presse et sur les bancs du Grand Conseil, il n'hésita plus à entrer dans la Faculté de droit. Là, il eu^t pour professeurs MM. Odier, Trembley, Duval et Antoine Cherbuliez. Ce dernier, économiste de talent, apôtre d'un système social fondé sur le patronage et vigoureux champion du principe historique, fit surtout impression, par la hauteur d'un grand caractère, sur un jeune homme dont les sympathies étaient acquises à la cause libérale, mais en qui respirait aussi le vieil esprit genevois avec une tendance foncièrement conservatrice. Redoublant de zèle à mesure qu'il approchait des sommets de la science, Hornung fit face à toutes les exigences d'un programme qui s'étendait sur quatre années. Fidèle à son passé, il ne lui arriva pas une fois de manquer l'approbation complète aux examens qu'il eut à subir. Il mit enfin le couronnement à ses études académiques, en présentant pour la licence une thèse des plus remarquées et citée aujourd'hui encore avec éloge. Elle roule sur cette question qui atteste à elle seule la tendance philosophique du futur publiciste : *Pourquoi les Romains ont-ils été le peuple juridique de l'ancien monde ?* Cette production, datée de 1847, l'année où succomba le Sonderbund (1), n'était pas le premier fruit des méditations d'Hornung. Dans le cours de l'année

---

(1) Singulière coïncidence! La victoire de la diète semble avoir préparé les voies à l'unification du droit en Suisse, de même que l'extension du droit romain dans le monde n'a été possible que par les armes de Rome.

précédente, il avait déjà donné à la Bibliothèque universelle,
sur la demande du professeur Auguste de la Rive, trois
articles littéraires qui procédaient directement de l'inspiration d'Adolphe Pictet, mais qui n'en portent pas moins un
cachet d'originalité incontestable (1). Ils furent réunis et
réédités en 1847, sous ce titre : *Quelques idées sur la place
qu'a occupée la nature dans la poésie aux différents âges.*

Ces deux publications, qui témoignaient d'une portée d'esprit peu commune à l'âge de 24 ou 25 ans, annonçaient un
talent plein de belles espérances. S'il ne lui a pas été donné de
réaliser dans la suite toutes les promesses de ce début, rien
non plus ne faisait pressentir encore le zélé patriote qui s'est
manifesté plus tard et qui a consacré tant d'heures à la chose
publique. On trouve là, en tout cas, le savant et l'écrivain en
possession déjà de presque toutes les qualités qu'il a désormais
déployées, comme avec les défauts de ses qualités : érudition
luxuriante, puissance d'abstraction et d'observation interne qui
impose au lecteur une tension d'esprit trop continue ; des
généralisations parfois excessives, un style ferme, net, précis,
souvent coloré et pittoresque, mais trop touffu, trop serré dans
le détail et embarrassé de digressions dans l'ensemble. Quant
aux idées générales qui forment la trame solide de ces compositions, elles se retrouveront aussi dans celles qui doivent les
suivre. Dans la thèse historique, c'est la théorie de l'évolution
dans la marche des choses humaines, qui est à la base du travail. L'auteur l'a fait servir avec succès à l'explication des
origines du droit romain et des phases de son développement,
conformément à la logique du principe qui lui a donné
naissance ; malgré certaines lacunes, il y a là des vues qui,

(1) Hornung eut à essuyer, en 1846, des tracasseries de la part des
rédacteurs de la *Bibliothèque universelle* à propos de cette publication.

selon nous, jettent plus de jour sur le véritable caractère de
l'histoire romaine que ce qu'on rencontre à cet égard dans
le grand ouvrage de Th. Mommsen. — Dans l'opuscule littéraire, c'est l'homme considéré dans les éléments les plus relevés
de son être, qui occupe le centre. En face du spectacle que lui
offrent la nature et la société, il entre en rapport avec l'esprit
qui est au fond des choses; plus est forte la commotion
morale ressentie sous le choc des réalités, plus est éclatante
cette révélation de l'esprit, et plus aussi le poète inspiré
interprète fidèlement le symbolisme de la nature. La profondeur de sentiment avec laquelle l'auteur a compris la
poésie des premiers âges de l'humanité, l'intelligence et le
savoir dont il a fait preuve dans l'analyse d'un procès juridique fort complexe, annonçaient un esprit trop enclin peut-
être à systématiser, mais singulièrement compréhensif et
bien préparé à aborder les subtils problèmes de la littérature
et de la jurisprudence.

Nous venons d'assister à la première floraison de ce talent
dont nous avons vu les racines plonger dans un terrain des
plus propices, et voici que déjà, comme un arbre pressé de
porter tous ses fruits, à peine Hornung avait-il quitté les
bancs de l'Auditoire pour un stage de peu de mois dans l'étude
de Me Gide, il posait sa candidature à la chaire de droit
romain et d'histoire générale du droit, laissée vacante par la
retraite d'Antoine Cherbuliez. En vue de cette place, il donna,
en 1847-1848, un cours sur l'histoire du droit romain sous
la république, mais il ne réussit à attirer à ses leçons qu'un
petit nombre d'étudiants. On s'étonnait avec quelque raison
de l'entendre parler *in extenso* de peuples qui n'avaient avec
le droit romain que des rapports très éloignés. « L'un de mes
auditeurs », m'écrivait-il (13 janvier 1848), « m'a demandé
« déjà deux fois quand j'entrerai en matière : c'est un ami du

« positif : le pauvre garçon! il ne me connaît pas : il ne sait
« pas qu'un homme qui a écrit sur la poésie indienne ne
« peut pas entrer de plain-pied dans l'histoire du droit
« romain et qu'il éprouve le besoin de divaguer un peu
« préalablement ». Il sentait bien lui-même que son introduction était infiniment trop longue et qu'il avait été conduit,
sans le vouloir, beaucoup plus loin qu'il ne pensait d'abord ;
mais il reconnut trop tard qu'il avait donné prise contre lui à
ceux qui ne goûtent pas les idées générales. La chaire à pourvoir demeura sans titulaire et fut remise au concours en 1849.
Hornung, ayant renouvelé sa candidature, présenta, comme
thèse à l'appui, un mémoire qu'il publia, en janvier 1850,
sous ce titre : *Idées sur l'évolution juridique des nations chrétiennes et en particulier sur celle du peuple français.* A la suite
d'épreuves publiques très sérieuses et sur le préavis favorable du jury d'examen, l'Académie jugea bon d'accorder
à deux des candidats, MM. Le Fort et Hornung, le grade
de docteur en droit ; mais le Conseil d'Etat s'abstint de procéder, pour le moment, à aucune nomination. Le but principal
était donc manqué et ce nouvel échec fut très sensible à
Hornung : il demeura persuadé, à tort ou à droit, qu'il avait
été victime d'injustes préventions, sa couleur politique ou
celle de son père n'étant pas agréable au parti qui tenait alors
le pouvoir.

Quoi qu'il en soit, une consolation lui était réservée en
dehors de Genève : M. Hisely, l'historien du comté de
Gruyère, alors recteur de l'Académie de Lausanne, avait
conservé une excellente impression des articles d'Hornung
qui avaient paru dans la Bibliothèque universelle. Il lui fit des
ouvertures pour qu'il se chargeât de donner un cours de
littérature comparée. C'était en août 1850. Hornung, qui se
voyait, ou du moins se croyait mal apprécié dans son pays,

accepta l'offre qui lui était faite ; toutefois, il hésita beaucoup
en face du chagrin que causait à sa mère la seule pensée de
se séparer de son fils aîné. Mais les avantages d'une position
provisoirement assurée et l'espoir de revenir bientôt à Genève
l'emportèrent sur les raisons de sentiment qui le retenaient
auprès des siens et dans sa ville natale. L'exil, d'ailleurs, ne
pouvait être bien dur dans une ville aussi rapprochée que
Lausanne, au sein d'une société très distinguée qui fit le
meilleur accueil au jeune professeur. Son séjour, il est vrai,
s'y prolongea plus qu'il ne s'y était attendu ; car il resta
éloigné seize années, *grande mortalis œvi spatium;* mais ce
ne fut pas un temps perdu pour lui, ni pour la science. Il
vécut là dans un milieu relativement paisible et favorable à
l'étude, en présence des scènes grandioses d'un site admirable. Le cercle de ses relations s'étendit dans cette société
toute pleine encore de l'éclat qu'avaient jeté sur la terre vaudoise les Monnard et les Vinet. Il entra en rapports plus ou
moins intimes avec les Rivier, les Secrétan, les Cérésole,
L° Vulliemin, J.-J. Porchat, sur lequel il a écrit une de ses meilleures notices biographiques, et beaucoup d'autres personnes
de mérite. Nous pouvons nommer encore, parmi les relations
d'Hornung à Lausanne, Mlle Fréd. Bremer, la célèbre romancière
suédoise, puis Émile Souvestre, MM. Troyon, Morlot, Ancre-
naz, etc. Les tendances particulières du caractère vaudois, si
distinct du nôtre, beaucoup plus tourné vers l'idéal et plus
près de la nature, fournirent matière aux préoccupations de
son esprit avide à saisir les traits caractéristiques des individus et des races (1). Sous tous les rapports, il a été heureux

(1) Etant très-observateur, il imitait tous les accents dans un point de
perfection : aucune nuance ne lui échappait, malgré sa myopie.   F. H.
(Les notes marquées F. H. proviennent de la famille d'Hornung.)

pour lui qu'il quittât pour un temps l'atmosphère un peu âpre et desséchante de Genève et qu'il fît connaissance d'un monde moins prosaïque que le nôtre. Il avait vécu jusque-là beaucoup plus avec les livres qu'avec les hommes ; il apprit à les connaître sous un jour favorable et prit de plus en plus goût aux conversations de la bonne compagnie, sans lui jamais faire le sacrifice de son indépendance et de ses opinions personnelles.

Loin de se laisser gagner aux idées qui régnaient dans son entourage à Lausanne, lorsqu'en 1852 fut soulevée chez nous la question de la séparation de l'Eglise et de l'Etat, il ne craignit pas d'affirmer hautement ses convictions et adressa au *Journal de Genève*, en 1852 et 1853, une série de lettres qui firent sensation. Réunies en une brochure, en 1855, avec l'épigraphe suivante, qui en résume la tendance : *L'Eglise, comme l'Ecole, constitue un devoir et un droit pour l'Etat et pour les citoyens*, ces lettres furent la première intervention d'Hornung dans les questions à l'ordre du jour. Dès lors, il n'a pas cessé de se prononcer dans tous les grands moments de notre vie politique, lorsque les principes qui lui étaient sacrés, paraissaient en péril. Se jetant dans la mêlée des partis en présence, sans être enrôlé sous aucune autre bannière que celle de la nationalité, il s'est fait des ennemis dans les deux camps par la franchise avec laquelle il a dit leurs vérités aux uns et aux autres. Nous en verrons bientôt des exemples. A Lausanne, où les idées séparatistes étaient en grande faveur, on ne put cependant s'empêcher de respecter en lui la sincérité des convictions, et sa personne fut toujours l'objet, sinon de la sympathie de tous, du moins de l'estime universelle.

L'attachement qu'avaient conçu pour lui ses étudiants se manifesta dans une journée qui resta profondément gravée

dans son cœur. Son enseignement de littérature comparée
ayant pris fin en 1853, il fut nommé professeur ordinaire de
philosophie du droit, d'histoire du droit et de droit romain.
Le soir de son installation, qui eut lieu avec une certaine
solennité, et à l'occasion de laquelle il lui fut recommandé
d'éviter dans ses cours les spéculations oiseuses, le corps des
étudiants organisa à son honneur un cortège aux flambeaux
et vint lui donner une sérénade au Petit-Château, où il
demeurait chez les Gaudin (21 novembre).

Hornung n'en continua pas moins de suivre avec un vif
intérêt ce qui se passait dans notre ville. L'éloignement où il
se trouvait, bien qu'il vint plusieurs fois par mois visiter les
siens et qu'il passât avec eux la plus grande partie de ses
vacances, jetait sur lui comme un voile de tristesse. Il avait
de fréquents accès de nostalgie. Voici ce qu'il écrivait à sa
sœur, peu de mois avant sa nomination définitive, à la suite
d'une de ses courtes apparitions :

« Lundi (27 juin 1853), je suis parti singulièrement
« attristé d'être obligé de quitter Genève en un jour pareil
« (c'était la fête des Promotions), attristé surtout du chagrin
« de maman : je ne comprends que trop qu'elle regrette le
« temps où, Jean et moi, nous étions encore au Collège. Je
« ne puis pas rendre l'émotion que j'ai éprouvée dans l'église
« pendant les courts moments que nous y sommes restés.
« Cette fête aperçue ainsi et aussitôt quittée, c'était bien
« l'image de ce qu'est déjà la vie à mon âge : la joie sans
« mélange y tient déjà bien peu de place : la patrie apparaît
« comme imposant des devoirs, comme sujet d'inquiétude ;
« ce n'est plus une mère qui vous soutient dans la vie : au
« contraire, c'est vous qui devez contribuer à la soutenir.
« Mais ces plaintes sont de l'ingratitude ; après tout, la poésie
« des choses n'apparaît à l'âme que dans la lutte et les obsta-

« cles de la vie. » Généreuses paroles, on aime à les rencontrer sous la plume de celui qui a prouvé par des actes que ces beaux sentiments n'étaient pas rien qu'une pose ou une illusion de l'amour-propre (1). N'est-ce pas, en effet, dans un élan de courage civique qu'il protesta si énergiquement, en novembre 1855, contre l'attitude du parti radical d'alors, qui lui semblait engagé dans une voie fatale. Jamais il ne s'est montré aussi éloquent que dans cette circonstance où l'indignation était, certes, des plus légitimes. A l'issue d'une ardente lutte électorale, lorsque J. Fazy revint au pouvoir à l'aide des *Fruitiers d'Appenzell*, des cris de : *A bas Genève !* avaient été vociférés dans nos rues par une bande d'individus que poussait une main occulte, occupée à la destruction de la Rome protestante. « On voudrait ne pas le croire,
« écrivit-il de Lausanne à cette nouvelle, le 19 novembre ;
« le cœur se révolte à la seule pensée d'un blasphème pareil.
« Mais non, le cri a été proféré. Des milliers de voix l'ont
« fait retentir. L'antique patrie, la patrie, cette mère véné-
« rable, qui ne peut rien que par ses enfants, la patrie qui,
« hélas ! ne saurait se défendre ni répondre, la patrie a
« été publiquement insultée, — et personne n'a protesté ! »
Et il continue, sur ce ton, dans une brochure de cinq pages, à sangler les coups de fouet, ou plutôt à jeter à tous les échos les cris d'alarme de son patriotisme. Les larmes viennent aux yeux à la lecture de cet appel déchirant qu'un citoyen de cœur adressait à la conscience de concitoyens égarés.

Au commencement de 1860, quand surgit la question de l'annexion de la Savoie à la France, un parti assez remuant

---

(1) Patriote au point qu'il s'était fait graver un cachet avec cette devise : *Omnia pro patria.* **F. H.**

se forma, soit chez nous où le *Journal de Genève* lui servit
d'organe, soit chez nos voisins du Chablais et du Faucigny,
pour rattacher à la Suisse et à notre canton la portion du
territoire savoisien neutralisée par le traité de Vienne.
Hornung ne douta pas un instant que c'en était fait de sa
Genève bien-aimée si on la noyait dans un flot de populations
catholiques. Toujours attentif à signaler les écueils où risquait de sombrer notre nationalité genevoise et protestante, il
lança de Lausanne une brochure intitulée : *Le principe répu-*
blicain ou le spiritualisme politique à propos de la question de
Savoie (février 1860) (1), avec cette épigraphe : *Et nolenti*
patriæ. Invoquant la fidélité aux principes d'un vrai répu-
blicanisme contre les visées cosmopolites de 89 (2) et les
avantages d'un agrandissement de territoire, il repoussait
carrément le cadeau très problématique, mais séduisant, qu'on
nous offrait en échange de notre individualité autonome et
demandait qu'on fît plutôt, si la chose était possible, un ou
deux cantons distincts du territoire en litige. Bien plus, il
émit l'idée que Genève saisit cette occasion de rentrer dans
les conditions normales de son existence, en rétrocédant les
communes sardes annexées en 1814. On trouvera peut-être
que c'était pousser trop loin la logique des principes et le
rigorisme protestant ; mais on se tromperait grossièrement si
l'on voyait dans une telle politique une pensée hostile ou un
dédain quelconque pour les campagnes qui nous avoisinent.
Le fils du peintre des petits Savoyards ne pouvait éprouver
que de la sympathie pour les habitants de la Savoie dont il
appréciait fort « l'originalité piquante, ce mélange de bon-

---

(1) Extrait de la *Gazette de Lausanne.*
(2) Représentées par J. Fazy et l'honorable M. Bard, de Bonneville,
notre nouveau concitoyen.

homie et d'esprit, de gaieté et de mélancolique résignation, qui les caractérise » (1).

Telles étaient donc les préoccupations patriotiques d'Hornung. Mais son immixtion dans la politique du moment ne l'empêchait pas de poursuivre ses travaux littéraires. C'est même à cette période qu'appartient la plus importante de ses productions en ce genre : *La littérature de la Suisse française*, considérée surtout dans son principe religieux et national et dans ses rapports avec les autres littératures de l'Europe. Ce travail avait été publié dans les numéros de la *Revue suisse*, en 1852, alors qu'Hornung était encore professeur de littérature comparée. Un christianisme affranchi de tout esprit sacerdotal et une nationalité fortement et librement constituée : voilà, selon l'auteur, les conditions morales et sociales que suppose le plein développement d'une vie littéraire véritable. C'est d'après ce principe qu'il tient en si haute estime les productions de la littérature anglaise et qu'il assigne un rôle des plus considérables à la Suisse française et, en particulier, à Genève. Comme ville du droit et de la pensée libre, il la place de pair avec Athènes et Rome dans l'antiquité, avec l'Angleterre et l'Allemagne dans les temps modernes. A ses ses yeux, Rousseau a eu la gloire d'achever l'œuvre d'affranchissement commencée par les écrivains anglais : il a trouvé Dieu, la nature et l'homme. Mme de Staël, qu'Hornung revendique entièrement pour nous, a fait davantage encore : en elle s'est résumée la mission européenne de la Suisse romande, la conciliation de l'idéalisme germanique et de l'individualisme latin, par une puissante synthèse de deux races et de deux religions, du nord et du midi. Individualité des plus complètes, elle a révélé l'être humain, dans toute la force du terme,

---

(1) *Notice biographique de Moïse Hornung.*

elle a su pénétrer le mystère de la vie dominée par la hauteur de la loi morale et éclairée par la lumière des espérances chrétiennes. Réalisme intense, d'une part, pureté de l'idéal, de l'autre, telle a été l'œuvre de Mme de Staël. Après elle, Genève, tournée vers les sciences naturelles, descend des hauts sommets de la vie spirituelle, vraiment humaine, et perd toute largeur philosophique. L'histoire de la période romantique, pendant laquelle s'est relevée notre culture littéraire, rentrait dans le plan de l'auteur; mais il s'est arrêté avant cette époque. Son tableau, demeuré alors inachevé, ne fut complété postérieurement qu'en partie, soit par les portraits qu'il a réunis en 1880, dans la Galerie suisse, sous le titre de *Poètes genevois contemporains*, soit dans ses notices biographiques détachées. On a pu voir par ce qui précède que le littérateur, chez Hornung, était inséparable du philosophe et, disons-le, de l'honnête homme. Par la franchise et même la rudesse de ses appréciations en ce qui concerne la littérature française (1), il risquait de se fermer à jamais l'accès des grandes Revues périodiques, comme celle des *Deux-Mondes*, qui s'est faite l'introductrice des nouveaux venus dans le domaine des lettres, pour les conduire plus rapidement à la renommée (2). C'est bien moins, d'ailleurs, la perfection littéraire de la forme que la portée morale de l'écrivain, qui impose à Hornung ses préférences et ses jugements. On peut n'être pas d'accord avec lui sur l'application qu'il fait de sa théorie historique à la littérature ; mais l'élévation du point de vue, l'originalité et l'abondance des aperçus sont incontestables.

(1) Cf. à cet égard, *Idées sur l'évolution juridique*, p. 98 sq.

(2) Des ouvertures lui furent faites cependant et le savant explorateur Félix Belly le recommanda à Buloz de la manière la plus flatteuse ; mais il renvoya toujours à plus tard de faire usage de ces offres.   P. H.

Les qualités propres à Hornung dans le genre de la critique littéraire apparaissent sous un autre jour, avec plus de relief peut-être, dans certaines monographies, en particulier dans sa remarquable étude critique sur l'histoire de Jules-César, intitulée l'*Histoire romaine et Napoléon III* (Lausanne 1863), ou même dans de simples comptes rendus d'ouvrage de nature assez diverse, tels que le *Chillon* de L. Vulliemin (1851), *Histoire du comté de Gruyère* par J.-J. Hisely (1852 et 1856), *Contes et poèmes grecs modernes*, trad. par Charles Schaub (1865 sq.); ajoutons aussi les notices biographiques consacrées à la mémoire d'un grand nombre de nos hommes distingués. L'une des premières, sinon la première en date, et des plus luxuriantes, est celle qui a pour titre *J.-J. Porchat et la poésie vaudoise* (Extr. de la *Suisse*, nov. 1864). Le spirituel fabuliste y est dépeint *con amore* et placé dans son milieu, un cadre tout poétique; des rapprochements inattendus et de fréquentes excursions aux environs du sujet central pourraient faire penser que l'auteur n'a vu dans le portrait entrepris qu'un prétexte pour exposer ses idées personnelles ; mais, s'il semble oublier par moments la figure qu'il voulait esquisser, c'est pour y revenir bientôt avec un nouvel entrain et y faire d'heureuses retouches. Voici un échantillon de cette manière ingénieuse de serrer de près son objet, sans en avoir l'air, et de laisser errer sa pensée, sans qu'elle s'égare en chemin. On pourra juger en même temps du tour d'esprit habituel à l'auteur : « Les fables « de Porchat ont la douce saveur des fruits d'automne. Je « connais peu de lectures plus captivantes et plus saines, et « qui reposent mieux des fiévreuses divagations de la litté- « rature contemporaine. Aujourd'hui le calme devient tou- « jours plus rare. Les questions religieuses elles-mêmes « sont discutées avec aigreur, et le Dieu des théologiens est

« un batailleur forcené : on le fait descendre dans l'arène des
« partis. Oh ! que la méthode divine est différente de cette
« hâte et de ce tragique à bout portant ! Elle est la lenteur
« même : elle est le silence dans l'incessante activité. Dieu
« n'intervient pas, ne discute pas, ne plaide pas. Il fait mieux.
« Il a organisé le monde de telle sorte que pleine latitude
« est laissée aux êtres libres, sous leur responsabilité : mais
« dès qu'ils se mettent en désaccord avec l'ordre, avec le
« cosmos, cet ordre réagit. Voilà comment Dieu nous parle,
« c'est au moyen de son œuvre, et par l'intermédiaire du
« monde. Seulement, il faut être attentif, il faut chercher et
« retrouver l'harmonie réelle de l'univers, au lieu de sim-
« plifier arbitrairement les questions. Eh bien, la fable, dans
« son humilité, est un des meilleurs moyens de ramener les
« esprits au vrai. Elle a l'immense avantage de respecter la
« nature et de l'écouter comme il convient. »

On a pu se convaincre par plus d'une preuve que l'enseignement d'une science aussi absorbante que le droit s'asso-
ciait fort bien, chez Hornung, à la culture des lettres, sinon
dans le champ de l'invention originale, du moins dans les
parties qui relèvent du goût, du sens critique et de la philo-
losophie morale. On ne sera donc pas surpris de le voir
s'inscrire comme candidat à la chaire d'Esthétique abandonnée par Amiel et mise au concours en 1854. Il se mit au
travail de sa thèse avec une telle ardeur, malgré sa myopie
et la faiblesse de ses yeux, qu'il tomba gravement malade. Un
sursis lui ayant été refusé, il se soumit à un traitement si
brutal pour dissiper, à bref délai, l'ophtalmie dont il souffrait
que sa vie fut un moment en danger et qu'il ne se releva
jamais bien de l'état d'anémie provoqué par cette crise. Dès
lors les plaintes sur l'extrême fatigue qu'il ressentait à la
fin de ses journées, reviennent plus fréquemment dans sa

correspondance. Que de fois ne s'est-t-il pas écrié : Je suis
éreinté, je n'en puis plus ! Cependant, il travaillait toujours.
Ce fut pour lui un amer déboire de n'avoir pu se présenter
dans la lice et faire ses preuves avec la perspective, s'il réussissait, de revenir se fixer à Genève ; là se bornait toute son
ambition. Douze années devaient s'écouler encore avant que
ce rêve devint une réalité.

Dans l'intervalle, aucun fait nouveau, au moins jusqu'à son
mariage, ne vint modifier le cours uniforme de la vie qu'Hornung menait à Lausanne. Il s'en éloigna seulement dans deux
occasions, une fois pour visiter l'Exposition universelle de
1855 et aller jusqu'au Hâvre voir la mer; une seconde fois
en 1859, pour une excursion en Allemagne, en compagnie
d'Amiel. Nos deux professeurs, après avoir passé par Heidelberg
où ils désiraient voir Gervinus (1), descendirent les bords du
Rhin jusqu'à Cologne. C'était pour Hornung une grande chose
que de voir de ses yeux le pays où la réforme avait pris naissance, la patrie de Savigny, fondateur de l'école historique
en droit, cette Allemagne enfin qu'il aimait de longue date
pour en avoir reçu de précieux éléments de culture, peut-être
même, par un phénomène d'atavisme, le fond de son esprit
naturellement porté à la spéculation. Ce voyage ne répondit
cependant pas à son attente : il en revint plutôt attristé par
l'aspect général de la terre allemande, bien qu'il eût admiré
la puissance d'idéalisme qui reposait dans la nation. Au reste,
dès qu'il perdait de vue nos montagnes et les rives de notre
lac, il ressentait le mal du pays ; aussi n'éprouva-t-il jamais
un grand besoin de locomotion.

Mais les plus beaux sites du monde ne sauraient empêcher

(1) Hornung a écrit dans la suite quelques pages où est apprécié le
mérite de cet historien.

de sentir le vide d'une existence solitaire. Hornung était l'homme de la famille. Enfant, il en avait connu les joies ; professeur, il l'avait étudiée scientifiquement : le moment était venu, ainsi qu'il le disait, de joindre la pratique à la théorie et de poser, comme nos ancêtres, les Aryas, la pierre d'un foyer nouveau. Ayant rencontré, dans Melle Camille Coutau la femme sérieuse et modeste qui répondait à ses goûts, outre qu'elle était d'une famille éminemment genevoise, il unit sa destinée à la sienne, le 27 novembre 1861. Epouse dévouée, elle s'associa à ses joies comme à ses tristesses et fut pour lui la compagne fidèle des bons et des mauvais jours. Le mariage fut célébré dans l'église des Eaux-Vives, commune où Hornung avait l'intention de se fixer dès qu'une position convenable lui serait assurée à Genève.

Les chances qu'il avait d'arriver à ce résultat s'accrurent par le triomphe des Indépendants qui l'emportèrent sur les Radicaux, en s'unissant aux Conservateurs, dans la journée du 15 juin 1862 et se maintinrent au pouvoir, avec quelques intermittences, jusqu'en 1870. Hornung professait en effet pour ce parti, bien qu'il ne fût inféodé à personne, ses sympathies les plus décidées. Il n'épargnait cependant pas, dans l'occasion, ses amis eux-mêmes, lorsqu'il les voyait suivre une voie qu'il estimait fâcheuse. C'est ce qu'il ne craignit pas de faire dans une brochure intitulée *Conseils au parti indépendant de Genève* (Extrait de la *Gazette de Lausanne*, 7 et 8 février 1865). Il y reprochait aux Indépendants d'abandonner le terrain du droit et des vrais principes conservateurs, de n'avoir pas un système logique, bien lié et bien franc, d'être incolores et de commettre fautes sur fautes. Ce sont ses propres opinions politiques qu'il a exposées dans le programme qu'il leur recommande d'adopter, et c'est là ce qui fait pour nous l'importance de cette brochure de seize pages. « Rien ne rapproche, dit-il, comme des idées bien nettes et des questions bien posées. » Là-dessus, il montre que la vie politique doit s'inspirer, d'un côté, de l'idée nationale et du maintien de la tradition dans un esprit sagement conservateur, de l'autre, d'un vrai libéralisme représentant les intérêts généraux de l'humanité et les exigences du progrès, en face du droit historique. La diversité des tendances fait la vie par la conciliation incessante d'éléments qui n'en restent pas moins opposés et qui se font des concessions réciproques par voie de transaction, idée toute juridique. Mais le plus indispensable de tous est l'élément conservateur, parce qu'il répond à l'essence de la nationalité. En vertu de ces principes, Hornung repoussait, soit le radicalisme politique et niveleur, comme hostile au passé national, soit surtout le radicalisme social sous ses diverses formes, tout particulièrement celle de l'individualisme ecclésiastique, « qui est du radicalisme au « premier chef, puisqu'il attaque la nationalité dans son « principe spirituel et qu'il se rattache à un ensemble cosmo- « polite... L'orthodoxie séparatiste nous propose de rester « indéfiniment liés à un passé qui date de dix-huit siècles et « qui n'appartient pas à notre race. » Cette dernière idée sera reprise et plus amplement développée dans *Genève et le séparatisme*, en octobre 1866. Les indépendants ne tinrent nul compte des conseils qui leur étaient donnés. Ils déterminèrent eux-mêmes leur chute, une première fois pour s'être montrés faibles avec les ultramontains et, en dernier lieu, pour avoir remis en question l'existence de l'Eglise nationale.

Lors de la démission de Camperio, Hornung se vit appelé, en septembre 1866, à le remplacer comme professeur de droit public et de droit pénal, enseignement auquel il joignit plus tard celui du droit international. Rentrer à Genève était, nous l'avons dit, son vœu le plus cher : tout en se rapprochant des siens, il pourrait dès lors se dévouer plus complètement au bien de la commune patrie (1). Il ne quitta pourtant pas sans émotion la ville où il avait passé seize des plus belles années de sa vie, et ce fut toujours avec un sentiment de vive affection qu'il se reporta par la pensée dans le sympathique milieu de la société vaudoise.

Définitivement installé avec sa famille au Pré l'Evêque, à quelques minutes de Genève, il crut commencer, pour ainsi dire, une nouvelle existence, comme si un avenir sans limites s'ouvrait devant lui et qu'avec ses illusions il eût conservé toutes les forces de la jeunesse(2). Mais les navrantes réalités de la vie et les tâches austères, de plus en plus nombreuses, qu'il s'imposa de remplir, ne laissèrent pas de courber sa tête sous le poids des préoccupations. L'âme resta toujours jeune, mais l'enveloppe fatiguée avant le temps, devait tomber en poussière à la première atteinte sérieuse. Le profond chagrin que lui causa la perte de sa mère en 1868, se renouvela, deux ans après, à la mort de son père, qui semblait appelé à fournir une plus longue carrière et venait seulement d'achever sa dernière œuvre, les *Vendanges de Bonne*. La notice biographique, publiée en 1872 par les enfants du peintre, est tout à la fois un monument de leur piété filiale et un véritable document humain. Elle contient des détails curieux pour l'histoire des mœurs genevoises, de précieux renseignements sur les tableaux d'Hornung et des considérations originales sur l'art

(1) Il était heureux aussi de revenir dans sa ville natale pour y élever ses enfants et en faire de bons Genevois.   F. H.

(2) Entouré de ses enfants qui faisaient sa joie, il redevenait gamin lui-même : un rien pouvait le faire rire aux larmes. Il se plaisait à faire avec eux de fréquentes promenades et même des courses de quelques jours dans les environs, et à leur expliquer, chemin faisant, l'histoire du pays.

F. H.

et le genre de bonheur qu'il procure à ceux qui le cultivent.
Qu'on relise les réflexions qui terminent cette notice, et l'on
aura la plus exacte expression des sentiments qui ont dirigé
et soutenu le fils lui-même dans toute sa carrière active,
avant comme après l'époque où il écrivait ce beau passage à
l'honneur de son père : « Sa destinée s'était harmonieusement
« encadrée dans celle de la patrie. C'est là peut-être le
« suprême bonheur : sentir sa vie intimement liée à l'histoire
« nationale. Nos destins sont si rapides : c'est si peu de
« chose que l'existence d'un homme, quelque longue et bien
« remplie qu'elle soit ! Il est beau de la sentir portée et
« entraînée par le courant des destinées nationales. On est
« plus sûr ainsi de ne pas mourir tout entier. Aujourd'hui,
« le monde va si vite, la civilisation est si complexe et si
« vaste, elle noie si bien les destinées individuelles, qu'on
« doit estimer particulièrement fortuné celui qui a confondu
« son âme avec celle d'une vraie patrie, et qui a aidé la cité
« de son cœur à se rendre compte d'elle-même et à bien voir
« son propre idéal. Tel a été l'heureux destin d'Hornung. Il
« a lié son nom à celui de la Genève protestante, et son indi-
« vidualité a été acceptée comme personnifiant un type
« national, qui est encore vivant sans doute, mais qui n'en
« est pas moins menacé. Il lui a été donné d'être encore
« pleinement et joyeusement un Genevois de la vieille roche.
« Sa mémoire est donc assurée de ne pas périr. »

L'idée poursuivie par le père dans ses grandes compositions
historiques, le fils eut l'ambition de l'exprimer dans ses
écrits. Genève, la ville de la réforme, du droit, de la pensée,
a toujours été présente à son esprit, et la cause de l'humanité
en était inséparable à ses yeux. La carrière de l'écrivain, plus
douce à ses débuts, a été plus rude en somme et moins heureuse
que celle de l'artiste. Le succès n'a pas aussi souvent couronné

ses efforts; ni la gloire ni la fortune ne lui ont prodigué leurs
sourires. Il a succombé à la tâche, avant d'avoir accompli
tout ce qu'il avait rêvé. Les forces lui ont fait défaut, non le
courage. D'une santé délicate, sans être jamais malade, il ne
se plaignait que d'une fatigue générale et il n'a pas cessé un
instant de remplir les devoirs de sa vocation avec une fidélité
exemplaire; même alors qu'il ressentait déjà les premières
atteintes du mal qui l'a emporté, on l'a vu se traîner encore,
en juillet 1884, aux examens annuels, après des nuits d'in-
somnie et de souffrance.

Loin de se ménager jamais, Hornung s'est multiplié sur
tous les points, dans les domaines les plus divers : la science
et l'école, la politique et les affaires ecclésiastiques, l'économie sociale et la littérature. Il faisait face à la fois aux travaux
de cabinet et au tracas d'une polémique ardente, lançant des
brochures sur toutes les questions à l'ordre du jour et
envoyant sans cesse des articles aux journaux et aux revues
périodiques. Bornons-nous à mentionner ici les conférences
qu'il fit en 1870 à l'Hôtel de ville, sur *les institutions primitives ou barbares*, à l'Athénée, sur *l'histoire de la propriété*.
Rappelons, en outre, qu'il fut député au Grand Conseil de
1870 à 1872, membre du Consistoire durant trois sessions, de
1871 à 1883, juge et président de la Cour de cassation cantonale, président, depuis 1873, du Conseil d'administration de
la Caisse de prêts sur gages, créée sur sa proposition en 1872,
membre correspondant de l'Institut national genevois dès sa
fondation en 1852, membre effectif de la Section de littérature
depuis 1867 et son président pendant trois années. Il fit
encore partie de diverses sociétés genevoises et étrangères
(Utilité publique, Progrès des études, Sciences théologiques,
Société genevoise de géographie, Réforme pénitentiaire,
Société d'histoire de la Suisse romande, Société suisse des

juristes, Institut de droit international, Fédération britannique continentale, section de législation). Partout il se montrait
assidu aux séances et s'astreignait, par conscience, aux
labeurs ingrats des rapports, de la révision des règlements,
aux corvées des jurys de concours et des commissions. Cependant il trouvait le temps de correspondre avec des illustrations de l'étranger, en France (1), en Belgique, en Allemagne
et en Italie. Son nom s'était peu à peu répandu au dehors : on
le consultait sur des points de droit, sur des projets de travaux
ou de législation. D'une complaisance à toute épreuve, il donnait souvent ses heures de loisir à ses étudiants qui appre-
naient à le mieux connaître dans l'entretien familier ; c'est
dans ces moments surtout qu'ils appréciaient l'originalité de
ses vues et sa vaste connaissance de la littérature juridique.

On est confondu et confus à la pensée de toutes les choses
qu'il pouvait mener de front, sans se refuser aux siens, à ses
amis d'ancienne ou de fraîche date, non plus qu'aux malheureux. Sa porte était toujours ouverte à ceux qui avaient besoin
de ses conseils ou de son assistance. Toujours ils le trouvaient disposé à les écouter ou à leur venir en aide dans la
mesure de ses revenus (2). Il n'a laissé en souffrance que ses
propres intérêts, car il eût pu aisément faire argent de sa
plume, en envoyant aux journaux étrangers des correspondances largement rétribuées (3). Il n'écrivait qu'en vue de

(1) Les lettres de Sainte-Beuve à Hornung ont été publiées par
Troubat.

(2) Il n'attendait même pas que les mains se tendissent vers lui pour
distribuer ses aumônes : entendait-il parler d'inondés, d'incendiés, etc.,
même hors de Genève, il était des premiers à leur porter son obole. F. H.

(3) Il a laissé dormir en porte-feuille une lettre d'introduction auprès
d'un grand journal américain qui payait généreusement les communications
de ses correspondants. F. H.

répandre ses idées et non, comme tant d'autres, dans le but d'accroître ses ressources. Ce n'est pas non plus la perspective d'un résultat pécuniaire, fort insignifiant d'ailleurs, mais plutôt l'attrait d'un enseignement nouveau, où il s'adresserait à un auditoire féminin, qui l'engagea à se charger, depuis 1883, des leçons d'histoire des institutions politiques, à l'Ecole supérieure des jeunes filles Cet essai, qui fut de courte durée, lui donna une entière satisfaction; mais il ne lui en imposa pas moins un surcroît de besogne à un âge où l'on songe souvent à prendre sa retraite.

Comment Hornung a-t-il pu faire face aux occupations multiples qui l'appelaient au dehors et travailler en même temps ses cours pour les tenir au niveau de la science, donner ses soins à l'édition des œuvres posthumes d'Amiel, poursuivre les deux grands ouvrages qu'il avait entrepris, l'un sur l'*histoire et la notion de l'Etat*, l'autre sur la *formation de l'organisme international*, alors qu'il ne pouvait consacrer au travail, vu la faiblesse de ses yeux, que les heures de la matinée? Une mémoire excellente, l'art de s'instruire dans la conversation des hommes spéciaux et de beaucoup apprendre d'eux en les faisant causer, en les feuilletant, pour ainsi dire; puis une grande facilité de rédaction, une rare concentration d'esprit ; en un mot, une tête bien organisée : voilà, avec la ténacité de volonté et la régularité des habitudes, le secret de cette activité incessante qui s'est portée sur tant d'objets, sans qu'on ait remarqué chez lui aucun signe d'affaiblissement avant la catastrophe. Il est vrai que le travail est en lui-même plus une jouissance qu'une fatigue, lorsqu'on s'y livre par goût et qu'on a la satisfaction de voir ses efforts appréciés, son zèle encouragé par des marques de sympathie. Rien n'use, au contraire, comme les rapports difficiles avec les autres, les procédés de la malveillance, les attaques injustes ou brutales.

Or, dans sa vie publique, Hornung eut maintes fois à passer par de telles épreuves. Elles l'ont affecté d'autant plus douloureusement qu'elles étaient le fait, tantôt d'un ancien camarade, tantôt d'un collègue, avec lesquels il eût aimé à rester dans les termes d'une parfaite courtoisie, bien qu'il se trouvât avec eux en dissentiment d'opinion. Il prenait aisément son parti des épigrammes et des quolibets de la petite presse ; mais la guerre mesquine qu'on lui fit en laissant des étudiants se livrer à des manifestations odieuses, l'affront immérité qu'on lui infligea en rayant son nom de la liste des candidats démocratiques pour le Grand Conseil de 1872-74, sa non-réélection comme juge à la Cour de cassation, furent pour lui autant de crève-cœur et lui causèrent de cruelles blessures.

Un autre se serait laissé aller au découragement ou à des sentiments d'aigreur contre ses concitoyens ; pour lui, il n'en continua pas moins de servir son pays, comme par le passé, avec la plus louable abnégation. Il eut toutefois sa revanche dans les distinctions flatteuses qu'il reçut de l'étranger, revanche tout honorable qui lui rendit confiance en lui-même et le piqua d'une nouvelle ardeur. L'Institut de droit international l'admit dans son sein en 1878, et la collaboration qu'Hornung avait apportée à l'œuvre du nouveau Code pénal italien, lui valut, en mai 1880, la décoration de l'ordre de la Couronne d'Italie.

Reconforté par ces témoignages de haute estime, il se préparait à en conquérir de plus éclatants encore par les publications qui devaient donner toute la mesure de son talent. Malheureusement les forces humaines ont une limite qu'on ne franchit pas impunément. Il se plaignait d'être harassé et de n'en pouvoir plus ; mais il allait toujours, comme poussé par le ressort d'un esprit constamment tendu. Le pressait-on de prendre du repos, il se fâchait presque et ne voulait rien décliner de ce qui lui semblait attendre sa coopération. Que n'a-t-il pas fait en dernier lieu, dans la question de notre raccordement avec le réseau savoisien, pour faire prévaloir l'emplacement des Vollandes comme répondant le mieux aux intérêts du commerce genevois? Il a dépensé là le peu de forces qui lui restaient. Il semble pourtant qu'il ait eu le pressentiment de sa fin prochaine : aux premiers jours de l'année 1884, il inscrivait dans son cahier de notes particulières les réflexions suivantes : « Le monde continuera son train après nous comme « si nous n'avions pas vécu, pensée accablante. L'arrivée des « jeunes nous en donne déjà l'idée et l'impression. Ils ne « sauraient d'ailleurs partager nos inquiétudes au sujet de la « mort : elle est si loin d'eux. Gottfried Keller, dans sa cantate, leur demande de tolérer les vieux avec leurs soucis. « Il faut mériter l'estime et l'affection des jeunes, avoir de la « piété pour nos aînés et pour les morts, et surtout faire « œuvre et laisser quelque chose après nous. » A peu près à la même époque, il écrivait ces mots où se trahit aussi une certaine défiance du résultat final : « Les esprits qui voient « tout dans tout, ont de la peine à produire et à influer. »

Six mois après, les fatigues et les soucis, accumulés durant des années, produisaient tout à coup leurs conséquences. Elles furent désastreuses. La crise une fois déclarée, il était trop tard pour arrêter les progrès du mal. L'organisme, incapable de réagir, s'affaissa brusquement, comme si le ressort vital eût été brisé. Le feu intérieur qui l'avait animé jusque là, continua de jeter quelques lueurs, par intervalles, dans la période douloureuse où le malade s'est acheminé vers un dénouement inévitable. A Gryon, où il comptait passer le temps des vacances et retrouver la santé en respirant l'air pur des montagnes, on s'étonna de l'entrain qu'il mettait encore dans la conversation à la table des pensionnaires (1). Grave impru-

(1) Partout il en était le centre par son esprit et son affabilité. P. H.

dence! Le mal prit bientôt un caractère aigu. Il fallut descendre
à Bex, et de là regagner Genève à la hâte. Dans quel lamentable état il traversa pour la dernière fois ce pays de Vaud et
ce beau lac dont la vue éveillait jadis en lui de si douces
émotions, dont il avait encore tant joui, comme un écolier
en vacances, vingt-cinq jours auparavant ! De retour dans le
milieu accoutumé, entouré de tous les siens qui lui prodiguaient les témoignages d'affection et leurs soins dévoués, il
se crut un moment en voie de guérison; mais il était résigné
à tout événement et ne fit entendre aucun murmure durant
une inaction forcée de près de quatre mois (1). «La maladie»,
écrivait-il vers la fin d'août, après avoir enduré les plus
terribles angoisses, « atteint la personne elle-même. Elle
« supprime tout ce qui est original, pour nous faire passer
« par les mêmes conditions que des milliers d'autres. Elle
« réduit la vie à la préoccupation d'un mouvement, d'un
« souffle, etc. Elle nous fait sentir cruellement l'impassibilité
« du grand Tout et notre dépendance vis-à-vis de la nature.
« Reste pourtant la façon dont nous la supportons. Les miens
« me complimentent sur ma patience : à quoi bon se fâcher?»
— Le mystère de l'être l'avait beaucoup préoccupé depuis
quelques années. « Pourquoi », se disait-il, « y a-t-il quelque
chose ? Il serait bien plus simple qu'il n'y eût rien. » Mais il
avait besoin de croire à l'existence d'un Dieu personnel. Il est
resté jusqu'à la fin spiritualiste et chrétien, sinon par une foi
orthodoxe et dogmatique, du moins par l'esprit et par la vie,
celui qui écrivait encore dans ses notes de 1884 : « En tout
« cas, le principe, ce n'est pas l'idée ou la loi, c'est une

---

(1) Au lieu de penser à ses souffrances, il s'inquiétait de la peine ou de
la fatigue qu'il craignait de causer à ceux qui l'entouraient, et leur exprimait, en toute occasion, sa touchante reconnaissance.   F. H.

« énergie spirituelle et invisible qui équivaut à l'Etre. » Et
dans l'une de ses dernières pensées, où la main se montre
ferme encore, à Gryon sans doute : « La grande question,
« c'est la conciliation entre la religion et la philosophie. La
« religion est substantielle : elle saisit directement le spirituel.
« La raison est analytique et destructive. Elle ne s'arrête que
« devant la matière ; au fond, elle est hostile à l'être qui est
« toute la religion. »

A partir du 13 octobre, réduit à l'impuissance de tenir
encore la plume et de suivre sa pensée, il ne lutta plus contre
les étreintes de la mort ; et le 1er novembre, il s'éteignait, sans
pénible agonie, « l'âme tournée vers les choses invisibles »,
selon sa propre expression.

« C'est un grand point pour mourir tranquille, que de
« pouvoir se dire qu'on a bien et pleinement vécu. » Ces
paroles qu'Hornung avait écrites à propos de son père, ne
peuvent-elles pas s'appliquer à lui-même ? Abstraction faite
des imperfections, des lacunes et des faiblesses de l'humaine
nature, ne peut-on pas dire de lui qu'il s'est dignement
acquitté des fonctions de la vie, pour nous servir du langage
si expressif des Latins : *Vita defunctus est?*

La carrière qui vient de se dérouler sous nos yeux a été
remplie tout entière par le travail. Pour apprécier, comme il
convient, les résultats de cette activité incessante, nous
devons la considérer, tour à tour, dans les différentes
sphères où elle s'est produite. Nous pourrons, après
cela, porter sur l'homme lui-même un jugement équitable. Ce sont les travaux du professorat qui ont occupé
la plus grande place dans la vie d'Hornung. Qu'a-t-il été
à ce premier point de vue, et comment comprenait-il les

devoirs du professeur? Ce n'est, certes, ni la conscience ni le talent qui lui ont manqué. Un savoir, aussi vaste que solide, s'unissait chez lui à l'élévation des vues et à la fermeté des principes. Son but était moins de former les jeunes gens à la pratique que d'en faire des jurisconsultes pénétrés de la grandeur de leur mission future comme avocats, juges ou législateurs. Aussi lui a-t-on reproché de trop dédaigner le terre à terre de l'enseignement et l'apprentissage du métier. Il est vrai qu'il n'entrait en matière qu'après avoir épuisé toutes les généralités et la philosophie du sujet. Ses introductions prenaient ainsi des proportions inusitées ; une partie du semestre s'écoulait avant que le cours proprement dit eût commencé, et de fréquentes digressions venaient encore en ralentir la marche. Cette méthode offrait des inconvénients, sans doute ; mais le professeur avait-il si grand tort de vouloir conduire les esprits vers les hauteurs de la science désintéressée et d'entretenir chez la jeunesse la foi dans l'idéal plutôt que de la diriger par les voies les plus expéditives vers le terme fixé dans les programmes officiels ? Ce qui lui faisait défaut, ce sont plutôt certaines qualités d'exposition et, en particulier, le don de se mettre en communication avec son public, d'aller à ses auditeurs et de se placer d'abord à leur point de vue pour mieux les amener au sien. Non seulement il était timide de nature et il n'avait pas cette sonorité d'organe qui s'impose à l'attention (1) ; mais encore sa vue basse l'obligeant à se tenir courbé sur ses notes, son regard cherchait trop rarement ceux à qui il s'adressait, de sorte qu'il ne pouvait guère s'établir entre eux et lui cette espèce de cou-

(1) Il sentait si bien ce qui lui manquait qu'une voix forte et puissante était ce dont il a le plus regretté de n'avoir pas été pourvu par la nature.

P. H.

rant magnétique qui seconde et complète l'action de la parole.
Il n'en a pas moins réussi à faire goûter ses leçons aux esprits
qui trouvent l'aliment convenable à leur besoin d'activité dans
un enseignement de nature plutôt suggestive qu'immédiatement assimilable. Les thèses nombreuses dont il a été l'inspirateur sont la preuve qu'il s'entendait à faire germer ses idées
chez les étudiants non prévenus contre l'autorité d'un maître
aussi distingué par son savoir que par la valeur de sa
pensée.

Si Hornung eût été plus un homme d'action, sans être
moins pour cela un esprit d'élite, il eût joui davantage de l'ascendant que peuvent donner à un professeur de droit sa participation directe aux affaires du pays et une haute situation
politique. Malheureusement, dans le domaine législatif, il n'a
pas exercé, comme député au Grand Conseil, toute l'influence
à laquelle il aurait pu prétendre par la nature de ses connaissances et par son dévouement à la chose publique. Habile
polémiste, la plume à la main, il semblait peu fait pour la
stratégie parlementaire. L'opposition le désarçonnait. Sa
nature nerveuse et très impressionnable le laissait désarmé
devant les coups de boutoir d'un adversaire, et le rendait
impropre à l'attaque aussi bien qu'à la riposte. Il dissertait
plutôt qu'il n'entrait vraiment dans la discussion. Tout entier
à sa propre théorie, il aimait à poser d'abord les idées générales du sujet, afin d'élever le débat ; mais sur ce terrain
étranger aux habitudes des assemblées délibérantes, ses plus
forts arguments risquaient de manquer leur effet. Le zèle,
d'ailleurs si louable, qu'il apportait à bien remplir son mandat,
l'entraînait trop aussi à faire entendre sa voix à tout propos :
il tenait à dire son mot dans la plupart des questions. Au lieu
de concentrer ses efforts sur le point essentiel dans un projet
de loi, il compromettait l'autorité de sa parole en présentant

toute une kyrielle d'amendements. De là des longueurs inévitables qu'une majorité pressée d'arriver à un vote et d'en finir,
n'écoutait qu'avec des marques d'impatience, au milieu des
conversations particulières et des murmures. Nous aurions
écarté le souvenir de ces faits, infiniment regrettables, si l'inconvenance et l'injustice de pareils procédés envers un homme
d'un caractère aussi respectable ne faisaient d'autant plus
ressortir ce qu'il lui a fallu d'abnégation et de courage pour
ne pas se laisser détourner d'une tâche ingrate par elle-même,
qu'on semblait s'appliquer à lui rendre plus pénible encore.
Ces déconvenues, qui ne laissaient pas de rancune dans l'âme
d'Hornung, ne peuvent nous faire oublier d'ailleurs les résultats très positifs obtenus par sa persévérance. Il en est qui
ont une valeur assez grande pour avoir marqué son passage
dans la législature. En matière de droit, il a contribué à l'abolition de la peine de mort et il fut désigné pour être rapporteur du projet de loi sur cet objet. Il s'est élevé, en 1871,
avec une remarquable énergie contre le scandale de la prostitution patentée et les maisons de tolérance. L'insistance qu'il
mit à les signaler comme une dérogation au droit commun,
provoqua quelques réformes heureuses dans le régime de la
police des mœurs. Plus tard, ayant de nouveau traité la question dans sa brochure sur la *Revision du Code pénal de 1810*,
il réussit à faire disparaître de celui qui fut adopté en 1874 la
base légale de la prostitution.

Dans le domaine économique, l'œuvre capitale d'Hornung
a été la création, en 1872, de la caisse de prêts sur gages,
qui a eu pour effet de mettre fin à l'exploitation éhontée des
prêteurs à la petite semaine. Il y avait en lui un philanthrope
animé du même esprit que notre Sismondi. En opposition
avec le matérialisme utilitaire et prosaïque des économistes
qui se placent en dehors du domaine religieux et moral, il

estimait que la science de la richesse sociale devait s'allier
plutôt à l'élévation de la pensée philosophique et même à la
poésie. « Comme il le disait, on peut descendre dans la plaine
sans perdre de vue les hauts sommets. » De même que Max
Buchon, il éprouvait « cette impression mystérieuse et saisissante que fait sur l'âme la vue d'une ville et d'une contrée,
quand on songe à toutes les tristesses que cachent ces demeures, à tous ces petits, à tous ces faibles dont les destins sont
liés, bien plus que ceux des riches, à la vie générale du pays. »
— Lui aussi, il comprenait « la valeur transcendante des
« moindres détails d'une humble existence et pénétrait ainsi
« plus avant dans l'âme des choses, parce qu'il aimait vrai-
« ment ce peuple qui porte tout le poids de l'édifice social, et
« dont on s'occupe en réalité si peu, même dans nos démo-
« craties ». — On voit quel sentiment d'humanité a poussé
Hornung à se faire l'avocat de ceux qui ont à souffrir d'une
organisation sociale encore imparfaite ou de l'injustice et de
la turpitude des autres. C'est pour venir en aide à l'ouvrier
et au petit commerçant qui se trouvent dans une gêne momentanée, qu'il a rêvé et réalisé l'institution de la caisse de prêts
sur gages; c'est au nom des pères de famille soucieux de la
moralité de leurs enfants, au nom des jeunes filles sacrifiées à
une odieuse industrie, qu'il a protesté contre l'excitation à la
débauche, organisée par les maisons de tolérance et autorisée
par l'Etat, au mépris de la loi qui en appelle la répression;
c'est encore le besoin de s'élever contre la violation d'un droit
essentiel, celui de la sécurité pour tous, autant que la sympathie pour les innocentes victimes d'une maladie horrible, qui
lui a fait réclamer par la voie de la presse, alors qu'il n'était
plus député, des mesures plus efficaces contre la rage. Beaucoup de gens lui ont su mauvais gré de l'insistance qu'il a
mise dans la revendication d'un droit qui intéresse directement

tout le monde et qui doit particulièrement préserver l'enfance. On peut juger par là de l'irritation qu'en cas de pleine réussite il aurait soulevée contre lui dans les bas-fonds de la société, pour avoir porté le scalpel sur une plaie aussi envenimée que celle du libertinage.

Mais c'est sur le terrain ecclésiastique qu'Hornung a livré ses plus grandes batailles et qu'il a obtenu les succès auxquels il attachait le plus de prix. Non seulement il participa, durant douze années, à l'administration de l'Eglise, comme membre du Consistoire, où il a joué un rôle de conciliation entre les deux fractions de ce corps, les orthodoxes et les libéraux; mais il prit une part considérable aux graves débats qui s'élevèrent en 1871, dans le sein du Grand Conseil, sur la séparation de l'Eglise et de l'Etat et sur les corporations religieuses. La croisade qu'il a dirigée contre ces dernières et ses nombreux plaidoyers pour le maintien de l'Eglise nationale sont loin d'être enfermés dans les limites de sa courte carrière législative. Nous touchons donc ici à cette partie importante de son activité où il est intervenu, comme publiciste, dans les affaires du pays et dans un certain nombre de questions générales, par des brochures, des articles de journaux ou de revues et des mémoires. On est frappé de l'unité de vues qui règne dans tout ce qu'a écrit Hornung en des temps divers, quelle que soit la variété des matières qu'il a abordées. Il est resté toujours semblable à lui-même et fidèle à ses convictions premières, malgré le mouvement d'idées qui ne pouvait manquer de se produire dans un esprit en continuelle communication avec les grands courants de la pensée moderne. Au milieu du tourbillonnement des questions qui ont occupé son attention et dont plusieurs ont pu paraître étrangères à son ressort, son centre de gravité intellectuel ne s'est pas déplacé. Son idée dominante, inséparable de ses sentiments intimes,

a été d'affirmer la souveraineté de l'esprit sur la matière dans
la nature et dans l'homme, et de défendre les droits de la
personne morale, de l'individualité complète. Or, à ses yeux,
l'individu n'est tout ce qu'il peut être qu'autant qu'il a une
patrie et des ancêtres et qu'il appartient à une nationalité
véritable, constituée en un état autonome, tenant, d'un côté,
au sol par le territoire, et se mettant, de l'autre, en rapport
direct avec Dieu. Le développement normal de l'individualité
n'est possible qu'au moyen d'institutions qui la garantissent,
la protègent et favorisent son plein épanouissement. Le rôle
essentiel de l'Etat consiste dans la tutelle qu'il exerce à l'avantage des faibles; il est le concours organisé des forces particulières pour combattre l'ignorance, la misère morale et maté-
rielle, aussi bien que pour faire régner le droit et la justice.
Il est compétent pour faire le bien comme pour empêcher le
mal. Pour remplir cette mission, un idéal est nécessaire. La
nation doit donc former une société religieuse en même temps
qu'un corps politique. L'Eglise, c'est-à-dire une église nationale, est indispensable à la vie collective dont elle est l'âme
et le foyer. Telle est la théorie. Dans la pratique, la grande
difficulté pour les institutions humaines sera toujours de
concilier la solidité avec le mouvement. C'est en vue de la
solution de ce délicat problème qu'Hornung a étudié, dans
l'histoire du passé, l'évolution des êtres collectifs ou nations
vers la liberté politique et la justice ; c'est par l'habitude d'y
réfléchir constamment qu'au milieu des faits complexes où
s'agite la vie contemporaine, il a pu signaler les écueils où
risque toujours d'aller sombrer le vaisseau qui porte les destinées d'un peuple ; et qu'il a indiqué le but vers lequel doivent
tendre les efforts des hommes de bonne volonté pour réaliser
toujours mieux les conditions propres à assurer le progrès
régulier des institutions humaines. Telle est la conception

généreuse qui éclate à chacune des pages signées du nom d'Hornung. Sa théorie de l'Etat diffère notablement, si elle n'est aux antipodes, de celle d'Herbert Spencer qui a exposé ses idées, avec une égale force de conviction, dans l'un de ses plus récents écrits, sous ce titre significatif : *L'individu contre l'Etat*. Dans la théorie de Vinet, l'Etat était considéré comme un mal nécessaire ; de même pour l'auteur anglais, l'Etat, c'est l'ennemi.

Ainsi tous les antécédents d'Hornung et ses opinions les plus réfléchies faisaient de lui le défenseur naturel de l'Eglise nationale. Il a pu regretter que cette tâche l'ait détourné de la science, mais il s'y est dévoué de tout son cœur comme à une mission sacrée. Pour soutenir la lutte, il eut avec lui le sentiment populaire et la force de la tradition protestante ; mais il eut à se mesurer avec de nombreux adversaires, recrutés dans tous les rangs de la société genevoise. C'étaient, parmi les conservateurs, des individualistes et des orthodoxes dissidents ; parmi les libéraux et les radicaux, des libres penseurs, des indifférents, des politiciens désireux de se débarrasser des questions religieuses et de simplifier les rouages de l'administration, ou même de faire bénéficier l'Etat des fonds affectés à l'Eglise. Naturellement, les esprits à tendances cosmopolites, de même que les catholiques ultramontains, ennemis nés de la nationalité genevoise, telle que l'a faite la Réforme du XVIme siècle, devaient se montrer favorables à tout ce qui pouvait désorganiser une ville fière de son passé et coupable, à leurs yeux, d'avoir pu s'appeler la Rome protestante. L'idée de la séparation de l'Eglise et de l'Etat, mise en avant dès 1852, dans le programme de l'opposition dite nationale et démocratique, fut d'abord combattue par Hornung dans ses *Lettres au Journal de Genève*; il les remania et les publia de nouveau sous forme de brochure, lorsque

Duchosal soumit la question au Grand Conseil en 1855.
Faisant face aux assaillants de tous côtés à la fois, il relève
l'inconséquence des prétendus nationaux et démocrates, leur
reprochant de briser l'unité de l'organisme où le temporel et le
spirituel se concilient heureusement dans un même principe
de liberté ; à l'Eglise mystique des élus rêvée par les individualistes à outrance, il oppose l'Eglise-peuple ou multitude,
conforme à l'esprit du Christ, dans laquelle une entière tolérance dogmatique a remplacé le joug des confessions de foi et
fait régner la véritable liberté de conscience ; aux voltairiens,
il montre le danger qu'il y aurait pour l'Etat, organe du
droit, à ne pas garantir l'indépendance du for intérieur, aussi
bien que celle du for extérieur, à laisser envahir par d'autres
le patrimoine spirituel de tous les citoyens et à tarir la source
la plus pure du patriotisme, en se matérialisant lui-même
jusqu'à ne représenter que les éléments inférieurs de l'humanité ; aux catholiques enfin, il tient un langage bien propre à
les impressionner : il fait appel à leurs sentiments de citoyens
genevois, aux principes puisés dans l'éducation laïque et libérale qu'ils ont reçue. Plus que nous, dit-il, ils ont besoin d'être
protégés par l'Etat contre leur clergé, et il importe à tous
que l'idée antisacerdotale pénètre dans leur Eglise absolutiste.
N'y a-t-il pas là comme une invitation à se constituer en une
Eglise catholique nationale ? N'était-ce pas pressentir la
rupture des catholiques libéraux avec Rome, qui éclata vingt
ans plus tard ? On ne peut qu'admirer la force d'argumentation déployée par Hornung dans la thèse qu'il soutient. Les
raisonnements s'enchaînent, se pressent et s'accumulent de
manière à enfermer les adversaires dans un cercle infranchissable. La logique serrée de l'auteur s'animant de la cha-
·leur des sentiments qui le dominent, le ton de la discussion
s'élève parfois à des accents pathétiques de nature à entraîner

les esprits encore hésitants. Tantôt, c'est l'émotion des souvenirs du jubilé de 1835 qui s'empare d'Hornung et lui dicte ces paroles : « Ils ne sont pas si éloignés, ces jours où les « Genevois n'avaient qu'une âme et qu'une voix pour bénir « Dieu et pour glorifier l'antique patrie. Ce que je demande « existe toujours, caché au fond des cœurs... Ou bien cette « Genève là est-elle déjà dans la tombe, et le sceau du « sépulcre sur elle ? Faudra-t-il garder ce souvenir, muet « dans nos cœurs, en sorte qu'il meure avec nous ? » Tantôt, c'est avec une ironie empreinte d'amertume qu'il exprime ce que n'osent peut-être pas dire ses adversaires, mais ce qu'ils pensent tout bas : « Genève n'aurait jamais dû être une « cité protestante : c'est une ville allobroge, voilà tout... « Lutter vaillamment pour la réforme, c'était du fanatisme. « Il faut déraciner de nos cœurs ces souvenirs, ces pensées « enthousiastes. Ce sont des vieilleries. Ces émotions, à la « fois patriotiques et religieuses, que nous ressentons dans « notre cathédrale, c'est de l'enfantillage, car nous mêlons « ainsi l'Etat et l'Eglise. A quoi bon une cathédrale, c'est-à-dire « un temple pour la cité, pour la nation? Mieux vaut une « simple chambre... Je ne sais pas même s'il ne faudrait pas « renoncer à notre glorieuse devise protestante ; car enfin « elle peut blesser les catholiques, et, d'ailleurs, des armoi- « ries, c'est bien puéril. » L'ironie tourne à l'indignation, quand l'impiété même est prise à partie : « Et le dimanche, « cette fête de tous, ce culte rendu par la cité, pourquoi le « garder ? Pourquoi l'imposer à ceux qui n'ont pas de reli- « gion, ou qui n'ont pas la vôtre? La vie nationale doit se « poursuivre sans donner jamais une pensée à Dieu. — Pour- « quoi la nation célébrerait-elle des jeûnes? Pourquoi fête- « rait-elle les événements de la vie terrestre du Christ ? « Pourquoi ces fêtes où l'âme du peuple s'épanche, où tous

« ressentent l'enthousiasme des grandes idées, et unissent
« la pensée nationale à celle de Dieu ? — La nation n'a
« aucun devoir envers Dieu ! »

Hornung était alors placé au point de vue d'un christianisme très positif, quoique non orthodoxe. Il le considérait,
non comme un but, mais comme un moyen, un secours pour
l'humanité : l'élément divin qu'il renferme, mis en rapport
avec les autres réalités, avec l'Etat, la science et la nature,
ne risque plus de s'altérer ou de se perdre, comme au moyen-
âge. Qu'il reste en contact avec les multitudes, avec le bon
sens populaire, et il ne peut qu'être toujours mieux compris
et réalisé. L'idéal à poursuivre est donc une démocratie
chrétienne. Ce n'est pas, il est vrai, dans le sens indiqué par
Hornung qu'on se mit à marcher ; mais en attendant, le
projet de loi, patroné par MM. William Turrettini et Duchosal
(« toujours les deux extrêmes d'accord pour démolir »), fut
rejeté par le Grand Conseil.

Les séparatistes ne se tinrent pas pour battus et ne ces-
sèrent dès lors de travailler l'opinion publique pour arriver à
leurs fins. L'année 1866 vit éclore un nouveau projet carac-
térisé, d'un côté, par des combinaisons financières défavorables à l'Eglise protestante et aux Genevois de l'ancien
territoire ; de l'autre, par la cession faite aux communes des
édifices du culte. L'Eglise, séparée de l'Etat, devenait chose
municipale quant à ses conditions matérielles d'existence.
Avant qu'un pareil projet fût soumis à la votation populaire,
Hornung publia son œuvre-maîtresse, celle qui marque
l'apogée de son talent, *Genève et le Séparatisme* (Genève,
octobre 1866). C'est là, à notre avis, qu'il a mis le meilleur
de son âme et qu'il a montré le plus de verve ; c'est là aussi
qu'il a été le plus passionné. L'amertume de sa pensée s'y
fait sentir plus qu'ailleurs ; son langage devient mordant,

presque sarcastique, contrairement à ses habitudes de discussion modérée et bienveillante. La gravité du danger ne lui permettait pas d'écrire de sang-froid, il en convient lui-même. Depuis l'annexion de la Savoie à la France, l'indépendance de Genève était d'autant plus menacée que M. d'Hébron trouvait de ce côté un puissant appui à ses prétentions épiscopales. En outre, les hostilités auxquelles Hornung se voyait déjà en butte dans le camp démocratique le piquèrent au jeu. Mis en humeur guerroyante, il usa de représailles. « Tu n'es plus dans le ton », lui avait dit le rédacteur de la *Démocratie suisse*, pour expliquer le refus d'insérer la suite de ses articles sur la question pendante. « Il paraît », remarque Hornung à ce propos, « que nous faisons à beau- « coup de gens l'effet d'un revenant, qui ne sait plus de quoi « il s'agit, et qui ne peut ouvrir la bouche sans dire une « sottise. Si cela signifie simplement que nous sommes com- « plètement en dehors des partis, et que nous n'avons subi « en aucune façon l'influence des meneurs et des clubs, nous « acceptons le reproche, et nous y voyons un éloge. C'est, « en effet, quelque chose que l'entière indépendance et la « parfaite sincérité. » Et d'une. « Il y a parmi nous des « sophistes qui excellent à fausser le sens naturellement si « droit du peuple. Si c'est là ce qu'on appelle le ton, nous « n'y sommes décidément pas, et nous n'y serons jamais. « Nous préférons le gros bon sens et la justice pure et sim- « ple. » Et de deux, rien que dans la préface de l'opuscule.

La sincérité parfaite dont l'auteur fait profession, et qui n'était pas un vain mot sous sa plume, lui créait des difficultés qu'il n'avait pas rencontrées lors de sa première passe d'armes : sa position philosophique s'était assez profondément modifiée pour qu'il éprouvât un certain embarras à défendre, comme autrefois, l'Église officielle, non plus au point de vue

du protestantisme historique, mais à celui de la science et de
la libre pensée. Loin de dissimuler les changements que la
vie et l'influence des idées nouvelles avaient produits dans sa
manière de considérer le christianisme, il les accentue à
maintes reprises avec une remarquable vivacité. Le surna-
turel n'est plus pour lui « qu'une légende de l'Orient qui fait
« triste figure à la lumière des discussions publiques. —
« Nous en savons beaucoup plus que le Christ ; et sa morale,
« calculée pour des mœurs toutes différentes des nôtres, ne
« saurait plus nous suffire à elle seule. — Nous ne pouvons
« plus nous laisser dire que nos pensées viriles et sincères ne
« sont pas sérieuses, et que nous devons rester indéfiniment à
« l'école de la Judée et du Christ. » Trois années auparavant
avait paru la *Vie de Jésus.* Or si l'indifférence systématique
et le dilettantisme de Renan répugnaient fort à la tournure
d'esprit d'Hornung, il admirait, autant que personne, la puissance de sa critique et le sens pénétrant qu'il a de l'histoire.
Eh bien ! ce christianisme « souvent en désaccord avec nos
« tendances les plus profondes et les plus saines », qui a
besoin d'être revu et corrigé par la science, Hornung l'accep-
tait toujours comme un grand fait historique, « parce qu'il
« est lié à notre passé tout entier, à notre morale, à nos
« arts, et qu'il a passé dans notre sang. » Son argumentation
repose donc encore sur les mêmes principes ; les développements seuls sont autres, et, à cet égard, il a bien pu dire qu'il
ne se répétait pas. Son mot d'ordre est toujours de « con-
« server les organismes traditionnels, tout en renouvelant
« constamment les idées qui leur servent de contenu. » Le
maintien de la nationalité prime tout. C'est une question de
vie et de mort en présence de l'invasion de l'élément étranger
dans nos murs. A côté des raisons tirées de la théorie et de
l'histoire, le point de vue pratique, l'examen des mesures

d'exécution et de leurs conséquences, tient une plus grande place dans *Genève et le séparatisme*. Les proportions des différentes parties sont bien observées et la construction de l'ensemble est de nature à produire sur l'esprit une forte impression, tant par la solidité des assises que par l'abondance et le choix des matériaux. C'est une œuvre de tous points réussie, où l'on sent circuler partout le large souffle d'un vrai patriotisme et d'une religion sincère, tout à fait indépendante et personnelle.

Cette brochure, qui renferme plus de substance que bien des gros ouvrages, contribua-t-elle au rejet de la loi? La chose est probable, mais le traité de Turin, avec les difficultés invincibles qu'il opposait à une application logique et complète de l'idée de la séparation fut sans doute pour la plus forte part dans ce résultat; il sauva ainsi, cette fois encore, l'Eglise nationale protestante. L'obstacle fut écarté, en 1868, par la renonciation réciproque des parties contractantes à leurs droits particuliers et par la création de l'Hospice général. Aussi le combat ne tarda-t-il pas de s'engager à nouveau sur d'autres bases et avec de nouvelles recrues. Le projet présenté par M. Chomel supprimait purement et simplement le budget des cultes. Plus de Faculté de théologie protestante. L'Eglise, « renvoyée avec la besace et le bâton, » réduite au rang d'institution privée, pouvait s'organiser en fondation, selon la formule de Cavour *l'Eglise libre dans l'Etat libre*. L'Internationale et les socialistes marchèrent, cette fois, d'accord avec les dissidents orthodoxes. Hornung, alors député au Grand Conseil, repoussa le projet comme tendant à matérialiser l'Etat et à favoriser le développement de l'esprit sectaire et clérical. Il fit ressortir tous les avantages de la position centrale occupée jusque-là par l'Eglise protestante, la seule qui pût être nationale, non sans regretter que

nos concitoyens catholiques ne montrassent pas plus d'initiative. A voir comme il les poussait alors à intervenir dans
leurs propres affaires, on ne peut méconnaître qu'il a été
pour quelque chose dans le mouvement d'où est sortie l'Eglise
catholique nationale.

Le projet Chomel ne put aboutir; d'autres questions plus
pressantes réclamaient toute l'attention du Grand Conseil.
L'ultramontanisme, de plus en plus envahissant, se disposait
à étendre sur le pays entier l'invisible réseau de ses congré-
gations et corporations religieuses. La souveraineté de l'Etat
pouvait être un jour sérieusement menacée. Une enquête
avait été ordonnée en 1869, et un projet de loi fut élaboré à
la suite de longues discussions où Hornung apporta, comme
on peut le croire, le zèle le plus empressé. Il était là dans
son élément, une question de droit d'une très grande conséquence, sur laquelle il venait de publier un mémoire : *Les
couvents et le droit commun*, rempli de raisons décisives et de
faits à l'appui, véritable réquisitoire concluant à interdire les
couvents sur tout le territoire de la Confédération suisse.
Dans son discours au Grand Conseil, point de déclamation
sur l'audacieux retour aux monstrueux abus du moyen-âge,
mais une démonstration accablante de l'illégalité des vœux
perpétuels, de la séquestration et de la réclusion arbitraires,
de la juridiction occulte et de tout ce qui, dans les ordres
religieux, porte atteinte à la personnalité civile et morale, à
la famille et à l'Etat. Rien de plus habilement choisi que le
terrain tout juridique sur lequel Hornung a développé son
argumentation. Au lieu de se présenter comme un assaillant
et un ennemi de la liberté de conscience, il s'est fait l'avocat
des religieux eux-mêmes, lésés, dans leurs droits inaliénables,
au profit d'une association dont tous les agissements sont en
contradiction avec les articles du code civil. On ne pouvait

plus hésiter à voter une loi qui faisait rentrer tout le monde dans le droit commun. Les dangereux parasites qui travaillaient sourdement à miner le corps social et à ramener les ténèbres après la lumière, furent donc éliminés du canton, à la grande satisfaction de l'opinion publique.

Mais ce ne fut là que le prélude de la transformation plus radicale à laquelle on s'acheminait dans les rapports de l'Etat avec l'Eglise catholique. Le mouvement, presque unanime, qui se produisit, en 1873, contre les prétentions du clergé, entraîna les citoyens catholiques indépendants à rompre avec Rome et à se constituer en une Eglise nationale. D'un autre côté, l'Eglise protestante fut réorganisée, en 1874, d'après le principe d'une entière liberté dogmatique. Une situation entièrement nouvelle ranima toutes les espérances des partisans de la séparation. Voyant le mécontentement des orthodoxes et des ultramontains, les difficultés avec lesquelles se trouvaient aux prises les institutions récentes et les mécomptes qui en étaient déjà résultés, ils crurent le moment favorable pour tenter un dernier et suprême effort. Sur une motion de M. Henri Fazy, une commission du Grand Conseil élabora, en 1879, un projet de loi qui supprimait le budget des cultes, en laissant les diverses Eglises libres de se constituer en fondations. La discussion fut menée de part et d'autre avec une extrême vigueur, soit dans le Grand Conseil, soit dans des assemblées populaires. Ce fut un branle-bas général. On avait le sentiment que la lutte serait décisive : on voulait en finir une fois pour toutes avec cette question irritante, qui depuis vingt-cinq ans, venait par intervalles jeter le désarroi dans la marche de nos institutions. Les forces se groupèrent, cette fois, un peu différemment : tandis qu'un certain nombre de protestants orthodoxes et tous les ultramontains se réunissaient sous le drapeau de la séparation, l'union de l'Eglise et de l'Etat rallia d'importants adhérents dans le parti radical. A nouveaux faits, nouveaux conseils.

Hornung, qui n'avait jamais varié, n'hésita pas un instant à rentrer dans la lice comme simple citoyen, membre du Consistoire et professeur. La brochure qu'il fit paraître, en mai 1880, sous ce titre : *La séparation de l'Eglise et de l'Etat au point de vue des questions sociales actuelles*, avec l'épigraphe : « Je suis la voix de l'Eglise et de la Patrie « (Inscription de *la Clémence*), montre que l'âge n'avait ni éteint son ardeur, ni affaibli la vivacité de ses impressions. On y retrouve encore cette fraîcheur d'imagination et de sentiment qu'entretenaient dans son âme les sources toujours jaillissantes des poétiques souvenirs de son enfance ; mêmes convictions, mêmes accents émus ou indignés, qu'assaisonne une pointe d'ironie. « Nous voulons le « progrès », disait-il ; « nous voulons les créations nouvelles, « mais en détruisant le moins possible, parce que toute des- « truction, en affligeant bien des cœurs honnêtes, diminue « l'énergie morale de la nation... Il y a une piété patriotique « aussi bien qu'une piété religieuse, et qui ébranle l'une « ébranle l'autre. Donc, il faut y regarder à deux fois, avant « de toucher à des institutions pareilles. — Une Eglise « nationale est comme un grand arbre où, depuis des siècles, « les oiseaux de l'air ont fait leurs nids, et qui a vu bien des « générations humaines s'abriter sous ses rameaux. Que si « une des branches de cet arbre vénérable s'est desséchée, « coupez-la ; mais ne déracinez pas l'arbre lui-même, car il « faut bien des siècles pour produire un sapin ou un chêne. « Oui, comprenons la haute poésie des vieux arbres et des « vieilles institutions, et n'imitons pas ces petits esprits à qui « tout ce qui est grand porte ombrage, et qui disent, en « regardant le tronc chenu et les puissants rameaux du vieil

« arbre: abattons-le ! Nous en ferons des bûches et des
« fagots, et sur le terrain qu'il occupait, nous planterons des
« choux et des navets ! »

Comparaison n'est pas raison; ce que disait là notre auteur
aurait pu se retourner contre la Réforme : elle ne s'est point
arrêtée devant de telles considérations, lorsqu'elle jetait bas
des institutions tant de fois séculaires. Hornung le savait
autant que personne. Ce n'était pas qu'il fût embarrassé pour
parler à l'intelligence aussi bien qu'au sentiment. S'il pèche
en quelque chose, c'est plutôt par l'abus des expositions
théoriques ; mais engagé par son passé dans une polémique
sans fin, il était bien obligé de se répéter et de recommencer
des démonstrations déjà faites. Après avoir de nouveau
déploré la position prise par les conservateurs et reconnu les
fautes commises par le parti radical dans l'organisation de
l'Église catholique et dans la reconstitution de l'Église protestante, il combat, les unes après les autres, les doctrines
dissolvantes qui tendaient à briser l'unité du corps social et à
en séparer les éléments réunis encore dans la nation, cette
individualité supérieure. Il saisit cette occasion pour présenter le résumé de toute une philosophie de l'histoire,
esquissée déjà dans le mémoire *Idées sur l'évolution juridique*, etc., et pour faire l'apologie de l'esprit libéral qui règne
dans l'Église et dans le clergé protestants. Puis, abordant
l'examen des mesures d'exécution prévues dans le projet de
loi, il établit que, sur plusieurs points, elles portent atteinte
à des droits incontestables et qu'elles ne sont qu'une « gigan-
tesque duperie vis-à-vis de l'ultramontanisme », attendu qu'il
resterait organisé comme avant et garderait ainsi toutes ses
positions avec l'avantage d'avoir désormais ses coudées
franches. Il faut reconnaître qu'en somme Hornung a su
lever très haut le débat rabaissé par quelques-uns à n'être

qu'une misérable question d'argent et de budget. Il appelle de ses vœux, en terminant, la formation d'un grand parti national contre les ultramontains, les socialistes et les centralisateurs. Pourquoi, demandait-il, renverserions-nous de nos propres mains ce qui fait encore notre sauvegarde ? Pourquoi ne pas entrer plutôt dans les voies d'une conciliation dont les éléments existent ? Et il s'ingéniait à les signaler. En un mot, c'est à une transaction entre concitoyens, qu'en vrai juriste et en bon politique, il conseillait alors de recourir, plutôt que de tout compromettre en suivant une abstraction des plus creuses, un principe au moins très discutable. La fougue avec laquelle on se portait au combat de part et d'autre ne permettait plus d'écouter les avis pacifiques. Il n'y avait que le refus ou l'acceptation du projet par le peuple qui pût mettre fin à la querelle.

Hornung se tint jusqu'au bout sur la brèche. Peu de jours avant la votation, inquiet sur le résultat, il publiait encore, sur l'éternelle question, une brochure avec ce titre : *Pourquoi faut-il voter non ?* Là, dans une récapitulation très serrée de ses meilleurs arguments, il ne ménageait pas ses adversaires et disait crûment leur fait aux conservateurs. « La séparation « ne se justifierait, fait-il observer, que si elle était demandée « à grands cris par la majorité de la nation; mais les conser- « vateurs ont tout fait pour être agréables à leur amie, « l'Eglise romaine révoltée contre l'Etat. Le projet, révolu- « tionnaire et subversif, est le prix de cette révolte ; c'est « Genève s'inclinant devant l'évêque d'Hébron... L'orthodoxie « séparatiste espère tuer le libéralisme ; le matérialisme veut « tuer la religion ; le catholicisme ne veut que lui-même, et, « tout le reste, il le détruira, s'il le peut... On ne doit pas, « d'ailleurs, se faire d'illusion sur les heureux effets qu'on « attend de la séparation : la religion sera mêlée à la poli-

« tique comme par le passé. » Quelques rapprochements ayant
eu lieu, en présence du danger, entre d'anciens adversaires,
l'auteur s'en autorisait pour faire entendre encore des paroles
de paix et exprimait le vœu qu'on se mit à travailler d'un
commun accord à la solution des problèmes économiques.
Mais c'était en vain, sa voix se perdait dans les bruits discor-
dants de la mêlée. Enfin arriva la journée du 4 juillet : une
majorité énorme de bulletins négatifs donna au principe de
l'union de l'Eglise et de l'Etat la force d'un fait accompli,
coupant court à toute velléité de recommencer, à bref délai,
une guerre qui avait tenu les esprits en suspens durant un
quart de siècle.

Le rôle considérable qu'Hornung a joué dans les différentes
phases de ce long débat, n'était pas fait pour plaire à tous les
esprits, cela se comprend. Il devait même être antipathique,
non seulement à ceux qui ne pouvaient partager son admiration pour la Réforme, mais encore à ceux qui ne voyaient
qu'engouement ou superstition dans l'espèce de culte qu'il
professait pour la ville de Calvin et de Jean-Jacques. Il ne
manquait pas non plus de bons Genevois et de zélés protestants qui, tout en applaudissant un si rude jouteur, faisaient
leurs réserves sur telle assertion trop absolue ; plusieurs
trouvaient qu'il donnait à l'Etat des attributions excessives ;
qu'il resserrait la nationalité genevoise dans des limites arbitraires, quant à l'espace et quant à la durée ; qu'il ne voyait
qu'à travers ses lunettes l'esprit et les conséquences de la
Réforme, etc., etc. Mais ces divergences d'opinion sur des
questions secondaires, ou même sur les principes qui étaient
en jeu, ne sauraient empêcher tout esprit impartial de
rendre justice à la grandeur de l'effort, à la sincérité des
convictions, à la persévérance et au talent déployés dans la

défense toute désintéressée d'une cause éminemment nationale (1).

L'Instruction publique et les questions d'organisation
scolaire rentrent directement dans le programme de
quiconque attache une importance majeure au développement
de la vie républicaine. Aussi trouvaient-elles Hornung
toujours prêt. A ses yeux, le collège était l'école du patriotisme. Il regardait le vieux bâtiment de Calvin comme l'un
des plus forts arcs-boutants de nos traditions protestantes.
Lors de la discussion de notre dernière loi de l'Instruction
publique, en 1872, il suivit le débat, article par article,
luttant pied à pied contre les tendances positivistes qui se
donnaient trop carrière, et contribua au maintien de la
culture historique, philosophique et littéraire, indispensable
aux futurs théologiens et aux juristes. En même temps qu'il
affirmait hautement la souveraineté spirituelle et morale de
l'Etat représentant les lumières, la morale rationnelle, le
droit commun, vrai foyer de la vie sociale parce qu'il est
l'organe des intérêts et du droit de tous, il réclamait des
garanties contre l'arbitraire gouvernemental pour la nomination et la révocation des fonctionnaires, afin d'assurer leur
indépendance et leur sécurité. La création d'un Conseil d'Instruction publique lui paraissait désirable pour le détail péda-
gogique de l'application de la loi. A défaut d'un pareil milieu
ouvert à la discussion, il fut l'un des membres les plus autorisés et les plus assidus de la Société pour le Progrès des
Etudes fondée pour grouper en un faisceau, en dehors de la
sphère officielle, les membres du corps enseignant et tous

(1) Dans la journée du 4 juillet, Hornung fut abordé et salué avec enthousiasme par plusieurs personnes qui lui étaient inconnues. L'une d'elles
agita son chapeau en s'écriant : « Honneur au brave citoyen ! » Il ne put
s'empêcher de sourire, car ce mot lui allait au cœur.   F. H.

ceux qui s'intéressent aux questions scolaires. Il fut appelé à la présider de 1872 à 1873. C'est grâce à son initiative que cette Société demanda et obtint pour la section classique du collège un enseignement spécial de l'histoire de Genève à côté de celle de la Suisse.

Attaché comme il l'était à la patrie locale, il ne pouvait pas ne pas aimer aussi la Suisse, cette patrie plus grande sans l'existence de laquelle les destinées de notre petite cité auraient été si différentes. Malgré l'ardeur passionnée de son patriotisme municipal, il était l'un des hommes qui suivaient chez nous avec le plus d'intérêt les questions de la politique fédérale. Plus d'une fois il est intervenu personnellement, en son nom privé, ou comme l'organe de sociétés suisses, pour empêcher des mesures maladroites et pour corriger les lois souvent mal faites qui nous viennent de Berne. Défenseur de ce qui reste de la souveraineté cantonale et fédéraliste convaincu, il s'est opposé, en toute occasion, à une centralisation exagérée et, en particulier, à l'unification complète du droit. Il avait cependant la plus haute idée de la mission de la Suisse, cette patrie tout idéale, formée par la communauté de l'histoire et des institutions, appelée, par sa position centrale et neutre en Europe, à opérer la fusion des races et des tendances diverses qui les caractérisent. Le développement de ces idées a été présenté, sous leur aspect littéraire, dans l'essai *Sur la littérature de la Suisse française* (1852), et, au point de vue historique et juridique, dans *les Races de la Suisse* (1882).

Tout accentué qu'il était, le patriotisme d'Hornung, n'excluait point les sentiments généraux d'humanité qui ne permettent pas de rester indifférent à ce qui arrive sur un point quelconque du globe, et font détester les oppresseurs, quelles que soient les victimes de la violence et de l'injustice. C'est dans cet esprit de pure philanthropie, sans trace de cosmopolitisme, qu'Hornung s'est associé aux efforts du Congrès de la Paix, et que ses sympathies étaient acquises aux petites nationalités écrasées par de puissants voisins. De là son admiration pour les Klephtes, les Armatoles et les Pallikares, tenant en échec dans leurs montagnes les forces de la Turquie, pour les Kabyles luttant contre la France, pour les héroïques tribus du Caucase expulsées du berceau de leur race après avoir opposé aux Russes une résistance de 60 années. Il était entré fort avant, à la suite de Michelet et des savants de l'Allemagne, dans l'étude des mœurs et des institutions de la Barbarie, ce premier stage de l'humanité. La logique instinctive et la puissance créatrice de la vie barbare le frappaient particulièrement dans la formation merveilleuse du langage durant cette période antérieure à la civilisation proprement dite, à la division du travail et aux grands systèmes religieux et sociaux. Les travaux de Bachofen sur le *Mutterrecht*, continués par M. Giraud-Teulon, l'intéressèrent au plus haut degré. Aussi l'attrait qu'avaient pour lui les races primitives se révèle dans bien des passages de ses écrits et lui a fait composer, en dernier lieu, une monographie étendue sur *les Civilisés et les Barbares*, qui paraîtra prochainement dans la *Revue de Droit international*. La pensée inspiratrice de ce travail est de plaider la cause des peuples qui sont encore dans l'enfance et de rappeler aux grandes nations civilisées « le devoir de tutelle qui leur incombe, si l'on veut « constituer l'humanité en un tout juridique où les forts « guident et protègent les faibles. » Cette sollicitude pour les membres inférieurs de la grande famille humaine ne partait pas d'un autre principe que celui qui le poussait à s'occuper du sort matériel des classes inférieures dans nos sociétés modernes et à réclamer, pour les pauvres et les petits, les secours spirituels d'une Eglise ouverte à tous sans acception

de personnes. — Au même ordre d'idées se rattache aussi
l'ébauche, déjà mentionnée, d'un ouvrage sur l'*Organisation
du droit international*. Le dessein de l'auteur semble annoncé
dans les lignes suivantes de sa conférence sur Rousseau : « Il
« faudrait, après avoir rappelé la prédilection de Rousseau
« pour la forme fédérative, comme reposant sur la libre
« volonté, citer ses vues sur le droit international. Il a résumé
« la théorie de l'abbé de Saint-Pierre sur la paix perpétuelle,
« cette idée d'une confédération de tous les Etats civilisés et
« d'un tribunal international, qui avait déjà été indiquée par
« Henri IV, qui devait être reprise par Kant, et qui approche
« aujourd'hui de sa réalisation. » La publication de ce traité,
même inachevé, si elle est jamais possible, serait un grand
service rendu à la mémoire d'Hornung et à la science.

Nous devons ranger également, parmi les travaux du publiciste, la conférence si approfondie d'où est tirée la précédente
citation, et qui roule sur *les idées politiques de J.-J. Rousseau*.
Faite en 1878, à l'occasion du centenaire de l'illustre écrivain,
elle peut servir à mesurer le chemin parcouru par l'auteur
depuis qu'il avait donné son premier jugement sur Rousseau
dans sa *Littérature de la Suisse française*, en 1852. Une
analyse, même succincte, nous entraînerait trop loin; nous
devons nous borner à renvoyer à l'ouvrage lui-même ceux
qu'intéresse un sujet si controversé et sur lequel la discussion
est loin d'être épuisée. — Pour clore cette revue très-incom-
plète des productions scientifiques d'Hornung, nous croyons
devoir attirer encore l'attention sur l'étude qui a paru dans le
XXVIᵐᵉ volume des *Bulletins de l'Institut*, sous ce titre : *la
Preuve en histoire comparée avec la preuve judiciaire, les
documents de l'histoire contemporaine et l'importance historique
de l'actualité*. L'originalité de ce travail, dont la rédaction
première remonte à l'année 1880, consiste en ce que l'œuvre

de la critique historique y est envisagée au point de vue du juriste, assez différent de celui où se placent d'ordinaire les philologues et les historiens. Outre l'intérêt général des questions qui y sont traitées, cet écrit a pour nous une importance particulière en ce qui touche à la personne de l'auteur: on y retrouve, sous une forme systématique, la plupart des idées qui sont éparses dans ses productions antérieures, de sorte que l'on peut mieux embrasser là sa pensée sous ses aspects multiples et dans son unité profonde. Il se répète, mais pour s'expliquer et nous donner la clef de sa méthode intellectuelle. L'intuition en est le principe. La réalité sous ses diverses formes, avec ses mille et mille détails, est le champ illimité où l'investigateur doit recueillir ses matériaux. Rien n'est à négliger ; car la vérité, cachée aux yeux du vulgaire, se découvre souvent dans les infiniment petits. L'érudition ne saurait donc être trop vaste, ni l'enquête trop complète : elle doit s'étendre sur tout le passé. De là l'extrême importance de la conservation des documents de toute espèce qui constituent le volumineux dossier du procès historique. Mais les pièces écrites et les livres sont loin de tout apprendre; c'est surtout du présent, de l'actualité, des manifestations immédiates de la vie qu'il faut s'inspirer, que l'on soit historien ou politique, artiste ou juriste, n'importe. Rien ne vaut le contact direct des choses dans leur saisissante apparition. L'esprit critique peut alors se mettre avec fruit à son œuvre, s'efforçant de pénétrer le dessous des choses, de les voir dans leur connexion, de les grouper et de dominer la complexité des faits par la vue de l'ensemble. De cet examen se dégage peu à peu l'idée avec une netteté de plus en plus grande; la vérité vraie apparaît (1).

(1) Il est à noter cependant qu'Hornung a méconnu les droits de la critique historique vis-à-vis des éléments légendaires de la tradition, en particulier dans les récits relatifs aux origines de la Confédération suisse.

Le sens juridique entre à ce moment en jeu, mettant chaque chose à sa place, jugeant le passé en connaissance de cause et posant les principes qui feront règle pour l'avenir. La claire intuition du présent a donc une importance majeure : il doit projeter sa lumière sur les ombres du passé et les ténèbres de l'avenir. Aussi Hornung insiste-t-il sur la transcendance de l'actualité, sur ce qu'elle a d'émouvant et de solennel.

Dans cette œuvre toute de spéculation, mais où la réalité est sentie dans sa grandeur idéale, l'auteur s'élève sans effort jusqu'aux sources d'où jaillit la plus haute poésie, celle qui procède de la vie nationale. C'est avec une prédilection marquée qu'il fait ressortir la beauté des manifestations populaires, leur caractère tragique dans les grands jours où se prennent les décisions qui jugent les choses du passé ou qui engagent l'avenir ; il se complaît aux douces émotions des fêtes nationales, où l'on sent palpiter l'âme collective dans le concert des cœurs et des esprits. Plus d'une fois il a parlé avec enthousiasme de la fête des Vignerons qu'il avait vu célébrer à Vevey en 1851 et en 1865, et il a résumé en quelques mots les réflexions éveillées dans son esprit par « le grandiose et harmonieux ensemble de « ces fêtes incomparables, où tout un peuple, comme au temps « de la Grèce, se donne en spectacle à lui-même, où la vie « de nos campagnes est symbolisée dans ce qu'elle a de plus « touchant et de plus doux, et où l'antique mythologie appa- « raît plus vivante et plus réelle que jamais. » Les repas en commun, sous la cantine ou dans les quartiers, lui semblaient une réminiscence de la vie barbare et faisaient apparaître à ses yeux l'image de la fraternité primitive. Aussi, les solennités du jubilé de 1835, la commémoration de la réunion de Genève à la Suisse, en 1864, le centenaire de Rousseau en 1878, furent pour lui des spectacles aussi féconds en ensei-

gnements positifs qu'en jouissances esthétiques. Après avoir
senti avec la naïveté et la force d'un homme du peuple, il
analysait son impression et en faisait la théorie avec la pénétration d'un philosophe. Au lieu de procéder comme l'abeille
qui transforme le nectar des fleurs en un miel parfumé de
thym et de marjolaine, il se recueillait en lui-même pour
dérouler ensuite à l'infini dans le champ de l'abstraction les
fils déliés de sa pensée. On comprend ainsi pourquoi, dans
l'ouvrage qui nous occupe, l'auteur recommande, en vertu de
sa propre expérience, l'intuition de l'actualité comme le moyen,
non seulement de créer une poésie vivante, mais aussi de
reconstituer scientifiquement le passé par voie d'induction;
on voit comment il a pu concevoir qu'il soit possible à un
homme cultivé, une fois le type de sa nation bien reconnu,
de comprendre aussi, par analogie, les types de nationalités
différentes de la sienne, et de devenir le meilleur des philan-
thropes sans cesser d'être un chaud patriote. Les considérations générales par lesquelles se termine cette étude s'appliquent donc à toute l'évolution historique et aux destinées de
l'humanité tout entière. Des historiens, habitués à une méthode moins géniale ou formés exclusivement à l'Ecole des
Chartes, traiteront sans doute de chimériques plusieurs des
vues de l'auteur ; mais personne, à coup sûr, ne saurait lui
reprocher cette étroitesse d'un esprit qui ne dépassa jamais
l'horizon des choses de son temps et de son pays.

Nous quittons ici le domaine toujours scabreux des questions
sociales pour suivre Hornung dans la région plus calme
de la littérature, où il a goûté les jouissances les plus douces
et les plus pures de sa carrière. Fatigué des luttes de la politique, il aima toujours à se retremper aux sources éternellement jaillissantes de la beauté. Les grandes et belles choses
de la nature ou de l'art ne le laissèrent jamais insensible. Il

connaissait ce frisson qui vous saisit partout où éclate soudainement, dans l'harmonie des sons ou des formes, une vérité d'ordre supérieur. Dans un salon de peinture, au concert, au théâtre, au bal même, en présence de la beauté féminine, il recevait l'impression esthétique dans toute sa force. Il n'est que d'être myope pour voir souvent mieux que les autres. Et comme il était heureux lorsqu'il pouvait se plonger dans la lecture de l'un de ses poètes favoris, Juste Olivier, Porchat, Blanvalet, Henri Durand surtout! C'étaient, en effet, nos auteurs nationaux qu'il relisait le plus volontiers, sans exclure les autres ; il a écrit quelque part : « Se peut-il une poésie plus intime et plus pénétrante que celle de Sainte-Beuve ? » Avec quel plaisir il venait aux séances de l'Institut « un des « endroits de Genève, a-t-il dit, où l'on cause le plus libre- « ment et dont l'atmosphère est le plus propice à la vie de « l'esprit. » Il ne manquait guère d'y donner la primeur de ses productions ; pour celles de ses collègues, il les écoutait religieusement, dans une pose presque languissante, la tête légèrement inclinée, le front voilé de sa main, les yeux à demi fermés, l'air songeur et un peu triste par habitude de la réflexion. La lecture achevée, il se retrouvait pour faire ses critiques devant les intéressés, avec cette bienveillance qui est une des formes de la justice, mais, en même temps, avec une parfaite franchise et avec ce sans-façon de la causerie familière, qui n'exclut pas la portée des observations. Il parlait d'une voix doucement timbrée, avec l'accent de la simplicité, sans apprêt comme sans monotonie, prenant plaisir à discourir, s'exprimant avec aisance dans une langue pleine de justesse, colorée çà et là de quelque locution du terroir qu'il accompagnait d'un demi-sourire. Quel que fût le sujet mis sur le tapis, il avait toujours quelque chose d'intéressant à dire. Versé qu'il était, et de longue main, dans les questions de littérature, d'histoire, de philosophie, il eût été difficile de le prendre sans vert. En cas de besoin, il faisait appel aux vieilles réserves de son premier professorat.

L'apogée de son activité littéraire remonte, en effet, à l'époque de sa tranquille résidence à Lausanne. C'est là qu'il a donné, sinon les plus fortes d'entre les productions sorties de sa plume, du moins celles qui l'ont fait surtout connaître comme historien de la littérature envisagée au point de vue critique. Nous avons indiqué plus haut les qualités qui le caractérisent à cet égard et quelques-unes des idées qui lui étaient propres, celles qui lui servaient de critère pour juger le bon et le mauvais. Nous n'avons pas à revenir là-dessus et nous pouvons nous borner ici à quelques traits qui résument le fond de sa doctrine littéraire. Pour lui, l'essentiel, c'est la vie intérieure. L'art n'est que la révélation du principe spirituel. Or la littérature étant le plus compréhensif des arts, elle a pour idéal d'exprimer fidèlement l'homme complet, se posant librement le problème de la destinée en face des réalités divines. L'écrivain le plus parfait est celui dont l'individualité plonge par ses racines dans le terrain solide d'une nationalité qui laisse l'âme libre de se dilater pleinement, parce qu'elle est de nature identique à la sienne, et qui centuple l'énergie individuelle par toutes les richesses de la vie collective. Hornung ne goûte donc pas, sans faire ses réserves, les écrivains cosmopolites, ceux en qui l'on ne reconnaît plus la marque nationale ou qui ont poussé l'objectivité à ses dernières limites. Le propre du génie est d'être humain dans toute l'acception du mot et de révéler l'homme à lui-même; mais l'homme ne se comprend bien que dans un contact immédiat avec les grandes réalités de la famille et de la patrie, par la révélation du divin dans la nature et dans les mystères de la destinée. C'est à ces signes qu'Hornung a proclamé la préé-

minence du génie chez Rousseau et chez Mme de Staël, bien
que l'un ait vécu loin du foyer domestique, en dehors de son
peuple et presque de l'humanité, et que l'autre ait reconnu
« la vraie patrie de son âme dans la société des hommes dis-
« tingués de tous les pays. » Serait-ce donc que l'on exprime
d'autant mieux ce que l'on n'a pas vécu ou qu'il faille être
privé d'un bien pour en sentir plus vivement toute la valeur ?

Quoiqu'il en soit, nous aurions mauvaise grâce à nous
plaindre de ce qu'Hornung a fait pour exalter nos gloires nationales, en s'efforçant de remonter aux causes qui en donnent,
après tout, l'explication la plus satisfaisante. Nous n'applau-
dirons pas moins au zèle qu'il a mis à tresser des guirlandes
pour des renommées plus modestes et à faire l'éloge, un peu
trop indulgent peut-être, de tous ceux qui, chez nous, se sont
montrés artistes à leur heure, pour avoir été touchés de la
muse à un degré quelconque. N'a-t-il pas fait en cela ce qui,
en dehors des produits de l'imagination créatrice, peut être
regardé comme l'œuvre littéraire par excellence : buriner en
quelques traits une image digne de mémoire ? Peut-être a-t-il
ainsi sauvé d'un injurieux oubli tel nom qui risquait de s'effacer et qui méritait pourtant d'être inscrit au livre d'or de nos
illustrations locales. Combien n'a-t-il pas écrit de ces notices
biographiques par un sentiment de piété envers les morts ! Il
n'a, pour ainsi dire, laissé passer aucun de ces lugubres départs
qui éclaircissent les rangs de la petite phalange intellectuelle,
sans rendre hommage, de manière ou d'autre, à la mémoire de
l'écrivain ou de l'artiste. La série, si heureusement commencée
par la notice pleine de cœur consacrée à J.-J Porchat, s'est
continuée par les portraits, plus ou moins achevés, de Charles
Didier, en 1869 ; de Blanvalet, Sayous, Max Buchon, Petit-
Senn, Charles Fournel, John Bedot, en 1870 ; de Mülhauser en
1871 ; de Joseph Hornung, le peintre, en 1872 ; de Moïse

Hornung, François Olivet, J. Barbezat, Fréd. Renz, en 1877; de Rodolphe Rey, en 1882. On peut joindre à cette liste les noms de ceux qu'Hornung a mentionnés dans la *Galerie suisse* (1880) sous le titre *Les poètes Genevois contemporains*. Dans les derniers temps, il avait commencé d'écrire une vie détaillée d'Amiel; elle devait paraître avec le 3me volume des Œuvres posthumes de celui dont il a été l'éditeur, en qualité d'exécuteur testamentaire. On sait le bruit qui se fit autour du nom d'Amiel après la publication du 1er volume des *Fragments* de son Journal intime. Hornung ne fut, sans doute, ni le seul, ni même le principal auteur du regain de renommée qui en revint à son vieil ami; mais les soins qu'il mit à s'acquitter de sa tâche furent pour leur part dans ce résultat. Se trouvera-t-il, parmi ses nombreux disciples, quelqu'un d'assez dévoué pour lui rendre un service du même genre? A défaut d'un fonds constitué dans ce but, comme pour les publications d'Amiel, la section de littérature de l'Institut genevois tiendra sans doute à honneur de faire quelque chose pour la mémoire de celui qui a tant travaillé pour notre société et pour la patrie genevoise. Mais en voilà assez sur ce point, revenons à notre sujet (1).

Nature sympathique et bienveillante, Hornung jugeait avec le cœur plus encore qu'avec l'esprit, et, en même temps, en homme de goût, d'une grande culture littéraire, familier avec les questions esthétiques. S'il prête aux autres de sa propre sensibilité et semble parfois se dépeindre lui-même, c'est qu'il aimait à retrouver partout les traits communs à l'humaine nature et les sentiments dont son âme était remplie. Ses por-

---

(1) Pour répondre au vœu exprimé ci-dessus, la Section a décidé de publier, à ses frais, quelques morceaux inédits d'Hornung et de les joindre à un tirage à part de la présente.

traits n'ont cependant rien de banal, rien de ce qui pourrait convenir au premier venu : ils rappellent bien celui dont ils portent le nom. Il en est, celui de Moïse Hornung entre autres, qui sont de petits chefs d'œuvre pleins de finesse et d'un sentiment exquis. Quoi de plus délicat que les lignes suivantes : « L'austérité de sa religion était corrigée par son amour pour « la nature, et par une imagination à la fois mélancolique, « rêveuse et brillante. Hornung ressentait la mystérieuse « poésie de ce monde, cette poésie à la fois tragique et tendre, « avec une intimité et une intensité extrêmes. La nature lui « parlait son plus secret langage.... Il se distinguait par la « finesse et la délicatesse de l'esprit. Il avait cette gaîté légère, « cette douce ironie qui font que la réalité et la vie ne pèsent « pas trop lourdement sur l'âme. Il était trop bienveillant « pour être moqueur, comme on l'est trop souvent à Genève. « Mais sa poésie et son sérieux se tempéraient d'un fin sourire, « comme il sied à un esprit observateur, sagace, pénétrant, « et qui sait ce que valent les hommes. » Il semble qu'on devait plus aisément prendre son parti de mourir du vivant d'Hornung, pour être ainsi croqué par lui.

Il a été lui-même l'un de nos écrivains les plus distingués, bien qu'il ne fît pas de l'art pour l'art et qu'il ne prît pas à tâche de ciseler ses phrases, comme d'autres; c'est qu'il ne se piquait pas d'être avant tout un littérateur. Penseur bien plus que styliste, il songeait au fond plus qu'à la forme purement littéraire et s'abandonnait au mouvement de ses idées avec une entière liberté d'allure. En le lisant, on se sent comme porté sur le courant d'une eau profonde et toujours limpide où se reflète, par moments, la poésie des rives verdoyantes sous les clartés de la voûte céleste. A côté de pages où règnent les formes sévères de l'argumentation, il y a des morceaux où une émotion vraie se traduit en mouvements

oratoires, où le sentiment se revêt d'images pittoresques, et où la forme est aussi achevée que chez les meilleurs artistes de la parole. Qu'on relise, à ce point de vue, ce qu'il a écrit en 1846 ou 47, à ses débuts dans la littérature : *Quelques idées sur la place qu'a occupée la nature dans la poésie*, et l'on reconnaîtra qu'il n'y a rien d'exagéré dans cet éloge. Nous ne pouvons résister à la tentation de mettre au moins sous les yeux deux courts fragments où, après une analyse toute philosophique, l'auteur essaie de représenter à l'imagination les impressions si différentes qu'éveillent la conception panthéiste de l'univers et la croyance en un Dieu personnel et type de l'homme. « Qu'un orage s'élève, que le vent parcoure
« la plaine verdoyante et fleurie, qu'après nous avoir caressés
« de son haleine embaumée, il fasse ondoyer les moissons et
« s'engouffre dans les bois avec de longs murmures, alors
« notre âme respire et se dilate ; elle n'est plus seule agitée
« dans le monde ; elle se laisse entraîner loin d'elle-même
« sur les vagues frémissantes de l'air ; on dirait qu'aucune
« responsabilité ne pèse plus sur elle ; le trouble de la nature
« lui fait oublier le sien, et les forces qui s'y déploient
« absorbent en elles la pensée au lieu de la ramener vers
« Dieu, comme les scènes paisibles. C'est alors surtout que
« les velléités panthéistiques passent dans l'imagination. Le
« souffle des tempêtes ne serait-il pas celui de la grande âme?
« Les plaintes profondes des forêts et des montagnes, les
« puissantes clameurs des eaux labourées par l'orage ne
« seraient-elles pas sa voix? Il suffit que l'illusion dure un
« instant, pour nous faire sortir de nous-mêmes, mêler notre
« vie à celle de la nature et nous faire goûter ainsi les infinies
« jouissances de la vie irresponsable. » Et plus loin : « Quand,
« par une de ces belles nuits des régions tropicales, l'air est
« calme, le ciel pur, et que, dans ses profondeurs infinies,

« scintillent des myriades d'étoiles, ne doit-il pas y avoir là,
« pour l'âme du monde, une indicible quiétude et celle de
« l'homme ne doit-elle pas se perdre dans les douces revêries ?
« Pour nous, l'impression des nuits étoilées est différente ; il
« y a si peu d'harmonie et de paix en nous, et il y en a tant
« au ciel ! Un silence profond nous entoure, et le battement
« de notre cœur est souvent le seul bruit que nous percevions
« au milieu de cette immensité. Pour que notre émotion fût
« alors sans amertume et qu'une joyeuse sérénité remplît
« notre cœur, il faudrait une communion parfaite entre nous
« et Dieu ; il faudrait que la pensée de l'idéal ne produisît
« pas en nous le remords, qu'elle ne vînt pas y exciter la
« tempête du souvenir. Mais l'inévitable rencontre de l'Eternel
« ne saurait manquer de nous faire ainsi descendre en nous-
« mêmes, et alors les magnificences du ciel se voilent à nos
« yeux, parce que Dieu est ailleurs ; nous le retrouvons dans
« le sanctuaire profané de notre âme. »

Ces citations, qu'il serait facile de multiplier, attestent
assez la présence chez Hornung de la veine poétique et de cette
chaleur de sentiment sans laquelle il n'y a pas de véritable
écrivain. Il n'est cependant sorti de sa plume aucune production qui relève de l'imagination créatrice : jamais il n'a, que
nous sachions, taquiné la Muse. Chose curieuse, on ne trouverait pas dans tout ce qu'il a écrit un morceau de narration,
pas même une anecdote. Il n'avait évidemment ni le talent
plastique ni l'art de mettre en scène. Ce sont là des lacunes
très caractéristiques. Penseur, avant toute chose, et sagace
observateur du monde moral, il n'appliqua ses forces qu'à
pénétrer, par une subtile analyse, dans les régions encore
obscures de la vie sociale. Le mérite, en ce genre, ne consiste
pas à créer par un effort de l'imagination, mais à bien voir
ce qui est, à dégager les données complexes de la réalité et

à les mettre en lumière. C'est là ce qu'Hornung a voulu faire, et il y a souvent réussi. Sans partager toutes ses opinions, on doit convenir que ce qu'il a senti, il l'a rendu fidèlement, et que sa pensée, parfois difficile à suivre, à force d'être abstraite, se reflète avec une entière netteté dans la transparence de l'expression. Clarté parfaite, simplicité, naturel sont, en effet, les qualités dominantes de son style. Les traits brillants sont rares, mais rien n'est terne ou banal. Rien non plus de déclamatoire et de prétentieux ; pas de traces d'un faux lyrisme ni d'une rhétorique vulgaire. Hornung n'avait nul besoin de recourir à de tels procédés, à ces grands mots à effet qui dissimulent mal et ne font qu'accuser le vide de la pensée. Veut-il simplement formuler ses idées, les phrases brèves, vives, nerveuses, accourent sous sa plume. Ecrit-il sous l'empire de quelque émotion, son langage s'anime sans que l'enflure se fasse sentir ; le pathétique y conserve un caractère doux, d'autant plus pénétrant.

D'où vient donc qu'une manière de penser et d'écrire aussi originale n'a pas rendu l'auteur plus populaire ? Lui-même s'est étonné du peu de chemin que faisaient ses idées : en dépit de ses efforts pour se faire entendre de tous, elles avaient de la peine à entrer dans la circulation. N'est-ce point que son vocabulaire, bien qu'imagé et même pittoresque par endroits, abondait trop en termes abstraits et techniques pour être aisément compris et goûté du grand nombre ? Puis il y a, dans la structure générale, excès de solidité : les matériaux surabondent, et l'architecte veut les utiliser tous, fût-ce aux dépens de l'harmonieux équilibre et de la légèreté de ses constructions. Tout y est trop serré, trop condensé. Il y manque de l'air et de l'espace. Chaque phrase, chaque mot a sa valeur et réclame une attention continue. On est intéressé par les idées que l'on rencontre, pour ainsi dire, à chaque pas; on voudrait s'y arrêter quelques instants; mais déjà l'auteur vous appelle plus loin, vers d'autres objets, et ne vous permet pas de reprendre haleine. Il écrivait comme il pensait; or chez lui, la pensée allait toujours, sans ménagement de sa propre fatigue ni de la lassitude des lecteurs Evidemment il a négligé l'art de faire oublier le chemin parcouru. L'esprit toujours en mouvement, toujours sollicité par les idées qui surgissaient les unes des autres, sans repos ni trève, comment aurait-il pu songer à l'arrangement artistique de ses compositions, à l'économie de ses plans, aux proportions des diverses parties de l'œuvre totale? Le flot incessant d'observations nouvelles que lui suggéraient, en outre, les plus menus faits de la vie publique et privée, venait briser aussi les cadres qu'il s'était tracés ou l'exposait à ne plus pouvoir les remplir, tant ils devaient s'étendre pour embrasser une matière toujours plus vaste.

C'est ainsi qu'après avoir beaucoup pensé et beaucoup écrit, Hornung a quitté ce monde sans avoir eu la satisfaction de laisser après lui un monument achevé de ses idées et de son talent. On se prend à regretter qu'une main amie ne lui ait pas fait violence pour le soustraire, pendant quelques années, à l'obsession des bruits de ce monde. Qu'on se le représente séquestré, non pas, sans doute, dans l'un de ces sombres couvents qu'il avait en horreur, mais dans quelque antique abbaye de Bénédictins, sous un beau ciel, en vue de la mer, libre de méditer à loisir, dans le calme d'une cellule, loin des journaux et des revues, sur les grands sujets qu'il n'a pu qu'ébaucher. Là du moins, il eût exploité tout à son aise le riche fonds qu'il avait acquis, et ses belles facultés, fécondées par une lente incubation, en auraient tiré l'œuvre magistrale dont l'exécution a été sans cesse entravée par d'ingrats labeurs.

Mais écartons les regrets superflus et ne risquons pas de fausser l'image que nous avons d'Hornung en le transportant dans un milieu qui ne serait pas en harmonie avec son véritable caractère. L'ami qui l'a précédé de peu dans la tombe, et dont le rapprochaient autant les contrastes que les traits communs de leurs deux natures, H.-F. Amiel se fût mieux accommodé, peut-être, de la vie silencieuse du cloître : il eût mené là, tout à son aise, le rêve de l'infini. Ce qu'il fallait à Hornung, c'étaient plutôt les émotions de l'actualité. « La vie réelle, disait-il, vaut mieux que la science. » Aurait-il tenu ce langage s'il n'eût été qu'un songe-creux, un abstracteur de quintessence, comme étaient portés à le définir ceux qui le jugeaient sur l'extérieur? Ne l'enlevons donc pas à son milieu naturel, celui de l'austère cité autour de laquelle a gravité son existence ; nous ne saurions le comprendre hors du cadre familier de notre lac et de nos montagnes, loin des clochers de Saint-Pierre et de tous les lieux où son imagination lui retraçait les scènes de notre histoire. Tel est le fond de tableau sur lequel doit se détacher pour nous la figure de celui que nous avons perdu, si nous voulons le revoir comme il était, et qu'après avoir parcouru les diverses étapes de sa vie et de ses travaux, nous cherchions à nous représenter l'homme lui-même, pour fixer, aussi exactement que possible, les traits de sa physionomie morale.

Ce qui nous frappe tout d'abord en lui, c'est sa nature impressionnable et vibrante : les sensations qu'il recevait des choses et des personnes l'ébranlaient avec une intensité souvent douloureuse. La sympathie des autres, leur estime, le succès étaient nécessaires à son bonheur. Il avait la douceur de ton et de manières, l'affabilité, la délicatesse de sentiment et la finesse, comme la timidité d'une âme candide et virginale, faite pour jouir d'être aimée, pour s'attacher et pour souffrir. Il s'y mêlait aussi une sorte de coquetterie d'artiste. Dans certains cas, la vivacité de ses impressions se traduisait en mouvements passionnés de courte durée ; mais ces émotions passagères n'altéraient guère l'égalité d'humeur qui lui était habituelle. Avec cette organisation nerveuse et un fond de tempérament féminin, développé par une éducation trop casanière et trop tendre, trop attentive à écarter de lui les difficultés matérielles, il craignait d'instinct les chocs un peu rudes de la vie extérieure et réduisait au minimum l'effort musculaire. Aussi, bien différent de ceux qu'emporte dans le vaste monde le goût des aventures ou le simple besoin de locomotion, il tenait par une infinité d'attaches et de racines au sol dans lequel il avait poussé ; sa vie, concentrée d'abord dans le sein de la famille, rayonna ensuite dans le cercle plus étendu, mais nettement circonscrit, de l'Eglise et de la patrie, qui avaient achevé l'éducation de l'homme et du citoyen. De même que le lierre s'incorpore au tronc vigoureux du chêne qui lui prête de sa force et de sa solidité, Hornung avait besoin de se sentir appuyé sur ces grands organismes qui suppléent à notre faiblesse individuelle, institutions séculaires qu'il aimait avec passion. Si, plus d'une fois, « il a tremblé pour ces trésors spirituels », il a su aussi les défendre, non seulement avec le courage qu'inspire un sentiment énergique, mais encore avec les armes de bonne trempe que mit dans ses mains une raison éclairée.

C'est alors qu'apparaissaient en pleine lumière les côtés virils de l'individualité d'Hornung. S'il était d'une sensibilité extrême, semblable à une harpe éolienne agitée par les moindres souffles, son esprit se distinguait, en revanche, par les qualités solides qui semblent être l'apanage de l'homme. Nous entendons par là, d'abord cette ardente curiosité tournée vers les objets les plus dignes d'occuper l'intelligence, cette soif

inextinguible de connaissances variées, ce besoin constant
d'information, cette enquête minutieuse dirigée surtout dans
le domaine des sciences historiques : Hornung, sexagénaire,
était toujours un étudiant, un chercheur, un preneur de notes.
Doué, en outre, d'une faculté remarquable d'abstraction et de
généralisation, il l'appliquait à débrouiller le chaos des matériaux rassemblés de toutes parts, résumant et capitalisant sous
un petit volume les richesses acquises, de manière à les mettre
aisément en valeur. Les idées générales et les formules lui
venaient en aide pour condenser en peu de mots tout un ensemble de vues théoriques. Sans abandonner jamais le terrain
de la réalité, il aimait à remonter aux principes, à se rendre
compte et à chercher la raison secrète des choses; il s'efforçait
d'en saisir les rapports et de les enchaîner systématiquement;
il excellait à poursuivre les rapprochements ingénieux, les
ressemblances et les analogies. Il est vrai que dans son ardeur
à faire la chasse aux idées, il se montrait plus habile à
découvrir les rapports éloignés qu'à distinguer et à reconnaître les différences; trop prompt encore à négliger les
nuances, à généraliser avec un petit nombre de faits et à
conclure sur les bases mouvantes d'un sentiment tout personnel. La synthèse commençait avant qu'il eût épuisé l'analyse.
Le symbolisme qu'il se plaisait à voir partout dans la nature,
était sans doute aussi un produit de son imagination poétique,
plutôt que le résultat d'une observation rigoureuse. Il y avait
donc dans son esprit même, à côté des attributs essentiels de
la virilité, des éléments féminins qui se traduisaient par la
finesse des aperçus et par le caractère éminemment subjectif
de l'argumentation. Eriger en dogmes ses préférences,
voilà l'écueil qu'Hornung n'a pas toujours évité. En somme,
l'immixtion du sentiment dans les procédés logiques de la pensée faisait à la fois la force et la faiblesse de ses démonstrations,

selon qu'elles rencontraient des esprits sympathiques ou hostiles à ses idées. Mais c'est en même temps, à notre avis, cette alliance rare des sentiments les plus concrets et de la pensée la plus abstraite qui constitue proprement l'originalité d'Hornung et lui assure une place à part dans l'ordre intellectuel.

Il y avait en lui un poète doublé d'un penseur : poète par son enthousiasme pour les grandes réalités sur lesquelles il avait fait reposer sa vie, il a conçu un idéal selon son cœur; penseur, il a transformé par ses méditations cet idéal en une théorie où la raison est appliquée à justifier le sentiment. Tout idéale qu'elle est par son origine, sa théorie n'est nullement une chimère de l'imagination; elle n'a point été construite avec des idées en l'air et n'a rien de vague ni de vaporeux. Tirée du tuf même de la conscience et des données historiques, elle n'est que l'explication des phénomènes sociaux dans lesquels se sont manifestées les forces inhérentes à la nature humaine. Aristote, en définissant l'homme un «animal politique» et en étudiant dans le monde grec le jeu des organismes servant à la vie collective de l'être ainsi classé, a créé la physiologie sociale ou philosophie politique. Cette science difficile en est encore à se constituer après les travaux de bien des profonds penseurs. Hornung voulut apporter aussi sa pierre à l'édifice; il a cherché à déterminer théoriquement, à l'aide de l'histoire générale et des faits du monde intérieur, les conditions les plus favorables au plein épanouissement des sociétés humaines. Les contributions qu'il a données, de son vivant, à la science sociale et celles, plus considérables encore, que l'on attend de publications posthumes, sont de nature à faire grand honneur à la pensée genevoise; elles compteront sans doute, aux yeux des juges compétents, comme le plus sérieux des titres scientifiques de l'auteur. Mais ce ne sont pas les seuls qu'il ait à l'estime publique; il s'en est acquis d'un autre genre, qui lui assurent des droits directs au souvenir de ses concitoyens. La science, en effet, ne fut pas le seul intérêt de sa vie. Nous l'avons vu, il n'était pas de ceux chez qui le travail de la tête a desséché le cœur. Le patriotisme instinctif qu'il avait hérité de son père, ne demeura pas moins accentué chez lui, après qu'il l'eut fait passer au creuset de l'analyse et amené à l'état de notion claire et distincte : il n'avait rien perdu de son ancienne vivacité pour être devenu un principe raisonné de conduite, une pure conception de l'esprit. La fleur du sentiment, exposée aux rayons concentrés de la pensée, conserva dans l'âme d'Hornung tous ses parfums. N'est-ce point pour cela qu'il est resté jeune d'esprit malgré les années, après avoir été mûr de si bonne heure ?

Si l'œuvre d'Hornung a bien été telle que nous avons essayé de la décrire, elle a une haute valeur morale ; toute fragmentaire qu'il l'a laissée, elle restera comme le meilleur document de ce qu'a été le fond de sa nature, de ce qui a fait l'âme et l'unité de sa vie. Inférieure, sans aucun doute, à la chose grande entre toutes, parmi les formes diverses de l'activité humaine, à l'énergie de l'homme de gouvernement dont le génie organisateur fait passer dans la pratique de la vie sociale les principes de la théorie, le cède-t-elle beaucoup en dignité à l'œuvre de l'artiste dont l'imagination créatrice fait resplendir une figure idéale dans l'argile grossière ? En tout ce qu'a écrit Hornung il y a une pensée dominante : chercher l'esprit, le sens profond des choses. Spiritualiste dans l'âme, sans donner dans l'idéalisme, il avait le sentiment toujours présent des grandes réalités : Dieu et la nature, l'individu, la famille, l'église, la patrie, l'humanité. Ce n'étaient pas là pour lui des mots vides et de pures abstractions, mais des êtres substantiels, simples ou collectifs. Sa vie a été une affirmation continuelle des droits et de la souveraineté de l'esprit sur les forces aveugles de la matière. L'harmonie du monde réel et du monde des idées fut l'objet de sa préoccupation constante. Si c'est être optimiste que de considérer les choses par leurs beaux, plutôt que par leurs vilains côtés, il l'était par tempérament et par bienveillance de caractère; mais cet optimisme ne lui a pas caché l'abîme qu'il y a entre notre idéal de bonheur, de liberté, de justice, d'humanité, et les maux de tout genre, les violences, les criantes injustices et toutes les horreurs qui font de cette terre une douloureuse et sanglante arène. Il était singulièrement frappé de tout ce que la nature et l'homme peuvent faire souffrir à l'homme.

D'une manière générale, Hornung a su faire la part des principes les plus opposés : pour arriver à la synthèse de quelqu'une de ces redoutables antinomies qui sont le tourment de la pensée, il n'eût pas sciemment laissé dans l'ombre tout un des côtés de la question. En lui-même aussi, les contraires se sont rencontrés et conciliés. Affirmatif, sans être un doctrinaire, il inclinait aux moyens termes entre les extrêmes; à cela se reconnaît un esprit juridique, ami des transactions. C'est qu'il possédait à un haut degré le sens de l'évolution ; il n'avait garde d'oublier que la nature procède par transitions insensibles pour réaliser ses desseins, et que les institutions durables ont à décrire une spirale dans la marche de leur développement ; il comprenait que les oppositions ont leur raison d'être et que la coexistence d'éléments contradictoires n'a rien d'illogique dans le temps et dans l'espace, où tant d'êtres touchent à leur déclin tandis que d'autres commencent seulement d'exister. Respectueux du passé et profondément religieux dans le sens primitif du mot, il ne s'est pourtant pas emprisonné dans la tradition au point de méconnaître ce qu'ont de légitime les aspirations de notre temps au progrès dans tous les domaines. Il a travaillé sans relâche et vaillam-.

ment combattu pour la revendication des droits individuels, comme pour le maintien de la haute tutelle exercée par l'Etat en faveur des petits et des faibles. Ce qu'il y a de généreux dans les idées humanitaires dégagées de leur alliage cosmopolite, s'est greffé chez lui sur un patriotisme des plus vivaces. La saine culture que donnent les humanités, vint corriger heureusement l'âpreté de la sève native qu'Hornung n'a jamais cessé d'entretenir comme le principe de sa force. Demeuré vieux Genevois par le sang, il s'est ouvert, par l'essor qu'a pris sa pensée, d'assez larges horizons pour s'intéresser au sort de toutes les races humaines.

A le considérer sous ces deux faces, on ne peut s'empêcher de reconnaître qu'il représente aussi, à sa manière, la fusion qui s'est opérée, de nos jours, entre les instincts conservateurs de l'ancien esprit genevois et les ferments de l'esprit moderne. Il semble qu'en lui se soient rencontrés les traits contrastants de deux époques bien distinctes, et qu'il ait été, en définitive, comme un trait d'union entre la Genève d'autrefois qui ne sera bientôt plus qu'un souvenir et celle de l'avenir qui se cherche encore. Là est, selon nous, la marque particulière de l'individualité d'Hornung. La voie qu'il a suivie, poussé par un patriotisme sincère, en se dirigeant vers des régions toujours plus lumineuses, est encore celle où nous pouvons tous marcher d'accord avec les tendances nouvelles, sans être infidèles à notre passé.

Le nom de Joseph Hornung mérite donc, à bien des égards, de figurer à une place honorable dans les annales de notre république, non seulement par les services qu'il a rendus comme professeur à l'Université et par le rôle qu'il a joué dans quelques-uns des faits contemporains, mais encore et surtout par la position intermédiaire qu'il a gardée entre les partis politiques : sa personnalité, si nettement accusée, où les dissonances venaient se fondre dans l'harmonie d'un principe suprême, a été l'expression vivante et comme l'incarnation de l'une des grandes crises de notre existence nationale. Si ce n'est point là une illusion de l'amitié, la mémoire de celui dont nous déplorons la perte, demeurera, selon le vœu le plus cher de son cœur de citoyen, intimément liée, comme le fut sa vie, à l'histoire de notre pays.

DISCOURS

LU LE 22 DÉCEMBRE 1884

à la séance publique de la Section de littérature

PAR

M. le Prof. DUVILLARD

PRÉSIDENT

MESDAMES ET MESSIEURS,

Nous avons d'abord à vous remercier de revenir nombreux
à notre rendez-vous annuel, que nous désirons toujours plus
vivement voir devenir une véritable institution. Nous voudrions que l'on attendît ce jour avec quelque impatience, et
que cette impatience fût toujours justifiée. Nous avons du
moins bon vouloir, et la preuve en est dans le nouveau
volume du *Bulletin*, plus varié que d'habitude, et par défaut
d'annonce moins connu chez nous qu'il ne devrait l'être. La
presse le néglige un peu, et pourtant nous ne demandons que
justice, et non point l'éloge surtout. Il a les inconvénients
d'une publication collective, des hasards heureux, quelque
austérité dans l'apparence, des inégalités inévitables, peu de
cohésion, mais chacun finit par y rencontrer quelque chose
qui l'intéresse, documents nouveaux, recherches conscien-
cieuses, des souvenirs et des promesses. Pour les auteurs
nouveaux, c'est un encouragement qui leur est donné par le

pays tout entier pour ainsi dire, et chaque citoyen, pouvant de par la loi se faire inscrire dans l'une des sections, reçoit ainsi gratuitement une série de volumes, où il retrouve l'écho de ses préoccupations intellectuelles.

L'Institut, combiné d'une part avec les séances populaires de l'Aula, et les leçons plus scientifiques de la salle des Cinq-Cents, avec la Société des Arts de l'autre, et les nombreuses sociétés de notre ville, complète ainsi un ensemble d'instruction mutuelle qui n'existe dans aucun autre pays. Par l'*Almanach de la Suisse romande* l'Institut se fait plus populaire encore, en allant chercher jusqu'au fond des campagnes des concitoyens à conseiller dans les faits de chaque jour, et à conduire au goût des choses de l'esprit. Cette double œuvre se fait sans bruit, avec la simplicité républicaine ; c'est la mise en pratique de notre double devise, et genevoise, et fédérale.

Où trouver ailleurs une société, littéraire, industrielle, commerciale et scientifique, qui soit composée comme la nôtre par un peuple entier, puisque tous peuvent en faire partie qui le demandent, sans aucune exclusion, sans aucune couleur politique et confessionnelle, tous les rangs confondus, toutes les voix admises, la société de tous dans l'intérêt de tous ?

Nous avons d'autant plus besoin de sympathie que la première génération nous quitte peu à peu, sans être remplacée encore comme nous en aurions l'ambition. Les Chaponnière, les Longchamp, les Bétant, les Cherbuliez, les Petit-Senn, les Gaullieur, les Blanvalet, les Richard, les Amiel, les Braillard, les Hornung, pour ne parler que de notre Section, ne sont plus, plusieurs ne nous donnent guère que leur nom, plusieurs menacent de nous quitter. Les recrues sont nombreuses sans doute, mais il nous faudra du temps pour amalgamer plus étroitement les forces actuelles, et leur donner le sentiment de la communauté, l'esprit de corps qui n'est pas celui de la coterie. Pour en éviter même l'apparence, nous désirerions qu'il nous vînt des adhérents de toutes les classes de la société, et de toutes les professions. Nous y gagnerions en horizons nouveaux, en largeur d'idées, en points de comparaison.

Nous ne pourrions pourtant nous plaindre sans injustice. Depuis quelque temps nous avons progressé sous ces différents rapports, les séances sont devenues extrêmement régulières, et plus fréquentées ; et l'on a commencé à y venir moins pour le profit matériel que l'on en peut tirer que pour le plaisir d'y venir librement causer des choses de l'art et de la littérature. Il s'établit un échange amical et familier d'impressions, plus de confiance en soi-même devant un public bienveillant, plus de variété dans la physionomie des réunions. L'on peut dire que chacune de nos soirées présente un aspect particulier suivant les lectures annoncées, et que les divers sujets amènent souvent des conversations générales dont chacun tire à l'improviste intérêt et profit.

Notre sphère d'action est pourtant encore trop restreinte pour une ville de notre importance. Il nous faudrait plus de travailleurs, plus de ressources matérielles, plus d'autorité, une position plus centrale ; il faudrait que nous pussions achever de vaincre les préjugés, et réunir autour de nous tous les hommes de pensée et d'action qui aiment notre Genève.

Mais c'est en dehors de Genève qu'il nous faut aussi regarder. Il existe une province littéraire romande dont nous sommes le centre naturel. Depuis le Jura bernois jusqu'aux Alpes de la Maurienne, depuis les bords de la Sarine et du Rhône jusqu'à la Dôle et au Crédo, il existe une Bourgogne intellectuelle qui a plus d'une fois affirmé sa valeur morale et sa réelle indépendance. Malgré les barrières des cantons et des États, il y a là une Belgique littéraire dont nous sommes la capitale, un groupe de petits peuples qui ont les mêmes conditions d'existence, qui parlaient autrefois des patois bien rapprochés, qui ont au fond des mœurs et des besoins analogues. Si l'histoire a séparé nos destinées, si la religion et les hasards politiques nous ont divisés, nous n'en formons pas moins d'une manière plus ou moins inconsciente un petit monde à part, qui a brillé plus d'une fois, et s'est fait respecter toujours. Nous sommes venus à Genève des quatre points de l'horizon, mais la nature romande a confondu dans un même creuset nos diversités ; elle a marqué nos savants et nos littérateurs d'un sceau ineffaçable ; elle nous a capturés par sa poésie particulière ; et, si quelques-uns de nous ont essayé de dépouiller le vieux manteau natal, nos voisins ont su toujours distinguer les traces de notre origine. Ce faisceau de forces dispersées, nous le devons réunir ; sans rien abdiquer de notre histoire, nous devons élargir nos frontières littéraires, ou plutôt les reconquérir.

Si nous savions oublier les étroites barrières qui nous étouffent, combien d'existences littéraires romandes aurions-nous sauvées ? Si notre horizon avait été moins étroit, pensez-vous que Verre, Gallois, Ch. Didier, Sciobéret, Eggis, pensez-vous que ces charmantes natures n'auraient pas obtenu une autre destinée ? Qui les a retenus parmi nous ? qui a compris ces âmes ? Et quels trésors pourrions-nous présenter qui resteront à jamais enfouis, si nous allons les chercher où ils se trouvent ! Nous avons besoin de nous aider, de nous connaître, de nous rapprocher, et c'est une des tâches de l'Institut de tendre à tous la main de la sympathie et de l'encouragement.

D'ailleurs nous en serons récompensés. Le concours dont
M. le professeur Ch. Berthoud va vous entretenir vous montrera combien notre histoire littéraire est encore riche en
figures oubliées ou mal connues. La synthèse nous manque
de ces efforts de deux siècles ; Gaullieur l'avait commencée,
Hornung l'avait esquissée, Amiel y avait pensé à différentes
reprises, plusieurs Allemands l'ont tentée, mais l'œuvre reste
encore à faire, si quelques chapitres sont écrits, et même
brillamment écrits.

Pour la langue, pour les traditions, pour l'histoire, nous
avons beaucoup à recueillir, beaucoup à étudier. Sans parler
des patois, a-t-on jamais essayé de réunir les principaux
caractères de notre parler romand, d'une saveur originale
pourtant, et où se cache tant d'histoire ? Les matériaux sont
là, à pied d'œuvre, et il ne serait que temps de les employer,
avant que la culture générale ne les emporte à jamais.
D'autres domaines nous sont encore à peine entr'ouverts ;
M. Alfred Cérésole nous a charmés de ses légendes des
Alpes Vaudoises, Sciobéret nous a montré la Gruyère,
Antony Dessaix la Savoie, mais combien de découvertes
demeurent encore à faire dans notre mythologie, dans nos
croyances, dans nos souvenirs ? Les races se sont rencontrées
chez nous, et chacune nous a légué une part de ses dons
naturels, de son héritage particulier. Il n'en faut rien sacrifier, et notre mission est de les réunir.

Dans le sein de notre section MM. Amiel et Hornung
surtout s'étaient pénétrés de ces idées. Un ancien ami
d'Hornung va parler de celui que nous avons perdu depuis
bientôt deux mois, mais je ne puis m'empêcher, comme président, de vous dire combien nous déplorons la perte de cet
homme de bien, de goût et de courage. Membre correspondant de l'Institut pendant qu'il était professeur à Lausanne,

puis membre honoraire dès son retour à Genève, il fut élu
effectif le 13 juillet 1867. Durant dix-sept ans il fut des plus
assidus à nos séances qu'il soutenait de son savoir étendu,
de ses travaux substantiels, de ses causeries si pleines de
pensée. Personne ne savait mieux écouter, avec une attention
plus sympathique. Il aimait à encourager, à relever les
jeunes auteurs par ses observations fines et justes, à faire
ressortir le mérite, à défendre les premières aspirations. Sa
présence était à elle seule une garantie d'aimable sincérité et
de critique bienveillante. Dans un cercle plus intime, quand
il pouvait se livrer sans méfiance, il était un causeur commu-
nicatif, un penseur aux vues pénétrantes, un amateur délicat
des arts et de la !littérature. L'on trouvera de lui dans le
Bulletin d'excellents articles, mais ils ne donnent pas de
l'homme une idée complète; l'air y manque un peu, la pensée
y est trop condensée, l'expression inférieure à l'inspiration. Sa
bienveillance intelligente n'a pas toujours été récompensée
par une bienveillance semblable, mais nous, qui l'avons approché, qui connaissons son impartialité et sa droiture, nous
aurons toujours des regrets amers au souvenir de cet homme
excellent, de ce patriote éclairé, de cette nature fine et distinguée. L'Institut a beaucoup perdu, mais Genève plus encore.

J. DUVILLARD, président.

RAPPORT

CONCOURS D'HISTOIRE LITTÉRAIRE

Lu à la séance publique de la Section de Littérature le 22 Décembre 1884

PAR

M. CH. BERTHOUD

Membre correspondant

MESSIEURS,

Le dernier concours de *Nouvelles*, ouvert par l'Institut, nous avait montré que la littérature d'imagination était aussi florissante parmi nous qu'aux temps déjà lointains où le Premier consul, Bonaparte, passant sur nos rives, s'informait si l'on écrivait toujours, à Lausanne, autant de romans. Le très-petit nombre de travaux envoyés au concours actuel, ne nous autorise pourtant pas à penser que l'histoire littéraire de notre Suisse romande nous devienne indifférente. Cette disproportion s'explique par la nature même des sujets, et les exigences qu'elle impose. D'ailleurs, si nous n'avons reçu que quatre essais, la valeur de deux d'entre eux est telle que nous n'avons rien à regretter. Notre concours pourra très-justement prendre pour devise le *Non multa sed multum*. Cela vaut infiniment mieux que de devoir dire: *Non multum sed multa*.

Je serai bref en parlant du premier des essais qui nous ont été envoyés, *Notice sur le chansonnier Salomon Cougnard.* L'auteur a joint à son titre cet autre adage latin : *Currente calamo,* et nous lui en savons gré ; en se critiquant lui-même, il a simplifié notre tâche. Fatigué des vers de MM. Rollinat et Guy de Maupassant : « Foin des névroses, s'écrie-t-il, vive la gaîté d'autrefois ! » et il est revenu avec charme aux chansonniers genevois de 1825. Il y a dix ans et plus, les études de M. Marc-Monnier sur « Genève et ses poëtes », furent saluées, dans la Suisse romande, par un succès que la virtuosité étincelante de l'écrivain suffit à expliquer, mais où la surprise entrait pour une part : on ne s'attendait guère, en dehors de Genève, à cette envolée d'oiseaux chanteurs sortis d'une cité qu'on ne s'était pas figurée comme une volière de poëtes. Parmi tous ces poëtes, les chansonniers étaient les moins connus. Le biographe de Salomon Cougnard nous dit que M. Marc-Monnier avait entr'ouvert la porte du Caveau genevois : pourquoi, si c'est ainsi, ne pas l'ouvrir toute grande ? Il y avait là l'occasion d'un parallèle piquant avec le Caveau français. Faire ressortir le caractère indigène de cette littérature de chansons, son accent patriotique, son esprit bien genevois, signaler la note un peu vieillote, les petits glaçons mythologiques qui refroidissent ces gais refrains, faire entrer dans cette étude, selon le vœu de l'Institut, des « documents nouveaux », qui auraient été ici des chansons inédites, ainsi, par exemple, cette *Complainte de Fualdès,* qui, partie de Genthod, a fait le tour de la France, et, qui, chose singulière, est introuvable aujourd'hui, bref, essayer un travail complet au lieu de s'arrêter à un seul chansonnier, fût-il même Salomon Cougnard, cette tâche était faite pour tenter le biographe, et nous la recommandons à son choix.

Celui de l'auteur de la seconde notice que nous avons sous les yeux s'est arrêté à une jeune muse, enlevée à l'âge où l'on ne donne encore que des promesses et qui a laissé, parmi tant d'autres essais, une œuvre poétique exquise, d'une pureté de forme qu'on s'explique à peine à vingt ans, et qui gardera son nom de mourir avec elle : j'ai presque nommé Alice de Chambrier. Nous n'avons ici ni une analyse littéraire, ni une biographie: le voisinage de la notice de M. Ph. Godet rendait cette tâche difficile. C'est l'effusion d'une jeune admiratrice qui a beaucoup vu l'auteur d'*Au-delà*, dans ses dernières années, et lui a voué un culte fervent. La nouvelle amie était romantique « avec passion » ; elle apporte *Hernani* à Alice qui ne le connaissait pas encore ; on suit ensemble un cours de latin, on songe au grec, et les deux jeunes filles veulent entendre lire une page d'Homère dans l'original : il leur semble voir passer, à travers ces mots inconnus, la grande figure du poëte. Alice est revenue récemment de son long séjour en Allemagne, moins bruyante mais toujours gaie, et avouant en riant qu'elle plaignait ceux qui n'étaient pas elle. « J'ai dansé jusqu'à quatre heures du matin, écrit-elle un jour ; j'étais un peu moulue, j'avais une robe rose avec des fleurs roses et rouges... » Rester toujours jeune était son rêve « absurde et charmant. » Bientôt les rides viendront, « nous serons laides, ah ! que c'est affreux ! » Pourtant, elle s'habituerait à cette pensée : elle serait une aimable petite vieille... En attendant, elle songe aux Jeux Floraux : « Les prix sont des fleurs d'or et d'argent ; quand j'aurai toute une collection de cette Flore-là, je la ferai monter en parure et j'irai le dire à Rome...» Jamais Alice ne fut si heureuse que pendant le dernier été de sa courte vie. On nous la montre patiente au travail, toujours en quête d'une pensée plus haute, aimant les déshérités et, parmi eux, les animaux, ces parents pauvres de l'homme, pénétrée d'un sentiment religieux qui se résumait dans la charité...

Bientôt vient la fin, les dernières promenades de décembre. Un soir, le lac natal qui était aussi pour elle « le premier », et qu'elle regrettait à Paris, lui paraît empreint d'une couleur de mort. Deux jours après : « Quel brouillard affreux ! dit-elle ; il me semble que j'avale quelque chose. » Frissonnante, elle reste blottie au coin du feu ; mais, dépréoccupée d'elle-même, jamais elle ne fut si aimante.

« Le mardi, à onze heures, je la trouvai, le visage marqué de grandes plaques d'un rouge sombre; elle parlait bas, presque au souffle. A demain ! dit-elle à son amie, et, le lendemain, elle reposait paisible, au milieu « d'un nuage de fleurs », comme la fiancée dont elle a dit :

> Un étrange sourire erre encor sur sa bouche ;
> Ses longs cils abaissés ombrent légèrement
> Ce visage si pur, et que la mort farouche
> Semble avoir dans son vol effleuré seulement. . . . . .

Ce sont ces confidences discrètes, si douces d'abord, puis si tristes, qui donnent surtout leur prix à ces pages. Il est regrettable seulement que la physionomie poétique d'Alice de Chambrier ne s'y dégage pas davantage dans sa distinction native, ne subissant, — chose si rare à son âge, — l'obsession d'aucun modèle préféré, s'essayant à tout, âme de poëte vibrant à tous les appels, poursuivant l'idéal à travers les symboles de la réalité qu'elle excellait à découvrir, et, quand elle les empruntait simplement à la tradition, qu'elle savait fixer dans des vers *pensés* et pourtant d'une allure aisée et flottante, dans des strophes d'un dessin précis, d'une coupe harmonieuse, d'un rythme vibrant, d'un accent parfois superbe...

Mais je m'arrête : pourquoi demander à l'amie inconnue d'Alice ce qu'elle n'a pas donné ? — Malgré quelques jugements littéraires contestables, certaines expressions peu justes dans leur hardiesse juvénile, et les allures vagabondes de cette esquisse, nous l'avons lue avec un intérêt qui s'explique, et votre jury a décerné à la jeune littératrice une mention honorable.

C'est encore un poëte que nous allons rencontrer, Messieurs, mais combien différent ! et qui ne rappelle en rien, si ce n'est par sa mort prématurée, celui que nous quittons. *Le Petit-neveu d'Obermann*, tel est le titre de la très-remarquable étude qui nous révèle ce poëte. Ce titre n'est point une métaphore. Etienne Eggis, — c'est de lui qu'il s'agit, — né à Fribourg en 1830, était bien en réalité le petit-neveu de M. de Sénancour, mais il ne ressemble pas le moins du monde au rêveur, maladivement replié sur lui-même, qui s'appelle *Obermann*.

Une destinée malheureuse attend, presque inévitablement, ceux que l'indécision morale et la prédominance de l'imagination ont empêchés de se prononcer à temps sur le choix d'une carrière et, parfois, d'une patrie : la vie d'Eggis en est un douloureux exemple. Eggis était né musicien et poëte, avec une sève débordante, une verve emportée, mais inégale, admirablement doué pour l'un et l'autre art en dehors desquels il ne voyait rien. S'il ne les eût menés constamment de front pendant sa courte vie, et que le recueillement de son inspiration eût été possible à cet improvisateur fiévreux et toujours agité, il est permis de croire qu'il eût laissé un nom glorieux. La musique et la poésie ! Il suffit parfois de l'un de ces dons pour conduire tout droit au pays de Bohême celui qui l'a reçu : que sera-ce de celui qui les possède l'un et l'autre ?

Eggis fut, en effet, un *bohême*, le seul poëte de notre Suisse romande auquel, peut-être, on puisse donner ce nom. Un des morceaux qu'il a laissés porte ce titre significatif. En voici un passage qui donne à la fois une idée de sa vie errante et de sa poésie, de l'ampleur de sa strophe, du souffle qui portait son vers, et de ses excentricités, quelquefois naïves, quelquefois aussi recherchées et voulues.

En cousant une rime aux deux coins d'une idée,
Je m'en allais rêveur, le bâton à la main,
La tête, de soleil ou de vent inondée,
Et laissant au hasard le soin du lendemain ;
Je dérobais mon lit aux mousses des clairières,
Ma harpe me donnait la bière et le pain noir,
Et je dormais paisible aux marges des carrières,
Sous le ciel qu'empourpraient les nuages du soir.

Je n'avais pour tout bien qu'une pipe allemande,
Les deux *Faust* du grand Gœthe, un pantalon d'été,
Deux pistolets rayés non sujets à l'amende,
Une harpe légère et puis la liberté.
Berçant mon jeune cœur d'illusions candides,
Seul et toujours à pied je m'en vins vers Paris ;
J'escomptais l'avenir dans mes rêves splendides..... .

Mais ce n'est pas dans ces vers que l'auteur du *Petit-neveu d'Obermann* a cherché, comme d'autres l'ont fait, la biographie d'Eggis. Il a eu à sa disposition les correspondances de sa famille, particulièrement les lettres de Mlle Eulalie de Sénancour, personne aussi distinguée par le cœur que par l'esprit, une communication importante de M. Arsène Houssaye sur le plus étrange épisode du séjour d'Etienne à Paris, enfin les informations de ses amis et de ses compatriotes à Berlin.

Le biographe s'arrête d'abord à l'éducation toute catholi-

que d'Eggis, dans cette ville de Fribourg qui est à la fois
très-française et quelque peu allemande ; il le montre hésitant
entre les deux langues dont il fut également maître, si bien
qu'un de ses poëmes, *Impressions d'ivresse, d'un poëte allemand*, celui de tous ceux d'Eggis où il y a le plus de
contrastes, des cris sauvages et des mélodies d'une douceur
et d'un charme singuliers, avait été peut-être écrit d'abord
en allemand. — A vingt ans, le jeune Fribourgeois est insti-
tuteur à Munich, dans une maison princière ; bientôt il
secoue sa chaîne, erre un peu partout, en Allemagne et
jusqu'en Pologne, puis court à Paris où il publie ses *Voyages
aux pays du cœur*, qui restent son vrai titre poétique. A bout
de ressources, l'enfant prodigue revient au logis paternel qui
ne le retient guère. Il va en Italie, parcourt de nouveau
l'Allemagne, la Belgique, en barde errant et besoigneux,
trompant sa faim comme il pouvait, fumant des feuilles de
noyer qu'il appelait le tabac du bon Dieu, et vient enfin
échouer à Berlin où il passa les dernières années de sa vie.
A peine, vers la fin, aurait-on reconnu le grand jeune homme
« aux longs cheveux châtains, aux yeux admirables », dont
M. Maxime Du Camp nous a donné le portrait. Hâve et
amaigri, jouant dans les estaminets des sous-sols de Berlin
où il faisait danser une clientèle équivoque, il paraissait
étranger à ce qui se passait autour de lui et comme absorbé
dans son rêve. Resté doux et timide, quand il avait quelque
argent, il le donnait à de plus pauvres que lui.

Rien de plus navrant que le récit de sa fin. « Y a-t-il sur
la terre, répétait-il souvent, quelqu'un de plus à plaindre que
moi ? » La phtisie acheva ce qu'avait commencé la pauvreté.
Peu s'en fallut qu'il ne mourût à l'hospice des indigents. Ses
pauvres hôtes allaient l'y conduire : il les supplia de le garder
encore. Une nuit, on entendit des gémissements dans sa

chambre. Quand le médecin du quartier arriva, Eggis avait cessé de vivre.

Telle fut la réalité. Le pauvre poëte avait rêvé autrefois une mort différente. Ecoutez ce morceau où il apparait tout entier.

COMMENT JE MOURRAI.

Lorsque je serai las de trainer sans envie,
Le boulet douloureux du bagne de la vie,
Lorsque mon cœur blessé sera tout à fait mort,
J'irai fier, calme et seul, sans crainte ni remord.
Mourir sur une grève où la mer éternelle
Chante, loin des humains, sa plainte solennelle....
Je m'étendrai, serein, sur le sable mouvant,
Et je resterai là, l'œil dans les cieux, rêvant,
Jusqu'à ce que le flot qu'apporte la marée
M'étreigne lentement dans sa robe *éplorée,*
Et me transporte, avec la souffrance, ma sœur,
Dans le vide insondé de son roulis berceur.

Nul ne saura ma mort que l'orage et la nue,
L'Océan pèsera sur ma tombe inconnue,
Je pourrai d'infini m'enivrer à loisir,
Et mon tombeau sera grand comme mon désir.

Eggis mourut à trente-six ans, après une vie que la misère avait flétrie, sans avoir pu la dégrader. C'est seulement aujourd'hui que nous apprenons à la connaître. Le biographe d'Eggis nous la raconte avec une sincérité scrupuleuse, et, en même temps, une sympathie où se trahit peut-être un frère en poésie. Il analyse son œuvre confuse en critique pénétrant, attentif aux influences diverses qu'a subies le poëte et les faisant ressortir avec mesure et finesse. Il a vu surtout en lui « un virtuose improvisateur qui passa sa vie à se griser de la fanfare de ses alexandrins sonores ». Mais, ajoute-t-il, « dans cette musique étrange, Eggis a mis beaucoup de son cœur, le souvenir d'une mère, l'écho de ses souffrances, de ses désespoirs, de ses remords peut-être.... N'est-ce pas assez pour que son œuvre mérite de ne pas mourir tout entière ? »

Les qualités de décision, de netteté rapide et de spirituelle justesse que nous avons appréciées dans cette étude, nous ont paru mériter la première distinction dont dispose l'Institut. Mais ces mêmes qualités nous les retrouvons dans le dernier travail que nous avons reçu, *le Grand Chaillet, Essai biographique et littéraire*, avec cette épigraphe : *Propheta acceptus in patria sua.* Permettez-nous donc, Messieurs, de ne pas disjoindre ce travail du précédent puisque, après les avoir étudiés, on pense involontairement à une filiation commune, et renvoyons un moment encore à apprendre le nom de l'auteur, ou des auteurs, de l'un et de l'autre.

Le *Grand Chaillet !* Ce titre fera sourire, et le biographe ne l'ignore pas. Tout en faisant remarquer qu'on peut être grand sur un petit théâtre, il ne songe pas à justifier cette appellation neuchâteloise qu'on se fait un devoir, dans la patrie de Chaillet, de ne pas trop prendre au sérieux.

Henri-David de Chaillet, né en 1751, fut le prédicateur le plus renommé de son pays. Il est resté un écrivain d'une physionomie très à part, un critique qui, dans son ordre, ne ressemble à aucun autre. Après cela, peu importe le nom qu'on lui donne.

C'est à Genève, où il faisait sa théologie, que les premiers regards de la gloire, « plus doux que les feux de l'aurore », sont tombés sur ce proposant de vingt ans, quand il prêchait quelquefois à l'Hôpital ou à Genthod. Charles Bonnet veut

le connaître et devient son ami. On le suivait des yeux
sur la Treille ; M. Des Roches l'aborde comme un homme
célèbre à la Promenade des Philosophes. Ne souriez pas,
Messieurs : Chaillet ne jouissait qu'avec tremblement de ces
succès.

A Neuchâtel, dans sa vieillesse, quand il montait parfois en
chaire, après une retraite de la carrière ecclésiastique
qui, malgré ce qu'on a pu dire, n'a laissé aucune ombre inju-
rieuse sur sa vie, un de ses sermons était quasi un événement.

Il possédait les deux qualités maîtresses de l'orateur, la
concentration et l'émotion. Il ne prenait la plume qu'après
avoir longtemps *couvé* son sujet, — c'était son expression, —
et lorsqu'il se sentait l'âme haute, l'œil humide, et respirait à
peine : c'est ce qu'il ne craignait pas d'appeler *l'heure du
berger*. A Genève, cette heure-là sonnait quelquefois pour lui
à l'auditoire de théologie, au milieu d'une leçon d'histoire
ecclésiastique (il n'aimait pas l'histoire ecclésiastique) :
« Crac ! mon sermon se décroche.... ! » Et il écrit fiévreusement son exorde, si bien que le professeur Prévost crut qu'il
faisait des vers.

Et pourtant les sermons de Chaillet (il y en a plusieurs
volumes) ont subi la destinée commune : ils ont vieilli....
Son biographe paraît être d'un avis un peu différent. L'optimisme de ses jugements ne m'a pas convaincu : c'est une des
rares occasions où je ne me suis pas trouvé d'accord avec lui.

Quoiqu'il en soit, une chose paraît certaine, c'est que les
sermons de Chaillet sont oubliés. Mais avec quel plaisir on lit
encore les étonnants articles qu'il a publiés sur ces sermons
mêmes qu'on ne lit plus ! C'est que, par tempérament,
Chaillet était encore plus un critique qu'un prédicateur.

Pour le connaître, il faut dépouiller les neuf volumes de la

Revue mensuelle (1) dont il fut, pendant près de cinq ans,
presque l'unique rédacteur. C'est ce qu'a fait l'auteur du
Grand Chaillet. Il a exhumé cette figure, entrevue par
Sainte-Beuve, et dont M. A. Sayous, dans son *XVIIIᵐᵉ Siècle
à l'Etranger*, avait dégagé plus tard les traits essentiels.
Grâce à l'analyse qu'on nous donne aujourd'hui de ses écrits,
Chaillet revit devant nous :

Un critique-né, préparé pour sa tâche par un commerce
intime avec les anciens, qui avait trouvé toute sa poétique
dans son Homère grec, si longtemps « le fonds de sa
subsistance », et sa rhétorique dans les classiques latins qu'il
citait constamment avec un à-propos tel que pas une de ses
citations n'est un *cliché*, et que M. Ed. Scherer lui-même ne
pourrait trouver à y mordre ; lisant avec passion et ruminant
ses lectures comme il ruminait ses textes ; d'ailleurs, sans
superstition d'école, original et personnel avant tout, discursif
et familier, causant avec ses lecteurs, peu soucieux de l'opinion courante et surtout de l'opinion de Paris, ne craignant
pas d'être de son pays romand pour lequel il appelait de ses
vœux une littérature et des écrivains vraiment suisses ;
passionné pour Rousseau, et le jugeant avec une sévérité
inflexible ; prévenu contre Voltaire, parceque l'abus de
l'esprit lui semblait un crime, et prouvant à sa manière que
l'influence de Voltaire a pourtant été favorable à la religion ;
devançant d'un demi-siècle les revendications les moins
contestables de l'école romantique, et appréciant Shakespeare,
— qui devenait alors, pour la première fois, accessible aux
lecteurs français, — avec une pénétration qui, aujourd'hui,
après les travaux de la critique moderne, nous surprend
encore....

(1) *Le Journal helvétique*, auquel Chaillet donna plus tard le titre de
Nouveau Journal de Littérature, etc. Neuchâtel, 1779-1784.

Jamais peut-être critique n'a mis dans son œuvre autant de son caractère propre : ce fut sa force et souvent aussi sa faiblesse. De là, quand un écrivain, un livre quel qu'il fût, touchaient en lui certaines fibres secrètes, ses enthousiasmes, ses engouements, ses appels à la nature, ses témérités, ses paradoxes. Pour bien comprendre Chaillet, il aurait fallu le connaître, et ses contemporains, ses lecteurs, le jugeaient surtout d'après ses excentricités : le vrai Chaillet leur échappait souvent. Son biographe a été plus heureux. Il lui est échu une de ces bonnes fortunes à rendre jaloux tous les chercheurs de documents inédits. On a retrouvé, et sorti pour lui des archives de la famille, le plus précieux des manuscrits de Chaillet, c'est-à-dire le *Journal intime* qui a été son unique confident pendant les années décisives de sa vie. Chaillet, s'observant et se jugeant lui même avec une droiture inexorable, lui a donné la clef de l'écrivain et du critique. Cette clef ne pouvait tomber en de meilleures mains, mais combien on voudrait que l'auteur du *Grand Chaillet* eût été plus prodigue encore de ces confidences autobiographiques !

Les chapitres dont ce journal lui a fourni la matière essentielle seront lus partout avec une très-vive curiosité, mais nulle part davantage qu'à Genève, car c'est Genève qui y tient la plus grande place. Des confidences épistolaires ont permis au biographe d'écrire le piquant récit intitulé : *Chaillet, Mᵐᵉ de Charrière et Benjamin Constant*. Il a pu enfin, grâce à quelques lettres de famille, nous montrer Chaillet vieillissant dans la solitude, fatigué de vivre et rassasié de lectures, mais attaché jusqu'au terme au titre de *Servus Christi* qu'il avait adopté, un titre glorieux, difficile à porter, et qu'il affectait un peu trop de rendre inséparable de son nom.

Je me résume, Messieurs, sur cette importante étude.

L'analyse lumineuse que nous y avons trouvée de l'œuvre de Chaillet, la justesse de la critique, la sûreté de goût qui a fidèlement servi l'écrivain dans son long travail, enfin l'usage heureux qu'il a fait de ce journal intime dont l'écriture hiéroglyphique aurait découragé d'autres yeux que les siens, tout cela ne pouvait laisser nos suffrages indécis. Dans ses jugements, il a d'ordinaire échappé au danger toujours instant qui menace le biographe : il n'a pas glissé dans le panégyrique. Avec un sentiment très-vif de la valeur littéraire de Chaillet, il a gardé la liberté de ses appréciations. On a relevé dans cet essai, d'une étendue considérable, quelque disproportion entre les parties qui le composent, et, çà et là, quelque inégalité dans un style où l'esprit et le trait abondent. Mais votre jury a été unanime pour décerner à l'auteur du *Grand Chaillet*, le premier prix qui se trouve ainsi également partagé entre lui et l'auteur du *Petit-neveu d'Obermann*.

Permettez-moi, Messieurs, en terminant, un retour personnel sur le passé. C'est grâce à l'initiative d'Amiel que je suis devenu membre de l'Institut, et que j'ai eu l'honneur de prendre aujourd'hui la parole parmi vous. Bien qu'Amiel m'ait demandé plus d'une fois, avec la plus affectueuse insistance, de présenter le rapport au nom de la Section des Lettres, ce n'est que des années après sa mort que j'ai pu m'acquitter envers lui de ce qui était pour moi une dette de reconnaissance. Et, dans l'occurrence présente, c'est pour remplacer Joseph Hornung, le rapporteur désigné du concours actuel, que j'ai été appelé par la confiance de mes collègues à remplir cette tâche. J'éprouve une satisfaction, douce et triste à la fois, à rapprocher ainsi les noms d'Hornung et d'Amiel, deux amis qui furent aussi les miens dans leurs dernières années, de ces amis de l'arrière-saison qu'on ne remplace plus.

Les plis cachetés ayant été ouverts par M. J. Duvillard, président de la Section de Littérature, le rapport du Jury a donné les résultats suivants :

Le prix de 500 francs est partagé *ex æquo* entre l'auteur du *Petit-neveu d'Obermann*, et celui du *Grand Chaillet*, qui se trouvent être un seul et même auteur, M. Ph. Godet, à Neuchâtel.

Une *mention honorable* est accordée à Mlle Cassabois, à Milan.

DE
L'ALIMENTATION DES VÉGÉTAUX

~~~~

CONFÉRENCES

DONNÉES A

l'Institut National Genevois (Section d'Agriculture)

PAR

F. BRUNO-GAMBINI

ANCIEN ÉLÈVE DE L'ÉCOLE CENTRALE DES ARTS ET MANUFACTURES DE PARIS
ANCIEN PRÉPARATEUR DE M. J.-B. DUMAS
ANCIEN PHARMACIEN
MEMBRE DE LA SECTION D'AGRICULTURE DE LA SOCIÉTÉ DES ARTS
MEMBRE EFFECTIF DE L'INSTITUT NATIONAL GENEVOIS (SECTION D'AGRICULTURE)

DE L'ALIMENTATION DES VÉGÉTAUX

INTRODUCTION

On demandait à une célébrité médicale européenne, si elle n'attribuait pas les nombreuses guérisons qu'elle obtenait, à l'emploi de ces spécialités dont chacune est annoncée comme guérissant telle ou telle maladie, et à celui de ces produits nouveaux dont les sciences s'enrichissent chaque jour, et que recommandent à l'envi les journaux politiques, et les revues scientifiques.

Non, répondit-elle. Et d'abord, je repousse, et avec raison, ces remèdes dont la composition m'est inconnue, et qui ont le très grave inconvénient de favoriser l'ignorance et d'enrayer tout progrès chez ceux qui les emploient.

Quant aux médicaments nouveaux, je suis loin de les dédaigner et de les regarder comme inutiles. Mais comme je ne peux me rendre compte des avantages qu'ils présentent, et de leur supériorité que par comparaison, j'estime qu'avant d'y recourir, il est bon de s'adonner à une étude consciencieuse des substances déjà reconnues comme actives, et dont le temps et l'expérience ont déterminé la valeur.

C'est principalement à elles seules que je dois mes succès, car je les ai assez étudiées et maniées durant ma longue pratique pour être à peu près sûr d'avance des résultats qu'elles donneront dans tel cas particulier, et sur tel tempérament spécial.

Cette manière de voir et de raisonner devrait, ce me semble, être adoptée par tous les cultivateurs qui veulent retirer profit et utilité des engrais chimiques ou minéraux.

Qu'ils suivent l'exemple de notre médecin, qu'ils renoncent à ceux de ces engrais tout préparés, dont la composition est pour eux nuit close, les noms des substances qui en font partie n'étant pas même indiqués dans la plupart des prix-courants des établissements de ces produits.

Qu'ils apprennent quelle est l'action du fumier de ferme, quelle est celle des différentes substances qu'il renferme, et qui lui donnent ses vertus fertilisantes, connaissance d'autant plus nécessaire, que ce sont ces mêmes substances qui constituent les engrais chimiques.

Qu'ils en sachent non seulement les noms, mais les propriétés, la nature intime, le mode d'agir ; alors ils ne tarderont pas à se les approprier, à en faire leur chose, et à pouvoir dire dans la plupart des cas, quel est l'élément du fumier ou de l'engrais chimique qui a fait défaut dans telle ou telle culture souffreteuse, et quel est celui qu'il faut lui donner pour remédier au mal.

Alors seulement, procédant et marchant du connu à l'inconnu, ils pourront essayer de nouvelles substances proposées comme plus actives que celles qu'ils employaient, et juger avec connaissance de cause de leur valeur réelle.

Aider l'agriculteur à entrer dans cette voie, tel est le motif qui m'avait engagé à faire paraître mon petit manuel sur les engrais chimiques, et tel est aussi le motif qui a décidé la Section de l'agriculture de l'Institut genevois à insérer dans le *Bulletin* les trois conférences que, sur la demande de son président, M. L. Archinard, j'y ai données sur l'*alimentation des végétaux*.

Ce sont ces trois conférences qui, tirées à part, forment une seconde édition considérablement augmentée de mon premier travail, publié en 1882. F. Bruno-Gambini.

Genève, Juillet 1885.

DE

L'ALIMENTATION DES VÉGÉTAUX

CONFÉRENCES

Données à l'Institut National Genevois (Section d'Agriculture)

Par F. BRUNO-GAMBINI

Alimentation des végétaux.

L'agriculture a fait ces dernières années de grands progrès au point de vue des travaux mécaniques et de la perfection des instruments qui remplacent avantageusement la main de l'homme, mais elle n'a pas suivi la même marche progressive dans ce qui a trait à l'alimentation des végétaux, et à la fertilisation du sol.

En particulier, les engrais chimiques ou minéraux sont mal employés, ils ne sont pas du tout compris des agriculteurs, qui ignorent leur nature, leur mode d'agir, aussi sont-ils loin de remplir le rôle important qu'ils doivent avoir, et qui leur est réservé du moment qu'on les emploiera avec discernement et intelligence.

Pour qu'ils remplissent ce rôle, pour qu'ils complètent l'action du fumier de ferme et le remplacent dans quelques cas avec avantage, il faut que les agriculteurs soient à même de s'en servir avec connaissance de cause et qu'ils sachent :

1° Quelles sont les substances qui composent soit le fumier de ferme, soit les engrais dits chimiques ou minéraux ;

2° Quelle est la fonction que remplit chacune d'elles dans le développement des végétaux.

Les leur faire connaître, tel est, comme je l'ai dit dans mon introduction, le but que je me suis proposé.

Mais, avant d'aborder cette question de l'alimentation des végétaux, il est nécessaire de dire quelques mots sur les conditions générales qui président à leur vie.

II

Conditions générales de la vie des végétaux.

La vie chez les végétaux s'accomplit dans deux milieux bien différents.

Elle s'accomplit dans l'*air* au moyen des *feuilles*.

Elle s'accomplit dans la *terre* par le secours des *racines*.

Avant donc de parler des engrais, c'est-à-dire des substances qui, enfouies dans le sol et absorbées par les racines, alimentent les plantes, il faut d'abord parler de l'air et des corps qu'il renferme, car cet air fournit à ces mêmes plantes la plus grande partie de leur nourriture, et leur est aussi nécessaire qu'il l'est à la vie de l'homme, et à celle des animaux.

L'air est un composé de deux substances invisibles : l'*oxygène* et l'*azote* qu'on appelle *gaz*. Ces deux gaz y sont à l'*état de simple mélange* (1). Mais qu'un orage éclate dans l'atmosphère, qu'une étincelle électrique, la foudre, traverse ce mélange d'azote et d'oxygène, instantanément ces deux gaz *se combineront* pour former un corps nouveau qui ne ressemble en rien à ceux dont il est formé : l'*acide asotique* ou nitrique.

Cette union des deux gaz de l'air sous l'influence de l'électricité est, au point de vue de l'alimentation des végétaux, un phénomène des plus importants. Nous y reviendrons plus tard.

Un gaz ou un corps gazeux, ou une vapeur, est une substance qui ne peut être saisie avec la main et que l'œil ne peut voir, mais dont les effets sont palpables et visibles.

Que l'air, par exemple, soit violemment agité, ses effets très souvent désastreux seront visibles, sans que l'air lui-même ait cessé d'être invisible.

L'air renferme toujours de l'eau qu'il prend aux rivières, aux lacs, aux mers. Il en absorbe, en pompe, une quantité d'autant plus grande qu'il est plus chaud.

Cette eau y est à l'état de vapeur, c'est-à-dire qu'elle y est invisible, mais que la température, par une cause quelconque, vienne à s'abaisser, à se refroidir, cette vapeur se condensera et se transformera en brouillards, en pluie, en grêle, toutes choses palpables et visibles.

Une autre substance est mélangée avec l'air, c'est le gaz que produit le bois ou le charbon quand il brûle ; de là son

(1) Que l'on remplisse une bouteille d'eau bouillie dont tout l'air a été chassé par l'ébullition, que l'on la vide à moitié, qu'on la bouche et qu'on l'agite fortement, l'air qui est dans la bouteille se dissoudra dans l'eau ; mais l'eau aura dissous plus d'oxygène que d'azote. Preuve que l'air est un mélange.

nom de *gaz du charbon*, ou de *gaz acide carbonique* ou d'*acide carbonique*. (1)

Ce gaz est également invisible, même lorsqu'il est dans l'air à des doses très élevées, mais ses effets ne le sont pas. Impropre à la respiration, il tue promptement par asphyxie l'homme et tous les animaux.

Il s'oppose également à toute combustion, et c'est sur cette propriété que repose l'action des *extincteurs*, appareils qui dégagent à un moment voulu une grande quantité d'acide carbonique, et qui sont employés avec le plus grand succès pour combattre tout commencement d'incendie.

C'est également en se basant sur cette propriété d'éteindre tout corps en combustion que l'on recommande de ne jamais pénétrer, sans avoir à la main une chandelle allumée, dans une cave où se trouve du moût en fermentation, dans des puits, dans des cavernes, depuis longtemps fermés, et où le gaz pourrait s'être accumulé.

Si la flamme s'éteint ou seulement pâlit et se raccourcit, c'est la preuve que l'acide carbonique s'y trouve en assez grande quantité pour tuer par asphyxie. Il faut alors le chasser ou le détruire en établissant un fort courant d'air, ou en recourant à des substances qui l'absorbent, telles que l'eau de chaux ou l'alcali volatil.

C'est encore au gaz acide carbonique que les vins de Champagne, les limonades, les eaux gazeuses, la bière doivent la propriété de mousser, ce gaz dissous dans ces liquides se dégageant en grande partie dès que le bouchon qui le comprime est enlevé.

Cet *acide se dissout, en effet, dans l'eau et ce n'est qu'à cet état de solution qu'il est absorbé par les racines des végétaux.*

(1) L'acide carbonique est formé par l'union, la combinaison de l'oxygène avec le charbon appelé en chimie *carbone*.

Enfin l'air contient toujours une très petite quantité de *carbonate d'ammoniaque*, substance volatile et très fertilisante, contenant de l'azote et qui se dégage principalement des substances animales en décomposition.

La première preuve en a été donnée par M. de Saussure qui exposa à l'air des cristaux d'*alun pur* et les trouva plus tard transformés en cristaux d'*alun ammoniacal*. Remarquable observation que dans ces dernières années de nombreuses analyses de l'air ont confirmée (1).

Quant à l'air pur, c'est-à-dire à l'air privé de *vapeur d'eau*, d'*acide carbonique* et de *carbonate d'ammoniaque*, il se compose de deux gaz, (dont l'un, comme nous l'avons dit, se nomme *oxygène* et l'autre *azote*), et cela dans les doses en chiffres ronds de 80 azote pour 20 d'oxygène.

Cette disproportion entre l'oxygène et l'azote est digne de notre attention, elle l'est d'autant plus que ce dernier gaz est impropre à la vie des végétaux comme à celle des animaux, ce qu'indique du reste son nom, le mot *azote* signifiant : *sans vie, qui prive de vie*.

N'était-ce point là une indication que l'oxygène est une substance des plus actives, trop active même, et qu'il devait, pour ne pas nous être nuisible par excès de puissance, être mélangé en doses déterminées par le Créateur avec un autre gaz pour ainsi dire inerte et destiné à en atténuer, ou à en modifier les fâcheux effets?

C'est ce que la science a confirmé. Elle a montré que c'était une illusion que de croire qu'une plus grande dose d'oxygène dans l'air eût donné, avec leur organisation actuelle, aux plantes un plus grand développement, et aux diverses

(1) Théodore de Saussure. *Recherches chimiques sur la végétation.*

fonctions de l'homme et des animaux une vitalité plus énergique (1).

C'est ce qui ressort de nombreuses expériences faites avec ce gaz pur et sans mélange, dont l'emploi a passé dans la pratique de la médecine. Respiré par le moyen d'un inhalateur, il est à l'essai pour la guérison de quelques maladies et réussit très bien dans les cas d'asphyxie provenant d'un air trop raréfié, ou vicié par le gaz de l'éclairage, par celui des fosses d'aisance, et celui des vapeurs de charbon.

(1) Voici les effets censés produits par la respiration de l'air contenant une plus grande quantité d'oxygène, tels que les décrit M. Jules Verne dans son ouvrage intitulé : *La fantaisie du docteur Ox.* Ce docteur, chargé par une petite ville des Flandres d'y introduire le gaz de l'éclairage, fut pris du caprice d'étudier quelles seraient les conséquences d'un excès d'oxygène que respireraient ses habitants. Après donc que la pose des tuyaux fut terminée, M. le docteur Ox profita d'un bal donné chez un banquier pour faire ses expériences et envoyer son oxygène.

« Ces réunions paisibles, dit *l'auteur*, n'avaient jamais amené d'éclat
« fâcheux. Pourquoi donc, ce soir-là, les sirops semblèrent-ils se transformer
« en sirops capiteux, en champagne pétillant, en punchs incendiaires?
« Pourquoi au milieu de la fête, une sorte d'ivresse inexplicable gagna-t-elle
« tous les invités? Pourquoi le menuet dériva-t-il en saltarelle? Pourquoi
« les bougies brillèrent-elles d'un éclat inaccoutumé. Peu à peu l'animation
« du bal s'augmentait. Les pieds s'agitaient avec une frénésie constante.
« Les figures s'empourpraient comme des faces de Silènes. Les yeux bril-
« laient comme des escarboucles. Et quand l'orchestre entonna la valse du
« *Freyschütz!* lorsque cette valse si allemande et d'un mouvement si lent,
« fut attaquée à bras déchaînés par les musiciens, ah ! ce ne fut plus une
« valse, ce fut un tourbillon insensé, une rotation vertigineuse. Puis un
« galop, un galop infernal, pendant une heure, sans qu'on pût le détourner,
« sans qu'on pût le suspendre, entraîna dans ses replis, à travers les salles,
« les salons, les antichambres, par les escaliers, de la cave au grenier de
« l'opulente demeure, les jeunes gens, les jeunes filles, les pères, les
« mères, les individus de tout poids, de tout âge, de tout sexe, etc. »

Si l'on excepte ces quelques cas médicaux où les poisons peuvent devenir des remèdes, l'oxygène pur tue tous les animaux comme tous les végétaux, et s'oppose à la germination de ces derniers.

Mais si trop d'oxygène tue, trop peu laisse mourir par asphyxie. C'est ce qui arriverait (et est déjà arrivé) à des personnes qui s'élèveraient (en ballon par exemple), à une hauteur telle, que l'air qu'elles respireraient ne contînt plus, vu sa raréfaction, assez d'oxygène.

Ce ne sont donc pas les propriétés de l'oxygène pur que nous allons passer en revue, mais celles de l'oxygène, sagement affaibli par son mélange avec quatre parties d'azote et approprié à nos organes et à ceux des végétaux.

Vu leur importance, ces propriétés doivent être connues de tous les agriculteurs.

III

Oxygène.

Tout être vivant meurt s'il est privé de ce gaz. Aucun germe, aucune graine, ne se développe s'il manque d'oxygène. Une semence mise trop profondément en terre ne lève pas, mais elle se développera, si plus tard, même après bien des années, elle vient à être ramenée près de la surface du sol et soumise à l'influence de l'air (1).

(1) Une graine peut être conservée longtemps sans altération dans un terrain sec. De là l'utilité de faire passer le rouleau sur une terre ensemencée. En durcissant la couche superficielle du sol, on conserve l'humidité intérieure favorable au développement de la graine.

Les grands travaux occasionnés par la construction des chemins de fer, confirment chaque jour la vérité de cette observation.

Dans ces terrains si profondément remués, dans ces remblais, on voit souvent pousser des plantes qui depuis longtemps avaient disparu de la localité, ou de la contrée, et dont les graines trop profondément enterrées, et, hors de l'action de l'oxygène, n'avaient pu germer.

Une semence, comme l'a le premier démontré M. Th. de Saussure, germe dans l'eau ordinaire qui contient de l'air, et, par conséquent de l'oxygène. Elle ne germe pas dans celle dont l'ébullition a chassé l'air, et y meurt comme le poisson meurt dans l'eau privée d'oxygène, dans l'eau bouillie.

Ce gaz est également nécessaire à l'éclosion des œufs. Aussi pour conserver ceux des oiseaux de basse-cour, emploie-t-on de nombreuses méthodes, qui, toutes ont le même but : celui de les soustraire le plus possible à l'oxygène de l'air.

L'oxygène est aussi nécessaire aux racines.

Celles qui ne sont pas suffisamment aérées, prennent peu de développement, et la plante qu'elles doivent nourrir en prend elle-même fort peu. C'est ce qui a lieu pour les végétaux dont les racines sont placées en terre à une trop grande profondeur, ou sont mises dans un terrain qui, comme quelques espèces d'argile, est peu pénétrable par l'air.

Il faut alors pour en donner aux racines, recourir à la *plantation en butte*. Pour cela on place les racines des plantes, et, surtout celles des arbustes, immédiatement sur le tapis végétal du sol, on les entoure d'un petit monticule de terre substantielle, de terreau, que l'on recouvre par des plaques de gazon retournées, et que l'on solidifie par l'addition d'un peu de terre qui achève la butte (1).

Ce sont en effet les racines superficielles et horizontales qui jouent le plus grand rôle dans la nutrition des végétaux, et c'est sur cette observation qu'est fondé un procédé plus spécialement employé pour la vigne, et pour les arbres fruitiers.

Il consiste à transformer les racines pivotantes, et qui s'enfoncent verticalement dans le sol, en racines horizontales. Pour cela on retire de terre, après la première année, le végétal qu'on a obtenu par semis, et l'on coupe au milieu de sa longueur, la racine pivotante. Celle-ci ne tarde pas à émettre des racines horizontales.

On répète la même opération l'année suivante, puis on met la plante ainsi traitée à sa place définitive.

Grâce à la transformation de la racine pivotante en racines horizontales, et, plus rapprochées de la surface de la terre, le végétal ne tarde pas à prendre un grand développement et à se mettre à fruit, à un âge où la même plante laissée à racine pivotante n'aurait donné aucun produit.

C'est encore sur cette observation que repose le conseil de M. Guyot. Ce célèbre viticulteur recommande de n'enfoncer les boutures de vigne qu'à peu de profondeur. La vigne « dit-« il, se stérilise, à proportion de la profondeur de la culture « qu'on lui impose. Plus une bouture est placée profondément, « plus la récolte se fait attendre. A 0ᵐ,15, elle produit la « deuxième année ; à 0ᵐ,30 et 0ᵐ,40, elle ne produit que la « troisième année ; à 0ᵐ,50 et 0ᵐ,60, à la quatrième année ; « à 0ᵐ,70 et 0ᵐ,80 à la cinquième seulement. »

(1) *Journal d'agriculture pratique* du 3 novembre 1884.

L'art de planter les arbres, par M. le baron de Manteuffel. Librairie Rothschild, rue des Saints-Pères, Paris.

Sans la présence de l'air, aucune décomposition, aucun fermentation n'a lieu et, c'est sur ce fait qu'est fondée une industrie qui prend chaque jour plus d'extension : l'*industrie des conserves, soit de viandes, soit de fruits, soit de légumes.*

Il suffit, en effet pour conserver une substance quelconque, de la priver d'oxygène, en l'enfermant dans des vases de fer-blanc, ou de verre, en les plongeant ensuite dans l'eau bouillante, qui en chasse l'air, puis en les fermant immédiatement par une soudure, ou par du caoutchouc.

C'est également à la privation de l'oxygène de l'air que l'on a recours pour conserver le marc de raisins destiné à faire de l'eau-de-vie, et pour la conservation sous le nom d'*ensilage,* des fourrages et des fruits de la terre.

Mais l'action la plus importante que l'oxygène exerce, est celle par laquelle il se combine avec *le charbon, et avec les matières végétales (dont la composition peut être représentée par de l'eau et du charbon) pour former de l'acide carbonique.*

Cette union, cette combinaison se fait de différentes manières.

1° Elle a lieu, avec une *chaleur intense, et par conséquent avec lumière* dans la combustion du bois, et du charbon, telle qu'elle s'opère dans nos foyers.

2° Elle a lieu, avec une *chaleur modérée et par conséquent sans lumière,* dans la respiration de l'homme, et, des animaux, respiration qui donne naissance à une véritable combustion.

L'oxygène de l'air qui pénètre à chaque aspiration dans leurs poumons, y rencontre le *sang veineux ou noir,* se combine avec l'excès de charbon qu'il contient, le *brûle,* c'est-à-dire le transforme en acide carbonique qui est rejeté par l'expiration. Le sang débarassé de son excès de carbone, devient alors *rouge vermeil.* C'est le sang artériel.

3° Enfin, elle s'opère avec un *développement de chaleur*

encore moins appréciable dans les combinaisons que l'oxygène forme avec le carbone des matières végétales : bois, feuilles, paille, graines, etc.

Si cependant ces matières végétales, ces graines, étaient réunies en une certaine quantité, si elles étaient humides, les petites doses de chaleur produites par la combinaison de l'oxygène avec le charbon, pourraient, additionnées, constituer une haute température, comme cela arrive quelquefois dans les fermes avec le foin, et dans les brasseries, avec la germination de l'orge destinée à produire le malt pour la bière.

Le résultat définitif de cette union de l'oxygène avec les matières carbonées, est la transformation, ou la décomposition de la matière attaquée, et la création d'acide carbonique.

Ce gaz qui se dégage ainsi de toutes parts, de la combustion du bois et du charbon, de la respiration des animaux, et de la décomposition des végétaux, puis qui se mêle avec l'air, devait nécessairement finir par le vicier, et le rendre dangereux à respirer.

Il fallait donc qu'à ces causes nombreuses qui créent du gaz acide carbonique aux dépens de l'oxygène de l'air, fût opposée une cause de destruction de ce même gaz.

Or ce sont les végétaux que le Créateur a chargés de ce rôle.

Leurs feuilles par leur matière verte (chlorophylle), et sous l'influence de la lumière du soleil, absorbent, puis décomposent ce gaz carbonique, s'emparent de son charbon qu'elles emmagasinent, et dont elles se nourrissent, et mettent en liberté l'oxygène qui, rendu à l'air, en rétablit la composition normale (1).

(1) C'est à un naturaliste genevois, M. *Bonnet*, qu'est due cette découverte, 1749. Plus tard, en 1771, un chimiste anglais, M. Priestley, continua

C'est ainsi que la houille que nous consommons en si grande quantité, n'est que le produit de la décomposition de l'acide carbonique qu'ont absorbé, il y a des siècles, ces innombrables végétaux qui couvraient alors certaines parties de notre globe.

Ils ont emmagasiné le charbon et rejeté l'oxygène dans l'air.

Le charbon de bois que nous brûlons aujourd'hui provient de la décomposition de l'acide carbonique contenu dans l'air, et l'acide carbonique qu'il produit en brûlant sera peut-être demain décomposé par quelque végétal d'un pays lointain.

Cette fonction des feuilles : d'*aspirer par leurs pores l'acide carbonique, de le décomposer, puis de retenir comme aliment le charbon, prouve clairement qu'elles sont les poumons et l'estomac des végétaux.*

Il est vrai qu'ils se nourrissent aussi par leurs racines, mais dans l'acte de la nutrition, ce sont les feuilles qui jouent le principal rôle.

C'est ce qu'a démontré M. Th. de Saussure. Il constata qu'un tournesol parvenu à toute sa croissance, n'avait pris au sol par ses racines que vingt parties de charbon, et, que les quatre-vingts autres avaient été prises à l'acide carbonique de l'air.

les expériences de M. Bonnet, et constata que l'air vicié par la respiration des animaux était rétabli sain et salutaire par le dégagement d'oxygène que produisent les feuilles. Restait à démontrer d'où venait cet oxygène et à prouver qu'il ne vient pas des plantes elles-mêmes, mais de la décomposition de l'acide carbonique de l'air avec lequel elles sont en contact, qu'elles gardent le carbone et laissent échapper l'oxygène qui se répand dans l'atmosphère. C'est ce que fit M. *Senebier*, aussi de Genève.

Les expériences constatant la décomposition de l'acide carbonique par es feuilles ont été, et sont chaque année, répétées dans les cours publics de la chimie appliquée à l'agriculture.

D'autres expériences plus récentes ont confirmé ce fait : que l'acide carbonique qui se trouve dissous dans le sol, que celui qui provient de la décomposition des engrais et que les racines absorbent, sont absolument insuffisants pour l'entretien des plantes. Il faut de plus qu'elles s'emparent de celui qui est dans l'air (1).

De ce qui précède, on peut conclure qu'il faut agir avec prudence et discernement dans toutes les opérations, qui ont pour but d'ôter des feuilles à un végétal. C'est ce que l'on ne fait pas toujours.

Bien des cultivateurs, en effet, pensent qu'en ôtant les feuilles, ils forcent la sève à se porter sur les fruits; oui, cela peut avoir lieu pour la sève déjà formée, mais cette sève employée, il s'en formera beaucoup moins de nouvelle, car sa formation est en proportion du nombre des feuilles, que l'on a nommées avec raison *appelle-sève, forme-sève.*

Puis les sucs ascendants qui partent des racines ne contiennent relativement que peu de sels, et peu de gaz en solution, c'est surtout dans les feuilles et par le travail qui s'y opère qu'ils se modifient, s'enrichissent, se complètent et se changent en sucs nourriciers, qui constituent la sève descendante, qui est celle qui alimente le végétal tout entier, tiges, fruits, racines.

De très nombreuses expériences ont démontré que tel est bien le rôle des feuilles.

M. de Gasparin, dans son *Cours d'agriculture,* cite les essais que fit M. Leclerc sur l'effeuillage de sa vigne qu'il effectua à trois époques différentes.

Il fit le premier effeuillage au moment où les raisins com-

(1) M. CAILLETET. *Comptes rendus de l'Académie des sciences de Paris,* T. LXXIII.

mençaient à se former. Cet effeuillage donna naissance à beaucoup de faux bourgeons, et à leur développement, mais ne fit rien quant aux grappes.

Le second fait à l'époque où les extrémités des sarments ralentissaient leur marche, arrêta le développement de ces mêmes grappes, et cela d'une manière d'autant plus marquée qu'on avait laissé moins de nœuds au-dessus des raisins.

Enfin plus tard, en septembre, quand il semblait que l'exposition des grappes au soleil, devait être avantageuse à leur maturité, le pincement eut pour effet de nuire au développement de ces mêmes grappes, et quoique celles-ci fussent plus colorées, de diminuer leur quantité de sucre.

M. le professeur Macagno, dans un travail sur les fonctions des feuilles de la vigne, a constaté que ce sont dans les feuilles que se forment, et la crème de tartre, et le sucre, et plus particulièrement dans les feuilles les plus élevées des branches à fruit.

Ce sucre ainsi formé passe dans les tiges, puis dans les fruits, et sa production dans les feuilles progresse avec la quantité de sucre que contient la grappe de raisin, diminue, et cesse avec sa maturité.

Voici une de ses expériences.

Un kilog. de raisins provenant de *ceps pincés* a donné 581 gr. de moût, 140 gr. de sucre, 27 milligr. acide tartrique et crème de tartre.

Un kilog. de raisins provenant de *ceps non pincés* a donné 620 gr. moût, 175 gr. sucre, 26 milligr. acide tartrique et crème de tartre.

Le pincement a donc fait diminuer, et la quantité de moût, et celle du sucre qu'il contient (1).

(1) MACAGNO. *Comptes rendus de l'Académie des sciences de Paris.* T. LXXXV, p. 763.

Des expériences du même genre ont été faites sur les feuilles de vigne par *M. Petit*, et elles ont donné les mêmes résultats.

M. Matthieu de Dombasle, pour procurer de la nourriture à son bétail, fit effeuiller une partie de ses betteraves, mais cette suppression des feuilles quoique modérée, diminua le poids du sucre de cette racine.

MM. Corenwinder et Contamine ont également constaté que les feuilles de betterave forment le sucre de cette plante, et qu'en les ôtant l'on diminue le sucre qui doit s'accumuler dans les racines, le sucre formé étant en relations avec la quantité et la grandeur des feuilles (1).

Des pommes de terre dont on avait supprimé une partie des feuilles pour les brûler et faire de la potasse, contenaient moins d'amidon que celles que l'on avait laissées intactes.

Des observations de la même nature ont été faites par *M. Dehérain* et par *M. Boussingault*. Voici les conclusions de ce dernier.

« En envisageant la vie végétale dans son ensemble, on « voit que ce sont les feuilles qui élaborent l'amidon et le « sucre aux dépens de l'acide carbonique, et de l'eau qu'elles « absorbent. Ces matières sont ensuite réparties dans les « différentes parties de la plante.

« Dans le maïs, dans le froment, l'accumulation des prin- « cipes sucrés a lieu dans la tige jusqu'à l'époque de la florai- « son ; et tout ce qui a été accumulé disparaît pour la forma- « tion de la graine.

« Dans la betterave, le réceptacle est la racine charnue. « Mais quand il n'y a ni tige, ni racines, où se dépose la

(1) MM. CORENWINDER et CONTAMINE. *Comptes rendus de l'Académie des sciences de Paris.* T. LXXXVII, p. 221.

« matière sucrée élaborée par les feuilles ? Dans les feuilles
« elles-mêmes qui prennent alors une extension considérable.
« L'agave américana en est un exemple frappant. Les
« feuilles de ce végétal partent toutes du collet de la racine,
« elles atteignent jusqu'à deux mètres de longueur, vingt
« centimètres de largeur, et un décimètre d'épaisseur au
« point d'attache. Pendant quinze à vingt ans, ces feuilles
« élaborent et accumulent du sucre, jusqu'au moment où la
« hampe, qui peut s'élever jusqu'à cinq ou six mètres et qui
« doit porter fleurs et fruits commence à pousser. En coupant
« .cette hampe, et en empêchant la reproduction de la graine,
« l'Indien se procure la sève sucrée qui lui sert à faire une
« boisson enivrante.

« Un agave rend en quatre mois environ cent kilogrammes
« de sucre que ses feuilles ont préparé et conservé pendant
« tant d'années (1). »

Sans donc tomber dans l'extrême contraire, et proscrire
tous les pincements, il faut en être sobre, les faire avec
réflexion et intelligence, sans jamais oublier que c'est par les
feuilles que les plantes respirent, et que c'est aussi en très
grande partie par elles, qu'elles se nourrissent, et que se
forment les différents produits particuliers aux diverses
espèces de végétaux.

IV

Fumier de ferme.

Les conditions générales nécessaires à la vie des végétaux
étant connues, nous pouvons parler des engrais proprement

(1) M. Boussingault. *Mémoire sur les fonctions des feuilles.* Comptes
rendus, *ut supra.* T. LXI, p. 664.

dits, c'est-à-dire des substances qui, enfouies dans le sol, puis dissoutes dans l'eau et absorbées par les racines, servent de nourriture aux plantes.

L'engrais le plus usité, le plus important, celui dont tant d'années ont consacré l'efficacité est le fumier de ferme.

On désigne sous ce nom l'engrais formé par la paille et par diverses substances végétales employées comme litière pour les animaux, et imprégnées de leurs excréments et de leurs urines.

Ce mélange mis en tas et abandonné à lui même ne tarde pas à fermenter. Les matières animales, vu l'azote qu'elles contiennent, se décomposent les premières et donnent principalement naissance à un corps azoté : *l'ammoniaque*, dont l'odeur piquante est bien connue, et qui est aussi appelé alcali volatil, vu sa propriété de s'évaporer promptement et de se perdre dans l'air.

Les matières végétales, que l'on peut regarder comme formées d'eau et de charbon, entrent ensuite en décomposition, par l'élévation de température que développe la fermentation des matières animales, elles perdent de l'eau qui s'évapore, deviennent ainsi plus riches en charbon, et se changent peu à peu en une matière noirâtre, d'une composition très complexe, appelée *terreau* (en latin *humus*).

Si on laisse le fumier se *faire*, se *consommer*, ce terreau, sous l'influence de l'ammoniaque, change de nature, devient acide, et forme avec cet ammoniaque une combinaison aussi très complexe qu'on a appelée *humate d'ammoniaque*. Cette nouvelle combinaison est soluble dans l'eau, comme la plupart des humates provenant de l'union de l'acide humique avec la *potasse* et la *chaux*.

La matière noire qui constitue dans le fumier fait ce qu'on appelle : le *beurre noir*, les eaux qui découlent des tas :

le *purin*, doivent leur couleur brun foncé, à cet humate d'ammoniaque, combinaison d'ammoniaque, et de charbon rendu soluble.

Cet humate d'ammoniaque dissous dans l'eau contient toujours, d'après M. Th. de Saussure, des matières minérales, c'est-à-dire, des sels de potasse, des sels de phosphore, de chaux, de fer, etc., d'où il ressort que le purin, ou l'eau qui a dissous du beurre noir, renferme une *matière azotée:* l'ammoniaque, une *matière végétale:* le charbon devenu soluble, et enfin les *matières minérales désignées ci-dessus:* substances, toutes des plus fertilisantes, et qui donnent l'explication de la grande valeur du purin.

Cette observation de l'illustre savant genevois a été confirmée par de nombreux et récents travaux et en particulier par ceux de M. Rissler (1) et par ceux du directeur en France de la station agronomique de l'Est, M. Grandeau, qui a constaté:

1° Que la fertilité d'un sol est liée à la quantité d'aliments minéraux (potasse, chaux, phosphate, silice) que renferme l'humate d'ammoniaque, c'est-à-dire la matière végétale carbonée combinée à l'ammoniaque.

2° Que les matières végétales et carbonées ainsi rendues solubles sont dans la nature le véhicule, le mode de trans-

---

(1) D'après M. *Risler*, directeur de l'Institut agronomique, l'acide humique exerce une action particulière sur la silice, l'oxyde de fer, le phosphate et le sulfate de chaux et les rend solubles. En mélangeant de l'acide humique avec du plâtre, on rend non seulement le plâtre plus soluble dans l'eau, mais on rend aussi l'acide plus soluble. La chaux, la potasse, provoquent également la transformation de l'acide humique peu soluble, en acide humique plus soluble, puis sa combinaison avec ces substances et la formation d'humates solubles. (Archives de la Bibliothèque universelle de Genève, 1858)

port, des aliments minéraux qu'elles extraient de la terre pour les présenter aux végétaux comme nourriture absorbable.

3° Que les sols fertiles offrent les éléments nutritifs aux végétaux sous la forme où nous les offre le fumier de ferme et surtout le purin (1).

Dans le fumier *qui n'est pas fait, qui n'est pas consommé,* dans le fumier *pailleux*, les matières végétales qui n'ont pas été attaquées et modifiées par l'ammoniaque passent, mises en terre, à l'état de terreau.

L'étude de cette substance, dont nous indiquerons bientôt les remarquables propriétés, nous permettra alors de déterminer le rôle que joue le fumier de ferme, qui sur 100 kil. contient :

80 k.,000 à 76 k.,650 eau,

13 k.,300 à 14 k.,000 matières végétales,

0 k.,490 à 0 k.,650 potasse,

0 k.,400 à 0 k.,600 azote,

0 k.,180 à 0 k.,300 phosphore,

0 k.,560 à 0 k.,900 chaux,

6 k.,570 à 6 k.,000 matières minérales qui se trouvent dans tous les terrains en quantité suffisante pour que l'on n'ait point à s'en préoccuper et à les ajouter dans les engrais que l'on donne au sol.

Comme on le voit par ces chiffres, le fumier n'a pas toujours la même composition, ce résultat pouvait être prévu et bien des causes l'expliquent. Nous ne signalerons que les deux principales, qui sont : l'espèce d'animaux que le propriétaire possède et le genre de nourriture qu'il leur donne. Le

(1) M. Grandeau. *Recherches sur les matières végétales au point de vue de la nutrition des plantes.* Comptes rendus de l'Académie des sciences de Paris. T. LXXIV, p. 988.

cheval, par exemple, d'après M. Boussingault, produit un fumier qui renferme en *azote*, en *potasse*, en *phosphore* et en *chaux* une dose double de celle que contient le fumier de vache.

Quant à l'influence de la nourriture, elle est aussi très grande. C'est ainsi que les matières fécales qui proviennent d'une caserne, où la quantité de viande qu'un homme consomme chaque jour est réglementée, sont beaucoup moins riches en potasse et surtout en azote et en phosphore, que celles qui proviennent d'un riche hôtel, l'alimentation étant bien différente dans ces deux espèces d'établissements.

En général, la valeur d'un fumier s'estime d'après sa richesse en azote, aussi cette substance est-elle souvent désignée sous le nom de *principe ou élément du fumier*, et un terrain pauvre est celui qui contient peu d'azote.

C'est ce que n'admettait pas le célèbre chimiste Liebig. Selon lui, ce ne seraient que les matières minérales, la *potasse*, le *phosphore* et la *chaux* qui seraient importantes dans le fumier de ferme. Ce n'est pas qu'il ne reconnaisse, tout le premier, les qualités fertilisantes de l'azote, mais en donner à la terre c'est, dit-il, chose superflue, ce corps se trouvant en assez grande quantité dans l'air pour nourrir les végétaux, et la terre cultivée contenant toujours des doses considérables de matières azotées.

Pour combattre cette opinion erronée, et pour démontrer combien il est nécessaire d'ajouter de l'azote aux matières qui doivent servir d'engrais, et l'utilité de l'azote dans le fumier de ferme (malgré celui que contiennent l'air et la terre) de nombreuses expériences furent faites pendant de nombreuses années, par MM. Lawes et Gilbert. Nous en parlerons plus tard. Pour le moment nous ne citerons que celle de M. Boussingault, *qui voulut consulter l'opinion des plantes sur l'utilité de l'azote dans le fumier.*

Ne pouvant les faire voter, il fit pour connaître leur opinion l'essai suivant :

Il sema de l'avoine dans un are de terrain pauvre, et il y enfouit 500 kilogrammes de fumier. A la récolte un grain d'avoine en rapporta 14.

Puis après avoir brûlé 500 kilogrammes de ce même fumier, et après en avoir recueilli les cendres qui renferment toutes les substances minérales qu'il contient, il les mit comme engrais dans un are de ce même terrain pauvre, et y sema la même quantité d'avoine. A la récolte un grain n'en donna que 4.

Cette expérience est des plus concluantes. Elle prouve que les cendres du fumier qui ne contiennent point d'azote puisqu'il s'est dissipé à l'état de gaz pendant la combustion, ne peuvent remplacer le fumier, qui lui a conservé tout son azote.

Quant au rôle que le chimiste allemand assigne aux substances minérales : *potasse, phosphore* et *chaux*, il fut aussi l'objet de nombreux travaux qui tous confirmèrent leur importance. Ce fut ainsi que cet illustre savant, même en s'étant trompé sur la question de l'azote, contribua à la création de l'industrie des engrais chimiques qui consiste dans la préparation et dans le mélange de substances et plus particulièrement de sels contenant de la potasse, du phosphore et de la chaux, auxquels on eut, bien entendu, grand soin d'ajouter des sels d'azote.

Destinés dès le principe à remplacer le fumier de ferme, ces engrais sont aujourd'hui plus généralement employés à compléter son action.

Les substances qui les composent, réunies toutes les quatre, mais chacune d'elles pouvant varier dans ses doses, constituent ce que M. G. Ville appelle *l'engrais complet*, et ce n'est que sous cette condition d'engrais complet que l'on peut juger de l'efficacité de l'azote, de la potasse, du phosphore et de la chaux qui le composent.

Ce propagateur des engrais chimiques ou minéraux recommande l'engrais complet, soit l'emploi des quatre substances réunies, en se basant sur de nombreuses expériences qui lui ont toutes démontré que si deux de ces substances réunies ont pour effet utile de donner un produit évalué à six ou à huit, elles peuvent, mélangées toutes les quatre, en donner un s'élevant jusqu'à trente ou quarante.

Mais comment convaincre les agriculteurs de l'efficacité et de la puissance fertilisante de ces quatre corps?

Le moyen est des plus simples et à la portée de tous.

Ils n'ont qu'à mettre une ou plusieurs plantes dans des vases ou dans des caisses remplis non avec du terreau ou de la terre, mais avec de la brique pilée qui ne contient aucune substance qui puisse servir d'aliments aux végétaux.

Puis ensuite à arroser ces plantes avec des sels de potasse, de phosphore, d'azote et de chaux dissous et à la faible dose d'un gramme du mélange dans un litre d'eau (un kilog.).

Après quelques arrosages, ils ne tarderont pas à voir que ces plantes l'emportent de beaucoup sur celles de la même espèce, mises dans des vases pleins de terre ou même de terreau, mais qui n'auront pas été arrosées avec de l'eau contenant les quatre substances désignées.

C'est à ce mélange qu'a eu recours un des premiers, M. le Dr Jeannel.

Voici comment ce professeur s'exprime dans une conférence publique tenue à Paris.

« Je mets sous vos yeux, dit-il à ses auditeurs, les expé-

« riences faites il y a deux mois, dans une serre du jardin
« d'acclimatation, et dans mon appartement.

« J'ai pris deux échantillons de chacune des plantes que je
« vous montre. L'un a été mis dans un vase plein de terreau,
« l'autre dans un vase rempli de sable, mais arrosé avec le
« mélange des quatre substances préalablement dissoutes
« dans l'eau.

« Vous pouvez juger des heureux résultats que l'on obtient
« avec cette composition, par les *bégonias*, les *maïs*, les
« *avoines*, la *sauge cardinale*, le *pelargonium zonale*, le *tra-*
« *dascantia virginica* que je mets sous vos yeux.

« Les *maïs* plantés dans du sable, et arrosés avec cet
« engrais chimique, sont énormes; ils sont au moins trois fois
« plus développés, que ceux qui ont végété dans la terre.

« Le *pelargonium zonale* traité de la même manière, est au
« moins deux fois plus beau, et mieux fleuri, que celui qui
« est dans le terreau.

« Toutes les autres plantes, par la beauté de leur feuillage
« d'un vert sombre, par l'éclat de leurs fleurs, démontrent
« la supériorité de culture que donne cet engrais chimique.

« Le sol arrosé avec cet engrais ne s'épuise jamais. On lui
« rend ce que la plante lui prend, de sorte qu'on ne saurait
« prévoir à quelles dimensions parviendraient les plantes
« ainsi cultivées, même dans des vases très petits.

« Voici un lierre qui, mis dans un vase plein de terre,
« l'avait complètement épuisée, il était à moitié sec. Arrosé
« avec la solution des quatre corps de l'engrais chimique, il
« n'a pas tardé à se développer, et à lancer cinq à six pousses
« très feuillées, et de plus d'un mètre de longueur.

« Enfin, voici toute une série d'*arums*, de *petunias*, de *véro-*
« *niques*, de *fuchsias*, qui n'ont pas été rempotés.

« Toutes ces plantes sont plus belles, plus développées que

« celles de la même espèce, qui ont été cultivées dans le
« terreau, et arrosées avec de l'eau ordinaire. »

Telles sont les expériences que peut faire toute personne
qui douterait de l'efficacité de ces quatre substances comme
engrais.

Elle peut en faire une plus simple encore. Qu'elle remplace
la brique pilée par de la mousse, qu'elle arrache délicatement
une plante pour ne pas déchirer ses racines, qu'elle les lave à
grande eau pour les dépouiller de toute leur terre, puis qu'elle
place cette plante dans un vase, en ayant soin que ses racines
soient bien étalées et pressées par la mousse, enfin qu'elle
arrose cette mousse avec une solution de cet engrais au mil-
lième et cela tous les cinq à dix jours, de manière à ce
qu'elle reste toujours humide, et elle verra la plante se développer, fleurir et porter des graines.

« L'expérimentateur sera alors probablement très étonné,
« et très surpris de voir une plante parcourir toutes les
« phases de sa vie végétale, germer et mûrir, quand ses
« racines croissent dans du sable calciné contenant à la place
« de terre et de débris végétaux, des sels d'une grande
« pureté, et qu'au moyen de ces sels, substances minérales,
« cette plante augmente progressivement en croissance et en
« poids (1). »

V

Ces remarquables résultats soulèvent une grave question
qui est celle-ci :

(1) M. Boussingault. *Comptes rendus de l'Académie des sciences de
Paris.* T. XLIV, p. 953.

Ces quatre substances, l'azote, la potasse, le phosphore et la chaux, ces quatre agents de la fertilité, comme on les appelle souvent, remplissent-ils identiquement le même rôle que le fumier de ferme ? Jouissent-ils des mêmes propriétés ?

Répondre affirmativement, ce serait prétendre que les substances végétales qui entrent dans le fumier de ferme en dose moyenne de 14 °/₀ ne servent à rien, et que les petites quantités d'azote, de phosphore, et de potasse, qu'il contient (1 ¹/₂ kil. à 2 ¹/₂ sur 100 kil.) jouent seules un rôle actif dans la fertilisation du sol.

C'est ce qu'admet M. G. Ville, qui, regardant les matières végétales comme inutiles, estime que les engrais chimiques sont supérieurs au fumier de ferme.

« On a prétendu, dit-il, jusqu'à ces dernières années, que le
« fumier était le meilleur agent de la fertilité, nous soutenons
« qu'en cela on a eu tort, il est possible aujourd'hui de com-
« poser des engrais chimiques artificiels, qui lui sont supé-
« rieurs, et, qui sont plus économiques. Grâces à eux, le
« précepte : faites de la prairie pour avoir du bétail, et du
« bétail pour avoir du fumier, n'est plus à suivre, car le
« fumier rend moins, et coûte plus cher que les engrais
« chimiques. »

Or, cette opinion de M. G. Ville est erronée, car les matières végétales, paille, feuilles, herbes, etc., loin d'être inutiles, remplissent dans la fertilisation du sol une fonction capitale et toute particulière.

C'est ainsi que dans le fumier consommé et à l'état de beurre noir, ces matières végétales changées en humates, probablement absorbables par les racines, tiennent en dissolution non seulement des substances minérales qu'elles ont rendues solubles, mais jouissent encore de la propriété de dissoudre celles qu'elles rencontrent dans la terre.

Les matières végétales qui, dans le fumier pailleux, n'ont pas été décomposées et dissoutes par l'ammoniaque, ne tardent pas, mises en terre et sous l'influence de la chaleur et de l'humidité, à se modifier à leur tour.

Formées d'eau et de carbone, elles perdent insensiblement, comme nous l'avons déjà dit, une partie de leur eau, augmentant ainsi leur poids en carbone et finissent par se changer en terreau.

Le terreau que l'on prépare dans les fermes, celui que l'on prend dans les forêts, dans les bruyères, lessivé avec de l'eau, donne, par l'évaporation de cette eau, un résidu, un extrait, plus ou moins considérable, contenant des sels d'azote, des sels de phosphore, des sels de potasse et de chaux, substances qui, comme nous l'avons également fait remarquer, sont les éléments constitutifs des engrais chimiques.

Ainsi à ce seul point de vue, les matières végétales complétement transformées en beurre noir, ou simplement changées en terreau, exercent une action fertilisante (1).

Mais là ne s'arrêtent pas les propriétés des matières végétales. Le terreau qui en résulte s'imbibe d'eau comme une éponge et la conserve avec beaucoup de force, ce qui est très favorable aux racines des végétaux (2).

(1) M. THÉODORE DE SAUSSURE. *Recherches chimiques sur la végétation.*

(2) Résumé des essais faits sur la quantité d'eau que prennent différentes terres :

100 parties de sable siliceux		ont absorbé	25	parties d'eau
—	—	— calcaire	—	29	—
—	—	de terre argileuse	—	70	—
—	—	— arable	—	52	—
—	—	— de jardin	—	89	—
—	—	de terreau	—	190	—

Il retient également, comme dans ses mailles, un grand
nombre de sels minéraux, phosphates, sels de potasse,
d'ammoniaque, etc. Ainsi emmagasinés, ces sels servent de
réserve, et ne sont cédés aux plantes que peu à peu.

Cette absorption est un phénomène très remarquable. Que
l'on verse, par exemple sur du terreau, soit du purin, soit de
l'eau brune, provenant du fumier à l'état de *beurre noir*, on
verra que le liquide qui le traverse en ressort incolore,
dépourvu d'odeur et de la plupart de ses principes fertilisants.

Cette propriété absorbante donne l'explication de ce fait
souvent observé : que les engrais chimiques exercent une
action beaucoup plus grande sur les terres riches en terreau,
que sur celles qui en contiennent peu. Dans ce dernier cas,
les sels solubles de ces engrais descendent dans le sous-sol,
et ne profitent pas aux racines, tandis que dans le premier, ils
sont absorbés par le terreau, et ne sont très probablement
cédés aux plantes que selon leurs besoins.

Quoique à un degré beaucoup moindre que le terreau, la
terre en général, et surtout celle qui contient de l'argile ou
de la marne, jouit de cette même propriété, propriété admirable, sans laquelle les principes nutritifs qui lui sont donnés
comme engrais, la traverseraient comme à travers un filtre
pour aller se perdre dans les profondeurs du sol. Il en résulterait que l'appauvrissement de la terre serait la conséquence
des irrigations et des pluies.

Une application en grand de cette propriété a été faite
dans la plaine de Genevilliers près de Paris. Deux des principaux égouts de cette ville se rendent sur les terrains de
cette localité, les arrosent, les fertilisent, et leur font produire de magnifiques récoltes.

L'eau souillée d'immondices qui a enrichi ce sol en ressort limpide, sans odeur et pour ainsi dire potable (1).

C'est encore en se basant sur cette propriété que dans beau-coup de contrées, les agriculteurs stratifient le fumier avec de la terre, et forment des lits successifs de l'un et de l'autre. Les effets de ce mélange comme engrais sont absolument les mêmes que ceux que produit le fumier de ferme, sous la condition que l'on arrose de temps en temps les tas avec de l'eau, ou ce qui est mieux encore, avec du purin ou de l'urine.

Le terreau jouit encore de deux autres propriétés qui lui sont particulières. Etant très riche en charbon (carbone) il est attaqué par l'oxygène de l'air qui le change en acide car-bonique que l'eau dissout.

Plus la terre est travaillée, c'est-à-dire, plus l'air peut y pénétrer, plus la formation de ce gaz est considérable, mais il ne faut pas l'oublier, plus la quantité de terreau diminue par sa transformation en acide carbonique. C'est là un fait qui ne souffre aucune exception et les cultivateurs qui ont voulu remplacer les engrais par des labours trop fréquents en ont fait la triste expérience. Leurs champs ont perdu en fertilité par la destruction du terreau (2).

C'est sous l'influence de cette combinaison de l'oxygène avec le charbon des végétaux, que selon les expériences de

---

(1) M. PAYEN. *Précis de chimie industrielle.* T. I, p. 94.

(2) M. BOUSSINGAULT. *Documents relatifs au mémoire sur la terre végétale considérée, dans ses effets sur la végétation.* Comptes rendus de l'Académie des sciences de Paris. T. XLVIII. — M. BENEDICT DE SAUSSURE. *Voyage dans les Alpes en 1796.* T. V, p. 206.

M. Dehérain, les deux gaz de l'air *l'oxygène et l'azote*, s'u-- nissent pour former de l'acide azotique (ou nitrique) (1).

Ainsi s'explique cette observation qu'avait faite au com- mencement de ce siècle M. Théodore de Saussure : que *le terreau doit créer aux dépens de l'air une substance azotée puisqu'il contient plus d'azote que n'en contiennent les végé- taux dont il provient.*

M. Truchot qui a repris le travail de M. Dehérain est arrivé à cette conclusion : que la quantité d'acide azotique qui se forme dans un terrain est proportionnelle à la quantité de terreau qu'il renferme (2).

Selon M. Millon, cet acide azotique ne se forme qu'à la condition que le terreau contienne soit des substances potas- siques, soit de la chaux, substances, nous l'avons vu, qu'il renferme toujours en plus ou moins grande quantité (3).

Enfin, selon M. Bertholot les deux gaz de l'air se combine- raient sous l'influence de l'air électrisé *(l'ozone)* (4).

Mais si on se rappelle que sous l'action énergique de la foudre, les deux gaz de l'air se combinent pour former de l'acide azotique (nitrique), que cette même combinaison s'opère lorsqu'on fait passer une étincelle électrique à travers l'air contenu dans un fort tube de verre, si enfin on tient compte de ce fait : que toute combinaison chimique est accompagnée d'électricité, on peut conclure que c'est sous l'influence élec trique résultant de la combinaison de l'oxygène avec le char--

---

(1) M. Dehérain. Professeur de chimie à l'Ecole d'agriculture de Grignon. (*Comptes rendus, ut supra*. T. LXXIII, p. 1352.)

(2) M. Truchot. *Comptes rendus*. T. LXXXI, p. 945.

(3) M. Millon. *Théorie chimique de la nitrification*. (Comptes. rendus, ut supra. T. LI, p 548).

(4) M. Bertholot. *Comptes rendus*, T. LXXXV, p. 173.

bon, que les deux gaz de l'air, l'oxygène et l'azote, primitive-
ment à l'état de simple mélange, s'unissent pour former de
l'acide azotique (nitrique), substance comme nous le verrons,
des plus fertilisantes (1).

Si maintenant nous revenons à cet acide carbonique que
crée le terreau, nous voyons qu'une partie de cet acide
dissous dans l'eau est absorbée par les racines des végétaux
et sert de nourriture à la plante, l'autre partie réagit sur les
corps insolubles de la terre, se combine avec eux, et les
change en substances solubles, qui peuvent alors pénétrer
dans l'intérieur des plantes et les alimenter.

La terre, en effet, il ne faut pas l'oublier est un mélange
de nombreuses substances qui varient en qualités et en quantités suivant les terrains. Tantôt la chaux y domine, tantôt
l'argile, tantôt le sable, mais quelle que soit la nature de ces
différentes terres, elles *ne fondent pas dans l'eau*, ne s'y
dissolvent pas, ce qui devait être pour la conservation du sol.

Or, parmi ces substances insolubles se trouvent celles qui
font partie des engrais chimiques. Comment donc peuvent-
elles pénétrer dans les végétaux ?

Elles y pénètrent, comme nous venons de le dire, grâce à
l'action que le terreau exerce sur elles. C'est le terreau qui
les rend solubles par l'acide carbonique qu'il dégage en quantités notables, car tandis que l'air libre que nous respirons ne
contient en acide carbonique que la petite quantité de

(1) D'après MM. *Schlœsing* et *Muntz*, la nitrification serait l'œuvre d'a-
nimalcules infiniment petits travaillant dans les terres arables contenant des
matières végétales et des substances potassiques et calcaires (*Comptes rendus*. T. LXXXIX, p. 891.) M.Warington, dans un travail récent, a répété
les expériences de MM. Schlœsing et Muntz et a constaté que pour la formation de ce ferment vivant, l'acide phosphorique était nécessaire (*Annales
agronomiques*, par M. Dehérain, du 25 février 1885).

$^4/_{10,000}$. l'air que renferme dans ses interstices la terre d'un champ bien fumé, contient jusqu'à 10 °/₀ de ce même acide carbonique.

C'est ce gaz qui rend solubles, les phosphates insolubles que la terre renferme.

Sa puissance dissolvante a été établie par de très nombreux travaux. M. Boussingault, cet agronome, ce savant si distingué, que nous sommes appelés à citer si souvent, ayant mis du phosphate de chaux dans un sol privé de terreau trouva qu'il avait été inefficace. Mêlé à de la sciure de bois qui, changée en terreau, dégagea de l'acide carbonique, ce phosphate devint soluble et fertilisa la terre.

M. G. Ville fit une expérience du même genre. Il prit deux plantes de la même espèce et les plaça dans deux vases pleins d'un sable privé par la calcination de toute matière végétale. Dans les deux vases il ajouta la même dose de phosphate de chaux, mais ne mit du terreau que dans un seul. Or ce ne fut que la plante de ce dernier vase qui, à l'analyse, donna du phosphate de chaux. Il avait été rendu soluble par l'acide carbonique qui s'était formé par le terreau.

Mais c'est à M. Dumas que l'on doit l'expérience la plus simple et la plus concluante. Il plongea dans une bouteille d'eau gazée par l'acide carbonique, dans de *l'eau de selts*, des lames d'ivoire et des os de peu d'épaisseur, et le phosphate de chaux qui en constitue la solidité ne tarda pas à se dissoudre et à ne laisser que la gélatine qui forme le réseau des os (1).

Enfin, comme conclusion de très nombreuses expériences qui ont été faites sur les phosphates, il résulte : Qu'ils se dissolvent (indépendamment de leur cohésion et de la dureté

---

(1) M. Dumas, secrétaire perpétuel de l'Institut. *Discours de rentrée de l'Académie des sciences de Paris*, 1846.

des corps dont ils proviennent) d'autant plus vite et d'autant plus complètement que le sol qui les reçoit est plus riche en terreau (1).

L'acide carbonique transforme également le carbonate de chaux insoluble, la pierre à chaux, en un sel de chaux soluble : le *bicarbonate de chaux*.

Le tuf et les concrétions mamelonnées blanches ou jaunâtres que l'on remarque dans un grand nombre de murs de soutènement, proviennent de pierres à chaux dissoutes en terre par de l'eau contenant de l'acide carbonique. Cette eau chargée de chaux s'infiltre entre les pierres, traverse les murs, puis exposée à l'air, perd son acide carbonique qui se volatilise et laisse déposer la chaux redevenue carbonate de chaux insoluble.

Sur le sulfate de chaux, le plâtre, dont une partie se dissout dans quatre cent dix parties d'eau, c'est par son charbon qu'agit le terreau. Ce charbon qui, pour passer à l'état d'acide carbonique, a besoin d'oxygène, le prend au sulfate de chaux et le transforme en sulfure de calcium (foie de soufre).

C'est à cette transformation, à ce foie de soufre formé, qu'est due l'odeur d'œufs pourris que répandent les eaux de puits contenant du plâtre et qui, mal entretenus, renferment des débris, des résidus de matières végétales.

C'est encore à cette même cause que certaines eaux sulfureuses, celles d'Enghien, près de Paris, doivent leur sulfuration et leurs propriétés.

(1) Chez l'homme et chez les animaux les phosphates nécessaires à leur organisation sont également rendus solubles par un acide. Mais dans les végétaux, c'est l'acide carbonique qui fait cette fonction ; chez les animaux, c'est un autre acide, l'acide du lait, l'acide lactique qui la remplit.

Le terreau décompose aussi les azotates (nitrates).

M. Pelouze a constaté que l'eau des ruisseaux, que l'eau des drains contient du nitre, mais que l'on n'en trouve plus dans cette même eau dès qu'elle est devenue croupissante en formant un étang. Les végétaux qui y croissent, et qui, par leurs détritus, forment du terreau, décomposent les sels d'azote, les azotates (nitrates) et l'azote libre se disperse dans l'air à l'état de gaz.

Cette décomposition des nitrates par le terreau a été confirmée par les travaux de M. Boussingault, par ceux de M. Jeannel et enfin par les expériences de MM. Schlœsing et Muntz, qui ont démontré que, dans les nitrières artificielles et dans les fumiers, c'étaient principalement les moisissures qui décomposaient les nitrates.

M. le professeur Bineau a également vu disparaître sous l'influence des mousses et des cryptogames, les nitrates que l'eau tenait en dissolution.

De l'ensemble des propriétés particulières aux matières végétales, on peut conclure que les engrais chimiques ne peuvent pas remplacer complètement le fumier de ferme.

Aussi une terre n'est réellement fertile qu'autant qu'elle contient une dose suffisante de terreau, c'est-à-dire de matières végétales en décomposition.

C'est ce qui n'avait point échappé, déjà dans le siècle passé, à M. Bénédict de Saussure, et à M. de Humboldt. Ils expliquaient ainsi le peu de fertilité de la terre provenant d'un minage profond, fertilité qu'il était facile de lui donner en la mêlant avec des matières végétales.

« Une terre fertile, et cela ressort de mes recherches, dit « M. Boussingault, qu'elle soit prise sur les bords du Rhin,

« comme dans la vallée des Amazones, dans les sols sura-
« bondamment fumés des cultures européennes, comme dans
« les atterrissements déposés par les grands fleuves des forêts
« impénétrables de l'Amérique, peut toujours être représentée
« par du terreau disséminé en quantité plus ou moins grande
« dans un fond, un sol argileux, calcaire ou siliceux.

« Ce terreau contient toujours les mêmes principes fertili-
« sateurs que la terre, mais à des doses plus élevées (1). »

Dans son ouvrage sur l'*Economie rurale*, ce célèbre chimiste et agronome pose également comme principe : « Que la
« terre ne donne des récoltes lucratives qu'autant qu'elle
« renferme une quantité suffisante de matières organiques
« dans un état plus ou moins avancé de décomposition (2). »

« Il est des sols favorisés, dit-il, dans lesquels cette ma-
« tière, connue sous le nom d'humus ou de terreau, existe
« naturellement. Il en est d'autres, et c'est le plus grand
« nombre qui en sont privés, ou n'en contiennent qu'une
« quantité insuffisante.

« Ces sols exigent pour devenir fertiles, l'intervention du
« terreau que créent soit les matières végétales, soit le
« fumier de ferme. Rien ne saurait y suppléer, ni le travail
« qui les ameublit, ni le climat qui aide si puissamment à
« leur fécondité, ni les sels minéraux ou les alcalis (la
« potasse), qui sont de si utiles auxiliaires à leur végétation.

« Ce n'est pas, ajoute-t-il, qu'une terre privée de terreau
« ne puisse permettre à une plante de naître, et de se déve-
« lopper, mais dans une semblable condition, la végétation

(1) M. BOUSSINGAULT. *Constitution du terreau comparée à celle de
la terre végétale.* (Comptes rendus de l'Académie des sciences. T. XLVIII.
p. 931.)

(2) M. BOUSSINGAULT. *Economie rurale.* T. II, p. 1-2.

« est lente, quelquefois imparfaite, et l'industrie agricole ne
« saurait s'exercer dans un sol qui se rapprocherait à ce
« degré de la stérilité absolue. »

Ce n'est donc point sans raison que la plupart des agriculteurs attachent une grande importance au terreau, et il n'est
plus possible de dire aujourd'hui: que les *matières végétales ne
sont qu'un élément mécanique qui a l'heureux privilège de servir d'explication, à tout ce que l'on ne comprend pas.*

L'action qu'exerce le terreau étant bien déterminée, il est
possible de tracer en quelques lignes et d'une manière générale le rôle du fumier de ferme.

Et d'abord il agit en divisant les sols compacts, les argiles,
et en permettant à l'air d'y pénétrer, et aux racines de
s'étendre. Il accumule de la chaleur dans la terre, chaleur
favorable à la végétation.

Puis il apporte la petite quantité de composés solubles en
azote, en phosphore, en potasse, et en chaux qu'il contient
(1 à 2 kilogrammes sur 100 kilogrammes de fumier).

Ces substances exercent une action immédiate sur les
racines des plantes.

Vient ensuite le tour des matières végétales qui forment
comme nous l'avons vu, l'eau déduite, la plus grande partie
du fumier, car elles s'élèvent jusqu'à 14 % de son poids
total.

Si ces substances végétales ont subi l'influence de l'ammoniaque provenant de la fermentation des matières animales,
et qu'elles se soient transformées en *beurre noir*, elles apportent à la terre sous la forme de fumates ou d'humates d'ammoniaque, des composés de carbone et d'ammoniaque, corps
solubles des plus fertilisants par eux mêmes, et par la pro-

priété dont ils jouissent de dissoudre des substances minérales insolubles.

Dans le cas où ces matières végétales n'ont pas été transformées, comme dans le fumier pailleux, elles n'exercent leur action que d'une manière lente, et seulement à mesure qu'elles se changent en terreau.

Cette décomposition demande d'autant plus de temps pour se faire, que la terre est plus sèche, et, que l'air est plus froid ; elle est d'autant plus rapide que le terrain est plus humide et l'atmosphère plus chaude.

Le terreau une fois formé absorbe l'humidité de l'air, et la retient, il retient de même et emmagasine, pour les livrer peu à peu aux végétaux, les diverses substances solubles que l'agriculteur donne à ses terres, et qui risqueraient d'être entraînées dans le sous-sol par les pluies et perdues en grande partie du moins pour la végétation.

Attaqué par l'oxygène de l'air, il devient une source d'où se dégage, d'une manière plus ou moins active, de l'acide carbonique.

Probablement sous l'influence de l'électricité qui se forme pendant cette combinaison de l'oxygène et du carbone, les deux gaz de l'air, l'oxygène et l'azote, se réunissent, se combinent pour faire de l'acide azotique.

Les fumates, les humates d'ammoniaque, provenant soit du fumier à l'état de beurre noir, soit du purin, sont également en dernier résultat attaqués par l'oxygène, et transformés en azotates.

Quant à l'acide carbonique produit, une partie dissoute dans l'eau est absorbée par la racine et sert d'aliment à la plante, l'autre réagit, comme nous l'avons longuement expliqué, sur les composés insolubles de la terre, et les rend solubles.

Aussi, indépendamment des produits fertilisateurs qu'apporte au sol le fumier de ferme plus ou moins consommé, il crée, mis en terre, de l'engrais chimique, et cela sous l'influence de l'oxygène de l'air, de la chaleur et de l'humidité. En d'autres termes il transforme les substances du sol, inutiles à la végétation vu leur insolubilité, en substances solubles qui se fondent dans l'eau, et qui sont *assimilables*.

Ce mot assimilable demande à être bien compris.

Une substance donnée à un animal quelconque, comme nourriture, ne peut lui servir d'aliment, n'est *assimilable*, que si, introduite dans son estomac, elle s'y décompose, s'y modifie, de manière à se transformer en chair, sang, os, ou à fournir les éléments de ces corps. Chez l'animal l'aliment peut être solide.

Chez les végétaux, l'aliment doit être liquide ou soluble dans l'eau. C'est là une condition de rigueur pour qu'il puisse pénétrer dans la plante par le moyen de ses racines.

La substance alimentaire doit de plus arriver dans le végétal déjà modifiée, ou pouvant s'y modifier de telle sorte qu'elle lui fournisse les éléments de sa sève, de ses feuilles, ou de ses fruits.

Il ne s'agit donc pas de donner aux plantes comme aliments, comme engrais, des substances qui, lors même qu'elles se dissoudraient dans l'eau, ont leurs parties, leurs éléments trop fortement liés entr'eux pour se disjoindre, se désassocier, se décomposer.

De pareilles substances pourraient être des plus nuisibles. Introduites en solution dans le végétal, parvenues dans les feuilles et l'eau qui leur a servi de véhicule s'étant évaporée, elles s'y accumuleraient et boucheraient les pores par lesquels les plantes respirent et remplissent leurs fonctions.

Cette accumulation de corps solides serait d'autant plus prompte que les plantes auraient des feuilles plus grandes et présenteraient une surface d'évaporation plus large.

Il est donc nécessaire, vu le grand rôle que joue l'assimilation dans la nourriture des végétaux, qu'une fabrique indique dans son prix-courant non seulement la contenance de ses engrais en phosphore, potasse et azote, il faut de plus qu'elle indique avec quelles substances ces quatre corps, ces quatre agents de la fertilité sont unis.

Leur action, en effet, serait nulle, si les sels ou les matières qui les renferment restaient toujours insolubles, ou si étant solubles ils étaient indécomposables.

De pareilles substances ne doivent jamais entrer dans la composition des engrais chimiques, car, malgré leur bas prix, elles sont encore trop chères du moment qu'elles ne donnent pas une augmentation dans le produit des récoltes.

VI

Utilité des engrais chimiques.

De ce que le sol renferme quelquefois, en doses supérieures aux besoins des récoltes, des matières azotées, des phosphates, des composés de potasse plus ou moins insolubles dans l'eau, mais que le fumier peut rendre solubles ; de ce que le fumier, en un mot, crée de l'engrais chimique, doit-on en conclure que la quantité de cet engrais ainsi formé est suffisante, et qu'il est superflu d'acheter et de donner à la terre de ce même engrais préparé artificiellement ?

Non, l'emploi de cet engrais est loin d'être inutile. Il est au contraire très souvent nécessaire d'y recourir, si l'on veut qu'un terrain ne s'épuise pas peu à peu, et ne vienne à manquer des substances fertilisantes.

Il est vrai que le fumier de ferme rend au sol la plus grande partie des substances que les récoltes lui ont prises, mais cette restitution n'est jamais complète.

Certaines cultures tendent à sortir du sol, toujours les mêmes corps et à fortes doses.

Les céréales, par exemple, qui se vendent hors de la ferme contiennent beaucoup de phosphore qui ne retourne pas à la terre.

Il est de même du lait, de la laine, des peaux, etc., qui emportent également au dehors une grande quantité de phosphore.

Puis, comme l'exportation ne porte pas également sur toutes les substances du sol, il en résulte que les éléments de fertilité qu'il contient se modifient dans leurs rapports ; aussi a-t-on souvent remarqué, que des cultures qui ont été pendant longtemps la richesse d'un pays ou d'un agriculteur, finissent par ne plus réussir dans les mêmes terrains.

Il faut donc, dès que la terre perd plus d'une substance fertilisante qu'elle n'en reçoit, rétablir l'équilibre en y ajoutant l'élément de l'engrais qui, dans le cas particulier, fait défaut.

Enfin dans telles ou telles cultures, telles ou telles substances doivent prédominer (1).

---

(1) M. G. Ville avait admis que chacune des quatre substances qui composent l'engrais chimique remplissait tantôt l'une, tantôt l'autre, un rôle prédominant selon la plante cultivée. Il appelait cette substance *la dominante.*

Mais la pratique ainsi que les analyses des végétaux ont démontré que la

La vigne, par exemple, demande plus de potasse et de phosphore que le fumier ne peut lui en donner, si toutefois on l'emploie dans les doses voulues pour ne pas développer du bois aux dépens de la fructification.

Le blé demande plus de phosphore que le fumier n'en contient, quand on le donne aux doses normales. Si, pour fournir la quantité de phosphore nécessaire, on augmente celle du fumier, on fournit alors au blé trop d'azote, et on court le risque de le développer trop en tiges et feuilles, et de le faire verser.

Dans ces deux cas (et des cas semblables se présentent souvent), il faut recourir aux engrais chimiques. Ils permettent de compléter l'action du fumier de ferme, et de la proportionner aux exigences de telle ou telle culture.

Il y a des terres noires, celles qui proviennent d'anciens marais, par exemple, qui sont très riches en terreau azoté, mais ce terreau devenu acide forme une combinaison insoluble qui est difficilement attaquée par l'oxygène de l'air. Or sous l'influence de l'engrais chimique, ou sous celle de la chaux employée seule, ce terreau insoluble se modifie, se décompose et donne naissance à de l'acide carbonique et à des produits azotés, à des nitrates, substances qui renferment au plus haut degré l'azote assimilable.

Les composés du phosphore (les phosphates) et ceux de la potasse, peuvent de même se trouver dans la terre dans un état inerte, ou dans un état d'agrégation, de cohésion qui les

vigne a besoin de potasse et de phosphore. Elle aurait donc deux *dominantes*.

D'autres plantes sont dans le même cas, et le sarrasin en aurait trois.

La multiplicité des dominantes enlève donc une partie de sa valeur au principe même sur lequel elles reposent, cependant dans sa généralité ce principe est vrai et son application utile.

rende bien moins assimilables que ne le sont les substances qui les représentent dans les engrais chimiques.

C'est encore à ce genre d'engrais qu'il faut recourir, quand il s'agit d'une terre épuisée, où les composés d'azote, de phosphore, de potasse et de chaux font défaut, ou sont en trop petite quantité.

Le fumier qu'on enfouirait dans un pareil terrain n'agirait (à moins qu'il ne fût mis à une dose très forte) que par la petite portion d'engrais chimique qu'il contient, et non par son terreau. Celui-ci en effet ne pourrait rendre solubles des corps qui n'existent pas dans la terre.

Si au contraire c'est le terreau qui fait défaut et qu'il faille reconstituer le sol par l'apport de fumier de ferme, ou de matières végétales, c'est encore l'engrais chimique qu'il faut employer, si on veut obtenir de fortes récoltes dans l'année courante, la transformation du fumier en terreau exigeant quelquefois beaucoup de temps pour s'opérer.

Enfin, ces quatre substances qui composent l'engrais chimique peuvent être utilisées selon la volonté et suivant l'intelligence du cultivateur, du moment qu'il connaît bien leurs propriétés. Il peut les employer soit seules, soit mélangées avec du fumier ou avec des composts qu'il ne doit pas négliger de préparer pour ses terres.

Ces composts, faits avec tous les résidus des travaux de la ferme, sont en effet chaudement recommandés par M. Boussingault : (1) « Pendant vingt-cinq ans, dit-il, j'ai critiqué ces « composts que l'on faisait dans la ferme que je dirigeais, et « où entraient les balayures, la boue des chemins, les mau- « vaises herbes, les feuilles mortes, les issues de boucherie,

---

(1) M. Boussingault. *Comptes rendus de l'Académie des sciences de Paris.* T. XLVIII.

« les cendres de houille, celles de bois, etc., etc., réunies en
« tas et arrosées avec du purin et à la rigueur avec de l'eau
« seulement, mais pendant vingt-cinq ans j'ai laissé faire,
« d'abord parce que les résultats étaient des plus satisfai-
« sants, puis parce que je pensais que sous un point essen-
« tiellement pratique, l'*opinion des paysans valait mieux que*
« *celle d'un académicien*.

« Mais plus tard, l'importance des nitrates, leur mode de
« formation étant connus, il m'a été démontré que ces com-
« posts étaient de véritables nitrières artificielles. — De là
« leur activité (1). »

C'est même lorsque les engrais chimiques sont mélangés
avec du fumier, des composts, ou avec des matières végétales
qui se changeront en terreau, qu'ils atteignent leur maximum
d'efficacité. Aussi la meilleure manière de féconder une terre
est de lui donner du fumier de ferme et de l'engrais chimique.

(1) Parmi ces composts il en est un qui a joui et qui jouit encore d'une
très-grande réputation, qui est des plus faciles à préparer, et qui ne
coûte presque rien. C'est l'engrais artificiel de *Jauffret*. Ce cultivateur
provençal le composait de tout ce qu'il trouvait dans son voisinage, de
paille, de fougères, de roseaux, de genets, en un mot de tous les débris
végétaux qu'il pouvait se procurer. Il déterminait dans ces matières une
fermentation très-rapide et très-énergique. Pour cela il les tassait après les
avoir mis en morceaux assez petits, et les arrosait pour les entretenir humides, seulement avec de l'eau d'une mare voisine (que l'on pourrait facilement remplacer par des tonneaux de pétrole défoncés) qu'il faisait croupir
en y jetant des matières fécales ou de l'urine, de la boue, du plâtre, des
cendres et du salpêtre (nitrate de potasse). C'est avec cette espèce de lessive
qu'il arrosait ses tas, et une fermentation très-prompte, dont la température s'élevait jusqu'à 75°, ne tardait pas à s'établir. Par cette méthode il
obtenait un compost qui, au bout de quinze jours, était changé en terreau
et d'un emploi immédiat.

On réduit alors la moitié de la dose de chacun des deux engrais.

C'est ce que résume en quelques lignes M. Boussingault dans ses *Documents relatifs à la terre végétale considérée dans ses effets sur la végétation.*

Les agronomes, dit-il, ont raison d'apprécier l'importance du terreau dans le sol, importance qu'a signalée M. Th. de Saussure.

Le célèbre chimiste Liebig a bien fait de faire ressortir l'influence des substances chimiques et minérales sur la végétation.

MM. Boussingault et Payen ont été fondés à dire que la valeur d'un engrais s'accroît avec sa richesse en matières azotées.

Mais celui-là a bien plus raison encore, qui proclame que l'engrais par excellence est celui qui contient à la fois :

Le terreau,

Les matières minérales,

Les substances azotées.

Mais, pour que l'agriculteur puisse mettre à profit le résultat des observations, et des travaux de ce savant agronome, et employer l'engrais par excellence sans courir de nombreuses chances de désappointement, il ne lui suffit pas de connaître les propriétés du terreau et de ses modifications, il doit de plus connaître celles des différentes matières azotées, et celles des divers sels de potasse, de phosphore et de chaux, qui entrent soit dans le fumier de ferme, soit dans les engrais chimiques.

C'est l'étude de ces propriétés que nous allons aborder dans les pages suivantes.

VII

Azote

Nous commencerons cette étude par celle de l'azote.

De même que l'eau se présente à nous à l'état de vapeur, à l'état liquide, et à l'état solide (glace, neige), de même l'azote se présente à nous sous trois formes.

Dans l'air, il est à l'état de gaz, et non combiné ; dans le sang, dans les urines, dans le suc des végétaux, il est à l'état de combinaison liquide, et à l'état de combinaison solide dans la chair, dans les os des animaux, dans les graines des végétaux, etc., etc.

Dans les pages précédentes, nous avons vu que ce gaz, dont le mot signifie : *qui prive de vie*, a reçu ce nom, parce qu'il ne peut entretenir l'existence, étant impropre à la respiration. .

Nous avons vu qu'il constitue à peu près les quatre cinquièmes de l'air, cet oxygène en formant la cinquième partie, et que cette forte dose d'azote est nécessaire pour atténuer l'énergie excessive de l'oxygène et pour modifier l'action trop vive qu'il exercerait sur nos organes.

Mais ce n'est probablement pas le seul rôle que l'azote soit appelé à remplir, il doit en avoir d'autres, si l'on tient compte des considérations suivantes :

1° Qu'il se trouve dans tous les organes des animaux et des végétaux.

2° Que la faculté nutritive des aliments est proportionnelle à la quantité d'azote qu'ils renferment.

Le gaz azote que nous respirons avec l'air, celui que renferment nos aliments, doit donc nous être nécessaire, puisque une partie se combine avec nos organes, et s'y assimile.

Quant à celle qui ne leur sert pas ou qui est en excès, elle est rejetée du corps de l'homme et des animaux, sous forme d'urine et de matières excrémentielles.

Ce sont ces matières, qui, comme nous l'avons déjà fait remarquer, absorbées par des substances végétales, paille, herbes, feuilles, etc., constituent le fumier de ferme et lui donnent sa principale valeur.

De là il résulte que très souvent on désigne l'azote comme étant l'élément constitutif, le principe important du fumier.

C'est de l'urine que l'on retire une grande partie de l'azote que l'on emploie dans les engrais chimiques, sous la forme d'un sel appelé *sulfate d'ammoniaque*.

Pour l'obtenir, il suffit de conserver de l'urine pendant quelques jours jusqu'à ce qu'elle se décompose et répande cette odeur piquante et désagréable que tout le monde connaît (1).

Cette odeur, qui se fait aussi sentir dans les écuries mal tenues, est due à un composé d'azote qui est très volatil : l'*ammoniaque ou l'alcali volatil*.

Si, à cette urine en décomposition on ajoute de l'acide sulfurique, et qu'on évapore convenablement le liquide, on obtient un sel qui est le *sulfate d'ammoniaque*.

L'urine simplement étendue de trois ou quatre parties d'eau, le purin traité de la même manière, constituent un excellent engrais, mais qui a le grave inconvénient de laisser son azote se perdre dans l'air à l'état d'ammoniaque volatile.

---

(1) L'urine, conservée et mélangée avec les matières excrémentielles solides, constitue l'engrais flamand.

« Cette ammoniaque entraînée dans l'atmosphère retombe
« dissoute avec la pluie, et retombe à tout hasard, sans
« distinction de localités, où le vent la pousse, de telle sorte
« que, revenant sans cesse de la terre à l'air, de l'air à la
« terre, l'urine qui se décompose à Paris ou à Genève, peut
« nous revenir un jour de la Chine sous forme de thé.

« L'agriculteur doit donc fixer cette ammoniaque par tous
« les moyens possibles. S'il la laisse se dissiper, elle est
« tout aussi utile à son voisin, qu'elle l'eût été à lui-même,
« mais en la recueillant avec soin, il n'aura pour lui aucune
« de ces pertes qui, dans les exploitations agricoles, exigent
« souvent des réparations coûteuses (1).

C'est pour s'opposer à cette perte qu'il est bon de verser
dans les fosses à urine et à purin, une petite quantité d'acide
sulfurique, puis de bien agiter le mélange. Il se forme alors
du sulfate d'ammoniaque qui reste dissous dans le liquide et
qui ne s'évapore pas, ce sel étant fixe.

Le sulfate de chaux (plâtre), le sulfate de fer (vitriol vert),
mis en petite dose dans l'urine ou dans le purin, ont également
la propriété de fixer l'ammoniaque volatile qu'il contient.

Le sulfate d'ammoniaque extrait des urines et que l'on
trouve dans le commerce en cristaux gris et fins comme des
aiguilles, renferme en moyenne 20 °/₀ d'azote.

Il en résulte que, pour chaque kilogramme d'azote que l'on
veut employer comme engrais, il faut prendre cinq kilos
de sulfate d'ammoniaque.

Comme on le voit, cette préparation du sulfate d'ammo-

(1) *Statique chimique*, par J.-B. Dumas, secrétaire perpétuel de
l'Académie des sciences. *Chimie de Dumas*, VIII° vol., p. 426.

niaque est des plus faciles. Elle pourrait être faite en petit par les régents des écoles de campagne et chaque enfant, après avoir apporté son tribut d'urine, et contribué pour sa part à la création de ce sel azoté, n'oublierait jamais ce qu'est le sulfate d'ammoniaque, et quel agent de fertilité il représente.

Mais l'homme et les animaux ne sont pas les seuls qui prennent de l'azote à l'air et qui se l'assimilent.

Les végétaux en font autant et absorbent des quantités plus ou moins considérables de ce gaz.

Parmi les végétaux, se trouve au premier rang la famille des légumineuses.

Un champ qui a porté du trèfle, de la luzerne, ou de l'esparcette, contient plus d'azote qu'il n'en renfermait auparavant, et la quantité qu'il a acquise surpasse celle qui était contenue dans la graine, dans le sol, et dans les engrais qu'on y a mis. Cet excédant ne peut donc provenir que de l'azote de l'air.

De là il résulte que les agriculteurs doivent toujours faire succéder aux légumineuses une culture qui, comme le blé, demande de l'azote.

Rompre un pré naturel, et surtout une prairie artificielle, c'est fertiliser au plus haut degré la terre, en lui donnant et de l'azote et des matières végétales, qui, changées en terreau, rendront solubles les agents minéraux de fertilité.

« Il serait donc possible, comme l'a signalé à l'attention « des agriculteurs M. Archinard (1), d'augmenter considéra- « blement la fertilité d'un pays en y établissant des prairies,

---

(1) CHARLES ARCHINARD, président de la Classe d'agriculture de la Société des Arts de Genève. *Bulletin de la Classe d'agriculture.* Deuxième série. IX⁰ vol., 1884, 1ᵉʳ trimestre.

« en les traitant par les engrais chimiques, qui dans ce cas,
« vu la permanence de la végétation, ne se perdraient pas
« dans le sous-sol ; puis en les rompant et en y faisant
« succéder des céréales ou des cultures sarclées. »

M. G. Ville, dans une brochure toute récente, invite également les cultivateurs à créer des prairies artificielles, à les rompre et à y faire succéder des cultures qui demandent de l'azote, mais sur ces prairies artificielles, il ne met point d'engrais chimique azoté, l'*azote sidéral*, comme il l'appelle, c'est-à-dire l'azote qui se trouve dans l'air, et qui ne coûte rien, se fixant en doses suffisantes sur les légumineuses (1)

Du reste, comme preuves bien évidentes que les végétaux s'emparent de l'azote provenant de l'air, rappelons que de nombreux pâturages de montagnes, assez élevés et escarpés pour qu'on ne puisse y conduire des troupeaux, ni y porter des engrais, fournissent cependant une quantité notable de matières azotées aux animaux qui se nourrissent de leur herbe.

Constatons encore la présence de l'azote dans les différentes espèces de houille ou charbon de terre, produits d'immenses quantités de végétaux enfouis depuis des siècles. Or, personne n'osera prétendre qu'ils avaient été fumés, et avaient reçu de l'azote par le moyen des engrais.

Cette houille, chauffée au rouge dans des cylindres de fonte comme cela se pratique dans la fabrication du gaz de l'éclairage, donne parmi de nombreux produits, de l'eau contenant de l'azote à l'état d'ammoniaque, c'est-à-dire de l'azote combiné de la même manière qu'il l'est dans l'urine décomposée. Si, à cette eau on ajoute de l'acide sulfurique, qu'on

(1) M. G. VILLE. Brochure intitulée : *Le propriétaire devant sa ferme délaissée.*

évapore le liquide, on aura pour résidu un sel qui est du sulfate d'ammoniaque.

Ce sel a la même composition que celui qui provient des urines et jouit des mêmes propriétés, et en particulier de celle de rendre solubles plusieurs sels minéraux.

Si on prend du carbonate de chaux (craie), qu'on le mette dans de l'eau distillée contenant du sel ammoniaque et qu'on le laisse quelques instants, on trouvera que l'eau aura dissous de la chaux.

Un os que l'on met digérer quelques heures dans une solution de sel ammoniaque, présente le même état de mollesse que présente un os mis dans une solution d'acide carbonique.

Le sulfate de chaux est également rendu plus soluble par ces mêmes sels ammoniacaux (1).

Le sulfate d'ammoniaque est indiqué dans les prix-courants des fabriques d'engrais chimiques sous le nom d'*azote ammoniacal*, et cela pour le distinguer d'une autre combinaison d'azote : l'*azote nitrique*, qui entre également dans ces engrais, mais dont la composition est différente.

Cet azote nitrique, nom que les fabricants donnent à l'acide nitrique ou azotique, se forme, comme nous l'avons déjà vu, non seulement instantanément et avec éclat, lorsque la foudre traverse l'air dont elle combine les deux gaz, mais encore lentement et silencieusement dans les terrains contenant du terreau, et cela très probablement sous l'influence de l'électricité qui se développe pendant la combinaison de

(1) M. Mène. *De la solubilité des carbonates, sulfates et phosphates de chaux dans les sels ammoniacaux*. (Comptes rendus de l'Académie des sciences. T. LI, p. 180.)

l'oxygène et du carbone, et leur transformation en acide carbonique.

Cette formation d'acide azotique, nous l'avons également vu, est grandement favorisée par le mélange avec le terreau, de substances calcaires, potassiques et phosphatées, les cendres par exemple.

Cet acide, à son tour, une fois formé, ne reste pas seul, il s'unit avec la chaux ou avec la potasse dans laquelle il a pour ainsi dire pris naissance, et forme soit du *nitrate de chaux*, soit du *nitrate ou azotate de potasse*, sel connu vulgairement sous les noms de *nitre* ou de *salpêtre*.

C'est le salpêtre qui, dans les maisons humides, forme ces végétations blanches qui tapissent les murs, et qui, dans les chambres basses et carrelées, couvre les briques, et leurs joints.

C'est du lavage des platras provenant des démolitions de vieilles maisons que l'on retirait, il y a quelques années encore, tout le nitre destiné à la fabrication de la poudre à canon.

Or cette combinaison des deux gaz de l'air qui forme de l'acide nitrique, puis cette union de l'acide nitrique avec la chaux et la potasse s'opère journellement dans les terrains qui contiennent du terreau et de la potasse ou de la chaux. En lavant les parties superficielles de ces terres on obtient, par l'évaporation de l'eau, un sel qui est du salpêtre.

Cette opération, suivant la température du pays, peut se répéter plusieurs fois par année.

Dans le commerce, une partie de ce sel provient de nitrières artificielles ou de nitrières naturelles. Ces dernières sont de vastes terrains couverts d'efflorescences. Elles sont nombreuses dans l'Inde, la Perse, l'Égypte, et même dans quelques cantons de l'Espagne.

L'azotate de potasse ou nitre, contient deux agents de la fertilité : l'*azote* et la *potasse*. Tous deux jouent un rôle important dans la composition des engrais chimiques. Mais comme ce sel ne renferme que 15 % d'azote, sur 45 % de potasse, nous en parlerons à l'article potasse.

Faisons cependant remarquer que, parmi les sels et les substances qui contiennent de l'azote, et à dose égale de ce corps, ce sont les nitrates qui produisent le plus d'effet. Leur assimilation est des plus promptes, et l'on voit le poids d'une plante augmenter à proportion de la quantité de nitrate qu'on lui fournit.

En voici un exemple donné par M. Boussingault.

Il prit 4 vases ne contenant au lieu de terre que du sable calciné et sema dans chacun d'eux une graine d'Helianthus. — L'expérience dura 50 jours.

	gr.		gr.
Le 1er vase reçut	0,000 nitre, la plante séchée pesa		0,507
Le 2me »	0,02	»	0,830
Le 3me »	0,03		1,240
Le 4me »	0,16	-	3,390 (1)

L'azote, comme élément de l'engrais chimique, jouit de propriétés qui lui sont particulières.

Il donne aux végétaux l'élan nécessaire à leur première période de croissance.

Il concourt à la formation de la matière colorante verte des feuilles (chlorophylle). Or, comme c'est elle qui a pour fonc-

(1) M. BOUSSINGAULT. *Recherches sur l'influence que l'azote assimilable exerce sur la production des matières végétales.* (Comptes rendus de l'Académie des sciences. T. XLIV, p. 951.)

M. DEHÉRAIN, professeur de chimie à l'École d'agriculture de Grignon. (*Cours de chimie agricole.* p. 48.)

tion de décomposer l'acide carbonique contenu dans l'air, il en résulte que, plus une plante reçoit d'engrais azoté, plus ses feuilles forment de matière verte, deviennent d'un vert plus foncé, et plus elles emmagasinent du charbon, principale nourriture des végétaux.

Dans un sol pauvre en azote, les feuilles sont d'un vert jaunâtre, et la plante qui les porte est souffreteuse. et prend peu de développement.

Mais il ne suffit pas que le terrain soit naturellement riche en azote, il faut que cet azote ne soit pas à l'état de combinaison insoluble, ce qui arrive souvent. Dans ce dernier cas, la terre fût-elle par elle-même riche en potasse et en phosphates, il est nécessaire, pour que les végétaux y prennent tout leur développement, d'y ajouter un azote à l'état assimilable, c'est-à-dire un azote à l'état de nitrates, ou de sels d'ammoniaque.

Voici quelques expériences de MM. Lawes et Gilbert qui sont des plus concluantes :

En 1844. Ils cultivèrent en blé un carré de terre qui ne reçut comme engrais que de la potasse et du phosphore à l'état de phosphate de chaux.

Ce carré ne donna qu'un produit supérieur de 77 livres seulement au produit du carré qui n'avait reçu ni phosphate, ni potasse.

En 1845. Cette même parcelle reçut, outre la même quantité de phosphate et de potasse, de *l'azote sous la forme de sulfate d'ammoniaque* et son rendement devint supérieur de 2,000 livres à celui de la parcelle sans engrais.

En 1846. Le rendement des carrés sans engrais et celui des carrés n'ayant reçu que potasse et phosphates, fut à peu près le même (2,720 livres).

Quant à celui des carrés ayant reçu phosphate, potasse et

azote sous la forme de sulfate d'ammoniaque, il fut de 4,094 livres !!!

Ces essais poursuivis pendant de longues années, pendant 20 ans, dans la ferme devenue célèbre de Rothamsted, donnèrent les mêmes résultats, et permirent de conclure avec connaissance de cause : *que la fertilité d'un sol qui a reçu de la potasse et des phosphates est proportionnelle à la-quantité de sels d'azote assimilables* (nitrates et sels ammoniacaux) *que l'on y ajoute, et cela indépendamment de l'azote qu'il peut déjà contenir* (1).

L'azote employé seul est un engrais incomplet. Il imprime aux végétaux une forte croissance, et détermine par cela même un épuisement de la richesse du terrain en potasse et en phosphore, épuisement auquel on ne peut remédier que par une importation abondante de ces dernières substances.

Employé seul et à fortes doses à l'état de sel immédiatement soluble, à l'état de sulfate d'ammoniaque par exemple, il fait pousser les végétaux en herbe, feuilles, bois, et leur donne une vigueur exubérante aux dépens de leur fructification. Néanmoins ce grave inconvénient de l'azote mis en excès se fait beaucoup moins sentir lorsqu'on a recours au fumier de ferme.

Cela provient, comme nous l'avons déjà vu, de ce que le fumier ne cède son azote que peu à peu, et de ce qu'il est un engrais complet, contenant outre son azote, de la potasse, du phosphore et de la chaux.

Trop d'azote fait verser les céréales; pousser en fanes les pommes de terre ; mal grainer le colza ; développe la vigne en

(1) M. Dehérain, professeur de chimie à l'École d'agriculture de Grignon. (*Cours de chimie agricole,* p. 319-320.)

bois aux dépens de la fructification, ôte à la betterave sa richesse en sucre; fait bifurquer les carottes; donne au lin une
fibre grossière, etc., etc.

La connaissance de cette propriété est donc d'une grande
importance pour le cultivateur.

Elle lui permet de redonner vie par une addition de sulfate
d'ammoniaque semé à la volée et au printemps, aux blés qui
ont souffert de l'hiver et qui sont jaunes et chétifs.

Le même effet se produit sur d'autres cultures, sur les
pommes de terre, sur le colza dont les feuilles sont jaunâtres,
sur la vigne qui a peu de bois. Mais là encore il ne faut pas
dépasser la dose nécessaire, et cette dose, comment la
connaître ?

C'est là une difficulté qu'il est cependant possible de tourner.
Il suffit pour cela de mélanger les substances azotées avec des
phosphates. Ces deux substances se complètent l'une l'autre
et leur mélange donne toujours d'excellents résultats.

M. Boussingault (comme nous le verrons à l'article phosphore) va plus loin, car il admet que ces deux éléments de
fertilité ne développent toute leur action que si on les associe
l'un à l'autre.

M. G. Ville a également reconnu le peu d'effet que produisent les phosphates et même les sels de potasse, en l'absence
d'une matière azotée assimilable.

Ce sont là de nouvelles preuves en faveur de la supériorité
de l'engrais complet sur les engrais incomplets.

Enfin l'azote jouit d'une propriété qu'il faut connaître.

Il favorise et détermine la fermentation, la décomposition
des corps auxquels on le mêle, ou de ceux dont il fait partie.

C'est pour cela que les matières animales qui contiennent
toutes beaucoup plus d'azote que les matières végétales, se

décomposent plus rapidement, et que, parmi les végétaux, ceux qui en contiennent le plus, tels que les choux, les champignons, etc., etc., se pourrissent bien plus rapidement que la paille, par exemple, qui en renferme peu.

C'est probablement en vertu de cette propriété que les bois coupés en mars ou en avril, lors de la montée de la sève ascendante, s'altèrent beaucoup plus vite que ceux abattus en novembre ou en janvier, époque où leur tissu contient beaucoup moins de sève, et par conséquent moins d'azote.

Un fumier, un compost (ruclon) arrosé avec de l'urine ou du purin, se fait très-rapidement.

Dans les terrains inertes, peu fertiles, et qui cependant contiennent, si on les analyse, tout ce qui est nécessaire à la nutrition des végétaux, l'azote est des plus utiles. Il redonne vie à ces sols.

Aussi M. G. Ville, dans l'engrais destiné aux terres épuisées et presque stériles, a-t-il eu soin de faire prédominer l'azote dont il complète l'action en le mélangeant avec les trois autres agents de la fertilité.

Le fait suivant, peu connu, se rattache à cette propriété de l'azote.

Pendant l'acte du pétrissage du pain, la chaleur et la fatigue que ce travail occasionne chez l'homme, donnent lieu à une forte transpiration qui se mêle à la pâte.

Dans un grand nombre de boulangeries, ce n'est pas seulement la transpiration, matière azotée qui s'introduit dans le mélange ; il peut y avoir d'*autres liquides* également très azotés.

C'est en partie pour éviter cette malencontreuse manœuvre et ses conséquences, qu'ont été créés les pétrins à la mécanique, dans lesquels l'homme et ses produits animaux n'interviennent plus.

Or, si l'on partage en deux parts égales la même farine, si on y introduit la même dose de levain, la même quantité d'eau, le pain sera différent selon la méthode employée. La pâte pétrie par l'homme réussira mieux que celle pétrie à la mécanique ; elle lèvera davantage, grâce au degré plus grand de fermentation que lui imprime l'azote du corps humain.

On a donc été obligé dans les boulangeries mécaniques d'augmenter la dose du levain (1).

Dans ce même ordre d'idées, il serait intéressant de rechercher si la fermentation du moût s'établit et s'accomplit mieux lorsque le raisin est foulé par des moyens mécaniques, que lorsqu'il est foulé dans des cuves par des hommes plus ou moins nus et émettant des matières plus ou moins azotées ?

Telles sont les propriétés de l'azote assimilable. Mais comment un agriculteur peut-il être assuré que l'azote des engrais que lui livre le commerce jouit de ces mêmes propriétés.

Il y a un moyen bien simple ; c'est que la substance qui dans l'engrais représente l'azote soit une combinaison identique à celle que la nature crée pour les végétaux, ou à celle du fumier de ferme, c'est-à-dire que l'azote y soit à l'*état d'ammoniaque*, ou à l'état d'*acide nitrique*. Or l'industrie tient à la disposition de l'agriculteur ces deux combinaisons, l'une à l'état de sulfate d'ammoniaque, l'autre à l'état de nitrate de potasse (salpêtre).

(1) *Précis de chimie industrielle* de PAYEN, p. 736, vol. II.

Cette propriété de l'urine que signale M. Payen a été mise en application. Le *Journal d'agriculture pratique*, dans son numéro du 31 juillet 1884, signale des boulangers qui, à Paris, lorsque leur eau est trop limpide, la mêlent avec de l'urine. Révélation, ajoute le journal, qui fait froid dans le dos et qui, à part ce qu'elle a de dégoûtant, soulève des questions très graves au point de vue de l'hygiène publique

C'est donc seulement à ces deux sels qu'il est sage et prudent de recourir pour représenter l'azote dans les engrais chimiques : nous disons dans les *engrais chimiques*, car, pour donner de l'azote à la terre, on peut employer différents produits.

On peut recourir à l'enfouissage en vert de toutes les cultures qui absorbent l'azote de l'air, des légumineuses par exemple, comme le trèfle, la luzerne etc., et à leur défaut, à la moutarde, au colza, au sarrasin, etc. On peut se servir de tourteaux de graines oléagineuses, puis de tous les débris de feuilles, et de substances végétales quelconques.

Par l'enfouissage de ces substances, non seulement on donne de l'azote à la terre, mais on lui fournit des matières qui se changent en terreau, terreau dont nous avons démontré toute l'importance.

Les matières animales peuvent également être employées comme source d'azote. Une des meilleures est le sang desséché qui en contient jusqu'à 11 à 12 $\%$ dans un état très assimilable.

En seconde ligne, viennent la laine, les poils, les cornes, le cuir, les cocons de vers à soie et les débris de nombreuses matières animales, résidus de différentes fabrications.

Ces dernières substances sont toutes plus ou moins azotées, mais elles sont aussi d'une décomposition plus ou moins lente. Elles doivent de plus, pour devenir assimilables, subir dans le sol une transformation qui amène leur azote à l'état d'ammoniaque ou d'acide nitrique, modification qui se fait lentement, et pendant laquelle elles perdent au moins 1/3 de leur azote qui, à l'état de gaz, se répand dans l'air (1).

(1) M. G. VILLE. *Engrais chimiques*, 1ᵉʳ vol., p. 275. (Comptes rendus de l'Académie des sciences de Paris, T. XLIII, p. 140.)
M. REISET. Comptes rendus *ut supra*. T. XLII, p. 58.

Puisque ces matières ne peuvent se transformer que lentement et partiellement, elles doivent être pour l'agriculteur
d'une valeur beaucoup moindre, que les nitrates et les sels
d'ammoniaque.

En achetant de pareils produits, dit M. le professeur Schlœsing, l'agriculteur incorpore dans le sol des avances dont il ne
bénéficiera qu'au bout de plusieurs années.

Il devrait donc payer cet azote moins cher que celui qui est
fourni par une substance azotée à prompt effet, comme le
sulfate d'ammoniaque.

Or cela n'est pas.

On peut donc employer ces matières soit seules, soit mises
dans des composts, mais il y a un grand inconvénient à s'en
servir dans les engrais chimiques et cela pour deux raisons.

La première, c'est que les fabricants ignorent eux-mêmes
le plus ou moins de facilité que ces substances même torréfiées
et grillées (ce qui aide à leur décomposition) mettent à se
transformer en nitrates, ou en sels ammoniacaux.

La seconde, c'est, comme le fait observer M. Joulie, les
garanties de titre et de composition offertes par le marchand
qui a fait analyser une ou deux fois son produit, ne signifient
absolument rien.

Ces matières subissent de telles variations que, même à
l'insu du fabricant, il arrive très-fréquemment que la matière
livrée ne possède pas le titre de celle qu'il a fait analyser.

Les garanties offertes par le marchand sont donc le plus
plus souvent illusoires (1).

L'abandon des matières organiques azotées dans les engrai s
chimiques est donc une véritable question d'intérêt général,

(1) M. JOULIE. *Guide pour l'achat et l'emploi des engrais chimi-*
ues. Pages 32 et suivantes.

et il arrivera un moment où, au lieu d'être vendues directement sous cette forme à l'agriculture, ces matières seront recueillies par l'industrie pour leur faire subir un traitement qui permettra de rendre assimilable la totalité de leur azote, en les transformant en sels ammoniacaux.

En attendant ce moment, le sulfate d'ammoniaque, ainsi que les nitrates, offrent à l'agriculture, soit au point de vue de leur composition qui est fixe, soit au point de vue de leur action fertilisante, des garanties bien plus sérieuses que les matières organiques azotées, surtout si l'on tient compte des déperditions qu'elles subissent, et des difficultés qu'elles éprouvent à se décomposer et à devenir assimilables.

Telle est l'opinion de M. Joulie. Je tenais d'autant plus à la faire connaitre que cet auteur du guide pour les engrais chimiques remplit les fonctions d'administrateur de la Société anonyme des produits chimiques agricoles.

Du reste, je constaterai plus loin que ce n'est pas au seul point de vue de la science qu'il faut repousser l'introduction dans les engrais chimiques de matières organiques végétales ou animales azotées, mais surtout au point de vue pratique et au point de vue des connaissances de l'agriculteur.

VIII

Phosphore.

Le phosphore, à l'état de corps simple et non combiné, est si inflammable qu'on ne peut le conserver que dans des vases remplis d'eau. Il est donc de toute évidence qu'il ne peut être employé pur dans les engrais chimiques.

A l'état de simple mélange avec d'autres matières, comme

dans les allumettes, il conserve cette même propriété, et s'enflamme par le peu de chaleur que développe tout frottement.

Il n'en est plus de même lorsqu'il est *combiné* avec d'autres substances, au lieu d'être tout simplement mélangé. C'est ainsi que le phosphore uni à l'oxygène forme de l'*acide phosphorique*, acide qui, à son tour uni avec la chaux, donne un sel appelé *phosphate de chaux*. Or ni cet acide, ni ce sel ne sont inflammables.

C'est le phosphate de chaux qui constitue en grande partie les os de l'homme et ceux des animaux. C'est à lui que les os doivent leur dureté et leur solidité.

L'enfant dont la nourriture ne contient pas assez de phosphore à l'état de phosphate, devient rachitique.

Les chevaux également ont leur charpente d'autant mieux établie que leurs aliments sont plus riches en phosphates, et c'est à l'insuffisance de cette substance dans les prairies de la Normandie que l'on attribue les symptômes de dégénérescence qui se manifestent depuis quelques années dans les chevaux de ce pays.

Quelques observateurs ont comparé la grandeur des conscrits provenant de pays calcaires, dont les terrains contiennent des phosphates, avec celle des conscrits habitant des terrains granitiques très pauvres en phosphates (tels que les départements de la Corrèze, du Morbihan, etc.), et ont trouvé que la taille de ces derniers est plus petite que celle des premiers.

Les vaches élevées sur un sol granitique fournissent bien moins de lait que celles qui habitent un sol calcaire, et partout leur lait est d'autant plus abondant que leur nourriture est plus riche en phosphates. Or, puisque ce sont les prairies qui fournissent aux troupeaux le phosphore nécessaire à leur bonne constitution, et qu'à leur tour les prairies le tirent de la terre, il faut donc toujours lui en donner au moyen d'engrais chimiques.

Le phosphore se retrouve dans d'autres organes des animaux, dans la matière cérébrale, par exemple, et quelques savants prétendent qu'un être est d'autant plus intelligent, que son cerveau contient plus de phosphore.

Le phosphate de chaux constitue également l'émail des dents, et son épaisseur, sa dureté sont d'autant plus grandes que les aliments sont plus riches en phosphore. De là la recommandation de donner aux enfants du pain fait avec de la farine contenant encore du son, la partie extérieure du grain de blé qui produit le son étant celle qui renferme le plus de phosphate.

Les matières phosphatées qui, ingérées avec les aliments n'ont pas été utilisées par les organes des animaux ou qui, étant en excès, auraient pu devenir nuisibles, sont expulsées de leur corps par les urines et par les matières excrémentielles.

Ce sont ces déjections qui, absorbées par la litière, donnent au fumier de ferme le phosphore qu'il contient à l'état de phosphate, et c'est de l'urine que le chimiste Brand, de la ville de Hambourg, parvint à extraire pour la première fois ce corps remarquable qu'il appela phosphore, c'est-à-dire *porte-lumière*, vu son état lumineux dans l'obscurité.

Cette découverte fit beaucoup de bruit, et partout à cette époque on répétait ces mots du chimiste Brand : *Si l'on savait ce que contient l'urine, on rougirait d'en perdre une goutte.*

Ces mots sont encore applicables aujourd'hui aux nombreux cultivateurs qui laissent s'écouler, à travers les chemins, le purin de leur fumier et qui perdent par négligence, ou par

ignorance, deux des éléments les plus importants de la fertilisation du sol : l'*azote et le phosphore*.

C'est donc avec raison que M. Boussingault estime, « que
« l'on peut juger avec certitude de l'intelligence d'un agricul-
« teur par les soins qu'il donne à son fumier, et qu'il ajoute,
« que, à titre d'encouragement, les comités agricoles devraient
« donner des primes à ceux qui les soignent le mieux.

L'importance du phosphore est en effet très-grande en
agriculture. Il est même regardé comme le corps le plus
indispensable à la vie des végétaux. Déjà au commencement
de ce siècle, en 1804, M. Théodore de Saussure écrivait ces
lignes auxquelles on fit peu attention, mais dont on comprit
plus tard toute l'importance. « Le phosphate de chaux contenu
« dans un animal ne compte que pour une partie infiniment
« petite de son poids, personne ne doute cependant que ce
« corps ne soit essentiel à sa constitution. Or j'ai retrouvé cette
« même substance, ce même phosphate de chaux, dans les
« cendres de tous les nombreux végétaux que j'ai analysés, et
« je crois pouvoir affirmer, qu'ils ne peuvent exister sans lui. »

C'est en effet ce que l'expérience a confirmé.

Le phosphore c'est la force, la grénaison, la reproduction.
Il donne au blé, l'épi lourd; à la betterave, le sucre; à la
pomme de terre, la fécule; à la vigne, le raisin.

L'analyse chimique vient corroborer, et expliquer ces résultats. Elle constate que les cendres des graines, c'est-à-dire
de la partie de la plante la plus importante, celle qui est
chargée de la transmission de la vie, que ces cendres sont
spécialement composées de *phosphate de potasse* (union de
l'acide phosphorique avec la potasse), tandis que les cendres
des autres parties de la même plante sont principalement
composées de chaux.

C'est là un phénomène d'autant plus remarquable que le

phosphate de potasse qui prédomine dans les graines végétales se retrouve dans les œufs des animaux à peu près aux mêmes doses.

C'est ainsi que les cendres des grains de blé et celles des graines de vers à soie ont la même composition.

Toutes deux renferment en moyenne sur 100 parties, 50 parties d'acide phosphorique et 30 de potasse, soit 80 % de phosphate de potasse (1).

Des expériences faites par M. Corenwinder, font également ressortir toute l'importance du phosphore au point de vue de la transmission de la vie. — Elles ont démontré que les spores des mousses et des champignons sont très riches en phosphore et que le caractère chimique des cendres du pollen des végétaux et celui de la liqueur séminale des animaux est à peu près identique (2).

Le phosphore qui se trouve dans les os et dans les organes des animaux ne s'y est pas formé tout seul, il vient de leurs aliments et par conséquent de la terre, d'où ils les tirent.

On trouve en effet le phosphore dans la nature à l'état de combinaison et à l'état de roches plus ou moins compactes, ou de pierres d'une dureté variable. On les nomme *phosphorites, nodules, apatites*. Ces phosphates sont appelés *phosphates minéraux*.

On trouve encore une source abondante de phosphore dans d'immenses dépôts de coquilles entières, ou plus ou moins

(1) M. Eugène PELIGOT, membre de l'Institut. *Traité de chimie appliquée à l'industrie*, p. 333.

(2) M. CORENWINDER. *Comptes rendus de l'Académie des sciences de Paris*. T. L, p. 1137.

brisées, et mélangées de terre. Ces coquilles constituent les phosphates dits *fossiles*. Tels sont les fossiles d'une localité voisine, les fossiles de Bellegarde.

Le phosphore uni à l'oxygène de l'air constitue l'acide phosphorique. Cet acide est soluble dans l'eau, mais mis en terre, il a une grande tendance à se combiner avec la chaux qui se trouve dans les divers terrains et à former un phosphate de chaux insoluble et à l'état gélatineux. Heureusement qu'à cet état il est facilement dissous par l'acide carbonique.

Il n'en est pas de même du *phosphate de fer* et du *phosphate d'alumine*. Ces deux phosphates qui se trouvent souvent dans le sol, et qui jouent un rôle important dans la préparation industrielle des engrais chimiques, sont insolubles même dans l'eau saturée d'acide carbonique (1).

La solubilité des phosphates dépend en outre de leur densité. Plus la matière dont ils sont extraits est dure et pesante, plus ils sont difficilement ramenés à l'état soluble par l'eau chargée d'acide carbonique.

Plus la substance qui les renferme est tendre et désagrégée, plus ils sont solubles et plus ils sont actifs, étant plus facilement attaquables par ce même acide carbonique.

C'est ainsi que les phosphates contenus dans les matières fécales, dans l'engrais flamand et dans le fumier de ferme, sont plus facilement dissous par l'eau que ne le sont les phosphates provenant des os, et que ceux-ci, à leur tour, sont beaucoup plus attaquables que ne le sont les phosphates fossiles ou minéraux.

Plusieurs de ces derniers sont si fortement agrégés, qu'on

(1) Ces phosphates de fer et ceux d'alumine paraissent ne pouvoir être décomposés et rendus solides que par les silicates, par la chaux et par les sels ammoniacaux.

ne peut les mettre en poudre qu'après les avoir *étonnés*, opération qui consiste à les chauffer au rouge, puis à les plonger subitement dans l'eau froide. Ils se fendillent alors et peuvent être plus facilement pulvérisés.

De là il résulte que dans le même terrain, où les phosphates minéraux ou fossiles n'ont produit aucun effet, les phosphates d'os peuvent en produire, et que les phosphates d'os sont surpassés à leur tour par les phosphates que contiennent les matières fécales.

En voici un exemple : MM. Corenwinder et Contamine enfouirent 160 kilogr. de phosphate dans un terrain du nord de la France, en contenant déjà naturellement 900 kilogr. par hectare (profondeur 30 centimètres). L'effet produit par cet engrais fut très prononcé, et il fut démontré que les phosphates qui faisaient partie du sol étaient moins solubles dans l'acide carbonique que ceux qui avaient été ajoutés comme engrais.

Dans un terrain de même grandeur (près de Lille), qui recevait comme fumure 10 kilogr. d'engrais flamand par are, la même dose de phosphate fut ajoutée, mais ce phosphate ne produisit aucun effet. — Quelle en fut la raison ? La voici : les phosphates que contenait la terre étaient beaucoup plus solubles dans l'acide carbonique que ne l'étaient ceux qui avaient été donnés comme engrais.

Dans cette expérience, l'engrais phosphaté le plus actif fut celui qui se dissolvait en plus grande quantité dans l'acide carbonique, et celui qui s'y dissolvait le plus, était le moins agrégé, c'est-à-dire l'engrais flamand mélangé d'urine et de matières excrémentielles fermentées.

Il ne faut donc pas conclure, de ce que l'analyse a constaté la présence de phosphates dans un terrain, qu'il est inutile de lui en donner comme engrais.

Non, il faut lui en fournir, en ayant soin de choisir le plus possible parmi les phosphates dont on peut disposer, celui qui se désagrége et se décompose le plus facilement, et qui par cela même, est le plus soluble dans l'acide carbonique.

C'est dire qu'à défaut de l'engrais flamand qui malheureusement n'est pas employé chez nous, on doit préférer les phosphates d'os, aux phosphates minéraux ou fossiles.

Quant aux terrains tout calcaires qui ne renferment que très peu de terreau, les phosphates de chaux que l'on y met exercent peu d'action. Ils sont en effet assez rapidement transformés en phosphate de chaux insoluble par l'excès de chaux qui constitue le sol lui même. Il faut alors donner à la terre soit des sels ammoniacaux, soit du fumier qui renferme et des matières végétales qui se changeront en terreau et le phosphate le plus facilement soluble et assimilable.

Le phosphore, qui est représenté dans les engrais chimiques par le *superphosphate de chaux*, a la propriété, comme nous l'avons déjà dit, de remédier au danger que fait courir aux végétaux l'azote employé seul et à forte dose.

Ces deux agents de la fertilité réunissent leur action particulière, l'azote agissant principalement sur les parties foliacées des végétaux, le phosphore sur les organes de la reproduction et de la fructification.

M. Boussingault admet que ces deux substances ne développent leurs propriétés que lorsqu'elles sont associées l'une à l'autre.

Voici une de ses expériences :

1° Une graine d'hélianthus mise dans un sol n'ayant aucun engrais a produit une plante pesant 3 gr., 60 centigr.

2° Une graine d'hélianthus mise dans le même sol qui reçut de plus des cendres, du phosphate de chaux et de l'*azotate de potasse* a produit une plante pesant 198 gr., 30 centigr.

3° Une graine d'hélianthus dans le même sol qui a reçu des cendres, du phosphate de chaux et du carbonate de potasse au lieu d'azotate a produit une plante pesant 4 gr., 60 centigr.

Cette expérience montre que le phosphate, qui n'a point trouvé de sel d'azote avec lequel il pût s'associer, n'a produit que de chétives plantes, tandis que, mélangé avec de l'azotate de potasse, il a produit une plante pesant 198 gr., 30 centigr. (1).

Si d'autre part, ajoute M. Boussingault, l'on considère :

1° Que l'azote mélangé au phosphore augmente considérablement chez les plantes la propriété qu'elles ont de décomposer par leurs feuilles l'acide carbonique, et de s'emparer de son carbone ;

2° Que les parties jeunes des végétaux toujours riches en matières azotées, contiennent une proportion considérable de phosphore ;

3° Que les substances alimentaires les plus riches en azote sont aussi les plus riches en phosphore ; qu'il en est de même pour les graines des végétaux ; on arrive à conclure que ces deux substances sont unies dans les plantes suivant un mode de combinaison mystérieux (2).

Il faut donc toujours dans les engrais chimiques mélanger les phosphates soit avec des matières azotées, soit avec des nitrates ou des sels d'ammoniaque.

Cette union des phosphates et des substances azotées, que

(1) M. Boussingault. *Comptes rendus de l'Académie des sciences de Paris.* T. XLIV, p. 947.

(2) M. Boussingault. Comptes rendus *ut supra.* T. XLI, p. 845. T. XLIV. p. 834. T. XLV, p. 1000.

réalise le guano, fiente de quelques espèces d'oiseaux de mer, explique la grande fertilité qui résulte de son emploi.

Malheureusement ce guano qui a donné de si brillants résultats est aujourd'hui presque toujours falsifié. Il en existe même un, dit du Chili, ou guano terreux, qui ne contient que du phosphate de chaux, et peu de matière azotée.

Sans contester sa valeur, il n'a cependant pas celle du guano ammoniacal. Tout agriculteur sage et prudent renoncera donc à ce genre d'engrais qu'il peut du reste remplacer très avantageusement par un mélange de trois parties de superphosphate d'os, avec une partie de sulfate d'ammoniaque.

Il faut cependant qu'il n'oublie pas que le mélange qui remplace le guano est comme celui-là, un engrais incomplet, qui, au lieu des quatre substances nécessaires à la fertilité de la terre, n'en renferme que deux : l'azote et le phosphore.

Or si des engrais incomplets peuvent donner de très fortes récoltes pendant quelques années, ils ne tardent pas à stériliser le terrain. Comme conséquence de l'excessif développement qu'ils impriment momentanément à la végétation, ils épuisent la terre, et rompent l'équilibre qui doit exister entre les quatre éléments de fertilité.

Cet arrêt de fertilité, ayant pour cause l'emploi des engrais incomplets, a été signalé dans un grand nombre de cas et de contrées.

Dans les colonies françaises, on avait employé pendant longtemps le guano, comme engrais pour la canne à sucre, et l'on remarqua que les rendements diminuaient d'année en année.

On attribue ce déficit à une maladie particulière, que l'on appela *maladie des cannes à sucre*, mais cette prétendue maladie disparut dès que l'analyse du terrain démontra que la potasse y faisait défaut et qu'on eût substitué au guano engrais incomplet, un engrais contenant les quatre éléments de fertilité (1).

Citons encore un exemple tiré des fermes du Nord de la France.

Le sol de cette contrée, comme tous les traités de chimie agricole le constatent, contient assez de phosphate de chaux, pour que les agriculteurs n'aient pas à se préoccuper de lui en fournir.

Mais il y a une limite à tout, et dans une ferme où l'on cultivait alternativement la betterave et le blé, le propriétaire remarqua que ce dernier donnait chaque année des récoltes plus faibles.

L'analyse de la terre ayant constaté l'insuffisante quantité des phosphates, il eut recours à un engrais complet et la récolte du blé redevint normale (2).

Telles sont les propriétés du phosphore, et comme on peut en juger par cet exposé, il doit jouer un rôle capital dans les engrais, surtout si l'on tient compte de la petite quantité de cette substance que renferme le fumier de ferme, et qui ne s'élève qu'à 180 grammes à 300 grammes par 100 kilogrammes. Il est donc bon d'y ajouter du phosphate de chaux que l'on répand de temps en temps par poignées sur le fumier ou dans l'étable. Cette opération qui enrichit le fumier en phosphore, l'enrichit aussi en azote, le phosphate de chaux fixant l'ammoniaque qui alors ne se perd plus dans l'air (3).

(1) Payen. *Précis de chimie industrielle.* II⁻ᵉ vol., p. 751.

(2) M. Landurkau. *Comptes rendus de l'Académie des sciences.* T. XCIV, p. 136.

(3) M. Thenard a trouvé dans le purin d'un fumier, dans lequel on avait mis des couches de phosphates minéraux en poudre, une quantité

Or, enrichir le fumier en y ajoutant du phosphore, est une mesure d'autant plus recommandable que cette substance se trouve bien souvent en doses insuflisantes dans un grand nombre de terrains.

Cette insuffisance peut provenir soit de la nature du sol, soit de ce que les phosphates qu'il contenait ont été absorbés par des cultures dont les produits consommés hors de la ferme ne sont pas retournés sous forme de fumier aux champs d'où ils sont sortis.

Les phosphates peuvent être également très utiles dans un terrain, du moment que ceux qu'il contient naturellement sont moins solubles dans l'eau chargée d'acide carbonique, que celui que l'on pourrait lui fournir au moyen d'engrais.

Pour cela il importe de connaître quels sont les divers phosphates que l'on trouve dans le commerce, et quels sont les plus actifs, c'est-à-dire ceux qui se dissolvent le plus facilement dans l'eau.

Les premiers phosphates que l'on a employés provenaient des os des animaux.

On ne faisait subir à ces os appelés dans le commerce, *os verts*, aucune préparation. On se contentait de les mettre en poudre. Dans cet état ils contenaient environ 4 °/$_0$ d'azote provenant de la gélatine qui forme leur réseau. Mais la graisse qui les imprégnait rendait leur pulvérisation difficile, et s'opposait à leur décomposition, ou du moins la rendait des plus lentes.

C'est ainsi que, d'après des expériences de M. Payen, ces

notable d'acide phosphorique provenant de ces phosphates. Ils avaient été en partie dissous par le carbonate de chaux ou par le carbonate d'ammoniaque du fumier. — M. Dehérain, *Cours de chimie agricole*, p. 542.

os enfouis en terre, après avoir été simplement mis en poudre, ne perdirent en quatre ans que 8 % de leur poids primitif.

Pour remédier à ce grave inconvénient on *dégélatine* les os.

Pour cela, on les soumet à l'action de la vapeur, ou à celle
de l'eau bouillante, qui leur enlève la plus grande partie de
leur graisse et un peu de leur gélatine.

Après ce traitement ils se pulvérisent plus facilement et
donnent une poudre qui, d'après les mêmes expériences de
M. Payen, se décompose et perd dans le même temps 30 % de
son poids. Dans ces os le phosphate de chaux, en vertu de son
interposition au milieu d'une matière animale, se présente
dans un état de division qui le rend plus facilement attaqua-
quable par l'acide carbonique.

La matière azotée aide à cette décomposition tout en con-
courant à la nutrition des végétaux.

L'emploi de cette poudre d'os est donc à recommander.

Une troisième préparation s'obtient en renfermant des os
dans des cylindres de fer bien fermés. On les chauffe au
rouge, puis on en retire ces mêmes os complétement noirs,
le charbon de la gélatine et de la graisse n'ayant pu se
brûler, vu l'absence de l'oxygène de l'air.

Ce produit est connu dans le commerce sous le nom de *noir
d'os* ou de *charbon animal*. Mis en poudre, il est très fertilisant, mais il est principalement réservé pour les raffineurs et
les fabricants de sucre, qui l'emploient pour décolorer et
blanchir leurs sirops, propriété qu'il doit à son charbon.
Malheureusement, ce noir d'os est une des substances qui
subit le plus de falsifications. On en vend même qui ne contient point de phosphate de chaux, ce sel n'exerçant aucune
action dans la décoloration des sirops, le charbon agissant
seul à ce point de vue.

A ces diverses préparations on peut ajouter les *cendres d'os* que l'on obtient en calcinant les os à l'air jusqu'à ce que la matière charbonnée soit brûlée et qu'ils soient devenus blancs.

Puis, le *phosphate précipité* qui se prépare en dissolvant les os dans l'acide chlorhydrique et en ajoutant de la chaux à la solution.

L'emploi de ce phosphate est recommandé pour les prairies marécageuses à terreau acide, pour les terres que l'on vient de défricher.

Il paraît, hors de ces cas, être inférieur aux autres phosphates, comme de nombreuses expériences et parmi elles, celles toutes récentes de M. Borel l'ont prouvé (1).

Parlons maintenant des phosphates minéraux et fossiles.

Les premiers se trouvent, comme nous l'avons déjà dit, sous la forme de pierres ou de roches plus ou moins dures et compactes. Ils sont plus ou moins mélangés avec des substances étrangères.

Les phosphates fossiles constituent d'immenses dépôts formés de coquilles entières et de leurs débris.

Ces phosphates ne sont pas solubles dans l'eau, lors même qu'ils ont été réduits en poudre fine. Ils sont doués d'une grande cohésion. Cela explique pourquoi les fortes importations qui en ont été faites en Angleterre n'ont pas donné les résultats favorables qu'on espérait. MM. Payen et Boussingault ont eu l'occasion de vérifier ce fait pendant une mission dans la grande Bretagne dont ils avaient été chargés par M. Dumas, alors ministre de l'agriculture et du commerce (2).

(1) M. Ch. BOREL, rédacteur en chef du *Journal d'Agriculture de la Suisse romande*, numéro du 5 mai 1885.

(2) MM. PAYEN et BOUSSINGAULT. *Comptes rendus de l'Académie des sciences de Paris*. T. XLIV, p. 503.

De son côté, M. Moride, qui a analysé les phosphates qui sont déposés dans les chantiers du gouvernement français, a trouvé que les phosphates de l'Estramadure et que les nodules des Ardennes sont insolubles dans l'eau chargée d'acide carbonique, et même dans l'eau acidifiée par l'acide acétique. Les phosphates minéraux et les phosphates d'os seraient donc, selon M. Moride, deux choses bien différentes au point de vue des engrais (1).

M. Dehérain n'a pu dissoudre le phosphate des nodules des Ardennes, ni par l'acide carbonique, ni par l'acide acétique. Mais ces nodules mis en poudre et exposés à l'air, deviennent un peu solubles surtout dans l'acide carbonique et l'acide acétique réunis. Ces phosphates, mis en poudre et après une assez longue exposition à l'air, pourraient être utiles dans ces sols à réaction acide, dans les bruyères défrichées par exemple (2).

Ces observations de M. le professeur Dehérain ont été confirmées par M. Bobierre (3).

Ces phosphates deviennent beaucoup plus solubles lorsqu'on traite leur poudre par l'acide sulfurique. Cet acide s'empare d'une partie de leur chaux pour faire du sulfate de chaux (plâtre). Dans cette opération, l'acide phosphorique, qui était uni avec la chaux et dont la chaux a été prise, devient libre, ou se trouve combiné avec beaucoup moins de cette substance. Il est alors soluble dans l'eau et c'est dans cet état que l'agriculture emploie le plus souvent tous les

(1) M. Moride. Comptes rendus *ut supra*. T. XLIV, p. 289.

(2) M. le professeur Dehérain. Comptes rendus *ut supra*. T. XLV, p. 13.

(3) M. Bobierre. Comptes rendus *ut supra*, T. XLV, p. 167-636.

Journal d'agriculture de la Suisse romande, numéro du 24 octobre 1844.

phosphates soit d'os, soit minéraux, soit fossiles, sous le nom de *superphosphates*.

Cette préparation faite avec quelques os réduits en poudre grossière et mis dans un baquet en bois où l'on verserait de l'acide sulfurique étendu d'eau est encore une opération qui, comme celle du sulfate d'ammoniaque, serait à recommander, car elle serait très facile à exécuter dans les écoles de campagne.

L'industrie des engrais livre actuellement aux agriculteurs des superphosphates minéraux et fossiles, et des superphosphates d'os.

Ces derniers contiennent en moyenne 15 à 16 °/₀ d'acide phosphorique soluble. Ils sont d'un prix plus élevé que les superphosphates minéraux ou fossiles, mais en réalité ils sont moins chers, car, étant d'une nature primitive moins dense, et d'une texture plus poreuse, ils finissent par se désagréger et par se dissoudre complètement.

Il est du reste fort probable que l'azote qu'ils contiennent encore, contribue à faciliter leur décomposition.

C'est là une première raison qui milite en faveur de leur emploi.

La seconde raison, c'est qu'ils n'ont pas l'inconvénient de rétrograder en vieillissant.

Ce mot *rétrograder* demande une explication.

Un superphosphate rétrograde, c'est-à-dire marche et revient en arrière, lorsque l'acide phosphorique dégagé de la chaux avec laquelle il était uni, et rendu par cela même soluble dans l'eau, s'unit de nouveau à la chaux et redevient insoluble, comme il l'était avant d'avoir été séparé par l'acide sulfurique.

Or ces superphosphates minéraux ou fossiles, qui ont rétrogradé et dont une partie de l'acide phosphorique soluble est de nouveau devenue insoluble, ces superphosphates méritent-ils la confiance des agriculteurs ?

Sont-ils véritablement *assimilables ?* Désignation sous laquelle ils sont recommandés dans les prix-courants des fabriques d'engrais chimiques.

Telle est l'importante question au sujet de laquelle règne un complet désaccord entre les chimistes et les fabricants.

Selon M. Joulie, auteur du *Guide pour l'achat et l'emploi des engrais minéraux,* un superphosphate est assimilable lors même qu'il est insoluble dans l'eau, du moment qu'il se dissout dans cette même eau contenant du *citrate d'ammoniaque.*

L'essai par ce sel d'ammoniaque met, dit-il, le superphosphate à sa véritable place. S'il y est soluble, il est sous le rapport de l'efficacité agricole, l'égal de tous les autres.

Il y aurait cependant des exceptions. C'est ainsi que, d'après des expériences de M. Joulie lui-même, un grand nombre de minerais ou de roches phosphatées contiennent du fer et de l'alumine. Or ces roches, mises en poudre et traitées par une quantité d'acide sulfurique suffisante pour s'emparer de toute leur chaux, ne rétrogradent point, mais le superphosphate qui en résulte reste mol et pâteux, et par conséquent impropre à être répandu sur la terre.

Si pour dessécher cette pâte, on y ajoute (comme cela se fait dans tous les engrais chimiques) soit de la chaux, soit du plâtre, on obtient un superphosphate qui se dessèche, il est vrai, mais qui se dissout mal dans le citrate d'ammoniaque, et qui est peu assimilable.

Si on diminue la quantité d'acide sulfurique nécessaire pour s'emparer de toute la chaux contenue dans les roches, le superphosphate préparé se durcit et peut être mis en poudre, mais il est également peu soluble dans le citrate d'ammoniaque et par conséquent peu assimilable.

M. Joulie admet donc que les minerais phosphatés, qui servent à préparer des superphosphates ne peuvent être assimilables du moment qu'ils contiennent du fer ou de l'alumine (argile). Or ces espèces de roches exploitées par les fabricants d'engrais sont très nombreuses, et jettent du doute et du discrédit sur celles qui ont une autre composition, les fabricants gardant à ce sujet un silence prudent.

Mais, pourrait-on objecter, si ces superphosphates contenant de l'alumine ou du fer, sont insolubles dans une solution de citrate d'ammoniaque, ils peuvent être solubles dans de l'eau contenant de l'acide carbonique.

Non cela n'est pas. M. Thenard dans son mémoire *Sur la manière dont les phosphates passent dans les plantes*, a constaté que les phosphates de fer et les phosphates d'alumine sont insolubles dans l'eau gazée par l'acide carbonique (1).

Il est donc prudent et sage lorsqu'on emploie les engrais chimiques de s'abstenir des superphosphates minéraux ou fossiles, vu l'incertitude de leur composition, incertitude qui n'existe jamais avec les superphosphates faits avec des os.

D'ailleurs le mot *assimilable*, appliqué aux superphosphates insolubles dans l'eau, mais solubles dans le citrate d'ammoniaque, n'a été adopté ni par la société des agriculteurs de France, ni par le congrès des différentes sections agronomiques (2).

(1) M. le baron THENARD, de l'Institut. *Comptes rendus de l'Académie des sciences*. T. XLVI, p. 212.

(2) En Allemagne, sur l'ordre du gouvernement, les superphosphates ne se dosent que sur le phosphate insoluble ou non, et jamais par le citrate. Mais le phosphate soluble dans le citrate donne aux fabricants plus de bénéfice que le phosphate soluble dans l'eau.

Voir l'article *Phosphate soluble dans l'eau*, du *Journal d'agriculture pratique* du 13 novembre 1884, p. 696.

La commission chargée d'étudier cette question s'est basée *sur ce que le dosage des phosphates par le citrate d'ammoniaque donne lieu à des erreurs importantes, soit en plus, soit en moins.* Elle lui préfère le dosage par la méthode *citro-uranique* et engage les agriculteurs à demander que les superphosphates minéraux ou fossiles qu'ils achètent soient dosés par ce dernier procédé.

La commission ajoute que, pour apprécier complètement un superphosphate minéral, il faut connaître :

1° La quantité d'acide phosphorique libre et soluble qu'il renferme.

2° La quantité de phosphate insoluble dans l'eau et dans le citrate.

3° La quantité de phosphate insoluble dans l'eau et soluble dans le citrate.

Dans le cas où ces trois dosages seraient trouvés trop compliqués et trop difficiles à faire, la commission appelle l'attention des agriculteurs sur la nécessité de bien indiquer sur lequel des trois états devra porter l'analyse du dosage.

Ils ne devront pas oublier que la quantité d'acide phosphorique soluble dans l'eau a une valeur plus élevée que la même quantité de phosphate soluble seulement dans le citrate d'ammoniaque, qui lui-même l'emporte de beaucoup sur le phosphate insoluble dans le même citrate.

Comme exemple des graves erreurs qui se commettent dans ces analyses, M. Mène cite le résultat d'une expertise où le superphosphate était marqué comme contenant 70 % de phosphate de chaux par la méthode *au citrate*, et qui, par la méthode *au bismuth,* n'en a accusé que 50 %.

C'est sur des données pareilles, ajoute-t-il, qu'on a établi des extractions de calcaires, de coquilles, de roches dites phosphatées qui ne contiennent que peu ou point de phosphates.

Or tous les jours ces soi-disant phosphates sont vendus et versés dans le commerce pour l'agriculture (1).

La non-approbation, par le congrès et par la Société des agriculteurs de France, de l'emploi du mot *assimilable* appliqué aux superphosphates solubles dans le citrate d'ammoniaque est un fait important que relève le *Journal d'agriculture de la Suisse romande* de février 1883 :

« Il est urgent, dit-il, de montrer aux agriculteurs les
« pièges où ils tombent quand ils achètent des prétendus su-
« perphosphates dont la teneur est indiquée en phosphates
« solubles, dosage par le *citrate d'ammoniaque*.

« Quand on voit en effet ce qu'on livre généralement au-
« jourd'hui pour des superphosphates, et que les acheteurs
« en sont venus à réclamer ce mode de dosage, on est forcé
« d'en conclure que la plupart ne savent ni ce que c'est qu'un
« véritable superphosphate, ni les conséquences de ces garan-
« ties astucieuses.

« Pour que les superphosphates soient de vrais superphos-
« phates, il ne suffit pas qu'ils soient le produit d'un phos-
« phate quelconque par l'acide sulfurique sans égard à la
« rétrogradation, c'est-à-dire au retour à l'état insoluble dans
« l'eau, du phosphate que l'acide sulfurique avait rendu
« soluble.

« Théoriquement il ne doit pas y avoir dans les superphos-
« phates d'acide phosphorique rétrogradé, puisque l'engrais
« qui pendant des années a été seul dénommé *superphosphate*,
« était le produit du traitement des os par l'acide sulfurique,
« produit qui ne rétrograde pas.

« Par exception, il y a des phosphates minéraux, dont

(1) M. Mène. *Comptes rendus de l'Académie des sciences de Paris*.
T. LXXVI, p. 1419.

« l'acide rendu soluble dans l'eau, y reste soluble, avec ceux-
« ci on peut faire de vrais superphosphates, mais la plupart
« des phosphates minéraux sont impropres à en fabriquer,
« leur phosphate que l'acide sulfurique rend soluble, y deve-
« nant rapidement insoluble en fortes proportions.

« Dans les vrais superphosphates, c'est l'acide phosphorique
« soluble dans l'eau qui prédomine d'une manière absolue.
« Dans la plupart des phosphates minéraux, c'est au contraire
« l'acide insoluble qui prédomine.

« Ces deux superphosphates, dit en terminant le *Journal*
« *d'agriculture,* ont donc un caractère distinctif diamétrale-
« ment opposé, et, on ne saurait trop donner de publicité à
« la proscription du mot assimilable.

Concluons donc avec M. Schlœsing, membre de l'Institut de
France et professeur à l'Institut national agronomique : « qu'il
« est temps que le traitement des phosphates minéraux par
« l'acide sulfurique, au lieu de s'arrêter en mi-chemin pour
« livrer des produits variables, et d'une valeur quelque peu
« incertaine, soit poussé jusqu'au bout. Il faut que l'acide
« sulfurique soit employé en dose telle que sa réaction sur la
« chaux soit complète et ne produise que de l'acide phospho-
« rique libre.

« Cet acide livré au commerce servirait, combiné à la
« magnésie et à l'ammoniaque, à faire un *phosphate ammo-*
« *niaco-magnésien,* sel des plus actifs et des plus fertili-
« sants (1). »

A son tour, M. Pelouze, membre de l'Institut, a donné lecture
à l'Académie des sciences d'un mémoire sur les phosphates
de chaux. Après y avoir indiqué le moyen de préparer indus-
triellement un phosphate de chaux soluble dans l'eau, et encore

---

(1) M. Schlœsing. *Comptes rendus de l'Académie des sciences de
Paris.* T. XCIII, p. 278.

plus dans l'acide carbonique, il ajoute: Cette préparation *remplacerait très avantageusement les superphosphates du commerce toujours mélangés dans une forte proportion de produits qui n'exercent aucune action sur les végétaux*, et permettrait à l'industrie de faire en grand et de vendre le sel éminemment fertilisant, le *phosphate ammoniaco-magnésien* (1).

En attendant l'accomplissement de ce double souhait, il est bon et prudent de la part des agriculteurs de ne recourir pour leurs engrais qu'au superphosphate d'os ou aux os dégélatinés et mis en poudre, et, dans le cas de terrains marécageux au phosphate précipité. Qu'ils se souviennent que si dans les superphosphates d'os une partie de la poudre d'os échappe à l'action de l'acide sulfurique, ce qui arrive toujours, elle n'en est pas moins de la poudre d'os, c'est-à-dire, une substance désagrégée, poreuse, des plus fertilisantes, contenant encore un peu de matières azotées, et qui, avec le temps se dissout tout entière dans le sol.

Ce qui n'arrive pas avec les phosphates minéraux.

IX

Potasse.

La potasse est un des quatre éléments de l'engrais chimique, elle se trouve dans le fumier de ferme, à la dose de 500 à 650 grammes par 100 kilos. Dans le fumier, elle provient en partie des matières végétales qu'il renferme, et en partie des excréments des animaux de l'étable. C'est ainsi que 4,000 kil. de paille renferment 20 kil. de potasse, et c'est uniquement en lessivant les cendres des végétaux et en évaporant l'eau

---

(1) M. Pelouze. Comptes rendus, *ut supra*. T. LXVI, p. 1327.

de la lessive que l'on a obtenu pendant longtemps cette substance et qu'on la prépare encore aujourd'hui dans quelques localités de l'Allemagne, et du Nord.

Personne du reste n'ignore que la potasse dont on se sert pour laver le linge s'obtient en traitant les cendres par l'eau bouillante.

Cette substance joue un rôle important dans la vie des végétaux, et comme nous l'avons vu, leurs graines, c'est-à-dire leur partie vitale, celle qui est composée de manière à assurer la reproduction de l'espèce, contient en de très fortes proportions de la potasse unie au phosphore.

Sous son influence, (comme sous celle de la chaux), les matières azotées, non solubles et inertes, sont changées en nitrates, ou en sels ammoniacaux, seuls agents reconnus jusqu'à présent comme capables de porter de l'azote, dans l'organisme des végétaux.

Nous avons également vu qu'un mélange d'azote et de phosphore représenté par du guano, ou par du sulfate d'ammoniaque, et du phosphate de chaux, donne à la terre pendant quelques années une grande fertilité, mais qu'il ne tarde pas à la stériliser du moment que la végétation luxuriante que donnent ces deux substances a privé le sol de la potasse qu'il contenait.

Elle est en effet d'une très grande importance comme l'ont du reste confirmé des expériences faites par M. G. Ville (1).

Dans des terres qu'il avait préparées et où n'entrait aucune substance potassique, il a mis comme engrais le mélange de sulfate d'ammoniaque et de phosphate de chaux qui remplace le guano. Cette terre n'a rien produit. Il y a

(1) M. G. VILLE. *Mémoire sur l'importance comparée des agents qui concourent à la production végétale.* Comptes rendus *ut supra*. T. LI, p. 247.

alors ajouté, tantôt du nitrate, tantôt du carbonate de potasse, et la terre est immédiatement devenue des plus fertiles

Partout où cette substance se trouve en quantités notables et à l'état soluble, la végétation est des plus belles. La Limagne en est un exemple. Il en est de même des terrains que l'on arrose avec des lessives de potasse, et de ceux qui se trouvent dans le voisinage d'une savonnerie.

L'efficacité de cette substance est reconnue depuis bien longtemps, et n'a point échappé aux peuplades sauvages de l'Amérique qui brûlent leurs forêts pour se procurer ce précieux engrais.

La potasse se rencontre dans la plupart des terres, mais elle est souvent engagée dans des roches ou dans des argiles à combinaisons insolubles ou peu solubles. Nous avons signalé ce même phénomène d'insolubilité, à propos de l'azote et des phosphates. Aussi dans l'espérance, peut-être chimérique, que le sol cédera aux plantes la potasse qu'il contient, on ne doit point, par économie, la supprimer dans les engrais que l'on emploie et dire la terre y pourvoira. C'est ainsi que l'on risque de compromettre une récolte (1).

On a quelquefois reproché à cet élément de fertilité de boucher les pores des feuilles, de les rendre cassantes, de les faire jaunir, puis tomber.

Ce reproche ne s'adresse pas à la potasse elle-même, mais à deux de ses sels : au chlorure de potassium, et surtout au sulfate de potasse.

(1) Six terres différentes, traitées chimiquement, ont donné en moyenne par hectare 58,000 kil. de potasse ; neuf terres, traitées seulement par l'eau, n'ont donné par hectare et en moyenne que 507 kil. de potasse soluble. 507 kil. seulement sur 58,000 étaient donc utiles aux plantes.

Composés d'éléments fortement unis, ces deux sels sont peu décomposables, et ne peuvent que difficilement se séparer et subir les transformations que la végétation crée dans les différentes phases de son développement. En un mot, ils ne s'assimilent pas, ou ne s'assimilent que très lentement aux végétaux.

D'autre part, étant solubles, ils ne tardent pas, dès que l'eau qui leur a servi de véhicule vient à s'évaporer, à obstruer les canaux et les pores des feuilles.

Les preuves, que ces deux sels ne se décomposent pas ou ne se décomposent qu'en faible partie, ces preuves se comptent en très grand nombre (1).

En voici quelques-unes :

Des analyses de colza ont donné pour résultats de la potasse à l'état de sulfate et de la potasse à l'état de chlorure. Ces deux substances, mises comme engrais, n'avaient donc subi aucune transformation, on les a trouvées telles qu'elles avaient été mises en terre, et telles que les racines les avaient absorbées.

De nombreuses analyses ont constaté que le sulfate de

(1) Le sulfate de potasse, de même que le sulfate de chaux, mis en terre, se transforment sous l'influence du terreau en *sulfure de potassium* et en *sulfure de calcium*, puis en carbonate de potasse et en carbonate de chaux.

Cette décomposition se fait normalement avec le sulfate de chaux qui, étant très peu soluble dans l'eau (1 partie sulfate veut 450 parties d'eau), ne se dissout que peu à peu, de manière à rencontrer toujours des substances végétales et à ne pas échapper à leur action.

Il n'en est pas de même pour le sulfate de potasse. Il est soluble dans l'eau en fortes proportions, et la plus grande partie de la solution de ce sel se perd dans le sous-sol, ou est absorbée par les racines des plantes à l'état de sulfate non décomposé, et cela avant qu'elle ait rencontré assez de substances végétales ou de terreau, pour être changée en sulfure.

potasse et le chlorure de potassium, qu'on avait donnés comme
engrais à des betteraves, se sont retrouvés tout simplement
emmagasinés dans leurs tissus, et, dans le même état, où ils
étaient lorsqu'ils furent mis en terre. Ils n'avaient donc pas
agi comme engrais.

M Joulle a obtenu les mêmes résultats. « La betterave, dit-
« il, absorbe indistinctement tous les sels qui se présentent à
« ses racines. Si ces sels sont du sulfate de potasse ou du
« chlorure de potassium, ils s'emmagasinent simplement dans
« ses tissus, sans pouvoir être utilisés à la formation des
« composés organiques qui lui permettent de produire du
« sucre.

« Si au contraire la potasse lui arrive à l'état de nitrate,
« elle décompose ce sel par voie de réduction. En un mot, les
« nitrates se trouvent *assimilés* en totalité par le végétal,
« tandis que les chlorures et les sulfates ne sont qu'*absorbés*
« par lui (1).

Dans un mémoire lu à l'Institut de France, *sur l'action
qu'exercent sur la pomme de terre les différents sels de potasse
essayés séparément*, M. Pagnoul a trouvé que le plus fort rendement de ce tubercule est donné par le carbonate de potasse
(potasse du commerce, cendres), et que le plus faible est
celui qui correspond au chlorure de potassium.

Dans les cendres de ces pommes de terre, *il a retrouvé ce
chlorure, à l'état de sel, et n'ayant subi aucune décomposition*.
Il a donc été absorbé par les racines sans profit pour la plante
à laquelle il n'a pu servir d'aliment (2).

(1) M. JOULIE. *Guide pour l'achat et l'emploi des engrais chimiques*. Pages 260-261.

(2) Mémoire de M. PAGNOUL. *Comptes rendus de l'Académie des
sciences de Paris*. T. LXXX, p. 1010.

D'autre part, M. Dehérain, professeur à l'Ecole d'agriculture de Grignon, a fait de 1865 à 1868 des essais avec les sels de potasse. Il a employé les sels de Stassfurt qui venaient d'être découverts en Allemagne, et d'apparaître sur le marché français. Il jugea utile d'étudier leur action sur diverses cultures et sur différents sols, afin d'encourager leur emploi s'il réussissait, et de prévenir les mécomptes, si au contraire il ne reconnaissait pas à ces matières toute l'utilité que les agronomes allemands paraissent leur accorder (1).

Ces sels sont des composés de potasse, plus ou moins riches en *chlorure de potassium* et en *sulfate de potasse*, et cela, selon leur degré de concentration et de purification. Ils renferment également plus ou moins de sel marin (chlorure de sodium). Or sur les pommes de terre ces différents composés eurent un résultat nul et défavorable.

Le *sulfate de potasse concentré* (toujours de Stassfurt), ne donna en général que de faibles excédants de récolte, quelquefois même son emploi fut suivi d'une diminution dans le poids des végétaux recueillis.

Dans une autre terre très pauvre en potasse, les pommes de terre ainsi que les betteraves ne profitèrent que médiocrement de ces sels.

Dans une troisième série d'expériences, faites aussi sur une terre pauvre en potasse, ces chlorures, ces sulfates ont donné des résultats peu encourageants.

Citons encore M. Peligot. Dans un travail sur *l'action des divers engrais sur les betteraves sucrières*, ce membre de l'Académie des sciences, qui est professeur de chimie à l'Institut

(1) M. Dehérain, professeur de chimie à l'Ecole d'agriculture de Grignon. *Cours de chimie agricole*. Page 549.

agronomique de Paris, a obtenu des résultats plus négatifs encore que ceux dont nous venons de parler.

Il sema des graines de betteraves dans des pots séparés et arrosa chacun d'eux, non avec un mélange de sels, mais *avec un seul sel. C'est, dit-il, l'unique moyen que l'on doit employer lorsqu'on désire se rendre compte de l'action fertilisante d'une substance quelconque.*

Or les betteraves arrosées avec du *chlorure de potassium (sel de Stassfurt)* donnèrent peu de feuilles, qui ne se développèrent pas, et ne tardèrent pas à jaunir.

Les betteraves au contraire qui avaient été arrosées, soit avec le *nitrate de potasse seul*, soit avec le *sulfate d'ammoniaque également seul*, soit avec le *superphosphate de chaux*, se développèrent très bien. Leurs feuilles étaient larges et d'un vert foncé.

M. Peligot conclut de ses propres expériences que le chlorure de potassium que l'on a introduit dans les engrais chimiques (à la place du nitrate) est d'une efficacité des plus contestables (1).

Nous admettons donc, jusqu'à preuves contraires, que le sulfate de potasse et la chlorure de potassium ne jouissent pas de propriétés assez bien déterminées pour être recommandés aux agriculteurs. C'est leur prix relativement bas qui les fait employer comme potasse dans les engrais chimiques. Cependant, avant de renoncer complètement à l'emploi du chlorure de potassium, on doit se demander, comme quelques expériences semblent le faire admettre, s'il ne jouerait pas le rôle d'un dissolvant des phosphates insolubles, et s'il ne pourrait pas agir sur les végétaux comme

(1) M. Peligot, membre de l'Institut de France. *Comptes rendus de l'Académie des sciences de Paris.* T. LXXX, p. 133.

un excitant, de la même manière que le sel agit sur les animaux.

Tous, y compris l'homme, aiment et recherchent le sel. Il
excite l'appétit, fait partie du suc gastrique de l'estomac,
favorise la digestion, et lui est peut-être nécessaire,
quoique les urines et la transpiration le rendent tel qu'il a
été pris et sans qu'il paraisse avoir subi aucune altération.

En est-il de même du chlorure de potassium à l'égard des
végétaux ? C'est là une question non résolue.

En attendant qu'elle le soit, on peut employer le chlorure
de potassium à petites doses, comme excitant, mais non à
doses élevées, comme on le fait lorsqu'on le substitue au
nitrate de potasse.

C'est à ce dernier sel qu'il faut recourir pour représenter la
potasse dans les engrais chimiques. Il réunit en lui, comme
nous l'avons déjà fait remarquer, deux éléments de la fertilité :
l'*azote* et la *potasse*, et de plus, observation très importante
due à M. Boussingault : *chaque équivalent d'azote fixé par une
plante y fixe également son équivalent de potasse.*

Le nitrate de potasse contient sur 100 parties, 44 à 45 parties de potasse, et 13 à 14 d'azote. Il faut donc, dans l'évalua-
tion de son prix qui est assez élevé, ne pas oublier qu'en
achetant du nitre, on achète de la potasse et de l'azote.
Lorsqu'on remplace son azote par celui du nitrate de soude
qui est meilleur marché, on n'a point de potasse. Lorsqu'à la
place du nitrate de potasse, on a recours au chlorure de potassium ou au sulfate de potasse, on n'a point d'azote.

Rappelons ici que le nitre sous ses différents noms de salpêtre, nitrate de potasse, azotate de potasse, se forme natu-

rellement dans les terrains qui contiennent de la potasse et des matières organiques, du terreau. Il se forme aussi dans les fumiers et dans les décombres de vieux bâtiments.

Le sol des écuries et celui des caves contiennent toujours des nitrates.

C'est une substance, comme on le voit, créée par les seules forces de la nature et qui est des plus assimilables. Aussi M. G. Ville l'a-t-il d'abord exclusivement préconisée comme potasse, et c'est avec elle qu'il a fait pendant dix ans toutes les expériences qui ont servi de base à son système d'engrais et à ses formules.

On pourrait, il est vrai, la remplacer par le carbonate de potasse qui contient 40 à 50 % de potasse, mais ce sel a le grave inconvénient de ne pouvoir faire partie d'un engrais chimique contenant du sulfate d'ammoniaque, vu qu'il se substitue à l'ammoniaque qui, mise en liberté, se volatilise et se perd dans l'air (1).

Dans les prix courants, l'azote de l'acide nitrique est désigné sous le nom d'*azote nitrique*, sans aucune autre explication. On ne sait donc pas, dans les engrais chimiques que livre le commerce, si l'azote nitrique provient du nitrate de potasse, ou du nitrate de soude qui coûte moins cher.

Les fabricants justifient cette substitution qui est des plus

---

(1) Deux sels de potasse, le silicate et le sulfure de potasse (foie de soufre) ont été employés dernièrement et ont donné d'excellents résultats. La foie de soufre agit en même temps comme fertilisateur, et comme insecticide.

Pour les engrais spéciaux agissant à ce double point de vue, voir ma notice sur le goudron de houille, lue à la Classe d'agriculture de la Société des Arts en 1883, et publiée la même année. (*Du goudron de houille, ou coaltar.* De son emploi en agriculture pour la destruction de tous les parasites, soit végétaux, soit animaux. Imprimerie Carey. Genève.)

fréquentes, par ce fait généralement admis que la potasse et la soude existent toutes deux dans les végétaux et qu'elles peuvent se remplacer l'une l'autre.

Or c'est là, à ce qu'il paraît, une grave erreur, qui a été combattue et réfutée par M. G. Ville. J'ai établi, dit-il, par des expériences directes sur le froment que la soude ne peut remplacer la potasse, et qu'en l'absence de cette dernière, la plante ne donne que des résultats incertains et précaires.

Des expériences semblables, faites sur les pommes de terre, ont été également négatives. Là où manque la potasse, la soude ne produit aucun effet. Donc la soude ne remplace pas la potasse (1).

Ce n'est pas au point de vue de telle ou telle plante, mais à un point de vue général que M. Peligot de l'Institut, a repris tout récemment cette question dans son *Traité de chimie appliquée à l'agriculture:*

« La potasse, dit-il, qu'on appelait autrefois et avec rai-
« son, l'*alcali végétal*, se rencontre dans toutes les plantes et
« dans leurs cendres, ce qui n'arrive pas pour la soude.

« Si par hasard cette dernière s'y trouve, c'est toujours
« en quantités minimes. Nous disons, si par hasard, car la
« présence simultanée des deux sels, de potasse et de soude,
« que l'on supposait d'après de nombreuses analyses se trou-
« ver dans les végétaux, n'existe pas, et n'est que la consé-
« quence du mauvais mode de dosage adopté pour l'analyse
« de la soude (2). »

Ce dosage avait pour résultat d'attribuer aux plantes ana-

(1) M. G. Ville. *Comptes rendus de l'Académie des sciences de Paris*. T. LXVI, p. 380. ; *Engrais chimiques*, p. 134.

(2) La soude existe cependant dans quelques végétaux, et plus particulièrement dans deux familles de plantes : les atriplicées et les chénopodées.

lysées une quantité de soude d'autant plus grande, que l'analyse elle même était plus mal exécutée.

Très souvent cette soude n'était dosée que par différence, de sorte que toutes les pertes faites sur les autres éléments, comptaient pour de la soude, alors que la soude n'existait pas, et qu'on ne s'était pas même assuré de sa présence par des essais préalables.

Quant aux plantes que j'ai cultivées moi-même, ajoute M. Peligot, et que j'ai arrosées avec de l'eau contenant des sels de soude, toutes, blé, pommes de terre, avoine, haricots se sont trouvées exemptes de cette substance (1).

C'est du reste ce qui est arrivé à M. le professeur Dehérain (2). Il a arrosé à l'école de Grignon des pommes de terre cultivées en plein champ avec des dissolutions de différents sels de soude, et leurs cendres analysées ne contenaient point de soude.

Ces plantes l'avaient donc rejetée comme aliment.

Rien ne prouve plus clairement, dit encore M. Peligot, la prédilection des plantes pour la potasse que son existence dans des végétaux qui, comme les varechs, vivent dans l'eau de mer. Celle-ci contient par litre 30 grammes (1 once) de sel de soude, et seulement 20 centigrammes (4 grains) de potasse, et cependant dans ces plantes, la potasse prédomine de beaucoup sur la soude.

Aussi admet-il que si l'on pouvait par des moyens mécaniques arriver à séparer les particules de sel qui imprègnent

---

(1) M. Peligot, membre de l'Académie des sciences, professeur de chimie analytique à l'Institut national agronomique. *Traité de chimie analytique appliquée à l'agriculture*. Pages 355 et suivantes.

(2) M. Peligot. *Comptes rendus de l'Académie des sciences*. T. LXIX, page 1276.

les varechs et les en débarrasser par un lavage, leur analyse ne donnerait que des sels de potasse.

M. Peligot conclut donc que, dans le choix des engrais, il faut tenir compte de l'antipathie des plantes pour la soude, car accumulée dans la terre, elle exerce une action nuisible à la végétation, et s'oppose en particulier à la nitrification des éléments azotés, résultat, fait observer M. Dumas, facile à prévoir quand on connaît les propriétés antiseptiques du sel (chlorure de sodium).

Cette antipathie des plantes pour la soude est confirmée par de nombreuses observations.

Quand la soude existe dans une plante, dit M. Conjean, elle n'y existe le plus souvent que mécaniquement, aussi y reste-t-elle accumulée dans les parties basses, et diminue à partir de là, de manière à ce que le haut de la tige et surtout les fleurs et les fruits, n'en contiennent jamais (1).

Les plantes maritimes elles-mêmes semblent n'admettre la soude que par tolérance. Leurs organes supérieurs refusent de la recevoir, et dès qu'elles trouvent de la potasse, elles opèrent par elles-mêmes un triage et rejettent la soude.

M. Paul de Gasparin cite comme exemple le *mésambrian-themum cristallinum* dont les branches et les tiges sont parsemées de glandes cristallines remplies d'un sel de soude. Dès que cette plante s'éloigne de la mer et s'avance dans les terres, le sel de soude est remplacé par un sel de potasse.

Il en est de même pour le *salsola tragus*, qui est exploité pour sa soude, entre Frontignan et Aigues-Mortes. Cette

---

(1) M. Conjean. *La soude dans les végétaux.* Comptes rendus de l'Académie des sciences, T. LXXXVI, p. 151.

plante remonte quelquefois la vallée du Rhône et ne tarde pas à remplacer sa soude par de la potasse (1).

Mais, objectera-t-on, ce n'est point pour la soude qu'on emploie le nitrate de soude, mais c'est pour son acide nitrique qui donne de l'azote à meilleur marché, le nitrate de soude coûtant moins cher que le nitrate de potasse.

Or, même à ce point de vue, et en ne tenant pas compte des inconvénients d'un excès de soude dans les terrains, l'azote du nitrate de soude le cède en activité à celui du nitrate de potasse.

M. G. Ville donne comme preuve l'expérience qu'il a faite, d'après laquelle 1 kil. d'azote provenant du nitrate de soude a donné 161 kil. de betteraves, tandis que 1 kil. d'azote provenant du nitrate de potasse, et dans des conditions absolument égales, a donné 580 kil. (2). Poids vraiment remarquable.

D'après le même auteur, du nitrate de soude fourni comme engrais à du blé a donné de mauvais résultats. Il en a été de même lorsqu'on l'a associé avec du phosphate de chaux, mais de la potasse ajoutée au mélange lui a immédiatement communiqué une action fertilisante (3).

(1) M. DE GASPARIN. *Cours d'agriculture*, 3ᵐᵉ édition, T. Iᵉʳ, p. 106. De nombreuses analyses ont conduit M. de Gasparin à affirmer qu'il n'y a point de soude dans la plupart des terrains. Il met de côté les terrains salans qui en contiennent beaucoup, ainsi que les terres d'alluvion et de diluvium qui en contiennent des traces. Ces exceptions faites, ce n'est que dans les terres fumées avec des engrais de ville ou du fumier de ferme qu'on trouve de la soude à l'état de sel marin. D'où M. de Gasparin conclut que la potasse mérite toujours davantage son nom si ancien d'*alcali végétal*.

(2) M. G. VILLE. *Engrais chimiques.* 1ᵉʳ vol., p. 176.

(3) M. G. VILLE. *Comptes rendus de l'Académie des sciences de Paris*. T. LI, p. 437.

Du reste, le nitrate de soude, qui était principalement employé pour les engrais destinés à la betterave, commence à être délaissé.

MM. Corenwinder et Woussen, dans un mémoire lu à l'Institut de France, rapportent que les cultivateurs de betteraves ont compris que le nitrate de soude constituait un véritable danger pour leur culture, et qu'il est aujourd'hui de la part des fabricants de sucre l'objet de plaintes sérieuses.

Tels sont les résultats des nombreux travaux qui ont été faits sur la soude et sur son nitrate.

Quant au sulfate de potasse et au chlorure de potassium (sel de Stassfurt) qui, dans les engrais chimiques, remplacent le plus souvent le nitrate de potasse, nous donnons ici l'opinion de M. G. Ville. « Je n'ai obtenu de bons effets, dit-il, ni du « sulfate, ni du chlorure de potassium, et mes recherches « sur ce point sont conformes à celles de M. le professeur « Schlœsing. N'ayant eu de bons effets que de la potasse « carbonatée ou du nitrate, je continuerai à recommander « ces deux produits, parce que, tous comptes faits, je ne trouve « pas qu'une économie de 8 à 10 francs par hectare soit une « compensation qui rachète les incertitudes de toute nature, « qui naissent de l'emploi d'un produit pauvre ou impur (1).»

(1) M. DE VILLE. *Engrais chimiques.* Ier vol., p. 285-286.

Plus tard, M. Ville, pour obtenir un nitrate de potasse à un prix moins élevé, a donné des formules où il le remplaçait par un mélange de *chlorure de potassium et de nitrate de soude.* Par une double décomposition entre ces deux sels, il se formerait du *nitrate de potasse* et du chlorure de sodium (sel marin). Cette double décomposition s'effectue, en effet, dans les fabriques et constitue un des procédés actuels pour obtenir le nitrate de potasse ; mais s'opère-t-elle toute seule en terre? Telle est la question à résoudre.

Pour terminer cet article, nous concluerons avec M. Joulie que les sels de potásse *súrement assimilables dans tous
les cas* sont le nitrate de potasse et le carbonate de potasse.

Quant au sulfate et au chlorure, ils ne viennent qu'en
seconde ligne, mais peuvent être rendus solubles par une
association avec d'autres engrais ou par les substances
mêmes du sol dans lequel ils sont employés. Aussi est-il bon,
si l'on veut y recourir, de faire au moins sur une petite
échelle l'essai de ces deux substances afin de s'assurer si
*elles sont, oui ou non, assimilables dans les terrains et dans les
conditions où l'on se propose de s'en servir* (1).

Répétons cependant ce que nous avons dit. C'est que tout en
rejetant le chlorure de potassium employé à hautes doses
comme engrais, et comme pouvant remplacer le nitrate de
potasse, nous croyons qu'il serait possible qu'il agît à petites
doses sur les végétaux comme *excitant,* de la même manière
que le chlorure de sodium, le sel ordinaire, agit sur les
animaux.

X

La Chaux.

La chaux est le quatrième élément de l'engrais chimique.
Il est probable que plus tard on en ajoutera un cinquième :
la magnésie, substance qui dans quelques cultures a donné
d'excellents résultats.

Pour le moment, on se contente de la magnésie que la
plupart des diverses espèces de chaux renferment, à des doses,
il est vrai, plus ou moins fortes.

(1) M. Joulie. *Guide pour l'achat et l'emploi des engrais chimiques.* Page 105.

La chaux s'emploie en agriculture sous deux états. A l'état de *chaux vive* et à l'état de chaux combinée avec l'acide sulfurique : *le sulfate de chaux* qu'on appelle aussi *plâtre*.

Comme amendement, on se sert de la chaux vive, à la dose de 400 à 500 kil. par hectare, une fois pour toutes.

Dans cette opération, la chaux est souvent remplacée par la *marne* qui est un mélange à doses très-variables de chaux et d'argile.

Le chaulage ou le marnage se pratique pour fertiliser les terres, il leur donne l'élément calcaire qui leur est nécessaire, désagrège les argiles et les rend moins compactes et moins inaccessibles à l'air.

Le chaulage tue beaucoup d'insectes, détruit les mousses et les petits champignons parasites, qui s'attachent aux arbres et aux plantes et vivent à leurs dépens. La carie, la rouille, sont rares dans une terre chaulée.

La chaux vive rend de grands services, lorsque des matières contenant de l'azote forment des combinaisons insolubles. Sous son influence, ces matières inertes et sans action se transforment en sels d'ammoniaque ou en nitrates, sels azotés que nous savons être des plus fertilisateurs.

La chaux agit de même sur les terres nouvellement défrichées, sur celles des marais desséchés, sur celles, en un mot, qui sont riches en débris végétaux, en détritus organiques, elle change leur azote insoluble en sels azotés solubles et assimilables.

Son rôle est donc des plus utiles, tant que ces débris végétaux sont abondants; mais du moment qu'ils deviennent rares, que leur réserve est dissipée, il ne faut plus donner de chaux à la terre ou lui donner en même temps soit du fumier, soit des matières végétales.

Cette action de la chaux vive donne l'explication de ce fait :

que les fumiers mis dans une terre calcaire ont un effet puissant, mais de courte durée.

Ces terrains, selon l'expression consacrée, *brûlent les fumiers*.

La chaux vive mise en excès (de même que la potasse et les sels d'ammoniaque), change les phosphates de fer et d'alumine qui sont insolubles en phosphates solubles. Or, comme ils jouent un grand rôle dans la fertilisation du sol, on comprend l'importance de la fonction que remplit à ce point de vue la chaux employée comme amendement (1).

La chaux à l'état de chaux vive ne doit pas être mélangée avec le fumier de ferme, ni faire partie des engrais chimiques. Elle se substituerait à l'ammoniaque que ces deux engrais contiennent, et l'ammoniaque (et par conséquent l'azote qu'elle renferme) mise en liberté se dissiperait dans l'air.

Par contre, elle agit très bien dans les composts, où les feuilles et les matières végétales dominent, elle les change rapidement en terreau. Cependant, M. Dehérain, fait remarquer que dans l'ouest de la France, les cultivateurs ont l'habitude de mêler leur fumier avec de la chaux et d'en faire de véritables composts (2).

Comme élément de l'engrais chimique, la chaux s'emploie à l'état de *plâtre*, soit *sulfate de chaux*.

Le plâtre contient 34°/₀ de chaux, il est peu soluble, car il faut 450 parties d'eau pour en dissoudre une de sulfate de chaux. Néanmoins cette petite quantité en dissolution suffit pour rendre l'eau *dure ou séléniteuse*.

L'eau dure cuit mal les légumes, les durcit ; elle tranche le savon. On remédie à ce grave inconvénient dans les ménages

(1) M. le professeur Dehérain. *Cours de chimie agricole*. P. 407.

(2) M. le professeur Dehérain. *Cours de chimie agricole*. Page 525.

de la campagne en faisant fondre dans cette eau avant de s'en servir une petite quantité de carbonate de soude (cristal de soude).

Les eaux dures ne sont pas propres à l'arrosage des végétaux, elles peuvent incruster leurs racines et faire jaunir et tomber leurs feuilles. Elles ne doivent pas être employées à l'irrigation des prairies.

Le sulfate de chaux dissous dans l'eau est facilement décomposé par le terreau et par les matières végétales, débris de bois, feuilles, etc., il se transforme en sulfure, soit foie de soufre à base de chaux. Ce sulfure à son tour se transforme en chaux et en soufre. Cette dernière substance est très utile aux plantes pour la formation de l'albumine végétale qu'elles contiennent. C'est, nous l'avons déjà dit, ce sulfure qui donne l'odeur d'œufs pourris aux eaux contenant du plâtre, dans les puits mal entretenus qui renferment de la boue, ou des débris végétaux.

Le sulfate de chaux semé à la volée à la dose de quatre cents à cinq cents kilos par hectare est très favorable aux prairies artificielles, trèfle, luzerne, sainfoin, et le rôle qu'il joue dans ces cultures est encore très obscur, cependant M. le professeur Dehérain admet que le plâtre fournit à ces plantes la potasse qui est la dominante des légumineuses. Il se base sur des expériences qu'il a faites et qui ont démontré que l'eau dans une terre plâtrée dissout plus de potasse qu'elle n'en dissout dans une terre non plâtrée.

Le plâtre favoriserait donc la solubilité de la potasse insoluble.

En analysant, dit M. Boussingault, les cendres du trèfle qui a été plâtré et celles du trèfle non plâtré, on trouve dans toutes les deux à peu près la même proportion d'acide sulfurique et de chaux, mais les sels de potasse sont plus abondants dans les plantes qui ont reçu du plâtre. — Ces analyses confirmeraient donc les expériences de M. Dehérain (1).

La chaux mise en excès dans une terre ne présente aucun inconvénient et l'on cite des sols très fertiles qui en contiennent jusqu'à 50 %. La fertilité qu'elle imprime au sol s'explique en partie par ce fait que nous avons déjà plusieurs fois signalé, que les terrains qui ont de la chaux, et qui en même temps renferment du terreau ont la propriété d'unir l'oxygène et l'azote de l'air, pour donner naissance à de l'acide azotique (nitrique) qui à son tour, en se combinant avec la chaux, donne naissance au sel appelé *nitrate de chaux.*

Ce phénomène constitue ce qu'on appelle la nitrification.

Il se passe sur un terrain calcaire ce qui se passe avec la chaux contenue dans les caves ou dans les murs humides. Ces murs se salpêtrent, c'est-à-dire forment des nitrates.

Les terres calcaires, surtout celles à calcaire poreux et tendre, sont donc des plus fertiles, dès qu'elles renferment du terreau.

Toujours en travail, elles préparent et créent par leurs propres forces et sans le secours de l'homme, les sels de nitre nécessaires aux végétaux.

Leur supériorité sur les terres granitiques, l'état de vigueur et de prospérité qu'elles impriment aux végétaux comme aux animaux, ont été depuis bien longtemps signalées par M. de Saussure.

Enfin, c'est encore à l'aide du plâtre mis en terre comme engrais, que des arboriculteurs ont obtenu des fruits remarquables par leur grosseur et par leur saveur. Mais là encore,

(1) M. DEHÉRAIN. *Cours de chimie agricole.* Page 445.

le plâtre doit être mélangé avec des matières végétales et
mieux avec du fumier.

C'est une condition indispensable pour que cette substance
produise tout son effet.

XI

Choix et composition d'un engrais-type.

Nous venons de faire connaître les propriétés dont jouissent
les matières végétales employées seules ou à l'état de fumier
de ferme.

Nous avons principalement insisté sur la propriété qu'elles
ont de rendre solubles et assimilables les substances qui dans
la terre sont dans un état d'insolubilité plus ou moins complet, et sur le rôle qu'elles remplissent dans la formation des
nitrates, sels azotés des plus fertilisants.

Nous avons également étudié l'action qu'exercent les quatre
éléments que renferme le fumier, éléments d'autant plus importants qu'ils sont les mêmes que ceux dont la réunion
constitue les engrais chimiques ou minéraux.

Mais, s'il est nécessaire pour un agriculteur de connaître les
propriétés des substances qui fertilisent son terrain, de savoir
que l'azote favorise principalement le développement des
parties foliacées, et que le phosphore favorise la fructification,
cela néanmoins ne lui suffit pas.

Pour qu'il puisse appliquer les connaissances qu'il peut
avoir acquises, il faut que les engrais chimiques dont il dispose soient de vrais engrais chimiques, c'est-à-dire, qu'ils
soient formés de substances minérales, dont chacune ait une
composition fixe et bien déterminée.

Or ce n'est qu'à l'*état de sels* que ces substances peuvent réaliser cette condition.

Il faut de plus, pour que l'agriculteur puisse employer les engrais chimiques avec intelligence et discernement, qu'il sache non seulement le nom et la provenance des sels qui les composent, mais que ces sels soient en nombre restreint, et choisis parmi ceux que la pratique aidée de la science a reconnus comme les plus actifs et les plus assimilables.

Malheureusement les engrais que préparent et que vendent la plupart des fabriques, sont bien loin de satisfaire à ces dernières conditions.

En effet, immédiatement après la publication des travaux de M. G. Ville et de ses formules, l'agriculture reçut une nouvelle et forte impulsion et de nombreux établissements se formèrent pour répondre à de nombreuses demandes. Mais, au lieu d'employer pour leurs engrais les substances que dix années d'essai avaient fait adopter par M. G. Ville, la plupart de ces fabriques recherchèrent quels étaient parmi les sels d'*azote*, de *phosphore* et de *potasse*, ceux qui coûtaient le moins cher.

Elles en vinrent ensuite, et toujours dans le même but d'économie, à substituer en tout ou en partie, aux sels d'azote immédiatement assimilables et à composition fixe, des résidus ou des débris de matières végétales ou animales. Ces matières contiennent, il est vrai, de l'azote, mais présentent le double inconvénient d'être, comme nous l'avons vu, d'une composition des plus variables, et d'avoir à subir des pertes en azote pouvant s'élever jusqu'à 30 %, dans les décompositions qui leur sont nécessaires, pour se transformer en sels d'ammoniaque ou en nitrates, et devenir ainsi assimilables.

Consultons, par exemple, un des prix courants de ces fabriques. Cherchons-y quel est l'engrais destiné aux prairies naturelles, et nous y trouverons que cet engrais correspond à tel numéro.

Ce numéro indique bien que l'engrais cherché renferme 4 °/₀ d'azote, dont deux parties sont désignées sous le nom d'*azote ammoniacal* et proviennent du sulfate d'ammoniaque, mais il n'indique pas de quelles matières sont tirées les deux autres parties de cet azote.

Pourquoi ne pas les nommer en toutes lettres ?

Pourquoi en cacher la provenance ?

Ne serait-ce point pour laisser ignorer aux fabriques rivales, quelle est la substance, qui est d'un prix moins élevé, que celui du sel d'azote qu'elle remplace ?

Ou, pour se ménager la possibilité, si cette substance vient à subir une hausse, de pouvoir en substituer une autre, qui aurait subi une baisse ?

Puis, quelle sécurité cette substance azotée dont le nom est tenu secret, donne-t-elle à l'agriculteur ?

Qui lui dit que ce n'est pas un corps, qui, comme la houille, fournit bien de l'azote, lorsqu'on la soumet à des opérations chimiques, mais qui mis en terre n'en livre point, vu qu'il ne s'y décompose pas.

Mais ne supposons point le mal et admettons que cette substance, malgré son prix relativement bas, soit bien choisie et fertilise le sol, pourquoi alors en cacher le nom à celui qui l'emploie et l'empêcher de connaître une substance qui convient à son terrain ?

Continuons l'examen de cette formule. Elle renferme, dit le prix courant, 7 °/₀ de potasse pure.

Mais de quel sel de potasse, cette potasse provient-elle ?

Ce n'est point, comme cela serait désirable, du nitrate de potasse, sel cher, il est vrai, mais très actif, car alors le fabricant se serait empressé de la désigner sous le nom de *potasse nitrique*.

La substance employée est donc tirée d'une combinaison de potasse d'un prix moins élevé, du *sulfate de potasse*, sel qui se décompose très difficilement, et qui par conséquent est peu assimilable, ou du *chlorure de potassium*, dont nous avons déjà longuement constaté les propriétés douteuses, incertaines et le plus souvent négatives.

Enfin, si nous passons aux phosphates, nous trouvons que la plupart des fabricants ont substitué aux os mis en poudre, ou aux superphosphates d'os, des superphosphates provenant, soit de coquilles fossiles, soit de roches phosphatées.

Là encore, l'agriculteur ne trouve qu'incertitudes et doutes.

Nous avons, en effet, démontré par de nombreuses preuves que, si beaucoup de ces phosphates minéraux ou fossiles sont assimilables, beaucoup aussi le sont peu ou ne le sont pas, et donnent peu ou point de résultats quant au rendement d'une récolte.

Tout dépend de leur composition et du mode d'agrégation des substances qui les composent.

Il est donc de toute importance, puisque les propriétés d'un même corps varient suivant la manière dont il est combiné, que les noms et l'origine des substances qui représentent l'*azote*, la *potasse* et le *phosphore* soient connus de ceux qui sont appelés à s'en servir.

Si, par exemple, un cultivateur veut donner à son terrain de l'*azote nitrique*, c'est-à-dire de l'azote provenant d'un nitrate, il est bon qu'il sache avant de l'acheter, si celui qu'on lui vendra provient du *nitrate de potasse* ou du *nitrate de soude ;* c'est ce que les prix courants n'indiquent pas.

Cette connaissance acquise, libre à lui de se décider et de choisir entre le premier sel et le second, qui est, il est vrai, beaucoup moins cher, mais dont la soude qui s'élève à 35^m % est, comme nous l'avons vu, mise en interdit par la plupart des végétaux, ou pour parler plus exactement, par tous les végétaux sauf quelques rares exceptions.

L'importance que nous attachons à la connaissance de l'origine des substances qui entrent dans les engrais chimiques est très grande, car on ne pourra juger de la valeur réelle des engrais achetés dans les fabriques, que lorsque les doses d'*azote*, de *phosphore* et de *potasse* qu'ils renferment, seront suivies du nom des sels qui représentent ces éléments de fertilité.

Ce n'est qu'alors aussi que l'agriculteur pourra retirer quelque fruit de la lecture aujourd'hui inutile de la plupart des travaux et des rapports que publient sur les engrais chimiques les sociétés et les journaux d'agriculture.

Du moment que les mots *azote, potasse, phosphore,* ne signifient rien par eux-mêmes, puisque les différents sels de potasse ne jouissent pas entièrement de propriétés identiques, et que la même observation s'applique aux différents sels de phosphore et aux diverses matières azotées, ces mots donnent lieu à cette question : de quelle potasse, de quel azote, de qule phosphore s'agit-il ?

Il y a en effet, au point de vue de la fertilisation du sol, potasse et potasse, phosphore et phosphore, azote et azote.

L'on comprend donc que dans un travail : *Sur la réforme à établir dans les engrais chimiques,* M. Grandeau, directeur en

France de la station agronomique de l'Est, ait fait sentir la nécessité de combler cette lacune dans l'industrie des engrais.

« Cette nécessité, dit-il, est reconnue par les chimistes les « plus renommés et même par quelques fabricants, mais elle « est généralement niée dans les établissements de cette « industrie. Elle l'est même, ce qui est triste à dire, par des « syndicats, et par des directeurs de stations agronomiques, « qui donnent la préférence aux éléments fertilisants, aux « phosphates, notamment *sans tenir aucun compte de leur* « *origine, et cela du moment qu'ils sont offerts à bas prix.*

« C'est donc avec raison, ajoute M. Grandeau, que la « commission du conseil supérieur d'agriculture de France, « propose d'ajouter à la loi de 1867, un article qui oblige les « fabricants d'engrais chimiques à indiquer non seulement le « titre des substances qu'ils emploient, mais aussi leur nom, « leur origine, et leur nature (1). »

Si cette proposition devenait loi, ce serait un premier pas vers le mode de faire de M. G. Ville, qui n'a jamais eu l'idée de soustraire à la connaissance des agriculteurs, les noms et l'origine des sels dont il se servait.

C'est ainsi qu'on les trouve désignés en toutes lettres dans sa formule destinée aux céréales et aux prairies naturelles, et qu'il donne comme étant formée de :

Superphosphate d'os,
Nitrate de potasse,
Sulfate d'ammoniaque,
Sulfate de chaux.

Là, comme on le voit, point de mystères, rien de caché et de sous-entendu, et à la simple lecture de cette formule, tout

(1) M. GRANDEAU. *Réforme à établir dans les engrais chimiques.* *ourn al pratique d'agriculture,* numéro du 10 avril 1884.

agriculteur intelligent comprend qu'il peut faire lui-même son engrais ou, tout au moins, indiquer au fabricant les sels qui doivent y entrer.

S'il s'y décidait, il devrait chercher à composer un engrais bien raisonné, un engrais-type, et qui fût assez riche pour fertiliser même les terrains pauvres ou épuisés.

Cet engrais devrait lui permettre d'obtenir par une simple augmentation ou diminution de l'un des quatre sels, le mélange que la pratique lui aurait démontré convenir le mieux à telle ou telle culture.

De plus, il ferait un engrais complet, car l'expérience ou plutôt de nombreuses expériences ont prouvé que la réunion des quatre agents est indispensable pour avoir une végétation florissante, et que les inégalités considérables que présentent les récoltes ont souvent pour cause la suppression d'une ou de deux des quatre substances qui forment l'engrais complet.

Ces bases admises et le but à atteindre une fois bien défini, voici comment il procèderait.

Ayant pris connaissance des propriétés du phosphore, sachant qu'il est le plus souvent en quantité insuffisante dans la terre, que le fumier en contient peu, et que c'est l'élément qui chez tous les êtres vivants végétaux, et animaux, préside à la fructification et à la reproduction; il l'adoptera comme base de son engrais, en recourant, tant que les os ne manqueront pas, soit à leur poudre, soit à leur superphosphate.

Eux seuls ont une action toujours sûre et certaine, ce qui n'arrive pas avec les superphosphates minéraux ou fossiles.

Puis, s'appuyant sur les chimistes et sur les agronomes que nous avons cités et qui ont constaté que le phosphore ne développe toute sa puissance de fertilisation qu'avec l'aide des matières azotées, il mélangera son superphosphate avec un de ces sels.

Deux se trouvent à sa disposition dans le commerce : le *sulfate d'ammoniaque* et le *nitrate de potasse.*

Lequel des deux choisira-t-il ?

Sans hésiter, il devra recourir au nitrate de potasse, et cela pour deux raisons.

La première, c'est que de tous les sels qui agissent comme azote, le nitrate de potasse est le plus actif.

La seconde, c'est qu'ayant à composer un engrais complet contenant les quatre éléments, il lui faut de la potasse. Or le nitrate de potasse qui lui fournit l'azote lui fournit également la potasse, chaque *équivalent d'azote, qui se fixe dans la plante y fixant,* suivant les beaux travaux de M. Boussingault, *son équivalent de potasse assimilable.*

Cependant, en se servant pour son engrais du nitrate de potasse qui sur 100 parties en renferme seulement 12 d'azote, contre 45 de potasse, l'agriculteur ne tardera pas à comprendre qu'il se met dans l'impossibilité de faire plus tard prédominer l'*azote,* s'il jugeait que telle culture souffreteuse l'exigeât.

En effet, en élevant la dose du nitrate de potasse, il augmenterait la dose d'azote dans le rapport de 1 seulement, tandis qu'il augmenterait celle de la potasse dans le rapport de 3 1/2.

Il ferait donc prédominer toujours plus la potasse sur l'azote, ce qui est le contraire de ce qu'il veut obtenir.

Pour tourner cette difficulté, il ajoutera au superphosphate d'os et au nitrate de potasse déjà mélangés, un troisième sel, le *sulfate d'ammoniaque* qui contient, comme nous l'avons déjà vu, 20 % d'azote.

Grâce à ce sel, il lui sera loisible d'augmenter à volonté

dans son engrais la dose d'azote, sans toucher à celle du nitrate.

Une autre raison plaide en faveur de l'addition du sulfate d'ammoniaque dans toute formule d'engrais. Comme nous l'avons maintes fois répété dans les pages précédentes, les phosphates de chaux insolubles deviennent solubles, et assimilables sous l'action de l'acide carbonique en solution. Or, ces mêmes phosphates deviennent également solubles et assimilables sous l'influence des sels d'ammoniaque. A cette expérience de M. Dumas, qu'un morceau d'ivoire, ou qu'un os se ramollit et se dissout dans de l'eau de seltz, par exemple, il faut joindre celle de M. Mène qui a montré qu'un os se ramollit et se dissout aussi dans de l'eau contenant du sulfate d'ammoniaque en dissolution.

C'est là un résultat d'une grande portée, surtout pour l'emploi des phosphates dans des terrains où le calcaire (la chaux) prédomine. Le terreau y étant promptement détruit, l'acide carbonique y fait défaut, et comme conséquence les phosphates resteraient insolubles, si le sulfate d'ammoniaque ne faisait pas ici les fonctions de l'acide carbonique.

Reste, pour compléter cet engrais, à y ajouter le quatrième élément : la *chaux*. C'est sous la forme de plâtre, (sulfate de chaux) qu'elle entre dans les engrais minéraux.

C'est dans cet état qu'elle est plus particulièrement utile aux légumineuses et qu'elle fertilise les terres, soit que le plâtre fixe l'ammoniaque volatile pour en faire du sulfate d'ammoniaque, soit qu'avec l'aide du terreau il absorbe les deux gaz de l'air : l'oxygène et l'azote pour en faire des nitrates ; soit enfin qu'il fournisse aux végétaux du soufre qui est indispensable à la formation de l'albumine qu'ils contiennent.

Tel est l'engrais chimique que les connaissances de l'agriculteur doivent lui permettre de former.

Il est composé de :

Superphosphate d'os qui représente la phosphore ;

Nitrate de potasse	»	»	l'azote et la potasse ;
Sulfate d'ammoniaque	»	»	l'azote seul ;
Sulfate de chaux	» ·	»	la chaux.

Que manque-t-il à cet engrais pour qu'il puisse être immédiatement utilisé ?

Ce sont les doses de *phosphore*, de *potasse*, d'*azote* et de *chaux*, nécessaires pour fertiliser un espace de terrain limité : un are par exemple.

Comment les déterminer ?

Le moyen direct serait de connaître quels sont les éléments actifs et assimilables d'*azote*, de *potasse* et de *phosphore*, qui se trouvent dans la terre ; puis de connaître quelles sont les doses de ces mêmes éléments, dont a besoin la plante que l'on veut cultiver.

Or cette double connaissance échappe dans l'état actuel de la science à l'agriculteur, comme au chimiste.

L'analyse d'un terrain faite par ce dernier indique bien les substances que le sol renferme, mais elle n'établit aucune distinction entre les substances de la terre qui sont immédiatement solubles ; celles qui le deviendront probablement plus tard, et celles qui ne le deviendront jamais.

Qu'on soumette à l'analyse et aux réactions chimiques une terre contenant des phosphates minéraux, de la houille, des morceaux de granit, l'analyse, qui se sert de dissolvants plus puissants que l'eau simple, indiquera bien la présence et les doses du phosphore, de l'azote et de la potasse, que renferment les différents corps que nous venons de nommer, mais elle ne dira pas si cet azote, si cette potasse, se trouvent dans des combinaisons solubles, qui leur permettent d'être absorbés par les racines des végétaux.

C'est ainsi qu'il résulte de nombreuses analyses faites par M. Boussingault dans une terre très fertile et riche en matières azotées, que les 96 °/₀ d'azote qu'elle contenait n'avaient pas agi :

« C'est, ajoute-t-il, ce que l'analyse n'aurait pu prévoir, « elle eût confondu l'azote inerte et inutile, engagé dans des « combinaisons indécomposables, avec l'azote immédiate- « ment soluble et assimilable. » (1)

Quant au second point : *la connaissance des quantités de potasse, de phosphore, d'azote et de chaux, que telle culture prend à la terre, et qu'il faut lui restituer par des engrais*, sa solution a été pendant longtemps regardée comme ne présentant pas de graves difficultés. Il ne s'agissait que de faire les analyses des végétaux les plus utiles et de déterminer les doses des quatre éléments qu'ils renferment.

C'est ce qui a été fait, et les plantes arrachées et analysées à l'époque *de la maturité de leurs graines* ont donné une certaine quantité de potasse, d'azote, et de phosphore. Mais de nouvelles analyses faites plus récemment sur ces mêmes plantes, *au moment de leur floraison*, constatèrent que les doses des quatre éléments étaient changées et ne se rapportaient plus à celles trouvées à l'époque de leur fructification (2).

---

(1) M. Boussingault. *Comptes rendus de l'Académie des sciences de Paris*. T. XLVIII, p. 317.

(2) Du résultat de ces analyses, M. Joulie serait porté à conclure que les plantes ont deux périodes de nutrition. La première période foliacée irait jusqu'à l'époque de la floraison. La seconde partirait de la floraison et s'étendrait jusqu'à la fructification. L'absorption par les racines serait très active pendant la première période ; mais, dès ce moment, les plantes tireraient moins de nourriture de la terre, et utiliseraient les matériaux qu'elles

En voici un exemple bien remarquable.

Une récolte de blé d'hiver, qui contenait au mois de mai 382 kilos de potasse, n'en renfermait plus que 67 kilos 400 grammes lors de sa récolte.

L'acide phosphorique qui, au mois de juin, s'y trouvait à la dose de 85 kilos était descendu, lors de la maturité du blé, à 50 kilos 65 grammes.

En présence de pareils résultats et de différences aussi notables, on comprend que ce ne sera que lorsque de nombreuses analyses exécutées à différentes époques de la vie des végétaux se seront multipliées, que l'on pourra espérer de connaître quelles sont les doses des quatre éléments qui conviennent à chaque plante, et qu'il faut lui restituer par le moyen d'engrais appropriés.

Pour le moment, ce n'est que par des essais comparatifs faits avec l'engrais chimique, dont on supprime tour à tour un ou deux des éléments, qu'il est possible de faire l'analyse de la terre, au point de vue des substances fertilisantes et assimilables qu'elle contient.

Ces essais consistent à cultiver la même plante dans un certain nombre de parcelles de terre, de même grandeur et de même exposition, puis à donner à chacune d'elles un engrais différent, comme on le voit dans le tableau suivant :

ont emmagasinés. Ces matériaux iraient aux fruits et aux racines, la plante restituant à cette époque à la terre les éléments qu'elle lui a pris pendant la période foliacée. (M. JOULIE. *Guide et achat des engrais chimiques.* Page 122.)

Parcelles d'essais dont chacune est d'un quart d'are (soit d'un carré dont chaque côté a 5 mètres)

I *Fumier de ferme* 150 kilos	**IV** *Engrais* sans potasse Superphosphate 1 k. — Sulfate d'ammoniaque 0 k. 875 Sulfate de chaux 0 k. 625
II *Fumier de ferme* 75 kilos	**V** *Engrais* sans azote Superphosphate 1 k. — Sulfate de chaux. 1 k. — Carbonate potasse agricole. 5 k. —
III *Engrais* type Superphosphate 1 k. — Nitrate de potasse 0 k. 500 Sulfate d'ammoniaque 0 k. 625 Sulfate de chaux 0 k. 875	**VI** *Sans engrais quelconque*

Les carrés I et II démontrent à quelle dose le fumier de ferme cesse d'être utile. En général, le carré qui a reçu 150 kilos de fumier, ne donne pas un rendement plus élevé que celui qui en a reçu la moitié moins, soit 75 kilos.

Le carré III mesure la puissance de fertilisation de l'engrais chimique complet (celui que nous proposons comme type) par rapport aux deux parcelles qui ont reçu du fumier.

Le carré IV, qui ne reçoit point de potasse, analyse la terre. S'il donne un rendement égal à celui du carré III, c'est un indice que pour *le moment* le terrain a assez de potasse. S'il donne un plus petit rendement, la potasse fait défaut, il faut en donner au sol, en revenant à la formule du carré III.

Le carré V qui ne reçoit point d'azote, analyse également la terre. Si, par exemple, ce carré donne un rendement égal à celui du carré III c'est la preuve que la terre contient pour *le moment* assez d'azote. Si au contraire le rendement est plus petit que celui de carré III, c'est une preuve que l'azote manque, et pour lui en donner, il faut revenir à l'engrais type.

Enfin le carré VI qui ne reçoit aucun engrais sert à constater si la terre a besoin d'un engrais quelconque.

Il se pourrait en effet, dans le cas où ces parcelles auraient été bien fumées pendant les années précédentes, qu'elles fournissent toutes les mêmes rendements, et cela jusqu'à ce que les éléments fertiles du sol fussent épuisés, ou ne fussent plus dans les proportions voulues pour telle ou telle culture.

Le *phosphore devant toujours faire partie des engrais chimiques, aucun carré d'essai ne lui a été réservé.*

Comme moyen de simplifier ces expériences, on peut, dans la plupart des cas, se borner à répandre çà et là, au milieu du même champ, quelques poignées de l'engrais dont on veut connaître la valeur. On plante un piquet indiquant la place, et on compare les résultats obtenus avec ceux que donne la partie voisine qui n'a rien reçu.

Ce sont des expériences de ce genre, continuées pendant dix ans et faites au double point de vue du choix des substances et de leurs doses, qui ont permis à M. G. Ville d'établir de nombreuses formules d'engrais très utiles comme études scientifiques, mais dont le choix est très embarrassant pour un agriculteur.

La plus importante est la suivante. Elle est destinée à fertiliser les terres pauvres et stériles. C'est la formule A de M. G. Ville. L'azote en est la dominante :

100 kilos de cette formule-type renferment 6 k. 700 gr. azote, 5 k. phosphore, 7 k. 800 gr. potasse, 20 k. 200 gr. chaux.

Pour les fournir à la terre, il faut lui donner :

Pour 100 kil.	Pʳ un hectare	Pʳ un are
33 k. 340 gr. superphosphate chaux.	400 k.	4 k. —
16 k. 660 gr. nitrate potasse.	200 k.	2 k. —
20 k. 830 gr. sulfate ammoniaque.	250 k.	2 k. 500
29 k. 170 gr. sulfate de chaux.	350 k.	3 k. 500
100 k.	1200 k.	12 k.

Tel est l'engrais que nous voudrions voir généralement adopté. Il est complet, vu qu'il renferme les·quatre éléments de la fertilité.

L'azote y est représenté sous deux formes, à l'état d'azote nitrique provenant du nitrate de potasse, et à l'état d'azote ammoniacal, provenant du sulfate d'ammoniaque.

M. G. Ville recommande cet engrais où l'azote prédomine, pour les *céréales*, le *chanvre*, le *colza*, le *sarrasin*, les *betteraves, carottes, jardinage, houblon, milliet et pour les prairies naturelles.*

Destiné à fertiliser des terres pauvres et presque stériles, il contient de fortes doses des quatre éléments actifs, doses qui, dans des terres bien entretenues, peuvent être réduites d'un tiers ou même de moitié.

De cette richesse de composition, et surtout de la présence des quatre agents, il résulte qu'il réussit également bien pour toutes les cultures, et de même que le fumier de ferme remplace très avantageusement les différents composts que l'on peut donner à la terre, de même cet engrais tient lieu de toutes les autres formules d'engrais chimiques.

C'est ce qu'ont compris quelques fabriques et en particulier la grande fabrique de St-Gobain qui offre et recommande, dans son prix-courant : *un engrais complet dont l'efficacité est éprouvée, pour toutes les cultures, et pour tous les terrains.*

Dans cet engrais A, c'est l'azote qui prédomine. Si cependant le cultivateur désirait que la potasse fût la dominante, il n'aurait qu'à augmenter la dose du nitre et à abaisser celle du sulfate d'ammoniaque et même à supprimer ce sel. C'est ce qu'a fait M. G. Ville dans sa formule C, que voici :

Superphosphate d'os . . 4 kil. par are.
Nitrate de potasse. . . 3 kil. 500 »
Sulfate de chaux . . . 4 kil. 500 »

Cette formule est recommandée pour les *pommes de terre,*

le *tabac*, le *lin*, les *légumineuses*, telles que *luzerne*, *sainfoin*, *vesces*, *lupins*, *pois*, *lentilles*, *fèves*, *féveroles*, *haricots*, plantes qui, selon M. G. Ville, ont besoin d'un excès de potasse.

Si l'on veut que le phosphore soit la *dominante*, il suffit d'augmenter la dose du superphosphate et l'on a pour formule et par are :

Superphosphate d'os.	. .	5 kil.
Nitrate de potasse	. . .	2 »
Sulfate d'ammoniaque	. .	2 »
Sulfate de chaux.	. . .	3 »

Pour faire prédominer la *potasse* et le *phosphore*, on augmente la dose du superphosphate et celle du nitre, et on supprime le sulfate d'ammoniaque.

On a alors pour un are :

Superphosphate de chaux.		5 à 6 kil.
Nitrate de potasse.	. .	3 à 4 »
Sulfate de chaux	. . .	4 à 2 »

Cette formule s'emploie pour la culture de la *vigne*, pour celle des *arbres fruitiers* et des *arbustes d'agrément*.

Enfin, si l'agriculteur veut remplacer le guano qui ne contient que du phosphore et de l'azote, il supprime le nitre et a pour formule et par are :

Superphosphate d'os.	. .	4 kil.
Sulfate d'ammoniaque	. .	3 kil.
Sulfate de chaux.	. . .	5 kil.

Cet engrais est incomplet, aussi il n'est pas prudent de

l'employer de suite pendant plusieurs années sur le même terrain.

Il est fortement recommandé pour les *prairies naturelles* quand le sol contient de la potasse, ce qui se reconnaît par la présence dans l'herbe du trèfle et d'autres légumineuses.

Telles sont les modifications les plus importantes que peut subir cet engrais-type dont l'agriculteur connaît tous les éléments. S'il l'adoptait, il ne tarderait pas à se l'approprier et à modifier lui-même, et selon ses besoins, les doses respectives des différents sels qui le composent. Alors, il serait à même de juger, par comparaison, des résultats que donnent dans ses terres les substances que nous avons cru devoir indiquer comme d'une efficacité douteuse et incertaine.

Alors aussi, il renoncerait à l'emploi de ces nombreux engrais qui affichent la ridicule prétention de s'adapter à chaque terrain et à chaque culture particulière.

Or ces engrais, outre le grave inconvénient qu'ils présentent d'être souvent incomplets et de ne pas renfermer les substances reconnues comme les plus assimilables, ne diffèrent les uns des autres que par des doses insignifiantes.

L'agriculteur s'en convaincrait par lui-même, si leurs formules au lieu d'être incompréhensibles comme elles le sont, étaient écrites en toutes lettres avec les noms de leurs éléments et de leur origine, conformément au projet de la commission du conseil supérieur d'agriculture de France.

Si ce projet était adopté, il aiderait l'industrie des engrais à sortir de la crise qu'elle traverse et que signale M. Joulie, « crise qui engendre les plus tristes résultats, l'agriculture « ne sachant au juste ce qu'elle veut, et étant par cela même « en butte aux entreprises de tous les intrigants, qui pro-

« fitent de ses hésitations pour faire accepter des produits
sans valeur. »

Néanmoins, l'initiative privée des cultivateurs l'empor-
tera toujours sur une mesure législative quelconque, aussi
nous ne saurions trop les inviter à suivre les conseils de
M. Dudoüy, qui, dans une conférence, exhorta ses auditeurs
« à composer sous leur toit les engrais que réclame leur
« domaine. Habituez-vous, leur dit-il, à raisonner vos
« fumures, à combiner vous-mêmes les éléments de fertilité
« que réclame chaque récolte. Vous n'êtes pas des enfants,
« vous savez choisir vos racines, vos semences, vos bestiaux.
« Sachez donc aussi faire vos engrais avec les matières
« achetées hors de la ferme. » (1)

M. Schlœsing fait la même recommandation. Ce professeur
de chimie à l'Institut national agronomique de Paris engage
tout cultivateur doué de quelque intelligence à s'interdire
l'usage de ces engrais à formules qu'il ne comprend pas,
à acheter ses matières premières, et à faire lui-même ses
mélanges.

Si ces conseils étaient suivis, on verrait se réaliser la
prédiction de l'illustre doyen des chimistes, M. Chevreul :
« que le temps n'est pas loin où l'agriculteur, imitant
« l'exemple du maraîcher préparera lui-même ses engrais
« chimiques, ses composts, et n'usera plus de ceux qu'il ne
« connaît pas. »

Alors à toutes les chances qui menacent sans cesse, et décou-
ragent l'homme qui cultive la terre ; à toutes les déceptions
que lui causent le gel, la grêle, les tempêtes, et les nombreux
parasites animaux et végétaux qui attaquent ses récoltes, ne

---

(1) M. Dudoüy, directeur et fondateur de l'Agence centrale des agriculteurs de France. *Conférence sur les engrais chimiques.* P. 22.

viendraient pas encore se joindre celles qui proviennent d'engrais mal préparés, peu actifs, ou appliqués sans discernement et qui, sans qu'il en connaisse ou en comprenne les causes, ne tiennent pas les promesses sur lesquelles il pouvait légitimement compter.

C'est dans l'espérance de contribuer, fût-ce pour une part minime, à ce que les agriculteurs entrent dans cette voie nouvelle, et pour les aider à y marcher avec quelque sécurité, et sans qu'ils soient arrêtés par trop d'obstacles, que j'ai donné et publié (grâce à l'Institut et à son Président de la Section d'agriculture, M. L. Archinard) ces trois conférences sur l'alimentation des végétaux.

Puissent-elles leur être de quelque utilité.

XII

Conservation. Epandage des engrais.

Il faut avoir soin de tenir les engrais chimiques dans un lieu sec. Ils se conservent alors très bien.

Si cependant la masse s'était durcie, il faudrait avant de l'employer, en briser les grumeaux.

Quelques jours avant l'épandage, il est bon de les mêler avec une ou deux fois leur volume de sable, ou mieux, comme nous l'avons dit, avec de la terre de jardin ou du terreau.

L'engrais ne doit jamais être mis en contact avec la graine ou semence, celle-ci ne doit être mise en terre que quelques jours après l'épandage.

L'engrais ne doit pas être enterré profond, il faut que les jeunes racines le trouvent immédiatement. Sous l'influence de la pluie il ne tarde pas à descendre dans la terre.

Pour les plantes à racines longues et pivotantes, l'engrais doit être mis à une plus grande profondeur. On le répand alors en deux fois, moitié avant le labour, et moitié après.

Il faut avoir soin, vu sa puissance d'action, d'éviter qu'il ne s'accumule par places.

Pour cela on porte sur le terrain l'engrais à répandre, on le partage en petits tas égaux, et à égale distance les uns des autres, puis on le sème à la volée par un temps calme.

Quand on répand l'engrais en couverture, il faut, toutes les fois que la chose est possible, faire passer la herse, afin de bien le mêler avec la terre.

Lorsque, comme nous le conseillons, l'engrais chimique est employé concurremment avec le fumier, on enterre d'abord ce dernier par un labour, puis on répand l'engrais et l'on fait passer la herse.

Si on dépose au pied d'une plante une dose quelconque d'engrais chimique, il faut toujours la mélanger avec deux ou trois parties de terre.

Le plus possible il convient de mettre l'engrais lorsque le temps va se mettre à la pluie, elle le dissout rapidement, et en imbibe bien également le sol.

Cette précaution est surtout nécessaire lorsqu'on le répand en couverture sur une récolte déjà levée, sur le blé par exemple, au printemps.

L'eau dissout la partie d'engrais qui s'est attachée aux jeunes tiges et qui pourrait y exercer une action nuisible.

Dans les grands domaines, on se sert de machines pour l'épandage des engrais pulvérulents.

Il y a même des machines combinées de manière à répandre en même temps les graines et les engrais. Elles enfouissent les premières à la profondeur voulue, et mélangent l'engrais à la terre avec laquelle elles recouvrent les graines.

Mais il est mieux de séparer les deux opérations et de recourir aux différents moyens que nous venons d'indiquer, et qui sont ceux que l'expérience à consacrés comme suffisamment pratiques et comme donnant d'excellents résultats.

Quant au moment le plus favorable pour l'épandage de ces engrais, il doit varier suivant leur composition.

Ceux par exemple, dont nous avons donné les formules, n'ayant pour ainsi dire aucune décomposition à subir pour fertiliser la terre, et étant sous l'action de la pluie promptement dissous et assimilables, peuvent être répandus en février ou en mars.

Il n'en est pas de même des engrais où entrent des phosphates minéraux ou fossiles, ni de ceux où le nitrate de potasse a été remplacé dans son azote et sa potasse par des matières végétales ou animales azotées, et par du chlorure de potassium, du sulfate de potasse, ou des sels de Stassfurt. Ils doivent être mis en terre en automne, car ils ont besoin, pour devenir assimilables, de subir des transformations et des décompositions, avec les diverses substances qu'ils peuvent rencontrer dans le sol, transformations qui seront d'autant plus complètes qu'ils auront été plus longtemps en terre, et soumis aux diverses influences atmosphériques.

COMPTE-RENDU

DES

TRAVAUX DE L'INSTITUT

PENDANT L'ANNÉE 1884

Dans sa séance générale du printemps, l'Institut a réélu son bureau et le Comité de gestion. Le bureau est composé de MM. Ch. Vogt, président, Jules Vuy, vice-président, Henri Fazy, secrétaire-général, et Charles Menn, bibliothécaire.

Le Comité de gestion se compose, outre le président et le secrétaire-général, de MM. H. Silvestre, J. Vuy, E. Ritter, D' Olivet, L. Archinard.

Publications. — En 1884, l'Institut a fait paraître le tome XXVI du *Bulletin*.

Bibliothèque.

Pendant l'année 1883, la Bibliothèque avait reçu comme :

	Volumes.	Brochures.	Cartes.
Dons d'administrations diverses	22	10	1
Dons de particuliers	49	105	
Par échanges	131	64	
Par abonnement	11		
Par achat		4	
	213	183	1

Pendant l'année 1884, elle a reçu :

	Volumes.	Brochures.	Cartes.	Atlas.
Dons d'administrations diverses...................	24	13	2	1
Dons de particuliers.....	24	39		
Par échanges...........	107	74		
Par abonnement	13			
Par achat..............	2			
De Sociétés pour compléter	10	7 cahiers		
	180	133	2	2

En 1884, les Sociétés ou administrations suivantes ont demandé à faire échange de publications :

Le *Gewerbemuseum*, de Vienne ;

Le *Musée d'histoire naturelle*, de Hambourg ;

La *Société des Sciences naturelles* du canton de Thurgovie;

La *Real Sociedad economica de Amigos del Pais*, de Filipinas, Manila ;

L'*Academia nacional de Ciencias*, Cordoba, République Argentine.

Section des Sciences naturelles, physiques et mathématiques.

La Section des Sciences de l'Institut n'a tenu que 4 séances dans le courant de l'année 1884. Les communications suivantes lui ont été présentées :

M. E. Yung. Sur la structure du système nerveux des Mollusques lamellibranches.

M. le D' H. Oltramare. Sur les avantages de la syphilisation.

M. E. Yung. Sur les poussières de la neige pendant les lueurs crépusculaires.

M. C. Vogt. Sur la station zoologique de Naples.

M. le prof. D' J. Reverdin. Sur un singulier cas de brûlure.

M. C. Vogt. Recherches récentes sur les phagocytes.

Aucun changement n'est survenu dans le personnel de la Section.

II

Section des Sciences morales et politiques, d'archéologie et d'histoire.

En 1884, la Section a élu son bureau. Ont été nommés :

MM. Fazy, Henri, président ; Golay, Emile, vice-président. Ont été confirmés dans leurs fonctions, MM. Fontaine-Borgel, Claudius, secrétaire ; Moriaud-Brémond, David, vice-secrétaire, et Menn, Charles, trésorier.

Les membres effectifs ont tenu cinq séances ; la Section a tenu neuf séances ordinaires dans lesquelles, outre diverses communications orales, elle a entendu les travaux suivants :

De M. Jules Vuy : Remarques sur le *Journal* d'Esaïe Colladon (1600-1605) ; sur les guerres du XVIᵐ siècle et la démolition du fort Ste-Catherine ; sur un travail de linguistique et d'ethnographie du général Wolf, membre correspondant, enfin une notice historique sur le Salève.

De M. Claudius FONTAINE-BORGEL. Histoire des paroisses et communautés de Veyrier-Bossey-Troinex, dès les anciens temps à nos jours.

De M. Charles ROUMIEUX : Quatrième série de médailles genevoises.

De M. Emile GOLAY : Essai de philosophie sociale.

M. MILKOWSKI a présenté une intéressante et nombreuse collection de pièces polonaises, autrichiennes et turques, et quelques monnaies romaines, provenant de Mohileff, au bord du Dniester.

M. GRAND-CARTERET a entretenu la Section de son ouvrage illustré destiné à être publié à Paris, lequel traite de la carricature en Allemagne et en Suisse.

La Section a témoigné sa vive sympathie à M. Vuy, Jules, ancien président, en lui accordant la présidence d'honneur.

M. Charles Du Bois-Melly, a été élu membre effectif en remplacement de M. Philippe *Bonneton*, classé au nombre des membres émérites.

Un concours a été ouvert sous les auspices de la Section, de celles d'industrie, d'agriculture, et des beaux-arts sur l'histoire de l'industrie, à Genève, y compris les industries artistiques.

Un portrait à l'huile de James *Fazy*, l'un des fondateurs de l'Institut national genevois, a été commandé à un artiste genevois, M. Artus. Ce tableau occupe la place d'honneur dans la salle des séances de l'Institut.

III

Section de Littérature

Dans le cours de l'année 1884 la Section a tenu trois séances d'effectifs et sept séances ordinaires.

Elle a perdu dans la personne du regretté professeur Hornung un de ses membres effectifs les plus distingués et les plus actifs et, parmi ses honoraires, un autre homme d'une incontestable valeur, le Principal Marc Barry.

Elle a reçu cinq nouveaux membres correspondants : MM. MICHAUD, professeur à Berne, DARDIER, pasteur à Nîmes, CÉRÉSOLE, pasteur à Vevey, Emile SIGOGNE, homme de lettres, à Bruxelles, Aimé CONSTANTIN, membre de la Société florimontane à Annecy.

Et huit membres honoraires : MM. Ch. Vuille, Ch. Rosselet, E. Delphin, A. Weiss, Jules Cougnard, L.-A. Duchosal, Louis Bogey, Louis Montchal.

La Section a entendu pendant cette année, avec un intérêt bien soutenu par la variété des sujets et la valeur des ouvrages :

1° Une communication de M. Auguste LEMAITRE sur la *Suède.*

2° Une comédie de M. Emile JULLIARD : *Sa Majesté le roi Million.*

3° La troisième partie d'une étude sur l'*importance historique de l'actualité,* dernier écho de la voix maintenant éteinte de notre collègue HORNUNG.

4° Un mémoire de M. E. Ritter sur l'*étendard de la Sainte-Croix de Saint-François de Sales.*

5° Une étude biographique de M. Morel, sur *Théodore Körner.*

6° Un fragment historique sur les *légendes nationales,* de M. P. Vaucher.

7° Un acte en vers « *Maître Jean* », de M. Salmson.

8° Deux lettres de M. Alfred Dufour, avec d'intéressants détails sur les *États-Unis* et un parallèle entre Amiel et Hornung.

9° Fragments d'*Études sur l'Art et l'Artiste,* de M. E. Humbert.

10° Observations de M. Ritter, Ch., sur deux drames philosophiques de Renan : *Caliban* et l'*Eau de Jouvence.*

Ces gros bataillons n'ont cessé d'être soutenus par le chœur gracieux des poètes, il suffira de citer pour réveiller d'agréables souvenirs chez ceux qui ont entendu :

MM. Cuendet. — *Aux incrédules.*

Carrara. — *L'Idéal; le Lys.*

Potvin. — *Confession d'un poète.*

Rosselet. — *Papillon et jeune fille.* — *Tableau d'Arabie.*

Jules Cougnard. — *Kermesse.* — *Rotterdam.* — *Devant un berceau.*

L. Bogey. — *Le coin du feu.*

Bonifas. — *Un tableau biblique.*

Ed. Tavan. — *Trois pièces traduites du chinois.*

L.-A. Duchosal. — *La Passante.* — *Nocturne.*

Il convient de faire un alinéa pour les strophes de M. André Oltramare, vu leur caractère spécialement philosophique.

Enfin la Section a organisé une *séance publique* où M. le professeur Ch. BERTHOUD, de Neuchâtel, a présenté le rapport sur le *concours d'histoire littéraire* et les conclusions de la Commission approuvées par la Section.

Le nom de M. Philippe GODET, de Neuchâtel, auteur des deux meilleurs mémoires, a été proclamé deux fois aux applaudissements de l'assemblée.

Cette séance a été en outre remplie par le *discours de* M. DUVILLARD, président. — Une partie de la *notice sur Hornung*, de M. André OLTRAMARE. — Une poésie de M. SALMSON : *Le cimetière de Veytaux.* — Une étude sur les *fables de Léon Riffard*, par M. L. MONTCHAL, et un poème de M. SCHELER : *Les cheveux d'Yvonne.*

IV

Section des Beaux-Arts

La Section des Beaux-Arts a tenu pendant l'année 1884 sept séances dont une de membres effectifs.

Elle a consacré plusieurs séances à discuter la proposition de M. Buchser, de Soleure, en vue d'une allocation fédérale destinée à être affectée à des expositions suisses et à la fondation d'un musée national qui serait administré par un collège d'artistes nommés à vie. La Section a admis le principe d'une allocation fédérale destinée à l'organisation d'expositions d'œuvres d'artistes suisses, à l'achat des meilleurs d'entre les ouvrages exposés et à des subsides aux administrations cantonales ou municipales qui voudraient faire exécuter des travaux d'art ou d'architecture, peinture ou sculpture, en se soumettant à certaines conditions, un préavis sur les sommes à allouer étant donné par un comité d'artistes et d'amateurs élus pour un temps limité.

La Section a entendu deux communications:

L'une de M. John Grand-Carteret sur la caricature et les caricaturistes en Suisse;

L'autre, de M. Henri Juvet, architecte, sur le mode d'organisation des concours d'architecture, que l'auteur voudrait à deux degrés, afin de les rendre plus vrais et plus sérieux comme résultats. Après discussion, la Section a adopté les conclusions émises par M. Juvet, dont le travail sera publié dans le *Bulletin*.

La Section a élaboré et adopté le programme d'un concours pour un projet de fontaine monumentale adossée à la terrasse de Sellon, sur la place Neuve; à ce concours, auquel pourront prendre part les architectes et sculpteurs genevois ou habitant Genève, la Section a affecté une somme de huit cents francs.

Pendant l'année, la Section a perdu deux de ses membres : Léonard Lugardon, peintre d'histoire, membre effectif depuis la fondation de l'Institut genevois ; Frédéric Gillet, peintre et professeur de dessin aux écoles municipales, membre honoraire. Deux nouveaux membres honoraires ont été admis, MM. Henri Juvet, architecte, et Joseph Mittey, peintre et professeur à l'Ecole des Arts industriels.

La Section a élu comme membres correspondants, MM. Auguste Bachelin, peintre à Marin (Neuchâtel) et John Grand-Carteret, homme de lettres, à Paris.

M. Gabriel Loppé, peintre, membre effectif, fixé actuellement à Paris, a été classé comme membre émérite ; pour le remplacer, la Section a élu M. Henri Hébert, peintre.

La Section a procédé à l'élection de son bureau, qui a été réélu ; M. Albert Darier ayant décliné sa réélection comme trésorier, a été remplacé par M. Henri Bachofen, architecte.

V

Section d'Industrie et d'Agriculture.

Pendant l'année 1884, la *Section d'Industrie et d'Agriculture* a tenu 14 séances dont 7 de membres effectifs.

Elle a entendu les communications suivantes :

1° Sur des sujets agricoles :

De M. L. ARCHINARD. Sur la culture des osiers ; — sur les résultats de la culture du tournesol uniflore, par M. J. CREVAT, à Loyettes (Ain) ; — sur la culture des prairies au point de vue chimique, d'après M. JOULIE ; — sur la culture de la courge Polk ; — sur un nouveau mode de conservation des fourrages en vert ; — sur quelques variétés de pommes dont la culture peut être recommandée.

De M. CLOCHE. Sur le traitement pratique des différentes espèces d'osiers.

De M. MARC DE LA PERRELLE. Sur la culture des osiers dans les Ardennes (France).

De M. LACHENAL. Sur la culture des truffes dans le canton.

De M. TOURNIER. Sur les tourteaux d'Arachide et leur emploi comme engrais et comme nourriture du bétail.

De M. Weber, vétérinaire. Sur l'invasion de la péripneumonie dans les étables de M. Haccius, à Lancy.

2° Sur des sujets d'utilité publique :

De M. Jules Boissier. Sur l'alcoolisme dans ses rapports avec la santé et la moralité publiques.

De M. Challet-Venel. Sur les tarifs dits de réforme envisagés dans leurs rapports avec l'Agriculture et l'Industrie dans notre canton.

De M. Lamon. Sur les moyens d'arrêter les orages électriques et la grêle.

De M. Charles Menn. Sur les écoles de travaux manuels dans quelques cantons ; — sur les écoles de perfectionnement et les écoles professionnelles dans la Suisse allemande.

La Section s'est occupée d'un projet de loi présenté au Grand Conseil, sur la plantation des arbres sur le bord des routes ; — d'un programme pour des essais d'engrais sur les prairies à l'aide d'une allocation fédérale ; — des propositions du Conseil fédéral sur la question de l'alcoolisme ; — elle s'est tenue au courant de ce qui s'est fait concernant la protection de la propriété industrielle.

De concert avec la Section des Sciences morales et politiques et celle des Beaux Arts, elle a ouvert un concours pour une histoire de l'Industrie à Genève, concours auquel est affectée une somme de 2000 fr.; les mémoires devront être livrés pour le 30 juin 1886.

La Section a continué à s'occuper de l'*Almanach de la Suisse romande*, qui est publié sous la direction de M. Archinard, avec la participation de la Section de littérature.

La Section a fait donner quatre conférences : une le 8 mars sur les fromages à pâtes molles, par M. Schatzmann, et trois au mois de novembre sur l'alimentation des végétaux, par M. Bruno-Gambini.

Pendant l'année, la Section a perdu onze de ses membres, MM. Rochat-Maury, ingénieur, membre effectif, l'un de ses vice-présidents, Zacharie Deschamps, fabricant de balances, de Lentulus, directeur des péages, Emile Tauber, ébéniste, Leclerc-Pouzait, droguiste, François Poncy, ancien photographe, Boymond, ancien confiseur, Pierre Zoppino, entrepreneur de gypserie, membres honoraires, Gilbert Randon, dessinateur à Paris, Louis Revon, conservateur du musée d'Annecy, et J.-A. Barral, professeur de chimie agricole à Paris, membres correspondants.

Ayant à remplacer M. Rochat comme membre effectif, la section a élu M. Bruno-Gambini. Elle a aussi élu deux membres correspondants, MM. le Dr Conseiller W. Exner, directeur du Gewerbemuseum, de Vienne (Autriche), Marc de la Perrelle, ingénieur agricole, propriétaire à Olisy, près Vousiers (France).

La Section a admis 13 nouveaux membres honoraires ; MM. J.-B. Grandjean, horloger, Guichard, négociant, E. Pouzet, opticien, Joseph Bard, président de la Cour, Auguste Borel, propriétaire à Lancy, Frédéric Calame, négociant, F. Cardinaux, horticulteur, Guillaumet-Vaucher, comptable, Alphonse Harbez, marchand de graines, Antoine Jaquemet, ancien négociant, Ch. Paschoud, négociant, Gédéon Dériaz, architecte, et Dutrembley, négociant.

Comptes de l'exercice 1884, arrêtés par l'Assemblée générale.

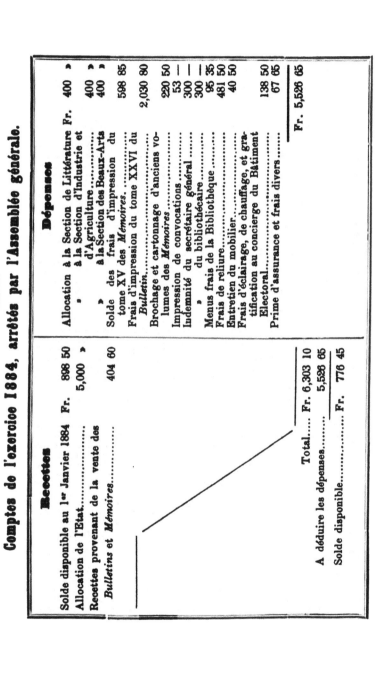

Recettes

Solde disponible au 1er Janvier 1884	Fr.	898 50
Allocation de l'Etat		5,000 »
Recettes provenant de la vente des Bulletins et Mémoires		404 60
Total	Fr.	6,303 10
A déduire les dépenses		5,526 65
Solde disponible	Fr.	776 45

Dépenses

Allocation à la Section de Littérature	Fr.	400 »
» à la Section d'Industrie et d'Agriculture		400 »
» à la Section des Beaux-Arts		400 »
Solde des frais d'impression du tome XV des *Mémoires*		598 85
Frais d'impression du tome XXVI du *Bulletin*		2,030 80
Brochage et cartonnage d'anciens volumes des *Mémoires*		220 50
Impression de convocations		53 —
Indemnité du secrétaire général		300 —
du bibliothécaire		300 —
Menus frais de la Bibliothèque		95 35
Frais de reliure		481 50
Entretien du mobilier		40 50
Frais d'éclairage, de chauffage, et gratification au concierge du Bâtiment Electoral		138 50
Prime d'assurance et frais divers		67 65
	Fr.	5,526 65

TABLE DES MATIÈRES

BULLETIN

DE

L'INSTITUT NATIONAL GENEVOIS

BULLETIN

DE

L'INSTITUT NATIONAL GENEVOIS

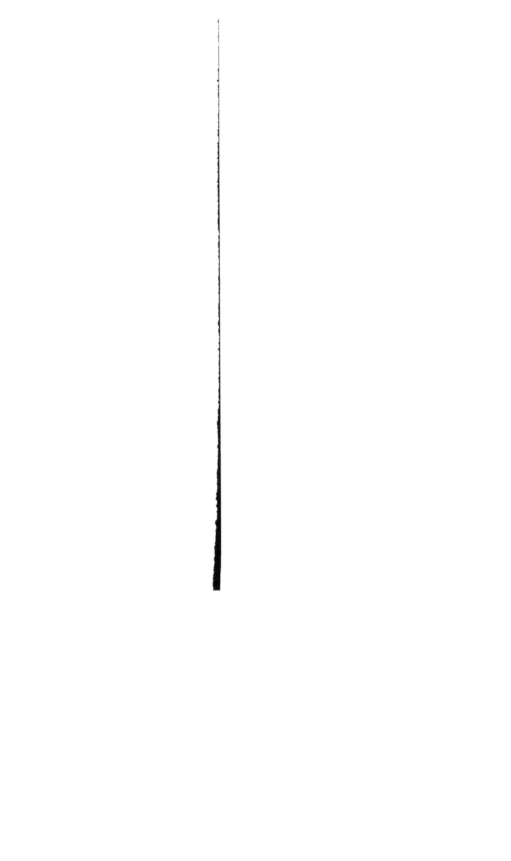

BULLETIN

DE

L'INSTITUT NATIONAL GENEVOIS

DISCOURS

DE

M. le Professeur Charles VOGT, Président de l'Institut,

à la séance générale de l'Institut le 21 Mai 1885

MESDAMES ET MESSIEURS! CHERS COLLÈGUES!

Nous vivons dans une période singulièrement agitée et troublée. Les vibrations, dont la société ressent les secousses, agrandissent leurs cercles à mesure que les communications se multiplient et avec cet agrandissement successif, elles paraissent augmenter en vélocité et en intensité. Dans un temps peu reculé, et dont beaucoup d'entre nous conservent le souvenir, parce qu'ils l'ont vécu, les événements qui se passaient à quelque distance, arrivaient à notre connaissance comme des notions appartenant au passé qui ne pouvaient guère nous émouvoir. Aujourd'hui, une balle qui a blessé un général trop audacieux à quelques milliers de lieues de distance, renverse

le lendemain un ministère et un choc de quelques compagnies
contre une poignée de demi-sauvages, accompli chez les antipodes, menace par contre-coup la paix du monde civilisé. Les
bateaux à vapeur, les chemins de fer, les télégraphes, n'ont
pas seulement rapproché les distances ; ils ont rendu con-
temporaines et immédiates des choses, séparées autrefois par
un temps plus ou moins long et nous ont rendus sensibles à
des impressions contre lesquelles nos pères ne réagissaient
pas, parce qu'ils ne les ressentaient que tardivement. Je ne
sais si je me trompe, mais il me semble que notre génération ne soit pas encore faite à toutes ces causes d'irritation
qui viennent l'assaillir à tous moments, qu'elle tombe pour
ainsi dire, de surprise en surprise, qu'elle n'a pas encore
trouvé son assiette, pour pouvoir envisager avec calme, ce
qui la remue souvent de fond en comble.

Ces secousses nombreuses, qui interrompent le cours normal et paisible de l'évolution sociale, ramènent par un enchaî-
nement des idées facile à comprendre, la pensée vers des
phénomènes semblables, qui se passent dans la nature. Il n'y
a là rien de nouveau ; au commencement de notre siècle déjà
le prince de Ligne trouva, en parlant du Congrès de Vienne,
le fameux mot, si souvent répété depuis : Le Congrès danse
sur un volcan! et aujourd'hui nous entendons parler à chaque
instant du sol inconstant, ébranlé par des chocs imprévus,
sur lequel reposent les fondations de la société. On pourrait
même par moments incliner vers la croyance, admise dans
les siècles passés, que les phénomènes naturels sont en relation intime avec les phénomènes sociaux, qu'ils les présagent,
accompagnent et terminent. Le temps n'est pas trop loin de
nous, où l'on aurait admis sans peine, que les tremblements
de terre, si fréquents depuis quelques années en Europe, sont
en connexion intime avec les explosions de dynamite. Com

bien de gens n'y a-t-il pas encore aujourd'hui, qui voient
dans l'apparition d'une comète un signe précurseur de guerres
et de pestilences ?

Le sol de notre vieille Europe paraît en effet agité depuis
quelque temps de mouvements convulsifs. De nombreuses
petites secousses sans grande importance, mais cependant
inquiétantes, se sont intercalées entre deux catastrophes violentes, celle de l'ile d'Ischia, il y a deux ans et celle bien
plus terrible du sud de l'Espagne, où les tremblements de
terre ont commencé vers la fin de décembre, et ne se sont
pas encore complètement apaisés aujourd'hui.

Rien de plus différent dans les détails que ces deux catastrophes. L'une se borne à une étendue de quelques kilomètres
carrés ; elle est si bien circonscrite, que les habitants des
trois quarts de la petite ile ne s'aperçoivent de rien et ne peuvent croire à la nouvelle d'un désastre, qui a détruit, à une
lieue de distance, des centaines de maisons avec des milliers
d'habitants. Le phénomène se réduit, en outre, presque à une
seule secousse momentanée, à un effondrement subit, sans
précurseurs ni suites, et s'il y a quelques faibles mouvements
subséquents, ils restent limités à la même petite localité. En
Espagne, au contraire, c'est toute une chaîne de montagnes,
isolée par des terrains plats d'alluvions, longue de cinquante
kilomètres au moins, la Sierra Nevada, qui est secouée presque sans interruption du 22 décembre au commencement de
mars, où les chocs se reproduisent encore aujourd'hui, de
temps en temps, quoique bien affaiblis, où les oscillations se
propagent suivant les lignes de fractures de la chaîne et se
font sentir à des distances plus considérables encore. Phénomènes désastreux, car, en additionnant les pertes en vies
humaines, qu'ils ont causées successivement, on arrive à un
iffre qui égale presque les pertes causées par le célèbre

tremblement de terre de Lisbonne, le plus considérable dont l'histoire ait connaissance.

N'est-il pas singulier, Messieurs, qu'en présence de phénomènes si différents dans les détails et qui n'ont en commun que des chocs préjudiciables à l'économie humaine, on continue à demander à la science *la cause* des tremblements de terre ? On reconnaît que l'écroulement d'une maison peut avoir cent causes diverses, qui mènent toutes au même résultat, à l'effondrement et à l'écrasement des habitants ; on recherche ces causes, en convenant d'avance qu'elles peuvent être entièrement différentes ; mais lorsque les maisons s'écroulent par un choc venant du sol, on demande la cause et non *les causes possibles* de ce choc, quelles que soient les conditions particulières dans lesquelles il s'est produit !

Voyons un peu quelles sont les théories générales que l'on a proposées pour l'explication d'un phénomène aussi journalier, que les tremblements de terre. Car il faut bien se le dire, Messieurs, ces mouvements du sol, ces chocs plus ou moins violents, qui ne nous frappent que lorsqu'ils sont excessifs, rentrent dans la vie normale de notre planète ; on a dit avec raison, qu'il ne se passe pas un jour dans l'année, où la surface terrestre ne soit secouée quelque part. Le sol, que nous sommes habitués à considérer comme une base immuable est, au contraire, presque constamment agité de mouvements divers, mouvements lents, insensibles, dûs en grande partie à la dilatation par la chaleur du jour, à la contraction par le froid de la nuit et de mouvements saccadés, dépendant de causes diverses, qui sont plus difficiles à déterminer.

Reportons-nous au temps, où le Congrès de Vienne dansait sur un volcan. La théorie, alors universellement acceptée, attribuait tous les tremblements de terre aux forces volcaniques, en d'autres termes, à l'action de gaz comprimés q cherchaient à se faire jour à travers l'écorce terrestre. La terre, suivant cette théorie, était composée d'une écorce solide et d'un noyau fluide incandescent, qui réagissait continuellement contre l'écorce et cherchait à se frayer des passages pour s'épancher au dehors. On n'avait que des idées fort vagues sur la force en action dans les éruptions volcaniques ; on soupçonnait, peut-être, que la vapeur d'eau y jouait un certain rôle, mais on était loin d'admettre que l'expansion de la vapeur d'eau seule engendrait les explosions volcaniques. Le noyau incandescent réagissait contre l'écorce et les cheminées volcaniques étaient des soupapes de sûreté, dont l'ouverture apaisait les convulsions du noyau, en donnant issue aux gaz enfermés. On ne tenait compte ni du temps, ni de l'espace ; on reliait hardiment une éruption volcanique donnée à un tremblement de terre, qui avait sévi un ou deux ans auparavant aux antipodes. Or, comme il y a, en moyenne, 300 tremblements de terre et une centaine d'éruptions volcaniques par an, rien n'était plus facile que de mettre en rapport deux phénomènes de ce genre.

Cette théorie, défendue par Léopold de Buch et Alexandre de Humboldt, a prévalu pendant longtemps et aujourd'hui encore, elle compte beaucoup d'adhérents. On va jusqu'à saluer avec satisfaction une éruption du Vésuve ; Dieu soit loué, la soupape est ouverte ; il n'y aura plus de tremblements de terre en Espagne. La taupe avait cherché à se frayer un passage dans la Sierra Nevada ; elle n'y a pas réussi et elle est retournée vers sa vieille taupinière, le Vésuve, à la grande satisfaction des touristes, qui accourent en foule pour se donner le spectacle d'un courant de lave en feu.

Ce qui favorisera toujours le maintien de cette théorie, c'est le fait qu'un nombre assez considérable de tremblements terre est causé incontestablement par l'action volcanique.

Mais ces accidents sont toujours limités à une étendue relativement peu considérable autour du centre de l'éruption volcanique même ; la direction des secousses montre comme du doigt le cratère ouvert ou naissant dont elles partent ; on ne peut se tromper sur l'origine. Aussi, ce qu'on combat aujourd'hui, ce n'est point l'existence de tremblements volcaniques, mais seulement leur généralisation. Cette généralisation admet, en effet, comme nécessités, deux choses également incertaines : l'existence d'un noyau incandescent et fluide dans l'intérieur de la terre et la continuité de ce noyau dans les foyers et cheminées volcaniques. Plus on avance dans la connaissance de notre terre envisagée comme planète, plus on se voit forcé de renoncer à la supposition de ce noyau fluide ; la plupart des autorités se prononcent aujourd'hui pour la solidité de l'intérieur de la terre, due à l'énorme pression, sous l'influence de laquelle s'y trouve la matière. On peut calculer, d'un autre côté, la hauteur maximum à laquelle peut être soulevée, au-dessus du niveau de la mer, une colonne de lave par la tension de la vapeur d'eau, seul agent des éruptions volcaniques, et ce calcul arrive à des résultats si insignifiants vis-à-vis de la longueur du rayon de notre sphère, qu'il est impossible d'admettre une écorce aussi mince. D'autres phénomènes confirment cette manière d'envisager les foyers volcaniques comme des établissements relativement superficiels et isolés plus ou moins les uns des autres, placés en général sur des lignes de fracture et dont le jeu explosif dépend de l'entrée des eaux dans les foyers.

Il y a donc des tremblements de terre volcaniques, mais ces tremblements sont bornés au voisinage des volcans actifs même et on ne peut admettre que tous les tremblements dépendent de cette action explosive.

Une seconde théorie générale, établie d'abord par Ale

Perney, physicien de mérite, et défendue aujourd'hui avec
beaucoup de fracas par M. Rodolphe Falb, part également de
l'admission d'un noyau fluide de la terre. L'influence combinée de l'attraction exercée par le soleil et la lune doit avoir,
suivant ces auteurs, la même action sur la mer ignée interne
comme sur la mer externe, elle doit y engendrer des mouvements de marée et les vagues de ces marées internes, en
frappant contre l'écorce solide, doivent se faire sentir à la
surface, sous forme de tremblements de terre. Comme on voit
de suite, cette théorie suppose des espaces vides entre le
noyau fluide et la capsule qui le renferme, supposition très peu
vraisemblable en elle-même. Un savant physicien, Zoellner,
a pris la peine de calculer la force que pourraient développer ces marées internes ; il soutient que le terrassement
d'une chaussée de chemin de fer de deux mètres de hauteur
exercerait plus d'influence qu'une marée interne, quelle que
soit sa hauteur. M. Falb a essayé de prouver par des prédic-
tions de tremblements de terre menaçants la vérité de sa
théorie ; il a indiqué, avec une précision qui ne laissait rien à
désirer, des localités qui devaient être secouées, suivant ses
calculs, dans un temps donné ; malheureusement, ces indications ont été encore beaucoup moins sûres, que les prophéti-
sations du temps pour des époques éloignées. Mais cette
théorie a ceci de bon, qu'elle ne pourra être démontrée par
des faits précis et qu'on peut toujours l'avoir en réserve, là où
d'autres explications font défaut.

Une troisième théorie est d'origine suisse. Elle a été émise
par Scheuchzer, savant physicien de Zurich qui, aujourd'hui,
est plus connu par les erreurs qu'il a commises, que par ses
mérites incontestables. C'est Scheuchzer, en effet, qui avait
pris le squelette pétrifié d'une grande salamandre, trouvée
dans les carrières d'Œningen près de Stein sur le Rhin, pour

les restes d'un enfant de sept ans, témoin, suivant lui, du déluge, *homo diluvii testis*. Scheuchzer avait été sans doute impressionné par les secousses, absolument faibles, mais très fréquentes, qui se manifestent dans les environs de la petite ville d'Eglisau et qui paraissent engendrées par le tassement de couches superficielles, reposant sur des lits de gypse, entraînés par les eaux circulant dans l'intérieur. M. Volger a repris en Suisse cette théorie, et on ne peut guère douter que ce tassement est, en effet, la cause de certains tremblements de terre localisés. Les eaux circulantes dans l'intérieur de la terre dissolvent et entraînent des quantités énormes de substances solubles ou incohérentes; les couches reposant sur des lits de sel gemme, de gypse, de sables, et autres substances sont minées et s'effondrent à la fin en produisant des chocs. Il est probable que les tremblements de terre d'Eglisau, de Bâle, qui était autrefois un foyer de secousses fréquentes, sont dûs à cette cause et je partage, avec beaucoup d'autres savants, la conviction que l'effondrement de Casamicciola dans l'île d'Ischia est l'œuvre des sources chaudes de cette localité, qui minent constamment les assises superficielles du sol. Ce minage s'exerce, il est vrai, dans une contrée d'origine volcanique, mais dont l'activité est éteinte depuis des siècles et tous les phénomènes concourent à prouver que l'action volcanique n'y est pour rien.

Il y a donc des tremblements de terre produits par l'effondrement de couches minées par les eaux ; mais ces accidents seront toujours très localisés et on ne pourra attribuer au minage par les eaux tous les tremblements qui se manifestent dans des contrées non volcaniques, composées de couches dures et insolubles. Le point d'où part le choc ne pourra en outre se trouver dans une grande profondeur. Nous possédons aujourd'hui des méthodes, par lesquelles on peut calculer,

avec une certitude plus ou moins grande, suivant les faits ob-
servés, la profondeur du centre d'où est parti le choc manifesté par un tremblement de terre. Les calculs établis pour
le tremblement de terre d'Ischia donnent une profondeur
entre 1200 et 1800 mètres. C'est une profondeur à laquelle
nous pouvons descendre, soit par des sondages, soit par des
puits de mines, et certes, c'est une profondeur qui ne se laisse
pas comparer à celle qui serait nécessaire, dans les cas les
plus favorables, pour arriver au prétendu noyau incandescent
de la terre.

Mais tout ceci ne nous explique pas un certain nombre de
tremblements de terre dans des contrées non volcaniques ou
non minées par les eaux. Il est vrai qu'on peut toujours invoquer la possibilité de la formation d'un nouveau volcan, qui
aurait voulu se faire jour, mais qui n'a pu parvenir à ses fins ;
mais il est facile de voir qu'une énonciation pareille n'est
qu'une circonlocution de notre ignorance. Nous ne connaissons en effet aucun signe superficiel, par lequel on pourrait
être conduit à soupçonner qu'un volcan se prépare dans la
profondeur ; on tourne toujours dans le même cercle illogique : les volcans causent des tremblements de terre, donc,
le tremblement de terre doit être causé par un volcan.

Une quatrième théorie a pris naissance dans ces derniers
temps parmi les géologues allemands et anglais, et cette théorie a au moins un avantage : elle cherche à expliquer une
certaine catégorie de tremblements de terre, qui se manifestent dans des contrées non volcaniques et laisse subsister les
autres. On ne peut assigner un père à cette théorie — elle
s'est faite lentement, successivement, par l'observation de
certains faits géologiques et elle a été corroborée par des expériences. On peut dire qu'elle se fonde surtout sur l'analyse
des tremblements de terre si fréquents dans les Alpes et dans

les hautes montagnes en général. Pour expliquer cette théorie, il me faut entrer dans quelques considérations générales.

Anciennement on ne parlait que de soulèvements. Les chaînes de montagnes s'étaient soulevées, les unes après les autres, par des forces agissant depuis le centre de la terre. Dans le commencement, on parlait de chocs subits, de cataclysmes effroyables ; on se vit forcé plus tard de réduire ces soulèvements à des mouvements ascensionnels d'une excessive lenteur. C'était déjà un pas considérable en avant, mais il devait conduire plus loin. L'analyse des fissures et des failles, qui sont si fréquentes dans les hautes montagnes, mais qui ne manquent pas même dans les pays de plaine, démontra que ces accidents s'expliquaient mieux par des refoulements, par des poussées latérales, dues à des rapetissements de la base, sur laquelle reposent les couches accumulées dans l'écorce terrestre. On parvint à démontrer par des expériences, installées par M. Daubrée à Paris et par M. Alphonse Favre à Genève, que des phénomènes semblables à ceux que l'on observe dans les montagnes, pouvaient être produits, soit par des pressions immédiates, soit par le rétrécissement d'une lame de caoutchouc chargée, dans un état dilaté, de couches en argile ductile et qu'on laissait revenir, par son élasticité, à son état primitif. M. Edouard Suess de Vienne doit être mentionné parmi les plus puissants défenseurs de la nouvelle manière de voir qui cherche à expliquer les montagnes non par des soulèvements, mais par des refoulements exercés autour de noyaux offrant une certaine résistance. Les noyaux granitiques des Alpes, par exemple, sont restés comme des pilastres, tandis que les couches qui y sont adossées, ont été enfoncées, entraînées, fissurées et bouleversées par le rétrécissement de la base, sur laquelle elles reposent.

Or, ces mouvements, sans doute excessivement lents, mais continus, doivent conduire finalement à des moments, où des déchirures se font, où des crevassements et des failles se produisent et ces moments se trahiront par des chocs, par des tremblements de terre, dont le caractère propre sera la commotion et la propagation dans le sens des lignes de fractures. Ces secousses peuvent, suivant les conditions données, se propager sur des étendues fort considérables et se continuer assez longtemps, jusqu'à ce que les couches disloquées aient trouvé une nouvelle assise. Autour des montagnes, aux flancs desquelles sont accrochées et retenues les couches brisées, se trouvent, comme contre-parties, de vastes champs de dépressions, dont les couches constituantes montrent souvent des plis, qui se présentent comme des ondulations de plus en plus affaiblies à mesure qu'on s'éloigne des piliers de résistance.

Cette théorie, Messieurs, repose en grande partie sur des données parfaitement établies depuis longtemps. Personne ne met plus en doute, que les fentes, les fissures, les failles, soit béantes, soit remplies subsidiairement par d'autres substances, ne soient les conséquences de mouvements entre les différentes parties qui composent l'écorce terrestre et tous les géologues sont d'accord que ces accidents, que nous rencontrons à chaque pas, ont été accompagnés, au moment de la rupture, de chocs saccadés plus ou moins violents. La brusque apparition de ces ébranlements paraît s'opposer à l'admission d'une force lente, agissant d'une manière continue ; — mais cette contradiction n'est qu'apparente. Une couche, une colline, une montagne même peut être minée lentement, pendant des siècles, par des eaux, qui circulent au-dessous ; on ne s'apercevra pas de ce minage lent et soutenu ; mais, dans un moment donné la masse, privée d'appui, s'écroule avec fracas. Il en est de même pour les refoulements ; la contrac-

tion de la base est constante, la rupture de l'équilibre instan-
tanée.

On avait donc admis depuis longtemps, que la fissuration
des matériaux solides de l'écorce terrestre était en connexion
intime avec la formation des inégalités de la surface et tout
le monde était d'accord pour voir, dans cette fissuration, des
témoignages de mouvements, de chocs, de tremblements de
terre en un mot, produits au moment, où le crevassement
se produisait.

C'est donc un acquit ancien. Mais ce qui est relativement
nouveau dans cette théorie, c'est qu'elle continue l'histoire
ancienne des montagnes et du modèlement de la surface terrestre jusque dans nos temps modernes ; qu'elle insiste sur le
fait, que rien, aucune chaîne de montagnes, aucun champ
de dépression n'est achevé dans son développement. On s'était
habitué, influencé surtout par le puissant génie d'Elie de
Beaumont, de considérer les chaînes de montagnes comme
des conformations accomplies, qui avaient surgi à des époques
différentes, mais définies, en marquant ainsi des périodes parfaitement limitées dans l'histoire de l'évolution terrestre. Aujourd'hui au contraire, on cherche à nous prouver, que ni le
Jura, ni les Alpes, pour ne parler que de nos montagnes voisines, ne sont achevées jusqu'au dernier trait, qu'elles continuent à accentuer leur structure, et on invoque, pour prouver cette évolution continue, une foule de preuves peu
discutables, mais sur lesquelles je ne puis insister ici.

Si nous admettons la validité de ces preuves, nous devons
nous demander à quelle cause, agissant d'une manière lente,
mais soutenue depuis les temps les plus reculés jusqu'à nos
jours, nous pouvons attribuer ces refoulements, ces poussées
qui se manifestent à nous par un nombre respectable de
tremblements de terre ? La réponse n'est pas facile ;

mais dans l'état actuel de nos connaissances nous ne pouvons trouver qu'une seule cause générale, savoir la contraction successive du globe terrestre par suite du refroidissement qu'il subit depuis le moment où il commençait à tourner dans l'espace. Le rayon d'une boule échauffée diminue à mesure qu'elle se refroidit. Notre globe tourne dans l'espace au milieu d'un froid excessif ; il rayonne contre cet espace et en perdant de la chaleur il se contracte et diminue de volume.

Aujourd'hui ce rayonnement, contre lequel notre globe n'est pas entièrement garanti par son enveloppe atmosphérique, compte à peine à la surface, qui a atteint une température presque constante, influencée uniquement par le soleil ; mais le centre de la sphère continue sans doute à se refroidir, quoique d'une manière toujours plus lente. Au temps de la jeunesse de notre globe, le refroidissement devait au contraire jouer un rôle considérable. Nous pouvons en tirer au moins cette pensée consolatrice, qu'à mesure que le globe vieillit, les tremblements par refoulement deviendront de plus en plus rares.

Comment, pourrait-on me dire, comment faites-vous pour nous parler ici d'un rétrécissement successif du globe terrestre par refroidissement, lorsque vous avez combattu dans votre exorde l'idée d'un noyau central fluide ? Nous voulons bien admettre votre raisonnement sur la contraction par perte de chaleur, mais il faut alors nous accorder aussi le noyau incandescent, car sans lui, votre théorie manque de base.

Bien des esprits, judicieux d'ailleurs, sont tombés dans cette erreur. Les corps solides se dilatent aussi sous l'influence de la chaleur et se contractent par le froid. Mettez le bouchon en verre d'un flacon bouché à l'émeri dans de l'eau bouillante il n'entrera plus dans le goulot ; mettez-le dans la glace et il laissera passer le liquide contenu dans le flacon, la fermeture n'étant plus complète par suite de sa contraction. Que le noyau central de la terre soit fluide ou solide, il se contractera toujours sous l'influence du refroidissement successif.

Je me résume, Messieurs, en disant, que d'après l'état actuel de nos connaissances, nous pouvons distinguer trois sortes différentes de tremblements de terre, par action volcanique, par érosion souterraine et par refoulement dû à la contraction du globe ; nous pouvons dire que ces trois causes si différentes conduisent aux mêmes résultats, chocs, ondulations du sol, fissurations et crevassements, mais que ces résultats sont cependant variés dans leurs détails suivant les causes agissantes. L'avenir nous réserve peut-être la connaissance d'autres causes encore ; il me semble que nous en avons bien assez de ces trois pour le moment.

Si j'ai entrepris de vous esquisser en quelques mots, trop incomplets sans doute, les différents points de vue, qu'on a adoptés actuellement quant aux tremblements de terre, j'y ai été poussé par différentes considérations. En premier lieu c'est l'actualité du sujet, je dirais même notre voisinage des Alpes, dans lesquelles nous observons depuis quelque temps une certaine inquiétude, des oscillations fréquentes, qui heureusement n'ont pas eu des conséquences aussi funestes que les accidents cités, mais qui ne laissent pas de tenir en éveil les observateurs. J'appuie, en second lieu, sur l'introduction des théories évolutives dans un domaine de la géologie, où la poursuite de ces idées nous donnera sans doute des résultats heureux. Les montagnes se rangent à ces pensées d'une évolution continuelle, poursuivie pendant les longues périodes de l'histoire de notre globe ; elles participent à leur manière à cette vie qui se renouvelle et se transforme sans cesse ; elles

ne se présentent plus comme des arêtes immuables de la charpente de notre globe, mais comme des parties qui prennent
une part encore aujourd'hui active dans les modifications de
la surface terrestre.

Nous pouvons tirer, en troisième lieu, une conclusion importante de ces recherches sur les tremblements de terre.
Nous voyons des phénomènes semblables entre eux engendrés
par des causes entièrement différentes. Nous avons vécu trop
longtemps, en effet, sous l'influence d'un axiôme, généralement adopté, suivant lequel la nature devait arriver au but
par le chemin le plus court et par les mêmes moyens. Erreur
fondamentale ! Plus nous étudions, plus nous devons nous convaincre, que tous les phénomènes que nous offre la nature,
ne sont que des résultantes entre une foule d'influences complexes, de forces agissantes en divers sens, qui souvent sont
disparates, se combattent même et que nulle part nous ne
trouvons cette simplicité, qu'on nous vantait autrefois en la
proclamant le cachet des procédés de la nature. Il faut nous
garder de ces généralisations, vers lesquelles nous conduit la
ressemblance entre certains phénomènes, complexes au fond ;
il nous faut étudier, saisir les moindres détails, pour reconnaître par cette étude le jeu des forces naturelles, leur con-
vergence vers un résultat, dont la simplicité n'est qu'apparente.

Messieurs ! L'usage consacré impose chaque année à votre
Président un pénible devoir. Il doit vous rappeler les pertes
que l'Institut a subies, les lacunes qui se sont produites par
la mort des membres correspondants, honoraires et effectifs,
qui nous étaient chers à divers titres. La tâche n'est pas facile. Les morts ne peuvent se juger qu'à une certaine distance
et plus ils ont marqué parmi leurs contemporains, plus leur
image est troublée par le rapprochement, dans lequel nous

avons vécu avec eux. Cette année surtout, la liste est malheureusement très longue et dans cette longue liste nous trouvons des noms, qui méritent une appréciation méditée et étudiée. Il s'y trouve des personnalités à faces variées, qu'on doit fouiller profondément, qui demandent à être examinées sous plusieurs points de vue, dont l'influence sur le développement matériel et spirituel de la société doit être mise en évidence, dont les rapports multiples avec les idées de notre temps ne peuvent être présentées en quelques mots.

Cette tâche va être accomplie, je le sais, pour plusieurs de nos collègues défunts par d'autres plus autorisés que moi. Mais des œuvres pareilles demandent du temps, ce n'est pas dans quelques jours ou quelques semaines qu'elles peuvent être menées au bout ; il y a des écueils nombreux, qui peuvent les compromettre et même les faire échouer au port. Dans un petit pays comme le nôtre, où l'on ne peut sortir de la maison sans se rencontrer, et qui cependant s'est fait une grande place dans les sciences, les arts, les lettres et l'industrie, des petites choses prennent souvent, aux yeux des contemporains, une importance que d'autres, voyant de plus loin, ne sauraient leur attribuer. Les petites agitations dans un verre d'eau prennent sous la loupe grossissante d'un patriotisme, respectable en lui-même, mais souvent exagéré, les dimensions d'une tempête, non seulement sur le lac, mais sur l'océan entier et nous nous laissons aller, trop souvent peut-être, à nous imaginer que l'œil de l'Europe est fixé sur nous, quand cet œil regarde l'Afghanistan ou le Soudan. Un petit lumignon, qui projette à peine ses pâles lueurs de Rive à Neuve et qui quelquefois n'est qu'un feu follet, peut nous paraître, par son rapprochement immédiat, un soleil qui éclaire le monde !

Qui vous citerais-je parmi nos correspondants ? Le paisible scrutateur de l'histoire de son pays natal, Amiet, juge à So-

leure ou le sympathique professeur de Neuchâtel, auteur estimé de quelques ouvrages scolaires, Ayer, qui avait dû passer
le lac pour se soustraire à des persécutions cléricales ? Barral,
professeur de chimie agricole à Paris, dont l'activité a rayonné
sur toute la France et qui était la cheville ouvrière de la
grande Société des Agriculteurs, ou le savant horloger, constructeur d'instruments de précision, Bréguet, au mérite duquel l'Académie des sciences avait ouvert sa porte ? Le baron
de Korff a vécu longtemps parmi nous ; son nom est surtout
connu en Russie comme l'un des promoteurs les plus mar-
quants des progrès remarquables, qu'ont faits dans ce pays l'instruction et l'éducation de la belle moitié du genre humain.
Les sciences historiques et archéologiques pleurent la perte
de Lenormand, cet aimable savant, que sa soif de recherches
avait conduit dans la grande Grèce, autrefois florissante en
culture, mais qui impose aujourd'hui au voyageur les plus
grandes privations auxquelles le corps, affaibli par les veillées
studieuses, ne pouvait résister. Le Sénat français nous avait
donné Eugène Pelletan, dont la vie politique et scientifique
n'a besoin que de ma citation, pour être présente à chacun ;
la Belgique, Pirmez, juge à Bruxelles, connu par ses publications. Faut-il vous nommer Gilbert Randon, le dessinateur
spirituel, dont le crayon moqueur s'est exercé un peu à nos
dépens, pendant le séjour forcé qu'il fit parmi nous, mais auquel nous ne pouvons en vouloir, car sa gaieté gauloise était
peut-être quelquefois crue, mais toujours sans malice. Louis
Revon, conservateur du Musée d'Annecy, était des nôtres ; les
soins assidus, qu'il donnait à ses collections et à l'histoire de
la Savoie, ne lui firent jamais oublier Genève et les bonnes
relations, qu'il cultivait dans notre ville.

Parmi nos membres effectifs, les pertes sont moins nombreuses mais certainement tout aussi sensibles.

La vie et les efforts de Joseph Hornung, professeur de droit à notre Université, vous seront racontés par d'autres. Tâche souverainement difficile, car c'était un de ces esprits inquiets qui s'occupait de tout, en éparpillant et émiettant son activité infatigable.

Le nom de Rochat-Maury, ancien ingénieur de la Ville, restera dans la science. C'est lui, en effet, qui a étudié le premier avec soin la géologie des environs de Bellegarde et de la perte du Rhône, si remarquables par les effets de l'érosion et par les gîtes riches en fossiles du terrain crétacé. Les riches collections, que Rochat avait faites dans cette localité, ont servi de base aux études d'Alcide d'Orbigny, qui lui a dédié un certain nombre d'espèces, enrégistrées dans les catalogues de la paléontologie. *Monumentum ære perennius!* *L'Ammonites Rochatianus* rappellera toujours aux générations futures le géologue modeste, mais plein de connaissances, mon compagnon fidèle dans tant d'excursions pour l'exploration de nos environs, si féconds en enseignements géologiques.

Ce n'est pas par des noms attachés à des espèces, mais par des œuvres d'art remarquables que Lugardon a marqué sa place dans l'histoire de l'art genevois. Depuis longtemps déjà, les infirmités d'un grand âge et la maladie avaient arraché les pinceaux aux mains jadis infatigables du maître, dont la réputation ne pouvait que grandir par l'exposition posthume presque complète de ses œuvres, que la pieuse vénération du fils avait rassemblées, que nous avons tous admirées et dont une analyse remarquable a été faite par un de nos membres, M. Du Bois-Melly. Que pourrais-je ajouter à ces paroles vibrantes et bien senties, qui mettent dans leur véritable jour les éminentes qualités de l'artiste, sa recherche, souvent pénible et laborieuse, de la simplicité dans la composition, du naturel dans les mouvements, du vrai dans la passion et de l'énergie dan l'action. On voyait dans ces œuvres embrassant une longue carrière, une lutte constante pour l'expression du beau, tel que le concevait le maître, conception qui est certainement très différente de celle qui domine actuellement et dans laquelle se trouve un élément sévère, âpre quelquefois, auquel nous ne sommes plus habitués. Paysagiste, Lugardon se serait plu au milieu des rocailles et des sites, tels qu'ils passionnaient Salvator Rosa ; peintre d'histoire, il affectionnait des sujets empreints d'une rudesse sombre, dont le caractère allait bien aux tons préférés de sa palette. On peut regretter que des circonstances douloureuses aient forcé trop tôt Lugardon de quitter les pays du soleil et de la lumière, dont il nous a rapporté quelques belles impressions ; peut-être, en prolongeant ce séjour, ne se serait-il pas engagé à creuser notre histoire nationale, dont le caractère farouche et violent présente des écueils formidables aux peintres et aux sculpteurs. Ce que l'on peut louer sans réserve dans ces tableaux de l'histoire nationale, c'est que Lugardon ne se laissait point aller à ces exagérations, auxquelles ses prédécesseurs, les Vogelet les Disteli, nous avaient habitués, en faisant des pâtres en armes des Hercules, qui ne pouvaient plus plier leurs bras à cause de leurs biceps gonflés outre mesure. Lugardon cherchait avant tout d'être vrai dans la représentation des types, qu'il choisissait pour ses compositions et si ces dernières se ressentent quelquefois des règles, qu'imposait l'époque où il travaillait, ses études, où il se laissait aller en pleine liberté aux impressions qu'il ressentait, sont admirables de vérité parlante. Ce n'est que vers le déclin de sa vie artistique, qu'il commençait à se laisser glisser sur une autre pente, dangereuse surtout pour les peintres genevois.... je m'arrête, Messieurs, car je ne voudrais pas blesser des convictions qui se bercent dans l'illusion, que la mortification de la chair puisse être conciliable avec la représentation du beau dans la nature humaine.

La Section des Beaux-Arts a perdu dans Frédéric Gillet, professeur de dessin, un membre honoraire d'un talent modeste mais sincère, qui s'était adonné surtout à l'enseignement ; celle de Littérature, Marc Barry, l'homme du devoir, qui, pendant de longues années, avait dirigé avec succès des classes du Collège et qui a fini sa carrière comme principal de cette antique institution. Un nombreux cortège d'élèves reconnaissants a témoigné, en le conduisant à sa dernière demeure, du dévouement de ceux dont l'Etat lui avait confié l'instruction. Parmi les pertes éprouvées par la Section de l'Industrie je vous citerai de Lentulus, qui s'était distingué par de brillants faits d'armes dans les guerres d'indépendance d'Italie et qui pendant sa longue carrière comme directeur des douanes fédérales, a su concilier les intérêts de la Confédération avec les exigences particulières du commerce et de l'industrie genevoises. Œuvre difficile ! Mais s'il n'y réussissait pas toujours, on ne lui en voulait jamais, car Lentulus avait à cœur les intérêts de notre population et on savait qu'il faisait tous ses efforts pour adoucir des mesures, qui étaient souvent préjudiciables aux habitudes prises chez nous.

Cette année a vu s'éteindre parmi nos correspondants deux vaillants champions de la liberté en Valais, qui ont succombé dans des luttes acharnées, Pignat, ancien conseiller d'Etat, et Joseph Barman, qui pendant longtemps et pendant des époques difficiles, a géré les affaires de la Confédération comme ministre à Paris.

Mais je ne peux terminer, Messieurs, sans dire un mot de la perte la plus grande que nous ayons essuyée depuis longtemps dans la personne de notre ami Marc-Monnier qui nous

a quitté, hélas ! dans la plénitude de ses forces et de son talent. Je dis « notre ami, » car il était aimé de tous pour ses
qualités personnelles, comme il était respecté et apprécié pour
ses œuvres littéraires. Nature prime-sautière et avenante,
ayant toujours un mot aimable pour chacun, un mot spirituel
pour tous, Marc-Monnier était notre joie dans nos réunions,
un flambeau de gaieté de bon aloi, qui projetait des étin-
celles lumineuses et pétillantes d'esprit. Quel heureux alliage
dans cette nature bonne et serviable ! Quel travailleur infatigable, qui jusqu'à sa dernière heure dominait les angoisses
de la maladie par la force de la volonté ! On pouvait bien dire
de lui qu'il était gaulois de naissance, genevois de cœur, italien de verve, allemand d'étude. C'est de la France qu'il avait
cet esprit, quelquefois satyrique et mordant, mais toujours
bienveillant au fond ; l'Italie, où il avait vécu assez longtemps
pour s'identifier avec l'esprit et les mœurs du peuple napoli-
tain surtout, lui avait donné ce merveilleux talent d'impro-
visation dont il jetait les produits à pleines mains ; des études
poursuivies avec persévérance en Allemagne l'avaient habitué
à creuser, avec une sage critique, les sujets dont il s'occupait
et c'est à Genève, où il était attaché par les liens d'une famille chérie, qu'il déploya ses aptitudes rares pour l'enseignement universitaire. Il ne m'appartient pas de parler de ses
nombreux travaux littéraires ; d'autres analyseront devant
vous plus tard cette vaste production en prose et en vers, à
laquelle la vie d'un homme paraît ne pouvoir suffire. Quelle
vérité attrayante dans ces peintures de la vie napolitaine,
qu'on ne peut apprécier complètement qu'en vivant au milieu
de cette population bruyante ! Vis-à-vis de ces tableaux
légers, mais tracés de main de maître, quelle pénétration
profonde dans cette traduction remarquable du *Faust* de
Gœthe ! Entre ces deux extrêmes, quelle variété infinie d'œu-

vres de tout genre, toujours attrayantes et souvent marquées
du sceau du génie !

Non, je ne saurais en parler comme je voudrais, car il faut
apprécier à tête réfléchie et le souvenir de cet ami est trop récent, trop poignant, pour permettre la réflexion. Mais j'ai été
aussi son collègue à l'Université et vous me permettrez de
dire encore quelques mots du professeur.

En face de ces brillantes conférences sur la littérature
comparée, on ne savait guère ce qu'il fallait apprécier le plus,
la forme ou le fond. La phrase coulait abondante et limpide
et on sentait bien, quelles études sérieuses se cachaient dans
les profondeurs sous le châtoiement d'une diction étincelante
de saillies heureuses. Une prodigieuse mémoire venait à son
aide ; Monnier n'avait pas besoin des livres, il citait de Gœthe
et de Schiller, du Dante et de l'Arioste comme de ses poètes
nationaux, des chants entiers sans hésitation et si bien, qu'on
pouvait croire qu'il les improvisait à l'instant. Un profond
sentiment du beau sous toutes les formes d'expressions dominait ses appréciations, ses éloges, comme ses critiques. Toutes
ces belles et bonnes choses étaient dites avec une chaleur, qui
se communiquait à ses auditeurs, qui les animait et les poussait à poursuivre des études semblables, à s'aventurer même
sur les chemins ardus de la composition et de la création.
C'est là que Marc-Monnier les attendait ; il prodiguait ses encouragements, ses conseils, ses critiques bienveillantes ; il
savait faire sentir aux commençants les côtés faibles de leurs
essais, sans les blesser dans leur amour-propre ; il leur signalait les écueils qu'ils devaient éviter, les sentiers battus dans
lesquels ils s'engageaient et la direction qu'ils devaient prendre suivant les aptitudes particulières de leur talent. Si nous
voyons aujourd'hui, non-seulement à Genève, mais dans la
Suisse romande en général, un certain réveil dans la culture

des belles-lettres, nul doute que nous le devons en grande partie à l'ardeur, avec laquelle Marc-Monnier cherchait à entraîner son public.

Cette activité incessante, que ne pouvaient arrêter les graves atteintes, sous lesquelles souffraient ses yeux, devait porter ses fruits dans la fréquentation de notre Université. N'oublions pas, Messieurs, que parmi la jeunesse studieuse de nos auditoires nous ne comptons qu'un quart d'étudiants genevois et que le reste est composé d'environ 40 % de Suisses contre 60 % d'étrangers. Or, la France étant presque hermétiquement close pour ses nationaux (elle n'a laissé ouverte qu'une petite poterne pour notre Faculté de théologie), la grande majorité des étudiants suisses et étrangers se compose de nationalités parlant d'autres langues. Nous ne pouvons nous dissimuler, que la plupart de ces jeunes gens veulent frapper d'une pierre deux coups ; tout en faisant leurs études professionnelles, ils veulent se perfectionner en même temps dans la langue française.

Qui pouvait les attirer davantage que Marc-Monnier, dont le nom était tout aussi bien connu en Allemagne qu'en Italie, en Angleterre comme en France ? Ils trouvaient chez lui ce qu'ils cherchaient en dehors des cours de leur Faculté, une diction animée et abondante, un accent pur et classique, un style clair et finement ciselé sans prétention, une instruction solide sur des choses, qui ne doivent être étrangères à aucun homme civilisé. Ce n'est pas par le nombre des étudiants inscrits dans la Faculté des lettres que l'on peut mesurer l'influence de Marc-Monnier ; son action rayonnait sur toutes les Facultés et je sais par expérience, que des parents d'étudiants en sciences, en médécine et en droit, donnaient la préférence, dans le choix qu'ils devaient faire pour leurs fils, à notre Université, parce que Marc-Monnier y professait, dont ils connaissaient les mérites littéraires, qu'ils chérissaient comme auteur et dont la réputation comme professeur avait pénétré jusque chez eux.

C'est ainsi que d'une chaire, secondaire en elle-même, Marc-Monnier avait su faire, si j'ose m'exprimer ainsi, la cheville ouvrière de notre Faculté des Lettres. Il y a, dans ce fait incontestable, un enseignement pour tous ceux qui veulent réfléchir sur les choses universitaires et dont on pourra peut-être tirer profit dans ce moment, où l'on s'occupe d'une nouvelle loi sur l'instruction publique. Ce n'est pas la chaire, qui attire les élèves, mais le professeur ; il ne suffit pas qu'un cours soit donné, fut-ce même par un savant de premier ordre, si le professeur ne sait pas communiquer le feu sacré, s'il ne sait éveiller l'intérêt et stimuler l'ardeur, il ne rayonnera pas au loin.

Notre collègue nous a quitté. Un autre sera peut-être nommé à la chaire de littérature comparée, mais Marc-Monnier, *notre Marc-Monnier*, ne sera pas remplacé.

J'ai dit.

DESCRIPTION

D'UNE 4ᵐᵉ SÉRIE

DE

CENT MÉDAILLES GENEVOISES

INÉDITES

PAR

Charles ROUMIEUX

NUMISMATISTE

CHÊNE

ROI DU TIR EN 1762

301. *Dr.* : Celui de notre N° 201. *Ex.* : DONNÉ PAR IEAN — IOULET. ROY. A — CHESNE. EN — 1762. *Rev.* : Un homme en braie, la tête, le buste et les jambes nues, la toga nouée autour du cou, de la main droite étendue il tient une médaille suspendue par un cordon, à gauche est un arbrisseau. *Lég.* : VICTORI PRÆMIA DATA. Vermeil, à bélière. *Mod.* : *28 mill.* Frappée. Sans signature. *(a)*.

(a) Blavignac décrit au n° 5 de l'Exercice de l'Arquebuse et de la Carabine une pièce identique, moins l'inscription de l'Exergue. Nous ne savons si c'est par erreur qu'il donne la dénomination de Victoire au personnage du Revers. Les coins de cette médaille d'une rare beauté, doivent selon nous sortir des mains du célèbre graveur Jean Dassier, mort en 1763. (Note de l'auteur).

MÉDAILLE DU ROI ?

302. *Dr.* : Un officier supérieur à cheval, en grande tenue, tenant à la main un bâton de commandement, à l'arrière-plan paysage, lac, montagnes et château, peint sur émail. *Rev.*: Une pendule sur un piédestal, à gauche un télescope et une sphère, à droite le soleil, un chevalet et une palette de peintre, le tout gravé en relief. *Lég.* : LES SCIENCES ET LES ARTS FONT L'ÉLOGE DU PRINCE ET LE BONHEUR DU PEUPLE. Sur la tranche on lit DONNÉE PAR AMI MELLY ROI EN 1788 POUR LES ROIS SES SUCCESSEURS. Or. *Mod.* : *46 mill.* (M. Girod.)

PRIX DU GOUVERNEMENT (a)

303. Armes de Genève sommée d'un soleil rayonnant à demi engagé derrière l'écu et accostée de deux branches de laurier au dessous dans un cartouche ovale la date 1820. *Lég.* : PRIX DU GOUVERNEMENT. Médaillon ovale uniface. Argent. *Mod.* : *44 mill. sur 36.*

CHÊNE-THONEX

TIR A L'OISEAU (b)

304. *Dr.* : TIR A L'OISEAU — DE CHÊNE-THONEX — 1844. *Inscr.* : gravée en trois lignes horizontales. *Rev.* : Amitié —

(b) Ces médaillons étaient nous croyons donnés comme prix de tir au fusil et peut-être destinés à être incrustés dans la crosse.

(b) Un autre exemplaire en notre possession porte l'inscr. : TIR A L'OI-

Fraternité, gravée en deux lignes horizontales, également. Argent, sertie dans une virole d'or à bélière de même métal. *Mod.* : *40 milll.*

COLOGNY

SOCIÉTÉ DE TIR *(Jeton)*

305. *Dr.* : La croix fédérale dans un soleil rayonnant. *Rev.*: *Lég.*: SOCIÉTÉ, dans le haut, DE TIR, au centre et au dessous, DE COLOGNY. Laiton. *Mod.* : *23 mill.* (Notre collect.)

SATTIGNY. DARDAGNY. RUSSIN

SOCIÉTÉ DES CARABINIERS UNIS *(Jeton)*

306. *Dr.* : L'écusson fédéral derrière lequel sont deux carabines en sautoir et un faisceau de licteur supportant un chapeau de carabinier, le tout accosté d'une branche de chêne et de laurier. *Rev.* : *Lég.*: SOCIÉTÉ DES CARABINIERS ✶ UNIS ✶ et dans le champ DE — S D R — en deux lignes, au-dessous une abeille. Laiton. *Mod.* : *22 mill.* (Notre collect.)

SOCIÉTÉ DE TIR SUISSE

A BUENOS-AYRES

307. *Dr.* : Façade d'un stand portant le drapeau fédéral

SEAU — DE CHESNE THONEX · — 1839, également en trois lignes horizontales gravées, puis au Rev. : entre les mots AMITIÉ et FRATERNITÉ une Foi autour une couronne de chêne et de laurier, applique en argent doré. ½me module.

Lég. : société de tir suisse. *Ex.* : buenos-ayres. *Signé.* : g. durussel. *Rev.* : Champ libre au milieu d'une couronne de chêne et de laurier, dont les branches sont unies par un ruban sur lequel sont deux drapeaux, deux carabines et l'écusson fédéral superposé. Arg. et br. *Mod.* : *28 mill.* (Notre collect.)

SOCIÉTÉ SUISSE DE TIR

A YOKOHAMA

308. *Dr.* : La croix fédérale anglée de quatre feuilles et entourée de vingt-deux étoiles dans un cercle de grénetis. *Lég.* : « société suisse de tir » yokohama. *Rev.* : Deux carabines en sautoir sur deux branches de laurier et de chêne, ayant à l'intérieur une petite croix fédérale. Cuivre. *Mod.* : *30 mill.* (M. Meyer).

TIR CANTONAL 1882

MÉDAILLE DE PRIX

309. *Dr.* : L'écu de Genève dans un cartouche ornementé portant la devise et sommé d'un soleil lumineux, rayonnant et flamboyant, dans son disque le sigle $\overline{\text{I}} \,\overline{\text{H}}\,\overline{\text{S}}$ surmonté du trait abréviatif, derrière l'écu sont deux carabines, sous celles-ci les drapeaux de Genève et de la Confédération en sautoirs, accostés d'une branche de laurier et de chêne jointes par un ruban, au-dessous la signature c. r. *Lég.* : * société cantonale des carabiniers genevois * 4ᵐᵉ tir cantonal 1882. *Rev.* : La Paix universelle (a) sous la figure

(a) M. Richard a gravé cette médaille d'après le dessin de M. Leysalle d'une femme ailée, coiffée du bonnet phrygien, le coude droit sur une colonne et un rameau d'olivier dans la main, de la gauche elle offre une coupe à un jeune tireur nu, une écharpe sur l'épaule, il présente en gravissant deux marches appuyé sur un drapeau, une palme comme signe de son adresse, et de la main gauche tient sa carabine appuyée sur son épaule. Au pied et à gauche de la colonne, une corne d'abondance, une charrue, un pignon et un vase artistique, à l'arrière-plan, l'Académie, la Cathédrale et le Salève. *Signé* : en incuse dans la première marche D'APRÈS LEYSALLE et dans l'*Ex. : C.* RICHARD F. Frappée au nombre de 19 ex. en Or, 600 en Argent et 24 en Br. *Mod.* : *43 mill.*

IDEM

SOUVENIR DU TIR

310. *Dr.* : Un soldat l'arme au pied, monte la garde à gauche de l'écusson de Genève, sommé d'un soleil lumineux, rayonnant et flamboyant, portant en relief dans son disque la croix fédérale, derrière l'écu et à sa droite sont plantées les deux bannières de Genève et fédérale et sur le terre-plein une branche de chêne, une de laurier et fleurs de rhododendrons. *Lég.* : UN POUR TOUS TOUS POUR UN. *Signé.* : C. RICHARD F. *Rev.* : Le Pavillon des prix, derrière le Bâtiment électoral, la

qui a dû lui-même nous a-t-il dit suivre les idées de la commission. Nous regrettons vivement que l'on laisse de côté des emblèmes et des règles allégoriques invariables, pour se livrer à une fantaisie d'artiste, telle que celle qui représente la Paix universelle en bonnet phrygien, une colonne au lieu d'un globe pour symboliser l'Univers, et un enfant nu pour figurer la jeunesse, comme cela nous a été expliqué. (Note de l'auteur).

rue de Saussure et la Cathédrale. *Lég.* : SOUVENIR DU TIR CAN-
TONAL *Ex.* : * GENÈVE * — 1882 en deux lignes. Argent et
Bronze. *Mod.* : *43 mill.* (Notre collect.)

IDEM.

SOUVENIR DU TIR *(Variété).*

311. *Dr.* : Armes de Genève sommées d'un soleil lumineux,
rayonnant et flamboyant, accostées d'une branche de chêne et
de laurier. *Lég.* : * SOUVENIR DU TIR CANTONAL GENEVOIS * SOUS
l'écu 1882. *Rev.* : Un carabinier appuyé de la main gauche sur
son arme, touche de la droite la main d'un soldat d'infanterie
qui lui montre un carton de cible dont le centre est percé, sur
la gauche à l'arrière-plan le coteau de Monthoux. Étain.
Mod. : *27 mill.* (Notre collect.)

TIR CANTONAL 1882

INVASION DES VANDALES *(a).*

312. *Dr.* : Entre deux branches de chêne, une croix fédérale
bordée d'un filet. *Lég.* : TIR FÉDÉRAL DE GENÉVE * 1882 *
Rev. : Guillaume Tell debout sortant de table, une plume d'oie, ou
un cure-dents derrière l'oreille, son arbalète sur l'épaule
droite, et sa serviette autour du cou, à son côté *droit* pend un
sabre à baïonnette, et son pied gauche est posé au milieu d'un

---

(a) Le triangle à quatre côtés qui a forgé ce couvert de boîtes de sar-
dines, a dû voter le 31 Juillet contre la loi sur les brevets d'invention :
évidemment, quand on est arrivé à un pareil degré de sans-gêne et d-
mauvais goût, on n'a pas à craindre les contrefacteurs,

cracboir, à l'arrière-plan, deux buissons et deux mamelons.
Lég. : EINER FÜR ALLE ALLE FÜR EINEN. Etain. *Mod.*: *35 mill.*
(Notre collect.)

IDEM.

Même invasion.

313. *Dr.* : Le même que celui du n° précédent. *Rev.* : Entre
deux branches de chêne, une cible sommée d'un chapeau ty-
rolien et portant deux carabines en sautoir, un sabre, une
poire à poudre et une gibecière. Etain. *Mod.* : *28 mill.* (Notre
collect.) Même auteur que la précédente.

3ᵐᵉ ABBAYE DES CARABINIERS

314. *Dr.* : Un trophée d'armes au centre duquel est posé
l'écu de Genève dans un cartouche ornementé, sommé d'un
soleil à rais étoilés et flamboyants, traversé par une banderolle
portant la légende genevoise. *Signé* : C. RICHARD. F. *Rev.* :
Deux cartouches ovales inclinés et accostés, en travers dans
celui de gauche on lit l'Inscr. : 3ᵐᵉ ABBAYE — * DES *
CARABINIERS. Dans celui de droite 25ᵐᵉ ANNIVERSAIRE —
DE LA * SOCIÉTÉ * — DES — SOUS-OFFICIERS. Au-dessous
sont deux branches de laurier et de chêne qui se rejoignent
et renferment la croix fédérale au-dessus des écussons, dans
le bas un ruban porte l'Inscr.: * 3. 4 et 5 AOUT GENÈVE
1883 * *Signé* : C R Arg. *Mod.* : *42 mill.* Frappée au nombre
de *100 ex. (a)*

(a) Le revers de cette médaille a fait surnommer cette pièce, Médaille de
chocolat, parce qu'il ressemble à s'y méprendre aux étiquettes enveloppant
les plaques de ce succulent produit du célèbre fabricant Suchard.

SCEAU DE LA NAVIGATION

315. *Dr.* : Un navire de torme antique, Cérès est assise à la proue le bras appuyé sur une tablette, derrière elle on voit un épi, dans le fond des montagnes, dans le centre est un mât dont la flamme porte un soleil rayonnant, puis au pied l'écu de Genève appuyé contre le mât et autour un trophée composé d'un faisceau de licteur, d'un drapeau, d'une ancre, d'une carabine, d'un canon, d'une branche de palme et d'un bouclier portant la croix fédérale, sur la poupe est une branche de laurier. *Lég.* : SCEAU DE LA NAVIGATION DE GENÈVE. *Signé* : L. F. *Ex.* : Une branche de palme et de laurier reliées par un nœud de ruban. Arg. *Mod.* : *48 mill.* (Musée.)

MÉDAILLE NAUTIQUE

316. Un navire de forme antique, muni à sa proue du rostrum ou éperon. Une femme, personnifiant la République de Genève, est accoudée sur l'écu de cette ville, sa main gauche est posée sur l'ancre du Salut. Debout lui faisant face est la Paix, une branche d'olivier dans la main gauche, de la droite elle tient le gouvernail qui doit guider l'esquif. Au milieu est un mât portant le pavillon fédéral et une voile latine gonflée par le vent. Br. Uniface. *Mod.* : *51 mill.* (Notre collect.) *(a)*

(a) Cette médaille, dont le style est du premier empire et qui porte la croix fédérale sur son pavillon, pourrait bien être une allégorie de l'entrée de Genève dans la Confédération; l'absence de date et d'inscription, doit-elle être attribuée à une espèce de crainte où n'était-ce qu'un essai relatif à un concours? — (Note de l'auteur.)

ECOLES LANCASTÉRIENNES
Prix d'Orthographe.

317. Dr. : Le même que celui décrit au n° 127 de Bla-vignac. *Rev.* : Un cordon à torsade entre deux filets entoure un champ uni dans lequel est gravée en quatre lignes sommées d'un soleil, l'Inscr. : E¹ Fontaine — 1ᵉʳ prix d'orthographe — 1820. *Arg.* : Octogone. *Mod.* : *29 mill.* (Notre collect.) *(a)*

PRIX DU CONCOURS DE SELLON
Pour l'abolition de la peine de mort (b)

318. Dr. : La Justice personnifiée par une femme appuyée contre un cippe ayant une balance gravée sur sa face et supportant le livre de la Loi ouvert. De sa main gauche elle répudie la peine capitale, figurée par un squelette enveloppé d'un linceul et armé d'une hache. De la droite elle indique la Prison pénitentiaire comme devant remplacer la décollation.

(*a*) On donnait dans les Ecoles ci-dessus, des médailles semblables pour prix d'écriture et d'arithmétique ; d'autres portant l'Inscr. Médaille de Sagesse, étaient pendues au cou de l'élève qui s'était le mieux conduit pendant la semaine. Nous avons nous-même, mais très-rarement, obtenu cette marque distinctive.

(*b*) Nous possédons une autre face de cette pièce, avec une couronne su r champ uni. remplaçant la superbe allégorie décrite ci-dessus et gravée par A. Bovy. C'est à la généreuse délicatesse d'un amateur distingué M. André Gindroz, que nous devons de posséder le croquis de cette médaille délivrée à M. Charles Lucas, à la suite du concours ouvert en 1826. Nous la supposons en argent et signée.

Ex.: POST TENEBRAS LUX. *Rev.*: PRIX DU CONCOURS — FONDÉ — PAR Mʀ LE COMTE DE SELLON CITOYEN — DE GENÈVE, EN FAVEUR D'UN — MÉMOIRE POUR L'ABOLITION — DE LA PEINE DE MORT. DÉLIVRÉ A GENÈVE L'AN DE GRACE — MDCCCXXVII. Inscr. : en huit lignes horizontales. *Mod.* : *60 mill.* (a)

SOCIÉTÉ DES ARTS

Coins de L. Fournier.

319. Une face de cette médaille représente le Parthénon décrit au nᵒ 132 de Blavignac, le côté opposé porte Cérès eₜ Pallas du nᵒ 133, *id.* Br. *Même mod.* Musée *(b)*.

SOCIÉTÉ DES ARTS

320. *Dr.*: Armes de Genève posées sur un cartouche ornementé accosté de deux branches de laurier et sommé d'un soleil flamboyant et rayonnant traversé d'un ruban portant la devise de cette ville. *Signé.* : AUGˢ BOVET. *Rev.* : Une couronne de laurier et de chêne entourée de la *Lég.* : ✶ SOCIÉTÉ DES

(a) Notre ouvrage terminé, nous avons reçu de M. le Dʳ Gosse une gravure un peu agrandie, mais identique à celle représentée à la pl. IV, et tirée d'un ouvrage du célèbre philanthrope. Nous regrettons vivement que cette pièce ne nous ait pas été communiquée plus tôt.

(b) Nous n'avons pas mis de Droit ni de Revers à cette pièce, les deux faces étant frappées avec les coins du Revers des numéros précités, nous ne savons si cela a été fait par combinaison ou si c'est le résultat d'une erreur. — (Note de l'auteur.)

ARTS DE GENÈVE * Arg. et Br. *Mod.* : *37 mill.* (Notre
collect.)

CERCLE DES ANONYMES

DÉCORATION DU ROI

321. *Dr.* : Une couronne de feuillage découpée et ciselée,
l'encapellure porte une foi en or appliquée. *Rev.* : Le même,
dans l'encapellure sont gravées les initiales J. A. *(a).* Argent,
à bélière. *Mod.* : *28 mill. sur 23.*

CERCLE DES ÉTRANGERS ? *(b)*

MÉDAILLE SATYRIQUE

322. *Dr.* : Armes de Genève dans un écu ovale, l'aigle sur
champ d'or et la clef sur champ de sinople ? entre deux branches de laurier. *Rev.* : Buste à droite d'un roi de trèfle coiffé
à la Catogan, derrière lui sont quatre drapeaux portant chacun une des quatre lettres Y, L, K. B. Plomb, fondue. *Mod.* :
36 mill. (Notre collect.)

(a) Imprévus Anonymes.

(b) C'est sans aucun indice que nous avons attribué cette curieuse pièce
au Cercle ci-dessus, l'allusion de ce roi de cœur ou de trèfle nous y a seul
autorisé. Si cependant nous avions fait erreur, nous serions très reconnaissant envers celui qui voudrait bien nous en instruire : De même pour les
quatre majuscules dont-il nous a été impossible de découvrir le sens, aucun
amateur n'ayant pu nous renseigner. La petite ville de Salzwedel a les
mes armoiries à l'exception des couleurs, peut-être cette médaille se
pporterait-elle à cette cité ? (Note de l'auteur.)

INSTITUT VENEL

A CHAMPEL

Prix de natation

323 *Dr.* : Vue de Genève prise de la place des Bergues, le pont, l'Ile Rousseau, le Grand-Quai, la cathédrale et à l'arrière-plan les Alpes et un ciel radié très finement à la ligne droite. *Rev.* : l'Inscr. : LAC DE — Genève — TRAVERSÉ A — LA NAGE. — *Lég.* : CHAMPEL-VENEL LE 5 JUILLET 1853. Arg¹. Tranche cannelée. *Mod.* : *27 mill.* Cette médaille a été faite avec une pièce de deux francs. (Notre collect.)

SOCIÉTÉ GENEVOISE DE NAVIGATION

CLUB DE LA GABIULE *(a)*

324. *Dr.* : Une ancre entourée d'un câble. *Lég.* : SOUVENIR DES FACES· PALES et en dessous GABIULÉE 1880. Uniface. Laiton dorée à bélière, tranche ondulée. *Mod.* : *38 mill.*

ATHÉNÉE DE GENÈVE

20ᵐᵉ ANNIVERSAIRE 1881

325. *Dr.* : Buste de Minerve casquée à droite. *Lég.* :

(*a*) La Gabiule est une petite maison située sur la côte de Bellerive. c'est le lieu de rendez-vous de la Société de Navigation des Pâquis, soit des Visages pâles. Deux autres Clubs nautiques ont leurs pied-à-terre dans les environs de Bellerive et de la Belotte : Ce sont les Pieds-Noirs et les Peaux-Rouges.

AOHNH. *Signé* : A. JULES BOVY-MELLY. *Rev.* : FONDÉ — PAR —
LA FAMILLE — EYNARD — EN — 1861. Inscr. en six lignes
dans un cercle fileté en labyrinthe. *Lég.* : ATHÉNÉE DE
GENÈVE * 20ᵐᵉ ANNIVERSAIRE 1881 *. Arg. et Br. *Mod.* : *38
mill.* (Notre collect.)

SOCIÉTÉ INTERNATIONALE DES

SAUVETEURS

DU LAC LÉMAN, ARVE ET RHONE

326. *Dr.* : Inscr. : Décerné — A — Hᴿᴵ GOURJON — Le 8
Janvier — 1882 gravée en cinq lignes. *Lég.* : SOCIÉTÉ INTER-
NATIONALE DES SAUVETEURS DU LAC Lᴬᴺ ARVE ET RHONE *
Rev. : Une croix de gueules aux bras égaux entourée d'un
cercle de grénetis, dans l'intérieur de ce dernier est la devise
circulaire. NOTRE AME A DIEU, NOTRE VIE A NOS SEMBLA-
BLES. puis la *Lég.* : RÉCOMPENSES * ACTES DE DÉVOUE-
MENT * Arg. à bélière. *Mod.* j. : *27 mill.*

IDEM

DE PLAINPALAIS

327. La Clef et l'Aigle sommées d'un soleil dont le disque
est muet, au-dessus dans une banderolle, la devise de Genève.

ÉCOLE MILITAIRE 1882

SOUVENIR

328. *Dr.* : Celui du N° 256. *Rev.* : Profil et façade de
l'Ecole militaire de Lausanne, dessous les signatures DUFEY-

GEX & PARIS ÉDITEURS. *Lég.* : SOUVENIR DE L'ECOLE MILITAIRE
A LAUSANNE * 1882 * Br. et Etain. *Mod.* : *33 mill.* (Notre
collect.)

FÊTE DE GYMNASTIQUE 1877

329. *Dr.* : Ecu de Genève dans un cartouche ornementé
sommé d'un soleil engagé derrière l'écu et accosté d'une
branche de chêne et de laurier. *Lég.* : FÊTE GYMNASTIQUE A
GENÈVE 14 ET 15 JUILLET 1877. *Rev.* : Deux gymnastes dans
l'attitude de la lutte suisse. *Lég.* : FRISCH FROMM FREY & FROH.
Etain. *Mod.* : *28 mill.* (Notre collect)

SOCIÉTÉ FÉDÉRALE DE GYMNASTIQUE
PRIX OFFERT

330. *Dr.* : Un lion debout armé d'un glaive et sommé *(a)*
d'une couronne murale. *Lég.* : SOCIÉTÉ FRANÇAISE DE GYMNAS-
TIQUE DE LYON * 30 7ᴮᴿᴱ 1877 * *Rev.* : Au milieu d'une cou-
ronne de chêne, l'Inscr. en quatre lignes. OFFERT — à la
SOCIÉTÉ FÉDÉRALE — de GYMNASTIQUE — de GENÈVE.
Sans signature. Arg. *Mod.* : *41 mill.*

CONCOURS MUSICAL 1882
PRIX *(Petit module)*

331. *Dr.* : Celui des pièces de 5 francs de 1848. *Rev.* : Celui

---

(a) C'est à dessein que nous avons mis sommé pour couronné, car cet
insigne ne repose pas sur la tête de l'animal qui sert d'armes parlantes à
notre vieille et digne amie la ville de Lyon. (Ceci dit, pour éviter tout
critique).

du N° 57. Frappée au nombre de 2 exemplaires en Or, et de
52 en Vermeil. *Mod.* : *37 mill.*

IDEM

PRIX *(Grand module)*

332. *Dr.* : Celui des pièces de 10 francs argent de 1848.
Rev. : Une couronne de laurier et de chêne dont le champ est
laissé uni pour graver le nom du lauréat. *Lég.* : CONCOURS
MUSICAL ✳ AOUT ✳ GENÈVE ✳ 1882. Frappée au nombre de
122 en Vermeil et 40 en Argent. *Mod.* : *52 mill.*

IDEM

OFFICIELLE POUR SOUVENIR

333. *Dr.* : Semblable au précédent. *Rev.* : Idem. *Lég.* :
CONCOURS MUSICAL ✳ GENÈVE - AOUT 1882 ✳ Br. *Même
Mod. (a)* (Notre collect).

IDEM

SOUVENIR

Médaille du Comité (a)

334. *Dr.* : Le même écusson que le précédent entre quatre

(a) Afin de laisser un souvenir de cette magnifique fête, tant pour les
sociétés qui avaient eu des coupes pour prix, que pour celles dont les efforts
n'avaient pas été couronnés, le Comité décida de frapper quelques médailles de bronze avec une variante destinée à empêcher toute substitution
et de telle sorte qu'elle pût en même temps trouver place dans les Musées.

étoiles sommées de deux points, dessous l'écu GENÈVE, le
tout bordé d'un filet dentelé. *Rev.* : Trophée composé d'une
lyre, d'une trompette, tambourin, cahier déroulé et d'une
branche de laurier. *Lég.* : SOUVENIR DU CONCOURS DE MUSIQUE
* LE 12, 13 ET 14 AOUT 1882 * Etain. *Mod.* : 29 mill. (Notre
collect.)

IDEM

VARIÉTÉ *(Signée Curval)*

335. *Dr.* : Vue de Genève prise du Quai du Mont-Blanc,
dans le ciel un soleil fédéral, au-dessus la devise de Genève,
et dans l'exergue GENEVENSIS CIVITAS. *Rev.* : Une couronne de
chêne au centre et un trophée de musique sommé d'une
étoile rayonnante. *Lég.* : CONCOURS DE MUSIQUE INTERNATIO-
NAL et dans le bas DE GENÈVE 12-14 AOUT 1882. *Signé* : CUR-
VAL. Etain. *Mod.* : 37 mill. (Notre collect.)

IDEM.

VARIÉTÉ *(Signée Ferrier.)*

336. *Dr.* : Armes de Genève sommées d'une banderolle portant la devise, accostées d'une branche de chêne et de laurier
et entourées d'un cercle de grénetis. *Lég.* : GENÈVE dans la
partie supérieure, et dans le bas une rosace entre deux étoiles.
Signé: S. FERRIER. *Rev.* : Une lyre rayonnante à trois cordes,
au centre d'un cahier ouvert sur deux palmes dans un cercle
de grénetis. *Lég.* : CONCOURS INTERNATIONAL DE
MUSIQUE, et en dessous .12-14 AOUT 1882. Etain. *Mod.* :
31 mill. (Notre collect.)

IDEM.

VARIÉTE, *signée* O & J Z (O & JAKLE, ZURICH)

337. *Dr.* : Vue de Genève prise de l'Hôtel des Bergues, à l'arrière-plan le Salève poli à la pierre ponce et sur lequel M. Gosse, notre célèbre archéologue, aurait besoin d'un guide pour ne pas s'y égarer. Dans le haut GENÈVE et dans l'*Ex.* : Une branche de chêne et une de laurier liées horizontalement. *Rev.* : Le soleil levant derrière des monticules, au-dessus plane un ange colossal, nu et qui fait honneur à la cuisine céleste, il tient de la main droite une couronne et de la gauche une lyre, des énormes draperies cachent ses ailes. *Signé* : O & J et au-dessous Z. *Lég.* : CONCOURS MUSICAL DE GENÈVE *12-14 AOUT 1882* Etain *Mod.* : *50 mill.* (Notre collect.)

IDEM.

VARIÉTÉ, *Ecu de Savoie.*

338. *Dr.* : Une couronne de lauriers, au centre l'Inscr. : SOUVENIR DU GRAND CONCOURS — INTERNATIONAL — DE MUSIQUE — D'HARMONIE — D'ORPHÉON — ET FANFARES — 12 13 14 AOUT 1882 — GENÈVE en neuf lignes dont trois semi-circulaires et six horizontales. *Rev.* : Trophée composé de deux épées, six drapeaux et deux hallebardes, dans le haut émergent deux branches de laurier et..... le tout couvert par l'Ecu de Savoie ! — (a) Laiton. *Mod.* : *33 mill.* (Notre collect.)

(a) Cette médaille, ainsi que les deux suivantes ont été frappées à Paris. Pourvu que le roi d'Italie ne nous cherche pas chicane ? espérons qu'il ne traitera pas cette erreur d'usurpation de blason. Notre croix fédérale n'a pas les bras si longs, Monsieur de Paris !

IDEM.

Petit module avec la clef et l'aigle.

339. *Dr.* : Ecu de Genève, rectangulaire sur un cartouche élégant, accosté de lauriers. *Lég.* : VILLE DE GENÈVE dans le haut. *Rev.* : Le même que le droit du n° précédent. Laiton. *Mod.* : *23 mill.* (Notre collect.)

IDEM.

Variété de Paris.

340. *Dr.* : Armes de Genève sommées d'un soleil à moitié engagé derrière l'écu. *Lég.* : SOUVENIR DE GENÈVE dans le bas. *Rev.* : Une lyre accostée de deux branches de laurier. *Ex.* : 12, 13 14 AOUT — 1882 — en deux lignes au-dessus d'un trait. *Lég.* : CONCOURS INTERNATIONAL DE MUSIQUE * GENÈVE * Laiton. *Mod.* : *23 mill.* (Notre collect.)

LA CHATELAINE

341. *Dr.* : Ecu de cinq francs portant l'Helvétie assise. *Rev.* : SOUVENIR DE RECONNAISSANCE — DES — PARTICIPANTS — AUX — JEUX — LA CHATELAINE — 6 SEPTEMBRE 1883. *Inscr.* : gravée en six lignes. Des mêmes médailles ont été gravées sur le revers de pièces de 2 et d'un franc avec l'Helvétie debout. *(a)*

(a) La Châtelaine, propriété où se trouve le pensionnat de M. Thudicum à Pregny.

VELO-CLUB

342. *Dr.* : Un **Y** un **C** et un **G** ornementés, croisés et entrelacés. *Lég.* : VELO-CLUB DE GENÈVE ∗ FONDÉ EN 1869 ∗ *Signé* : V. SCHLÜTER F. MAISON BOVY. *Rev.* : Une couronne de laurier et de chêne laissant le champ libre pour y graver le nom du lauréat. Arg. et Br. *Mod.* : *51 mill.*

CROIX DE GENÈVE
Comité central de Bruxelles.

343. *Dr.* : La croix de gueules. *Lég.* : COMITÉ CENTRAL DE SECOURS AUX BLESSÉS 1870. Au-dessous, entre la croix et la légende BRUXELLES. *Rev.* : La tête nue de Léopold à gauche. *Lég.* : LÉOPOLD II ROI DES BELGES. *Signé* : WURDIN. Arg. à bélière. *Mod.* : *24 mill.* (Notre collect.)

350me ANNIVERSAIRE DE LA RÉFORMATION

344. *Dr.* : Une femme personnifiant la Ville de Genève, la main gauche appuyée sur l'écusson de cette République, pose la droite sur les Saintes-Ecritures que lui présente Farel. A sa droite Calvin, une Bible sous le bras gauche, lève la main droite et du doigt indicateur montre le ciel. Entre Farel et Genève, Viret, dans l'arrière-plan les tours de la cathédrale. *Ex.* : 1535-1885. *Signé* : E. D. LOSSIER INV. HUGUES BOVY SC. *Rev.* : Ecusson de Genève accosté de celui de l'église de Calvin, soit un soleil rayonnant et étoilé portant en cœur le sigle

I II s, une Bible ouverte repose sur les branches d'un laurier, sommant le tout une banderolle flammée portant la devise genevoise. *Lég.* : 350ᴱ ANNIVERSAIRE DE LA RÉFORME A GENÈVE. AOVT MDCCCLXXXV. *Signé* : E. LOSSIER DEL· Cs. Jₙ. RICHARD F. Frappée en argent au nombre de 55 ex. pour les souscripteurs et 100 en bronze. *Mod* : *60 mill.* (Notre collect.)

IDEM.

Pour les Ecoles.

345. *Dr.* : Le même que celui de la petite médaille du jubilé de 1835. Voyez Bl., p. 169. *Rev.* : 350ᴹᴱ ANNIVERSAIRE DE LA — RÉFORMATION — GENÈVE 23 AOUT — 1885. Br. *Mod.* : *34 mill.* Frappée au nombre de 7000 ex. pour les enfants des écoles de l'âge de sept à quatorze ans. (Notre collect.)

LOGE MAÇONNIQUE **LES AMIS DE LA VÉRITÉ**
Jeton de présence (a).

346. *Dr.* : *Lég.* Semi-circulaire. |⁙| LES AMIS DE LA VÉRITÉ. *Inscr.* : OR. : — DE GENÈVE en deux lignes, et dans le bas l'étoile maçonnique portant la lettre G. Laiton. *Mod. 24 mill.* (Notre collect.)

(a) Ces jetons ont été frappés pour stimuler les FF.·. indifférents et récompenser les assidus; d'une valeur de quarante centimes, ils peuvent être donnés en paiement des cotisations mensuelles.

COMMISSION

347. *Dr.* : Une équerre en argent creuse, de quatre mill. d'épaisseur, portant sur la petite branche l'Inscr. en cursive. Commission des, et sur la grande branche Conférences M. ·. de Genève. *Rev.* : Grande branche. Offert le 24 mai 1882 au B. ·. a. ·. F. ·. Petite branche. Isaac Jacob. Longueur 47 mill. sur 33. Suspendue par son angle à une bélière attenante à un ruban bleu moiré.

L'UNION DES CŒURS. Loge M. ·.
Nouvel insigne de l'atelier.

348. *Dr.* : Un écusson de gueules portant en chef une tête de mort et en pointe les lettres M O Æ ; au-dessus de cet insigne trois cœurs liés dans un lobe, le tout sur un manteau héraldique. *Lég.* : ✶ L. ·. DE S. ·. J. ·. DE L'UNION DES CŒURS R. ·. R. ·. O. ·. DE GENÈVE ✶ en dessous 1768. *Signé* : C. RICHARD. *Rev.* : Un phénix se consumant sur un bûcher. *Lég.* : ✶ DIRECTOIRE DE BOURGOGNE ET HELVÉTIE ✶. En dessous dans le haut 1810. Dessous le bûcher dans une banderolle la devise PERIT UT VIVAT ; sous la banderolle ALPINA 1851. *Arg.* à bélière. *Mod.* : *31 mill.* (Notre collect.)

CUISINE DES FAMILLES
(Jetons)

349. *Dr.* : CUISINE DES FAMILLES ✶ GENÈVE ✶ en Légende

I II S, une Bible ouverte repose sur les brane grénelis. *Rev.*:
sommant le tout une banderolle flammée oi *mill*. Un deuxième
nevoise. *Lég.* : 350ᴱ ANNIVERSAIRE *mill*., et un troisième
GENÈVE. AOVT MDCCCLXXXV. *ls* ou Avers sont pareils.

Cs. Jɴ. RICHARD F. Frappée en ar
pour les souscripteurs el 100 er
collect.)

DU RHONE

(Jetons)

RHONE ✳ GENÈVE ✳ Inscr. circulaire.
Cuivre. Laiton et Zinc. *Mod.* : 25 *mill.*
345. *Dr.* : Le
de 1835. Vo·
DE LA — r
Br. *Mod.*   IDEM. (POUR DAMES)
enfants
collec   *(Jetons)*

Dr. : Le même que le précédent. Sans Revers. Un trou
de 13 mill. dans le centre. Cuivre. Laiton et Zinc. Cette
série de six jetons dont 3 pleins et 3 percés, doit servir aux

(a) Par autorisation du Grand Conseil en date du 20 janvier 1883, MM. E.
Sanader et E.-L. Schott, ont formé la Société des Bains du Rhône et
construit les Bains flottants au-dessous du Pont de la Coulouvrenière, lesquels ont été terminés et mis en exploitation le 28 juillet de la même année.
Ces bains sont portés par quatre bateaux en tôle de cinquante-quatre mètres
de longueur, divisés chacun en cinq compartiments étanches, ils peuvent
porter aux trois quarts de leur immersion 250,000 kilos.
Les bains ont deux piscines de trente mètres sur six, une pour dames et
une pour messieurs, 107 cabines, 17 piscines particulières, plus le contrôle,
la lingerie, la buanderie, deux buffets, et les water-closets.

·₀ines particulières, dont trois pour les
·sieurs.

.ÉNÉRALE

ᴶ CANTON DE GENÈVE ? *(a)*

ιe Genève accosté d'une branche de chêne
ᴗssus la date 1878. *Lég.* : Semi-circulaire en
FÊTE GÉNÉRALE · — DES ENFANTS DU Cᵀ DE
. : Le serment du Grütli. Laiton. *Mod.* : *21 mill.*
ᴗllect.)

TRAMWAYS DE GENÈVE A CHÊNE

(Jeton)

355. *Dr.* : Le mot TRAMWAY en une ligne horizontale au
centre,'puis au-dessus GENÈVE et au-dessous CHÊNE en lég.
semi-circulaire. *Rev.* : Un soleil au centre duquel est un rond
renfermant le n° 8. Laiton. *Mod.* : *21 mill.*

TRAMWAYS DE GENÈVE *(Jeton)*

VARIÉTÉ. — *20 cases.*

354. *Dr.* : Le même que celui décrit au n° 253. *Rev.* : Les

(a) Qui peut nous expliquer la signification de ce jeton ou médaille ? A
moins qu'elle n'ait été faite pour les promotions nous ne saurions à quoi
l'attribuer, dans tous les cas le sujet du Revers n'a guère de rapport avec
la Légende. Cela sort encore selon nous de la fabrique d'un triangle à qua-
ε côtés ou d'un moule à tommes carrées.

circulaire, au centre 1881 dans un cercle de grénetis. *Rev.* :
60 dans un champ lisse. Laiton. *Mod.* : *26 mill.* Un deuxième
porte au *Rev.* le chiffre 40. Cuivre *22 mill.*, et un troisième
le chiffre 35. Zinc, *18 mill.* Les Droits ou Avers sont pareils.
(Notre collect.)

BAINS DU RHONE

(Jetons)

350. *Dr.* : BAINS DU RHONE * GENÈVE * Inscr. circulaire.
Rev. : Champ uni. Cuivre. Laiton et Zinc. *Mod.* : *25 mill.*
(Notre collect.) *(a)*

IDEM. (POUR DAMES)

(Jetons)

351. *Dr.* : Le même que le précédent. Sans Revers. Un trou
rond de 13 mill. dans le centre. Cuivre. Laiton et Zinc. Cette
série de six jetons dont 3 pleins et 3 percés, doit servir aux

(a) Par autorisation du Grand Conseil en date du 20 janvier 1883, MM. E.
Schrœder et E.-L. Schott, ont formé la Société des Bains du Rhône et
construit les Bains flottants au-dessous du Pont de la Coulouvrenière, lesquels ont été terminés et mis en exploitation le 28 juillet de la même année.
Ces bains sont portés par quatre bateaux en tôle de cinquante-quatre mètres
de longueur, divisés chacun en cinq compartiments étanches, ils peuvent
porter aux trois quarts de leur immersion 250,000 kilos.

Les bains ont deux piscines de trente mètres sur six, une pour dames et
une pour messieurs, 107 cabines, 17 piscines particulières, plus le contrôle,
la lingerie, la buanderie, deux buffets, et les water-closets.

piscines, cabines et piscines particulières, dont trois pour les dames et trois pour les messieurs.

FÊTE GÉNÉRALE

DES ENFANTS DU CANTON DE GENÈVE ? (a)

352. Dr. : L'écu de Genève accosté d'une branche de chêne et d'olivier, au-dessus la date 1878. *Lég.* : Semi-circulaire en deux lignes : ∗ FÊTE GÉNÉRALE ∗ — DES ENFANTS DU Cᵀ DE GENÈVE. *Rev.* : Le serment du Grütli. Laiton. *Mod.* : *21 mill.* (Notre collect.)

TRAMWAYS DE GENÈVE A CHÊNE

(Jeton)

353. Dr. : Le mot TRAMWAY en une ligne horizontale au centre,'puis au-dessus GENÈVE et au-dessous CHÊNE en lég. semi-circulaire. *Rev.* : Un soleil au centre duquel est un rond renfermant le n° 8. Laiton. *Mod.* : *21 mill.*

TRAMWAYS DE GENÈVE *(Jeton)*

VARIÉTÉ. — 20 cases.

354. Dr. : Le même que celui décrit au n° 253. *Rev.* : Les

(a) Qui peut nous expliquer la signification de ce jeton ou médaille ? A moins qu'elle n'ait été faite pour les promotions nous ne saurions à quoi l'attribuer, dans tous les cas le sujet du Revers n'a guère de rapport avec la Légende. Cela sort encore selon nous de la fabrique d'un triangle à quatre côtés ou d'un moule à tommes carrées.

cases du bord sont numérotées jusqu'à 20 et les cases inté-
rieures de 21 à 24. Laiton. Même module. (Notre collect.)
Une autre du même module a les cases du bord numérotées jusqu'à 6. (Notre collect.)

TRAMWAYS SUISSES

355. *Dr.* : Les deux écus de la Confédération et de Genève
accostés entre deux branches de laurier et de chêne horizontales et verticales. Au-dessous une locomotive fumante trai-
nant un grand omnibus. *Ex.* : 1876. *Rev.* : le chiffre 10 au-
dessus de la lettre A entre deux étoiles. *Lég.* : COMPAGNIE
GÉNÉRALE DES TRAMWAYS SUISSES ⋆ Laiton. *Mod.* : *21 mill.*
(Notre collect.)

Aux OFFICIERS SUISSES
de Secours en 1743 (a)

356. *Dr.* : Le revers des n°ˢ 90 et 91 de Blavignac, soit :
dans un cartouche l'Inscr. : FOEDERATIS BENE MERENTIBUS
HONORIS CAUSA MDCCXLIII. *Rev.* : Celui des pièces de 21 sous
de 1710, soit un cartouche sommé d'un soleil rayonnant et accosté de deux palmes, dans l'intérieur est la devise POST —
TENEBRAS — LUX — 21 (b) en quatre lignes. Or. *Mod.* : *27
mill.* Musée.

(a) Voyez à ce sujet Blavignac, p. 54.

(b) Le chiffre placé au-dessous de la devise se rapporte aux pièces de
21 sols, le revers de cette médaille ayant été frappé avec les coins de cette
monnaie.

LA SOCIÉTÉ DES SUISSES *(a)*

357. *Dr.* : Une foi, au-dessus un chiffre arabe, au-dessous un chapeau de carabinier posé sur une flèche et une arbalète en sautoir. *Lég.* : LA SOCIÉTÉ DES SUISSES. *Rev.* : Le serment du Grütli, à gauche planté en terre, un faisceau de licteur sommé d'un bonnet phrygien. Br. : *Mod.* : *32 mill.* (Notre collect.)

LIBRE ALLIANCE DES SUISSES

358. *Dr.* : Une partie d'un globe ou d'un planisphère sur lequel est un aigle *(b)* entouré de flammes, devant lui est la croix fédérale qui repose sur un faisceau de licteur couché et se dégageant de derrière un traité enroulé portant la date 1848, au-dessous est un autre traité lacéré sur lequel on lit 1815. *Signé :* C. BURGER, *Rev.* : Une couronne de chêne au centre de laquelle est l'Inscr. : DEM — FREIEN BUND — DR — SCHWEIZER — 12 SEPT. 1848 en cinq lignes. Arg. et br. *Mod.* : *35 mill.*

(a) Malgré quelques critiques, nous persistons à suivre l'exemple de Blavignac et à faire entrer les médailles suisses dans notre cadre, toute explication à ce sujet serait superflue. la médaille portant Elvezia, ainsi que celles du Pavillon Suisse à l'Exposition de Berlin et de la Fête nationale suisse à New-York sont aussi bien notre propriété que la bannière fédérale est notre guide et flotte dans nos fêtes, conjointement avec notre drapeau cantonal.

(b) Pourquoi un aigle au milieu des flammes? nous avouons ne pas comprendre le sens de cette allégorie. Le graveur aura sans doute voulu représenter un phénix.

A LA RÉPUBLIQUE HELVÉTIQUE (a)
Médaille de fête patriotique à Besançon.

559. *Dr.* : Armes de Besançon ; soit l'aigle impériale tenant les colonnes d'Hercule dans ses serres, au-dessous UTINAM. *Lég.* : LA VILLE DE BESANÇON A LA RÉPUBLIQUE HELVÉTIQUE. *Rev.* : L'écusson fédéral (b) accosté d'une branche de chêne et de laurier. *Lég.* : FÈTE PATRIOTIQUE LE 7, 8, 9, 10 & 11 JUIN 1875. Laiton argenté. *Mod.*: 48 mill. (M. A. Meyer.)

FÈTE NATIONALE SUISSE
à New-York.

360. *Dr.* : Les deux écus de la Confédération suisse et des États-Unis accostés et penchés à droite et à gauche, contre un faisceau de licteur traversé en long par une flèche sommée du chapeau de Guillaume Tell, le tout entre deux branches de

(a) Pourquoi à la Republique Helvétique? Son regne déjà trop long a duré de 1798 à 1802. Nous y passons volontiers l'éponge, mais nous prions nos voisins de ne pas la ressusciter, elle est inscrite sur la liste de nos CHERS souvenirs.

(b) L'artiste bizontin a fait une croix de Savoie au lieu de la croix fédérale composée de cinq carrés. Nous ferons remarquer à nos lecteurs que le savant héraldiste M. Adolphe Gautier a publié dans le supplément au *Journal de Genève* du 27 mai 1883, sous les initiales A. G. un excellent article contre le changement de cet emblème sur nos drapeaux, décrété par le Conseil fédéral. Comme l'honorable auteur des ARMOIRIES de la Confédération suisse. nous n'aimons pas plus à voir rallonger les bras de notre croix que toucher à la légende de Guillaume Tell. (*Rectif.*) Pour cette dernière il n'est pas d'accord avec nous. Tant pis !

chêue et de laurier liées par un nœud de ruban. *Lég.* : ERSTES SCHWEIZERISCHES NATIONALFEST. *Rev.* : L'Helvétie assise comme celle des pièces de monnaie, la croix de l'écusson plus effilée, avec des montagnes à l'arrière-plan, derrière les bras de la charrue. *Lég.* : NEW-YORK DEN 22 JULI 1872 * *Ex.* : HELVETIA en demi-rond. Arg. Bélière attenante à l'aigle américaine essorante. *Mod.* : 28 mill. (M. Meyer.)

SOCIÉTÉ SUISSE

pour le progrès des études.

361. *Dr.* : Un pantographe portant sur une de ses règles un globe, un livre ouvert, un compas, un encrier et une plume entre une branche de chêne et de laurier. *Lég.* : LANGENTHAL DEN 23. 24. & 25. OCTOBER 1874. *Rev.* : Inscr. : ZUR — ERRINNERUNG — ANS — XIII. CENTRALFEST — DER SCHWEIZ. — STUDENTEN-VERBINDUNG — HELVETIA en sept lignes horizontales. Etain. *Mod.* : 28 mill. (Notre collect.)

PAVILLON SUISSE

à l'Exposition de Pêcherie, Berlin 1880.

362. *Dr.* : Tête nue à gauche du prince royal. *Lég.* : En deux lignes circulaires. 1ʳᵉ ligne : FRIEDRICH WILHELM KRONPRINZ. D. DEUTSCHEN REICHES U. V. PREUSSEN. 2ᵐᵉ ligne : PROT. D. INTERN. FISCHEREI-AUSSTELLUNG Z. BERLIN 1880. *Signé* : C. DRENTWETT. *Rev.* : Une couronne de chêne au centre de laquelle est l'écusson fédéral dans un lobe, aussus le mot SCHWEIZ sous la couronne trophée de pêche

portant au centre l'écu d'Appenzell ou de St-Gall? Arg. et
Br. *Mod.* : *33 mill.* (Notre collect.)

LEONCE ANGRAND

363. *Dr.* : Celui des pièces de dix francs argent de 1848.
Rev. : Une couronne de laurier et de chêne au centre de laquelle est l'Inscr. : A — LEONCE — ANGRAND, au-dessous
un trait. *Lég.* : LA VILLE DE GENÈVE RECONNAISSANTE ＊1881 ＊.
Or. Une vingtaine d'ex. en bronze pour les autorités *(a)*.

BERGALONNE

364. Sa tête nue à droite, sans légende. *Signé* : P. Schœni
fecit 1883. Br. : Méd".

L. BONADE

365. *Dr.* : Ecu de Mâcon posé sur un cartouche ornementé,
sommé d'une couronne murale et accosté d'une branche de

(*a*) Le Conseil administratif, dans sa séance du 20 décembre 1881, conclut que le Conseil municipal s'associera aux remerciements que le délégué
du Conseil administratif a déjà exprimés à M. L. Angrand pour le magnifique cadeau de coquillages dont il a bien voulu enrichir notre musée : il
propose de lui adresser l'arrêté acceptant la donation et d'y joindre comme
souvenir une médaille que fera frapper la ville de Genève et qui sera envoyée à M. Angrand en témoignage de sa vive reconnaissance. Un crédit de
300 fr. est ouvert à cet effet au Conseil municipal.

Le projet est adopté, et le Conseil municipal décide de joindre ses sincères
emerciements à ceux du Conseil administratif.

chêne et de laurier. *Lég.* : VILLE DE MACON. *Rev.* : Une couronne de laurier au centre et l'Inscr. : OFFERTE — PAR — *la ville — à M. Bonade* (ces trois lignes en cursive sont gravées). *Lég.* : CONCOURS MUSICAL DES 14 ET 15 AOUT 1881 ✶. La tranche porte cette inscription gravée : A MONSIEUR L. BONADE DIRECTEUR DU CORPS DE MUSIQUE DE LANDWEHR GENÈVE. Or, à bélière. *Mod.* : *37 mill.*

F. BONIVARD

366. *Dr.* : Son buste à gauche coiffé de la calotte ecclésiastique. *Lég.* : F. BONIVARD ANCᴺ PRIEUR DE Sᵀ VICTOR — NÉ EN 1493 MORT EN 1570. en deux lignes. *Signé.* : HUGUES BOVY. DEC. 1883. *Rev.* : Une couronne de chêne renfermant l'Inscr. : en cinq lignes. PRISONNIER — A — CHILLON — DE — 1530 A 1536. Frappée au nombre de six ex. en argent, et Br. sans limites.' *Mod.* : *51 mill.* (Notre collect.)

CALVIN
Grande médaille (a)

367. *Dr.* : Buste du Réformateur à gauche. *Lég.* : JOHANNES CALVINVS NATVS NOVIODVNI · 1509 · MORTVVS

(a) Cette magnifique médaille n'étant notée que très sommairement dans l'ouvrage de Blavignac, page 169, où cet auteur a omis la signature et le module, une erreur s'est aussi glissée dans l'Inscr. du Revers ou on lit IL TIENT FERME pour IL TEINT. Il existe une autre médaille identique à celle-ci et du Module de 60 mill. Nous ne savons si l'auteur sus-nommé a dans sa description parlé du grand ou du petit Module. (Note de l'auteur.)

GENEVÆ · 1564 · *Signé* : A. BOVY. F. *Rev.* : Une chaire formant trois entrecolonnements dans lesquels on lit : IL TEINT FER - ME COME S'IL EVST VEV CELVY QUI EST INVISIBLE. Dans les deux panneaux de face HEBR. —AL.27. Pnis la suite de la signature du *Dr.* : GENEV. JVBIL. — AN. 1835. *Lég.* : entre deux cercles de grénetis. Dans le haut CORPORE— FRACTUS : ANIMO — POTENS : FIDE — VIC-TOR : Puis dans le bas, ECCLESIÆ — REFORMATOR — GE-NEVÆ. PASTOR — ET TVTAMEN. Br. : *Mod.* : *106 mill.*

IDEM
Médaillon par Veackter

368. *Dr.* : Son buste à droite, avec le manteau d'hermine et coiffé de la barette et du béret par dessus, sans Lég. *Signé* : C. V. (VEACKTER). Médaillon uniface. Arg. et laiton. *Mod.* : *41 mill.* (Notre collect.)

CALVIN
Petit médaillon uniface

369. Tête du réformateur à droite. *Lég.* : IOHANNES CAL-VIN (a). Arg. et Br., sans Rev. *Mod.* : *23 mill.* (Notre collect.)

(a) Cette pièce étant identique à celle qui se trouve en médaillon sur a médaille des quatre reformateurs, doit avoir été faite avec les coins qui ont servi à frapper séparément les susdits médaillons. Comme ceux-ci du reste elle reproduit le lapsus-linguæ de la légende dont le nom de baptême est latinisé, tandis que le nom de famille est en français. (Note de l'auteur)

IDEM

Du cabinet de Vienne (Autriche)

370. *Dr.* : Son buste de trois quarts à dr., coiffé du béret plat. *Lég.* : IOHANN : ·:· CALVIN ·:· .ET. 33. Arg. sans Rev. *Mod.*: *63 mill.* Un cliché est dans la collection de M. A. Meyer.

IDEM

Médaillon sans revers

371. *Dr.* : Buste à dr.. coiffé de la toque. *Lég.* : CALVINVS :56.: IOANNES. Médaillon ovale. Br. sans Rev. *Mod.*: *15 mill. sur 35.* M. Hamburger.

I. E. CHAPONIÈRE

372. *Dr.* : Son buste tête nue à gauche, au-dessous, ANT. BOVY. F *Lég.*: I. E. CHAPONIERE. Derrière la tête en quatre lignes dans le champ AÑO — · M · — D · C · C · C · — XXIX. Le tout dans un cercle de grénetis. Br. Uniface. *Mod.* : *17 cent.*

CHAUVET, MICHEL

373. *Dr.* : (*a*) Vue de Genève prise depuis la Jetée, à l'ar-

(*a*) Une description parue dans le *Journal de Genève*, porte le Revers de cette pièce au droit : c'est une question à discuter. Quant à nous, nous croyons devoir mettre la ville comme 1ᵉʳ sujet et l'inscription à la suite comme explication.

rière-plan le Salève, au-dessus des nuages l'écu de Genève de style Louis XVI sommé d'un ruban portant le soleil et la devise. *Ex.* : GENEVA CIVITAS, au-dessous deux palmes horizontales liées par un nœud de ruban. *Signé.* : HUGUES BOVY *Rev.* : Champ entouré d'élégantes arabesques, au centre Inscr.: A — MICHEL CHAUVET — LA VILLE DE GENÈVE — en trois lignes, puis un trait et sous celui-ci, la date MDCCCLXXXIII. Or. *Mod.* : *68 mill.* Un exempl. au titulaire (*b*) et six en argent dont un pour le Musée et cinq à des souscripteurs au prix de deux cents francs pièce.

DARIER, HUGUES

374. *Dr.* : Son buste à droite. *Lég.* : HUGUES DARIER *Signé.* : A BOVY 1872. Uniface. Br., repoussé. *Mod.* : *160 mill.* (Notre collect.)

DUFOUR GÉNÉRAL

375. *Dr.* : Son buste à droite. *Lég.* : DUFOUR GÉNÉRAL. *Rev.* : Un soldat debout tenant un drapeau, à sa droite un trophée composé d'un canon, une hallebarde et un fusil, au devant l'écusson fédéral. *Lég.* : EHRE DEN SIEGERN FÜR FREIHEIT V : VATERLAND. Sans signature. Arg. à bélière. *Mod.* : *26 mill.* (M. Girod.)

IDEM. ID.

376. *Dr.* : Son buste en uniforme, tête nue à gauche. *Lég.* :

(*b*) Cette médaille fut donnée par le Conseil administratif à l'honorable ancien conseiller d'Etat M. Chauvet en remerciement pour une superbe collection de médailles dont il fit cadeau au Musée de notre ville.

DUFOUR GÉNÉRAL. *Rev.*: L'écu de la Confédération sommé
d'un chapeau de carabinier. Arg. Bélière. *Mod.* : *23 mill.*
(M. Meyer) (*a*).

IDEM

Tir cantonal 1877

377. *Dr.* : Son buste à gauche. *Lég.* : TIR CANTONAL
GENEVOIS CAROUGE 1877. Uniface. Laiton repoussé.
Mod. : *38 mill.* (Notre collect.)

GÉNÉRAL DUFOUR. MONUMENT
Grand Tir National

378. *Dr.* : Le général Dufour à cheval copié exactement
sur le monument. *Lég.* : G. H. DUFOUR GÉNÉRAL GENÈVE
2 JUIN 1884. *Signé* : RICHARD FEC. *Rev.* : Un trophée composé
des trois drapeaux de la Société des carabiniers, de l'Arquebuse et Navigation et du Tir de campagne des sous-officiers,
couvrant deux carabines et deux fusils, puis les deux écus
accostés de la Confédération et de Genève, dans le milieu une
tige de rhododendrons, le tout entre une branche de chêne et
de laurier. *Lég. supérieure.* : ∗ GRAND TIR NATIONAL ∗
Dans le bas, LES 29 30 31 MAI ET 1ER JUIN. *Signé :* C. R.

(*a*) Cette médaille a évidemment été faite pour clef de montre. Après la
guerre du Sonderbund où le général Dufour se montra si humain, l'engouement, nous devrions dire l'enthousiasme, des Suisses envers lui devint in-
descriptible, chaque paysan voulait avoir son portrait, *sein Dufurlt*. on
l'avait sculpté de toutes manières et toutes les pipes de bois le représentaient. Peu de généraux en pourraient dire autant.

Or. Arg. et Br. *Mod.* : *47 mill.* Frappée au nombre de 1 ex. en or, 322 en argent et 200 en bronze.

IDEM

Au Comité du Monument

379. *Dr.* : Celui du n° précédent. *Rev.* : Inscr. : G. H. DVFOVR — HELVET. DVX — MDCCLXXXVII — MDCCCLXXV en quatre lignes horizontales, au-dessous les écus de la Confédération et de Genève accostés obliquement entre deux branches de chêne et de laurier, engagées sous les écussons et liées par un ruban, au dessous. *Signé.* : C. R. *Lég.* : Dans le haut : * COMITÉ DU MONUMENT* *Lég. infér.* : NOMMÉ LE 2 JUIN 1876 PAR ASSEMBLÉE POPULAIRE. Arg. *Mod.* : 47 *mill.* Frappée au nombre de 32 ex. (Notre collect.)

GÉNÉRAL DUFOUR

Médaille commémorative

380. *Dr.* : Celui de la médaille du Sonderbund n° 50 de Bl. *Rev.* : EN — COMMÉMORATION — DU 2 JUIN 1884 — A — GENÈVE Br. *Mod.* : *38 mill.* (Notre collect.)

GÉNÉRAL DUFOUR (A LA MÉMOIRE DU)

Fête du monument

381. *Dr.* : Armes de Genève dans un cartouche lobé, sommé d'un soleil flamboyant et rayonnant accosté de quatre étoiles et de deux points. Sous l'écu GENÈVE. *Rev.* : La croix fédérale dans un soleil à huit rais. *Lég.* : A LA MÉMOIRE DU

GÉNÉRAL DUFOUR. 2 JUIN 1884. Etain. *Mod.: 30 mill.* (Notre collect.)

IDEM. ESPERANTIA

Société d'étudiants

382. *Dr.* : Le revers de la médaille précédente. *Rev.* : Un E et un S enlacés, devant est un point d'exclamation! le tout entouré d'un cordon en torsade. *Lég.* : ESPERANTIA * GENÈVE * Etain. Même module que la précédente. (Notre collect.)

GÉNÉRAL DUFOUR

Souvenir du monument

383. *Dr.* : Les écus superposés de la Confédération et de Genève dans deux cartouches ornementés sommés d'un soleil rayonnant et accostés d'une branche de laurier et de chêne, *Rev.* : Le général à cheval. *Lég.* : * SOUVENIR DU MONU-MENT DU GÉNÉRAL DUFOUR * 2 JUIN 1884. *Signé.* : C. DROOP. Étain. *Mod.* : *34 mill.* (Notre collect.)

GÉNÉRAL DUFOUR

Monument signé Curval

384. *Dr.* : Quelque chose comme le monument du général Dufour a). *Lég.* : G. H. DUFOUR GENERAL IN. 2 JUIN 1884

(a) Le général lève la main droite, le cheval lève le pied droit, cela dérange un peu les lois de l'équilibre, mais cela dénote certainement plus d'accord, en enlevant Dufour de sa monture on obtiendrait un magnifique fer a repasser. Courage Curval! Pégase et Bellérophon te présentent leurs étriers.

GENÈVE. *Signé*.: CURVAL. *Rev.*: Celui du n° 338. Etain. *Mod.*: 37 *mill*. (Notre collect.)

HORNUNG JOSEPH *(a)*

385. *Dr*. : Son buste à gauche. *Lég*.: JOSEPH HORNUNG PEINTRE GENEVOIS. *Signé*.: C. RICHARD. F *Rev.*: Une couronne de laurier et de chêne renfermant l'*Inscr*. : NÉ — LE 25 JANVIER — 1792 — MORT LE 4 FÉVRIER — 1870 en cinq lignes horizontales. Br. *Mod.* : *63 mill*. (Notre collect.)

LOUIS LE FORT
Variété

386. *Dr*. : Cette médaille est la même que celle décrite au n° 22 de Blavignac, la différence porte sur la signature dont l'une est sous le buste, le gilet porte douze boutons et la chemise trois. L'autre médaille a la signature à droite du buste, les caractères en sont plus petits, le gilet porte onze boutons et la chemise quatre. En résumé le coin en est différent. Vermeil. (M. Meyer.)

(a) Hornung, le célèbre coloriste genevois, l'auteur des *Gros et Menus propos*, descendait d'une famille alsacienne réfugiée à Genève à la Révocation de l'Edit de Nantes, sa mère était une Romieux, famille originaire du Midi et émigrée pour les mêmes causes dans notre cité.

A cette époque on francisait volontiers les noms, l'aïeul d'Hornung fut inscrit sur les Registres sous le nom d'Ornon, et la moitié de la famille Romieux se nomme Roumieux. Serait-ce aussi la faute des Registres ?

LUTHER ET CALVIN

387. *Dr.* : Bustes de Luther et de Calvin superposés, le premier est nu-tête, le second est coiffé du béret. *Lég.* : M. LUTHER J. CALVIN *Rev.* : La Bible ouverte au centre d'un soleil radié. Au-dessous *Lég.* : DEN 31 OCTOBER 1817. Arg. et Br. *Mod.* : *42 mill.*

MERMILLOD, GASPARD
Evêque de Lausanne et Genève

388. *Dr.* : Son buste à gauche en camail et nu-tête. *Lég.* : † GASPARD ÉVÊQUE DE LAUSANNE ET GENÈVE. *Signé.* : S. Mognetti *Rev.* : Dans un cercle de grénetis, un chapeau d'évêque portant les cordons à trois rangs de houppes, entre ces cordons, les armoiries de l'évêque, d'azur à une étoile entre deux colombes d'argent portant un rameau en premier, et d'argent écartelé en sautoir, à la vierge immaculée en second, une croix en pal derrière l'écu, en dessous un ruban portant la devise VERITAS ET MISERICORDIA. A gauche et à droite les écus accostés et couchés de Genève et Vaud, puis Fribourg et Neuchâtel. *Lég. inf.* : 15 MARS 1883. Dans le haut deux étoiles. Br. *Mod.* : *30 mill.* (Notre collect.)

J. NECKER

389. *Dr.* : Son buste à gauche. *Lég.* : J. NECKER. *Rev.* : Buste de Louis XVI à droite. *Lég.* : LOUIS XVI ROI DE FRANCE. Arg. *Mod.* : *14 mill.* (Notre collect.)

RAMPE QUIDORT

Bois de la Bâtie (a)

390. *Dr.* : L'inscription en trois lignes CRÉÉ — PAR —
J P QUIDORT. *Rev.* : LE .1. — OCTOBRE — 1861.
Lettres frappées, également en trois lignes. Etain. *Mod.* :
41 mill. (Notre collect.)

ROBERT ESTIENNE

391. *Dr.* : Son buste de trois quarts à gauche, coiffé du
béret sur la barette. *Lég.* : ROBERT ESTIENNE. *Signé.* :
BOVY-GUGGISBERG *Rev.* : NÉ — A PARIS EN 1499 *(b)* —
MORT — A GENÈVE EN 1559 — un trait, puis GALERIE
GENEVOISE — DES HOMMES ILLUSTRES — un trait, puis 1885
Inscr. en sept lignes horizontales. Arg. et Br. *Mod.* : *40 mill*
(Notre collect.)

(*a*) Au mois d'Août 1883, lors de la construction de la route du cimetière de St-Georges, les ouvriers employés au terrassement dans le bas de
la Rampe Quidort, trouvèrent cachée entre quelques pierres la médaille ci-
dessus fabriquée dans un moment de presse et avec l'espérance qu'elle se-
journerait quelques siècles dans sa cachette. Le sort en a voulu autrement,
aussi nous convenons qu'elle ne présente pas le même intérêt pour notre
generation.

(*b*) Bouillet ainsi que Grégoire dans leurs Dictionnaires d'Histoire et de
Biographie font naître Robert, 2ᵐᵉ fils d'Henri Estienne, à Paris en 1503.
M, Théophile Dufour, archiviste de notre ville, consulté a ce sujet par
M. Bovy, lui a répondu que Robert Estienne mourut âgé de 59 ans et 11
mois, d'après le dire de son fils Henri ; il y a donc erreur de la part de ces
biographes, qui n'ont peut-être pas eu sous la main les documents que notre savant Directeur des Archives a consultés tout spécialement pour cette
pièce. (Note de l'auteur.)

JEAN JACQUES ROUSSEAU
Grand médaillon uniface

392. *Dr.* : Tête nue du philosophe dans un cercle de grénetis. *Lég.* : Semi-circulaire en deux lignes : JEAN JACQUES ROUSSEAU — NÉ A GENÈVE. MORT A ERMENONVILLE. Laiton. Sans Rev., ni signature. *Mod.* : *109 mill.* (Notre collect.)

IDEM
Petit Médaillon

393. *Dr.* : Buste de Rousseau, tête nue à gauche. *Lég.* : J. JACQUES ROUSSEAU. Laiton. Uniface. *Mod.* : *18 mill.* (Notre collect.) *(a)*

IDEM
Médaillon uniface gravé

394. Son buste tête nue à gauche en perruque à marteau. Sans Lég.: Bordure de feuillage entourée d'une torsade. *Br.* : *58 mill.* Sans signature. (Notre collect.)

St FRANÇOIS DE SALES

395. *Dr.* : Tête de trois quarts du Saint nimbé à droite sur un fond semé de croisettes dans un targe à quatre lobes.

(a) Ce petit médaillon d'une grande finesse semble être une réduction de celui gravé par Dumarest, n° 200 de Blavignac.

Lég. : S. FR. DE SALES DOCT. DE L'EGL. PRIEZ POUR N. *Signé.* : L. PENIN A LYON. *Rev.* : Le même que celui du n° 183. *Lég.* : STE JNE FRANCOISE DE CHANTAL PRIEZ POUR N. Même signature. Br. *Mod.* : *33 mill.* (Notre collect.)

IDEM

396. *Dr.* : Buste du Saint regardant à gauche. *Lég.* : S. FRANÇOIS DE SALES P. P. N *Rev.* : St Claude évêque debout, tenant sa crosse de la main gauche et la droite levée pour bénir un jeune homme agenouillé à son côté. *Lég.* : S⁀ CLAUDE PRIEZ POUR NOUS. Laiton. Ovale. *Mod.* : *21 mill.* *sur 17.* (Notre collect.)

IDEM

397. *Dr.* : Buste du Saint nimbé de trois quarts à droite, dans un targe à quatre lobes sur un champ semé de croisettes. Sous le buste. *Lég.* : S. FRANC. DE SALES P. P. N. *Signé.* : L. PENIN A LYON. *Rev.* : *Inscr.* : † — PIE IX PAPE — C. M. MAGNIN EVEQUE D'ANNECY — EN PRESENCE DE PLUSIEURS — PRELATS ON A CELEBRE — DANS LE IER MONASTERE DE — LA VISITATION A ANNECY — L'ANNIVERSAIRE BISSECULAIRE DE LA — CANONISATION DE S. FRANC. DE SALES — EVEQUE ET PRINCE DE GENEVE — APOTRE DU CHABLAIS — LE XIX AVRIL — MDCCCLXV — † en douze lignes. Br. *Mod.* : *10 mill.* (Notre collect.)

THEODORE DE BÈZE
Petit médaillon uniface.

398. Tête du réformateur à gauche. *Lég.* : THEODORVS

DE BEZE *(a)* Arg. et Br., sans Rev. *Mod.*: *23 mill.* (Notre collect.)

ISAAC THELLUSSON

399. *Dr.* : Celui du n° 89 de Blavignac. *Rev.* : l'*Inscr.* : ISAACO — THELLUSSON — CIVI OPTIMO — LEGATIONE — APUD LUD XV REGEM — CHRISTIANISSIMUM — PER XVI ANNOS — FELICITER GESTA — SENATUS GENEVENSIS — BENE MEMOR puis un trait et la date MDCCXLIV dans un large orne-menté avec guirlandes de roses dans le haut. Arg. *Mod.*: *68 mill.* Musée.

Blavignac cite au n° 92 une pièce de vaisselle avec une inscription un peu différente et la date 1740. Il se peut que la médaille lui soit postérieure de quatre années; il écrit égale-ment Thélusson avec une L, la médaille en porte deux.

à P. E. WOLFF
Le Cercle des Artistes

400. *Dr.* : Celui des pièces de 10 fr. argent de 1848. *Rev.* : Une couronne de chêne renfermant l'Inscr. ci-dessous en six lignes. LE CERCLE — DES ARTISTES — A SON PRÉSIDENT — P. E. WOLFF. — 7 DÉCEMBRE — 1872 —

(a) La note de la médaille de Calvin, n° 377 se rapporte également à cette pièce,

---

ESSAI

SUR LES

LIMITES DU CODE FÉDÉRAL

DES OBLIGATIONS

INTRODUCTION

Si la Confédération suisse, comme puissance indépendante
et neutre, revêt dans ses rapports extérieurs les caractères de
toute unité politique, il n'en est pas de même pour son régime intérieur. Dans ce domaine, les États qui la forment ont
aussi leur autonomie. Dès l'origine, en effet, le principe de la
souveraineté cantonale a été la base essentielle de l'alliance
qui les unit ; c'est ce principe qui a assuré leur durée, qui a
présidé à leurs constitutions, qui leur a permis de se gouverner par des magistrats et conseils de leur choix, de conserver
leurs coutumes, leurs lois, leurs traditions, la foi de leurs ancêtres, à l'abri desquelles, par le cours du temps, leur propre
souveraineté s'est développée et affermie. Le pacte commun,
dont la garde et l'exécution étaient naguère confiées à la Diète
et à l'un des trois cantons directeurs, se bornait à assurer
l'arbitrage en cas de contestations entre cantons, les secours
mutuels en cas de troubles intérieurs ou de dangers venant

du dehors, et la perpétuité de l'alliance qui, pour ses modifications comme pour sa création, reposait sur le consentement libre et unanime des États, dont la souveraineté d'ailleurs demeurait entière.

La législation, en particulier, était toujours restée leur apanage. La position juridique des ressortissants d'autres cantons, en matière de droit civil, n'était fixée que par des concordats librement formés entre les cantons par l'intermédiaire du pouvoir central. A défaut de concordat, ces ressortissants étaient assimilés aux étrangers. Cet état de choses subsista jusqu'à la Constitution de 1848, laquelle substitua à l'ancienne Confédération un État fédératif, auquel fut délégué l'exercice d'une partie de la souveraineté cantonale, pour la gestion de certains objets d'intérêt commun, et la garantie de droits politiques et civils, notamment de la liberté d'établissement, qu'elle assurait aux citoyens suisses. On consacra de la sorte plusieurs dispositions dont on retrouverait la trace dans les anciens traités de combourgeoisie, tels que ceux qui furent conclus au seizième siècle entre Genève et les États de Fribourg, de Berne et de Zurich.

En 1848, les attributions de la Confédération furent surtout augmentées par la centralisation dans ses mains de la législation sur les milices fédérales, sur les péages, les postes, les monnaies, les poids et mesures, objets qui jusqu'alors étaient régis par les lois cantonales. Ajoutons encore l'expropriation en vue de grands travaux d'utilité publique.

Le pouvoir législatif délégué à la Confédération, pour ces matières, fut, depuis cette époque, exercé par l'Assemblée fédérale, composée de deux sections soit chambres, distinctes, bien que revêtues exactement des mêmes attributions. Le Conseil National, où siègent les députés élus dans chaque canton, sur la base proportionnelle de la population, représente la nation suisse dans sa nouvelle unité fédérative ; le Conseil des États, au sein duquel chaque canton envoie deux députés votant librement, sans être liés, comme précédemment dans la Diète, par des instructions spéciales, représente uniquement le principe cantonal, et l'ancienne égalité des États entre eux. L'accord de ces deux Conseils suffisait sous cette Constitution pour créer la loi fédérale. La Constitution actuelle, de 1874, y a ajouté une autre garantie, un frein puissant favorable à la liberté, mais redoutable aux nouveautés dangereuses: elle a voulu que la loi fédérale fût soumise au vote populaire quand trente mille citoyens actifs ou huit cantons le réclameraient dans le délai fixé ; mais il convient ici d'observer que les deux majorités, celle des citoyens suisses prenant part au vote, et celle des cantons, ne sont exigées que pour modifier la Constitution elle-même ; la première suffit pour l'adoption ou le rejet des lois fédérales, car celles-ci, lors même qu'elles auraient été consacrées par le vote populaire, n'en demeurent pas moins des lois ordinaires.

Le Conseil fédéral, qui est élu par l'Assemblée fédérale, exerce sous la Constitution actuelle, comme sous celle qui l'a précédée, le pouvoir exécutif central ; et, comme tel, il est chargé de veiller à l'observation de la Constitution et des lois fédérales, des concordats et des traités. La Constitution de 1848 avait, en outre, investi ce Conseil de la connaissance de certains recours de droit public. Celle de 1874, avec plus de raison, les attribue au Tribunal fédéral. Elle le charge aussi d'assurer l'application uniforme de nouvelles lois fédérales rendues en matière civile, lorsque d'ailleurs l'objet du litige atteindrait le degré d'importance fixé par la loi sur l'organisation judiciaire : sous ce rapport, ce haut tribunal est une véritable cour de cassation jugeant les questions de droit soumises aux tribunaux cantonaux sur les matières énumérées en l'art. 64 de la Constitution.

Nous touchons ici à l'une des plus graves innovations apportées au régime fédéral antérieur. En effet, la dernière Constitution ne s'est pas bornée à placer dans les attributions de la Confédération la législation sur les rapports de droit civil des Suisses établis ou en séjour dans un autre canton, matière importante, véritablement fédérale, et qui cependant après onze années d'attente, n'a pu encore être réglée par une loi. La nouvelle Constitution, par l'article précité, ouvrit d'autres horizons ; elle alla jusqu'à introduire dans le domaine fédéral, certaines parties du droit civil ; et plusieurs des lois prévues à cet égard sont déjà entrées en vigueur.

Aujourd'hui donc la Confédération se trouve dotée, dans ses trois langues nationales, dont le vocabulaire, en matière juridique, n'est pas toujours d'accord, d'un droit unique destiné à régler, non pas seulement par des principes généraux, mais jusqu'aux moindres détails, un grand nombre de rapports de la vie civile. Le Code fédéral des Obligations surtout, qu'aucun lien traditionnel ne rattache au droit particulier des divers États confédérés, ne pouvait manquer de donner lieu, au début, à de fausses interprétations, à des surprises, à des incertitudes, à des questions enfin touchant sa vraie portée constitutionnelle.

Il s'agit donc maintenant de tracer d'une main sûre la ligne qui sépare actuellement le droit fédéral et le droit cantonal. Pour y parvenir, il est nécessaire d'examiner de plus près les principes constitutionnels qui consacrent leur existence respective, et de fixer les règles qui doivent guider dans la détermination exacte de leur champ d'action.

CHAPITRE PREMIER

DE QUELLE MANIÈRE LE POUVOIR FÉDÉRAL ET LA SOUVERAINETÉ CANTONALE SE LIMITENT RÉCIPROQUEMENT

Rappelons d'abord les textes mêmes qui servent de base à cette étude.

La Constitution fédérale du 29 mai 1874, dispose :

« Article 1er. — Les peuples des vingt-deux Cantons sou-
« verains de la Suisse, unis par la présente alliance..., for-
« ment dans leur ensemble la Confédération suisse. »

« Art. 3. — Les Cantons sont souverains en tant que leur
« souveraineté n'est pas limitée par la Constitution fédérale,
« et, comme tels, ils exercent tous les droits qui ne sont pas
« délégués au pouvoir fédéral. »

« Art. 64. — La législation : — sur la capacité civile, —
« sur toutes les matières du droit se rapportant au commerce
« et aux transactions mobilières (droit des obligations, y
« compris le droit commercial et le droit de change), — sur
« la propriété littéraire et artistique, — sur la poursuite
« pour dettes et la faillite, — est du ressort de la Confédé-
« ration. »

« L'administration de la justice reste aux Cantons, sous
« réserve des attributions du Tribunal fédéral. »

« Art. 2 des Dispositions transitoires de la Constitution :
« Les dispositions des lois fédérales, des concordats et des
« Constitutions ou des lois cantonales, contraires à la pré-
« sente Constitution, cessent d'être en vigueur par le fait de
« l'adoption de celle-ci, ou de la promulgation des lois qu'elle
« prévoit. »

Il convient d'autant plus de bien préciser le sens général des dispositions constitutionnelles qui précèdent, qu'elles dominent toute la législation, tant cantonale que fédérale.

Dans le premier de ces textes, on part de la souveraineté des cantons pour former l'alliance ; ce sont non les citoyens mais les peuples eux-mêmes qui s'unissent ; dans le deuxième, tout en consacrant de nouveau leur souveraineté, on prévoit de quelle manière l'exercice en sera limité par la Confédération, en vue des objets spécialement placés dans sa compétence, par la même Constitution.

Ces textes ne comportent aucune contradiction.

D'une part, en effet, nous voyons chacun des vingt-deux Cantons, considéré comme unité territoriale et politique, et abstraction faite de tous rapports réciproques, possédant la puissance souveraine, l'exerçant pleinement à l'exclusion de tout autre sur son territoire, sur les choses qui s'y trouvent, et les personnes qui l'habitent.

A cet égard, les Cantons forment bien réellement autant d'États distincts, indépendants et autonomes.

Mais, d'autre part, dès qu'on les envisage au point de vue des intérêts qui les unissent et qu'ils ont mis en commun, et spécialement par rapport aux matières placées dans le ressort de la Confédération, par l'article 64 de la Constitution, ces vingt-deux Cantons se groupent en un État unique, pour qu'il exerce, en leur nom, et, dans la règle, par leur intermédiaire, une part déterminée de leur souveraineté. Les pouvoirs fédéraux n'en sont investis que par *délégation*, c'est-à-dire par un acte de leur volonté expresse et concordante, exclusif d'ailleurs de toute idée d'aliénation. En principe, la souveraineté cantonale demeure entière ; elle n'est limitée que pour son exercice, à l'égard des seules matières déclarées d'intérêt fédéral, par une disposition formelle de la Constitution elle-même. Au surplus, cette Constitution qui, dans ses articles 1, 3 et 5, consacre et nomme la souveraineté cantonale, ne parle nulle part de celle de la Confédération ; elle se borne à indiquer les objets qui sont exceptionnellement placés dans son « domaine », dans sa « compétence », dans son « ressort » ou dans ses « attributions». L'article 64 précité en est un exemple.

La souveraineté cantonale est donc la règle : dans son essence, elle demeure complète, simple et une ; la délégation partielle qui en découle, comme de sa source permanente, n'affecte que son exercice ; et comme cette délégation n'a pour objet que des matières spécialement et exceptionnellement déterminées, aux Cantons appartient tout ce qui, par un texte constitutionnel, n'a pas été expressément délégué.

Cela étant posé, voyons de quelle manière on pourra préciser les limites de l'exercice de la souveraineté cantonale, et des attributions fédérales.

Tandis que, d'un Canton à l'autre, leurs souverainetés sont délimitées, sur le sol même, par des bornes-frontières, posées d'un commun accord, indiquant les principales sinuosités de la ligne qui sépare leurs possessions respectives afin de prévenir toutes contestations entre eux, et de garder la paix, — la portion de souveraineté déléguée à la Confédération n'en comporte pas de visibles aux yeux. L'intelligence seule les découvre et en détermine la place rationnelle. Il en résulte que dans l'élaboration des lois tant fédérales que cantonales, de part et d'autre chacun des pouvoirs est obligé de procéder avec une grande prudence, avec discernement et dans un esprit de concorde. Cela est nécessaire, en particulier, lorsque, comme c'est le cas pour l'application de l'article 64 de la Constitution, le pouvoir fédéral est appelé à déduire d'un

texte constitutionnel, formulé brièvement, en termes généraux, vagues et flottants, les règles importantes et les dispositions nombreuses de la législation nouvelle qu'il contient en
germe.

Néanmoins, malgré les difficultés que peut présenter, à
certains égards, l'exacte détermination de la ligne idéale qui
sépare les deux domaines, cette ligne n'en est pas moins en
soi virtuellement existante et absolue. Chacun d'eux doit demeurer entier en ses propres limites ; chacun prime et exclut
l'autre ; ils sont, du moins quant à l'exercice du pouvoir,
d'essence égale et de même nature. Chaque pouvoir existe
parallèlement à l'autre ; toujours ils régissent des objets différents ; toujours leur action respective s'exerce à des points
de vue entièrement distincts. Quoiqu'ils se touchent et se
confinent, ils ne peuvent cependant jamais se confondre, alors
même que l'un des pouvoirs consacrerait volontairement la
loi déjà établie par l'autre, ou adopterait une loi qui y fût en
quelque manière opposée. Les deux compétences fédérale et
cantonale, peuvent bien, en certains cas, se superposer ; mais
elles ne peuvent jamais se dominer. L'exercice de la souveraineté, par cela seul qu'il est légitime, est exclusif de toute
suprématie, comme de toute dépendance ; car l'assujettir, c'est
le nier ; reconnaître à l'un des corps politiques le droit de
définir la compétence de l'autre, sur le propre domaine de
celui-ci, ce serait lui permettre de l'amoindrir ou de l'annu-
ler. Enfin, si la part de souveraineté déléguée est de droit
exceptionnel, si en d'autres termes, elle ne peut s'exercer
que sur des objets expressément déterminés, dans le doute la
présomption doit être favorable à celui qui dans la règle la
possède entière. Il est d'ailleurs de l'essence de chacune des
deux compétences, de demeurer une et indivisible en ses
propres limites ; car elle est imprescriptible et elle doit rester

immuable, aussi longtemps que les conditions de l'alliance elle-même n'ont pas été modifiées par les voies constitutionnelles.

Chaque ordre de puissance ainsi a son domaine propre, sa maitrise à part ; il y règne seul et y dispose exclusivement.

C'est en ne perdant pas de vue ces bases qu'on pourra apprécier la vraie portée des clauses abrogatoires de la Constitution et des lois fédérales, en mesurer l'étendue et les bornes, eu égard à l'effet qu'elles déploient sur la législation cantonale. C'est à cette lumière que le Tribunal fédéral, institué juge des conflits de compétence, sous la haute surveillance de l'Assemblée fédérale (Const. 113, § 11 et 13), pourra les résoudre sans léser aucun droit.

Nous devons ajouter ici une remarque importante.

La compétence fédérale, toujours distincte de la compétence cantonale, quant à la législation, n'en est pourtant pas toujours séparée pour la juridiction. Elles demeurent unies pour les matières régies exclusivement par les lois fédérales prévues en l'art. 64 de la Constitution : celle-ci, en effet, a chargé les tribunaux des Cantons d'en connaître, suivant l'importance de la demande, en premier ou en dernier ressort; le recours au Tribunal fédéral se trouvant, dans le premier cas, réservé par les articles 110 et 111 de la Constitution, et 29 de la loi sur l'organisation judiciaire fédérale du 27 juin 1871. Les objets, au contraire, pour lesquels la compétence civile fédérale demeure distincte et séparée même au point de vue de la juridiction, sont énumérés à l'article 28 de cette loi ; ils sont régis à la fois par des lois spéciales et par le Code fédéral des Obligations.

CHAPITRE DEUXIÈME

DE L'EFFET DE LA CLAUSE ABROGATOIRE FÉDÉRALE
SUR LE DROIT CANTONAL

Dans un État unitaire, quand le législateur porte une loi nouvelle, ou il abroge l'ancienne, en totalité ou dans quelques-unes de ses dispositions, ou il y déroge seulement en vue soit d'une catégorie de personnes soit d'objets nettement définis.

Au premier cas, la loi ancienne disparaît totalement ou en partie ; dans le second, au contraire, elle est maintenue comme droit commun, mais elle est limitée toutefois par les dispositions dérogatoires de la nouvelle loi : c'est ainsi, par exemple, qu'en France, le code de commerce, sur bien des points, déroge au code civil qui lui sert de base et de complément, sans cependant l'abroger.

Soit qu'il dispose dans un sens ou dans l'autre, le législateur peut user indistinctement de deux modes différents : l'abrogation qu'il prononce est expresse, toutes les fois qu'il indique nominativement, par sa date, sa place et son objet, la loi ou disposition légale qu'il entend supprimer ou remplacer. L'autre mode constitue l'abrogation tacite ; c'est le plus simple et partant le plus usité ; il se résume généralement dans une formule analogue à celle-ci : Toutes dispositions contraires à la présente loi sont abrogées.

Chaque fois qu'on se trouve en présence de l'abrogation tacite, pour déterminer exactement l'effet de la nouvelle loi sur l'ancienne, il suffira de recourir aux règles ordinaires d'interprétation qui ressortissent à la logique et à la science du droit.

Au surplus, de quelque manière qu'il procède, même lorsqu'il innove, le législateur, dans l'État unitaire, maintient au fond, même à son insu, l'unité et l'harmonie de la législation, dans les limites que détermine la Constitution. En effet, comme il ne peut exister simultanément des dispositions contradictoires et incompatibles entre elles, c'est toujours la loi ancienne qui cède le pas à la nouvelle. *Lex posterior derogat priori.*

Que si, d'autre part, dans un pays de droit centralisé, il existe des lois spéciales dérogeant au droit commun : dans ce cas, la contradiction qui peut exister entre deux dispositions n'est qu'apparente : elle a été voulue par le législateur lui-même ; la loi spéciale, exceptionnelle, contenue et restreinte dans ses limites, laissera la loi ordinaire intacte pour tout le reste.

L'exception, en effet, confirme la règle dans tous les cas non exceptés ; elle la fortifie par opposition, *in contrarium*. En créant deux ordres d'institutions, le législateur les a soumis chacun à une législation différente : en pareil cas donc il est de principe qu'on doit restreindre dans ses termes précis toute loi spéciale dérogeant simplement au droit commun.

—

En peut-il encore être exactement de même pour les lois émanant, dans un même pays, de deux législatures distinctes, organes de deux ordres parallèles de souveraineté ?

Dans une Confédération d'États souverains, nous l'avons déjà dit, chaque part de souveraineté s'affirme par des lois d'ordre différent ; le domaine et l'action de l'une demeurent nécessairement distincts de l'autre. On ne peut donc pas s'attendre à ce que la loi fédérale se relie et s'harmonise avec le droit commun de chaque Canton ; c'est le contraire qui a lieu. Dans chaque État, les deux droits coexistent désormais, mais

leur séparation est absolue ; si leurs principes diffèrent, c'est
que leurs objets ne sont pas les mêmes ; ils ne peuvent régir
simultanément une même matière ni sous les mêmes rapports
ni à des points de vue identiques.

De là découlent les conséquences suivantes :

En premier lieu, l'abrogation prononcée par la Constitution ou la loi fédérale, ne peut jamais être conçue, à l'égard
des Cantons, qu'en termes généraux ; elle ne saurait viser
telle loi ou telle partie déterminée d'un code dérivant de leur
part de souveraineté, et cela d'autant moins que l'abrogation
fédérale agira, le plus souvent, sur le droit cantonal, par
l'effet d'une simple dérogation, dans le sens indiqué plus
haut.

Il s'ensuit donc que pour toutes les matières que la Constitution n'a pas placées exclusivement dans le champ de la
législation fédérale, et qui n'y rentrent pas directement, l'a-
brogation de toutes dispositions du droit cantonal contraires
à la loi fédérale laisse en réalité, quant aux objets auxquels
elle reste étrangère, le droit cantonal intact dans son texte,
comme dans son unité systématique. Celui-ci subsiste comme
une création organique, qui a sa vie propre ; il continue à
se développer librement, en dehors du champ d'action as-
signé au droit fédéral ; il remplit naturellement tous les
espaces que la législation fédérale n'occupe pas.

Ainsi chaque ordre d'institution se trouve soumis à une
législation indépendante ; générale, complète, et se suffisant
à elle-même ; mais toutefois limitée désormais quant aux
objets qu'elle doit régir.

Ces distinctions et ces règles une fois établies, il reste à en
faire l'application et à en vérifier l'exactitude, à l'égard de
deux lois fédérales importantes, dont il est nécessaire de préciser, à ce point de vue, la véritable portée.

CHAPITRE TROISIÈME

LE CODE FÉDÉRAL DES OBLIGATIONS : BUT ET OBJET

DE SON INSTITUTION

Ce Code, adopté par l'Assemblée fédérale le 14 juin 1881, est entré en vigueur seulement le 1er janvier 1883. La même Assemblée adopta presque simultanément une loi sur la capacité civile : votée le 22 juin 1881, elle devint exécutoire à partir du 1er janvier suivant, soit une année avant le Code.

Ces dates doivent être retenues, comme celles de la réalisation de la plus importante évolution juridique qu'ait encore vue la Confédération. Les États-Unis de l'Amérique du Nord ne l'ont jamais connue ; la confédération des États de l'Empire allemand offre seule, mais dans une moindre mesure, une évolution analogue (1).

Pour bien apprécier la portée respective des deux lois précitées, on doit avoir toujours présente à l'esprit la Constitution fédérale, et en particulier son article 64, où elles ont leur source et qui en doit former, pour ainsi dire, le premier, l'indispensable commentaire : c'est, en effet, cette Constitu-

(1) Cette évolution est nouvelle sans doute ; cependant, dans un autre ordre d'idées, elle correspond, sauf erreur, à un type déjà connu : celui des rapports que, dès les premiers siècles du Christianisme, l'Église, pour l'accomplissement de sa mission, a dû entretenir avec l'État. L'étude et la science de ces rapports, ont, par le cours du temps, donné naissance au droit canonique qui a transformé peu à peu le droit antique, en y faisant circuler la sève chrétienne, et a influé sous des formes diverses, là directement, ici indirectement, suivant les cas, sur le développement des institutions politiques et civiles modernes. L'Église, d'une part, avec sa compé-

tion qui imprime à chacune d'elles son vrai caractère, et qui donne seule la mesure exacte du domaine qu'elles embrassent.

Le nouveau Code fédéral comprend deux catégories de dispositions : les unes générales, c'est-à-dire applicables indistinctement à toutes les matières qu'il régit ; les autres spéciales à certains contrats, ou à certains faits juridiques.

Mon but n'est pas d'entrer dans l'examen détaillé de cette œuvre législative ; je cherche seulement à constater dans quelle mesure il remplace le droit cantonal, et dans quelle mesure le droit cantonal continue à subsister.

Or, à ce point de vue, si on examine isolément la rédaction du deuxième alinéa de l'art. 64 de la Constitution, dont le texte a été plus haut reproduit, on voit que l'unification du droit des obligations n'est prévue que pour les matières qui font l'objet habituel du commerce et des transactions mobilières ; ce sont les seules qui se trouvent exceptionnellement attribuées au domaine fédéral. Cette interprétation se fortifie encore dès qu'on rapproche le second alinéa du premier, relatif à l'unification de la législation sur la capacité civile ; car, tandis que la Constitution place elle-même des limites au droit des obligations, elle n'en indique aucune pour l'autre objet. Il y a donc, à cet égard, entre ces deux textes, une différence fondamentale.

tence spirituelle et son caractère universel, et l'État, d'autre part, avec sa juridiction territoriale et par conséquent limitée, figurent en effet le type des rapports existant, dans la Confédération, entre le gouvernement central. et celui de chacun des Cantons souverains. Dès lors, il n'est pas étonnant que les principes généraux et les procédés logiques qui déterminent, dans chacun de ces ordres, les limites réciproques des deux puissances, présentent entre eux une grande analogie. La récente Encyclique de S. S. le pape Léon XIII, sur la Constitution chrétienne des États, permet d'apprécier ce rapprochement inattendu à sa juste valeur.

Comme, d'autre part, d'après le texte de l'art. 3 de la même Constitution, les Cantons sont souverains en tant que leur souveraineté n'est pas limitée par la Constitution fédérale, et qu'en vertu de leur souveraineté, ils exercent tous les droits qui ne sont pas délégués au pouvoir fédéral, on doit admettre que la délégation expresse des uns, exclut nécessairement celle des autres ; et, dès lors, il faut appliquer ici, dans tout son développement logique, la règle : *Qui accorde l'un, refuse l'autre. Qui de uno dicit, de altero negat.* Le droit fédéral des obligations ne régissant que certaines matières attribuées à la Confédération, il s'ensuit que toutes les autres lui échappent et doivent par cela même continuer à être régies exclusivement par les principes généraux et les règles spéciales du droit cantonal. Pour qu'il en pût être autrement, il aurait fallu à cet égard, non une formule générale et nécessairement vague, mais une disposition extensive, expresse et formelle. Au surplus, j'espère démontrer que le droit fédéral des obligations ne saurait, en l'absence d'un texte plus explicite, logiquement avoir une action plus étendue que celle que je viens d'indiquer sommairement et que j'essaierai de préciser, en concluant.

Au moment où la Constitution fédérale actuelle fut votée, de quoi s'agissait-il, en effet ?

On voulait créer, pour les transactions mobilières de nature commercialé un Code fédéral unique, qui fût complet par lui-même, qui contînt à la fois les principes généraux et les règles particulières aux obligations dont il s'agit. On ne pouvait unifier utilement celles-ci, sans unifier en même temps les premiers, en vue des objets et des cas rentrant dans la loi projetée. La méthode d'unification prévue par la Constitution

n'est autre d'ailleurs que celle qu'avait déjà exposée, plusieurs années auparavant, un jurisconsulte genevois, alors
que sous la Constitution de 1848, on étudiait la marche à
suivre pour créer un droit commercial par la voie d'un concordat à conclure entre les Cantons.

« Quoique », disait M. Simon Delapalud, « les lois cantonales
« sur les obligations en général, aient entre elles une grande
« analogie, elles sont loin d'être identiques, tant pour la
« forme que pour le fond ; dès lors, si ces principes communs
« aux obligations civiles et commerciales n'étaient pas rendus
« uniformes, les avantages d'un code de commerce dispa-
« raîtraient presque entièrement, dans les cas où une con-
« testation commerciale devrait être décidée par un de ces
« principes généraux. Comme il serait d'ailleurs fort diffi-
« cile, pour ne pas dire impossible, de modifier dans cette
« partie, les lois civiles cantonales, afin d'obtenir l'uniformité
« désirée, il n'y aurait pas d'autre parti à prendre que d'in-
« sérer ces principes généraux dans le code de commerce
« suisse, en laissant à la législature de chaque Canton, la
« faculté de les appliquer aux contestations non commer-
« ciales, ou d'appliquer, au contraire, à celles-ci la loi an-
« térieure. » (*Considérations sur la proposition d'un code de
commerce suisse*, Genève, 1863.)

Cette méthode était, en effet, la plus complète et la seule
efficace ; et, sous la Constitution actuelle, c'est en tout cas
la seule qui pût se concilier avec la souveraineté des Cantons.
Le Conseil fédéral, dans la préparation, l'Assemblée fédérale,
dans l'adoption du Code des obligations, l'ont-ils suivie et
adoptée ? Nous trouvons la preuve de l'affirmative soit dans
le Message du 7 novembre 1879, soit dans le texte même de
la loi sur la capacité civile.

A l'occasion de la présentation de cette loi, et avant l'a-

doption du nouveau code, le Message s'exprimait ainsi :
« Notre Constitution actuelle tend à donner un caractère uni-
« forme à la législation, du moins quant aux objets mobi-
« liers et aux transactions qui s'y rattachent ; son but est
« d'unifier les parties du droit civil... qui ont le plus d'im-
« portance pour les rapports de nature commerciale, et in-
« téressent la Suisse entière. Aussi, dans son article 64,
« attribue-t-elle à la Confédération la législation « sur la
« capacité civile » et « sur toutes les matières du droit se
« rapportant au commerce et aux transactions mobilières. »

« La Commission et ses premiers rédacteurs s'inspirèrent,
« au début, des principes qui avaient présidé à l'élaboration
« du projet de Concordat... ; ils essayèrent de combiner et
« de réunir en une seule loi les deux matières : la capacité
« civile prenait place dans ce système comme condition pri-
« mordiale de la validité d'un contrat, et elle passait ainsi à
« la tête du projet de loi. Mais, plus tard, au cours des déli-
« bérations, on put se convaincre qu'il serait plus rationnel
« et plus pratique en même temps de consacrer une loi spé-
« ciale à la première de ces matières. Ce qui milite en faveur
« de cette idée, c'est que le premier alinéa de l'art. 64 traite
« de la capacité civile en termes généraux, et indépendam-
« ment des limites tracées dans le second alinéa ; d'où nous
« concluons que la capacité civile ne doit pas être unifiée
« pour les transactions mobilières seulement, mais bien pour
« tout le domaine du droit civil.

« En donnant ainsi aux dispositions à décréter une portée
« plus vaste, il est indispensable d'en modifier la classifica-
« tion, et de leur assigner la place qui leur est due dans
« l'ensemble des lois. Si on les laissait dans le cadre du code
« des obligations, on ne pourrait les rendre applicables que
« fort indirectement aux transactions qui demeurent en de-

« hors de ce code, telles que l'aliénation d'immeubles, les
« hypothèques, les conventions matrimoniales, les contrats
« relatifs aux successions. Ces difficultés disparaissent dès
« que la capacité civile est réglée par une loi distincte. Il est
« bien entendu toutefois que cette séparation quant à la
« forme extérieure n'empêche pas une affinité très intime
« d'exister entre ces deux lois dont les dispositions se sou-
« tiennent et se complètent mutuellement. »

Ainsi, on le voit, dans l'opinion du Conseil fédéral, magistralement exposée par son président d'alors, M. Hammer, les
dispositions de la loi·sur la capacité civile ont une portée
plus étendue que les dispositions générales du code fédéral
des obligations : elles s'appliquent à toutes les transactions
civiles, sans exception ; tandis que ce code ne régit que les
transactions mobilières et le droit commercial tout entier. Il
y a donc des matières de droit civil, et, en particulier, une
catégorie de contrats, auxquels ce code n'est pas applicable.
Cela résulte au surplus du texte même de la loi sur la capacité civile, dont la présentation précéda seulement de quelques jours celle du code, quoiqu'elle ait été adoptée huit jours
après celui-ci, précisément en vue de la référence dont il va
être parlé.

Cette loi, en effet, par son article 3, dispose que : « Les
« principes en vigueur pour les contrats conclus par les mi-
« neurs en matière de meubles, tels qu'ils sont renfermés
« aux articles 30, 32, 33 et 34 du code des obligations, sont
« aussi applicables aux autres actes juridiques faits par les
« mineurs. »

Or, les quatre articles de ce code, qui se trouvent ainsi
généralisés, ne mentionnent pas la nature des matières auxquelles ils s'appliquent ; ils font partie de ses dispositions générales sur la capacité requise pour contracter, au titre de la

formation des contrats. Si donc il a fallu une disposition expresse de la loi sur la capacité civile pour en étendre exceptionnellement l'application aux contrats portant sur d'autres matières que les mobilières, c'est que non seulement ces quatre articles, mais le code fédéral tout entier, ne régissent que la matière des meubles, au point de vue des obligations. S'il en était autrement, l'extension donnée par la loi générale sur la capacité civile, aux quatre dispositions dont il s'agit, n'eût pas été nécessaire, puisqu'elles sont d'ailleurs formulées en termes généraux.

Le code fédéral des obligations constitue donc bien une institution particulière, régie par ses propres principes ; mais ceux-ci, sous la seule réserve qui vient d'être rappelée, ne s'appliquent qu'aux transactions ou aux faits de l'ordre mobilier.

Émanant de deux ordres de souveraineté essentiellement distincts, le droit cantonal et le droit fédéral vivent ainsi de leur vie propre. Il n'en saurait être autrement. Le droit cantonal, en effet, d'une portée plus générale que le code fédéral des obligations, forme un tout harmonique, un tout composé de nombreuses parties tendant au même but. La Constitution fédérale a pu, sans le mutiler, en distraire le droit commercial et même les transactions mobilières, c'est-à-dire un droit des obligations restreint ; mais, c'est à la condition que le droit cantonal conserve, pour tout le reste, ses bases propres, qu'il continue à reposer sur des principes généraux adaptés aux matières qu'il régit et formant avec leurs règles spéciales un ensemble indivisible. La législature fédérale d'ailleurs eût été sans mandat, elle fût sortie des limites de la part de souveraineté qui lui est déléguée, si elle eût voulu créer un droit des obligations régissant même les matières qui lui sont étrangères, et dont la connaissance lui est refusée. L'arbre ne peut, sans périr, être séparé de ses racines ; les différents corps d'un édifice ne peuvent subsister que sur leurs propres fondements. La Constitution, en décrétant l'unification du droit des obligations, ne l'a étendu toutefois qu'aux seules matières mobilières ; le contexte de l'art. 64 ne peut avoir un autre sens. Comment d'ailleurs la Confédération, qui ne peut embrasser tout le champ du droit civil, pourrait-elle étendre ses principes généraux aux contrats et aux matières qui ne sont pas de son domaine ? Elle agirait aveuglément et d'une manière inconsciente ; elle jetterait le trouble et la confusion là où doit régner l'ordre, elle substituerait sans profit pour personne, à la sécurité qui résulte d'un droit établi d'ancienneté, les incertitudes, les surprises, les procès. Preuve surabondante que le code fédéral des obligations est une loi qui appartient à un ordre distinct, et qui, émanant d'une souveraineté déléguée et limitée, ne peut s'étendre en dehors et au delà des matières et des faits qu'il est uniquement destiné à régir.

Si donc le code fédéral des obligations, grâce à son titre, et à l'absence de certaines dispositions indiquant clairement son objet et son but, apparaît au premier abord, comme une loi unique, générale, complète et exclusive, elle ne peut l'être que dans les limites mêmes de la Constitution, soit pour les seules matières attribuées au domaine fédéral. Le code fédéral des obligations ne peut donc être que le code des transactions mobilières et du droit commercial ; dans cette mesure il est complet et se suffit à lui-même : il n'emprunte rien aux législations cantonales ; il est assis sur ses propres principes, sur ses propres fondements. Mais en dehors de là, il est incomplet et dénué de force obligatoire. Ce serait donc une erreur de croire que le droit cantonal avec ses principes généraux ne subsiste que dans la mesure stricte des réserves énoncées par le nouveau code : ces réserves n'ont pas une

valeur absolue et exclusive ; leur valeur est relative : elles
servent à marquer, à des points de vue spéciaux, les limites
du code fédéral. Au surplus, c'est bien ainsi que dans son
Message du 27 novembre 1879, accompagnant le projet d'une
« Loi fédérale sur les obligations et le droit commercial », le
Conseil fédéral l'entendait, car à l'occasion de la partie générale, il faisait observer que cette loi « doit comprendre toutes
les matières du droit relatives au commerce et aux transactions mobilières ».

CHAPITRE QUATRIÈME

LES RÉSERVES DU DROIT CANTONAL DANS LE CODE FÉDÉRAL DES OBLIGATIONS

A l'égard de ces réserves, il y a une grande différence entre
ce code et la loi sur la capacité civile. Pour celle-ci, le législateur ne rencontrait dans le texte constitutionnel d'autre
limite que celle résultant des caractères généraux de la capacité : il s'agissait de fixer, d'une manière uniforme pour toute
la Suisse, l'âge de majorité à partir duquel les personnes
physiques seraient, dans la règle, habiles à contracter et à
disposer librement d'elles-mêmes et de leurs biens ; comme
aussi de prévoir les cas exceptionnels concernant soit les personnes majeures atteintes d'infirmités graves ou aliénées, soit
l'autorisation nécessaire à la femme mariée. Il en résulte que
les réserves faites par la loi fédérale sur la capacité civile, en
faveur du droit cantonal, et relatives à l'exercice de l'autorité
tutélaire et à la représentation des incapables, à l'autorisation de la femme mariée, aux conditions mises à l'émancipation du mineur devant le magistrat, etc., établissent nettement la ligne de démarcation entre les deux droits.

Il n'en pouvait pas être de même à l'égard du code fédéral des obligations : la délimitation entre les deux droits ne dépendait plus exclusivement de la loi, mais aussi de la Constitution elle-même ; d'autre part elle n'était possible que pour marquer les bornes du nouveau code, à l'égard des matières qui en font l'objet. Aussi, en dehors de la notion même du contrat, du quasi-contrat, du délit ou du quasi-délit, vainement y chercherait-on une énumération complète des matières qui, d'après le texte de la Constitution fédérale, demeureut l'apanage du droit cantonal. En fixant, dans la sphère particulière qu'il régit, ses propres limites, le législateur du code n'a point entendu, sans doute, faire une énumération exclusive ; toutefois, il est peut-être regrettable que les réserves du droit cantonal n'aient pas eu lieu sous une forme plus directe, et sous un angle plus large. L'art. 10 du code fédéral, par exemple, placé sous la rubrique spéciale de la « formation des contrats », dispose que « le droit cantonal règle la forme des donations et celle des contrats relatifs aux droits réels sur des immeubles » ; et cependant il est hors de doute que le droit cantonal doit en régler non seulement la forme, mais le fond, que la réserve doit s'appliquer à la formation même de ces obligations, c'est-à-dire à l'ensemble des règles qui président et concourent à leur naissance, à leur forme, à leurs modalités, à leur interprétation et à leurs effets juridiques. Cette observation peut d'ailleurs s'appliquer à d'autres réserves du droit cantonal, insérées dans le code fédéral ; en particulier à celles figurant au titre septième, relativement aux ventes et échanges d'immeubles (art. 231, 272). On en peut donc conclure, comme je l'ai dit, que le législateur fédéral qui, dans le préambule du code, se réfère à l'art. 64 de la Constitution, mais n'en reproduit pas le texte, s'est borné à marquer les limites de son œuvre, à certains points de vue spéciaux, sans entendre par là même faire une énumération complète des matières qui demeurent régies par le droit cantonal.

Remarquons, au surplus, que les limites placées par le code fédéral des obligations, pour indiquer, sur certains points déterminés, où cesse l'application du droit fédéral, sont de deux natures fort différentes : les unes viennent de la Constitution elle-même : le code constate celles-ci, mais ne les crée pas ; elles résultent d'un état politique qui le domine. D'autres limites, au contraire, sont une concession véritable du législateur fédéral : le droit cantonal continue à régir la formation de certains contrats mobiliers, bien qu'ils eussent pu rentrer, au moins à certains égards, dans la législation du nouveau code. Cette réserve, purement facultative, résulte alors non de l'art. 64 de la Constitution, mais de la clause abrogatoire de celle-ci, en vertu de laquelle le droit cantonal ne cesse d'être en vigueur qu'autant que la législation fédérale n'a pas réglé telle ou telle matière qui aurait pu rentrer dans son domaine.

CHAPITRE CINQUIÈME

LA CLAUSE ABROGATOIRE DU CODE FÉDÉRAL DES OBLIGATIONS

S'il en est ainsi, il sera maintenant plus facile d'interpréter la clause abrogatoire du Code fédéral et d'en mesurer la véritable portée. « Le présent code », est-il dit à l'article 881, « entrera en vigueur le 1er janvier 1883. Toutes les dispositions contraires tant du droit fédéral que des législations cantonales sont abrogées, sauf les exceptions résultant des articles ci-après. »

C'est le cas de faire l'application directe des règles qu'on a posées précédemment, touchant l'abrogation. Il ne peut s'agir évidemment du remplacement absolu d'un texte cantonal par le texte du code fédéral, mais bien plutôt d'une dérogation faite au premier par le second, en tant que le premier lui est contraire, c'est-à-dire dans la mesure seulement où le texte de la loi cantonale contredit le texte de la loi fédérale et s'appliquerait à des matières régies par celle-ci. En effet, le droit cantonal ayant dans chaque État une portée générale, une valeur absolue, puisqu'il régit indistinctement toutes les parties du droit civil, ses dispositions ne sont atteintes par la clause abrogatoire du code fédéral des obligations que pour les matières qui font l'objet de ce code ; pour toutes les autres, au contraire, elles continuent d'être en vigueur. C'est un amoindrissement, une réduction du droit cantonal, en ce qu'il cesse désormais de régler les transactions mobilières. L'effet de la clause abrogatoire rappelée plus haut ne peut donc aller jusqu'à faire disparaître entièrement le texte des dispositions du droit civil cantonal, soit tels titres ou tels articles déterminés de celui-ci, puisqu'ils doivent continuer à régir les transactions immobilières ainsi que toutes autres parties du droit civil non attribuées au domaine fédéral. La sélection, si l'usage de ce mot est permis ici, s'opère de telle sorte que chacun des corps de droit demeure vivant et pourvu de tous ses organes essentiels, dans l'ordre de souveraineté dont il dépend et émane, et dans les limites imposées par la Constitution.

Ainsi, soit pour la formation des contrats de nature mixte, soit pour leur exécution et leur extinction, les deux législations pourront s'appliquer simultanément, suivant les objets de celles-ci ; mais leur action demeurera néanmoins libre et distincte, sans conflit ni contradiction possible, au moins en théorie : le conflit ne pourrait naître que d'une confusion des deux ordres qui, nous l'avons vu, doivent demeurer toujours distincts.

Que telle soit bien la portée restreinte de la clause abrogatoire, on en a d'ailleurs la preuve par la nature même des exceptions qu'elle prévoit, et qui sont énumérées dans les articles 882 à 904. En effet, toutes ces exceptions relatives au passage du droit cantonal au code fédéral des obligations, portent exclusivement sur des transactions et sur des faits de l'ordre mobilier, précisément parce que seuls ils font l'objet et la matière du code fédéral.

CHAPITRE SIXIÈME

VUE GÉNÉRALE SUR L'ACTION RESPECTIVE DES DEUX DROITS

Il reste, pour compléter ce qui précède, à montrer comment, selon nous, les deux législations exercent respectivement leur action entière, mais distincte, dans le champ du droit civil.

En premier lieu, les contrats soit transactions bilatérales de l'ordre mobilier, les obligations du même ordre naissant d'un fait permis ou d'un fait illicite, dommageable, et les actions qui en dérivent, sont exclusivement régis par le code fédéral des obligations, soit quant à la formation de l'obligation, c'est-à-dire sa forme, ses modalités, ses effets juridiques et son interprétation, soit en ce qui concerne son exécution, sa transmission, sa résolution et son extinction.

Ce principe, toutefois, souffre exception en ce qui touche : les donations entre vifs, même mobilières (C. f. O, 10, 141), le bail à cheptel en dehors du cas de bail à ferme (C. f. O.,

320),dont la formation dépend du droit cantonal, et se trouve régie par ses dispositions ; — la prescription de l'action civile se rattachant à l'exercice de l'action pénale (C. f. O., 69).

A l'égard des donations mobilières, il faut pourtant réserver, par rapport aux tiers, l'application soit de l'art. 120, soit du Titre sixième du code fédéral des obligations, relatif à la transmission de droits réels sur les meubles.

En second lieu, pour ce qui concerne, en général, les contrats, obligations, actes, actions quelconques, qui, d'après le texte de la Constitution et en vertu même de l'argument *a contrario* tiré de son article 64, deuxième alinéa, ne peuvent être régis par le code fédéral : tels que ceux portant sur des immeubles et sur les droits réels qui s'y rattachent, sur le droit d'usufruit en général, l'antichrèse soit gage immobilier, sur le régime des biens entre époux et les conventions matrimoniales, sur les droits de famille, de tutelle et de succession, sur les donations entre vifs et les testaments, etc. (C. f. O., 130, 198, 10, 231, 272, 337, 76, et autres) ; — ils rentrent tous quant à leur formation, exclusivement dans le domaine du droit cantonal.

De même, ces différents contrats, obligations et actes, et les actions qui en dérivent, sont encore régis par le droit cantonal, pour leur exécution, leur résolution, ou leur extinction (qu'elle porte sur des biens et droits réels de l'ordre immobilier ou même mobilier). — Sous la réserve de quelques dispositions spéciales du code fédéral des obligations, sur le droit de gage et la rétention (art. 224 à 228, 294, 295, 297, etc.), la matière des privilèges, même mobiliers, l'ordre dans lequel ils s'exercent, appartiennent également au droit cantonal.

Mais, d'autre part, les faits postérieurs aux obligations régies, quant à leur formation et à leurs effets juridiques, par

le droit cantonal, et relatifs à leur exécution par le paiement
d'une somme d'argent en monnaie du pays, ou par la livraison d'une chose mobilière, fongible ou non ; ces faits, ainsi
que les demandes de dommages-intérêts pour cause d'inexé-
cution d'une obligation quelconque, sont régis par le code
fédéral ; sous la réserve toutefois des dispositions du droit
cantonal ou des stipulations qui sont à la base même de la
formation, et règlent, entre les parties les effets particuliers
des obligations régies par ce même droit.

La prescription des actions nées exclusivement du droit
cantonal, est réglée par celui-ci ; mais celle des actions purement mobilières dérivant d'un contrat régi pour sa formation
par le droit cantonal, paraît ressortir au nouveau code. Cette
interprétation semble découler de l'art. 146 du code fédéral
des obligations (1).

Quant aux contrats purement mobiliers dont la formation
est antérieure au 1er janvier 1883, date de l'entrée en vigueur
de ce code, leur force obligatoire et leurs effets juridiques
continuent, même après cette date, à être régis par le droit
cantonal ; tandis que les faits postérieurs à cette même date,
notamment la transmission ou l'extinction de telles obligations, sont régies par le nouveau code fédéral (C. f. O., 882,
883, 130). Il faut d'ailleurs, à ce sujet, recourir aux autres
dispositions transitoires du même code (884 et s.).

Dans tous les cas, la preuve des obligations demeure régie
par le droit cantonal ; sous la réserve des dispositions du code

(1) En vertu de la loi genevoise du 9 juin 1869, la Caisse Hypothécaire
crée et émet des *Cédules hypothécaires*, reposant par privilège sur les
titres hypothécaires créés en sa faveur. Par application des articles 130,
146 et 198 du Code fédéral des obligations, l'émission, le transfert et la
prescription de ces Cédules continuent donc à être régis par le droit cantonal.

fédéral dans les cas où il exige, pour l'existence même de l'obligation, la forme écrite ou un mandat spécial (C. f. O., 275, 297, 491, 518, 554, 592, 615, etc., 394, 423.)

Il en est de même des différentes procédures, en dehors de certains points spéciaux réglés par le code fédéral (122, 161, 720, 827, 812, 865, 901, 842, 850, etc.).

Enfin, les conditions générales de la capacité civile des personnes physiques, même pour les actes et contrats de droit cantonal, sont fixées, d'une manière uniforme, par la loi fédérale ; la formation des sociétés et des associations d'un caractère privé, leur personnalité juridique, leur représentation, etc., dépendent uniquement du code fédéral des obligations ; sous réserve cependant de l'article 898, aux dispositions transitoires.

Mais, d'autre part, la capacité civile des fondations et autres établissements de droit public, dont il est parlé aux articles 613, 719 et 899 du même code, rentre dans le droit cantonal. En outre, le droit cantonal continue à régir les tutelles et curatelles, les conditions particulières et les formes de l'émancipation des mineurs non mariés, les effets de celle-ci, la puissance paternelle, la capacité respective du mari et de la femme, quant aux biens de cette dernière, suivant le régime matrimonial, enfin l'autorisation imposée à la femme qui s'oblige durant le mariage. Est naturellement réservé l'effet de la Loi fédérale sur la capacité civile, et celui des articles 30, 32, 33, 34 et 35 du code fédéral des obligations, relativement aux engagements et stipulations des personnes privées de la pleine capacité, et à l'effet des engagements que la femme mariée contracte pour les besoins de son négoce. Enfin, l'incapacité d'acheter, résultant, dans certains cas spéciaux, de l'exercice de fonctions publiques, ou du lien conjugal, est régie par le droit cantonal (C. civ. 1595 à 1597 ; loi

le droit cantonal, et relatifs à leur exécution par le paiement
d'une somme d'argent en monnaie du pays, ou par la livraison d'une chose mobilière, fongible ou non ; ces faits, ainsi
que les demandes de dommages-intérêts pour cause d'inexé-
cution d'une obligation quelconque, sont régis par le code
fédéral ; sous la réserve toutefois des dispositions du droit
cantonal ou des stipulations qui sont à la base même de la
formation, et règlent, entre les parties les effets particuliers
des obligations régies par ce même droit.

La prescription des actions nées exclusivement du droit
cantonal, est réglée par celui-ci ; mais celle des actions purement mobilières dérivant d'un contrat régi pour sa formation
par le droit cantonal, paraît ressortir au nouveau code. Cette
interprétation semble découler de l'art. 146 du code fédéral
des obligations (1).

Quant aux contrats purement mobiliers dont la formation
est antérieure au 1er janvier 1883, date de l'entrée en vigueur
de ce code, leur force obligatoire et leurs effets juridiques
continuent, même après cette date, à être régis par le droit
cantonal ; tandis que les faits postérieurs à cette même date,
notamment la transmission ou l'extinction de telles obligations, sont régies par le nouveau code fédéral (C. f. O., 882,
883, 130). Il faut d'ailleurs, à ce sujet, recourir aux autres
dispositions transitoires du même code (884 et s.).

Dans tous les cas, la preuve des obligations demeure régie
par le droit cantonal ; sous la réserve des dispositions du code

(1) En vertu de la loi genevoise du 9 juin 1869, la Caisse Hypothécaire
crée et émet des *Cédules hypothécaires*, reposant par privilège sur les
titres hypothécaires créés en sa faveur. Par application des articles 130,
146 et 198 du Code fédéral des obligations, l'émission, le transfert et la
prescription de ces Cédules continuent donc à être régis par le droit cantonal.

subrogation conventionnelle et à la subrogation légale, en matière hypothécaire, tandis que ces mêmes dispositions identiques ou analogues à celles du code civil français, ont été avec plus de raison conservées par la loi vaudoise : on ne peut, en effet, les supprimer qu'en mutilant jusqu'à un certain point et sans nécessité le système hypothécaire. Bien d'autres différences pourraient être signalées entre ces lois cantonales. Toutefois, elles se rencontrent dans ce principe commun : que la partie générale du code fédéral des obligations ne peut être étendue aux contrats et aux matières qui lui sont étrangères, que par l'effet de la loi cantonale elle-même. C'est ainsi que la loi de Neuchâtel, en même temps qu'elle abroge dans le code civil, au titre des obligations, certaines dispositions générales, les remplace en disposant que « le code fédéral des obligations a force de loi comme droit complémentaire, pour les contrats qui demeurent régis par la législation cantonale ». De son côté, mais dans une mesure plus restreinte, la loi vaudoise abroge et remplace par le code fédéral, une série d'articles du code civil en matière d'obligations.

La législature genevoise a été bien inspirée en résistant au premier entrainement ; si le projet de concordance qui lui a été soumis naguère, eût été adopté, l'unité et l'harmonie de notre droit civil cantonal, quant aux obligations qu'il continue à régir, risquaient d'être gravement compromises. En effet, on ne s'était pas encore rendu un compte exact de la portée simplement dérogatoire, en matière civile, de la clause abrogatoire du code fédéral. Partant de l'idée erronée que ses dispositions générales avaient indistinctement une force obligatoire absolue, et s'appliquaient, de plein droit, à toutes les matières du droit civil, le projet de concordance négligeait de les déclarer applicables, en tout ou en partie, aux contrats réservés au droit cantonal. J'ai déjà indiqué, au surplus, les motifs qui exigent impérieusement le maintien des bases naturelles de notre droit civil cantonal ; on ne doit pas oublier, d'ailleurs, que la loi sur les contributions publiques, à l'égard des droits d'enregistrement et de transcription, est basée tout entière sur notre droit cantonal actuel, qu'il en est le complément et l'indispensable commentaire.

Or, si une erreur aussi grave, à l'égard de l'interprétation de la clause abrogatoire, soit du code fédéral des obligations, soit de la Constitution elle-même, est déjà regrettable quand elle émane d'un simple citoyen, d'un officier public, ou d'un magistrat, à l'occasion de cas particuliers, à plus forte raison est-elle dangereuse si elle s'introduit dans une loi cantonale : alors, elle peut devenir légion. On frémit à la pensée de la confusion et de l'insécurité qui, dans la pratique, résulteraient d'une loi de concordance mal étudiée, inconsidérément établie, et de la dépense inutile de forces intellectuelles et d'argent qui en serait pour tous la conséquence inévitable.

L'enseignement spécial du nouveau droit fédéral, le débat oral et permanent, la jurisprudence, les travaux désintéressés de la critique, et le temps qui élabore lentement les institutions durables, feront, d'une manière bien plus sûre, ce que la législature cantonale ne peut faire encore qu'imparfaitement.

La concordance à établir entre les deux législations dépend surtout de la science, qui ne s'improvise pas : l'action législative doit donc, pour s'exercer avec efficace, attendre que la science ait fait son œuvre, qu'elle ait déterminé d'une manière suffisamment claire et concrète la ligne de démarcation qui sépare les deux droits, dans quelles limites et avec quelles modifications on pourrait sans inconvénient tenter d'étendre certains principes généraux régissant les transactions mobilières, aux autres contrats réservés au domaine cantonal.

Avant de songer à établir une codification du droit cantonal genevois, il conviendra donc d'attendre que les principes dirigeants et les règles qui doivent servir de guide et de base, dans l'interprétation du nouveau code fédéral des obligations, par rapport notamment à l'action qu'il peut exercer sur le droit cantonal, aient été suffisamment reconnus et fixés ; à ce point de vue, les décisions du Tribunal fédéral seront d'une grande importance. Déjà son arrêt du 18 avril 1884 (1), a tracé sur un point particulier, la limite qui sépare les deux droits, et en même temps, a nettement fait voir, d'une manière certainement imprévue, le jeu des deux institutions. Considérant comme immeubles les constructions stables faites par le locataire, il a admis que le code fédéral ne leur est pas applicable ; mais, en même temps, il a constaté que le canton de Genève, en vertu de son pouvoir de législation en matière immobilière, peut laisser subsister son droit actuel, et en particulier soumettre de semblables constructions, au point de vue des droits du constructeur, aux dispositions légales concernant les meubles, soit en maintenant les prescriptions cantonales en vigueur à cet égard, soit en déclarant celles du Code fédéral des obligations applicables comme loi cantonale. Cette doctrine, on le voit, repose sur la théorie même que j'ai exposée dans cet essai, relativement à la distinction fondamentale qui existe entre l'exercice de la souveraineté déléguée et la souveraineté cantonale, et aux limites qu'elles s'opposent l'une à l'autre constitutionnellement.

(1) *Semaine judiciaire*, 2 juin 1884.   A. FLAMMER.

EXPOSÉ DES RAPPORTS

ENTRE LES ÉTATS DE GENÈVE ET BERNE

AU SUJET DU

MOUVEMENT INSURRECTIONNEL

ET DE

L'EXÉCUTION DU MAJOR DAVEL AU PAYS DE VAUD

(1723)

Genève a compté de nombreux martyrs de l'indépendance, tant au point de vue politique que sous le rapport philosophique. Seize ans avant l'exécution de Davel, soit le 6 Septembre 1707, et en suite d'une intervention des armées de Berne et de Zurich, le peuple genevois apprenait avec stupéfaction qu'un de ses membres, qui avait eu le courage de revendiquer les droits de la souveraineté populaire, venait d'être arquebusé dans la cour de la prison d'Etat. C'était l'infortuné *Pierre Fatio !* (1)

Dans ces temps, tous ceux qui touchaient à la moindre parcelle de l'autorité des Magnifiques Seigneurs, ou à celle de Leurs Excellences, expiaient leur patriotique audace dans les

(1) Genève a récemment donné le nom de *Pierre Fatio* à un quai et une rue de la ville.

tortures les plus affreuses, puis sur le bûcher ou sur l'échafaud.

Au sein des Conseils des divers Etats, nulle voix ne s'éleva en faveur des patriotes qui, comme Davel, réclamaient la répression des abus ou osaient espérer en un meilleur avenir pour le règne de la Justice, de l'Indépendance et de la Liberté !

Ainsi pour Genève, les registres du Conseil de l'année 1723 portent quelques mentions relatives au mouvement insurrectionnel de Davel ; leur citation textuelle montrera de quelles dispositions on était animé envers les hommes de progrès, il y a à peine deux siècles.

Au 2 Avril 1723, à trois heures de l'après-midi, les très-honorés magnifiques seigneurs Syndics de Genève étaient réunis extraordinairement dans la salle de leurs délibérations. Quel motif avait pu nécessiter cette réunion extraordinaire des nobles Syndics ? M. le premier Syndic (Antoine Tronchin) va nous l'apprendre :

Il dit qu'il a fait assembler le Conseil pour lui communiquer les graves nouvelles reçues de Lausanne. Il lit d'abord des lettres écrites à des particuliers, et ces lettres marquent que le sieur Davel, de Cully, major et commandant les milices autour de Lausanne et de La Vaux, a fait faire à ces milices la revue accoutumée dans cette saison ; qu'il entra dans la dite ville mercredi dernier après-midi, à la tête de cinq cents hommes armés, et alla les ranger en bataille sur la place de la grande église. Que les magistrats étant d'abord informés de ses ordres et de son dessein, il leur communiqua qu'il voulait les délivrer, aussi bien que tout le pays de Vaud, du joug de leur souverain et se mettre en liberté. Qu'il fallait pour y réussir faire assembler incessamment toutes les milices des environs et qu'ils seraient aidés par des voisins.

Le Conseil assemblé demanda du temps pour délibérer sur
une affaire de cette importance et prit pendant la nuit toutes
les précautions nécessaires au dedans et au dehors pour leur
sûreté, et le jeudi de grand matin se saisit du dit sieur Davel,
le fit conduire au Château où on l'a mis aux fers, et arrêté deux
capitaines de sa troupe, congédié tout son monde et donné
avis du tout à Berne, d'où ils attendent les ordres nécessaires.

Sur quoi étant délibéré, l'avis a été d'écrire dans ce moment à Messieurs de Berne pour les féliciter de cette découverte en les assurant de la part sincère que Genève prend à
tout ce qui peut regarder leurs Excellences auxquelles on
promet de donner en toute occasion des preuves réelles, ce
qui a été exécuté sur le champ....

Pendant ce temps, l'Advoyer, Petit et Grand Conseil de la
ville de Berne, écrivait cette lettre :

« *Aux Magnifiques Seigneurs les Syndics et Conseil de la
Ville de Genève, nos singuliers Amis, chers Voisins, etc.* -

TRÈS CHERS ALLIÉS ET CONFÉDÉRÉS,

« Nous ne doutons pas que le bruit se soit aussitôt répandu
chez vous qu'il s'est élevé une révolte en notre pays de Vaud.
Mais comme la plupart du temps de tels bruits sont accompagnés de circonstances peu justes et incertaines, nous avons
cru, très-chers Alliés et Confédérés, qu'il ne vous serait pas
désagréable d'en être informés très-exactement. C'est pourquoi
nous n'avons pas voulu nous dispenser de vous faire savoir
que l'un de nos majors du pays, Davel de Cully, en vertu du
pouvoir que lui donnait son emploi, a rassemblé le 31 Mars
dernier la milice qui était sous ses ordres, sous prétexte de la

passer en revue et ensuite s'est acheminé avec elle, consistant
en 500 hommes et quelques dragons, enseignes déployées et
tambours battant à Lausanne où il a rangé en bataille le
monde qu'il avait sous lui. Puis il a demandé à la Ville qu'il
pût entrer en conférence avec elle et que cependant sa troupe
pût prendre des logements dans la ville, ce que la dite ville
lui a aussi accordé.

Et elle a appris dans l'audience qu'elle lui a donnée le
dessein qui ne peut s'excuser et qui mérite la plus grième
punition, de se soustraire à l'autorité légitime de son souverain et de manquer à la fidélité et à l'obéissance qui lui
sont dues ; et il a tâché d'engager notre dite ville à entrer
avec lui dans son noir dessein, mais elle n'a pu être détournée le moins du monde de sa fidélité, de son attachement, de
son zèle pour son légitime souverain. Elle a écouté le dit
Davel, elle a donné le logement à son monde, tandis qu'elle a
donné les ordres que la conjecture requérait, de manière que
non-seulement elle s'est assurée de sa personne et l'a constitué prisonnier dans notre château de Lausanne où il est présentement sûrement gardé. Mais la troupe qu'il avait sous
lui, quand on lui a déclaré le dessein de son conducteur, ou
plutôt de celui qui voulait la jeter dans le précipice, après
avoir témoigné l'horreur dont elle fut saisie de ce complot de
rebelle s'en est retournée volontairement et avec joie à la
maison, en nous assurant de leur fidèle et affectueuse obéissance envers nous comme leur légitime souverain établi de
Dieu, et de leur disposition à donner et à répandre leur sang,
selon leur devoir, en toute occasion pour nous : or, comme
nous regardons cette affaire comme assoupie et qu'il ne paraît
pas qu'il y ait plus de feu caché sous la cendre, il ne nous
reste plus rien à faire qu'à remercier Dieu Très-Haut de ce
qu'il a soufflé sur le dessein impie de ce rebelle et à le prier

qu'il lui plaise d'entretenir nos fidèles sujets dans une constante fidélité et affection pour nous et de nous conserver en
tout temps ensemble à l'avenir par sa grâce, très-chers Alliés
et Confédérés, sous sa puissante protection.

« Donné le 2 Avril 1723.

« L'Advoyer, Petit et Grand Conseil de la ville de Berne. »

A la séance du 5 Avril 1723, diverses lettres de Lausanne
furent communiquées au Conseil. On apprend par ces pièces
que tous les baillis qui étaient à Berne ont reçu l'ordre de se
rendre chacun à leur baillage ; que la conduite de messieurs
de Lausanne a reçu l'approbation de Messieurs de Berne.
Tous les officiers arrêtés ayant paru innocents ont été congé-
diés.

Quant au prisonnier Davel qui a été appliqué à la
question, il paraît fort ferme et tranquille ; messieurs de
Lausanne assistent aux procédures. Davel a été interrogé
pendant trois heures ; il a répondu avec un grand sang-froid
qu'il avait ce dessein depuis quinze ans dans la tête et qu'il en
avait résolu l'exécution depuis trois ans, sans avoir voulu le
communiquer à personne ; qu'il n'avait eu en vue que la gloire
de Dieu, la liberté de la Patrie, la réformation des abus et
l'intérêt même de Leurs Excellences. Qu'il avait bien prévu
que s'il était abandonné, il en serait la victime ; qu'il n'avait
jamais voulu prendre aucune voie violente pour l'exécution.
Qu'il s'y soumettait entièrement et qu'on l'a fait encore entendre aujourd'hui plus amplement.

Le Conseil de Genève discuta longuement la rédaction d'une
réponse plus catégorique à faire à Leurs Excellences de Berne,
et sur certaines mesures à prendre pour être renseigné avec
exactitude et rapidité sur tout ce qui se passerait dans le voisinage, tant au point de vue de la sûreté de Genève que pour

en donner des avis sûrs aux Alliés. Ensuite ce Conseil résolut de remercier Leurs Excellences de leur communication et de les féliciter de nouveau de ce que cette malheureuse entreprise a été étouffée dans ses commencements, en les assurant en outre de l'intérêt qu'il prendrait, et de l'attention particulière qu'il porterait sur tout ce qui se passera dans le voisinage. En séance du lendemain, le Conseil s'occupa du même sujet.

Le Samedi 10 Avril, ce corps prenait connaissance d'une lettre de Leurs Excellences de Berne, datée du 5 même mois et dans laquelle elles rendent au Conseil de Genève leurs dues actions de grâces de ce qu'il lui a plu de témoigner par sa lettre sa joie de ce que le téméraire dessein du sujet major Davel a été découvert dans son commencement et de leur avoir assuré aussi que dans cette conjecture et dans les autres, Genève ne se séparera point de leurs intérêts, mais qu'elle fera réellement ce qu'exigent les Alliances.

Or, disent Leurs Excellences, comme nous ne révoquons nullement en doute la sincérité de ces sentiments, nous vous assurons par contre, très-chers Alliés et Confédérés, de notre attachement dans les mauvais temps comme dans les bons à remplir les devoirs de nos Alliances. Et nous prions le Très-Haut qu'il lui plaise de détourner par sa grâce de notre chère Patrie toutes sortes de malheurs, nous recommandant fortement ensemble à sa puissante protection.

Le Lundi 19 Avril on a lu en Conseil une lettre de Lausanne datée du 18. Elle annonce que messieurs de Berne ayant renvoyé le jugement de Davel à messieurs de la rue de Bourg à Lausanne, le prisonnier a été condamné le Samedi 17, à avoir le poing coupé et la tête tranchée. On a renvoyé ce jugement à Berne dont on attend la réponse. Davel, malgré ses souffrances, paraît toujours dans la même fermeté.

La réponse de Berne arrive. Une lettre lue en Conseil le 25 Avril porte qu'on a retranché du jugement rendu par messieurs de la rue de Bourg le supplice de l'amputation du poing et que Davel est condamné à avoir la tête tranchée, laquelle sera exposée sur le gibet et son corps *enfoui* au pied de ce gibet.

Le 26 Avril, l'Advoyer, Petit et Grand Conseil de Berne écrivait à Genève cette missive :

« *Aux magnifiques Seigneurs les Syndics et Conseils de la Ville de Genève, nos singuliers Amis, chers Voisins.*

TRÈS-CHERS ALLIÉS ET CONFÉDÉRÉS,

« Nous avons vu avec plaisir par votre réponse que nous avons bien reçue, la joie que vous nous témoignez du renversement du projet perfide de notre sujet rebelle, le major Davel de Cully. C'est pourquoi aussi nous prenons l'occasion de vous en apprendre la suite qui est qu'ayant envoyé dans la Ville de Lausanne notre très-cher frère, membre de notre Conseil, M. Louis de Wattenwille, trésorier et haut commandant de notre Pays de Vaud pour y donner tous les ordres et y prendre toutes les précautions nécessaires selon l'état des choses, non seulement tous nos sujets, mais aussi les villes et les vassaux, tant sur sa route que durant le séjour qu'il a fait dans cette ville, l'ont d'un côté très-fortement assuré de leur sincère et inviolable fidélité envers nous comme étant leur souverain établi de Dieu, et, d'autre côté, lui ont témoigné l'horreur qu'ils avaient pour détestable et inexcusable projet du dit Davel, et que même une partie d'entre eux, pour tant mieux manifester l'attachement de cœur qu'il nous portent, se sont rendus ici, dans notre ville capitale et nous ont marqué leur joie du renversement de la révolte que le sus-dit perfide Davel avait lui-même forgée. Ce qui aussi nous a porté à ne pas envisager selon la plus grande sévérité les grandes fautes du dit Davel, parce qu'il a persisté, nonobstant la torture, mise en usage, à soutenir n'avoir eu aucun complice dedans, ni hors du pays, mais seulement à lui ôter la vie par l'épée et à faire ficher sa tête sur le gibet pour note d'infamie, afin de servir d'exemple à d'autres. C'est ce que nous vous faisons savoir par la présente en confiance affectueuse et de voisins, très-ches Alliés et Confédérés.

« Nous vous faisons nos affectueux remerciements des bonnes intentions que vous nous avez fait paraître à cet égard et des assurances que vous nous avez données que vous serez vigilant sur ce qui pourrait se passer de suspect dans le voisinage et que vous nous en donnerez avis quand cela pourrait nous intéresser. Nous vous assurons par contre de notre inclination à vous rendre nos services et à remplir en tous évènements les devoirs de notre alliance.

« Et nous prions en même temps le Très-Haut qu'il lui plaise par sa grâce de détourner toutes sortes de malheurs de notre chère Patrie et qu'il nous conserve fidèlement ensemble sous sa puissante protection. »

Le lendemain du jour où cette lettre était écrite, soit le 27 Avril, le Conseil de Genève était nanti d'une nouvelle lettre contenant la relation de la mort du sieur Davel, lequel ayant reçu sa sentence avec fermeté et respect et la trouvant douce, fut mené au supplice samedi 24 de ce mois, à midi, au lieu dit à *Vidy*, hors de Lausanne.

Ce touchant document ajoute que Davel ne fut point ému de l'approche de l'exécuteur et se disposa lui-même à l'exécution, ayant toujours soutenu qu'il avait été poussé par l'Esprit.

Dans cette séance, le Conseil de Genève fit écrire à Leurs Excellences de Berne, en réponse à leur office du 26 Avril. Le Conseil leur marquait ses remerciments pour cette communication confédérale et les nouveaux témoignages de leur attention aux intérêts de Genève en les assurant qu'en conformité de l'Alliance, on prendra toujours un intérêt particulier à ce qui regarde leur tranquillité.

* *
*

Victor Ruffy a chanté en 1846 le patriotisme du major Davel ; d'autres, poëtes et historiens, ont rappelé la conquête issue par son dévouement. Le colonel Ferdinand *Lecomte* a publié à l'occasion de l'arrivée à Lausanne du beau tableau de Gleyre une notice historique devenue populaire.

A ce martyr des droits du peuple un marbre a été dressé dans l'admirable cathédrale de Lausanne, selon le vœu de l'Assemblée provisoire de 1798, la générosité de Frédéric César de la Harpe et la reconnaissance du peuple Vaudois ; les habitants de Cully lui ont érigé un monument. Cela ne suffisait pas.

Après la plume, le pinceau, le marbre et le bronze, la justice populaire a fait passer le nom béni de Davel dans le cœur de tous les amis de la Liberté.

C. FONTAINE-BORGEL.

JOURNAL

DU

SIÈGE DE TURIN EN 1640

Traduction libre et analyse de cette Relation anonyme publiée
pour la première fois par M. Antº Manno
dans les *Miscellanea di Storia Italiana* (Tome XXIV)

Le tome XXIV des *Miscellanea* fut présenté l'an passé
au troisième Congrès historique italien, ainsi que l'œuvre cin-
quantenaire de la Députation royale d'histoire nationale et
plusieurs autres publications importantes qui témoignent,
chez nos confrères d'Italie d'une activité remarquable et
d'une louable émulation dans la recherche de leurs annales.

Le « *Journal du siège de Turin en 1640* », dont je me propose d'entretenir mes auditeurs (1) forme le commencement
du volume précité. C'est une relation anonyme écrite par un
contemporain, dont le manuscrit oublié fut récemment acquis
par le baron Manno, et fait partie aujourd'hui de la bibliothèque du roi. Cette chronique n'ajoute pas beaucoup à la

(1) Cette étude a été lue à la séance de la Section d'histoire de l'Insti-
ut genevois, le 5 Janvier 1886.

...ant le siège, mais, comme le dit *...je* viens de nommer : « étant assu-*...témoin* oculaire, elle nous fait revivre *...péril*s, de souffrances, d'espérances et de *...elle* peint la vie journalière de ce siège si *...donne* les rumeurs du jour, les impressions du *...fait* connaître des particularités curieuses sur *...des* citadins et nous a conservé jusqu'au prix des *...pendant* la disette. »

Du 8 mai 1640, jour où l'armée française, commandée par le comte d'Harcourt, se montra devant Turin, qui fut investie jusqu'au 20 septembre suivant (jour néfaste de la capitulation de la place), la population turinoise eut à supporter toutes les misères et les souffrances et, bien que la garnison espagnole se montrât disciplinée, le fardeau de l'occupation militaire, les maladies contagieuses, les difficultés de la subsistance, — de jour : les périls de la mitraille et de l'incendie, de nuit : la crainte de la trahison ; — ces douloureuses épreuves furent incessantes pour les citoyens et, disons-le, elles furent héroïquement supportées.

Cependant, les secrets partisans de Madame royale étaient demeurés en grand nombre dans la ville, et le parti des princes, bien que dévoué à S. A. Thomas de Savoie, dont la bravoure était hautement appréciée, n'en était pas moins travaillé par des menées hostiles et dissolvantes. Puis la présence à Turin du nonce apostolique, négociant avec les Français, en correspondance avec Madame royale, était loin d'être un gage de sécurité pour les assiégés qui voyaient ce prélat se rendre certains jours au quartier ennemi. Le principal espoir des Turinois était une prompte diversion de l'armée espagnole que commandait le marquis de Leganez. Malheureusement cette diversion se faisait beaucoup trop attendre. On ne savai presque rien, dans la ville, des opérations projetées par ces inactifs alliés, car la correspondance à travers les lignes ennemies ne pouvait être faite que par des émissaires d'une bravoure intrépide, et même elle devenait chaque jour plus aventureuse. Pourquoi le chroniqueur, dont je suis le *Journal*, a-t-il négligé de nous transmettre le nom de ce brave caporal au Terzo-Bolognigno qui, parti lui quatrième, porteur de la correspondance, dans la nuit du 28 mai, revint seul le 3 juin, après avoir accompli sa mission au péril de sa vie « et fut embrassé par son colonel ? »

Presque chaque soir les défenseurs de la place « attaquaient l'escarmouche », selon l'expression italienne, et ces sorties de nuit étaient toujours meurtrières pour les assiégeants dont les « approches » étaient souvent détruites ; d'autre part les collines dominant la ville étaient occupées par les Français, qui tenaient aussi la citadelle, en sorte que les pièces mises en batterie « aux Capucini » balayaient les rues de Turin de leurs projectiles qui venaient frapper jusqu'aux murs du palais royal où résidait alors Son Altesse. Enfin, le 10 juin, le marquis de Leganez se décidait à l'offensive et son armée entrait en lignes : le « Secours » passait le Pô entre Turin et Moncalieri, après un combat qui dura deux jours et fut soutenu avec un tel acharnement qu'on ne fit aucun prisonnier. Le commandant français, « Monsù Harcourt » — dit notre chroniqueur — ayant envoyé le lendemain un trompette au marquis de Leganez pour connaître les morts et pour traiter de l'échange des prisonniers, son Excellence lui répondit que cette recherche était inutile : *tout le monde s'étant comporté avec tant de valeur que les combattants avaient préféré mourir plutôt que de se rendre.*

Le 19 juin, la « Vigne » soit la maison de plaisance du cardinal infant Maurice de Savoie, avait été incendiée et le lendemain l'eau de la Dora qui alimentait les quatorze moulins de la ville avait été détournée. Le blé ne manquait pas encore tout à fait pour les assiégés, mais il fallait dès ce jour commencer à le moudre « alla gagliarda », c'est-à-dire à bras d'hommes, à force de cheval, et comme on pouvait.

Du côté des Français, les souffrances et les privations étaient plus grandes encore. Le corps d'armée assiégeant était isolé de sa base d'opération, depuis que les Espagnols avaient franchi le Pô ; ses convois de munitions et de vivres destinés à le ravitailler étaient presque tous enlevés et bien que les détachements d'escorte fussent de cinq à six cents hommes, ils étaient fréquemment taillés en pièces par la cavalerie espagnole et napolitaine qui courait la campagne jusqu'à Pignerolle. Aucun chargement de vivres ne parvenant plus aux Français, par le fleuve, la disette se mit dans leurs quartiers où la désertion devint considérable. Les malheureux soldats qui se hasardaient à chercher une chétive subsistance dans la campagne étaient traqués comme des loups par les paysans irrités. Ces habitants de la campagne turinoise, depuis l'incendie des villas de Turin, le saccagement des monastères et les outrages faits aux femmes réfugiées dans l'hospice Sant'-Antonio (1) tenaient tous ces Français pour d'exécrables bandits. « Aux uns », — dit le *Journal du siège* — on sciait la tête, d'autres étaient empalés, d'autres qu'on traînait dans les maisons incendiées y étaient brûlés vifs.... et l'on usait encore d'autres tourments honteux et horribles à dire, pour martyriser ces misérables.

« En réalité — disait-on dans la place — c'est l'armée assiégeante qui est investie » et l'on pouvait ajouter que le quartier-général du marquis de Leganez avait été à Mont-

(1) A Borgo di Pô.

calieri pendant quelques jours. Les déserteurs recueillis dans
la ville assuraient qu'on ne délivrait plus à chaque soldat
français que six onces de pain tous les deux jours, et quatre
onces de riz avec un peu de lard tous les deux jours aussi. Il
est certain que parmi les tués demeurés dans les champs, on
avait trouvé des officiers ayant dans leurs poches des fèves
crues et des pommes de sauvageon. Ces nouvelles étaient
répandues dans le populaire qui, après avoir souffert de la
disette, voyait venir la famine; la livre de viande de cheval se
vendait au marché, dans les derniers temps du siège jusqu'à
16 lires milanaises.

Cependant le prince Thomas repoussait avec hauteur toutes
les négociations au sujet de la reddition de la place : négociations secrètes dont les Français avaient toujours l'initiative. D'autre part une brillante sortie faite le jour de la St-Jean,
avait raffermi toutes les espérances. La colonne d'attaque
commandée par le comte Bolognino avait passé la Dora, protégée par la mousqueterie des bersaglieri. Sous le feu de la
mitraille des canons français, on avait détruit leur blockhaus,
enlevé les pièces et ramené cette artillerie ennemie dans Turin, — à traits de mules ou à la bricole — aux cris de victoire de la ville entière. Je regrette de ne pouvoir suivre
pas à pas notre chroniqueur anonyme, décrivant les incidents
variés de ce glorieux siège. Mais c'est une analyse sommaire
et nullement une translation littérale que je me suis proposé
de présenter à la Section d'histoire. Je renvoie donc au
Journal précité et à tous les documents contemporains pour
la connaissance des opérations militaires et des négociations,
dès la fin de juin jusqu'au 13 septembre, jour de « la grande
sortie » soit du suprême effort de l'armée assiégée. Ce vigoureux mouvement offensif allait être soutenu, disait-on, par
l'attaque simultanée de tout le corps d'armée de Leganez.

« Chacun croyait que c'était l'heureuse journée de la délivrance. Toute la cavalerie et l'infanterie massées dans les
fossés de la ville n'attendaient que le signal de l'action » qui
fut donné à neuf heures du soir par *deux* coups de canon.
Malheureusement, et par une fatalité demeurée inexplicable,
cette sortie ne fut pas soutenue, le commandant espagnol ayant
prétendu justifier sa conduite par le fait qu'il attendait l'appel
d'un coup de canon, ainsi qu'il en était expressément convenu,
en sorte qu'il était demeuré incertain de l'événement, en
entendant ces deux détonations inattendues. L'explication que
je rapporte peut sembler, encore aujourd'hui, d'autant plus
étrange que le quartier du marquis Leganez était assez voisin
de la ville pour qu'on pût envoyer fréquemment dans la place
des boulets creux de l'invention de ce général ; ces projectiles
en cuivre renfermaient des billets, on lançait ainsi des
bombes, chargées de salpêtre pour l'approvisionnement de la
garnison. Aussi cette abstention malencontreuse fut-elle amèrement reprochée au marquis de Leganez, quel qu'eût été le vrai
motif de son inertie, car elle devait avoir pour conséquence l'insuccès de la tentative du prince Thomas de Savoie pour dégager
la ville. Ces troupes passèrent le Pô à droite du Valentin, et le
franchirent aussi sur la gauche à Borgo di Pô, on détruisit les
fortins élevés sur l'autre rive, les redoutes des Français furent
prises d'assaut, mais ces postes étaient intenables pour les assiégés qui, après plusieurs heures de combat, furent contraints par
un retour offensif de l'ennemi de repasser le fleuve. Ce mouvement dangereux ne put s'exécuter sans de sérieuses pertes,
la cavalerie française sabrant les détachements dispersés sur
la rive. Un tel sanglant revers avait décidé de la fortune des
armes et dès le 17 septembre, la reddition prochaine de la
ville n'était plus mise en doute ; déjà les sauf-conduits étaient
échangés et les négociateurs débattaient les conditions de la

capitulation, qui fut très honorable. On voyait de tous côtés les assiégeants s'approcher pour parlementer avec les assiégés, beaucoup de particuliers entraient et sortaient de la ville où les vivandiers venaient trafiquer de leurs denrées. La plus grande partie des gens de la noblesse et de la bourgeoisie et tous ceux du négoce se montraient accablés de douleur et comme hors de sens; beaucoup de « principisti » soit partisans des princes de Savoie, se disposaient à suivre le corps d'armée capitulé et à abandonner leur patrie bien aimée, d'autres cachaient leurs biens mobiliers les plus précieux dans les églises et les monastères et se dérobaient eux-mêmes aux recherches qu'ils redoutaient. Seul, le prince Thomas montrait un visage empreint de sérénité, dans cette commune disgrâce; à cette dernière heure de son autorité dans la ville, il fit mettre en liberté tous les prisonniers pour affaires d'Etat, « même ceux qui avaient conjuré contre sa personne. »

Le 20 et le 21, l'artillerie de la place avait été consignée entre les mains des officiers délégués par le comte d'Harcourt, et le 24 (triste journée pour Turin !) la garnison sortit de la ville, ayant pour avant-garde une partie de la cavalerie de son Altesse. Le prince Thomas était à cheval, à la tête de la troupe piémontaise, il était escorté et suivi d'un grand nombre de cavaliers, fugitifs, volontaires, puis venait le carrosse fermé des princesses Royales, précédant une file de voitures occupées par les dames fugitives. La compagnie de la garde royale des Suisses suivait les voitures, et pour arrière-garde de ce premier détachement, venait le reste de la cavalerie du prince. Les troupes espagnoles s'avancèrent ensuite, elles avaient pour avant-garde la cavalerie napolitaine ; après les *terse* d'infanterie, cheminaient les bagages, les chariots couverts de blessés, et enfin la cavalerie allemande fermait la marche.

Hors de la ville, le comte d'Harcourt, entouré d'une bril-

lante escorte stationnait sur la route, et vint faire la révérence
au prince Thomas, l'assurant — après les embrassades d'usage
— «que sauf les intérêts du roi son maître, il était passionnément son serviteur ». Quant aux deux « infantes », elles se refusèrent à lever les « tendines » de leurs portières, ensorte
que le vainqueur ne put les complimenter en gentilhomme,
mais il échangea de grandes courtoisies avec les commandants
espagnols: Don Carlo della Gatta et Don Antonio Sotello. Les
uns et les autres s'efforçant de témoigner combien ils étaient
vraiment heureux de cette rencontre que le destin leur avait
ménagée. (!) Ce qui touchait bien davantage l'honneur piémontais, ce jour-là, c'est que la place n'était rendue aux Français
que pour le compte de Madame royale, régente au nom du
« petit Duc » de Savoie, et qu'avant un mois cette princesse
devait être mise en possession de la ville. C'était aussi : que
les braves défenseurs de Turin — tant les gens de S M. catholique que ceux au service de son Altesse — sortaient tous
avec armes et bagages, mèche allumée, balle en bouche, bannières déployées, tambours battant; enfin les soldats piémontais emmenaient deux pièces de canon et deux *trabuchi* (mor-
tiers), plusieurs chariots de bombes, cordes, balles et autres
munitions d'artillerie. Ce convoi devait être escorté par les
Français et consigné au gouverneur de Villanova d'Asti, au
terme de la capitulation.

Telle fut la sortie de Turin, le 24 septembre 1640 ; le Prince
Thomas se rendit à Rivoli avec ses troupes et de là à Yvrée,
tandis que les Espagnols se retiraient à Chieri où les attendait
l'armée de Leganez. Huit cents blessés étaient demeurés dans
les hôpitaux de la ville ; aussitôt qu'ils purent supporter le
transfert, ils furent expédiés à l'hôpital d'Alexandrie et firent
le voyage dans des barques.

A la suite de cet intéressant *Journal du siège* que je

viens de résumer, se trouve la liste des divers détachements
composant la garnison hispano-piémontaise, dont l'ensemble
— le jour de la reddition de la place — se montait encore à
4500 hommes valides et 700 chevaux ; une curieuse mercu-
riale des vivres pendant le siège, vient ensuite. Ce sont « des
prix de famine », un chapon y est coté 72 lires milanaises,
une rave : 1 lire « et l'on n'en trouvait pas toujours sur le
marché » dit notre chroniqueur. Enfin le texte de la capitulation, moins les articles secrets, termine ce curieux document.

Qu'il me soit permis, en terminant cette rapide analyse, de
remercier le baron Manno de son intéressante publication, et
de lui rappeler combien les amis de l'histoire se félicitent
lorsque l'œuvre oubliée d'un annaliste, témoin des faits qu'il
raconte, est enfin mise en lumière par un savant aussi qualifié
que notre honorable correspondant pour présenter cette œuvre
au public. (1)

Du Bois-Melly.

(1) Sur la proposition de M. le président honoraire, Jules Vuy, la Section
d'histoire de l'Institut genevois s'associe à ce témoignage de considération,
qui sera inscrit au procès-verbal.

MARC CAMBIAGO

Drame en quatre actes et huit tableaux

PAR

Émile Sigogne

MARC CAMBIAGO

PERSONNAGES

Marc CAMBIAGO, Genevois, capitaine des Enfants de
Genève.
Théodore de BÈZE.
CHARLES-EMMANUEL, duc de Savoie.
De LIGNERAC, gentilhomme français.
BRUNAULIEU, officier du duc de Savoie.
D'ALBIGNY,   »
De SONAZ,
VITO de BASTERGA.
Le Père ALEXANDRE, jésuite.
Daniel HUMBERT, Genevois.
Louis GALLOTIN,   »
MERCIER,   »
LEONORA, Italienne.
Ayma VILLARDE, sorcière.
La mère ROYAUME.

Un officier. — Une patrouille. — Soldats du duc de Savoie. —
Magistrats. — Bourgeois de Genève. — Hommes du peuple.

MARC CAMBIAGO

Drame en 4 actes et 8 tableaux.

ACTE PREMIER

PREMIER TABLEAU

Le pont d'Etrembières. Un campement. Des cuirasses, des sabres, des casques pendus aux arbres. Des feux allumés, des groupes de soldats assis autour et à demi-équipés. Toutes les nations : Italiens, Français, Espagnols ; costumes bizarres. Une femme va d'un groupe à l'autre et verse à boire. Sur le devant de la scène quelques officiers debout causent. Il est cinq heures, la nuit descend lentement.

SCENE I

1er SOLDAT (dans un groupe à gauche)

On gèle ce soir..... brrr..... comme la nuit vient vite ! Et dire que ces chiens d'hérétiques dorment tranquillement, tandis que nous autres, nous grelottons autour d'un méchant feu, sous la bise qui glace nos membres.

2me SOLDAT

Ne les envie pas, nous leur préparons un joli réveil.....
Crois-tu que ce soit un péché de tuer un hérétique ?

1ᵉʳ SOLDAT

Le père Alexandre dit qu'on y gagne huit jours d'indulgence applicables aux âmes du purgatoire.

2ᵐᵉ SOLDAT

C'est un saint homme !

1ᵉʳ SOLDAT

Mes dents claquent, et la gorge me brûle. Eh ! la fille ! la fille ! par ici ! à boire ! (La fille lui verse à boire) A pleins bords, mon enfant, à pleins bords ! (il boit) Encore une rasade !

1ᵉʳ SOLDAT

La dernière, peut-être !

2ᵐᵉ SOLDAT

Eh bien ! fais-la bonne ! (Il se lève, la prend par la taille et l'embrasse, elle s'échappe) Oh ! la gueuse !

TOUS LES SOLDATS

A boire ! à boire !

1ᵉʳ SOLDAT

Mettez du bois, vous autres, ce feu va mourir ! Après tout, nous en allumerons bientôt un autre. Il n'y a rien de tel pour vous tenir chaud, et le cœur en joie, qu'un bon bûcher où les hérétiques flambent. Voilà le bois dont aime à se chauffer Sa Majesté Philippe II, beau-père de Monseigneur le Duc......
(On entend un roulement de tambour, tous les soldats se lèvent.)

SCENE II

VITO DE BASTERGA, SONAZ, BRUNAULIEU

VITO DE BASTERGA entre tout armé et se dirige à l'extrémité de la scène vers Sonaz et Brunaulieu qui causent.

VITO DE BASTERGA, aux soldats

L'escalade a lieu cette nuit. Préparez-vous, sans bruit. (Les soldats se dispersent, décrochent leurs armes, fourbissent leurs sabres, s'équipent.)

BRUNAULIEU à Vito

Eh bien ! capitaine, c'est donc décidé ?

VITO

A vous les honneurs de l'attaque ! On a formé une troupe d'élite, trois cents hommes, tous forts gaillards habitués aux surprises, soudards qui n'ont jamais reculé, armés de toutes pièces, cuirasse aux reins, casque en tête, pistolet à la ceinture, coutelas à la main, une moitié avec les mousquets, l'autre avec les demi-piques. Ils doivent marcher les premiers, s'avancer avec précaution, s'approcher des murs, se glisser à leurs pieds et les escalader. Ces braves gens, c'est vous qui les commandez !

BRUNAULIEU

Moi !

VITO

Quel autre plus digne, gouverneur ?

BRUNAULIEU

Quel que soit l'ordre qu'il plaise à Monseigneur le duc de

me donner, tant que j'aurai assez de force pour tenir cette épée, je défendrai la cause de sa maison, et celle de la foi. Mais voici une tâche qui me répugne. Vieux soldat, j'ai toujours combattu loyalement, à découvert, à armes égales, donnant la mort, prêt à la recevoir, la tête haute, sous le feu des arquebusades. Mais traîtreusement se glisser vers ces murs, enfoncer une porte comme un voleur, marcher frémissant au moindre bruit, sentant sa bravoure amoindrie par le secret tressaillement de la conscience, commettre ce coup avec les ténèbres pour complices ! voyez-vous, je sens (mettant la main sur son cœur) une impulsion, j'entends une voix qui me dit : Brunaulieu, respecte tes cheveux blancs, respecte tes cicatrices glorieuses, respecte ta renommée de soldat, brise ton épée, et va-t-en.

SONAZ

Je vous ai entendu dire que vous ne dormiriez pas tant que Genève serait debout.

BRUNAULIEU

C'est vrai ! Attaquons-la, prenons-la, pillons-la, rasons-la, mais, par le Christ, pas la nuit, pas en violant un traité! Que Monseigneur déclare la guerre !

VITO

Monseigneur agit comme il l'entend. Notre devoir n'est pas de discuter, mais d'obéir. Un refus, pensez-y, gouverneur, serait une trahison.

BRUNAULIEU, après quelque hésitation

Il suffit, j'obéirai.   (Il sort.)

SCENE III

LES MÊMES, D'ALBIGNY, puis CHARLES-EMMANUEL

D'ALBIGNY

Enfin, nous attaquons !

SONAZ

Marquis ! avez-vous les derniers ordres de Son Altesse !

D'ALBIGNY

Les voici. (Mystérieusement) Aussitôt que d'épaisses ténèbres envelupperont les murs, Brunaulieu part avec ses trois cents hommes. L'escalade sera facile, nous avons tout prévu. Le Piémontais Semari a inventé des échelles merveilleuses. Elles sont peintes en noir, collées à la muraille, elles sont imperceptibles. Elles s'emboîtent les unes dans les autres, de sorte qu'on peut à volonté en diminuer ou en augmenter la longueur. Pour qu'elles puissent glisser sans bruit sur le dos inégal des pierres, elles sont recouvertes d'un drap épais qui amortit le léger frottement du bois contre le mur. Lorsque Brunaulieu s'est emparé des remparts, il me le mande. Je lui envoie la compagnie des gardes et le régiment du baron de La Val d'Isère. Dès l'aube, il attaque, lance ses soudards dans les rues, massacre tous ceux qui veulent résister, court à l'Hôtel de Ville, s'assure des syndics, des membres du Conseil. Les bourgeois frappés de stupeur restent chez eux. Si une occurence fâcheuse se présente, j'ai sous la main mes Napolitains et mes Portugais, gens de sac et de corde, aimant la lueur des incendies et l'odeur du massacre. Avec eux, j'achève la conquête et... le reste ne nous regarde pas.

SONAZ

C'est juste, cela regarde Son Altesse. Connaissez-vous, marquis, les intentions de Monseigneur sur Genève conquise ?
(Pendant qu'il parle, un homme enveloppé d'un manteau, le chapeau rabattu sur les yeux, s'approche et prête l'oreille.)

D'ALBIGNY

Sa haine le conseillera.

SONAZ

Son ambition plutôt.

D'ALBIGNY

Il la livrera d'abord au pillage.

SONAZ

Nous nous en chargerons.

VITO

Il y rétablira la vraie foi...

SONAZ

Et fera pendre Messieurs les bourgeois.

D'ALBIGNY

Peut-être la brûlera-t-il ?

(L'homme vient se placer en face d'eux, ouvre son manteau et relève son chapeau. Ils reculent étonnés.)

TOUS

Le Duc !

CHARLES-EMMANUEL

Mieux que cela, Messieurs, je la raserai. Ville impie, elle a abandonné sa foi ; trône de Calvin, dans son sacrilège orgueil, elle a osé se comparer à la Rome des Papes, et s'élever comme un défi à leur toute puissante autorité. Ville audacieuse et rebelle, Genève doit périr. (Se découvrant) Que Dieu me fasse la grâce d'accomplir cette œuvre pour la plus grande gloire de son nom, et le triomphe de notre sainte religion ! — Je compte sur votre courage et votre dévouement, Messieurs. Qu'on garde le silence sur ma venue. Appelez-moi Monsieur l'Ambassadeur. De cette façon on ne saura pas..... Ah ! qu'à partir de ce moment on ne laisse passer personne..... qu'on arrête tous ceux qui, gentilshommes ou manants, se dirigent vers Genève.

(Brunaulieu est revenu tout armé et salue le Duc, surpris.)

SCÈNE IV

LES MÊMES, AYMA VILLARDE

(Aux derniers mots du duc, une vieille femme est entrée, marchant péniblement, en haillons, hideuse.)

CHARLES-EMMANUEL (s'enveloppant rapidement de son manteau et se cachant le visage)

Quelle est cette femme ?

AYMA VILLARDE

Qui je suis ? Je vais le dire à Votre Altesse, Monseigneur le luc de Savoie. Je m'appelle Ayma Villarde, et je suis une sorcière. (Le duc tressaille, la sorcière attache sur lui son œil sombre, sa parole est menaçante, haineuse.) Vous êtes cruel, Monseigneur. Parce ce que je n'ai pas voulu vous dire qui était l'amant de la comtesse Léonora, que vous aimez, vous m'avez fait mettre à la torture ! Vos rouets ont broyé mes vieux os, vos chevalets ont disloqué mes membres, pendant que le fer faisait fumer mon épaule. Je criais, j'implorais, je hurlais ; le sang m'inondait, mon corps n'était plus qu'une plaie, et ils n'ont pas pu m'arracher l'âme ! Personne n'a eu pitié ! personne ! Vous êtes jaloux, Altesse ! Eh bien ! déjà trompé en amour, vous allez l'être dans cette guerre impie. Vous ne prendrez pas Genève. (A Sonaz) Toi, gentilhomme, le bourreau de Genève t'écartellera. (A Brunaulieu) Vous, gouverneur, vous avez bien fait de vous faire administrer l'extrême onction, vous serez tué.....

CHARLES-EMMANUEL

Et toi brûlée ! Le bûcher t'attend ! Délivrez-moi de cette femme, le démon la possède. Qu'on la garde !

(Sur un signe de D'Albigny, quelques soldats la saisissent et l'emmènent.)

Messieurs, allez attendre mes ordres. D'Albigny, restez.

SCÈNE V

CHARLES-EMMANUEL, D'ALBIGNY, puis le
Père ALEXANDRE

CHARLES-EMMANUEL

Croyez-vous aux sorciers, d'Albigny ?

D'ALBIGNY

Votre Altesse parle sérieusement ?

CHARLES-EMMANUEL

Très sérieusement.

D'ALBIGNY

Je croirais d'abord au diable.

CHARLES-EMMANUEL

Sais-tu que j'y crois, moi, aux sorciers ?

D'ALBIGNY

Plus qu'en Dieu ?

CHARLES-EMMANUEL

C'est possible. J'étais encore enfant. Mon père a toujours eu une ambition immense. C'est la même que je sens là (mettant la main sur sa poitrine). Il fondait sur moi les plus hautes espérances. Par lui, Nostradamus fut consulté. Le devin lui prédit qu'étant né sous le signe du Sagittaire, comme César et Annibal, j'aurais une fortune éclatante.

D'ALBIGNY

César et Annibal ! César est assassiné, Annibal s'empoisonne. Je souhaite à Votre Altesse une fin plus heureuse.

CHARLES-EMMANUEL (sans l'écouter)

La prophétie de Nostradamus ! Une fortune éclatante !..... Devin, aurais-tu dit la vérité ?... Moi, duc de Savoie, chef

de montagnards, j'élèverais un trône!.... Roi! Ah! Dieu!
comme mon cœur bat! Ah! l'ambition, mon rêve! la gloire,
le trône! D'Albigny, je serai roi, je te le jure!

D'ALBIGNY

Par quoi, Monseigneur?

CHARLES-EMMANUEL

Par la haine que je porte à cette ville.

D'ALBIGNY

Je vous crois, Majesté.

CHARLES-EMMANUEL

Deux obstacles, Genève et le roi de France. Henri IV, un
huguenot! Ils ont beau dire, un fils d'hérétique ne sera jamais
catholique. Paris vaut bien une messe, as-tu dit, Béarnais!
C'est vrai! La satisfaction de l'ambition qui dévore l'âme vaut
plus que cela. Un traité violé, une ville emportée d'assaut, les habitants égorgés, qu'importe, si j'ai un trône? Marcher au but
coûte que coûte, foulant aux pieds foi jurée, amitié, devoir,
amour; sans pitié, sans remords, voilà la vraie grandeur!
(Il va vers d'Albigny, et lui prend fiévreusement le bras) Le
Saint-Père est pour moi, nous avons les mêmes haines; cette
ville et ce roi! Genève, qu'ils appellent la Rome du protestantisme, Henri faux converti. Le pape est la tête, moi le bras.
Il a la tiare, j'aurai la couronne; il a le bâton d'or devant
lequel les rois se courbent, j'aurai le sceptre de fer devant lequel les peuples se prosternent. Oh! vois-tu, d'Albigny,
si tu savais quel enivrement vous cause cette jouissance suprême de pouvoir dire: ce peuple m'appartient, ces hommes

me sont soumis, leur volonté, c'est la mienne, cette nation est
ma chose, je règne ! Monter au faîte, quel éblouissement !...
j'y monterai !

(Un silence, il se tourne vers Genève)

A toi d'abord !... Puis... (à d'Albigny) Henri nous surveille Peut-être nos troupes vont-elles trouver au haut des
remparts la population armée, peut-être......

D'ALBIGNY

Votre Altesse n'a aucune raison de s'inquiéter ; Messieurs
de Genève ne s'attendent et ne sont préparés à aucune attaque... On le leur dirait, qu'ils ne le croiraient pas.

CHARLES EMMANUEL

Tu as raison. Tout nous favorise, le temps, (regardant le
ciel) comme il fait noir ! Toutes les troupes sont prêtes.

D'ALBIGNY

Je les ai rassemblées à Bonne, à La Roche et à Bonneville.

CHARLES-EMMANUEL

C'est bien, mon fidèle d'Albigny, c'est bien !

(Le père Alexandre paraît au fond)

Quelqu'un ?... (Il s'enveloppe de son manteau)

D'ALBIGNY

Un ami ! c'est le révérend père Alexandre, Altesse !

(Le duc rejette son manteau, le père Alexandre. s'avançant
vers d'Albigny, l'aperçoit.)

LE PÈRE ALEXANDRE

Monseigneur, comment ! vous ici !

CHARLES-EMMANUEL

Oui, mon révérend, je me tiens prêt à entrer dans Genève. Vos saintes exhortations ont bien disposé nos soldats ?

LE PÈRE ALEXANDRE

Que Dieu tienne en grâce Sa Sainteté et Votre Altesse ! Les troupes brûlent de combattre. Pour protéger ces braves des coups d'arquebuses, je leur ai distribué des billets où j'ai écrit les passages les plus édifiants de la Sainte-Ecriture. Ils portent, presque tous, sur leur poitrine, des médailles consacrées par le bienheureux attouchement des os d'un saint.
(On entend un bruit de voix.)

CHARLES-EMMANUEL

Quel est ce bruit ? (Il s'enveloppe soigneusement et se retire à droite de la scène, d'Albigny et le père Alexandre vont auprès de lui.)

SCÈNE VI

CHARLES-EMMANUEL, LÉONORA, CAMBIAGO, SONAZ, SOLDATS.

LÉONORA ET CAMBIAGO (au milieu d'un groupe de soldats qui les amènent.)

CAMBIAGO

(Fièrement) Quelles sont ces troupes ? Que me voulez-vous ? Où me menez-vous ?

SONAZ

Ces troupes appartiennent à Son Altesse le duc de Savoie. Nous voulons vous empêcher de continuer votre route et nous vous amenons ici, où vous passerez la nuit. Demain matin vous serez libres.

(Au nom du duc de Savoie, Léonora a frissonné. Elle se serre contre Cambiago qui passe un bras autour de sa taille, dans l'attitude de la protection.)

CAMBIAGO

(A part) Les soldats en armes ! cet air de mystère... Est-ce que ce serait contre Genève que... Non, c'est impossible! nous sommes en pleine paix. Le duc n'oserait pas... Quel soupçon et quelle crainte m'entrent dans l'âme! (à Léonora) Mais vous, Léonora, vous ne pouvez rester ici, au milieu de ces soldats. (A Sonaz) Madame ne va pas à Genève, elle retourne à Pignerol.

(A ce mot, le duc qui causait à voix basse avec d'Albigny et le père Alexandre, prête l'oreille.)

LÉONORA

(A demi-voix) Non ! avec toi, près de toi ! Restons ici tous les deux.

SONAZ

(Il s'approche de Léonora et essaie de lui voir le visage.)

(A part) Voyons la dame... Ah! (Il semble la reconnaître) (A Léonora avec un profond salut) Si Madame veut retourner à Pignerol, elle n'a qu'à en manifester le désir, je suis à ses ordres.

LÉONORA

Merci, Monsieur, tout ce que je demande, tout ce que j'implore, c'est qu'on nous laisse seuls ici jusqu'au matin, et qu'alors on nous permette de partir de bonne heure.

CAMBIAGO

Comme il la regarde! on dirait qu'il la connaît... c'est étrange.

SONAZ

Puisqu'il en est ainsi, Madame, je vais vous chercher un abri pour la nuit. (Il sort.)

Léonora et Cambiago s'écartent des soldats qui les surveillent.

LÉONORA

(A part) Les soldats du duc! que trame-t-il donc? (plaçant ses deux mains sur les épaules de Cambiago) Oh! Marc, notre pauvre rendez-vous d'amour, quelle triste fin!

CAMBIAGO

Ne sommes-nous pas ensemble? (Il plonge ses yeux dans les siens) Comme tu es belle! comme la flamme de tes yeux s'allume caressante! (Il regarde autour de lui) Il se fait tard, l'ombre descend. Te rappelles-tu, ma Léonora, ce soir, ce beau soir, où je te rencontrai au pied du Salève. Je chassais, tu me demandas ton chemin. Il y avait dans ta voix quelque chose qui me prit l'âme. Tu me permis de te voir, mais si peu souvent, et avec quel mystère! Que fais-tu loin de moi? quelle est ta vie? Avant de te connaître, j'étais anxieux, je soupirais, je ne savais quoi me manquait. Mais maintenant, je me sens léger, heureux, même ici, malgré cette aventure, malgré ces tristes mines qui nous surveillent, malgré les soupçons qui se glissent en mon âme.

(Charles-Emmanuel a les yeux fixés sur eux.)

CAMBIAGO (continuant)

Cet officier semble vous connaître ?

LÉONORA

Me connaître? Où m'aurait-il vu ? Je vis dans la retraite.

CHARLES-EMMANUEL

(A part) Comme elle ment, la misérable!

CAMBIAGO

Léonora, la présence de ces soldats m'inquiète. Il faut que je parte, que je leur échappe. (Elle le retient dans ses bras) Tu me rends lâche... Oh !... je t'aime !

LÉONORA

Marc!

(Le duc écoute frémissant ; par moments, il est prêt à s'élancer sur les deux amants. Dès qu'ils se tiennent enlacés, il s'avance peu à peu vers eux.)

SCENE VII

LES MÊMES, DE LIGNERAC, SONAZ

Au moment où le duc va parler, des éclats de voix se font entendre au fond du théâtre. Des soldats se montrent entourant de Lignerac, qui, la démarche fière, les précède et semble les commander.

DE LIGNERAC

Ah ça, maroufles ! pourquoi ne me laissez-vous pas continuer mon chemin ? Êtes-vous soldats ou bandits ? Soldats ou bandits, vous n'êtes pas beaux ! Quelles mines ils ont ! (à un soldat qui essaie de lui prendre son épée sur la garde de laquelle il a la main) Arrière, maraud ! c'est là l'épée d'un gentilhomme ; on n'y touche pas. Si je n'avais peur de déshonorer cette noble lame, je la passerais au travers de la panse de soudard ! Allons, place ! allez chercher votre chef, votre officier, votre capitaine ! Qui est-ce qui vous commande ?

(Léonora s'est réfugiée à droite de la scène dans l'ombre : Cambiago se tient entre elle et de Lignerac. Le duc est au milieu, immobile, enveloppé, chapeau rabattu. De Lignerac aperçoit le duc, et va à lui.)

(A part) Ah ! voilà l'officier !... Monsieur est sans doute officier, gentilhomme, comte, marquis ! Comte ou marquis, gentilhomme ou non, vos gens ne sont pas polis, ce sont des butors. Ils ont osé m'arrêter, mordieu ! Vous, messieurs, vous êtes gentilshommes, ce sont vos gens, sans doute, et vous allez les punir de leur insolence. Vous désirez connaître mon nom. Je suis le marquis de Lignerac, seigneur de Coudray, fidèle

sujet de Sa Majesté Henri IV, roi de France, (fièrement) tout à
votre service, résidant à Genève. Vous voyez bien, vicomte,
marquis, comment vous nomme-t-on ? qu'on ne peut pas m'arrêter ainsi.

(Le duc reste silencieux.)

DE LIGNERAC

Mais il est muet ! Bon, me voilà bien ! (Montrant les soldats) Des gens à qui je ne daigne pas parler, (montrant le duc) et
un autre qui ne veut pas me répondre. (Apercevant tout à coup
Marcel) Tiens ! Cambiago ! Vous ici ! Or çà, quel est le hasard...? Donnez-moi le mot de l'énigme, mon cher ! Où sommes-
nous tombés ? Serait-ce parmi des brigands ?

MARC

Pis que cela peut-être.

DE LIGNERAC

Oh ! l'affaire est lugubre, alors ! Mais bah ! vous voilà,
nous passerons le temps agréablement ensemble. (Montrant
le duc) Cet homme joue les personnages muets. Je crèverais
d'ennui dans sa compagnie. Dites donc, ces soldats, si près de
Genève, à cette heure, par ce temps, me font naître des soupçons. Mon ami, vous seriez mieux là-bas qu'ici. D'abord, ici
on gèle. (Apercevant Léonora) Mais, que vois-je, une femme !
Oh ! j'entends... Seulement, vous n'auriez pas dû venir
au milieu de ces étranges figures, qui ne doivent rien comprendre à vos sentiments. En tous cas, capitaine, seul ou en
compagnie, il faut sortir d'ici. Comptez sur moi. Pardieu !
on verra bien s'ils oseront. (S'approchant du duc) J'ai l'honneur de vous présenter mes devoirs. Choisissez mieux les
gens que vous voudrez arrêter.

SONAZ (revenant)

Tiens ! encore eux ! (A de Lignerac) Que faites-vous là ?

DE LIGNERAC

Ce que je fais là ! Il est drôle celui-ci ! au moins, il parle.

SONAZ

Qui êtes-vous ?

DE LIGNERAC

Baissez votre ton, s'il vous plaît, j'ai les oreilles délicates. Je suis le marquis de Lignerac, Monsieur, pour vous servir. Et vous, jeune homme ?

DE SONAZ (se découvrant)

De Sonaz, officier du duc de Savoie.

DE LIGNERAC

Permettez-moi, Monsieur, de prendre congé de vous. Monsieur (désignant Cambiago) et moi, nous sommes pressés.

DE SONAZ

Impossible, marquis.

DE LIGNERAC

Impossible ?

SONAZ (se dirigeant vers Léonora.)

Madame, je vous ai trouvé un abri. (Il lui offre le bras.) (A Marc et à Lignerac) Messieurs, il y a de la place pour vous.

(Marc s'avance pour se placer entre Sonaz et Léonora ; il rencontre le duc.)

CHARLES-EMMANUEL (d'une voix frémissante)

Gentille dame, permettez-moi de vous offrir mon bras.

Léonora pousse un cri. Elle va tomber, le duc la soutient et l'emporte. Il passe près de Lignerac, qui regarde Léonora, étonné.

DE LIGNERAC (à part)

Etrange ! la comtesse avec Marc ! Oh ! cette nuit cache un drame dans son ombre.

MARC (comme frappé de stupeur, lui secouant le bras)

Marquis ! vous connaissez cette femme ?

DE LIGNERAC

Pardieu ! si je connais la belle comtesse Léonora, la maîtresse du duc, et la vôtre, sans doute...

MARC (avec rage)

Malédiction ! (Il s'appuie sur le bras de Lignerac.)

(La toile tombe)

FIN DU PREMIER ACTE

ACTE II

DEUXIÈME TABLEAU

Le Molard dans une demi-obscurité. Çà et là des fenêtres éclairées. Devant les maisons, des bancs de pierre. Des groupes causent. Costumes du temps.

SCÈNE I

LA MÈRE ROYAUME, HOMMES DU PEUPLE ;
sur le devant de la scène HUMBERT, GALLOTIN, MERCIER, enveloppés de manteaux, se promènent et causent.

LA MÈRE ROYAUME (s'adressant à un groupe d'hommes du peuple)

Et moi, je vous dis que j'abomine tous ces gaillepans qui passent leur temps à ribauder dans les rues. On a bien raison de les fouetter. Au lieu d'aller au prêche le soir, ça va danser. Tenez, j'ai tous vos amusements en horreur !

1ᵉʳ HOMME DU PEUPLE

Ce n'est pas l'embarras, mère Royaume, il y a longtemps que vos quilles vous refusent service.

LA MÈRE ROYAUME

Ah ! c'est toi, gringalet !

2ᵐᵉ HOMME DU PEUPLE

Ne vous agonisez donc pas comme çà ! La mère Royaume
est une bonne femme. Quand je vais monter la garde le long
de la Corraterie, on se goberge comme des bienheureux.
Quelle bonne soupe elle vous mitonne ! Et votre marmite,
mère Royaume, vous savez, votre fameuse marmite, que nous
nous rangeons tous autour, en nous bousculant, vous l'avez
toujours ?

LA MÈRE ROYAUME

A votre service, mon gars, mais ne faites pas de jurements.
Vous savez bien que Calvin (elle fait une révérence) l'a défendu. Il y a une amende. Si vous recommencez, je vous dé-
noncerai.

2ᵐᵉ HOMME DU PEUPLE

Avait-il tant besoin, votre Calvin, de venir fourrer son nez
dans les affaires du pauvre monde ? Compter jusqu'à nos plats
et s'occuper d'un tas de choses qui ne le regardaient pas ! S'il
ne pouvait plus avaler, ce n'était pas une raison de faire jeû-
ner les autres. Et encore, à cette heure, on dirait qu'il est toujours vivant. On ne peut pas rire. Voyez-vous, moi, je veux
pouvoir m'amuser quand ça me fait plaisir, et jurer si ça me
plaît, mordieu ! mère Royaume.

GALLOTIN

(S'approchant de lui et lui mettant la main sur l'épaule)

Vous avez raison, brave homme ! Il faut revenir au bon vieux temps. La joie, mes amis, c'est la vie ! Le chaud soleil nous abandonne et le froid nous engourdit, que la gaîté le remplace et nous réchauffe ! (Baissant le ton) J'ai fait une petite chanson libertine. Vous en aurez la primeur. Je vais vous la chanter.

(Tous se rassemblent autour de lui, excepté la mère Royaume, qui s'en va en haussant les épaules.)

(Il chante :)

1er COUPLET

Dans la ruelle sombre,
Je rencontre un minois.
Oh ! laisse-moi, dans l'ombre,
(Dis-je d'un air sournois)
Presser ta taille fière
Et tes divins appas. —
Je le veux bien, dit-elle,
Mais... Calvin ne veut pas.

2me COUPLET

Sur ta bouche si rose,
Où les ris vont nicher,
Où le bonheur se pose
Pour qu'on l'aille y chercher,
Que je place, ma belle,
Un doux baiser, tout bas ! —
Je le veux bien, dit-elle,
Mais... Calvin ne veut pas.

3ᵐᵉ COUPLET

Je t'offre, ma mignonne,
Tout ce que j'ai de mieux,
Ma bourse, ma personne,
Et mon cœur amoureux.
Le plaisir nous appelle,
Je demeure à deux pas. —
Je le veux bien, dit-elle,
Mais... Calvin ne veut pas.

Eclats de rire et applaudissements. On répète en chœur :

Je le veux bien, dit-elle,
Mais... Calvin ne veut pas.

(Le chant cesse. Un roulement de tambour. Un crieur de ville, un édit à la main. Falots, cortège de Genevois et de curieux.)

SCÈNE II

LES MÊMES, LE CRIEUR

LE CRIEUR

Oyez tous ! Arrêt du Conseil des Deux-Cents :

« Considérant que les mœurs publiques sont tombées dans le plus profond état de corruption ; considérant que le spectacle qu'elles offrent ne peut manquer d'offenser le Dieu tout puissant, et d'attirer sur Genève les redoutables effets de sa juste colère, nous, Magistrats du Conseil des Deux-Cents, arrêtons et décrétons ce qui suit :

« Ceux qui entreront en commerce illégitime avec une fille seront condamnés, pour la première fois, à neuf jours de prison, au pain et à l'eau, et à soixante sols d'amende ; pour la deuxième fois, à douze jours de prison, au pain et à l'eau et à un bannissement d'un an ; pour la troisième fois, au fouet par la ville, et au bannissement perpétuel. Si l'homme est marié, il sera condamné au carcan, la fille à douze jours de prison et à faire amende honorable. Si la femme est mariée, et qu'en conséquence il y ait adultère, l'homme sera puni par le fouet public et par le bannissement perpétuel ; la femme sera punie de mort.

« Tout citoyen est tenu, devant sa conscience et devant Dieu, de dénoncer à la Justice les actes criminels dont il vient d'être fait mention, si de tels actes parviennent à sa connaissance. »

Ville de Genève, le 11 Décembre 1602.

Le Conseil des Deux-Cents.

(Le crieur traverse la scène et disparaît dans la rue. Les groupes se reforment et les conversations s'engagent.)

SCENE III

HUMBERT, GALLOTIN, MERCIER, ensuite
THÉODORE DE BÈZE

GALLOTIN

Ce crieur a la voix rauque. Ils vont bien ! Eh bien ! mes amis, voilà les mœurs bien gardées !

HUMBERT

Et la vertu des femmes...

GALLOTIN

Mon cher, les femmes sont elles-mêmes les meilleures gardiennes de leur vertu. Tous les édits du monde ne les empêcheront pas de succomber quand elles en auront envie. Il y a des citadelles que l'on croit avoir faites imprenables, et quelque part dans l'ombre, en un secret endroit, se cache une porte souterraine, par elle on pénètre au cœur de la place. Telle est la vertu des femmes.

HUMBERT

Oui! mais c'est cette porte secrète qu'il faut savoir ouvrir.

GALLOTIN

Bah ! elles vous en jettent la clef !

MERCIER

Que devient Marc ? L'avez-vous vu ce soir ? Ce matin il est parti l'air brillant, me jetant au hasard quelques mots d'adieu. Je crains qu'il ne soit amoureux

HUMBERT

Diable ! Il s'expose au bannissement.

MERCIER

Pis encore, au fouet ! Mais il ne sait rien de cet édit. Il faut le lui annoncer.

Avertir un amoureux ! Peine perdue ! Mais par tous les diables, on gèle. Tenez, allons danser, cela fera enrager Messieurs du Conseil.

(Théodore de Bèze s'avance lentement, promenant ses regards d'un groupe à l'autre. On le salue. Il incline doucement la tête.)

THÉODORE DE BÈZE

Bonsoir, jeunes gens ! Marc n'est pas parmi vous ? Vous avez entendu l'édit ? Qu'en pensez-vous ?

GALLOTIN

Nous le trouvons au moins sévère.

HUMBERT

Cruel, même.

THÉODORE DE BÈZE

Sévère, oui ! Cruel, peut-être ! Mais, qu'importe, si le but est atteint ? Les mœurs s'en vont. La vertu est tournée en dérision, les jeunes gens font fi de l'honneur des femmes, les cheveux blancs n'attirent plus le respect. J'ai connu un temps où l'on n'eût pas souffert ces ignominies. La famille était entière et sainte, et le pouvoir du père absolu. La discipline sous laquelle ont grandi nos ancêtres était de fer ! Vous la trouvez rude, austère. C'est elle pourtant qui fonda la patrie, qui fit Genève. Un homme a suffi : Calvin, âme de bronze, esprit inflexible !

(Un silence. Les jeunes gens muets regardent avec respect Théodore de Bèze. Il va à eux et leur prend les mains.)

Mes amis, écoutez-moi. Les vieillards savent la vie, les
années qui blanchissent les cheveux mûrissent l'âme. Voulez-
vous être forts, voulez-vous être grands ? Aimez la patrie.
Genève, c'est la grande famille où vous avez grandi. N'abandonnez pas les coutumes de nos pères Soyez austères comme
eux, si vous voulez être libres comme eux. Que l'esprit du
grand réformateur réside en vous.

.(Il s'éloigne.)

HUMBERT

Ce vieillard m'a ému.

GALLOTIN

Les vieillards, mon ami, ne voient que le passé. C'est vers
l'avenir qu'il faut nous tourner. Crois-moi, la gaieté, c'est la
vie ! Elle ne fait de mal à personne, ni à Dieu, ni aux hommes.
Au jour du combat, les visages épanouis auront dans l'œil le
même éclair que les faces blêmes qui jeûnent et prient. Il y
a bal chez le Syndic, allons danser !

(Ils sortent.)

SCENE IV

UN OFFICIER, UNE PATROUILLE, UN PAYSAN

(La patrouille débouche sur la place, traverse la scène.)

L'OFFICIER

Halte ! (criant dans la rue) Fermez les portes et tendez les chaînes ! (Une voix dans le lointain :...) Fermez les portes et tendez les chaines!

L'OFFICIER

Mauvais temps pour faire des rondes de nuit. Le lac est agité ce soir, la vague mugit comme l'âme d'un damné. Comme on doit être bien chez soi !

(Un homme arrive en courant.)

LA PATROUILLE

Qui va là? (L'homme ne répond pas et s'avance toujours, bruit de mousquets qui s'arment.)

L'OFFICIER (le saisissant au collet)

Mais réponds donc, animal ! On te crie qui va là ? et tu ne dis mot !

LE PAYSAN (après avoir repris haleine)

C'est que... je vas vous dire, mon officier, j'ai tant couru que je ne peux plus seulement faire : ouf ! Je me disais : il faut que tu arrives avant qu'on ferme les portes, et je filais de toutes mes forces. J'avais le vent dans la figure. Si vous croyez que c'est facile de courir comme ça !

L'OFFICIER

Mais pourquoi courais-tu, bavard ?

LE PAYSAN (d'un air mystérieux)

Mon officier, il se passe des choses qui ne sont point ordinaires. Au pont d'Etrembières j'ai vu toute une troupe de soldats. Ils campent là, ils font du feu, ils boivent, et sec, je

vous jure ! Je me suis glissé à travers les arbres et je les ai
vus, comme je vous vois. Pour sûr, ils manigancent quelque
mauvais coup. Ils fourbissaient leurs armes, et des mines !
ça n'est pas des chrétiens, c'est des diables! Ils ne sont pas là
pour voir la lune. Tenez, je me méfie de quelque chose,
et je suis venu ici tout d'une haleine pour avertir les magistrats.

L'OFFICIER

Tu crois donc qu'on escalade nos murs comme ceux d'un
jardin. Ne sommes-nous pas en pleine paix ? Les troupes que
tu as vues sont au duc de Savoie. Il les rassemble dans le
Faucigny pour une expédition. Ne va pas déranger le Conseil
pour cela, poltron !

LE PAYSAN

Comme vous voudrez, mon officier, mais si vous les aviez
vus comme moi... Enfin suffit! je me trompe peut-être...

L'OFFICIER

Allons ! vous autres, en avant !

(La patrouille défile, on entend un bruit de chaînes qu'on tend
à travers les rues.)

LE PAYSAN

Je ne peux plus m'en aller. Tâchons de trouver un gîte.
Malgré tout, je ne suis point à mon aise.

(La trompette de St-Pierre retentit. Un silence. Le cri du
sonneur.)

TROISIÈME TABLEAU

Une salle d'auberge. Tables chargées de verres et de bouteilles.
Armes de toutes sortes traînant çà et là. Deux portes latérales.
Dans le fond une fenêtre. Sur le devant de la scène, une table
sur laquelle sont posés un flacon de vin et deux coupes d'ar—
gent. D'Albigny est assis, il se verse des rasades qu'il boit
lentement, à petits coups. Le duc marche rêveur de long en
large.

SCENE V

CHARLES-EMMANUEL, D'ALBIGNY

CHARLES-EMMANUEL

(A part) L'amour! quel obstacle! que de grandes choses
nous ferions sans la femme! La femme! être fragile assez
fort pour nous duper ! Cette Léonora, je la croyais fidèle. Elle
me trompait avec un calviniste, un Genevois! Trahi! et pourtant ce n'est pas mon cœur qui souffre, c'est mon orgueil.

D'ALBIGNY (posant son verre qu'il vient de vider.)

Votre Altesse semble profondément préoccupée. Son amour
pour la comtesse...

CHARLES-EMMANUEL

Mon amour! d'Albigny, mon amour! tu veux dire mon am—
bition. Il me faut le trône, je n'ai pas d'autre désir. Je pense

bien aux femmes ! L'amour, c'est un passe-temps, un amuse-
ment de prince. Il faut avoir vingt ans, ou être fou pour y
croire. Celle que je veux posséder, c'est Genève. Je lui prépare une couche d'où elle ne se relèvera pas... Que ferons-
nous de cet hérétique amoureux auquel il faut des maîtresses
de prince ?

D'ALBIGNY

Prenons d'abord Genève.

CHARLES-EMMANUEL

Tu as raison. Voyons si tout est prêt.   (Ils sortent.)

SCENE VI

LA SORCIÈRE, LÉONORA

La sorcière entre. Elle se traîne vers une table et s'assied
épuisée.

LA SORCIÈRE (avec un soupir)

Ne pourrais-je donc pas mourir en paix !... Ah ! si je
pouvais me venger !

LÉONORA (Elle entre, fortement)

Marc ! Où l'ont-ils conduit ? Le duc est méchant, j'ai peur
qu'il... (Elle aperçoit la sorcière) Ah ! toi ici ?

LA SORCIÈRE

Hélas ! oui, madame. Le duc m'a fait mettre à la torture.

LÉONORA

Malheureuse! et pourquoi? Sait-il que tu m'as aidée à le tromper?

LA SORCIÈRE

Ne suis-je pas sorcière? Quand il aura pris Genève, je serai brûlée.

LÉONORA

Pris Genève! que dis-tu?

LA SORCIÈRE

Cette nuit, il attaque la ville.

LÉONORA

Voilà pourquoi nous avons été arrêtés! Si Marc le savait! Il faut le lui dire, il faut l'arracher au duc! mais, si je le sauve, il m'échappe! Et s'il reste ici, il est perdu. Que faire? Il sait qui je suis. Le marquis de Lignerac le lui aura dit. Il doit me mépriser! O mon Dieu!

LA SORCIÈRE

Je sais un moyen. Sauvez-le, et sauvez son pays, et il vous aimera.

LÉONORA

Comment?

LA SORCIÈRE

Tuez le duc.

LÉONORA

Tais-toi ! tu me fais frémir.

LA SORCIÈRE

Vous empêchez un crime, vous délivrez votre amant, et vous me vengez. Allons, du courage ! Une Italienne sait manier le poignard et verser le poison. Voici la coupe du duc et le flacon qu'il a à moitié vidé. Sans doute, il boira encore. Prenez cette fiole, et versez-y la liqueur qu'elle contient. S'il ne boit pas, voici un poignard, la lame est empoisonnée, un coup ! et il est mort.

LÉONORA (recevant la fiole et le poignard)

Merci.

LA SORCIÈRE

Si vous le tuez, je mourrai heureuse. (Léonora verse du poison dans le flacon) C'est bien. Voici le duc. Je m'éloigne. S'il ne boit pas, frappez.

———————

SCENE VII

CHARLES-EMMANUEL, D'ALBIGNY, SONAZ, BRUNAULIEU

CHARLES-EMMANUEL (entrant suivi des officiers)

Brunaulieu !

BRUNAULIEU

Altesse !

CHARLES-EMMANUEL

Vos hommes sont prêts ?

BRUNAULIEU

Oui, Monseigneur!

CHARLES-EMMANUEL

Eh bien, allez!

(Brunaulieu s'incline et sort. Le duc va vers le fond de la scène et y aperçoit Léonora. Il la prend par la main et l'amène sur le devant de la scène.)

CHARLES-EMMANUEL

Madame, je vous ai donné mon amour, moi, Charles-Emmanuel de Savoie, duc et prince, gendre de Philippe II, familier du pape, bientôt roi, et vous me préférez un bourgeois! et de plus un huguenot! Je vous élève jusqu'à moi, et vous vous ravalez jusqu'à... Ah! vous avez mauvais goût! Cette femme que j'ai fait mettre à la torture portait secrètement des lettres à votre amant. Une sorcière pour confident et un huguenot pour amant, mais, madame! en voilà assez pour monter au bûcher.

(Pendant qu'il parle, Léonora fixe sur lui des yeux ardents. Elle pose fiévreusement la main sur son corsage comme pour y chercher le poignard qu'elle y a caché.)

CHARLES-EMMANUEL

Au lever de l'aurore, vous recevrez mes ordres. Attendez jusque-là dans cette salle. (Se tournant vers sa suite) Allons, Messieurs, le coup de l'étrier ! (Il prend le flacon contenant du poison et en verse le contenu dans une coupe.)

TOUS (le verre en main.)

A Son Altesse, Charles-Emmanuel de Savoie !

CHARLES-EMMANUEL (levant sa coupe)

A la mort des hérétiques !

(Léonora suit de l'œil, en frémissant, le duc qui porte la coupe à ses lèvres. Il va boire quand un soldat entre avec un message.)

LE SOLDAT (au duc)

De la part de Sa Sainteté le Pape !

CHARLES-EMMANUEL (Il pose la coupe sur la table)

Du Saint-Père ! Voyons ! (Il lit) « Très cher et bien-aimé fils, nous offrirons demain le saint sacrifice de la messe pour demander à Dieu le succès de vos armes contre la ville renégate. Nous sommes pleins de confiance en Dieu. Recevez, très-cher et bien-aimé fils, notre bénédiction apostolique, pour vous et vos valeureuses troupes. » Messieurs, le Saint-Père nous envoie sa bénédiction. (Il sort, tous le suivent.)

LÉONORA

Il n'a pas bu ! Lettre maudite ! (Tirant son poignard) Il le faut ! Ah ! Marc, tu m'aimeras encore !

SCENE VIII

LÉONORA, MARC

(Les volets de la fenêtre du fond s'ouvrent violemment, un homme paraît. D'un coup de poing brise une vitre et saute dans la salle. C'est Marc. En sautant, il renverse la table où se trouvent les lumières. Obscurité.)

MARC (en s'avançant à tâtons)

Fâcheux contretemps ! Je m'étais échappé ; de Lignerac, qu'on laisse à peu près libre, a enivré nos gardiens. Il m'attend avec des chevaux. Comme je me glissais le long de ce mur, j'aperçois un groupe qui me barre le chemin ; derrière moi, j'entends des voix. Heureusement, cette fenêtre était là. J'ouvre les volets, je brise une vitre et me voilà. Orientons-nous, et fuyons.

(Il bat le briquet, cherche nn flambeau et l'allume. Léonora est devant lui. pâle, muette.)

Léonora ! Je ne vous cherchais pas, Madame, mais puisque je vous trouve, (il la saisit par les mains) créature pudique qui vivez dans la retraite, blanc lis à l'abri des souffles impurs, âme immaculée, tout entière à l'amour chaste... que je te dise que tu me fais horreur !

LÉONORA (elle lève vers lui ses mains jointes)

Marc ! écoute, je t'en prie ! Je n'ai pas l'âme scélérate, je t'aime ! Tu ne le crois pas ! O mon Dieu ! inspirez-moi, faites-moi trouver des paroles qui le convainquent ! Il ne me croit pas.. Tiens, tu as raison, je t'ai menti ! Je ne suis pas

digne de vivre... tue-moi ! Mourir de ta main, me sera
doux... Frappe, je suis prête ! (Elle se traîne à ses pieds et
s'attache à ses vêtements) La mort de toi, ou l'amour ! Tu
ne sais pas combien je souffre... J'ai été la maîtresse du duc,
c'est vrai... mais je l'abhorre autant que tu le hais !... Oh ! ne
me regarde pas ainsi ! Prends ce poignard et abrège mon
supplice !

(Elle tombe évanouie.)

MARC (il se penche vers elle)

Se serait-elle évanouie ? (Il la relève et la prend dans ses
bras) Elle est sans mouvement, son haleine vient mourir
sur ses lèvres. Comme elle est pâle !... Oh ! mon cœur se
fend !... Ma raison succombe !... Pauvre femme ! Tu aimes,
tu souffres ! Amour ! pouvoir étrange qui nous rend fous. Si
coupable que tu sois, je te pardonne. Dans ma pensée et
dans mon cœur tu restes pure. Tes lèvres blêmes appellent
un baiser. Le voilà, le baiser du pardon... le baiser de l'oubli ! (Il la pose doucement sur une chaise et reste en contemplation devant elle.)

DE LIGNERAC (il entre avec précaution, portant ses regards de
tous côtés. Apercevant Marc, et sans remarquer les signes
que celui-ci lui fait pour l'engager au silence)

Tiens ! vous voilà ! Dites-donc ! savez-vous que la patience
n'est pas ma vertu dominante ? Je me morfonds à vous attendre, mais j'observe. Il y a des gens d'une laideur ! J'ai vu un
Portugais qui a les oreilles coupées. Je pense que ce sont les
pirates Ils n'en font pas d'autres. Ah çà ! si vous ne venez
pas, je pars tout seul. Je m'ennuie ici... (Il bâille.)

MARC

Attendez ! je suis prêt. Un dernier baiser, et je suis à vous !

DE LIGNERAC

Il l'aime toujours ! Les derniers baisers, je connais cela, çà ne finit que pour recommencer... mais, il ne m'écoute même pas... (Marc est aux pieds de Léonora toujours évanouie.)

DE LIGNERAC

Ils ne nous empêcheront pas d'arriver à Genève avant eux. Car c'est contre Genève qu'ils doivent se diriger. J'ai corrompu deux ribauds qui ont combattu les catholiques sous le roi Henri. Ils m'ont reconnu. Je n'en suis pas fier, mais de telles connaissances sont parfois utiles. Grâce à eux, j'ai deux chevaux tout sellés... Allons !... il faut emmener l'amoureux. Coquin de Cupidon, il n'y a pas un archer, même suisse, qui te vaille !... Bon ! le voilà qui l'adore ! Pourvu qu'elle ne revienne pas à elle !

(Léonora se ranime peu à peu. Elle ouvre les yeux, voit Marc, l'enlace tout d'un coup dans ses bras, avec un grand cri.)

DE LIGNERAC

Au diable le réveil ! Le voilà pris. Et mes chevaux qui s'emportent ! Pauvres bêtes ! (Il va à Marc) Allons, mon ami, partons, les chevaux... (Les deux amants enlacés ne l'entendent pas.)

LÉONORA (murmurant)

Comme tu es bon ! Marc ! et comme je t'aime ! Il me semble que mon amour redouble ! Je serai forte et je serai soumise. Je ferai ce que tu voudras.

DE LIGNERAC (à Léonora)

Je vous en conjure, écoutez-moi ! Il faut qu'il parte. Laissez-nous fuir. Je vous donne ma parole de gentilhomme que vous le reverrez Il y va de l'honneur !.. C'est en vain que je m'évertue !... Oh ! j'ai soif ! Tiens, voici une coupe d'argent... pleine de vin. Buvons ! (Il prend la coupe du duc. Léonora se jette sur la coupe, la lui arrache des mains et la lance sur le plancher.)

LÉONORA

Ne buvez pas ! le poison n'est pas pour vous.

DE LIGNERAC

Du poison ! Et il n'est pas pour moi ! C'est adorable à vous de m'avertir. (A part) Où sommes-nous ? bon Dieu ! Cette femme, c'est un diable !

(La toile tombe.)

FIN DU DEUXIÈME ACTE

QUATRIÈME TABLEAU

Les remparts de Genève au moment de l'Escalade. Au pied des remparts, Brunaulieu et ses hommes. Les soldats posent en silence les échelles le long des murailles. Sur le devant de la scène Brunaulieu et Sonaz.

———

SCENE I

BRUNAULIEU, DE SONAZ, SOLDATS, UNE PATROUILLE GENEVOISE

SONAZ

Tout va bien, gouverneur ! Nous avons eu deux fausses alertes. Des guenilles suspendues que nous avons prises pour des hommes d'armes, et un lièvre effrayé qui nous a fait peur.

BRUNAULIEU (surveillant les soldats.)

Bien ! voilà les échelles posées. Ce Piémontais de Semari, il a la science des escalades. Elles sont invisibles ! regardez, Sonaz.

SONAZ

C'est vrai !... Une patrouille ! cachons-nous.

(Une partie des soldats s'effacent le long des murs, les autres se jettent contre terre. La patrouille défile lentement, s'arrête un instant au milieu du théâtre, semble chercher dans l'ombre, et reprend sa marche. Elle disparaît. Les soldats se relèvent.)

BRUNAULIEU

Ne perdons pas une minute. Commençons l'escalade.(A un soldat) Toi, reste ici. Quand tu nous verras tous en haut des murs, cours l'annoncer au capitaine général. (Aux soldats) Montez lentement, assourdissez le bruit de vos pas, la tête rejetée en arrière, les yeux fixés au sommet des remparts, prêts à y distinguer le moindre objet qui viendrait à y surgir. A la moindre alerte, tenez-vous cois ; retenez votre souffle ; attendez... Maintenant, en avant ! je monte le premier.

SONAZ

Je vous suis, gouverneur.

(Ils montent, ils atteignent le milieu des remparts. Une patrouille passe au pied, tandis qu'au sommet, la tête de quelques sentinelles émerge. Tous s'arrêtent et restent suspendus. La patrouille fait halte au milieu de la scène.)

L'OFFICIER

Il m'a semblé entendre du bruit... le bruit d'un corps qui rampe .. quelque maraudeur sans doute. (On entend douze coups qui retentissent.) Voici minuit qui sonne à St-Pierre. (La trompette du sonneur) Allons ! tout est tranquille, marchons !

(La patrouille se remet en marche, les têtes disparaissent. Les soldats reprennent leur ascension.)

BRUNAULIEU

*(*Il arrive le premier au sommet. Dressant la tête et regardant.)

(A Sonaz) Ce côté est désert. Nous y voici, Sonaz, l'escalade est faite.

(Il enjambe le parapet. Sonaz et les soldats font de même tour à tour. On aperçoit une longue file d'ombres qui glissent le long du parapet.)

(Au pied du rempart une troisième patrouille défile.)

(La toile tombe.)

CINQUIÈME TABLEAU

Le pont d'Etrembières. A gauche de la scène, l'intérieur d'une chambre d'auberge, comme au 1er acte. Cheminée avec du feu. A droite, une porte. Çà et là des feux à moitié éteints, des armes jetées. Dans l'ombre, quelques groupes indistincts.

SCENE II

CHARLES-EMMANUEL, D'ALBIGNY, UN SOLDAT

(Le duc et d'Albigny enveloppés dans leurs manteaux se promènent. Un soldat accourt.)

D'ALBIGNY

D'où viens-tu ? Qui t'envoie ?

Le gouverneur, capitaine. Les remparts sont escaladés. Le gouverneur attend vos ordres à Champel.

D'ALBIGNY

C'est bien, tu es un messager de bonne nouvelle. Vous avez entendu, Altesse, je pars.

CHARLES-EMMANUEL

Si tu prends Genève, je suis roi, et je te fais duc. Va, et que Dieu et le pape te soient en aide.

(D'Albigny s'éloigne. Le duc pousse la porte à gauche et entre dans l'auberge.)

SCENE III

CHARLES-EMMANUEL (seul)

(Il jette les yeux sur les verres et les bouteilles vides qui encombrent les tables).

On s'est fort enivré. Pauvres gens ! ils trouvent du courage dans l'ivresse. Savent-ils ce qu'ils font ? On leur donne une proie à dévorer, leur instinct les pousse, ils vont ! L'homme n'est qu'une bête... Comme il méprise les hommes, celui qui les change en instruments de ses desseins ! Et ils l'admirent ! imbéciles ! Vraiment, on trouve presque du plaisir à tromper cette tourbe rampante toujours prête à baiser le pied qui l'écrase, multitude abjecte qui ne peut se passer de maître, et à qui il faut une idole. Un être intelligent vous emploie ; c'est ma foi, trop d'honneur!... (Il s'assied au coin de la cheminée et se chauffe) Il fait froid .. Peut-être un jour le peuple croira avoir des droits... Bah! ce jour est encore loin! (Il se penche vers la cheminée) Quel vent! il s'engouffre et gémit sourdement... Cette nuit, combien vont mourir! La mort!... On construit l'édifice de sa vie avec la mort des autres, et, quand le couronnement de l'œuvre est achevé, il faut aussi mourir. Nos passions ont bien peu de temps pour se satisfaire Que va-t-on penser ? Je viole un traité, je méconnais tous les droits. Qu'importe, si je triomphe! La victoire absout. Nous saurons étouffer le blâme. Les princes ne doivent réclamer des hommes que deux choses : la louange ou le silence!... Allons, dormons quelques heures, la fortune viendra en dormant.

SCENE IV

DE LIGNERAC, SOLDATS, LA SORCIÈRE (à droite de la scène ; à gauche le DUC endormi.)

DE LIGNERAC (d'un air mystérieux)

L'aventure est curieuse. Je suis prisonnier et je surveille ; ils m'arrêtent et je les commande. Le duc est ici, incognito, et cet incognito je le partage. Il se fait appeler monsieur l'ambassadeur, et c'est moi que l'on prend pour l'ambassadeur... Ces gueux sont à peu près tous partis... Et Cambiago qui ne peut s'arracher des bras de la comtesse... Fuir serait pourtant facile, tous ceux qui restent sont ivres... Je ne sais encore rien de certain. Courir à Genève seul, c'est impossible! Comment entrer? Je n'ai pas le mot de passe. Cambiago l'a... Mais que se passe-t-il donc?...

(Quelques soldats ivres traînent la sorcière sur la scène, la frappent et la meurtrissent à coups de plat de sabre. Ils rient bruyamment.)

Ces rustres se font un jouet de cette malheureuse! Ils vont la tuer! (aux soldats) Laissez cette femme!

UN SOLDAT

Ce n'est pas une femme, c'est une sorcière!

DE LIGNERAC

Et toi, un gueux! sorcière ou non, lâchez-la!

LE SOLDAT

Nous sommes tous bons catholiques.

DE LIGNERAC

Des saints! (Il empoigne par le collet un soldat qui continue à frapper la sorcière, et l'envoie rouler à quelques pas) Ces maroufles ont la tête dure!

LE SOLDAT

Voyons, Monsieur l'ambassadeur, puisqu'elle doit aller au bûcher quand nous aurons pris Genève...

DE LIGNERAC

(A part.) Cet ivrogne est instructif. Tiens! va-t-en boire! (Il lui jette sa bourse.)

LE SOLDAT (ramassant la bourse et la pesant)

Merci, Monsieur l'ambassadeur ! Fichtre ! elle est lourde.
C'est pour le moins un prince !

(Tous font gauchement de grands saluts.)

DE LIGNERAC

Allez-vous-en.

(La sorcière est tombée sur le sol à demi-morte. Son visage
flétri se couvre d'une pâleur livide. Lorsque les soldats sont
partis, elle se traîne vers de Lignerac.)

LA SORCIÈRE (avec effort et semblant prête d'expirer)

Merci ! Vous avez eu pitié, vous ne m'avez pas maudite. Ah !
comme ils m'ont fait souffrir ! et ils riaient ! Je vais mourir,
heureusement ! Laissez-moi toucher votre main, je mourrai
en paix.

DE LIGNERAC

Pauvre femme ! comme son visage est blême ! c'est l'agonie ! elle expire !

LA SORCIÈRE (lui tenant la main et se soulevant dans un suprême
effort)

Soyez béni !... Merci !... Ah ! je meurs !... (Elle expire.)

DE LIGNERAC (posant la main sur la poitrine du cadavre)

Morte ! (Il se découvre. Lentement avec solennité) Qui que
tu sois, femme, pauvre créature que les hommes ont raillée,

maudite, torturée, foulée aux pieds, victime sanglante de la
haine, réservée à la flamme ignominieuse du bùcher, je te
salue, martyre !

(Il reste pensif, les bras croisés sur sa poitrine.)

SCENE V

DE LIGNERAC, MARC, LEONORA, UN SOLDAT

(Marc et Léonora entrent. Ils causent tendrement)

LÉONORA

Tu as eu tort de douter de moi! comme vous m'avez été
méchant, Monsieur! c'est affreux ce que vous voulez faire!
me quitter, me fuir pour jamais! j'en serais morte! je t'aime
aveuglément comme une folle ! je te le prouverai. Si pour
toi, je commettais un crime, me croirais-tu ?

MARC

Léonora! tu dis là des choses insensées.

(Ils se sont avancés lentement sur le devant de la scène. De
Lignerac absorbé ne les a pas encore vus. A cet instant il les
aperçoit.)

DE LIGNERAC

Ah ! les amoureux!. . observons. Et dire qu'en tout ceci le
sage c'est moi !

(Il s'efface contre un arbre.)

MARC (à part)

De quelle illusion suis-je le jouet? ce rendez-vous, cette arrestation, ces soldats, le duc de Savoie, elle, Léonora, sa maîtresse, et moi ici avec elle! grand dieu! est-ce possible? je rêve! Ces soldats, où sont-ils? partis! Quel soupçon horrible! Ah le remords, déjà! je veux partir! il le faut! où est le comte? (Léonora lui met la main sur la bouche et étouffe ses paroles.) On attaque Genève, tu le sais. Ah! laisse-moi!

LÉONORA

Genève! toujours Genève. Vous ne savez pas aimer. Les hommes ont toujours des pensées de famille, de patrie, de gloire... que sais-je. Vous ne vous absorbez pas dans votre amour. Et qu'importe la patrie et la gloire? Pour sentir ton cœur battre, pour avoir en tout le corps ce frisson de plaisir qui fait pâlir le front et met la bouche en feu, ah! Marc, je vendrais toutes les patries et toutes les gloires. Si nous mourions ainsi à cette heure. Vois-tu nos deux âmes s'envoler légères dans une amoureuse étreinte?

MARC

Tes paroles brûlent! elles m'enivrent. O mon Dieu! dans mes nuits sans sommeil, dévoré par l'étouffante chaleur des désirs comprimés, j'ai imploré de toi la passion sans borne. Tu m'as exaucé, foyer sacré d'où jaillit toute flamme! mais à quel prix!

DE LIGNERAC (à part)

O sainte jeunesse! comme tu déraisonnes! Voyons où va les pousser leur délire.

MARC (apercevant le cadavre de la sorcière)

Qu'est-ce que cela ? (Il se penche et regarde.) Une femme.
Morte ! assassinée peut-être...

LÉONORA

La sorcière ! (à part) et ma promesse !

MARC

Que dis-tu ? Tu connais cette femme ?

LÉONORA

C'est elle qui te portait mes lettres. Que les autres vivent
ou meurent, que m'importe !

MARC (soudainement sérieux)

Pourquoi est-elle morte ? Femme étrange, tu me fais peur !
Je ne sais où tu m'entraînes. (D'une voix éclatante) Va-t-en !
Je ne veux pas t'aimer ! Ton amour est un poison, va-t-en.

LÉONORA (s'attachant à lui)

Oh ! ne me désespère pas ! C'est toi qui m'exaltes, qui me
rends folle. (Indiquant la chambre où dort le duc.) Entrons là,
nous nous reposerons en attendant le jour. (Elle pousse la
porte. Ils entrent.)

SCENE VI

DE LIGNERAC, MARC, LÉONORA, LE DUC

A droite de la scène, de Lignerac. A gauche, dans la chambre, Marc et Léonora. Auprès de la cheminée, le duc endormi. La porte reste ouverte et de Lignerac peut voir tout ce qui se passe.

DE LIGNERAC

(A part) Elle l'entraine ! Que va-t-il se passer ?

MARC (il aperçoit le duc)

Un homme qui dort. Il aura trop bu.

LÉONORA

Le duc !

MARC

C'est vrai, le duc... Charles-Emmanuel de Savoie ! (Il l'examine) Il est petit et mal fait, cet homme. Vous avez eu bien mauvais goût, madame.

LÉONORA

Marc, je t'en conjure, laisse le passé dans l'oubli. Je ne l'ai jamais aimé, et je le hais.

MARC (au duc, à demi-voix)

Vous êtes en mon pouvoir, Monseigneur ! Si j'étais lâche !...

un coup de poignard, et tout serait dit. Adieu, rêves de
gloire longtemps caressés ! Car vous êtes ambitieux, Altesse !
La tentation est forte. Ce visage est d'un traître. Léonora,
allons-nous en.

LÉONORA (Derrière lui, le poignard à la main.)

Tu as peur d'une lâcheté. Tu n'oses pas tuer un homme
qui dort. Eh bien ! moi, je le tuerai. Une femme qui assas-
sine n'est pas lâche. Tu ne pourras plus douter de mon
amour. (Elle lève son poignard sur le duc) Meurs donc !

MARC (lui retenant le bras)

Un crime ! jamais !

LÉONORA

Tu nous perds, Marc.

(Au moment où Léonora lève le poignard, le duc ouvre les
yeux. Il est en proie à une hallucination. Les deux amants reculent, et le considèrent stupéfaits.)

CHARLES-EMMANUEL (rêvant)

D'Albigny ! mon fidèle d'Albigny, tu m'as fait roi, je te fais
duc ! Donne-moi ma couronne. Où est-elle ? la voilà ! Comme
elle est belle ! comme elle brille ! Genève est à moi !

MARC

Le scélérat !

LÉONORA

Laisse-moi frapper. (Il la retient)

CHARLES-EMMANUEL

Tue, tue! Ce sont des impies, des ennemis du pape.

LÉONORA

Tu vois bien qu'il faut qu'il meure !

MARC

Tais-toi !

CHARLES-EMMANUEL (rêvant)

Ne m'enlevez pas ma couronne ! Elle m'a tant coûté ! J'ai commis des crimes pour l'avoir. Nostradamus avait raison !... On m'appelle Majesté ! A genoux, servile multitude ! Courbez vos têtes, plus bas, plus bas encore! Comme ils sont vils ! Ah! la gloire ! clarté divine !... Oh ! elle devient rouge ... horreur ! c'est du sang ! (Son visage revêt une telle expression de terreur que Marc et Léonora reculent) Venez à mon aide ! Un fleuve de sang m'environne! Chaque flot a une voix et crie, chaque vague rougit mon corps ! Le courant m'entraîne, je vais périr ! Au secours ! (Il se dresse contre un courant imaginaire.)

DE LIGNERAC (à part)

Son Altesse nous en dit de belles ! Heureusement ce n'est qu'en rêve. (Il va entrer dans la chambre, quand il entend du bruit derrière lui ; il se retourne et voit un soldat qui accourt.)

SCENE VII

LES MÊMES, UN SOLDAT

DE LIGNERAC

Qui cherches-tu ?

LE SOLDAT

Monsieur l'ambassadeur.

DE LIGNERAC (à part)

Payons d'audace. (Haut) C'est moi.

LE SOLDAT

Le gouverneur vous annonce qu'il occupe les remparts.

DE LIGNERAC (à part)

Mordieu ! ils vont vite ! (Haut) C'est bien. Qui t'envoie ?

LE SOLDAT

Le capitaine-général d'Albigny.

(Dans la chambre) LÉONORA (à Marc)

Sortons ! profitons de son sommeil pour fuir. (Ils sortent et se trouvent en face de Lignerac.)

DE LIGNERAC (Saisissant Marc par le bras, à demi-voix)

Malheureux ! Le duc a pris Genève !

(Cambiago sursaute, ses traits se contractent, un cri lui échappe, il pousse violemment Léonora dans la chambre, dont Lignerac ferme la porte.)

DE LIGNERAC

Séparés ! mais trop tard.

MARC (hors de lui.)

Qui a dit que Genève était pris ?

DE LIGNERAC

Ce soldat en apporte la nouvelle.

(Marc se précipitant vers lui, lui arrache son épée et la lui plonge au corps. En un clin d'œil, Marc, lui enlève son casque, son manteau, qu'il revêt, et paraît, l'épée au poing, terrible.)

DE LIGNERAC

Enfin !

MARC

Adieu, comte ! il n'est pas trop tard pour mourir !

(A ce moment des soldats paraissent dans le fond de la scène, sur le passage de Marc.)

DE LIGNERAC (Se drapant, et d'un ton impérieux)

Qu'on laisse passer cet homme ! (Les soldats s'écartent. Marc disparaît.)

SCENE VIII

DE LIGNERAC, LE DUC, LÉONORA, SOLDATS

(Léonora s'est jetée avec furie contre la porte et s'efforce de l'ouvrir ; elle réveille le duc.)

CHARLES-EMMANUEL (sortant de son rêve)

J'ai rêvé que j'étais roi ! Cependant, j'ai eu comme un cauchemar... Quel est ce bruit ? Comment, Léonora ! Vous, Madame ? Que faites-vous ici ?

LÉONORA (affolée)

Monseigneur, ouvrez cette porte. Il est parti. Je veux le suivre.

CHARLES-EMMANUEL

Parti ! qui ? Ah ! votre amant. Nous allons le rejoindre, tranquillisez-vous.

LÉONORA

Insensée ! Qu'ai-je dit ?

(Sous ses efforts, la porte s'ouvre, elle se glisse dehors. Elle s'avance lentement dans l'ombre. Les feux, réduits à l'état de brasiers, ont une clarté rouge qui éclaire faiblement.)

Marc ! Marc ! (A de Lignerac.) Où est-il ? (Aux soldats) Vous l'avez vu, n'est ce pas ? (Elle aperçoit le cadavre du soldat) Oh ! ils l'ont tué.

DE LIGNERAC (à part)

Il ne faut pas qu'on voie ce cadavre. (Haut) N'avancez pas, Madame.

LÉONORA (que de Lignerac arrête)

C'est lui ! Ils l'ont assassiné ! Mon Dieu ! Mort ! mort sans moi, sans ta Léonora ! C'est mal ! Que je le voie, que je l'embrasse encore une fois, la dernière ! Ah ! Dieu, le perdre tout d'un coup ! quand il m'avait pardonné ! (Aux soldats) Je veux mourir aussi, allons, tuez-moi ! (Elle se jette sur eux, ils reculent) Mais frappez donc ! De grâce, ayez pitié ! faites-moi mourir !

(Le duc l'a suivie, il écoute froidement, les bras croisés.)

CHARLES-EMMANUEL (aux soldats.)

Où est le Genevois ? Qui l'a tué ?

(Les soldats consternés se taisent, regardant à la fois le duc et de Lignerac. Du fond de la scène apparaît un courrier avec une escorte venant de Genève.)

LE COURRIER

Monsieur l'ambassadeur !

CHARLES-EMMANUEL

C'est moi. (Etonnement des soldats.)

LE COURRIER (lui présentant un message)

De la part du capitaine-général d'Albigny.

CHARLES-EMMANUEL (lisant.)

« Genève est à nous, venez ! » Le ciel soit loué ! (A de Li-gnerac) Vous pouvez continuer votre route, Monsieur le comte. Laissez-moi vous donner un conseil. Si c'est à Genève que vous allez, rebroussez chemin.

DE LIGNERAC

Son Altesse me fera-t-elle la grâce de me dire pour-quoi ?

CHARLES-EMMANUEL

Parce que vous ferez mieux d'aller annoncer au roi, votre maître, que j'ai pris Genève.

DE LIGNERAC

Le roi mon maître le saura.

CHARLES-EMMANUEL

Monsieur, je ne vous retiens plus.

(De Lignerac salue et s'éloigne.)

CHARLES-EMMANUEL (aux soldats)

Je suis votre seigneur, le duc de Savoie ! (Tous s'inclinent) (A un soldat) Toi, cours à franc étrier à Rome, annonce au Saint-Père la prise de Genève. (A un autre) Toi, à Chambéry, porte la bonne nouvelle à la duchesse, notre chère dame et épouse. Je veux que partout l'on sache ma victoire !

(Les profondeurs du bois s'illuminent. Des soldats portant des torches remplissent la scène. Ils se rangent en demi-cercle au fond du premier plan. Le duc. Léonora affaissée et paraissant à demi-morte.)

LES SOLDATS

Vive Son Altesse, Monseigneur le duc de Savoie !

(Les cris rappellent Léonora à elle-même. Elle se lève, la lumière des torches l'éblouit, ses yeux s'arrêtent sur le cadavre du soldat. Elle va à lui, lui découvre le visage, puis, se dressant, éperdue, échevelée, elle crie :

Ce n'est pas lui ! Je suis abandonnée !

(La parole expire en sa gorge, son visage pâlit, ses lèvres frémissent, elle s'évanouit.)

CHARLES-EMMANUEL

Cette femme est folle ! Allons, mes amis, à Genève !

(Les soldats brandissent leurs épées, agitent leurs torches.)

Vive Monseigneur !

(La toile tombe)

FIN DU TROISIÈME ACTE

ACTE IV

(Une chambre dans le manoir de Théodore de Bèze. Haut pla-
fond, boiseries sculptées, meubles dans le goût du temps. Au
milieu, sur un pupitre, la Bible, magnifique livre à fermoirs
d'argent. Deux grandes fenêtres, l'une donnant sur les remparts
et l'autre sur la rue. Au fond, une grande porte avec une ar-
cade cintrée, s'ouvrant sur la rue. — Au moment où le rideau
se lève, la chambre est déserte.)

—·——··

SCENE I

THÉODORE DE BÈZE (seul)

(Il entre, tenant une lampe allumée qu'il dépose sur une table.)

Le sommeil me fuit, un pressentiment de malheur m'obsède.
Marc n'est pas encore rentré. Des habitudes brusquement
changées, des sorties mystérieuses, une sorte de gêne en ma
présence, voilà des indices qui ne trompent guère. Et pourtant, avec quel soin je l'ai élevé! Son père était mort, j'en ai
fait mon enfant. Il ne m'avait rien caché jusqu'à présent. (Il va
à une fenêtre et l'ouvre) Quel souffle glacial! L'hiver est dur

pour les vieillards. Ils ont bien assez de cet hiver de l'âge qui
blanchit leurs cheveux et ralentit leur sang. Quel silence! Pas
un bruit. Genève, dors. Dors paisible, vieille cité, que la foi
a rendu sainte, ô ma seconde patrie, dors, ma vieille Genève!
Il me semble avoir entendu un bruit d'armes... Une patrouille
sans doute... Cependant on dirait un combat. (Il regarde par la
fenêtre) Des ombres passent près des remparts... Ce sont les
sentinelles qui se relèvent. (On entend un cri) Cette fois, c'est
bien un cri que j'ai entendu! Quelque rixe avec les chasse-co-
quins. (Il ferme la fenêtre, tire les rideaux, s'assure si tout est
bien clos, vient à pas lents vers la Bible, l'ouvre lentement et respectueusement) Quand la douleur nous oppresse, quand un espoir terrestre nous trompe, nous venons à toi, livre sacré, et
la parole divine que contiennent tes sublimes pages, fait descendre en nous la rosée céleste. (Il lit. Le bruit venant du dehors l'interrompt) On dirait une émeute. (Il va à la fenêtre et
regarde) La rue est remplie d'hommes d'armes. Ils s'assem-
blent devant les maisons. Les ténèbres m'empêchent de distinguer ce qu'ils font. (Un cri d'homme qu'on égorge retentit) Ils
tuent! ils assiègent ces demeures! ils enfoncent les portes!
C'est un massacre!

(Le bruit approche de plus en plus, les cris augmentent. Tu-
multe affreux auquel se joint le crépitement des arquebuses.)

Aurait-on surpris Genève? Mais qui donc! C'est impossible! Une aussi infâme trahison!... Ils viennent ici... Ils
sont là... ils assaillent la porte.

(La porte résonne sous les coups de pertuisanes, auxquels se
mêlent des vociférations. Théodore de Bèze s'agenouille.)

Seigneur, je remets mon âme entre tes mains. Être tout-
puissant, sans la permission de qui aucun cheveu de notre
tête ne peut tomber, protége-moi! (Les coups deviennent de
plus en plus violents et pressés. La porte de chêne s'ébranle, l

gonds crient. Elle vole en éclats. Tout à coup, le fracas cesse, des coups de feu et les froissements des épées le remplacent. Par le trou de la porte brisée, on voit des hommes qui se battent. Les vainqueurs entrent. A leur tête, les cheveux au vent, l'œil ardent, brandissant son épée sanglante, Marc apparaît sur le seuil.

THÉODORE DE BÈZE

Marc, c'est toi !

MARC (se jetant dans les bras de Théodore de Bèze)

O mon maître ! ô mon père !

THÉODORE DE BÈZE

Mon enfant ! c'est toi qui me sauves !

MARC

Mon père ! l'ennemi est dans nos murs, il a surpris Genève, il a escaladé les remparts. La porte de la Corraterie est en leur pouvoir. Mais tout n'est pas encore perdu. Genève se réveille. (Un coup de canon retentit. Marc s'est avancé vers la scène, il est suivi de Humbert, de Gallotin, de jeunes gens) Les enfants de Genève se rassemblent. Les bourgeois s'arment. Chaque maison se défend, chaque maison soutiendra un siège, et si l'ennemi triomphe, il n'aura pour témoin de sa victoire que nos cadavres. Ils ont cru trouver un troupeau d'agneaux bêlant sous le couteau qui les égorge, ils ont rencontré une troupe de lions qui rugissent et qui tiennent tête.

Au dehors : Aux armes ! aux armes !

(La canonnade continue.)

MARC (à tous ceux qui l'ont suivi)

Amis, sauvons la patrie ! Sus aux traîtres !

(Tous se précipitent dehors.)

SEPTIÈME TABLEAU

(La porte de la Corraterie, un pan de rempart, où vient aboutir une rue. Sur le devant de la scène, des cadavres épars, des tronçons d'épée.)

SCENE II

LE PÈRE ALEXANDRE, SONAZ, UN SOLDAT

(Sonaz gît mortellement blessé ; le père, agenouillé, lui tient la tête levée.)

SONAZ

J'étouffe ! je sens que je vais mourir.

LE PÈRE ALEXANDRE

Mourir en soldat, en combattant pour la foi. Où avez-vous été frappé ?

SONAZ

. A l'épaule, la balle est entrée un peu au-dessous, et a traversé la poitrine ; la blessure est mortelle, je le sens ! L'agonie approche. Parlez-moi du ciel, mon père.

LE PÈRE ALEXANDRE

Vous l'avez gagné, mon fils ; vous vivrez de la vie éternelle. (Sonaz expire.)

UN SOLDAT

Mon père !

LE PÈRE ALEXANDRE

Qui m'appelle ?

LE SOLDAT

Moi ! j'ai soif ! à boire !

LE PÈRE ALEXANDRE

Courage ! mon fils. Mourez avec résignation, vous gagnerez l'indulgence plénière, que Sa Sainteté accorde à ceux qui meurent pour la foi.

LE SOLDAT

Je donnerais toutes vos indulgences pour une goutte d'eau-de-vie. Votre scapulaire ne m'a pas préservé, la balle l'a transpercé. De l'eau ! Oh ! la vie ! (Il expire.)

· SCENE III

LE PÈRE ALEXANDRE, BRUNAULIEU, SOLDATS

BRUNAULIEU (blessé)

Nous sommes repoussés ! Que fait donc d'Albigny ? Aucun signal ! Mon père, fuyez !

(Le père Alexandre se sauve. Une troupe de soldats passent sur la scène, criant : aux échelles ! aux échelles ! Les Genevois les poursuivent. Brunaulieu combat vaillamment. A une fenêtre, la mère Guillaume paraît avec sa marmite, elle la lance sur un soldat, qui tombe.)

DES SOLDATS (A Brunaulieu)

Gouverneur, les échelles sont brisées !

BRUNAULIEU

Tant mieux ! vous ne pourrez pas fuir ! (Il combat toujours) Oh ! je suis touché ! (Il tombe.)

(Les soldats, ne trouvant plus les échelles, se précipitent du haut des remparts. La scène s'emplit de bourgeois à demi-vêtus, qui poursuivent les assiégeants et les tuent. Déroute complète.)

(La toile tombe.)

HUITIÈME TABLEAU

La place de la Cathédrale avec le péristyle au fond.

———

SCENE IV

MARC (seul, il arrive, l'épée au poing.)

Ils fuient ! Genève est sauvée ! ô ma patrie ! la joie du triomphe remplit mon être ! (On entend dans les rues des cris de joie auxquels se mêle le nom de Cambiago) Ils m'accablent, ils ne savent pas que la fureur qui me poussait en avant d'un élan irrésistible était celle du désespoir et de la honte. Je cherchais la mort ! Comment vivre maintenant avec cet amour qui me déshonore. Léonora, la maîtresse du duc ! Oh ! saint vieillard qui m'as élevé, quelle rougeur couvrirait ton front si on venait te dire : « Cet enfant de ta tendresse, c'est l'amant... ! Non, il vaut mieux mourir. Mort, j'aurai la compassion des hommes, peut-être leurs louanges. Allons, fais-toi justice, et remercie Dieu de mourir dans la joie du triomphe !

(Il va se percer de son épée.)

DE LIGNERAC (survenant)

Marc ! que faites-vous ?

MARC

Vous le voyez, je me tue. Vivre n'est plus possible.

DE LIGNERAC

Si quelqu'un devait se tuer, ce serait le duc. Il arrivait en triomphateur, ayant partout annoncé sa victoire. Il rencontre d'Albigny battu, et faisant la mine la plus piteuse : « Eh bien! vous avez fait une belle cacade », dit Monseigneur, et il tourne bride. Il crève de honte. Mais vous, Marc, vous vous êtes couvert de gloire.

MARC

Je l'aime toujours! comprenez-vous, et si je vivais, mon amour l'emporterait... Non, c'est impossible.

———

SCÈNE V

LES MÊMES, THÉODORE DE BÈZE, HUMBERT, GALLOTIN,
LA MÈRE ROYAUME,
MAGISTRATS, BOURGEOIS, HOMMES DU PEUPLE

HUMBERT (serrant la main de Marc)

Salut, capitaine..! La République reconnaît en toi son sauveur.

UN BOURGEOIS

C'est vrai, tu es notre libérateur !

LA FOULE

Vive Cambiago ! (Acclamations.)

(Théodore de Bèze arrive. La foule s'écarte respectueusement.)

THÉODORE DE BÈZE

Habitants de Genève! Nous venons d'échapper au plus grand des dangers. Cette nuit, les destinées de la patrie semblaient perdues. Votre courage a repoussé une odieuse attaque; le Dieu juste et fort n'a pas permis le triomphe de la trahison. Allez! remplissez les temples, remerciez Dieu, que des prières publiques soient instituées, que l'action de grâces soit un devoir civique! Vous le voyez, ce ne sont point des remparts de pierre qui protègent les cités, mais plutôt ces remparts de vertu que chaque citoyen doit élever dans son âme. (Se tournant vers Marc) Et toi mon fils, tu t'es bien conduit. Tu fais notre gloire et ma fierté.

MARC

La joie de ce vieillard me fait mal.

THÉODORE DE BÈZE

Comme tu pâlis !

MARC

La joie du triomphe, l'émotion.....

THÉODORE DE BÈZE

Agenouille-toi, mon fils. En ce jour glorieux la bénédiction d'un vieillard te portera bonheur. (Marc s'est agenouillé.

Théodore de Bèze lui impose les mains) Je te bénis au nom du Dieu tout-puissant, et lui rends grâce de s'être servi de ton bras pour sauver la patrie.

MARC (à genoux)

Ne me bénissez pas, mon père ! je suis un misérable !

TOUS

Que dit-il ?

MARC

O tourment affreux ! Vos louanges ! j'en suis indigne ! Il faut que vous sachiez.. Cette nuit, j'étais dans les bras...

THÉODORE DE BÈZE

Arrête, Marc ! Tu as gravement violé la loi, mais la République peut pardonner au citoyen courageux la faute de l'homme coupable.

MARC

Mais cette femme était la maîtresse du duc de Savoie.

THÉODORE DE BÈZE

Malheureux ! la maîtresse du duc ! Tu fus son amant ! Tu as aimé, tu aimes encore peut-être la concubine du traître qui a voulu détruire ta patrie. Tu le dis ici, devant tous et nous sommes là qui t'écoutons, tandis que l'indignation devrait étouffer en nous jusqu'au souvenir de ce que tu as accompli. Magistrats, quel que soit l'offenseur, justice doit être faite. Cambiago a commis un odieux adultère, je vous le livre. Que Dieu vous inspire une équitable sentence !

MARC (à genoux)

Vénéré maître, je n'ose vous appeler mon père. Mes amis, quelques mots, vous me punirez tout à l'heure. Quand j'ai aimé cette femme, j'ignorais qu'elle fût la maîtresse du duc.

(Cris dans la foule : Qu'on lui fasse grâce !)

UN MAGISTRAT

Qu'il renonce à son amour !

MARC

Jamais !

LE MÊME MAGISTRAT

Tu refuses ! Saisissez-le et que le bourreau accomplisse son œuvre !

MARC (se lève lentement, prend un poignard à sa ceinture et se l'enfonce dans la poitrine)

Justice est faite, et c'est moi le bourreau !

TOUS

Qu'a-t-il fait ? (On se presse vers lui, de Lignerac le soutient entre ses bras) Nous voulions sa grâce !

MARC (d'une voix faible à de Lignerac)

Merci, comte ! fidèle ami, merci. Je ne pouvais vivre, voyez-vous. (A la foule.) Mes amis, mes bons amis, vous êtes généreux !

(Cris dans la foule : Vis, nous t'avons pardonné.)

MARC

Merci ! (Il se tourne vers Théodore de Bèze qui, anéanti par la douleur, semble insensible à tout ce qui se passe autour de lui) Et vous, mon père, me pardonnerez-vous aussi ?... Vous ne voudrez pas que j'emporte dans le tombeau votre malédiction ! (Théodore de Bèze reste immobile) Ah ! vous êtes cruel ! c'est un mourant qui vous implore.

THÉODORE DE BÈZE

(Il est en proie à une violente lutte intérieure d'une voix entrecoupée de sanglots.)

Marc, mon fils ! Ah ! j'ai le cœur brisé.

MARC

Oh ! béni soyez-vous, mon père qui venez à l'heure suprême où mon âme s'en va, m'apporter la divine consolation de votre pardon et de votre amour. (Pause) Soutenez-moi, mes amis, comme cela, merci ! (Le jour se lève, la lumière blanche envahit la scène.) Si l'amour d'une femme a subjugué mon âme, j'ai bien aimé la patrie. (Il se ranime et se tient presque debout. Il semble avoir une vision) J'aperçois dans le vague horizon un soleil plus resplendissant que celui-ci, ma vue s'élargit, l'obscur avenir se dévoile ! je vois... je vois... Genève dans l'avenir. Mes amis, la mort est une clarté. Ecoutez-moi ! les peuples prospèrent par la paix. La fraternité doit les unir. Un jour Genève n'aura plus rien à redouter de ses voisins. Ouvrant à tous son sein hospitalier elle détruira elle-même ses remparts, et sera un refuge au milieu des agitations qui ébranlent les peuples. Aimez-vous ! ô mes concitoyens ! (Ses forces l'abandonnent. Faiblement) Genève ! (à ceux qui l'entourent) Ne pleurez pas. Tous, vous m'avez pardonné, je meurs content !

TOUS

Il expire.

On le dépose doucement sur une marche. Tout-à-coup il se soulève, cherche quelqu'un du regard, et avec son dernier souffle :

Léonora !

TOUS

Mort !

La scène est envahie par la foule qui pousse des acclamations. Drapeaux, trophées, oriflammes. Les magistrats en corps, au haut des degrés. Le corps de Cambiago au milieu sur le devant de la scène. Bourgeois, hommes du peuple, prisonniers.

THÉODORE DE BÈZE (montrant le cadavre)

Marc Cambiago est mort ! (Il se découvre, tous l'imitent) Paix et gloire à son souvenir ! (Un silence. Il se couvre) Vive Genève !

Magistrats, bourgeois, hommes du peuple agitant bannières, drapeaux, épées : Vive Genève ! La toile tombe.

FIN.

Septembre 1879.

DES MOYENS

DU

DÉVELOPPEMENT DU COMMERCE EXTÉRIEUR

DE LA SUISSE

INTRODUCTION

La question du développement du commerce extérieur de la Suisse est à l'ordre du jour dans ce moment dans les cercles intéressés, comme dans notre Assemblée fédérale.

Pour la Suisse et les Etats qui achètent une forte partie de leurs subsistances et matières brutes et qui ne travaillent pas uniquement pour l'intérieur, le développement de l'exportation est un sujet de constante préoccupation.

Or, la Suisse est un pays exclu des rivages de la mer, le grand agent des transports lointains, ses richesses naturelles ne consistent ni en houille, ni en fer, ni en matières brutes servant à la plupart des industries ; sa situation géographique et ses ressources ne la servent pas bien ; elle tient cependant le deuxième rang, proportions gardées, comme nation industrielle, elle a besoin de l'exportation et doit étendre ses relations commerciales.

Diverses questions ont été soulevées, relatives au développement des rapports de la Suisse avec les colonies et les pays lointains, en particulier, la colonisation directe et l'extension des débouchés pour l'exportation de ses produits.

Il y aurait avantage à se rendre compte dans quelle mesure les moyens proposés répondent au but. Citons, en particulier, le remplacement des consuls de commerce par des consuls de profession, avec extension de leurs attributions commerciales, les délégations officielles accordées à des agents commerciaux, la fondation de musées d'échantillons, la formation de Chambres de Commerce suisses à l'étranger, les voyages d'exploration commerciale et quelques autres.

Pour satisfaire aux vœux du commerce, un concours de l'Etat peut se recommander ; il ne peut avoir pour but de remplacer les efforts de maisons groupées ou individuelles. L'initiative des individus, ou d'une collectivité commerciale primera toujours les moyens et les représentations officiels.

I. — **Exportations. Système douanier.**

Il ne faut pas oublier qu'avant les moyens plus ou moins profitables pour ouvrir de nouveaux et lointains débouchés, il y a, en premier lieu, une politique commerciale saine, soit un régime douanier libéral qui ne contrecarre pas les relations et les échanges.

La politique protectionniste a pour effet de renchérir ou d'exclure, par ses droits protecteurs ou prohibitifs, les retours de marchandises, ce qui équivaut à empêcher une partie des exportations qui eussent été faites sans ces entraves. Elle établit une inégalité entre le travail pour l'exportation qui n'obtient pas de droits protecteurs et le travail pour l'intérieur qui se fait accorder des faveurs, et elle charge de droits les articles de première nécessité consommés par l'ouvrier.

La Suisse est entrée en partie (par son tarif du 26 Juin 1884) dans ce régime douanier défavorable à notre commerce extérieur. Maltraitée par l'Allemagne, la Russie, l'Autriche, l'Italie et la France, elle accentue présentement son protectionnisme, ajoutant un autre préjudice à celui que lui cause la politique jalouse et exclusive de ses voisins.

Qu'est-ce que la notion de la Suisse travaillant pour la Suisse seule (conséquence de la fermeture de l'accès aux marchés étrangers), c'est la cessation de notre production de plus de vingt articles de première importance que nous vendions au dehors! Si celle-ci excède les besoins intérieurs, il s'ensuit que la protection est cause d'encombrements, de dépréciation du produit et d'arrêt du travail. Elle agit doublement sur la gêne industrielle, en entravant l'exportation (les produits de l'intérieur s'achètent avec ceux de l'extérieur), en renchérissant la vie pour les industriels comme pour tout le monde.

On travaille donc dans les sphères fédérales dans deux sens à la fois, d'une part, à rendre inactif l'immense capital engagé dans le matériel, l'outillage et le travail de la production ; d'autre part, à développer l'activité industrielle en créant de nouveaux moyens pour le placement de nos articles fabriqués. Je ne me charge pas de résoudre l'antinomie que contient l'entrave à l'expansion du commerce par les douanes et le développement de la production par la recherche de nouveaux acheteurs. Si j'avais une opinion à exprimer, ce serait celle que le malaise croîtra par suite de cette politique de jalousie et de recul, où je reconnais cependant que le gouvernement est entraîné, peut-être malgré lui, par le courant protectionniste et les réclamations intéressées. On l'accuserait, en négociant un traité libéral, de faire un marché de dupe et de laisser exploiter ses nationaux en se livrant.

Ce sont ces vues, quoique pas justes, qui prévalent contre la saine tradition de la Suisse et qui a fait sa prospérité au passé, soit le libre échange. Il aurait mieux valu à la Suisse de ne pas entrer, par la conclusion de traités de commerce, en 1860, dans la voie du libéralisme économique que d'en sortir après y être entrée.

Les vérités les plus simples sont souvent le moins vues par ceux qu'elles concernent. Si, d'une part, l'application des hauts droits permet de neutraliser la concurrence extérieure qu'on redoutait, d'autre part, en s'attachant à l'éteindre, les industriels cessent de travailler, limités qu'ils sont pour les débouchés et confinés au marché intérieur.

Il faut alors chercher une expansion par un commerce plus lointain et une sphère nouvelle en vue du placement des marchandises fabriquées. Ces échanges lointains amènent des incertitudes plus grandes, constituent pour l'écoulement des marchandises suisses un marché moins sûr.

Le jour où les restrictions atteignent nos échanges, où la production est ramenée à travailler dans d'anciennes limites, le développement considérable qu'ont pris la fabrication et l'outillage depuis trente ans s'arrête. Ce capital est en partie sans valeur, et si l'on produit plus cher, une partie des forces industrielles du pays doit chômer et disparaître, on revient alors à la nécessité de produire moins ou de placer davantage. Les échanges au près étant rendus à peu près impossibles, les autres pays ne restant pas en arrière pour les mesures restrictives, chaque pays s'efforce d'ouvrir, dans des contrées de plus en plus lointaines, les débouchés qui lui échappaient.

On comprend désormais les motifs de la politique coloniale

adoptée par les grands Etats, l'Allemagne, la France, l'Italie,
à la suite de la Grande-Bretagne, et l'absorption de territoires
sous prétexte de protectorat.

II. — Etablissements coloniaux

La Suisse ne peut pas viser à se procurer des colonies,
quelques sacrifices qu'elle fût prête d'ailleurs à faire dans ce
but, mais elle peut encourager l'expansion de notre commerce
sur le monde entier. Elle a réussi à adapter sa production aux
goûts orientaux, coloniaux ou des continents demi-civilisés et à
pénétrer où on ne pouvait guère l'attendre (l'exposition de
M. Moser l'a montré). Elle exporte pour 334 fr. par tête de sa
population, malgré ou plutôt à cause de son libre échange, où
l'Angleterre exporte pour 206 fr., l'Allemagne pour 96 fr., la
France pour 112 fr. et l'Italie pour 41 fr., encore n'est-il pas
bien sûr qu'une partie de l'exportation de l'Angleterre pour
ses colonies ne lui soit pas fournie par la Suisse. La question
de l'émigration dirigée sur un territoire dépendant de la
Suisse et des établissements coloniaux a été examinée l'an
dernier à Genève dans la Société d'utilité publique.

Quoique quelques-uns de ses conseillers poussent la Suisse à
l'acquisition de territoires nouveaux à coloniser, elle ne doit
pas s'y laisser entrainer.

Tandis que les nations importantes ont la manie de faire
flotter leur pavillon sur des plages lointaines, et à peupler de
consulats les pays neufs, ce n'est pas un luxe que la Suisse
doive et puisse se permettre. Son attention doit, par contre,
s'attacher à la représentation des intérêts commerciaux dans

les pays étrangers. Nos moyens ne sont pas ceux qui nous permettent de menacer des pays récalcitrants pour s'ouvrir à nos produits.

Il faut aussi discerner exactement de quelle colonisation il s'agit. Est-ce simplement de comptoirs, où les négociants se groupent pour exploiter les ressources apportées de l'intérieur ? — Est-ce des créations d'établissements durables, suivis d'une prise de possession des terres occupées au nom de la Suisse ? — Est-ce enfin d'une conquête qu'il s'agit, la nation faible de ces colonies, travaillant sous la dépendance ou le protectorat, plus ou moins avoué, de la Suisse ? ou est ce une autre forme ?

L'établissement de colons dans un pays bien choisi a été recommandé par un ancien émigré, le Dr Joos. Il aurait le double but de bien diriger l'émigration suisse et de conserver l'attache d'une telle colonie avec la mère-patrie, en groupant les colons sous le pavillon suisse.

Les peuples commerçants se sont, dès l'antiquité, efforcés d'ouvrir des comptoirs dans des contrées lointaines et de chercher des débouchés à leurs excédants de production, qui échappent sur le vieux Continent, mais la compétition est actuellement très accrue. L'esprit de lutte qui fait élever des barrières jalouses contre le développement des échanges entre peuples occidentaux, gagne aussi le domaine colonial. C'est le motif de la politique coloniale envahissante adoptée par les grands États : l'Allemagne, la France, l'Italie, à la suite de la Grande-Bretagne. Nous voyons difficilement comment dans ces conditions un établissement colonial suisse pourrait recevoir seulement un premier essai d'application. On ne peut pas concevoir, en effet, la colonisation sans les moyens pour garantir les établissements.

Il résulte ensuite, du fait que les colonies cherchent leur indépendance, des conflits d'influence qui nuisent aux relations avec la Métropole.

La Suisse est, du reste, partie dans l'arrangement international concernant le Congo, où ses ressortissants jouiront de la protection collective qui y est assurée.

Les colons se sont toujours trouvés bien de chercher leur propre voie avec l'indépendance entière, et dans les milieux où souvent le hasard ou des émigrations antérieures les ont appelés. Il est très difficile de constituer un ensemble capable de s'organiser, avec les éléments désagrégés que le sort commun réunit.

Il y a donc des raisons morales autant que générales pour conclure contre les établissements coloniaux. La Suisse fera bien de ne pas s'en embarrasser, et ce sentiment y prévaut en effet.

III. Représentation des Intérêts commerciaux

La question de la représentation des intérêts commerciaux a paru sous diverses formes devant l'Assemblée fédérale.

Le Conseil Fédéral fut invité, en Juin 1883, par la motion Geigy, à examiner si l'organisation de la représentation des intérêts commerciaux suisses à l'étranger serait susceptible d'être complétée. La question devait surtout se rapporter dans l'esprit de son auteur à la *constitution de Chambres de commerce suisses à l'étranger.*

L'établissement de consuls de carrière a fait ensuite l'objet d'une demande présentée par M. Comtesse, dans la session de Juin de cette année. L'examen de la représentation des intérêts commerciaux et d'une extension des attributions consulaires

par l'établissement des consuls de profession, a été accueilli
sous la forme snivante :

« Le Conseil fédéral est invité à examiner s'il ne serait pas
profitable au commerce et à l'industrie d'établir dans quelques
pays des consuls de profession, chargés de veiller à nos intérêts commerciaux et de recueillir tous les faits et renseignements pouvant intéresser le développement de nos exportations. »

La réponse du Conseil fédéral à la première motion est
connue, elle est contenue dans l'arrêté du 18 Décembre
1884.

« Il estime que pour compléter la représentation des intérêts
suisses à l'étranger, c'est de l'initiative privée qu'il faut attendre ce résultat. » Il concède néanmoins, s'il se forme à l'étranger des agences de commerce ou de renseignements, des
Chambres de Commerce suisses, des dépôts d'echantillons,
d'examiner s'il y a lieu de leur accorder un appui dans le cas
où cet appui serait utile au point de vue général du commerce
et de l'industrie de la Suisse.

Il y a dans cette disposition la juste appréciation de ce que
le commerce et l'industrie peuvent attendre des représentants
officiels et de ce qu'ils doivent obtenir par leur initiative.
Cette réponse peut aussi s'appliquer à la motion plus récente
qui vient d'être présentée, celle de la nomination de consuls
de carrière. Les intérêts du commerce seront toujours mieux
servis par les correspondants particuliers qui sont les vrais
intermédiaires. Ceux-ci pourront, en effet, porter sur les marchandises et articles de leurs clients toute l'attention désirable,
et donner leurs soins au placement de leurs envois, en les
renseignant sur le marché, sur les existences, les cours, etc.,
tandis que les consuls sont sollicités de côtés divers et sous
diverses formes par les devoirs de leur charge.

CONSULATS DE CARRIÈRE

Nous avons un système consulaire qui rend à divers points de vue de grands services. Le méconnaître serait manquer à la reconnaissance pour des représentants dévoués et désintéressés. Beaucoup de personnes s'imaginent qu'à la tâche de procurer à l'industrie et au commerce indigène une protection suffisante, les consuls suisses devraient joindre celle de leur donner essor, en appelant sur les branches qui pourraient être profitables, l'attention des intéressés dans la patrie.

Il y a une part de vérité dans ce sentiment et les rapports consulaires renferment déjà des renseignements généraux qui sont trop peu consultés. Nous croyons, par contre, qu'il y a à envisager les consulats comme des agences commerciales une forte part de malentendu.

C'est de correspondants relevant des maisons d'exportation, que doivent être attendus les renseignements sur les besoins précis, les prix et conditions de bon placement des produits. Les consuls ont leurs propres affaires, et attendre d'eux qu'ils fassent celles de chacun et engageant leur responsabilité dans des branches qu'ils ne connaissent pas toutes également, c'est requérir plus qu'il n'est raisonnable.

La Chambre de Commerce de Genève avait néanmoins signalé l'opportunité d'adjoindre aux consuls des *attachés commerciaux*, de manière à former par un stage des jeunes gens qui, par la suite, auraient pu rendre des services par une connaissance des places de commerce et contrées lointaines en vue de développer l'exportation. On sait que la Belgique entretient un personnel consulaire de 413 personnes dans le monde entier.

La Suisse entretient 90 consuls ou agents consulaires dans divers pays et sur les places importantes.

Dans l'enquête qu'a faite à cet égard l'Union suisse du Commerce et de l'Industrie, l'opinion sur la représentation commerciale est très favorable au maintien des consuls commerciaux, dont le remplacement par les consuls de carrière serait envisagé comme un recul. Les consuls de commerce ont en effet été appelés à ce poste parce qu'ils avaient une position de considération, un pied solide dans le pays où la Suisse voulait se faire représenter. Leur affection pour la patrie suisse trouvait, en outre, à se dépenser au profit de compatriotes dans des situations difficiles.

Les consuls de carrière obtiendraient-ils, dans des pays où la Suisse ne peut tenir grand état comme les grands pouvoirs maritimes un prestige qui remplaçât les connaissances gagnées dans une longue pratique commerciale ?

Nous en doutons d'après les témoignages dignes de foi de représentants de la Suisse dans les colonies. Il ne faut pas l'oublier, les consuls sont des hommes occupés, ne sont pas des juristes ni des techniciens, et ils ont leurs propres relations d'affaires. Leurs fonctions sont régies par le Règlement du 26 Mai 1875. Leur mandat entraîne des attributions multiples, sans traitement aucun, attributions *politiques* de renseigner le Gouvernement sur les évènements qui peuvent compromettre les personnes ou les propriétés dans leur ressort; *civiles*, consistant à établir les naissances, décès, mariages de leurs nationaux, à déclarer les successions, etc., etc., sans parler des services à rendre pour les malheureux, des secours et des démarches auprès des administrations des pays où ils résident, la garantie des propriétés, marques, ou celle des intérêts divers engagés en pays étrangers.

Si l'on veut apprécier la part d'illusion dans le développement de nos relations avec ces pays lointains, par la constitution de consuls de carrière, que l'on lise la brochure qu'a publiée sur ce sujet M. H. Wunderly de Muralt (1), membre du Vorort de l'Union suisse. On se convaincra qu'on ne peut demander à des gens qui ont leur carrière à faire, la pratique, les connaissances développées et l'instinct sûr demandés des consuls de commerce; d'autre part, on ne peut demander à ceux-ci de négliger des affaires pour lesquelles ils se sont établis sur des places étrangères. Tandis qu'un bon appui auprès de la colonie suisse et du monde des affaires est assuré dans le premier cas, les consuls envoyés de la Suisse auraient un noviciat pénible à traverser, s'ils avaient leur caractère officiel pour seule recommandation.

Aussi en France, a-t-on vu une Chambre syndicale de négociants réclamer en sens inverse les consuls de commerce, préférables pour la représentation des intérêts nationaux aux consuls de profession ; c'est aussi l'avis de négociants qui, ayant résidé dans les colonies, connaissent la position du commerce d'exportation. L'idée que c'est de l'impulsion de représentants officiels que doit venir l'indication des affaires profitables, que la vraie consécration, celle du zèle désintéressé et de l'expérience, sera donnée avec le caractère d'agents officiels, relève de notions mal conçues sur le *self help* et la conduite des affaires.

L'entretien de consuls ayant des attributions étendues peut avoir néanmoins son utilité ; les villes de St-Pétersbourg, Constantinople et les colonies, Yokohama, Melbourne, ont été désignées entr'autres pour les recevoir. Que l'essai en soit tenté, puisque plusieurs centaines de mille francs devront y être dépensés, que ce ne soit pas pour procurer des places coûteuses à des gens sans expérience des affaires. Toutefois ce

(1) *Unsere Vertretung im Auslande.* — Zurich, chez Zurcher et Furrer.

n'est qu'un des côtés de la question, et nous pensons qu'il ne peut être qu'utile de recourir à des agents qui, comme en Belgique, poussent leurs investigations sur telle ou telle branche.

En ce qui concerne la question spéciale des consulats, nous nous bornerons à dire, avec le Vorort de l'Union suisse, que chaque fois que la question a été présentée, le commerce et l'industrie de la Suisse se sont exprimés assez catégoriquement pour le maintien des consulats de commerce, ayant, par instinct et expérience, plus de confiance en eux qu'en des fonctionnaires payés.

La Chambre suisse du Commerce et de l'Industrie, appelée à se prononcer à cet égard, a formulé comme suit ses observations sur les consulats et autres moyens de développement commercial (12 Décembre dernier) :

1° Au point de vue commercial, le maintien de l'organisation consulaire actuelle doit être recommandé.

2° Cependant, il est désirable que le système actuel soit amélioré et deux moyens paraissent propres à atteindre ce but : d'une part, les titulaires des consulats qui ne remplissent pas exactement les devoirs de leur charge doivent être expressément invités par l'autorité fédérale à s'en acquitter consciencieusement ; d'autre part, la Confédération devrait, dans tous les cas où cela paraîtrait utile, faciliter aux consuls l'accomplissement de la tâche qui leur incombe, au moyen d'allocations financières convenables.

3° Les Autorités fédérales devraient aussi à l'avenir subventionner les voyages d'exploration ayant pour but le développement de nos industries d'exportation.

4° Dans des cas tout spéciaux, en particulier lorsqu'on pourrait attendre de cette mesure un avantage considérable pour la représentation d'intérêts suisses, les autorités fédérales devraient recourir à la nomination de chargés d'affaires avec missions transitoires ou permanentes.

IV. — Chambres de Commerce suisses à l'étranger.

La création de Chambres de Commerce suisses à l'étranger a fait l'objet d'une consultation de nos ministres et les expériences faites par les Chambres de Commerce française, italienne, etc. à l'étranger ont été mises à profit. L'examen parait prouver que leur signification est de servir surtout les nationaux fixés à l'étranger pour défendre leurs intérêts collectifs, qu'elles ne sont pas justement instituées pour profiter au commerce indigène en relations avec ces places étrangères.

L'enquête faite par le Conseil Fédéral (Message 5 Mars 1883) est très instructive. Il en résulte que, si d'une part, l'on peut estimer qu'elles seraient très portées à rendre des services de bienveillance et d'appui confédéral, ce serait, d'autre part, se méprendre que d'attendre de leur part des indications et renseignements qui appelleraient la concurrence à leur propre commerce.

Les notions de désintéressement patriotique ne doivent pas être trop mêlées avec les intérêts des affaires. Ce sont des chefs de maison dont on demande le plus souvent la coopération sous diverses formes. La demande de renseignement sur les chances de bons placements et sur les exigences du marché, n'est pas un service tout bénévole, comme le font supposer les promoteurs de ces idées. Elle signifie plutôt abandonner à d'autres sans profit le bénéfice de son expérience, les avantages d'une situation conquise et se départir modeste-

ment des avantages d'anciennes relations. Néanmoins, dans
de certaines conditions, l'association de négociants et industriels suisses sur des places étrangères peut rendre des services
et être consultée utilement par les nationaux.

La fondation de Conseils de ce genre a été accueillie avec
faveur en France, où une Commission avait été chargée de
l'examen de la question, en 1883, et avait arrêté une organisation de ces Chambres de Commerce présidée par le consul.
Leur mission devait être de communiquer, soit avec les mi-
nistères français, soit même avec les nationaux intéressés, en
vue de leurs relations commerciales avec les divers pays. Certaines attributions de conciliation leur avaient été données
avec les renseignements ; elles devaient signaler les conditions propres aux affaires des pays étrangers dans lesquels
elles seraient établies.

Nous pouvons signaler aussi la décision du gouvernement
italien, de provoquer la création de Chambres de Commerce
ou autres associations pour favoriser l'essor du commerce italien avec des places étrangères, et nous en attendrons les
résultats. Nous avons appris cependant que le commerce italien
n'avait pas trouvé avantageuse la consultation des Chambres
de Commerce, en particulier celles de la République Argentine
et du Brésil, pour le choix des articles d'exportation les plus
propres à ces pays.

Nous donnons en annexe la liste des Chambres de Commerce fondées a l'étranger par divers Etats européens.

V. — **Autres innovations propres à développer le
commerce extérieur de la Suisse.**

Nous devons encore donner l'indication de diverses innovations proposées et destinées à favoriser l'extension de notre commerce lointain en particulier. Pour ouvrir de nouveaux débouchés, on a parlé d'agences commerciales avec une attache officielle, de musées permanents, d'expositions placées aux consulats, de voyages avec mission d'exploration commerciale. On a indiqué aussi comme moyens de développement commercial : Les bureaux de renseignements commerciaux, les musées d'echantillons pour l'exportation, les Chambres consultatives attachées aux consulats, ou des attachés commerciaux.

1. *Agence commerciale.* En 1885, *une agence* pour le placement de produits suisses en Russie chercha à se faire investir d'un caractère officiel avec l'appui direct de la Confédération, le Conseil fédéral n'accueillit pas la demande. Quelque favo - rables que soient les dispositions prises par une entreprise de cette nature, commerciale dans son essence, un élément aléa - toire est attaché à sa réussite. C'est toujours là le point faible, la Confédération ne peut pas vouloir couvrir l'insuccès commercial d'agences de sa garantie et assumer des responsabilités non justifiées. Dans le cas particulier, les taxes douanières prohibitives de la Russie rendent les profits commerciaux très réduits, sinon nuls, toute question d'habileté commerciale mise à part ; d'ailleurs le commerce russe laisse parfois à désirer sous les rapports essentiels de bonne foi et de probité, comme le fait expressément ressortir le rapport consulaire de Moscou pour 1886, et le commerce de ce pays avec l'étranger passe par une crise.

Ces agences peuvent être créées sans aucune dépendance du gouvernement, comme le prouve la formation de sociétés d'exportation, telles que la Compagnie suisse-africaine, pour développer le commerce avec le Transvaal, à Pretoria, dont l'agent M. Perrin, est chargé du placement des produits suisses. La République du Transvaal importe de fortes quantités de marchandises achetées avec ses produits naturels, auxquels le commerce donnera toute leur valeur. Des chemins de fer la relient à la baie de Delagoa d'une part, à la République d'Orange, grand producteur de laines, et aux États de Zambèze de l'autre, et la Compagnie africaine contribuera pour sa part à faire admettre des marchandises d'origine suisse dans ces parages.

2. *Des dépôts d'échantillons ou d'articles suisses sur les places étrangères*, et principalement destinés aux pays transatlantiques, ont été recommandés en vue d'y faire acheter les produits suisses. Cette question doit être examinée à part de celle des musées commerciaux d'exportation des pays producteurs (*Exportmusterlager*) que nous traitons plus loin.

Il s'agirait de mettre les échantillons et renseignements à la disposition du public dans les colonies et d'ouvrir des musées dirigés par des hommes pouvant renseigner utilement les industriels en Suisse et désigner les genres propres à la région qu'on désire exploiter. En 1884, la création en avait été proposée à Buenos-Ayres ; or il s'est trouvé que les industriels qui se portent dans la République Argentine avaient des relations formées, que les petits industriels pour des produits très spéciaux laissent aux grands exportateurs des places commerciales, telles que Londres, le placement de leurs produits, évitant ainsi les risques du payement, qui doivent toujours être considérés dans des relations si lointaines ? Les examens et les assortiments sont d'ailleurs calculés en vue de satisfaire une demande souvent passagère et dans des conditions de variabilité constante. Si donc de pareilles institutions ont une signification générale et un intérêt pour la colonie, il ne faut pas exagérer leur influence comme moyen commercial.

La Suisse a exposé à Melbourne et à Sidney, en 1881 et 1883, ses marchandises, avec le dessein de créer des débouchés dans l'Australie et les îles de l'hémisphère austral. Or, il ne parait pas que le courant commercial soit devenu actif, et ses résultats considérables. Si ce n'est pas le cas, c'est que les mouvements commerciaux ont des directions qui dépendent de trop de circonstances et qu'on n'en peut prévoir, ni régler les allures. Il semble donc ressortir de cet examen qu'il faut apprécier les affaires en détail avec un instinct juste et pratique des affaires et que ces institutions n'ont qu'une valeur relative.

3. *L'envoi de voyageurs avec une mission commerciale* chargés d'étudier spécialement un pays au point de vue des débouchés qu'il pourrait offrir. C'est ainsi que le Dr Keller, de Zurich, a été envoyé à Madagascar avec une mission de ce genre, en faisant précéder ses explorations dans ce pays par celles des côtes de la mer Rouge. Il a reçu une subvention du Conseil fédéral et, de retour de ces pays peu visités, il a indiqué les chances de placement de nos produits et les conditions pour le commerce. Il estime que Madagascar peut devenir pour la Suisse un excellent débouché commercial, principalement pour les tissus en couleurs, connus sous la dénomination de toiles suisses. D'autres articles trouveront leur placement : ornements, bijoux, cuirs ouvrés, objets confectionnés, horlogerie, etc. Il proposerait d'examiner la question d'un comptoir suisse à Madagascar ; il est vrai qu'un essai d'envoyer un agent commercial a été suivi d'un échec partiel, mais il ne faudrait pas en rester là, et malgré les difficultés, il ne faudrait pas renoncer à établir des relations directes avec ce

pays avec lequel elles sont faciles. Un autre voyageur suisse avait fait la même proposition pour une visite d'exploration commerciale du Tonkin et l'Indo Chine, à ce point de vue, le Gouvernement Fédéral a trouvé cependant que l'incertitude des relations avec de semblables pays devait l'engager à ne pas multiplier ses essais. Une société particulière, l'Association des fabricants et marchands d'horlogerie de Genève, a organisé un voyage d'exploration commerciale dans le nord de l'Europe, sans l'intervention de la Confédération.

4° *Agents pour le commerce d'exportation.* Une autre innovation proposée récemment à Genève, et qui a trouvé de la faveur, est celle d'*agents commerciaux*, représentants ou commissionnaires, institués pour renseigner les fabricants, les producteurs, au sujet des exportations qu'il y aurait avantage à faire, sans passer par l'intermédiaire des grandes places d'exportation. Ces représentants chargés des intérêts des maisons suisses seraient revêtus d'un caractère officiel.

On peut se demander si c'est bien la mission du gouvernement de fournir des agents officiels pour ouvrir des débouchés, étudier les chances d'un trafic profitable, s'entremettre pour nouer des relations, et si leur rétribution ne devrait pas venir plutôt de ceux qui ont l'avantage de ces renseignements. Leur zèle est délicat, qui n'est pas commerçant dans l'âme et tenu par ses intérêts peut se méprendre ; ignorer les cent rubriques du métier, variant pour chaque marchandise, et ne pas tenir compte du débat parfois passionné pour quelques maravédis. Les gens qui achètent ne paient pas tous, parmi les trafiquants du Levant ou des colonies; que dirait une maison qui aurait commissionné une partie de marchandise à un agent commercial officiel et serait victime du manque d'exactitude à payer ou de l'insolvabilité de l'acheteur?

Serait ce la Confédération qui serait du croire pour son représentant ? — Cette question est plus sérieuse qu'il ne peut paraître, le Département du commerce en a jugé ainsi, lorsqu'il a fait sa réponse à la demande du vice-consul de Pétersbourg pour la création d'une agence subventionnée. Nos autorités fédérales auraient une tâche de surveillance trop compliquée que, d'après leurs propres déclarations, elles n'assumeraient pas et de plus qu'elles n'accepteraient pas volontiers la conséquence de couvrir de leur responsabilité des représentants lorsque ceux-ci auraient poussé le commerce à des envois qui ne réussiraient pas et qui procureraient des mécomptes. Pour répondre à la confiance de leurs commettants, ces agents chargés de tant d'affaires devraient aussi réunir des qualités dont, semble-t-il, ils aimeraient mieux tirer parti pour s'établir pour leur propre compte.

C'est donc une institution qui ne nous paraît pas devoir relever de l'administration publique, surtout d'un pays situé comme la Suisse, quoique des subsides puissent être accordés pour des services spéciaux.

5° *Les musées commerciaux d'échantillons et articles* pour l'exportation sont aussi un des moyens proposés pour le développement du commerce et pour l'ouverture de nouvelles voies. Les entreprises de cette nature, formées par des sociétés en commandite, ont été fondées depuis quelques années et conduites avec succès en Allemagne et en Autriche en particulier, sous le nom d'*Exportmusterlager.* Ces sociétés d'exportation attachées aux musées sont composées de nombreux industriels et négociants (à Stuttgart, la Société a quatre mille adhérents) et travaillent par des réclames, des voyages et l'exposition des produits au placement de ceux-ci.

On n'obtient des ventes de nos jours qu'en allant chercher

les clients, en les attirant par les conditions et non en attendant les commandes ; il n'y a pas de succès sans faire valoir
ses articles.

Des voyageurs sont chargés de s'occuper jusque dans les
pays les plus éloignés, d'écouler l'assortiment que les négociants ou industriels leur ont confié. Des journaux et publications tiennent au courant des existences, des demandes et
des ventes et adjudications, ainsi que des prix-courants.
Le manufacturier, l'industriel ou le négociant y trouvent
des indications pour le choix et la direction de leur travail et
des informations relatives aux débouchés, aux goûts, aux
genres propres aux diverses contrées. Les matières premières,
échantillons, procédés, appareils, produits manufacturés ou
demi-ouvrés, inventions, dessins, modèles, etc., exposés, leur
révèlent l'état de la production dans ces branches.

Une direction entendue fournit des renseignements généraux sur les conditions de transport, douane, emballage,
usages commerciaux des pays auxquels les articles fabriqués
sont destinés.

Elle publie, avec l'appui du gouvernement, des volumes de
la forme la plus élégante, avec des planches, des notices, des
réclames et tout ce qui peut attirer l'attention.

La France et l'Angleterre sont entrées aussi dans cette voie,
en vue de pouvoir soutenir la concurrence faite à leur commerce extérieur par cette institution allemande.

L'Angleterre est encore à la période d'élaboration des projets, tandis qu'il y a déjà en France des musées commerciaux
ouverts.

Nous donnons en annexe les institutions de ce genre qui
existent dans les divers pays d'après une enquête faite par la
Chambre de Commerce de Londres et nous engageons les per-

sonnes qui désireraient des détails sur ces institutions à consulter le rapport qui a été présenté à cette Chambre (1).

En Suisse, il existe dans plusieurs villes de petites collections locales. A Genève, nous avons eu une Exposition permanente d'horlogerie, en vue des ventes sur place. Il en existe de plus ou moins grandes à Zurich, Winterthur et St-Gall, et particulièrement dans cette dernière ville, sous la conduite du Directoire commercial. Ces dernières sont néanmoins plutôt des collections techniques, étant formées en vue de l'enseignement. Les musées industriels de cette nature, attachés à des écoles, ont une destination qui est différente en partie de celle qui nous occupe.

A Vienne, le Musée oriental a contribué pour une part importante au développement du commerce extérieur, et la collection ethnologique ne tient qu'un rôle secondaire à côté de sa signification comme moyen commercial.

Citons pour la France le musée commercial de Toulouse, ouvert le 1er octobre dernier, dépendant de la Société de vulgarisation, qui indique son programme en ces termes :

1° Centraliser l'exposition des produits, perfectionnements, inventions utiles, modèles, en les exposant dans un seul local ;

2° Grouper la représentation des intérêts des exposants sous la direction de la Société et avec l'aide d'agents voyageurs compétents et recommandables ;

3° Faire une publicité par journal spécial, catalogues, affiches ;

---

(1) Le *Journal des Chambres de Commerce anglaises* du 5 Octobre 1886.

4° Se charger de la manutention et remise des expéditions
pour le compte des exposants.

Il ne faut pas à la Suisse une institution ou halle centrale
d'articles recherchés et apparents, dotée pour satisfaire la
curiosité et qui exposerait peu de produits commerciaux, mais
plusieurs musées formés, comme en Allemagne, par les commerçants mêmes dans les centres commerciaux et relevant de
leur initiative.

Nous donnons pour faire apprécier les conditions et facilités
offertes par l'*Exportmusterlager* de Francfort-sur-Mein un
extrait de son règlement en annexe (Annexe 2).

Conclusion

Il nous paraît résulter de cette étude un peu ébauchée de la
question des moyens du développement commercial, qu'elle a
une portée pratique considérable.

La lutte économique nécessite de nos jours une connaissance
approfondie des conditions des affaires, on peut le dire, sur le
globe entier. Si au point de vue de renseignements étendus,
un appui de la Confédération est utile, la sécurité dans les
affaires est la première condition. Il s'agit sans doute soit
d'ouvrir des débouchés par une initiative ingénieuse, soit de
donner à ses produits une notoriété plus grande. L'extension
des relations, des échanges, dépend surtout de la force d'expansion de notre commerce, à laquelle la tutelle gouverne-
mentale ajouterait fort peu.

La représentation des intérêts économiques de la Suisse à
l'étranger pourrait être complétée et prendre un intérêt plus

direct au développement du commerce extérieur de la Suisse, mais cela ne peut avoir pratiquement qu'une influence relativement restreinte.

Les missions spéciales, les musées commerciaux peuvent avoir des résultats. Quant au développement des aptitudes commerciales et à 'des écoles spéciales, il y a de bonnes raisons de les encourager, quoique ce ne soit pas par une culture trop étroite et spéciale, mais par un développement étendu des facultés qu'on forme les individualités capables et entreprenantes.

Pour nous résumer, ne soyons pas opposés à un essai de *consuls de carrière*, ou ayant des attributions plus étendues, conformément à la résolution prise par les négociants et intéressés genevois, consultés à cet égard par la Chambre de Commerce, le 3 Septembre dernier.

Certains pays, la Belgique et les Etats Unis, ont beaucoup innové dans les fonctions dépendant des consuls et plus qu'on ne peut attendre sans doute de beaucoup de nos représentants. Que les *attachés commerciaux* complètent le personnel des légations et consulats de quelque importance, que des *monographies* ou *études spéciales* soient faites, telles que celles que publient les consulats américains, sur les ressources manufacturières, les productions brutes, la mise en œuvre industrielle, les matières premières et les articles d'exportation, que la rédaction en soit confiée à nos consuls et attachés, et que des primes soient assurées pour les bons écrits ; que les *relations directes* des Consulats avec les Chambres de Commerce permettent à celles-ci de servir le commerce d'exportation par des renseignements sur le mouvement, la consommation, etc., des pays auxquels sont destinées les expéditions ; que des *agents voyageurs* officiels soient envoyés, s'il s'agit de *missions spéciales d'exploration*, ou bien que des intéressés fassent faire des voyages de commerce, qu'ils se groupent selon leur gré pour exploiter des territoires nouveaux, mais à leurs risques, périls et frais ; que les consulats envoient des échantillons de *produits spéciaux* dont ils estiment que l'écoulement dans le pays de leur résidence aurait de bons résultats ; que les *musées commerciaux* renfermant des produits de notre fabrication, servent à renseigner les commerçants et industriels, en vue de l'exportation dans des contrées où nous voulons faire celle-ci, et que toutes facilités soient procurées aux acheteurs sur place.

Vis-à-vis des efforts tentés pour accaparer à leur profit les débouchés que font les grands Etats de notre continent et du succès de ces efforts la Suisse ne devra pas rester désarmée, et ses essais dans ce domaine lui feront réaliser des progrès, nous n'en pouvons douter.

ANNEXE N° 1

Exportations de la Suisse et des autres Etats ci-après

ÉTATS	Nombre d'habitants	Commerce spécial (Francs)	Par tête	Commerce général (Francs)	Par tête	Année
Suisse............	2.850.000	639.964.316	232	931.561.285	334	1884
Allemagne.........	45.235.000	4.086.751.000	97	4.353.786.000	96	1884
Autriche-Hongrie.....	37.870.000	1.563.736.000	41	2.137.660.000	56	1882
Grande-Bretagne	35.920.621	—	—	9.399.200.000	206	1884
France............	37.672.048	3.243.500.000	86	4.218.400.000	112	1884
Italie............	28.459.450	1.096.417.000	39	1.178.830.000	41	1884

N.B. — On désigne sous le nom de commerce spécial, celui qui comprend les marchandises originaires du pays qui passent du pays à l'étranger, et sous le nom de commerce général, celui qui embrasse toutes les marchandises sans distinction d'origine.

Importations en Suisse et dans les autres Etats déjà nommés

ÉTATS	Nombre d'habitants	Commerce spécial (Francs)	Par tête	Commerce général (Francs)	Par tête	Année
Suisse............	2.850.000	755.452.104	265	105.098.920	369	1884
Allemagne.........	45.235.000	4.106.160.000	90	4.339.930.000	95	1884
Autriche-Hongrie.....	37.870.000	1.308.348.000	47	1.882.222.000	49	1882
Grande-Bretagne	35.920.000	—	—	9.750.475.000	271	1884
France............	37.672.048	4.343.479.000	115	5.239.000.000	139	1884
Italie............	28.459.450	1.308.348.080	34	1.420.177.000	50	1884

N.B. — Extraites de diverses statistiques officielles.

ANNEXE N° 2

Règlement du Musée commercial de Francfort-sur-Mein

L'Exportmusterlager de Francfort (ouvert le 1er Janvier 1885) a publié son règlement dont nous extrayons les principaux articles :

§ 1. — Le but du Musée commercial est de développer l'exportation des produits allemands.

§ 2. — Le Musée se charge de l'exposition d'échantilons de marchandises, de modèles, de dessins, de placards, adresses, prix-courants, etc., provenant de l'industrie ou des métiers de l'empire allemand, particulièrement de l'Allemagne centrale et du sud.

§ 3. — Les articles, placés par branches de production, doivent donner par leur réunion autant que possible, la représentation des arts et de l'industrie dans la région où est ouvert le Musée.

La Direction décide de l'admission des articles et n'est tenue à aucune explication sur ses décisions concernant la place ou éventuellement le refus d'admission de produits.

§ 4. — Les catalogues, dressés en allemand, anglais et français, renferment tous les renseignements sur les prix, poids, mesures, classement, et les conditions de placement des produits. Ils indiquent les ressources offertes pour la publicité, l'emballage, l'expédition, etc., des articles.

Il traite dans les paragraphes suivants, 5, 6, 7, de l'expédition, de la garde, de l'assurance contre l'incendie.

§ 8. — Le règlement interdit la reproduction par dessin ou autrement des objets exposés.

§ 9. — Pour la location des emplacements pour chaque mètre carré de superficie, un prix de 30 marks (soit 37 fr. 50) est exigé. (Cependant les sociétaires jouissent gratis d'un mètre carré d'espace moyennant abandon des dividendes annuels).

(Les sociétaires sont les souscripteurs d'au moins deux actions de 250 marks dans l'entreprise). Le classement des articles est réservé à la Direction.

§ 10. — Les engagements du Musée à l'égard des exposants et réciproquement sont pris pour trois ans ; ils sont renouvelables d'année en année s'il n'y a pas de dénonciation. Les exposants ont toujours la faculté de compléter ou remplacer les articles exposés par d'autres analogues.

§ 11. — La Société fournit des avis sur les objets exposés, mais sans garantie quant aux affirmations des prospectus.

Elle reçoit des communications et s'entremet pour le placement, mais sans garantie pour la valeur ou la qualité des produits.

Elle touche une commission conforme aux usages commerciaux, ainsi que du reste, ils sont consignés dans son règlement.

Le règlement, à l'article 13, prévoit que le Musée enverra des agents spéciaux ou représentants pour le placement des produits de l'Exposition dans les pays au-delà des mers.

Le Musée commercial est en relation avec les autres halles du commerce dirigées sur le même principe que le Musée. Il instituera en outre des dépôts, selon les convenances que présenteront ces créations, en Allemagne et à l'étranger.

Le reste des articles se rapporte à l'admission du public dans les galeries où il jouit d'une salle de lecture et de facilités pour sa correspondance, à la publication du catalogue, etc.

ANNEXE N° 3

**Propositions en vue du développement commercial
de la Grande-Bretagne.**

Le gouvernement de la Grande-Bretagne a été vivement
préoccupé dans ces derniers temps de la question d'un nouvel essor à donner au commerce d'exportation, à l'imitation
de l'Allemagne.

On cherche à obtenir, en Angleterre ainsi qu'en Suisse, que
les consulats deviennent plus utiles au commerce et des débouchés nouveaux à la production nationale.

Le gouvernement appuie une partie des vœux sous quelques
réserves, tout en faisant remarquer que toute organisation qui
transformerait le consul en agent commercial et absorberait
son temps et ses facultés ne serait pas désirable, que les
occupations des consuls sont déjà très complexes et que les
affaires commerciales n'en sont qu'une partie.

Il résulte de son enquête qu'il y a peu à changer à l'organisation actuelle ; il n'admet pas de charger ses représentants
de fonctions qui concernent des correspondants commerciaux ;
il croit cependant que la coopération indirecte de ses représentants à la défense des intérêts du commerce peut être augmentée et se propose de l'obtenir :

1° En réclamant des consuls des rapports plus étudiés et
plus fréquents, et en créant un organe officiel soit une
publication dans le genre de notre *Feuille officielle du Commerce* ;

2° En engageant les consulats à contrebalancer les efforts
faits par les représentants d'autres Etats en faveur des intérêts
commerciaux de leurs nationaux ;

3° En se faisant adresser par les consulats des échantillons des produits bruts du pays de leur résidence, ainsi que des produits fabriqués qui y trouvent un écoulement.

4° En envoyant quelques agents à l'étranger avec la mission de recueillir des informations et de se renseigner sur des questions importantes touchant au commerce ou à l'industrie.

Parmi les vœux émis par le commerce anglais, dont beaucoup concordent avec ceux qui sont manifestés de temps à autre en Suisse, citons d'après le *Times* :

1° Création d'un bureau de renseignements généraux à Londres, avec dépôt de spécimens où il pourrait être pris connaissance des tarifs, des rapports commerciaux et des échantillons d'articles propres à certains pays, dans le genre de ceux de Bruxelles et Vienne ;

2° Création auprès de chaque consulat d'une salle d'échantillons, où tout commerçant anglais pourrait déposer ses échantillons. Un tarif des frais pourrait être mis à la disposition des commerçants.

3° Organisation de musées commerciaux pour produits étrangers, dans des centres de commerce bien choisis du royaume, et d'expositions permanentes de produits anglais dans des ports étrangers, ou d'expositions flottantes.

4° Coopération des représentants britanniques à l'étranger à l'occasion de concessions ou de soumissions ;

5° Entremise pour la rentrée des créances ;

6° Renseignements sur la solvabilité des maisons de commerce et sur le degré de crédit qu'elles méritent ;

7° On propose encore que les consuls soient chargés de poursuivre la contrefaçon des marques de fabrique et de commerce ;

8° Qu'ils aient l'obligation d'entretenir des rapports directs avec les Chambres de Commerce ;

9° Des attachés de commerce sont adjoints aux ambassades et aux légations dans ce but, etc.

Le gouvernement anglais dans les réponses qu'il a faites, s'engage à inviter le corps consulaire à faire tout ce qui dépendra de lui, en vue de la protection des intérêts du commerce britannique.

Il accorde le n° 1, soit l'établissement d'un musée d'échantillons à Londres.

En ce qui concerne les paragraphes 2 et 3 (Musées commerciaux) le Gouvernement répond que, sans refuser toute aide, l'établissement de dépôts d'échantillons pour l'exportation est une affaire commerciale, que les frais devraient être supportés par ceux qui en retireraient un avantage.

Quant à des fonctions nouvelles données aux représentants britanniques (§ 4, 5, 6, 7) le gouvernement répond que la position des représentants diplomatiques oblige ceux-ci à une certaine réserve, et que la nature de leurs fonctions ne permet pas d'étendre trop les compétences et occupations.

Il estime que les rapports directs des consulats avec les Chambres de Commerce (§ 8) exposeraient les consuls à un encombrement d'affaires exagéré.

La proposition d'adjoindre aux consulats des attachés de commerce, a été résolue négativement par le Parlement durant la dernière session, à cause des frais qu'elle entraîne.

Si les consuls veulent faire valoir les prétentions et opérer la rentrée des créances pour le compte de commerçants, prendre part à des commissions, c'est indépendant de leur charge, un office bénévole, ou plutôt il doit être payé comme celui de tout intermédiaire pour les opérations commerciales.

Le Gouvernement, sans exiger de leur part des services demandant des compétences exceptionnelles de financiers, techniciens, d'administrateurs versés dans les contrats et les soumissions, de juristes, etc., n'a rien à objecter à ce qu'ils utilisent leurs connaissances, mais sans obligation pour eux. En particulier, il ne désire pas voir engager leur responsabilité dans les questions touchées aux § 5, 6 et 7.

ANNEXE N° 4

II. — Liste des Chambres de Commerce à l'étranger.

ANGLETERRE

Paris. — Chambre de Commerce. — 1873.
(Initiative privée.)

AUTRICHE-HONGRIE

Constantinople. — Chambre de Commerce et d'Industrie. — 1874.

ESPAGNE

Marseille. — Chambre de Commerce (projetée).

FRANCE

Lima.
Montévidéo. } Chambres de Commerce établies depuis
Nouvelle-Orléans. } longtemps. — 1882. — 1878.

Alexandrie.
Barcelone.
Bilbao. { Chambres de Commerce créées ou en
Buenos-Ayres. { voie de création.
Charleroi.
Constantinople.

Londres.
Manchester.
Mexico.
Milan.
Moscou.
Santander.
Tampico.
Turin.
Etc., etc.

} Chambres de Commerce proposées ou en voie d'établissement.

ITALIE

Alexandrie.
Buenos-Ayres.
Montévidéo.
New-York.

} Chambres de Commerce proposées ou en voie d'établissement.

ANNEXE N° 5

I. — Liste des musées commerciaux ou institutions analogues en Europe.

ALLEMAGNE

Berlin. — Musée commercial national (en projet).
Musée industriel adjoint à l'Ecole industrielle.
Francfort. — Musée commercial de la Chambre de Commerce.
Dépôt d'échantillons pour l'exportation (*Exportmus-terlager*).
Hambourg. — Musée commercial de la Chambre de Commerce.

Branche du dépôt d'échantillons pour l'exportation de Stuttgart.

Musée et Ecole des Arts industriels. — 1868.

Stuttgart. — Dépôt d'échantillons pour l'exportation *(Export-musterlager)*. — 1881.

Ecole des Arts industriels.

Nuremberg. — Musée et Ecole des Arts industriels.

Dresde. — Musée et Ecole des Arts industriels.

Exposition des Arts industriels.

Munich. — Dépôt d'échantillons pour l'exportation.

Musée et Ecole des Arts industriels.

Mannheim. — Musée commercial (en projet).

Düsseldorf. — Musée commercial (en voie d'établissement).

Cologne. — Musée commercial (en voie d'établissement).

Chemnitz. — Musée commercial (en voie d'établissement).

Salzbourg. — Musée Carolino Angenstein.

Carlsruhe. — Ecole des Arts industriels.

Branche de dépôt d'échantillons d'exportation.

Brême. — Musée industriel.

Musée commercial de matières premières.

Leipzig. — Musée commercial.

Musée des Arts industriels.

Brunn. — Musée industriel du district du Palatinat.

AUTRICHE-HONGRIE

Vienne. — Musée commercial et oriental.

Musée technologique et Ecole d'Art.

Musée d'Art industriel.

Buda-Pesth. — Musée commercial.

BELGIQUE

Bruxelles. — Musée commercial.

Anvers. — Musée commercial.
Musée de la Chambre de Commerce.
Liège. — Musée commercial.
Charleroi. — Musée de produits français (projeté par la Chambre de Commerce de France).
Musée de travaux sur métaux.
Melle-les-Gand. — Musée commercial et industriel.

ESPAGNE

Saint-Sébastien. — Musée commercial.

FRANCE

Paris. — Exposition permanente de produits coloniaux. Ministère de la marine. Concession en 1884.
Lyon. — Collection de produits de fabrication lyonnaise.
Lille. — Collection de matières premières, etc. — 1854.
Roubaix. — Collections des produits de fabriques.
Limoges. — Musée spécial.
Collection de céramique.
Rouen. — Deux collections des produits des fabriques.
Toulouse. — Musée commercial. — 1886.
St-Quentin. — Musée industriel.
Tarare. — Collection de produits locaux.

En outre, des collections locales d'articles ont été ou décidées ou sont dans un état encore incomplet d'exécution, à :

St-Nazaire. Grenoble.
Arras. Abbeville.
Bordeaux. Angoulème.
Boulogne-s.-Mer. Elbeuf.
Amiens.

HOLLANDE

Amsterdam. — Musée commercial. — 1885.
  Dépôt d'échantillons d'exportation.
  (Entreprise coopérative particulière.)
Haarlem. - Musée colonial.
Leyde. — Musée commercial.

ITALIE

Turin. — Musée commercial d'Etat, en formation.
Milan. — Musée commercial de la Chambre du Commerce.
Gênes. — Dépôt de l'Agence d'échantillons pour l'exportation.
Catane. — Musée commercial, projeté.
Vicence. — »   »   »

PORTUGAL

Lisbonne. — Musée royal d'Industrie et du Commerce.
Oporto. — »   »   »   »   »

SUÈDE

Stockholm. — Musée commercial et ethnologique.

SUISSE

Zurich. — Musée et Ecole d'art industriel. (Société du Musée.)
Winterthur. — Musée et Ecole d'art industriel. (Société du Musée.)
St-Gall. — Musée commercial et industriel. (Directoire commercial.)

(Extrait du rapport à la Chambre de Commerce de Londres, par K.-B. Murray, 15 Septembre 1886.)

Si l'on veut s'en tenir aux Musées commerciaux proprement dits il faudrait faire abstraction de plusieurs de ces institutions, qui sont plutôt des collections propres à l'enseignement, des Musées technologiques ou d'objets de curiosité, plus encore que des expositions permanentes de produits commerciaux.

Il peut arriver que quelques-unes aient un caractère mixte, étant à la fois destinées au développement du commerce et à l'instruction.

Il faut aussi remarquer que la plupart des institutions d'un caractère exclusivement commercial, ont été fondées par des particuliers en association et non par l'État.

F. LOMBARD.

LE

PROJET DE LOI FÉDÉRALE

SUR LA

POURSUITE POUR DETTES ET LA FAILLITE

ET LE

DROIT GENEVOIS

Un besoin de réformes impérieux s'est manifesté en Suisse, de nos temps, dans tous les domaines (1). La législation sur la poursuite pour dettes et la faillite dans la plupart de nos cantons, soulevait, avec raison, les plus vives critiques et contrastait péniblement avec les perfectionnements apportés à nos institutions politiques.

Les autorités fédérales se préoccupèrent, déjà en 1862, de cet état de choses et chargèrent un juriste éminent, M. Walther Munzinger, professeur de droit à l'Université de Berne, de préparer un projet de Code de Commerce réglant la procédure de faillite conformément aux principes modernes. Ce projet fut soumis aux gouvernements cantonaux, à titre consultatif.

(1) Cette étude de droit a été lue par l'auteur à la séance de Mars de la Section des Sciences Morales et Politiques de l'Institut, qui en a voté à l'unanimité l'impression dans son *Bulletin* avec tirage à part, pour être mis en circulation.

Ce même juriste élaborait en 1864 un projet de loi fédérale sur la poursuite pour dettes et la faillite, qui fut fort remarqué.

Les travaux préparatoires de Munzinger furent vivement discutés et commentés par la presse, puis on s'en tint là. Lorsqu'en 1868, un autre spécialiste, alors chef du Département fédéral de Justice et Police, M. Knüsel, réunit, par son initiative, en une conférence, les délégués des cantons, pour leur soumettre l'idée d'une législation commune embrassant le droit des obligations et le droit commercial. La conférence, qui parut goûter cette idée, fut logiquement amenée à s'occuper d'unifier également la procédure de la poursuite pour dettes et de la faillite. La majorité se prononça pour l'élaboration d'un projet de loi, qui serait soumis à l'examen préalable des cantons.

Il n'est que juste, à ce propos, de rendre hommage à nos pouvoirs fédéraux sur la manière consciencieuse et méthodique dont ils procèdent en matière de législation judiciaire ; s'adressant aux lumières des hommes distingués et spéciaux pour la préparation des projets, puis soumettant longuement ceux-ci à l'examen minutieux et approfondi de corps ou commissions compétents, de divers côtés, arrivent enfin à un travail bien digéré et présentable.

A la suite de la conférence dont nous venons de parler, le Conseil fédéral fut prié de faire préparer deux projets de lois : l'un pour la création d'un Code des obligations, l'autre relatif à la poursuite pour dettes et la faillite.

Deux pétitions, dont l'une de la Société des Juristes suisses, vinrent corroborer, dans la même année, les conclusions de la conférence ; et, dit le Message du Conseil fédéral, à partir de ce moment, l'attention des autorités fédérales se porta sans relâche sur ce point.

En exécution de la même conférence, M. le professeur Mun - zinger fut chargé de la rédaction d'un Code fédéral des obligations et le professeur Heusler, de l'Université de Bâle, de celle d'un projet de loi sur la poursuite pour dettes et la faillite. Une commission spéciale pour chacun des projets fut en outre désignée par le Conseil fédéral, pour assister l'un et l'autre des juristes susnommés, et, dès le commencement de 1869, un premier projet put être distribué. Ce projet, soigneusement revu et corrigé, servit de base à une seconde délibération des commissions, en 1870.

Mais ces commissions n'étant pas d'accord sur certains points, un troisième débat fut décidé.

Le Conseil fédéral lui était indécis sur la direction qu'il patronerait : les fédéralistes poussaient au concordat intercantonal, tandis que les centralisateurs inclinaient pour une révision fédérale.

Mais sur ces entrefaites, le courant qui entraînait l'autorité centrale vers la révision, reçut une nouvelle impulsion par une pétition d'Argovie, appuyée par le Grand Conseil de ce canton, qui réclamait impérieusement une révision constitutionnelle, prévoyant la centralisation du droit Civil et de la procédure civile y compris la poursuite pour dettes et la faillite. « Un droit, une armée ! » telle était la formule empruntée alors à la réforme d'Outre-Rhin.

Le parti du Conseil fédéral cette fois était arrêté ; et, quoique les commissions préconsultatives eussent terminé leur laborieux travail, le grand mouvement unitariste, qui se manifestait dans les cantons orientaux, vint jeter le désarroi dans le paisible cénacle et tout fut suspendu.

On atteignait insensiblement ainsi 1872. Nous ne voulons point refaire l'historique de la révision constitutionnelle fédérale de cette année-là, qui n'était que la résultante des efforts centralisateurs que nous venons d'indiquer ; lesquels n'étaient eux-mêmes que le contre-coup de ce qui se passait en Allemagne.

On sait les singulières compromissions auxquelles donna lieu cette révision, qui vint échouer devant le sens intime du peuple et l'opposition de la Suisse occidentale.

Mais la persévérance hélvétique ne perd pas ainsi ses droits ; et, à peine la bourrasque passée, les deux commissions reprirent leurs travaux interrompus. Celle sur la poursuite pour dettes et la faillite adopta le projet présenté en troisième lecture et son auteur, le professeur Heusler, fut chargé du rapport.

Survint sur ces entrefaites la seconde révision fédérale, reproduisant, comme on sait, mais sous une forme édulcorée, les principes essentiels de la première et qui, cette fois, fut sanctionnée par le peuple le 19 Avril 1874.

Le Conseil fédéral put enfin s'appuyer sur un texte constitutionnel, et grâce à l'article 64 de notre nouvelle charte, qui place la procédure de la poursuite pour dettes et de la faillite dans les attributions fédérales, le rapport de M. Heusler et son projet purent enfin voir le jour ; des traductions officielles furent ordonnées et le projet distribué, sous forme de circulaire, aux membres de l'Assemblée fédérale et aux tribunaux supérieurs de tous les cantons, invités à faire parvenir leurs observations.

La majorité des gouvernements cantonaux se prononça en faveur du principe, qui était à la base des divers projets élaborés jusqu'ici, c'est-à-dire, de la faillite comme but des poursuites pour toutes les créances non garanties par un gage. La commission fut alors complétée par des experts-juristes de divers cantons.

Comme on pouvait s'y attendre, — la nouvelle commission

étant surtout composée de membres de la Suisse allemande,—
la majorité persista dans les errements précédents, tandis que
la minorité insistait dans un rapport qu'elle publia, pour la
distinction des débiteurs en non-commerçants et commerçants;
pour la généralisation de la saisie comme but des poursuites
pour toutes dettes, réservant seulement la faillite pour ces
derniers.

La lutte se ralluma donc, plus ardente que jamais, entre les
partisans des deux systèmes.

Le rapport de la minorité fut également transmis aux gouvernements cantonaux et aux juridictions supérieures pour
préavis, mais la question n'avançait pas.

L'autorité fédérale était perplexe, on le comprend, et prit
la meilleure résolution, savoir de temporiser.

Mais il fallut bien prendre un parti ; des réclamations s'élevèrent de divers côtés, et, en 1881, la Société des juristes
suisses, dans sa réunion de Zoug, formula la demande au
Conseil fédéral, qu'un projet de loi sur la poursuite pour
dettes et la faillite fût, sans plus de retard, soumis aux
Chambres fédérales.

M Oberer, président de la Cour d'appel de Bâle-Campagne,
présenta un rapport très remarquable sur la question, avec
des principes généraux d.fférant sensiblement de ceux adoptés
jusque-là et concluant à un système mixte. L'assemblée se
partagea comme précédemment, suivant ses origines, en majorité et minorité ; mais cependant une majorité respectable se
rallia à cette nouvelle proposition. M. Welti, alors président
du Département de Justice et Police, saisit la balle au bond
et convoqua M. Oberer pour remanier le projet de 1875 dans
le sens des poursuites mixtes ; et, ce travail terminé, à fin
1881, le Département réunit une nouvelle commission technique pour procéder comme de coutume. M. le professeur

Heusler fut encore prié de lui prêter son concours ; mais ce dernier objecta que l'état de sa santé ne lui permettait guère de s'occuper d'un projet qui d'ailleurs lui était devenu absolument étranger, tant il était défiguré.

Mais la commission, présidée par M. le Conseiller fédéral Ruchonnet, qui avait remplacé M. Welti au Département de Justice et Police, n'en poursuivit pas moins résolûment son travail de Pénélope, sur le plan mixte de M. Oberer, et aboutit enfin au projet dit de 1882.

Cependant les quelques modifications introduites par la commission empêchaient les adversaires du projet de dormir, et la guerre se ralluma de plus belle entre les champions des deux écoles. Alors, le Conseil fédéral, suivant la tactique adoptée, envoya le nouveau projet reposer avec ses nombreux prédécesseurs, dans les cartons de la Chancellerie.

On se borna provisoirement à une demande aux cantons d'une statistique sur les saisies et les faillites, afin de s'éclairer sur la valeur respective des deux systèmes, lorsqu'en 1883 un mémoire élaboré par la Société des notaires argoviens, insistant sur l'urgence d'une solution, fournit à l'autorité centrale une occasion opportune pour rompre le charme dont paraissait frappé le malheureux projet de loi. Ce mémoire, d'ailleurs fort bien fait et solidement construit, posait comme bases de la future loi, les principes qui sont devenus ceux du projet définitif, pendant actuellement devant les Chambres fédérales, c'est-à-dire la distinction des débiteurs en commerçants et non-commerçants et la poursuite, suivant la qualité de ceux-ci, par voie de faillite ou de saisie.

La Société des voyageurs de commerce suisses, puis la Société industrielle et commerciale, vinrent joindre leurs instances, et le charme était enfin rompu.

En cherchant à s'excuser des retards apportés à son œuvre;

le Conseil fédéral s'exprimait ainsi, dans sa réponse à cette dernière Société, le 1er Juin 1885 : « Quiconque voudrait conclure du silence avec lequel le projet de 1882 a été accueilli, que ce projet a réussi à concilier les divergences qui se sont si souvent manifestées d'une manière très vive, pendant quinze ans, que le système mixte adopté par la commission d'experts a réuni les membres de la majorité et de la minorité de 1875, et que l'opposition presque unanime, soulevée par la Suisse romande contre le système absolu de la faillite, est venu se briser devant le compromis de 1882, se livrerait à une grande illusion.»

Le gouvernement fédéral avait aussi perdu toute illusion à l'endroit des grandes commissions d'examen et des préconsultations officielles.

C'était M. le Conseiller Ruchonnet, dont on connaît du reste les rares aptitudes juridiques et diplomatiques, qui devait enfin toucher la terre promise.

Laissant là protocoles et commissions, il s'entoura d'un ou deux collègues bien qualifiés et mit résolûment la main à l'œuvre, si bien qu'à fin 1885, le Conseil fédéral put discuter le projet terminé, qu'il adopta dans son ensemble, et inviter immédiatement les bureaux des Chambres à fixer la priorité et à nommer leurs commissions, pour examiner ce projet ; afin qu'il pût être discuté dès la session suivante.

Dans l'intervalle, M. Ruchonnet et ses collaborateurs inrent des conférences pour mettre la dernière main à cet enfantement, si étonnamment laborieux, en tenant compte des observations produites et la rédaction en deux textes, français et allemand, reçut sa perfection.

Enfin, dit le Conseil fédéral, à la fin de l'exposé historique de son message aux Chambres : « dès le 18 Février 1886, le Département de Justice et Police fut en mesure de nous soumettre la deuxième lecture de son projet révisé.» Il ajoutait en terminant : « Nous l'avons approuvé *in globo* et sans modification et l'avons adopté comme base à présenter aux délibérations de l'Assemblée fédérale.»

Telle fut l'incroyable odyssée de ce projet de loi qui dura plus de 20 ans, à travers les plus étranges péripéties.

Le Conseil des Etats en eut la priorité dans sa précédente session et les deux Conseils chargèrent la présidence de composer les commissions qui devaient l'examiner.

Il est probable, comme cela arrive d'ordinaire pour les lois générales de cet ordre, — ainsi pour le Code des obligations, — que notre loi ne subira pas de profondes modifications et sera adoptée dans son ensemble essentiel.

Restera l'épreuve possible du referendum, dont, à notre avis, elle aura peu à redouter.

Nous allons maintenant examiner très sommairement les principes essentiels de la législation projetée ; les rapports généraux de celle-ci avec notre droit genevois spécial et les résultats comparatifs et approximatifs de leur application chez nous.

Des principes essentiels de la loi projetée sur la poursuite pour dettes et la faillite.

La poursuite pour dette est, on le sait, une action judiciaire destinée à contraindre le débiteur, par contrat ou quasi contrat, de droit ou de fait, à remplir ses obligations, soit à s'acquitter de sa dette ou de dommages-intérêts assimilés à celle-ci.

C'est la sanction du double principe de droit commun inscrit dans les articles 2092 et 2093 de notre Code civil, ainsi conçus : « Quiconque s'est obligé personnellement, est tenu de remplir son engagement sur tous ses biens mobiliers et immobiliers, présents et futurs.»

« Les biens du débiteur sont le gage commun de ses créanciers et le prix s'en distribue entre eux par contribution, à moins qu'il n'y ait entre les créanciers des causes légitimes de préférence. »

Ces principes sont également à la base du projet de loi fédérale dont nous nous occupons.

Or, si l'on considère que la propriété individuelle ou collective est l'élément primordial de toute civilisation, de tout ordre social ; que les libres transactions relatives à la conservation, à la transmission, à l'échange ou à la circulation de celle-ci ont une très grande importance au point de vue de l'ordre public et des intérêts privés, on reconnaîtra que la sanction légale destinée à faire respecter ces transactions ou conventions, à assurer l'exécution des obligations qui en découlent est une nécessité.

Si d'autre part on considère que dans notre petit canton, plus de 10,000 causes en moyenne, portant sur des obligations variées de devoir, sont appelées annuellement devant nos juridictions diverses: civiles, commerciales ou industrielles ; qu'en outre, une moyenne totale de saisies-arrêt, c'est-à-dire de saisies pratiquées, par ordonnance de juge, — avant ou pendant procès, — de 4,500, dont 1,500 à peine sont converties en saisies-exécution, se pratiquent chaque année par défaut de paiement ou de restitution. Si à ces chiffres considérables on ajoute encore plus de 1,000 essais annuels de conciliation, en justice de paix, portant exclusivement sur réclamations de paiement, qui, pour la plupart, n'ont pas d'issue devant nos tribunaux, on atteint un nombre moyen approximatif de

15,000 poursuites pour dettes ou obligation de devoir par année, sur une population d'à peine 100,000 habitants que compte notre canton. Ce qui est énorme si on songe d'autre part que bon nombre de réclamations de même nature se terminent directement entre les parties, dans les études d'avocat ou d'huissiers, et auraient pu augmenter encore ce total déjà respectable.

On voit, dès lors, l'importance considérable au point de vue économique et social d'une loi nouvelle sur la poursuite pour dettes et la faillite.

Ajoutons pour l'intelligence de ces chiffres et de la loi qu'un total de 80 faillites étaient prononcées par notre tribunal consulaire durant 1885, ce qui ne sort guère de la moyenne et dont une assez forte proportion a été suivie de concordat.

Qu'en outre, ce tribunal a accordé durant la même année, 18 sursis concordataires; nombre exceptionnel et très satisfaisant.

Le but à atteindre par la loi est d'obtenir le paiement des dettes légitimes en ménageant, autant que possible, les intérêts des débiteurs et ceux de la société.

Comme on l'a vu, le système de poursuite par voie de faillite générale, en usage dans la plupart des cantons, fut durant longtemps celui de la loi projetée; puis, après une lutte opiniâtre, dont nous avons suivi les péripéties, ce système se modifia profondément et la faillite fut réservée, comme dans le droit français, en vigueur à Genève, pour les réputés commerçants

La faillite est en outre réservée, suivant la législation vaudoise, contre le débiteur sans domicile ni résidence connus; sur la demande du débiteur faisant abandon de biens; enfin contre le débiteur en fuite ou réputé de mauvaise foi.

Les sociétés anonymes et associations civiles ayant acquis la personnalité juridique peuvent encore être mises en faillite.

Chose plus grave, en dehors même de toute poursuite, le juge peut prononcer la faillite contre un débiteur, réputé marchand, dont l'insolvabilité serait seulement établie par un créancier et à la seule réquisition de celui-ci. Cette disposition, en particulier, pourrait prêter comme d'autres, dont nous aurons à parler, aux plus sérieux abus.

Il y aurait pourtant recours à l'autorité supérieure dans ce dernier cas. Enfin les réputés commerçants peuvent seulement être poursuivis par voie de faillite.

On ne saurait d'autre part que féliciter les auteurs du projet de s'être inspirés des lois genevoise, belge et anglaise, en introduisant comme correctif aux rigueurs sommaires de celui-ci et d'une manière générale, le sursis concordataire en faveur du débiteur malheureux et intéressant, poursuivi par plusieurs créanciers et permettant un arrangement ou liquidation amiable, sans avoir recours à la faillite ou à l'expropriation judiciaire.

Espérons que cette heureuse innovation sera favorablement accueillie par nos Confédérés.

On l'a vu, ce n'est pas sans d'énergiques efforts qu'on est parvenu au système mixte du dernier projet de loi ; le système de la poursuite générale par voie de faillite, était vivement soutenu par des hommes éminents et distingués de la Suisse allemande, qui voient dans la saisie le pillage organisé et la spoliation des créanciers non-intervenants.

Ils considèrent en outre le régime de la saisie comme suranné et barbare et celui de la faillite générale (*Conkursrecht*) comme un progrès sensible du droit helvétique moderne.

En accédant dans une certaine mesure au vœu de leurs

Confédérés de la Suisse occidentale, ils estiment faire un sacrifice à d'antiques et fâcheux errements.

Ainsi la saisie qui avait été introduite en 1870 dans la législation argovienne, en opposition à la faillite, a été récemment supprimée; on est revenu à l'ancien mode, comme de beaucoup préférable.

D'autres cantons cependant, St-Gall en particulier et les cantons forestiers, qui ont expérimenté la saisie dans une certaine limite, déclarent, dans l'enquête intervenue, en être satisfaits.

Il y a donc divergence de vues absolue ; cependant le plus grand nombre des cantons pratique cumulativement les deux systèmes.

Il est évident que si la faillite civile était une simple liquidation judiciaire, entourée de toutes les garanties nécessaires et des mesures tutélaires dictées par les principes mêmes de nos institutions politiques, elle n'aurait pas au même degré, peut-être, soulevé la répulsion unanime de toutes les populations welches ; mais il n'en est point ainsi.

Nos Confédérés de la Suisse allemande en généralisant la faillite en ont fait un délit de droit commun, frappant même de dégradation civique le failli. A telle enseigne que le canton de Berne, par exemple, a compté près de 30,000 faillis à la fois privés des droits politiques et les autres cantons, où fleurit ce système, à l'avenant.

Un semblable système, absurde dans des contrées agricoles surtout où il ne peut produire, par l'expropriation nécessaire, que la ruine, l'émigration, le vagabondage et souvent le crime, ce qui du reste est malheureusement trop constaté, est jugé par de tels résultats ; aussi la réaction la plus énergique s'est-elle déjà manifestée au sein des populations éclairées contre cet état de choses.

Il est possible que nos Confédérés, qui dans les derniers siècles ont emprunté au droit coutumier italien· la faillite, ont pensé consacrer un progrès sur l'état précédent.

Mais la faillite ou banqueroute (*bancorotto*) n'a jamais été appliquée dans les centres commerciaux de la Haute-Italie, qu'à des marchands ou banquiers (*banquero*) dont on rompait publiquement le banc en signe d'insolvabilité et de déchéance. Il n'était point venu à l'esprit du législateur de l'étendre au non-commerçant.

Il est probable aussi que le régime de la saisie, pratiquée jadis dans les cantons à *Conkursrecht* où les poursuites pour dettes s'opéraient encore sans aucune intervention d'un magistrat et même d'un fonctionnaire judiciaire, donnait lieu à des violences et à des abus qui l'ont fait abandonner pour la faillite ; ce devait être en effet un vrai pillage.

La nouvelle loi, malgré ses imperfections, peut donc en somme être considérée comme un bienfait pour les populations suisses en général, qui mettra fin à bien des abus séculaires.

Il s'en faut toutefois que nous considérions le régime de la saisie usité chez nous et prévu par la nouvelle loi, comme le dernier mot du progrès dans la poursuite pour dettes.

Il y a certes du vrai dans les critiques dirigées par les juristes des cantons allemands contre les abus et la barbarie de cette procédure primitive.

Notre belle loi de 1849 sur la liberté individuelle et l'inviolabilité du domicile, en supprimant la contrainte par corps, a certainement consacré, la première sur le continent, l'une des plus nobles conquêtes philosophiques et politiques de nos temps. Cette réforme d'ailleurs est en train de faire le tour du monde, malgré tous les fâcheux pronostics.

Le flambeau de la raison c'est-à-dire de la science, qui a

déjà débarrassé la vieille justice pénale de ses grotesques
extravagances et de ses exécrables supplices et tortures,
doit aussi promener sa bienfaisante lumière sur la justice
civile et la débarrasser aussi de ses nombreux abus.

Depuis la terrible loi des XII Tables de l'ancien droit romain, qui réduisait en esclavage au profit des créanciers les
malheureux débiteurs insolvables, jusqu'aux cruelles peines
corporelles infligées à ces derniers par les codes barbares, a
la moderne prison pour dettes et à la dégradation civique
pour cause d'insolvabilité, qui fleurit encore dans nos cantons, le chemin parcouru est grand dans le sens de la justice
et de l'humanité.

Voulant être progressiste dans tous les domaines, le régime
politique genevois de 1847 s'est associé également à ce mouvement civilisateur. Il a compris, alors même que les biens du
débiteur sont le gage des créanciers de celui-ci, que l'obligation de devoir ne résulte que de conventions essentiellement
privées de fait ou de droit, et, en conséquence, librement consenties, sauf les cas assez rares où cette obligation est la suite
de prescriptions d'ordre public ou de délits et quasi-délits
civils ; qu'en conséquence le fait de convertir la poursuite
pour dettes en un délit d'ordre pénal, suivant les errements
du droit antique, malheureusement encore en honneur chez
beaucoup de nos Confédérés, est une hérésie judiciaire déplorable.

Outre la suppression de la prison pour dettes et de la mort
civile, le législateur de 1847, poursuivant son œuvre de
réforme, voulut entourer les poursuites contre le débiteur
insolvable de mesures tutélaires, qui en restreignissent autant
que possible les abus et les fatales conséquences au point de
vue de l'ordre social et de l'humanité.

Ce législateur, comme celui de 1819, qui déjà était entré

dans cette voie, avaient compris que, s'il est nécessaire d'assurer la sanction des contrats et de protéger efficacement les droits des créanciers, il est tout aussi nécessaire, au point de vue des intérêts généraux de la société, de ne pas réduire à l'indigence, au désespoir et souvent au vagabondage et au crime, des malheureux que des circonstances majeures ou fortuites ont parfois réduits à l'insolvabilité.

Aussi la loi du 24 mars 1852 qui a rendu des services, aussi nombreux qu'ils sont ignorés, à tant de pauvres gens, contient-elle les dispositions suivantes, qu'il convient de rappeler ici :

Ne peuvent être saisis, pour quelque cause que ce soit :

Le coucher nécessaire au débiteur et aux membres de sa famille, vivant avec lui ;

Les vêtements servant à l'usage habituel du débiteur et de sa famille.

Le linge de corps, de table et de lit, les ustensiles et meubles meublants nécessaires au débiteur et à sa famille ;

L'armement, l'habillement et l'équipement militaire du citoyen suisse.

Les outils, les instruments et les livres servant aux occupations personnelles des ouvriers et des artisans ou à la profession qu'exerce ou qu'enseigne le débiteur.

Les farines et menues denrées nécessaires à la consommation du débiteur et de sa famille, pendant trois mois.

Ne pourront être saisis qu'à défaut d'autres objets saisissables et seulement pour aliments, loyers, fermages ou autres créances privilégiées sur les objets ci-après :

Les instruments aratoires, les animaux, semences et engrais destinés à la culture des terres ; une vache ou deux chèvres ou trois brebis, au choix du débiteur ; les pailles, fourrages et graines nécessaires pour la litière et la nourriture, pendant trois mois, des animaux laissés au débiteur.

Les métiers en activité et les ustensiles indispensables à l'exploitation des manufactures, des fabriques et des usines.

La saisie-brandon ou de récoltes sur pied est également supprimée en principe par la même législation ; elle est limitée seulement à un privilège d'ordre public.

Cette loi augmente plus encore que celle de 1819 les restrictions aux saisies sur les papiers personnels, les traitements et salaires, les pensions alimentaires, les rentes viagères.

Sont nulles toutes saisies pratiquées au mépris de la même loi.

Nous avons constaté avec satisfaction que le projet de loi fédérale s'est inspiré de cette loi de 1852 en déclarant insaisissables, dans tous les cas, la plupart des objets sus-mentionnés, indispensables au débiteur et à sa famille.

Les salaires, traitements, pensions de retraite, sont insaisissables seulement à concurrence de 150 fr. réduits à 100 fr. par le Conseil des Etats, et 50 fr. quand il s'agit de dettes pour fournitures alimentaires.

Nous eussions préféré la jurisprudence genevoise qui limite la saisie dans ce dernier cas au cinquième du gain du débiteur à répartir entre tous les créanciers, comme plus pratique et mieux appropriée aux situations diverses de celui-ci.

Toutefois, et c'est une fâcheuse lacune, (1) toutes les exemptions de saisie indiquées en faveur de l'agriculture, des animaux de labourage et des agriculteurs, des machines en mouvement, etc., que nous avons reproduites ne figurent pas dans ce projet. Cette lacune est d'autant plus regrettable que cette partie de la loi de 1852 est celle qui peut-être a rendu le plus de services dans notre canton. On sait comme l'argent est rare et dur à gagner dans les campagnes.

(1) Cette lacune a été en partie comblée dès lors.

La saisie-brandon y est consacrée sans autre restriction que la maturité des récoltes, et c'est là encore un déplorable recul pour nous.

La loi de 1852, renchérissant encore sur la législation précédente et voulant protéger le petit propriétaire agricole, porte que si le revenu de l'immeuble saisi suffit, durant trois ans, pour payer la dette et ses accessoires, il n'y a pas lieu à l'expropriation, mais seulement à séquestre.

Non seulement le projet fédéral ne prescrit rien de semblable, mais encore la surenchère, la folle-enchère et toutes les autres dispositions de même nature de la législation genevoise en faveur de la propriété immobilière n'y figurent pas ; elle se borne à accorder des délais spéciaux, qui peuvent, au besoin, être prolongés en cas d'insuffisance des enchères. (1)

Tout cela constitue, il est vrai, un sensible progrès pour la plupart de nos cantons où l'expropriation la vente des immeubles est presque assimilée à celle des meubles, et peut avoir lieu pour quelques francs, même pour quelques centimes. On comprend qu'il doive résulter de ce dernier état de choses des iniquités cruelles et une vraie dilapidation des immeubles saisis.

Il est vivement à espérer que les Chambres fédérales étudieront sérieusement des garanties nouvelles contre ces déplorables abus.

Il serait surtout à souhaiter que l'on pût parvenir, à l'aide des sursis concordataires et des concordats généralisés, prévus dans le projet de loi, et mieux encore, à l'aide de l'essai de conciliation préalable et obligatoire qui devrait être institué, dans tous les cas de poursuites, à réduire notablement le nombre des expropriations et des saisies-exécution.

(1) Le Conseil National a revu encore ce point-là.

Il faut avoir vu de près ce qui se passe chez nous, à l'ombre de nos lois en matière de saisie et de vente de meubles surtout, pour souhaiter une réforme sérieuse.

Nous n'avons nullement en vue ici de diriger aucune critique contre nos huissiers et autres fonctionnaires de l'ordre judiciaire sur la manière dont ils remplissent leurs pénibles devoirs. Ils s'acquittent, en général, de ces dures fonctions avec tout le tact et les ménagements nécessaires. Mais le mal est dans l'institution elle-même et principalement dans ses suites.

On en pourra juger par les quelques détails qui vont suivre :

Le nombre total des saisies-exécution dans le canton de Genève a été, durant l'année dernière, de 1332. La moyenne des cinq dernières années a été de 1514. Chose particulière, le nombre des saisies diminue graduellement avec celui du contentieux, depuis un certain temps : ainsi en 1882, le total des saisies-exécution s'élevait à 1741, c'est-à-dire qu'il y a eu diminution graduelle de plus d'un quart.

Cela doit tenir probablement à une diminution correspondante dans le nombre des transactions commerciales et industrielles et peut-être aussi dans la restriction du crédit, beaucoup plus circonspect aujourd'hui que par le passé.

La somme des saisies-exécution que nous venons d'indiquer paraîtra certes considérable, et encore dans les chiffres qui précèdent ne sont pas comprises les saisies provisionnelles pratiquées en vertu des articles 8 et 10 du Code de procédure civile, lesquelles peuvent être de 180 à 200 par an.

Il convient toutefois de remarquer que sur ce gros chiffre de 1332 saisies-exécution pratiquées en 1886, il y en a seulement 23 portant sur des immeubles et ayant donné lieu à des ventes juridiques.

Il y a là une preuve des heureux effets des garanties pré-
mentionnées accordées à la propriété foncière par notre loi
genevoise (1).

Nous ne signalerons ici que pour mémoire les 3500 saisies-
arrêt pratiquées par les justices de paix, aux termes des
articles 7 et 9 du même Code, et parmi lesquelles ne figurent
que partiellement les saisies-exécution sus-indiquées.

Alors même que la poursuite pour dettes par voie de saisie,
pour les non commerçants, soit de beaucoup préférable à
celle par voie de faillite, en ce qu'elle ne discrédite pas au même
degré le débiteur, il ne s'en suit pas, comme nous l'avons dit,
que tout soit au mieux.

On conçoit très bien que plus de 1300 ventes mobilières
forcées, faites le plus souvent à contre-temps, soient peu fruc-
tueuses. Il suffit d'avoir assisté à ces ventes juridiques multipliées, où tout se passe entre quelques fripiers, pour comprendre l'extrême dépréciation des objets saisis et le tort considérable que fait, aux intéressés comme au commerce de la
place, cette énorme quantité de meubles jetés ainsi à tout prix
sur le marché.

Il y aurait là, malgré les améliorations introduites déjà dans
le régime des ventes juridiques par le Département de justice
et police, tout un système de réformes à étudier. En attendant
il y aurait lieu aussi de faciliter autant que possible les ventes
sur place, beaucoup plus fréquentées et plus productives que

(1) On peut juger de l'efficacité de notre législation par l'état relativement
prospere de nos campagnes dont, malgré un sol ingrat, les mauvaises recoltes
et la baisse des prix des terrains, le paupérisme a presque entièrement
disparu.

La loi de 1852 et l'établissement de la Caisse Hypothécaire ont éloigne
les visites de deux hôtes redoutés de nos paysans : l'huissier saisissant et
l'usurier.

celles du local public, et peut-être aussi celles de gré à gré. C'est surtout pour les ventes rurales que cela est indispensable; car ici les frais de transport et le défaut d'acheteurs équivalent à un gaspillage de l'actif et à la ruine des intéressés.

Grâce aux facilités accordées par la loi pour les ventes juridiques d'immeubles, les abus sont moins criants ; mais la dépréciation des terrains surtout est parfois lamentable.

Enfin, à propos de saisie, nous devons mentionner aussi, que le projet en question maintient la saisie-arrêt, sous le nom de séquestre, comme mesure provisionnelle avant la poursuite au fond dans les cas où elle est pratiquée chez nous, mais avec la faculté d'une opposition immédiate et d'une prompte issue.

Mais revenons à notre exposé :

L'article premier de notre Code de procédure civile, si remarquable à tous égards et si avancé pour son temps, pose le principe fondamental de toute poursuite judiciaire dans notre droit : Celui, dit-il, qui prétend à une chose ou à un droit pour l'obtenir légitimement, en cas de refus du débiteur ou du détenteur, doit en former la demande devant le tribunal compétent.

Or, ce principe, qui paraît élémentaire devant la plupart des juridictions des pays civilisés, n'est point celui du projet de loi dont nous nous occupons. Jusqu'ici les deux parties se présentaient à titre égal devant la justice ; au demandeur à justifier d'abord les fins de sa demande.

Suivant le projet, il y a présomption eu faveur du demandeur, quitte au défendeur à faire opposition devant la juridiction compétente qui prononce alors sur le bien ou mal fondé de la réclamation.

S'il n'y a pas opposition dans les dix jours, dès la notification à partir du commandement de payer, les poursuites suivent leur cours et la saisie s'exécute dans le délai de vingt jours. Dans tous les cas, et à défaut de paiement, une saisie-arrêt intervient au troisième jour par l'agent des poursuites. La vente des objets mobiliers saisis s'opère après un nouveau délai de vingt jours à quatre mois, à dater du premier jour, sauf revendication des tiers.

S'il s'agit d'un individu ou d'un corps moral inscrit au registre du commerce, et réputé, en conséquence, négociant ; d'un absent, d'un porteur d'effet de change, d'un fugitif, d'un débiteur faisant cession de biens, la poursuite s'exerce par voie de commination de faillite, puis de faillite effective. Cette dernière peutêtre même obtenue sur la demande d'un seul créancier, nous l'avons dit, s'il apparaît au juge que le débiteur n'est pas solvable.

Cependant toute cette procédure, assez draconienne, est tempérée par une institution empruntée à notre droit genevois ; nous voulons parler du sursis concordataire, déjà mentionné plus haut également, et du concordat que tout débiteur honnête peut réclamer et obtenir si les deux tiers des créanciers réunis, représentant en valeur les deux tiers des sommes dues, y consentent.

Dans le cas d'acceptation, il intervient, comme on sait, un sursis de trois mois suivi, à défaut de paiement, d'une liquidation amiable de l'actif, à moins que le débiteur ne désintéresse ses créanciers, dans une proportion déterminée Tout cela s'opère sans désemparer le débiteur, mais sous le contrôle d'un commissaire officiel. Le concordat oblige alors tous les créanciers.

C'est là certes une excellente disposition du projet et qui peut remédier à bien des imperfections, tout en évitant l'extrémité fatale et ruineuse de la vente forcée.

La poursuite est dirigée, sous ses diverses formes, par un

agent spécial cumulant les multiples fonctions judiciaires usitées jusqu'ici en ces matières.

La création de cet agent, sous le nom de préposé aux poursuites, a donné lieu, soit à Genève, par la Commission d'examen, soit ailleurs, aux critiques les plus vives et les plus fondées. Ce fonctionnaire, qui serait cependant nommé par le canton, en dehors des influences politiques, réunirait les fonctions actuellement remplies, dans notre canton, par les huissiers judiciaires, les huissiers du fisc, les percepteurs des contributions, les greffiers du Tribunal Civil, du Tribunal de Commerce et de la Justice de Paix ; les syndics de faillite, les commissaires au concordat, les curateurs aux successions vacantes, les avocats, les présidents ou juges des Tribunaux Civil, de Commerce et de Paix.

Cette seule énumération suffira pour faire apprécier l'impossibilité d'une telle création, et, à supposer qu'elle fût rendue possible par la subdivision des arrondissements de poursuites, les abus en tous genres qui pourraient en résulter.

Il pourrait y avoir recours contre les agissements de ce préposé responsable à une instance cantonale supérieure et enfin au Conseil fédéral ! Pourquoi pas au Tribunal fédéral, autorité suprême, se demandera-t-on ?

La Commission genevoise estime, et nous sommes entièrement de son avis, que le meilleur système serait celui de la poursuite exercée sous le contrôle des tribunaux par des employés responsables et sévèrement contrôlés, offrant des garanties pécuniaires et des garanties de capacité, nommés par l'Etat. Choisis librement par les parties, en cas de poursuite par voie de saisie, et nommés, en cas de faillite, par les tribunaux compétents avec le concours des créanciers.

Ne conviendrait-il pas, en outre, que le réputé commerçant, dont la mise en faillite se conçoit, vu la multiplicité probable de ses créanciers et la nature de son crédit, pût néanmoins, dans des cas spéciaux et lorsque son insolvabilité ne serait pas absolument établie, être simplement poursuivi par voie de saisie ?

Ne conviendrait-il pas aussi de faciliter autant que possible les sursis concordataires et les liquidations amiables, lorsqu'on sait qu'un grand nombre de nos faillites une fois clôturées ne couvrent pas même les frais et que la plupart des autres donnent à peine du dix à vingt pour cent du déficit !

Combien sont clôturées par insuffisance d'actif, et alors qui paie les frais ?

Parmi les emprunts faits par notre projet à la loi genevoise de 1861 sur les faillites, si imparfaite et surtout si rigoureuse, empruntée elle-même à la législation française et dont l'une des dispositions, que l'on n'a jamais osé appliquer, rétablit la contrainte par corps, figure ce que l'on appelle l'action révocatoire. Cette action est celle, en vertu de laquelle notre Tribunal de commerce fait remonter les effets de la faillite bien avant celle-ci, en annulant les actes de disposition ou d'aliénation des biens du débiteur, faits ou présumés faits en fraude des droits de ses créanciers.

Ce principe, que l'on retrouve également, mais à titre tout exceptionnel, dans notre droit civil, est ici généralisé dans toute poursuite pour dettes. Le Conseil des Etats, comprenant le danger d'une telle disposition, qui, tout en voulant sauvegarder les droits des créanciers, peut être si funeste au crédit général et à la sécurité des transactions et des actes, a limité son effet, en fixant à 30 jours seulement en arrière des poursuites, l'action révocatoire. Le rapport de la commission du Conseil National sur lequel nous aurons à revenir, propose six mois, ce qui nous paraît excessif.

Les poursuites relatives au paiement des loyers et fermages

forment une section spéciale dans notre projet : les dispositions des articles 287 et 312 du Code fédéral des obligations,
donnant, à défaut de paiement, un terme de résolution de six
jours, pour les baux de moins de six mois, et d'un mois pour
ceux plus longs, reçoivent ici une sanction rigoureuse. Ainsi
l'évacuation *manu militari*, des locaux loués serait désormais
de rigueur, à l'expiration de ces termes ; ce qui constituerait une
innovation grave, dans notre procédure civile et une mesure
bien rude pour les petits locataires Ce sera bien le cas alors
d'aviser à quelques nouvelles mesures protectrices en faveur de
malheureux locataires expulsés, jetés sur la voie publique avec
leurs meubles et privés de gîte et de ressources. Le local affecté dans notre Palais de Justice aux mobiliers déguerpis
est une mesure absolument insuffisante.

Si notre législation cantonale aggravée est entrée, pour une
large part, dans les poursuites par voie de faillite, appliquées par le projet, comme nous l'avons dit déjà, aux débiteurs inscrits au Registre du Commerce, soit aux réputés commerçants, aux porteurs de chèques ou d'effets de change, aux
cessionnaires de biens, c'est-à-dire aux faillis volontaires, il
est juste de reconnaître que des améliorations sérieuses sont
apportées à l'état de choses actuel par ce projet. Ici, comme
dans le Code des obligations, la partie purement commerciale
est la plus remarquable et la mieux traitée ; c'est la *commer-
cialisation* du droit civil, qu'on nous permette ce barbare
néologisme. Ainsi, à la redoutable faillite occulte, prononcée
chez nous en Chambre du Conseil, et parfois à la requête d'un
seul créancier, qui vient frapper inopinément et sans aucun
avis, le malheureux négociant au centre de ses affaires, l'ex-
pulsant brusquement de son domicile commercial, placé alors
sous scellés, et le dépossédant de son administration, remise
au syndic provisoire, succèdera la commination ou menace

simple de faillite, avec un délai de 20 jours pour payer ou
pour prononcer la faillite. Il est vrai que ce commandement
peut être suivi immédiatement d'un inventaire ; mais le débiteur a le droit de formuler de suite, une opposition motivée
et de réclamer un sursis concordataire et l'obtention du concordat. Il doit être statué par le juge sur cette opposition,
dans une audience qui doit avoir lieu trois jours au moins
après le commandement. Dans les cas spéciaux et pressants,
s'il s'agit par exemple de poursuites résultant d'un chèque ou
de tout autre effet de change, la faillite est plus rapide, mais
ne peut être, dans tous les cas prononcée avant trois jours et
le jugement doit être rendu en audience publique.

Cependant, dans des cas spéciaux, notamment s'il est question d'un débiteur de mauvaise foi, dolosif ou réputé absolument insolvable ou d'un débiteur cessionnaire ou fugitif, ou
d'une succession vacante, la faillite peut être prononcée de
suite par le juge, comme nous l'avons indiqué.

Les frais, dans tous les cas de poursuites, doivent être
avancés par tous les poursuivants ; excellente mesure de précaution contre les téméraires plaideurs. Mais il est de toute
nécessité que les débiteurs opposants ne soient pas astreints
à cette obligation, sous peine de rendre l'opposition aux poursuites illusoire et impossible pour un grand nombre de malheureux manquant de ressources.

En outre, il y a recours dans tous les cas à la juridiction
supérieure.

En cas de faillite, l'assemblée des créanciers a le choix ou
de faire administrer la masse par l'office des poursuites, par
un syndic, ou par une commission *ad hoc*.

On peut au besoin conserver l'exploitation au failli, sous la
surveillance du ou des mandataires de la masse.

Si le débiteur n'obtient ni sursis ni concordat, il est procédé

à la vente aux enchères ou même de gré à gré et à la liquidation de la masse.

Le produit en est réparti à concurrence et suivant l'ordre
des privilèges actuels un peu modifiés. Ainsi les biens privilégiés, même par contrat, de la femme du failli, rentrent par
moitié dans la masse.

En tous cas, les formalités sont simplifiées ; les délais abré-
gés et conséquemment les frais diminués. Ainsi, toute faillite doit être clôturée et terminée dans un délai de six mois,
dès sa prononciation. Il y a là certes une notable amélioration
sur le régime actuel.

Un délai de trois mois est également fixé pour la durée
maximum de tout procès en forme sommaire. Enfin la faillite
peut être révoquée, en tout état de cause, par le Juge, sur
une demande appuyée par l'ensemble des créanciers; le débiteur est alors réintégré dans la pleine administration et disposition de ses affaires. Mentionnons cependant une disposition qui nous paraît fâcheuse ; c'est l'obligation pour le failli
de rester à la disposition de la police durant les formalités de
celle-ci.

Il est d'autre part entendu que les conséquences pénales
de la faillite et de la saisie resteront dans la compétence des
cantons, jusqu'à l'élaboration de la loi fédérale, si attendue,
sur les droits politiques des citoyens suisses.

Il est également réservé aux cantons d'édicter des dispositions légales sur les garanties à fournir par les agents d'affaires et préposés aux poursuites, qui pourront être astreints
à donner caution.

Telles sont très sommairement les dispositions essentielles
du projet de loi fédérale pour la poursuite pour dettes et la
faillite, et les rapports généraux de ce projet de loi avec notre
droit genevois. Voyons maintenant quelles peuvent être l

conséquences, en vue de l'état actuel, de cette nouvelle législation et les améliorations essentielles, dont elle est susceptible.

Des conséquences possibles du projet de loi fédérale sur la poursuite pour dettes et la faillite

Si nous sommes bien renseigné, le Conseil des Etats et la
commission du Conseil National, qui rapporte en ce moment,
n'ont point modifié le projet dont nous nous occupons, dans
ses principes essentiels. La plupart des changements proposés
tendent volontiers à l'adoucissement plutôt qu'à l'aggravation
des dispositions du projet et en modifient seulement les détails
d'application.

Ainsi, une latitude plus grande est laissée aux cantons pour
l'organisation des offices de poursuites. La commission est
entrée dans nos vues; d'autre part, en étendant plus encore
les immunités de saisie, notamment aux choses agricoles indispensables, bestiaux, outils et provisions. En outre, tout en
facilitant des renvois pour les expropriations de biens ruraux,
il serait permis de désintéresser les créanciers au moyen du
revenu seul de ces biens et d'éviter ainsi la vente forcée et à
contretemps.

Poussant l'humanité plus loin encore que le législateur genevois, il est proposé qu'aucune exécution judiciaire n'ait
lieu pendant une maladie grave du débiteur, de ses ascendants
ou descendants; durant le temps où ce dernier fait son service
militaire, ou durant les cinq jours qui suivent son décès ou

celui de ses proches ; les exécutions sont en outre interdites pendant la semaine qui précède les quatre grandes fêtes religieuses, et même durant le mois d'Août, temps des moissons. Nous féliciterons encore le Conseil des Etats d'avoir limité l'action révocatoire à 30 jours avant les poursuites ; c'est là une limite qui nous paraît très-suffisante et une atténuation à une disposition fâcheuse en elle-même.

En somme, l'action des Chambres fédérales sur le projet de loi nous paraît fort heureuse jusqu'ici et dirigée dans un excellent esprit ; espérons qu'il en sera de même jusqu'à la fin des débats.

On peut considérer comme certain, dès à présent, que l'Assemblée fédérale ne changera pas les bases mêmes de ce projet ; on ne saurait en conséquence méconnaître les profondes modifications que la nouvelle législation apportera dans la pratique des greffes et des tribunaux de notre canton, en matière civile et commerciale.

En vertu de nos lois, toute demande judiciaire de paiement, doit passer devant les tribunaux avant d'obtenir la sanction légale ; or, suivant notre projet, les demandes seules frappées d'opposition par les débiteurs poursuivis seront soumises à cette formalité.

Il est donc probable que la plupart des causes jugées par défaut et passées ensuite en force de choses jugées, celles jugées sur aveu ou par consentement mutuel des parties, tombées ou conciliées, ne donneront pas lieu à opposition, sous le nouveau régime de poursuites.

Il en résultera donc une diminution considérable dans le contentieux des tribunaux spéciaux et aussi une notable diminution de frais pour les justiciables.

Ainsi le Tribunal civil, sur 2,621 causes appelées en 1885, sur lesquelles 2,000 environ pour réclamation de devoir, en a seulement jugé 658 sur contradiction, les autres ont été jugées par défaut, transigées ou retirées.

A la Justice de Paix statuant au civil, sur 5,070 affaires introduites, le tribunal a prononcé en contradictoire sur 625, soit à peine sur un huitième.

Au Tribunal de Commerce, où le contentieux a sensiblement diminué déjà avec le mouvement général des affaires, sur 2486 causes introduites, 144 seulement ont été jugées sur contradiction.

C'est donc sur près de 10,000 procès annuels pour réclamation de devoir une réduction approximative de plus des cinq sixièmes ; ce qui est énorme.

Il va sans dire que par l'intervention des hommes de loi, dont les affaires devront souffrir proportionnellement, le nombre des oppositions aux commandements judiciaires de payer, sera peut-être plus élevé qu'il ne paraît. Quoi qu'il en soit, la perturbation n'en existera pas moins de ce dernier chef.

C'est alors, et ce sera certes un grand bien et un progrès sur l'état actuel des choses, que devront intervenir, en nombre aussi grand que possible, les demandes en sursis concordataire et en concordat ; car il est bien rare qu'une poursuite reste isolée et ne soulève des interventions d'autres créanciers immédiates ou subséquentes.

Or, c'est là le point défectueux de la poursuite dans bien des cantons qui accordent un privilège, un droit de priorité au premier créancier poursuivant, à l'exclusion des autres. Il en résulte une sorte de course aux poursuites, dont les effets sont aussi déplorables pour le débiteur que pour les créanciers.

Le projet admet la poursuite en concours et la répartition de l'actif au prorata ; mais au moyen de la cession de biens et surtout du concordat on arrivera dans bien des cas à éviter la saisie et la vente forcée et à désintéresser les créanciers, par un arrangement amiable, sans ruiner les débiteurs.

Ce serait là une autre conséquence heureuse de la loi bien comprise.

Mais un complément nécessaire et aussi un correctif de la législation dont il s'agit, serait, selon nous, d'imposer un essai préalable de conciliation, avant toute poursuite, — avec sanction en cas de défaut, — soit devant la justice de paix, soit devant l'autorité judiciaire spéciale, comme cela existe ailleurs déjà et notamment chez nous dans la juridiction des Prud'hommes, avec des résultats très satisfaisants. On pourrait étendre, dans ce cas, par analogie, le principe de l'article 98 de notre loi sur les justices de paix, du 30 Novembre 1842, en vertu duquel les transactions consenties devant le Juge de Paix, rédigées et signées par les parties, avec ce magistrat, sont assimilées à des jugements rendus en dernier ressort ou définitifs et deviennent exécutoires moyennant une simple signification.

Il y aurait ainsi consentement réciproque, économie de temps et de frais considérable, et grande simplification.

Nous arrêterons ici, pour ne point abuser de la patience et de l'attention de nos lecteurs, l'exposé comparatif, sommaire et imparfait, bien que déjà trop étendu, de ce projet de loi important, vrai code sur la matière en 277 articles.

Il nous reste à faire des vœux pour que ces quelques pages puissent être utilisées pour le progrès de nos institutions judiciaires et pour le bien du peuple suisse, à qui elles sont destinées, tout en les recommandant à la bienveillante sympathie de nos honorables collègues.

E. GOLAY.

NOTICE

ISAAC CORNUAUD

D'APRÈS SES MÉMOIRES

AVANT-PROPOS

Les *Mémoires d'Isaac Cornuaud* comprennent 10 volumes
in-8° d'environ 500 pages chacun, qui s'arrêtent brusquement
le 17 Août 1795. Un second exemplaire va jusqu'à la moitié
du VIII⁰ volume seulement.

Dans ce grand travail, d'une écriture soignée, Cornuaud
consacre peu de place à sa biographie, qu'on peut appeler ses
confessions ; par contre il relate avec de minutieux détails les
évènements qui se sont déroulés à Genève de 1763 à 1795, il
les accompagne de longues réflexions psychologiques, de nombreux actes et documents, et de tous ses écrits en prose et en
vers qu'il reproduit en entier avec une tendresse paternelle.

Ces mémoires sont mentionnés par Desnoireterres dans le
VII⁰ volume de son ouvrage sur Voltaire, à propos de l'intervention du philosophe de Fernex en faveur des Natifs.

Sordet, dans son *Dictionnaire des Genevois*, fait de Cornuaud
un portrait intéressant.

Nous donnerons d'abord un aperçu de la biographie de Cornuaud, et nous nous appliquerons ensuite à faire ressortir son rôle politique au milieu des événements qu'il a dépeints. Nous laisserons à d'autres le soin de puiser dans ces mémoires de nouvelles lumières sur l'histoire de cette époque tourmentée.

Nous nous bornons à rappeler que jusqu'à la révolution, le peuple de Genève était divisé en plusieurs classes : les citoyens et bourgeois, les natifs, les habitants et les paysans. Les premiers seuls possédaient les droits politiques ; ils se réunissaient en Conseil Général, espèce de Landsgemeinde, dans laquelle ils ratifiaient ou rejetaient les lois qui leur étaient soumises, ainsi que le choix des syndics et des membres des Conseils qui leur étaient proposés. De leur côté les citoyens étaient divisés en deux partis principaux, savoir : les Représentants, ainsi nommés parce qu'ils étaient portés à abuser de leur droit de représentation, pour demander l'extension de leurs privilèges, et les Négatifs, amis de l'aristocratie, qui s'opposaient à tout changement.

BIOGRAPHIE

Isaac Cornuaud naquit à Genève, le 15 Août 1743, du mariage de Gaspard Cornuaud natif et d'Andrienne Gaudy citoyenne.

Son aïeul, Jacques Cornuaud, de Moncoutan en Poitou, s'était réfugié à Genève en 1697, pour cause de persécution religieuse. Il avait exercé d'abord la profession d'emballeur et était entré peu de temps après en qualité d'économe dans la maison de banque Sellon et Boissier frères de Genève et de Gênes où il fut employé jusqu'à sa mort qui survint le 21 Décembre 1730.

Le 24 Juillet 1707, il avait épousé demoiselle Domergues Gaye d'Uzès. Des enfants issus de ce mariage, le dernier seul survécut, Gaspard, né le 27 Janvier 1715, dont la naissance coûta la vie à sa mère. Jacques se maria en secondes noces en 1717 avec Marguerite Brugère, de Montpellier, qui n'eut pas d'enfants et mourut en 1746.

Son fils Gaspard, orphelin à 15 ans, presqu'entièrement privé de ressources, fut obligé, bien malgré lui, de faire un apprentissage de monteur de boîtes; mais ce métier étant aussi contraire à ses goûts qu'à ses aptitudes, il l'abandonna bientôt pour prendre celui de teneur de livres. Il fut aussi employé chez F. Ferrier et tint pendant quelques années une boutique d'épicerie.

Le mariage de Gaspard avec Andrienne-Madeleine Gaudy fut célébré le 17 Octobre 1740. Il en eut quatre enfants, dont le premier mourut en bas âge, le second fut Isaac, puis Michée-Françoise, née en 1744, et Jean-Jacques, né en 1749. (1)

Gaspard avait un caractère gai et bienveillant, il était d'une probité rigoureuse, mais indolent, sans ambition, et son travail suffisait à peine à l'entretien de sa famille.

Sa femme, par contre, était active, laborieuse, économe, d'une dévotion austère et gouvernait tout dans la maison avec rigidité.

C'est dans ce milieu qu'Isaac grandit. Il apprit à lire et à écrire, et c'est à cela que se borna l'enseignement qui lui fut donné.

Cependant sa mère lui reprochait les sacrifices qu'elle fai-

-----

(1) Jean-Jacques Cornuaud fut aussi monteur de boîtes, il épousa en 1773 Elisabeth Galland, dont il eut deux enfants, Marguerite-Aymée en 1774 et Gaspard-André-Michel en 1776.

sait pour son éducation, et à la moindre sottise lui infligeait des punitions sévères.

Un soir qu'il avait été fouetté, craignant, selon l'usage, une répétition pour le lendemain, il se coucha tout habillé, et le matin, dès qu'il entendit sa mère se lever, il fit semblant de s'échapper, ouvrit et referma la porte avec bruit et courut se cacher sous son lit. Pendant que la mère furieuse s'élançait sur les pas du fugitif, il se réfugia dans le lit de son père qui rit de la ruse et intercéda pour le coupable. « Mais comme il n'y avait jamais rien de perdu avec ma mère, dit-il, le châtiment se retrouva plus tard.»

A dix ans, notre héros remporta les premiers prix de lecture et d'écriture. Depuis lors, il ne fréquenta plus l'école, « étant considéré comme un prodige. » Il aurait bien désiré « faire ses classes » ; mais son père manquait des ressources nécessaires, et du reste, cela lui aurait peu servi puisque l'accès de toute vocation élevée était interdite aux Natifs.

Il fut donc décidé qu'il entrerait en apprentissage à 12 ans et pour occuper les deux années qui le séparaient encore de cette époque, sa mère s'appliqua à compléter son éducation en lui faisant apprendre de mémoire toute sa petite bibliothèque qui consistait en cantiques, sermons, prières pour chaque jour, sans compter la lecture assidue de la Bible. Tout ce « grimoire » était accompagné de pieuses remontrances qui décrivaient les récompenses dans l'autre monde, mais n'étaient pour cet enfant, qu'une bien mesquine compensation pour l'ennui et le dégoût dont il était abreuvé dans celui-ci.

Il paraît que l'écolier se montrait peu docile à cet enseignement, car il était généralement accompagné de corrections qui aigrissaient son caractère. Obsédé par cette pieuse tyrannie, il conçut pour les livres de piété une antipathie qu'il conserva toute sa vie.

Heureusement que son père avait d'autres goûts ; il possédait *Gil-Blas* et *Robinson Crusoe* qui devinrent d'abord les favoris d'Isaac, et qui ensuite servirent à dissimuler les romans qu'il lisait en cachette de sa mère. Et il ne se bornait pas à lire ; il aimait aussi à copier certains morceaux et apprenait ainsi pratiquement l'orthographe.

Bientôt il fut en état de faire la correspondance et de tenir les comptes de voisins encore moins lettrés que lui, et ce qui contribua surtout à le développer, un peu trop peut-être, — ce furent les lettres amoureuses qu'une chambrière de bonne maison le chargeait d'écrire à son galant et dans lesquelles, à l'aide de ses romans, il déploya bientôt une grande éloquence. Il en était rétribué par des caresses et du café à la crême.

C'est ainsi que tyrannisé à la maison et cajolé au dehors, Isaac Cornuaud passa deux années. Malgré ses aptitudes, son père avait résolu d'en faire un monteur de boîtes, quoiqu'il eût échoué lui-même dans ce métier ; mais la raison prédominante était qu'en qualité de fils de maître, la finance de maîtrise serait réduite pour lui de moitié, soit à 57 florins.

Isaac en fut au désespoir ; ni ses lamentations, ni ses pleurs ne purent fléchir ses parents, et l'engagement fut signé pour 5 années. Sa malechance voulut que son maître fût un homme emporté, brutal, taciturne, qui ne lui enseignait rien et le maltraitait pour la moindre sottise. La lecture clandestine resta sa seule consolation, et Voltaire qu'il put se procurer, fit sur son jeune cœur une impression ineffaçable.

Il y avait une année qu'Isaac était sous la férule de son maître, lorsque celui-ci le châtia si rudement que les voisins intervinrent et le contrat d'apprentissage put enfin être rompu.

Isaac fut placé chez un autre maître qui, au contraire du premier, était doux et bon. Il mit de suite Isaac à l'ouvrage

et comme il était âgé, il se déchargeait volontiers sur lui de
son travail, de telle sorte qu'au bout d'une année, l'apprenti
accomplissait déjà la tâche d'un compagnon. De son côté la
femme du monteur de boites l'avait pris en affection et le
comblait d'attentions.

Enfin à 17 ans Cornuaud sortit d'apprentissage, en état de
gagner quatre louis par mois. Après avoir été élevé sévèrement et dans la gêne, son premier gain produisit sur lui une
impression profonde, il se sentit libre et riche.

Mais sa mère lui réservait de nouveaux déboires. Tandis
qu'il se considérait déjà comme un homme, elle continuait à
le traiter en petit garçon et à l'abreuver de sermons et de
réprimandes. Elle exigea, pour prix de sa pension, la majeure
partie de son gain, et comme la vanité du compagnon ne lui
permettait pas de sortir avec ses mesquins habits d'apprenti, il
se condamna à une réclusion de six mois, jusqu'à ce qu'il fût
en état de monter dignement sa garderobe.

Après avoir ignoré longtemps la satisfaction de posséder
quelques sous en poche, Cornuaud gagna bientôt au delà de
ses besoins ; et au lieu de thésauriser il devint insouciant au
gain, il prit plaisir à donner et même se laissa entraîner à
jouer avec des camarades peu scrupuleux. Cette facilité à dépenser se perpétua chez lui toute sa vie ; jamais il ne sut ni
refuser un service ni défendre ses intérêts et ce penchant le
mit fréquemment dans l'embarras.

Il avait à peine 19 ans lorsque son cœur s'ouvrit pour une
jolie brunette, modeste, gracieuse, enjouée, et il en devint éper-
duement amoureux. Cette passion changea momentanément
ses habitudes, il devint laborieux et économe et ses parents,
devinant la cause de ce revirement, firent à son mariage une
véhémente opposition. Ils ourdirent toute une trame de persécutions et la mort subite de la jeune fille mit seule fin à ce
conflit.

Inconsolable de cette perte, Cornuaud se décida à partir pour Paris en compagnie de sept camarades. La route se fit à pied en 15 jours. A peine arrivé il trouva une place convenable ; mais d'un côté exploité par des libertins qui l'entouraient, de l'autre accueilli avec froideur par des personnes auxquelles il était recommandé, il prit la grande ville en dégoût et repartit au bout de six semaines en passant par Lyon.

Tandis que Cornuaud se nourrissait de son chagrin, il rencontra une jeune fille qui venait de perdre son fiancé. Elle n'avait rien d'attrayant, mais la similitude du sort les rapprocha et le mariage fut promptement décidé. Il avait alors 21 ans et demi.

Mais on n'épouse pas un compagnon monteur de boîtes et on imposa à Cornuaud la condition de s'établir pour son compte. La fiancée apportait 600 écus de dot, le parrain en avançait autant et l'établissement fut fondé avec ce modeste capital. Les commandes eurent d'abord de la peine à arriver ; mais en baissant les prix, elles affluèrent et la femme mettait la main à leur exécution. .

C'est en travaillant côte à côte que Cornuaud s'aperçut, mais un peu tard, que ce qu'il avait pris chez sa femme pour de la retenue et de la mélancolie, n'était qu'un manque total d'esprit et d'instruction. Elle était jeune et il espérait la développer ; mais une maladie qui se déclara à la suite de ses couches laissa autant de traces dans son caractère que dans sa constitution et Cornuaud dut se convaincre qu'au lieu d'avoir trouvé la compagne qu'il avait rêvée il en serait ennuyé toute sa vie. Il n'est pas tendre avec cette pauvre femme qu'il traite d'hypocondriaque, d'insouciante, d'ombrageuse, de déraisonnable, d'opiniâtre, incapable de gouverner son ménage et ses enfants. Cependant il en eut six enfants, quatre garçons dont un seul survécut et deux filles.

L'esprit d'ordre et le savoir faire manquant des deux côtés, le ménage ne pouvait pas prospérer et Cornuaud se vit dans la triste nécessité de liquider son atelier. Il partit alors pour les montagnes de Neuchâtel ; mais n'y trouvant pas ce que son imagination avait rêvé, il rentra à Genève au bout de quelques semaines. L'énergie ne lui faisant pas défaut, il s'engagea comme simple compagnon et travailla sans trêve ni repos, jusqu'à ce qu'il eût satisfait ses créanciers.

Les occupations manuelles ne suffisaient pas à son activité et il s'abandonna à la passion du calcul qu'avaient déjà possédée son père et son grand'père. A l'aide de livres qu'il s'était procurés, il apprit l'arithmétique et l'algèbre et se sentit bientôt assez avancé pour suivre à l'Académie le cours de mathématiques du professeur Bertrand sans se soucier des sarcasmes de ses jeunes camarades. Il avait alors 30 ans.

D'abord il rechercha quelques leçons et des tenues de livres, tout en continuant à travailler dans son atelier. Mais en 1774 étant suffisamment lancé, il se voua exclusivement à sa nouvelle vocation. Il fut associé pendant quelques mois à Raymond qui tenait une classe d'arithmétique.

Au milieu de ses occupations, Cornuaud continuait assidûment ses lectures. Il se plaisait surtout à étudier Voltaire et Rousseau qu'il comparait, l'un à Platon et l'autre à Diogène. Dans son opinion, Rousseau doit sa célébrité à ses singularités personnelles autant qu'au pittoresque de ses pensées et à la magie de son style, tandis que Voltaire lui apparaît comme un colosse dont le nom sera célèbre dans tous les âges.

Le travail ne suffisant pas à consoler Cornuaud de ses déboires domestiques, il chercha à s'en distraire auprès d'une femme spirituelle, vertueuse avec laquelle il entretint des relations intimes et irréprochables, (assure-t-il) pendant plusieurs années. Il se complait à ce sujet dans de grands détails et re-

produit une volumineuse correspondance que nous passons
sous silence.

Jusqu'en 1777, Cornuaud n'avait pas joué un rôle important en politique, mais entrevoyant alors qu'il pourrait servir
utilement la cause des Natifs, il fut amené peu à peu à abandonner ses affaires et finit par accepter des rétributions de ses
amis pour entretenir sa famille. En 1782, le Ministre de Vergennes lui donna, en témoignage de sa considération, la place
de Directeur des messageries ; mais comme les bénéfices
étaient mesquins, le syndic Rilliet lui procura en 1785 une
pension de 1500 livres au moyen d'une souscription de 30 de
ses amis. C'était sur la recommandation du Ministre de France
que cette récompense était accordée à Cornuaud pour les services qu'il avait rendus aux Constitutionnaires.

Dès l'âge de 19 ans la fille aînée de notre auteur dirigeait
avec tact le bureau des messageries. Ses deux autres enfants
étaient moins développés; le fils était maladif et boiteux. Les
mémoires ne nous apprennent rien d'intéressant sur toute la
famille. Nous en relevons seulement que la mère et la sœur
d'Isaac étaient à sa charge, et que son frère, en dissentiment
avec lui, ne s'en rapprocha qu'à l'époque de la Terreur.

De 1780 à 1782, Cornuaud, absorbé par son rôle politique,
ne donne que peu de détails sur sa vie privée. Nous le voyons
adulé et choyé par les Natifs et par les Négatifs, et l'objet des
attentions les plus délicates des dames, ce dont il est particulièrement flatté. Il raconte tout au long de nouvelles relations
féminines qui ne semblent pas avoir été aussi innocentes que
les précédentes.

Ce ne fut qu'en 1791 que désabusé de la politique, Cornuaud s'associa dans une fabrique de lampes qu'Argand fonda
à Versoix et dont il dirigea le bureau. Mais sa réputation de
pamphlétaire s'était répandue et Mallet-Dupan l'arracha

bientôt à ses occupations pour l'envoyer à Paris afin d'y faire des publications destinées à enrayer le mouvement révolutionnaire. Il partit le 15 Novembre, publia coup sur coup vingt brochures ; mais, reconnaissant l'impossibilité d'endiguer le torrent, il rentra à Versoix au printemps de 1792.

Pendant cette absence, la fabrique mal dirigée était tombée dans des embarras dont les évènements politiques ne lui permirent plus de sortir.

De retour à Genève, Cornuaud reprit ses leçons et ses brochures politiques, tout en s'occupant de la rédaction de ses mémoires.

Sa fille aînée épousa Abraham Cherbuliez le 3 Novembre 1791.

Son fils se maria avec Mlle Lenoir le 6 Juillet 1797. Luimême vécut jusqu'en 1820.

MÉMOIRES POLITIQUES

Les *Mémoires politiques de Cornuaud* remontent à l'année 1763. Jusqu'à cette époque, les Natifs, unis aux Bourgeois par des relations de famille et d'affaires, appuyaient les réclamations que ceux-ci adressaient au gouvernement, et attendaient d'eux le redressement de leurs griefs ; mais, dit notre auteur, après s'être servis des Natifs pour appuyer leurs revendications, les Bourgeois les traitaient en enfants illégitimes, les sacrifiaient à leur avidité, ne visant qu'à augmenter leurs propres privilèges, tandis qu'ils rendaient leur situation toujours plus précaire.

C'est ainsi que les Natifs furent amenés à se grouper et à prendre en mains la défense de leurs propres intérêts. Diverses circonstances les y encourageaient : Tronchin, dans ses *Lettres de la campagne*, rappelait que l'acte de 1420 attribuait aux Natifs les mêmes prérogatives qu'aux citoyens ; — Pouzait composait un mémoire intitulé : *Les droits des Natifs tirés de l'oubli*, — et Voltaire même, prenant part à la lutte, rédigeait pour les Natifs une requête adressée aux représentants des puissances médiatrices. Auzière, Luya, Silvestre, Pouzait, Rival et Roget étaient à la tête du mouvement. Cornuaud, jeune alors s'y lança avec ardeur et entra bientôt dans l'intimité de ses chefs. L'arrestation d'Auzière, à la suite des représentations de la Bourgeoisie, augmenta la fermentation, et les Négatifs voyaient avec joie les Natifs se séparer des Représentants dont jusqu'alors « ils avaient été les bras. »

Béranger ne tarda pas à participer à la lutte en publiant une lettre sur la situation des Natifs et il devint bientôt l'écrivain le plus accrédité du parti. Voici le portrait qu'en trace Cornuaud :

« Né dans l'obscurité, avec une figure peu prévenante, un maintien gauche, un air glacé, son extérieur ne le fait pas deviner. Il apprit contre son gré le métier d'orfèvre ; mais, quoiqu'indolent, il avait le goût de l'étude, et il trouva moyen de le cultiver, d'abord à la Bibliothèque, puis sous la direction d'Abauzit et de Lesage. Il s'appliqua surtout aux mathématiques, à l'histoire et à la géographie et obtint une place de précepteur dans une bonne maison. Il était enthousiaste de Rousseau, mais n'en avait pas l'énergie et le copia surtout dans ses singularités, et l'on verra qu'à l'imitation de son modèle, il se montra inconséquent dans sa conduite et dans ses écrits. Il était partisan zélé des Bourgeois; mais les Natifs, désireux d'utiliser ses talents, s'appliquèrent à le rattacher à leur cause, et ils y réussirent. »

Tous ces efforts échouèrent, car le projet de pacification

des médiateurs n'accordait aux Natifs que des concessions illusoires, dans la crainte d'irriter les Bourgeois qui n'avaient pas
lieu eux-mêmes d'en être plus satisfaits Aussi ce projet fut-il
rejeté en Conseil Général le 15 décembre 1766.

Les intrigues se succédèrent et les représentants intimidant
les magistrats, leur dictèrent la loi.

L'exil de Bacle parce qu'il avait refusé de signer un acte en
qualité de Natif, puis des restrictions imposées au commerce
des Natifs, vinrent encore exalter le parti.

En février 1770, l'emprisonnement de Resseguère pour une
chanson et le cortège triomphal que lui firent les Natifs lors
de son acquittement firent éclater la bombe. Les Bourgeois pour
se venger de l'esprit d'affranchissement qui soufflait chez les
Natifs, prirent les armes, en assassinèrent lâchement quelques-
uns, en maltraitèrent et arrêtèrent un grand nombre. Cornuaud fut menacé et desarmé et depuis lors il refusa de servir
dans la milice. Il n'admettait pas que les Natifs fussent exclus
du grade de bas officier.

L'édit du 22 février qui mettait sur le compte des Natifs les
troubles déplorables dont ils n'avaient été que les innocentes
victimes, acheva d'exaspérer Cornuaud. Ses amis Auzière,
Béranger, Luya, Mottu, Pouzait, Rival, Valentin, furent bannis sans jugement, et avec tout son parti, il ressentit contre
les Représentants une haine profonde qui n'attendit qu'une
occasion favorable pour éclater.

La plupart des exilés s'étaient retirés à Fernex où Cornuaud
leur faisait de fréquentes visites, et complotait avec eux une
revanche. Voltaire qui les avait reçus les bras ouverts leur
disait : « Attachez-vous à l'un des partis, autrement vous serez
comme les poissons volants ; dans les airs, les oiseaux de proie
fondront sur vous, et dès que vous plongerez, les gros poissons vous dévoreront. Croyez-moi, faites-vous amis des bro-
chets ou des vautours. »

Cornuaud s'efforça de mettre à profit ce conseil.

Jusqu'alors les Natifs avaient été traqués par les Bourgeois pour prix de leur appui. Quoique formant le corps le plus nombreux de la République, ils ne possédaient aucun droit politique et étaient tenus dans une choquante infériorité pour les droits utiles ; mais leur penchant naturel et leurs relations les rattachaient aux Bourgeois, tandis qu'ils avaient une antipathie innée contre le parti du gouvernement. Il était cependant à présumer que ce serait celui-ci qui saisirait le premier l'occasion de se concilier les Natifs. Sans se dissimuler les difficultés qui l'attendaient, Cornuaud conçut l'idée de détacher les Natifs des Bourgeois et d'en former un groupe indépendant qui pourrait appuyer le parti qui s'engagerait à redresser leurs griefs.

En 1777, lorsqu'une commission fut nommée pour la codification des Edits, il fut décidé, de concert avec les exilés de Fernex, que des démarches seraient entreprises afin de provoquer la révocation de l'édit de 1770, le rappel des proscrits et la concession aux Natifs des droits utiles. Les démagogues ayant la haute main dans la commission, Cornuaud écrivit à Duroveray son membre le plus influent, avec qui il entretenait des relations, afin de lui représenter le danger qui résulterait du mécontentement des Natifs et la nécessité de faire droit à leur demande.

Ne recevant pas de réponse, Cornuaud se persuada toujours plus que la liberté, telle que les représentants l'entendaient, n'existerait jamais que pour eux seuls, et constituerait en leur faveur un vrai despotisme. Il ne lui resta pas d'autre ressource que de nantir le public des réclamations de son parti.

Il commença par la publication de *La lettre d'un Natif à un Bourgeois* pour démontrer que les Natifs ne doivent appuyer ni l'un ni l'autre des partis qui se partagent le pouvoir, n'ayant aucun intérêt dans leurs querelles et ne pouvant rien y gagner.

Plusieurs autres brochures suivirent dans le courant de cette année. *La famille divisée*, résumait l'histoire des dernières années sous la forme d'un conte, *Le dialogue entre un Représentant et un Natif*, où celui-là demande avec morgue l'alliance des deux partis, et l'autre lui répond qu'il lui semble voir un homme chaudement habillé qui propose à un autre homme tout nu une ligue offensive et défensive pour la conservation de ses habits à condition qu'il ne les partage jamais.

Dans l'*Examen politico-patriotique*, l'auteur posait cette question prophétique : « N'y a-t-il pas lieu de craindre que la liberté ne trouve enfin son tombeau dans les distinctions politiques qui séparent les Natifs des Bourgeois? »

Et il continuait : « Les Bourgeois, environnés de ce peuple de mécontents, animés du désir de vengeance, oseraient-ils se promettre de jouir des douceurs de la paix ? On ne veut point de maîtres ; mais on veut avoir des esclaves ! On déclame contre la tyrannie, et l'on prétend l'exercer soi-même impunément ! Sans une entière réunion du peuple, vous ne pourrez jamais assurer la tranquillité et le bonheur de la patrie. Vos violences contre les Natifs ne peuvent s'effacer qu'avec l'éponge de la liberté. Si vous persistez dans votre système, vous subirez le sort de toutes les républiques qui ont voulu conserver dans leur sein le germe des dissensions civiles. Les Natifs attendront en silence que leurs compatriotes ouvrent leur cœur à la voix de l'équité et de la patrie ; mais si leurs réclamations avaient le même sort que par le passé, si, en déterminant les droits et prérogatives de chaque ordre de l'Etat, on les laissait encore étrangers à la Constitution, on ne les aurait pas méprisés impunément. Le torrent peut encore

être détourné ; mais bientôt il entraînera tout sur son passage, et ne terminera sa course que par notre entière destruction.»

Le projet de représentation retrace vigoureusement les
iniquités dont les Natifs et Habitants étaient victimes.

La suppression de quelques-uns de ces écrits et les répliques
qu'ils attiraient, excitaient Cornuaud qui prenait de plus en
plus goût à la polémique. Toutes ces brochures tendaient à
mettre en relief les griefs des Natifs et à les détacher des
deux autres partis. Ils ménageaient habilement le gouvernement, n'en parlaient qu'avec respect et montraient la possibilité de voir un jour les Natifs se tourner contre les Représentants et appuyer leurs adversaires. Cependant la majorité des
Natifs resta longtemps sourde aux appels de Cornuaud. Leurs
habitudes étaient plus fortes que leurs intérêts.

L'année 1778, l'agitation politique s'accentua, les Négatifs
se groupèrent plus étroitement et l'on put entrevoir une crise
dont les Natifs pourraient profiter.

C'est à cette époque que Cornuaud eut une correspondance
avec Béranger qui s'était retiré à Lausanne. Ce dernier ayant
composé un mémoire assez tiède en faveur des Natifs, il fut
décidé à Fernex que Cornuaud serait chargé de suggérer à
l'auteur quelques modifications. Il y eut alors un échange de
lettres courtoises qui contrastent avec l'animosité que Béranger témoigna plus tard à Cornuaud.

En 1779 arriva le terme fixé par le Deux-Cents pour la codification des lois. Les membres Négatifs de la commission
en avaient été expulsés par les exigences des Représentants,
le temps avait été absorbé en discussions et un tiers seulement de l'ouvrage, contenant la partie politique, était terminé. Il s'agissait de faire adopter ce commencement de l'œuvre
par le Deux-Cents et d'en obtenir un délai pour l'achever ;

mais après de violentes discussions la dissolution de la commission fut votée le 3 septembre.

Les Négatifs autant que les Natifs étaient mécontents de ce projet de code ; le nom de Natif n'y était pas même prononcé, ce corps n'y était désigné que par l'expression « *les autres*» et Duroveray son principal auteur, en le défendant devant le Deux-Cents, avait comparé les citoyens à des propriétaires et les Natifs à des locataires. Ces termes méprisants, « *les locataires* », « *les autres* », furent vigoureusement relevés par les Natifs et devinrent une source intarissable de sarcasmes et de quolibets ; ils comprenaient enfin qu'ils n'avaient rien à attendre des Représentants, même des démagogues et le parti de Cornuaud en acquit d'importantes recrues.

Les Représentants irrités du vote du 3 septembre s'efforcèrent de nouveau d'entraîner les Natifs ; mais Cornuaud profitait du moment favorable pour multiplier ses démarches. Tout en répandant de nouveaux écrits, il visitait les cercles des Natifs et démontrait à ses amis qu'ils n'avaient rien à faire dans cette nouvelle dispute, qu'ils devaient au contraire rester simples spectateurs et que leur intérêt était plutôt d'appuyer le conseil des Deux-Cents.

Il publia coup sur coup *Lettre d'un Natif expatrié, Lettre d'un Natif à un Représentant, La Confession de foi patriotique, Les Aveugles devenus Oculistes, Les Natifs à leurs amis exilés, Remercîments des Natifs aux Citoyens*. Dans ces écrits il prêchait la neutralité comme la meilleure réplique aux mépris de la Bourgeoisie, il s'abstenait soigneusement de toute aspiration politique, mais faisait ressortir l'injustice de l'édit de 1770 et de la restriction des droits civils, il commentait avec empressement les avances des Négatifs et répondait aux brochures des Représentants. C'était une véritable guerre de pamphlets en prose et en vers, dans lesquels ne manquaient ni le persifflage, ni l'esprit, et à l'apparition de chaque brochure de Cornuaud, on disait : « Il a éternué, » mot plus poli que celui qu'emploie Béranger. Quelques-uns de ces écrits eurent un véritable succès et furent tirés à plus de 2,000 exemplaires.

Sachant que le Résident de France, M. Gabard de Vaux, suivait avec attention les événements et était au courant de toutes les publications, Cornuaud se fit introduire chez lui, par son ami Auzière, l'un des exilés ; M. Gabard le reçut fort bien, parla avec éloge de quelques-unes de ses lettres, applaudit à son système de neutralité et ajouta: « Si vous avez la constance et le courage de poursuivre ce que vous avez si heureusement commencé, vous contribuerez plus que personne à amener une révolution favorable à la République et aux Natifs. »

M. Gabard qui précédemment déjà penchait en faveur des Natifs, ne cessa pas dès ce moment de les appuyer soit auprès du ministre M. de Vergennes, soit auprès des Constitutionnaires, et depuis lors il fit part à Cornuaud des lettres de Versailles qui pouvaient intéresser son parti.

Ces relations intimes avec M. Gabard flattaient naturellement la vanité de notre auteur qui prit plaisir à faire avec ostentation ses visites à la Résidence, ce qui ne manqua pas de vexer vivement les Représentants.

Enhardi par ses succès, Cornuaud publia le 8 février 1780 la *Réponse d'un Natif aux auteurs du Mémoire des Représentants*. Cet écrit fut le premier qu'il signa, rompant ainsi en visière ouverte avec ses adversaires, ce que personne n'avait osé faire jusqu'alors. Cette critique très-vive fut envoyée par M. Gabard à M. de Vergennes qui en fit complimenter l'auteur. Elle fut suivie du *Natif interrogé* qui fit grand plaisir aux Constitutionnaires.

Tandis que les Représentants avaient de la peine à cacher

leur dépit d'être abandonnés par un parti si nombreux, et qu'ils attaquaient personnellement son chef, les Constitutionnaires se rapprochaient toujours plus des Natifs et comblaient Cornuaud de leurs cajoleries. La tension entre les partis s'accentuait, on craignait des violences, l'intervention des puissances garantes, et les chefs des Représentants, Clavière et Duroveray, partirent pour Versailles, afin d'y plaider leur cause.

M. Gabard informa Cornuaud que ces démagogues avaient la prétention de représenter à eux seuls tout le peuple de Genève et qu'ils ne considéraient les Négatifs que comme une poignée de 200 aristocrates isolés. Il le pria de se mettre à l'ouvrage pour rétablir la vérité.

Cornuaud s'empressa de prendre la plume dans la *Voix du Peuple*, affirmant que les Représentants, ainsi que les Négatifs ne sont que des minorités, tandis que les Constitutionnaires, c'est-à-dire tous ceux qui redoutent des bouleversements, comprennent les Négatifs, les Natifs et Habitants et même beaucoup de Représentants, et constituent la grande majorité du peuple. Il évalue la population à 28,000 âmes dont 2,000 Bourgeois majeurs, 2,500 Natifs et autant d'Habitants et de Paysans. Il démontre que le pouvoir exécutif n'est purement aristocratique que vis-à-vis des Natifs et Habitants qui sont soumis à son arbitraire, sans droit de plainte ou de représentation, et qu'au contraire, les citoyens et bourgeois, avec leur droit de vote et de représentation, constituent en réalité une seconde aristocratie d'autant plus dangereuse qu'elle est plus nombreuse et moins éclairée. « C'est cette aristocratie bourgeoise, poursuit-il, qui, tout en se servant des Natifs comme d'auxiliaires, ne s'est appliquée qu'à diminuer leurs droits civils et utiles et ne produirait que l'anarchie si elle s'emparait du pouvoir. Ce n'est qu'avec l'appui des Natifs en 1768 que les Représentants ont pu renverser l'Edit de 1738 et ils ne les en ont récompensés que par l'assassinat et l'exil.»

Grande rumeur à l'apparition de ce mémoire! Le 1er mai 1780, dans la séance du Deux-Cents, le démagogue Vieusseux demanda qu'il fût sévi contre son auteur ; mais Vignier, Saladin, Tronchin, Perdriaux, prirent sa défense et prouvèrent qu'il n'avait avancé que l'exacte vérité.

Ce fut un triomphe pour Cornuaud, et les Constitutionnaires comme les Natifs s'empressèrent d'applaudir à son courage. Dès ce moment il fut invité dans les conciliabules des Négatifs, les portes des grandes maisons lui furent ouvertes et les cajoleries des dames ne furent pas ce qui flatta le moins notre auteur. Sa verve redoubla et produisit coup sur coup un nouvel *éternuement* de brochures : *Considérations sur l'Etat de la République, Le Natif encore interrogé, Réponse d'un Natif à la brochure des Penseurs.*

M. Tronchin de la Boissière répliqua aussi à la brochure des Penseurs qui était d'Anspach et il profita de cette occasion pour approuver la conduite des Natifs et celle de leur chef. On les appelait alors Cornualistes ; mais Cornuaud dans ses mémoires ne fait jamais usage de ce titre.

A Versailles aussi les écrits de Cornuaud firent impression et contrarièrent vivement Clavière et Duroveray. M. de Vergennes fit mander aussi Mallet et de Chapeaurouge afin d'entendre l'opinion des Constitutionnaires. Tous ces délégués revinrent enfin avec un plan de conciliation contenant des concessions aux Natifs, qui avait été tracé par M. de Vergennes. Sous la pression des Représentants, ce plan fut rejeté au bout de quelques mois par les Cantons garants, au grand mécontentement de la France.

Les Représentants étaient trop avisés pour ne pas s'apercevoir qu'ils seraient bientôt forcés d'étendre les droits des Natifs et ils faisaient circuler des bruits à ce sujet afin de diviser le parti de Cornuaud Celui-ci de son côté dut faire des prodiges d'activité pour empêcher ses partisans de retomber dans la faction populaire.

Il publia le *Natif patriote* pour rassurer son parti, *un Natif au public, Confessions et Aveux, l'Antidote*. Par contre, il reçut le 7 juillet une adresse des Natifs qui lui exprimaient leurs sentiments de dévouement et de reconnaissance et le suppliaient de persévérer dans leur défense en fermant l'oreille aux attaques virulentes dont il était l'objet.

Les pamphlets continuaient à s'échanger avec vivacité, et les Représentants ayant fait des avances aux Natifs, Cornuaud les sommait de s'exécuter, il les harcelait sans cesse tout en maintenant son parti en haleine. Enfin le 20 octobre, les Représentants poussés à bout, portèrent aux Syndics une représentation dans laquelle, tout en s'élevant contre l'immixtion des Puissances garantes dans des affaires de l'État, ils réclamaient l'extension de leurs propres privilèges et demandaient pour les Natifs des concessions analogues à celles qui étaient stipulées dans le plan de conciliation élaboré à Versailles, égalité de droit pour le commerce, les professions et métiers, pour les taxes, admission de droit à la bourgeoisie des petits-fils de Natifs, etc.

Cette démarche était trop contraire aux habitudes des Représentants pour qu'on ne dût pas supposer qu'ils ne cherchaient qu'à engager les Natifs à abandonner leur neutralité pour venir ensuite par une contre-mine dans les Conseils faire repousser leur propre démarche. Cornuaud s'empressa de signaler le piège, d'empêcher aucune manifestation de ses partisans et de maintenir leur neutralité jusqu'à ce que le sort de la représentation fût décidé.

Il ne se trompait pas dans ses prévisions, car les Constitutionnaires aussi ne tardèrent pas à porter à l'Hôtel de Ville une déclaration dans laquelle ils rejetaient sur les chefs des Représentants les intrigues dont ceux-ci les accusaient, démontrant qué c'étaient eux qui les avaient précédés à Versailles et à Berne, qui avaient fait échouer tous les essais de conciliation et qui avaient établi dans l'Etat un gouvernement occulte ayant la prétention de tout diriger selon sa volonté. Eux aussi désiraient élargir la Constitution sur des bases populaires et améliorer la position des Natifs; mais, convaincus de l'impuissance où se trouvait la République d'opérer elle-même une œuvre de conciliation, ils demandaient l'intervention des Puissances garantes.

Cette fois les Cornualistes sortirent de leur neutralité, et formèrent la haie au cortège des Constitutionnaires.

Le Petit Conseil se trouva fort embarrassé, car il ne pouvait proposer une mesure en faveur d'un des partis sans attirer sur sa tête les reproches des autres. Cependant il se décida à élaborer un projet de conciliation; mais les centres politiques qui fomentaient l'agitation, empêchèrent d'en tenir compte.

Sur ces entrefaites le Procureur général Duroveray ayant dans le Conseil des Deux-Cents attaqué le ministre de France à propos des communications qu'il faisait à Cornuaud, M. Gabard demanda réparation *de ces indécences* et le Conseil fut obligé de destituer le délinquant de ses fonctions de Procureur et de Député.

C'était le 3 Janvier 1781.

Il résulta de cette affaire une grande effervescence, des personnes furent attaquées dans divers quartiers; Gaud, Natif inoffensif, fut assassiné et Cornuaud, ne se sentant plus en sûreté aux Etuves, transporta son domicile à la rue des Chanoines.

C'était urgent, car le 5 Février, les Représentants coururent aux armes, occupèrent par surprise les principaux postes et devinrent par ce coup de main, maîtres de la Ville et du gouvernement. L'attaque était prévue, mais les Constitutionnaires toujours irrésolus, ne surent pas prendre des mesures en temps opportun.

Malgré cette facile victoire, les Représentants sentirent bien qu'il était de bonne politique de se concilier les Natifs et ils s'empressèrent de réaliser par l'Edit du 10 Février les promesses qu'ils leur avaient faites. En même temps ils proclamèrent une amnistie qui permettait la rentrée des exilés de 1770, mais aussi celle de l'assassin de Gaud.

Ces concessions suffirent pour jeter la désunion parmi les Natifs, mais ils ne tardèrent pas à regretter leurs illusions.

Le gouvernement étant réduit à l'impuissance, les envoyés de Berne et de Zurich accoururent, firent poser les armes aux Représentants et frappèrent leurs Edits de nullité.

En attendant les événements, Cornuaud se chargea de faire des copies d'un volumineux mémoire que le Conseiller Des Arts composait pour la Médiation. Simultanément, il cherchait à rallier son parti, il échangeait quelques lettres assez acerbes avec Béranger et enfin rédigeait pour les Puissances médiatrices un rapport qui fut présenté par une délégation de Natifs le 15 Juin. Tandis qu'il était froidement reçu par les envoyés de Zurich, il était accueilli avec distinction par ceux de Berne, Steiger et de Wattenville et s'efforçait de leur faire demêler la vérité au milieu des rapports divergeants dont ils étaient assaillis.

Cornuaud écrivit encore une Réfutation du mémoire adressé à M. de Vergennes par J.-A. Deluc, lecteur de la reine d'Angleterre, — puis, dans une longue lettre adressée à M. Mercier, auteur du *Tableau de Paris*, il raconta avec des détails intéressants les troubles de Genève dès le commencement du siècle.

Les délégués des Puissances médiatrices, retirés à Soleure, ne purent pas s'entendre sur les propositions à faire pour la pacification de Genève ; Berne et Zurich refusèrent de consentir à la suspension de l'Edit de 1768 et la France en prit occasion pour renoncer à sa garantie.

Dans cette situation nouvelle, Cornuaud se remit en campagne ; dès le 31 Octobre, il réclamait l'exécution de l'Edit du 10 Février, il sommait les Représentants de s'exécuter, tandis que des députations de Natifs s'adressaient simultanément à leur comité.

L'embarras des Représentants était grand ; ils avaient reçu neuf adresses de Cornuaud et ne pouvaient plus éluder la démarche qui leur était demandée. Ils s'y décidèrent enfin le 18 Mars 1782 ; mais le Conseil s'éleva contre l'inconvenance de cette représentation, contre l'Edit qui bouleversait les lois de la République, et, s'appuyant sur la décision des Puissances garantes, fit une réponse ferme et négative.

Cette note, remise aux Représentants le 7 Avril, produisit une grande effervescence ; le lendemain, ils étaient en armes, s'emparaient de l'Hôtel de Ville et des portes, maltraitaient les magistrats, commettaient des actes nombreux de brutalité et arrêtaient les principaux Constitutionnaires qu'ils gardèrent en otage. Cornuaud était à Fernex, heureusement pour lui. Les Etats de Berne et Zurich déclarèrent immédiatement qu'ils ne pouvaient pas reconnaître le nouveau gouvernement institué par la violence.

La France fut plus énergique. M. de Vergennes écrivit que « Genève ne pouvait être délivrée de la démagogie que par des mains puissantes, afin qu'elle cessât d'être une école de sédition qui infesterait bientôt tout ce qui l'entoure » et il invitait les Cantons à concourir avec la France et les Etats Sardes au rétablissement de la paix. Berne accepta la proposition.

Le 29 Juin les troupes coalisées arrivèrent en vue de la ville ; leurs chefs demandèrent qu'elle leur fût livrée et que 15 des principaux protestateurs fussent bannis. Après d'ardues négociations, les proscrits s'échappèrent par le lac et la ville fut occupée sans fâcheux incidents.

Les Représentants attribuaient leurs excès aux excitations de Cornuaud et cherchaient naturellement à faire retomber sur d'autres les fautes qu'ils avaient commises. Ils avaient si souvent leurré les Natifs que ceux-ci étaient justifiés de n'avoir pas eu foi dans la sincérité de leurs promesses.

On travailla à l'Edit de pacification et Cornuaud qui était tenu au courant des négociations s'efforça, mais inutilement, d'en atténuer la sévérité maladroite et tyrannique. Il s'adressa à M. Tronchin des Délices, à M. de Watteville, envoya un mémoire à la Médiation, et ne négligea aucune démarche pour obtenir la paix par des mesures conciliantes ; mais tous ses efforts ne réussirent pas à alléger la main de fer qui s'appesantissait sur Genève.

Les Plénipotentiaires transmirent le 13 Novembre leur Edit aux syndics. Tous ceux qui avaient pris les armes étaient exclus des Conseils, l'ordonnance de 1770 était révoquée, les droits civils étaient accordés aux Natifs, les cercles étaient fermés, la population était désarmée et une garnison de mille hommes casernés remplaçait la milice. Les citoyens, natifs et habitants, devaient prêter serment d'obéissance.

Les Représentants furent exaspérés de ces conditions qui apportaient la discorde au lieu de la paix. La plupart d'entre eux se trouvant exclus du Conseil Général, l'Edit fut voté, et le régime militaire maintint le calme.

Les Natifs ayant obtenu les droits qu'ils réclamaient, le

rôle de Cornuaud se trouva terminé. Il reçut alors de M. de Vergennes la direction des Messageries, et ses amis lui prouvèrent leur reconnaissance en lui offrant dans une fête une montre à répétition, à laquelle les plus habiles ouvriers avaient travaillé. En 1784, il fut reçu citoyen.

L'industrie et le commerce renaissaient avec le calme. Ils étaient encouragés par une Caisse d'escompte au capital de 600,000 livres, (soit un million de notre monnaie) et par la Société des Arts. La prospérité aidait à supporter l'abaissement politique.

Bientôt se développa la fureur de l'agiotage. « Les uns gagnèrent rapidement de grosses fortunes et d'autres se ruinèrent. Ce furent les banquiers qui réussirent, tandis que les autres ne furent que leurs victimes. Les fortunés allaient en chaises de poste avec leurs femmes à Paris, et en rapportaient tous les bijoux et les chiffons que la mode avait inventés. Le luxe se répandit ainsi à Genève comme un torrent, jusqu'au moment où la crise éclatant, tarit les sources du revenu. »

La modération avec laquelle le gouvernement usait de ses pouvoirs, lui avait rallié un grand nombre de citoyens ; mais en 1787 survint la mort de M. de Vergennes, puis la retraite du colonel de la garnison qui fut remplacé par un homme incapable. Les exaltés, qui étaient en correspondance avec les exilés et surtout avec Clavière, se prirent de nouveau à épier l'occasion de bouleverser la République.

Cette occasion se présenta dans le rigoureux hiver de 1788-1789, pendant lequel le lac et le Rhône gelèrent deux fois. Le Petit Conseil ayant eu la maladresse d'augmenter d'un demi sou la livre de pain, il s'en suivit une sédition, à laquelle on donna le temps de se propager, et la Bourgeoisie profita du désordre pour forcer le gouvernement à révoquer l'Edit de 1782 et à lui rendre ses armes.

Le lendemain de ce jour, 27 Janvier 1789, Cornuaud navré se réfugia à Veyrier, se persuadant toujours plus qu'avec un gouvernement aussi inepte, il n'y aurait jamais de paix durable sur le territoire restreint de Genève, que par l'abandon volontaire des formes aristocratiques et l'établissement d'une démocratie régulière Ce sont ces idées qu'il exposa dans divers écrits, et surtout dans une lettre qui fut communiquée aux Conseils. Il aurait voulu qu'on proposât aux Représentants de faire une Constitution telle qu'ils l'entendaient et qu'on rappelât les exilés avec honneur au lieu de les laisser entrer par la brèche. Le 26 Août il insista surtout sur ces points dans une lettre remarquable qu'il adressa à M de Candolle, premier syndic. Il poursuivit avec activité ses démarches pour faire prévaloir ses vues, car la chute du gouvernement français lui faisait prévoir le sort de Genève.

Le Conseil, dans son aveuglement, ne sut prendre que des mesures maladroites. Ne pouvant pas s'opposer à la rentrée des exilés, il leur imposa le serment d'obéissance à l'Edit incriminé. Cette résolution fut considérée comme une injure et acheva de discréditer le gouvernement qui ne fut plus qu'un fantôme.

Toujours plus effrayé des irrésolutions des autorités qui ne savaient jamais céder à temps, Cornuaud écrivit le 9 Février 1790 un volumineux mémoire intitulé *Considérations sur l'Etat de la République au moment de la motion faite au Deux-Cents par le professeur de Saussure.* Il y démontrait l'urgence de prévenir les réformes qui ne manqueraient pas d'être imposées à la suite de la rentrée des exilés, en accordant de bonne grâce les plus larges libertés possibles et en réunissant en un seul peuple les citoyens, les bourgeois et les natifs. C'est ce que venaient de demander M. Tronchin et d'autres citoyens éminents et c'est ce qu'avait proposé M. Turrettini

précédemment en disant : « Genève ne peut plus résister à la
pente invincible qui l'entraîne vers la démocratie ; il faut s'y
laisser glisser doucement, de crainte qu'elle n'y arrive par des
secousses violentes. »

Charles Bonnet, après avoir lu le mémoire de Cornuaud, lui
écrivait : « Votre mémoire est plein de force, de raison et
d'une saine politique ; vous avez placé des fanaux sur le bord
des précipices. C'est au Conseil à en profiter, quoique vous
le traitiez un peu trop sévèrement ; mais je n'en attends pas
beaucoup de fruit, car nous ne savons jamais rien faire de
bonne grâce »

Charles Bonnet avait raison ; les jours s'écoulaient, les exilés rentraient les uns après les autres et refusaient de prêter
serment. Quoique le peuple restât calme, le Conseil se décida
enfin à déclarer qu'il ne refuserait pas de faire à l'Edit de 1782
les changements qui seraient réclamés par la majorité des
citoyens. C'était une concession faible et tardive aux propositions de Cornuaud.

Depuis que la discussion était ouverte sur l'Edit de 1782,
on y trouvait moins de défauts ; la Bourgeoisie restait calme
malgré les excitations des exilés, et les syndics furent chargés
de proposer eux-mêmes les modifications à introduire. Leur
projet fut rejeté, et le Deux-Cents dans lequel les exilés étaient
rentrés après avoir prêté serment, nomma une commission
pour travailler à une Constitution nouvelle. Duroveray avec
son ardeur et son intelligence, devint le chef de cette commission et tout plia devant lui. Démagogue, il voulait des sujets et rejetait l'égalité politique. Beaucoup de citoyens déplo-
raient ce projet, et Cornuaud se faisant leur interprète, publia coup sur coup le *Cri de la Raison* — le *Cri de l'intérêt*
— le *Cri de la Logique* — le *Cri de la Liberté* — *Encore un
mot* — jusqu'à la veille de la votation en Conseil Général du

22 Mars 1791 où la nouvelle Constitution fut adoptée à l'infime majorité de 90 voix.

Duroveray fut bientôt dépassé par de plus ardents que lui; Grenus et Auzière tentèrent une irruption en ville à la tête de paysans. Ils furent bannis.

Après ces agitations, la Constitution Duroveray rendit à Genève quelque tranquillité ; mais l'année suivante, l'entrée en Savoie d'une armée française, l'appel, puis le renvoi des troupes Suisses, donnèrent une autre direction au patriotisme surexcité des Genevois. On se répétait avec inquiétude cette phrase que Clavière avait écrite au général Montesquiou : « Il faut détruire ce nid d'aristocrates et y pêcher les trésors que nous y avons enfouis. » Les armées respectèrent la République; mais rien ne put empêcher l'invasion des idées françaises.

L'égalité politique s'imposait à beaucoup d'esprits éclairés et Cornuaud soutint de nouveau cette thèse avec ardeur. M. Tronchin de la Boissière lui disait : « Ne vous étonnez pas de l'opposition du gouvernement à toute mesure salutaire ; j'y ai passé ma vie sans pouvoir lui inspirer la moindre prévoyance, et il m'a regardé comme un exalté. Attendez-vous à les voir se rengorger dans leur manteau après leur centième bêtise et tout prêts à commettre la cent et unième. »

La même année 1792, Cornuaud entretint une correspondance avec le Docteur Odier, membre du Deux-Cents, dont les opinions libérales étaient connues et ses lettres furent communiquées aux syndics ; mais ces idées égalitaires n'étaient partagées que par le syndic Micheli et les citoyens étaient très divisés à cet égard. Cornuaud fut même menacé de coups de fusil s'il continuait sa propagande.

Tandis que les événements se pressaient, les Conseils ne prenaient aucune décision, et ils discutaient encore lorsque les Egaliseurs publièrent leurs *Bases constitutives* le 29

Novembre. Les Conseils s'empressèrent d'y répondre par leurs arrêtés du 1, 2 et 3 Décembre ; mais il était trop tard et tout fut entrainé par le torrent.

Depuis trois ans, Cornuaud avait inutilement lutté pour prévenir cette fatale issue qu'il prévoyait. Malgré son insuccès, il ne se laissa pas abattre, et fit encore des efforts pour grouper les honnêtes gens et relever leur courage, ainsi que pour modérer les exaltés : il publia plusieurs lettres *A un Ami — A mes Concitoyens — Le Patriote à ses enfants*. Tout fut inutile ; les cercles des Aristocrates, des Englués, des citoyens paisibles restaient divisés et perdaient leur temps en discussions oiseuses, et après avoir combattu Cornuaud la veille, on lui disait le lendemain : « Si j'avais su. » !

C'est ainsi que les principes d'égalité politique que Cornuaud prêchait inutilement, furent proclamés par le Club des Egaliseurs, que la Constituante fut nommée sous la pression des anarchistes, et que deux Comités remplacèrent les autorités régulières.

L'Assemblée Nationale fut élue le 13 Janvier 1793 et quoiqu'elle se composât en majorité de fanatiques, elle sembla pendant quelques jours se comporter assez sagement ; mais bientôt Grenus, Dacier, Auzière et autres forcenés, donnant à leur bande le nom de Marseillais, menacèrent la paix publique.

Les clubs anarchiques assemblés à la *Comédie* appelaient les magistrats à leur barre et usurpaient tous les pouvoirs. C'est alors que Robespierre envoya comme commissaire sa créature Soulavie.

Les aristocrates s'assemblaient au cercle De Boisy qui était étroitement lié avec le cercle des Englués dont la grande masse se composait d'anciens représentants. Les uns et les autres effarés se tenaient à l'écart, laissant le champ libre aux anarchistes qui seuls pesaient de toute leur influence sur les Comités provisoires. Cornuaud prit à tâche de ranimer leur courage, de les tirer de leur inaction et de mettre à profit les dissensions qui renaissaient sans cesse dans le camp opposé; mais il avoue que ni les aristocrates ni les englués ne montrèrent « ni pied ni patte, ni voix ni intelligence.» Les anciens représentants attendaient tout de leurs magistrats de jadis qu'ils avaient tant malmenés, et ceux-ci ne surent pas plus qu'autrefois montrer de la vigueur et de l'initiative.

Le serment civique, décrété par les Comités provisoires sous la pression du Grand Club, vint encore envenimer les rapports entre les partis. Il fut rejeté par la majorité des Aristocrates et des Englués, ce qui amena une scission dans leurs cercles. Les clubs anarchiques n'en devinrent que plus extravagants, et « les motions les plus saugrenues comme les plus violentes furent discutées dans ces antres volcaniques.» Tandis qu'ils s'insurgeaient contre les girouettes, les armoiries et les enseignes qui portaient rois ou couronnes, la motion faite par Anspach d'admettre la liberté des cultes était repoussée par ces forcenés à la satisfaction de notre auteur.

Les intrigues de Soulavie et les discussions de l'Assemblée Législative maintinrent l'agitation pendant les derniers mois de 1793 — sur lesquels Cornuaud passe rapidement. Voici comment il s'exprime sur les événements de 1794 :

« Le chef-d'œuvre de l'Assemblée Nationale auquel le fanatique Salomon Anspach eut la plus grande part, fut porté au Conseil Souverain le 5 Février 1794.»

« La déclaration des droits et des devoirs de l'homme social, pour servir de fondement à l'édifice, avait été consacrée par ce même Souverain le 9 Juin 1793.»

« Ainsi Genève marchait sur les traces des Etats-Unis et de la République française, avec une orgueilleuse confiance, et dépensait, à payer d'inutiles législateurs, un argent qui allait lui manquer pour fournir du pain aux pauvres et aux oisifs que la révolution avait faits. »

« En privant le fisc de toute ressource, cette imprudente assemblée coupa le nerf du gouvernement, inspira aux méchants la crainte d'une misère inévitable et replongea la République dans les crimes d'une anarchie affamée et sanguinaire. »

Dans quelques pages éloquentes, il fait une critique amère de cette Constitution que « les uns acclamaient comme un chef-d'œuvre parce qu'elle ouvrait carrière à leurs ambitions, et à laquelle les autres s'accrochaient comme à une mauvaise planche dans le naufrage. »

Au lieu d'appuyer le gouvernement régulier, les modérés continuèrent à se tenir à l'écart ; ils refusèrent les places qui leur étaient offertes, et sans souci pour l'intérêt de la République, ils rejetèrent l'Edit des nouveaux impôts au Conseil Général du 2 Avril.

Sans appui du côté des citoyens honnêtes, les autorités subissaient toujours plus l'influence des anarchistes ; c'était le Grand Club qui gouvernait, et avec lui les Montagnards qui, pour cacher leurs complots, en accusaient les émigrés, afin de se ménager l'occasion de nommer le 18 Juillet la sinistre commission révolutionnaire.

Dès le lendemain, Cornuaud reçut la visite d'une patrouille. Son calme lui en imposa ; il lui versa à boire, exposa les services qu'il avait rendus aux Natifs, et fit si bien qu'elle se retira avec des protestations amicales.

Mais cela ne faisait pas le compte des forcenés, et le lendemain matin 20 Juillet, nouvelle visite avec l'ordre formel d'arrestation. Cette fois, il fallut obéir, et le fils de Cornuaud demanda à partager le sort de son père.

Enfermés à Chantepoulet, dans la grande salle du second
étage, ils se trouvèrent en compagnie d'une foule d'hommes
honorables, depuis des anciens magistrats jusqu'aux citoyens
les plus humbles. « L'âme forte et énergique de quelques-uns
fuyait le babil importun de la multitude ; d'autres faibles et
pusillanimes fléchissaient sous la terreur. Dans ce bizarre as-
semblage, ceux qui n'étaient pas les moins nombreux, étaient
ces hommes à qui l'irréflexion tient lieu de philosophie et qui
s'amusent de tout ; ils se rassemblaient entre eux, jouaient,
chantaient, comme s'ils eussent été au cabaret. Ils annonçaient
le matin leur réveil par des plaisanteries, recommençaient le
lendemain, et interrompaient à peine, pendant quelques instants, leur insouciante gaieté à l'ouie des plus affreuses nouvelles. »

Plus de 400 prisonniers étaient entassés dans les quatre
salles de Chantepoulet. Celle du second étage contint, pendant
quelques jours, 130 à 140 détenus. La chaleur était extrême,
mais les 15 fenêtres, des arrosages fréquents, en dedans et
au dehors, et une grande propreté, entretinrent la salubrité.

Chacun faisait apporter de chez lui ce qui lui était nécessaire, matelas, couvertures, aliments, et l'abondance régnait,
quoique personne n'acceptât les vivres offerts aux frais de
l'Etat. Les soldats de garde accomplissaient, avec autant d'activité que de complaisance, le service fatigant d'apporter tous
ces objets, mais en observant leur consigne de ne laisser passer ni billets, ni nouvelles. Cependant le secret ne fut pas si
bien gardé qu'on n'apprît avec effroi qu'il s'érigeait un tribunal révolutionnaire. Plusieurs se regardaient comme perdus et
l'on montrait déjà les victimes désignées d'avance pour satisfaire la soif du sang. Ce qui augmenta la terreur, ce fut d'apprendre que les patriotes nommés à ce tribunal refusaient
leur élection et étaient remplacés par des forcenés.

Le mardi 22 Juillet au matin, les brigands arrivèrent au pas de charge, avec grand fracas de tambours, chercher leurs premières victimes. C'étaient Prévost-Cabanis, Cayla, ancien syndic, de Rochemont, avocat, Descombes, capitaine, Richard, notaire, Spàda, homme de lettres, Munier, Vivien-Decor et Petit-Berger, tous trois horlogers. Et les tambours battant l'air : *Ça ira*, la troupe lugubre partit.

Richard fut sauvé par son adresse, Spada par son esprit, ainsi que Petit, et les autres furent immolés.

Le jour suivant, on vint chercher Bellamy.

Cornuaud pensait que son tour était proche ; il occupait ses longues heures à préparer ses moyens de défense ; il espérait qu'on oublierait ses pamphlets de Paris, son intimité avec beaucoup de notables, et s'appuyait surtout sur sa conduite politique pendant ces dernières années. Cependant il reconnut la nécessité de faire des démarches auprès de quelques personnes et il voulait en charger son fils. Mais celui-ci, ayant été inscrit avec son père, ne pouvait être relâché que par un jugement. Heureusement qu'ayant été autorisé à respirer l'air devant la porte il eut la bonne chance d'y apercevoir son oncle, furieux révolutionnaire, qu'il n'avait pas vu depuis plusieurs années et qui, terrifié par les fusillades des Bastions, cherchait à être utile à son frère. Il s'employa à faire hâter le jugement de son neveu qui fut condamné à trois mois de détention domestique.

Cornuaud eut alors deux avocats qui travaillèrent en sa faveur. La mort de Robespierre, qui survint sur ces entrefaites, favorisa leurs démarches.

Le rapport du Comité diplomatique sur le prétendu complot réactionnaire fut distribué aux prisonniers le 29 Juillet et l'on y vit un indice que la République avait encore besoin d'être épurée. C'est ce que prouva la condamnation de Fatio-Pellis-

sari, ancien syndic, et de Naville-Gallatin, ancien conseiller.
Par contre, Jolivet, Gourgas, Thellusson, s'en tirèrent avec le
bannissement. Les assassins semblaient désaltérés.

Pendant que Cornuaud attendait son tour, le docteur Louis
Odier adressa au Tribunal une lettre en sa faveur. Les ci-
devant Natifs plaidèrent aussi sa cause dans un écrit signé
J. Humbert, et lui-même adressa à ses juges deux courts
mémoires, en date des 3 et 4 Août, dans lesquels il retrace sa
carrière politique, rappelle ses écrits et ses démarches, et
prend à témoin de certains faits des membres mêmes du Tribunal.

Ces lettres produisirent l'impression qu'on en attendait, car
le 5 Août, Cornuaud fut informé qu'il était libéré sans jugement. Mais cette solution ne convenait pas à son caractère ni
à sa vanité ; il tenait à se justifier devant le public et à débi-
ter le plaidoyer qu'il avait préparé. Il demanda donc à être
entendu.

Le 6 au matin il fut conduit à l'Hôtel de Ville et traduit
devant le Tribunal. L'aspect n'en était pas rassurant : 21 bandits assis en demi-cercle, l'aspect sinistre, la plupart en bras
de chemise et un grand sabre pendu à leur côté. « La voix
publique t'accuse, dit le Président, de t'être montré l'ennemi
de la liberté et de l'égalité, d'avoir vendu ta plume aux ennemis
du peuple et d'avoir cherché à faire triompher les aristocrates·
Qu'as-tu à répondre pour ta défense? »

Cornuaud exposa sa conduite depuis 24 ans, le plan qu'il
avait conçu, la manière dont il l'avait exécuté, et comme depuis plusieurs mois, il travaillait à la rédaction de ses mémoires, tous les faits étaient présents à son esprit et il les
enchaînait avec habileté. Des murmures d'approbation soutenaient son courage, et lorsqu'au bout d'une heure et demie, il
terminait son discours, le tribunal n'eut que des félicitations

à lui adresser et les juges, descendant de leurs sièges, vinrent l'embrasser et le conduire à la salle de rafraichissements. Un membre de la Grille, dans son enthousiasme, arracha de son chapeau la carte du Club et l'attacha à celui de Cornuaud, tandis que le montagnard Bourdillon lui criait en l'embrassant : « Ce jour est le plus beau de ta vie.»

C'était aussi l'avis de Cornuaud, car il triomphait. On l'entraina d'abord à son domicile, puis au Club de la Grille qui siégeait au Temple de la Madeleine, dont il eut de la peine à refuser la présidence, et enfin à Chevelu au Berceau de Jean-Jacques, club assez bien composé pour l'époque, où on lui fit une ovation.

Le lendemain le Tribunal lui envoya un extrait de ses Régistres, selon lequel il est déclaré absous, loué pour sa défense et son patriotisme et mis au bénéfice d'une indemnité. Au lieu de réclamer cette indemnité il offrit sur l'autel de la patrie quelques pièces d'argenterie qu'il avait reçues des Natifs; mais la Commission les lui restitua avec remerciements.

Dès le 16 Août, Cornuaud se vit forcé d'accepter la présidence du Club de la Grille, qu'il n'aurait pas pu refuser sans se rendre suspect, et il se dévoua à brider ces brutes fanatisées. Ce club était composé des hommes des plus violents ; les Marseillais, les Joyeux, les Montagnards étaient ses fidèles alliés. C'est lui qui avait fomenté l'insurrection de 1792, qui avait été le principal agent de celle de 1795 ; rien n'osait lui résister, et l'on ne peut se faire une idée de cette horde d'enragés sans l'avoir vue. Par son habileté et par d'adroites concessions, Cornuaud réussit à établir son influence sur ces sauvages.

Le 23 Août, les Montagnards ayant proposé de s'insurger pour arrêter les membres du gouvernement qui avaient échappé à leur vigilance, leurs chefs furent arrêtés sur l'inculpation

de complot contre l'Etat. A cette nouvelle, la Grille était frémissante et voulait courir aux armes ; mais Cornuaud sut lui
persuader de se déclarer en permanence en attendant les événements. Le danger fut ainsi conjuré, car pendant ce temps
les clubs modérés s'armèrent, et la Grille fut forcée de faire
cause commune avec eux.

A quelques jours de là, Cornuaud ne put pas empêcher son
club de voter un arrêt de mort contre Viollier-Chevrier; mais
au lieu de transmettre le soir même cet arrêt aux 22 clubs
révolutionnaires, il convoqua la Grille pour le lendemain de
bonne heure, et comme la plupart de ses membres passaient
la nuit en débauche, il ne s'y rencontra que peu d'assistants
qui rapportèrent le fatal arrêté

Cornuaud n'ignorait pas qu'une véritable tempête l'attendait le soir au club de la Grille. Il fut insulté, menacé, accusé
d'avoir trompé l'assemblée et leur répliqua en leur reprochant
leur barbarie et leur ingratitude pour le service qu'il leur
avait rendu. Pendant longtemps on lui garda rancune pour
cette action courageuse.

Tandis que Cornuaud était regardé au dehors comme un
fougueux révolutionnaire, il continuait à morigéner son club,
exagérant ses résolutions lorsqu'elles ne tiraient pas à conséquence, afin d'avoir la force de le modérer dans d'autres occasions. Il cherchait à l'intéresser par des rapports et des
discours dont la forme emphatique déguisait la moralité du
fond. Son discours du 6 Septembre peut en donner une idée.

Cornuaud fit partie de la Commission Nationale dont la
tâche principale était de faire rentrer les taxes extraordinaires
sur les fortunes. Ce fut lui qui fut chargé de recevoir chaque
citoyen, de déterminer la somme de ses biens et de leur appliquer la taxe spéciale, comme Patriote, comme Englué ou
comme Aristocrate Ce travail délicat et pénible, allant sou-

vent du comique au tragique, il l'accomplit avec modération
et impartialité, mais sans faiblesse, car il considérait cette
mesure comme nécessaire pour tirer l'Etat de ses embarras,
et surtout pour empêcher les exaltés de commettre de nouveaux
excès.

Ces occupations n'empêchaient pas Cornuaud d'être assidu
aux séances de la Grille afin d'en tempérer les résolutions. Il
s'appliqua aussi par de nouvelles brochures à modérer le retour trop rapide vers la légalité qui aurait pu compromettre
la tranquillité renaissante. Il remarquait aussi qu'avec la sécurité croissait la difficulté de faire rentrer les taxes et il
tenait à maintenir aussi sous ce rapport l'égalité entre tous les
citoyens.

Le comité vérificateur nommé par les Clubs ayant découvert
que des détournements avaient été pratiqués lors des saisies
faites à la ville et à la campagne, dénonça 24 inculpés et proposa de les traduire devant un Tribunal révolutionnaire. Cornuaud en fut effrayé, pensant que les dénonciateurs auraient
plus à en souffrir que les accusés. Il publia deux lettres à ce
sujet et déploya tant d'adresse que les Clubs se décidèrent à
juger eux-mêmes leurs membres coupables et à les expulser.
Dix dépendaient de la Grille.

L'influence de Cornuaud sur le Club de la Grille était si considérable que, le 29 Octobre, il le persuada de cesser ses
séances politiques, de rentrer son drapeau, son bonnet rouge,
sa tête de mort et autres attributs révolutionnaires. Les autres
Clubs en éprouvèrent d'abord une surprise extrême, mais ils
ne tardèrent pas à imiter cet exemple et les syndics et Conseils
purent ainsi reprendre l'exercice de leurs pouvoirs.

La Commission des taxes rendit ses comptes le 31 Janvier
1795. Cornuaud en donne le détail et le fait suivre de « l'Apologie de la taxe extraordinaire », dans laquelle il démontre

l'impartialité avec laquelle elle a été prélevée, et sa répartition entre les différentes classes de citoyens.

Cornuaud venait d'être nommé membre du Département des Arts, de l'Industrie, du Commerce et des Monnaies La première affaire dont il eut à s'occuper fut celle des Monnaies. Le Conseil législatif avait décidé la frappe d'écus de six livres de France, divisés en décimes, système qui rompait avec les habitudes genevoises et était vivement critiqué. Des flans étaient déjà préparés et afin de les utiliser, Cornuaud recommanda de les frapper avec le chiffre de leur valeur en florins soit fl. 12,9 pour les écus, et 15 sols pour les décimes, avec la clef et l'aigle au revers, et cette idée parut si ingénieuse, qu'elle fut adoptée à l'unanimité.

Ce qui inquiétait Cornuaud, c'étaient les dépenses occasionnées par la révolution, dépenses qui se perpétuaient par le maintien de nombreux emplois que « des vampires avaient accaparés. » Il publia à ce sujet des *Considérations économiques* qui firent du bruit, et ameutèrent toute la gent qui vivait aux dépens du public.

Cependant l'impression causée par cet écrit fit élire Cornuaud, le 1ᵉʳ Avril 1795, membre du Département des Finances. Trois de ses collègues prirent peu de souci de cette branche vitale de l'administration ; mais il trouva dans Odier-Chevrier un homme zélé et éclairé qui travailla assidûment avec lui à introduire de l'ordre dans ce dédale. Par leurs soins une comptabilité régulière fut établie, tous les comptes furent sérieusement contrôlés et réduits, les *goinfreries* aux frais de l'Etat furent supprimées et l'on renvoya les employés qui se perpétuaient dans des fonctions dont la cause avait cessé. Il y eut bien des résistances à vaincre ; mais au bout de trois mois, tout marchait déjà régulièrement.

Les fonctions absorbantes que remplissait Cornuaud n'étant

pas rétribuées, il lui fut alloué une rétribution de 1,050 florins par trimestre.

La tranquillité n'était rétablie qu'à la surface et l'on sentait qu'un rien pourrait la troubler. C'est ce qui arriva lorsque les Englués et les Patriotes voulurent reformer leurs cercles ; cela déplut aux anarchistes. Le jeune Sauter, assailli par une bande de sauvages, se défendit avec un poignard et tua un vaurien nommé Coquet. Il réussit à s'enfuir et se réfugia à Paris où il fit fortune. Le tribunal complaisant le condamna à être pendu en effigie et ses amis furent bannis, quoiqu'ils n'eussent pas assisté à la rixe.

Cornuaud ambitionnait de faire cesser cet état précaire de la République et il s'efforça de la pacifier en réconciliant les partis et en réformant son administration. Il publia dans ce but un long mémoire de *Considérations politiques, morales et patriotiques* qui soumettait à une sévère critique tous les rouages, les recettes et les dépenses, tout en faisant grand étalage d'érudition. C'était le bon moyen, car cet ouvrage fit plus de sensation que Cornuaud lui-même ne s'y attendait, et les principaux auteurs de la Constitution, malgré le dépit qu'ils en éprouvaient, n'eurent pas le courage d'y répliquer.

La Commission des finances s'empressa de discuter ce mémoire et d'adresser au Conseil Législatif une pressante recommandation de remanier les impôts dans le sens indiqué par notre auteur. Le Conseil s'en occupa immédiatement.

D'autres abus sollicitaient l'attention de Cornuaud.

Depuis quelques mois l'Etat versait au Comptoir patriotique d'Horlogerie 250 louis par semaine afin d'occuper les ouvriers sans ouvrage. La marchandise médiocre qui était produite s'entassait sans trouver d'écoulement, et les gérants qui s'engraissaient cherchaient à prolonger cette situation. La plupart des ouvriers préféraient travailler pour le Comptoir qui était coulant pour la qualité de l'ouvrage et le payait plus cher que les marchands. Ceux-ci de leur côté ne pouvaient plus recruter les ouvriers dont ils avaient besoin.

Cornuaud eut le courage de dévoiler ces abus auxquels on n'osait pas toucher de peur d'exaspérer les intéressés. Il réussit cependant à entraîner le Département des Finances et celui des Arts et à réduire les 1,500 ouvriers qui travaillaient pour le Comptoir au chiffre de 450. Peu de mois après, toute subvention était supprimée et le Comptoir liquidé.

Cette heureuse solution ne fut pas obtenue sans de grandes difficultés ; mais Cornuaud en vint à bout par de bonnes paroles, par de la fermeté et par de patientes explications, sans qu'il en résultât aucune agitation parmi les ouvriers.

Le projet de Lois politiques présenté au Conseil législatif le 1er Août 1795 ne pouvait pas laisser Cornuaud indifférent et d'accord avec ses auteurs, il avait écrit un *Examen du Projet* qui était à l'impression lorsqu'éclatèrent les désordres du 17 Août.

C'est ici, au milieu du Xme volume que la rédaction des *Mémoires de Cornuaud* est brusquement suspendue. Le IXme volume se terminait par la date de Nyon 5 Août 1796. Quel est le motif de la suspension de ce travail ? Nous laissons à d'autres le soin de l'éclaircir.

Une brochure du 28 Prairial an VI (16 Juin 1798) signée I. C. est attribuée à Cornuaud. Elle est intitulée : *Lettre d'un Genevois au Citoyen M., à Paris, sur la Réunion de Genève à la France*. Elle reflète en effet assez bien les opinions de Cornuaud fatigué, découragé de ses longues luttes, qui se félicite d'avoir trouvé un mauvais port dans la tempête, que ses efforts n'ont pas réussi à apaiser.

L'auteur y décrit la fête d'installation des autorités nouvelles d'un ton léger qui n'est pas exempt de persiflage. Quant à la Réunion, il s'en console en pensant que l'indépendance d'un État petit et faible est un miracle perpétuel, et que cette solution était inévitable. Genève, enclavée dans la Grande République, lui servait pour ses troupes d'*allée traversière* et était un repaire de contrebandiers. Sans la réunion, notre commerce aurait été ruiné, et nous aurions été affamés. « Avec la République Helvétique qui s'établit de l'autre côté, nous aurions été comme une poignée de blé entre deux meules de moulin.»

« Genève était arrivée à ce point de corruption politique, qu'elle devait périr dans les convulsions de l'anarchie. Nous échangeons notre indépendance précaire et chimérique contre celle de la République Française. Il ne restait rien de la Genève d'autrefois. Elle va fleurir de nouveau par le commerce et l'industrie sous l'égide d'une religion dont le flambeau éclaire et n'aveugle pas. Nous devons embrasser avec patriotisme notre nouvelle existence politique, et être reconnaissants envers le général français, né Genevois, qui nous fait accueillir comme des frères par la Grande République.»

L. KARCHER.

L'ÉVOLUTION MÉCANIQUE

DE L'INDUSTRIE

Depuis plusieurs années on se plaint du marasme dans le commerce et dans l'industrie ; on recherche les causes de cette situation fâcheuse et l'on en indique diverses plus ou moins fondées. Il est probable en effet que le mal dont souffre aujourd'hui le monde industriel et commercial provient de sources variées, et qu'il doit une partie notable de son intensité à leur action simultanée.

Un fait semble se dégager de l'examen des conditions actuelles du commerce, et ce fait c'est l'encombrement des produits industriels, encombrement d'où résulte une grande difficulté de les écouler et par suite un état plus ou moins stagnant des affaires.

Dans les villes le nombre des magasins où sont en vente les produits de l'industrie atteint des chiffres considérables. Les diverses sortes d'étoffes et de confections, la quincaillerie, la mercerie, l'ameublement, l'horlogerie, la bijouterie, la verrerie, la coutellerie, etc., tout cela étale dans les vitrines une richesse, une variété extrême d'articles. Le spectacle est peut-être plus étonnant encore, plus frappant tout au moins, quand on visite un de ces immenses bazars modernes comme les Magasins du Louvre ou du Bon Marché à Paris, bazars où se trouvent réunis à peu près tous les spécimens de la production industrielle.

Comment l'industrie contemporaine est-elle arrivée à fournir en aussi grande abondance tant d'articles de tous genres?
La réponse n'est pas difficile à trouver ; chacun la fera aisément et dira : Ce sont les machines qui ont ainsi développé les
forces productives de l'industrie humaine et amené ce surcroît
de marchandises variées.

Aujourd'hui la production est devenue si intense que la consommation ne marchant pas avec la même puissance, l'entas-
sement, l'encombrement se manifeste et que les inconvénients
de cette richesse non employée se font sentir.

En d'autres termes nous souffrons de pléthore, le travail se
ralentit, et ceux qui ont besoin du travail journalier pour
vivre, sont dans la gêne.

Cette situation actuellement accusée n'a pas été l'œuvre
d'un jour. Elle est la résultante d'une longue série de faits et
de circonstances qui remontent loin déjà dans le passé, et qui
se sont accumulés depuis plus d'un siècle.

Quelle était en effet la condition technique et légale de
l'industrie au début du XVIIIme siècle.

Au point de vue technique et pratique les métiers étaient
en grande partie exercés à la main, et les appareils mécaniques ne tenaient que la moindre place. Sans doute dans les
industries du filage et du tissage on avait le rouet, le métier
de tisserand, le tambour à broder ; dans les industries du
bois et du fer, on possédait quelques outils compliqués comme
la scie à eau, les marteaux à forger, etc., et ainsi de suite
dans d'autres industries. Mais le rôle de la mécanique était en
somme assez restreint, et la force humaine exécutait la plus
grande partie du travail. Au point de vue légal, dans la plupart des pays d'Europe le régime des Maîtrises ou Jurandes
était pleinement en vigueur, et par conséquent chaque groupe
principal d'industrie se trouvait enfermé dans un réseau minu-

tieux de prescriptions officielles, d'où résultait peu de liberté de mouvement, peu d'esprit d'invention et d'initiative, en résumé une production industrielle plus ou moins routinière et modérée. Les hommes désireux de plus de facilité dans les conditions du travail industriel réclamaient l'abolition de ce régime de maîtrises, ils durent lutter longtemps avant d'avoir gain de cause et c'est seulement sur la fin du XVIIIme siècle et durant le XIXme que ce régime disparut graduellement, les législations des peuples civilisés arrivant tour à tour à proclamer la liberté d'industrie et de commerce d'une façon plus ou moins complète.

Cette modification dans la situation légale de l'industrie et du commerce a coïncidé avec les premiers développements des procédés mécaniques dans l'industrie. C'est en effet dans le dernier quart du XVIIIme siècle que les perfectionnements apportés par J. Watt aux machines à vapeur, et que les appareils à filer le coton imaginés par Hargraves, Crompton et Arkwright ont commencé l'évolution mécanique de l'industrie. Après les machines à filer sont venues les machines à tisser, à broder, à coudre, à tricoter ; en outre on a appliqué les procédés mécaniques de proche en proche à toutes les branches de la fabrication manufacturière ; la mécanique, servie par des forces puissantes telles que la vapeur et les cours d'eau, a fourni, selon les besoins, tantôt des effets énergiques comme dans les usines métallurgiques, tantôt au contraire des résultats délicats et minutieux comme dans l'imprimerie, le tissage, etc.

Enfin la navigation à vapeur et les chemins de fer ont complété l'évolution mécanique en facilitant le transport des gens et des choses à un degré jusqu'alors inconnu.

Or parmi les substances aujourd'hui aisément transportables à de grandes distances se trouvent tous les combustibles, entre autres les houilles, qui ont un si grand rôle dans l'industrie contemporaine, parce qu'elles sont pour une très forte part les génératrices de ces millions de chevaux de vapeur qui travaillent dans le monde industriel.

Voici quelques chiffres propres à donner une idée de l'accroissement de l'emploi de la houille dans le siècle actuel.

En 1820 la production houillère de la France montait à 1,093,000 tonnes, à quoi s'ajoutait une importation de 280,000 tonnes ; sa consommation était de 1,350,000 tonnes.

En 1860 la production indigène atteignait 11,300,000 tonnes, l'importation tout près de 7 millions de tonnes, et la consommation 17 $\frac{1}{2}$ millions.

En 1883 et en 1884 la production indigène oscille entre 20 $\frac{1}{2}$ et 19 $\frac{1}{2}$ millions de tonnes, soit une moyenne de 20 millions de tonnes, qui ne fournissent que les $\frac{2}{3}$ de la consommation française ; il faut donc tirer des pays étrangers un surplus d'environ 10 millions de tonnes. Ainsi en France la production de 1820 à 1884 a augmenté dans le rapport de 1 à 18, et la consommation dans le rapport de 1 à 22.

Je n'ai pas pu trouver des renseignements suffisants pour établir un tableau analogue dans la production et la consommation houillère des Iles Britanniques. Mais à défaut, je puis dire qu'en 1883 la houille produite s'y est élevée à 163 $\frac{3}{4}$ millions de tonnes, et que de 1874 à 1883, c'est-à-dire en 9 ans, l'accroissement de production a été de 29 p. %.

Par le fait qu'on peut actuellement charrier de la houille sans trop de peine, sans trop de frais, à peu près partout, l'on peut aussi à peu près partout installer des usines, des exploitations industrielles munies d'appareils mécaniques. Même facilité pour le transport des matières premières destinées à alimenter l'industrie. En conséquence dans tous les pays civilisés les établissements industriels se sont beaucoup multi-

pliés depuis le commencement du siècle, et les données de
la statistique fourniraient sur ce point des renseignements
décisifs.

Une autre preuve de ce fait se trouve dans la recrudescence
des doctrines protectionnistes depuis plusieurs années. Cette
recrudescence a été amenée par le développement d'industries
similaires dans tous les pays. L'identité de production, grâce
aux moyens mécaniques, a poussé dès lors bon nombre d'hommes, industriels, législateurs, économistes, à revendiquer en
chaque pays des mesures protectrices contre la concurrence
étrangère.

Voici donc l'industrie arrivée à un état où l'on se plaint de
cette puissance de la mécanique qu'on avait jadis saluée avec
enthousiasme. L'évolution qui s'est faite depuis un siècle a
produit beaucoup d'heureux fruits, mais elle a aussi quelques
inconvénients qui, devenus actuellement très sensibles, provoquent des accusations contre les machines et demandent
des correctifs.

Je me borne à rappeler incidemment que leur emploi a
multiplié d'une façon très notable les accidents auxquels sont
exposés les ouvriers, et que la législation a dû en divers pays
aviser aux moyens d'assurer à ceux-ci une protection équitable.

Revenant à mon sujet essentiel, je constate que souvent
aujourd'hui des plaintes sont formulées contre les machines,
surtout en ce sens que leur production intense a jeté l'industrie et le commerce dans un état de marasme dont ils ne
peuvent plus sortir.

Se plaindre n'est pas suffisant. Chercher un remède ou
des remèdes vaudrait mieux. Mais c'est là l'œuvre difficile par
excellence, et je ne viens nullement apporter une panacée de
mon invention. Je désire seulement essayer de déblayer un

peu le terrain, en examinant la valeur d'un ou deux procédés de guérison qu'on lit ou qu'on entend parfois énoncer, sans que ceux qui les proposent aient vérifié la possibilité ou l'utilité de ces moyens.

L'un de ces moyens est la suppression des machines ; l'autre est la réduction des machines.

Quand on parle de la suppression des machines, l'on entend évidemment les machines appliquées à l'industrie dans les usines, manufactures, ateliers, etc. On songe à ces appareils qui permettent de multiplier dans des proportions considérables la confection des tissus, des meubles, de la quincaillerie, de la mercerie, bref, de tous les articles que l'homme civilisé emploie pour ses besoins. Une fois les machines détruites, dit-on, tout le travail qu'elles effectuent si rapidement devra se faire à la main par les ouvriers qui retrouveront ainsi leur occupation.

Avant d'examiner si cette destruction des machines est possible et utile, faisons une digression. Dans cette destruction pourquoi ne pas envelopper aussi les locomotives qui fonctionnent sur les voies ferrées, et les machines des bateaux à vapeur qui meuvent tant de bâtiments sur toutes les eaux du globe ? Si l'on déclare la guerre aux machines, si l'on proclame la nécessité de leur abolition, pourquoi maintenir ces deux catégories spéciales ? pourquoi faire exception en leur faveur ? Il n'y a pas de motifs valables ; car si la grande évolution mécanique moderne doit être considérée comme un désastre qui appelle un remède énergique et réparateur, certainement dans ce désastre, chemins de fer et bateaux à vapeur tiennent une grande place, et l'on ne peut les innocenter en déclarant coupables les autres engins mécaniques.

Mais revenons à notre sujet précédent. Est-il possible, est-il facile de détruire les machines ?

Je ne le pense pas. La race blanche civilisée maintenant, est répandue dans tant de régions du globe, qu'il semble impossible de prendre à son égard une mesure d'application universelle. J'explique ma pensée par un exemple. Si aujourd'hui un Aréopage international décrétait la destruction de toutes les machines à coudre dans le monde entier, je ne crois pas qu'il pût faire exécuter sa décision. Quelques machines échapperaient ici ou là, et cela seul suffirait pour compromettre le résultat cherché ; car tôt ou tard ces quelques machines survivantes fourniraient le moyen d'en refaire de nouvelles.

Pour détruire efficacement les machines il faudrait détruire la science qui les a créées ; il faudrait interdire l'enseignement et la culture de la science mécanique et de nombreuses branches accessoires qui s'y attachent, notamment une partie des mathématiques et certains domaines de la physique et de la chimie. Or ces suppressions ne sont pas possibles ; elles ne sauraient se réaliser que si quelque cataclysme cosmique venait détruire la plus grande partie du genre humain et rejeter les survivants dans la misère et l'ignorance.

Mais on objectera peut-être que de temps en temps dans des moments de crise industrielle, les ouvriers irrités brisent les machines d'une manufacture, d'une usine, et que ce qui s'accomplit ainsi sur tel ou tel point devrait et pourrait s'exécuter en grand et d'une manière générale.

Or c'est justement là une assertion éminemment contestable. Quand on a brisé les machines d'une usine, d'une filature, voyons-nous l'exemple se propager et des exécutions analogues se produire ailleurs ? Pas le moins du monde : on continue autre part de se servir des machines, et dans l'endroit même où on les a détruites, on ne tarde pas à les refaire.

Ainsi à moins que le monde ne change singulièrement d'allures, il ne faut pas s'attendre à voir l'abolition des machines réalisée comme mesure générale, car elle n'est pas possible.

Devant cette impossibilité de destruction générale on est donc contraint de reculer quelque peu et l'on dit alors : Choisissons du moins quelques machines à faire disparaître, et laissons subsister les autres. Supprimons les machines dont la nuisance est bien visible, bien reconnue, et par là nous améliorerons la situation industrielle.

Hé bien, dans ce nouveau point de vue, qui prononcera quelles sont les machines vraiment nuisibles, et celles qui ne le sont pas ? Qui sera le juge véritablement apte à déclarer que tel procédé mécanique mérite condamnation et doit disparaître, tandis que tel autre sera réputé conservable parce qu'il a peu ou pas de nuisance ? Ne doit-on pas s'attendre à rencontrer dans chaque métier, dans chaque branche d'industrie des divergences de vue sur le mérite de tel outil, de telle machine qui s'y trouve employée ? Une scie mécanique par exemple sera peut-être réputée un engin fort utile quand elle découpe du gros bois qui est d'un maniement difficile, et elle sera au contraire traitée d'engin nuisible, lorsqu'elle sert à découper du petit bois et fonctionne à la place d'ouvriers travaillant à la main

La presse à vapeur qui imprime rapidement les milliers d'exemplaires d'un grand journal politique paraîtra même aux ouvriers typographes un élément de prospérité pour leur profession, tandis que l'emporte-pièce à vapeur découpant mécaniquement des papiers, des cartons, des lames métalliques, fera pousser des soupirs de regret à ceux qui voudraient réserver ce travail à la main-d'œuvre.

Ainsi étant reconnue l'impossibilité de faire un choix des machines à détruire ou à réduire, certaines gens pensent trouver une solution en faisant une proposition différente. Qu'on

limite, disent-ils, le nombre des usines, des ateliers à machines, et que désormais en chaque pays toute branche industrielle soit organisée de telle sorte que le nombre des machines
n'y excède jamais une proportion déterminée.

Voilà un vœu facile à exprimer ; mais s'il s'agissait de
le faire passer dans la pratique que de difficultés ! Il faudrait
tout d'abord une réglementation sanctionnée par des pénalités
en cas de contravention ; car il est certain que la défense de
créer des ateliers ou des usines à machines au-delà d'un nombre fixe devrait avoir pour point d'appui la punition des industriels délinquants ; sinon cette défense serait sans valeur.
Comme corollaire de ce premier point on entrevoit aussitôt
la nécessité de quelque autorité chargée de la surveillance et
de la répression, attendu qu'il serait insuffisant de s'en remettre à la seule notoriété publique pour avoir des informations convenables.

Mais un point bien difficile à fixer dans la loi, serait de déterminer le nombre des machines admissibles dans une branche
industrielle, et les cas où, par suite de causes diverses, ce
nombre devrait être diminué ou augmenté. Pour préciser
immédiatement la difficulté dont il s'agit ici, prenons un
exemple. Si dans une ville on admet, au moment de l'établissement de la loi, que six imprimeries pourvues de presses à
vapeur suffisent à tout ce qui s'y imprime habituellement,
que fera-t-on si la concurrence étrangère amenant une diminution dans le mouvement typographique de la ville, il n'y a
plus d'ouvrage que pour quatre presses à vapeur ? La loi
pourra-t-elle fixer d'avance à quelles imprimeries on décer-
nera l'ordre de disparaître quand cela deviendra nécessaire ?

Inversément si dans cette même ville la typographie par
une cause imprévue vient à prendre un développement considérable, ne faudra-t-il pas que la loi ait d'avance accordé la
possibilité d'augmenter le nombre des presses à vapeur ?

Il conviendra donc que la loi prévoie des diminutions et des augmentations de machines, qu'elle détermine quelle autorité prononcera sur le besoin réel de l'industrie de diminuer ou d'augmenter ses engins mécaniques. Tout cela n'est-il pas bien complexe et d'un maniement très difficile ? On en chargera l'Etat. Or qu'est-ce que l'Etat dans une pareille affaire ? Une pure abstraction qui ne prend de corps, de consistance, qu'à condition d'être représentée par des fonctionnaires, par une bureaucratie. Qui garantira l'aptitude, l'intelligence, la justice de cette bureaucratie ? Il est impossible de le dire, impossible de le prévoir.

Tout ce qu'on peut entrevoir, c'est que dans un pareil système il faudrait ajouter aux compétences gouvernementales la tâche de suivre toutes les fluctuations des besoins de la consommation, pour mettre constamment en harmonie avec elles des fluctuations correspectives dans la production; autrement dit ce serait le devoir du gouvernement d'un pays de s'enquérir chaque jour de la quantité de marchandises réclamées par la consommation intérieure et par l'exportation du dehors, et de régler aussi chaque jour en conséquence le nombre des machines à mettre en mouvement dans le pays. Or ramené à ces conditions fondamentales, ce rôle gouvernemental est tout simplement impossible.

Mais peut-être s'imagine-t-on que la chose serait plus faisable si au lieu d'en charger le gouvernement central, on s'en remettait aux autorités communales qui n'auraient plus à surveiller, à réglementer qu'un petit nombre de machines placées dans les quelques fabriques ou usines sises sur le territoire communal.

Hé bien alors ce qui manquerait ce serait précisément le coup d'œil d'ensemble et les renseignements qui en résultent. Quand la municipalité d'une bourgade aurait réglé le sort d'une ou deux usines placées sous son inspection, cinq ou six autres usines du même genre établies à vingt lieues de là et soumises à une autre commission municipale, chemineraient de leur côté sans se préoccuper le moins du monde de ces deux-là ; ou bien si elles s'en préoccupaient, ce serait très probablement pour soutenir contre elles une lutte d'intérêts particuliers, lutte qui ne se soucierait guère des intérêts généraux. Dans l'une et dans l'autre alternative on aurait le retour à l'isolement local du moyen-âge, mais non point l'établissement de l'harmonie générale dans le domaine industriel.

Après avoir constaté la difficulté ou l'impossibilité de mettre à exécution des remèdes proposés à la légère, nous nous retrouvons en présence de la question : Quels sont les moyens de remédier à l'état de choses actuel ?

La réponse n'est pas aisée. En effet l'état de choses actuel n'est pas une crise momentanée, superficielle ; c'est une crise profonde, durable, amenée par un changement considérable dans les conditions de travail ; l'évolution commencée il y a plus d'un siècle arrive de nos jours à produire ses effets intenses ; ces effets nous étonnent ; ils nous incommodent ; ils bouleversent nos prévisions ; ils nous poussent à chercher de tous côtés comment sortir de cette position gênée. Sans doute le cours des choses amènera tôt ou tard un dénouement ; mais ce dénouement quel sera-t-il ? Quand viendra-t-il ? Cette solution plus ou moins lointaine, dont plusieurs éléments échappent actuellement à toute appréciation, cette solution reste le sphinx de l'avenir.

La crise économique où nous nous trouvons a des analogues dans d'autres faits historiques. Ainsi l'invention de la poudre à canon a changé tout le système militaire du moyen-âge. L'invention de la boussole a modifié la navigation ; l'invention de l'imprimerie a transformé l'état de la littérature et de la science. Chacune de ces innovations a produit une longue période de crise plus ou moins intense, avant d'amener un état définitif. Il en sera de même avec les machines. Nous sommes dans la passe difficile et obscure où gens du métier et publicistes théoriciens vont plus ou moins à tâtons.

Voici toutefois pour conclure quelques présomptions hypothétiques : car il faut bien en pareil sujet essayer de formuler quelques opinions ; sinon l'on ne manquerait pas de me dire : Vous parlez bien à votre aise de crise et de difficultés, mais d'en chercher le remède vous ne vous souciez guère.

Il me semble que la facilité actuelle de la production a déjà présenté deux conséquences aisément perceptibles. De ces deux conséquences, l'une que j'ai précédemment indiquée, c'est la recrudescence des opinions protectrices dans la législation économique ; car depuis une quinzaine d'années les tarifs douaniers ont été élevés dans bien des pays au nom des intérêts du travail national.

La seconde conséquence c'est l'accroissement des entreprises coloniales, soit par voie pacifique, soit par voie militaire, afin de procurer de nouveaux débouchés aux produits de l'industrie.

Il est grandement probable que ces deux tendances vont continuer de se manifester avec une intensité croissante. Chaque pays prétendra défendre ses fabriques, ses usines, ses manufactures, et s'enfermera dans une barrière protectrice de douanes aussi exigeantes, aussi sévères que possible ; comme par ce moyen tous les pays civilisés arrivent déjà, et arriveront de plus en plus, à s'interdire entre eux l'entrée d'une foule de produits qu'on peut désormais confectionner partout à peu près dans les mêmes conditions, les pays civilisés chercheront à l'envi à trouver dans les pays lointains, dans les colonies fondées sur divers rivages, des débouchés pour cette production abondante qui encombre aujourd'hui les marchés européens.

Mais tout cela pourra-t-il aller indéfiniment ? Cela pourra-t-il guérir la pléthore dont on souffre, terminer la crise ? J'en doute fort. Les douanes protectrices n'empêcheront pas les fabricants de faire travailler leurs machines avec l'espoir de trouver soit dans la consommation intérieure, soit dans l'exportation au loin, la vente de leurs produits ; par conséquent la lutte, l'encombrement, les difficultés continueront. Jusques à quand ? Probablement jusqu'à ce que la force des choses amène la réduction du nombre des usines, des manufactures. Cette réduction viendra d'elle-même à la longue, quand fabricants et ouvriers trouveront que le travail n'étant plus rémunérateur, on ne peut pas le continuer.

Que fait aujourd'hui un homme qui reconnaît que son métier, bon jadis, ne lui fournit plus des moyens d'existence ? Il cherche une autre occupation, un autre gagne-pain. Le changement est sans doute pénible ; c'est une crise. Mais elle est nécessaire, et une fois traversée, une situation nouvelle se dessine, s'établit.

D'autre part il n'est pas inutile de remarquer l'importance qu'a prise peu à peu dans les débats industriels la durée de la journée de travail. Il me semble que la demande instante, formulée par tant de groupes ouvriers, de réduire la journée de travail à un moindre nombre d'heures, trouve certainement un point d'appui dans le fait que les machines produisant avec abondance, il est moins nécessaire que l'homme travaille si longtemps.

On objecte, je le sais, que l'ouvrier demande le même salaire pour une journée moindre, que par conséquent le prix de revient de la marchandise se trouve augmenté, que dès lors celle-ci se place moins facilement, etc. Je ne conteste pas cette

argumentation, mais j'engage à examiner comme contre-
partie, quel est l'avantage pour un chef d'industrie de faire
produire à outrance par ses machines et ses ouvriers, une
masse énorme de produits qu'il ne pourra écouler que lentement, difficilement et souvent avec réductions de prix. Les
salaires payés aux ouvriers, l'usure des machines, l'intérêt
des capitaux représentés par des marchandises qui attendent
la vente, tout cela ne fournit-il pas une aggravation de frais
dont on ne s'aperçoit clairement que lorsqu'une entreprise
arrive à de mauvaises affaires, à la liquidation, à la faillite ?

C'est donc encore une présomption vraisemblable que la
diminution de la journée de travail s'établira de proche en
proche dans l'industrie, et qu'elle diminuera dans une certaine
mesure l'intensité de la production.

En terminant, je me borne à rappeler ce que j'annonçais au
début de ces pages : Les difficultés qui pèsent aujourd'hui sur
l'industrie et le commerce tiennent en partie à l'influence du
rôle prépondérant qu'ont pris les machines. Ces difficultés
ne me semblent pas près de disparaître ; car, lorsqu'une
grande innovation a pris pied dans l'humanité civilisée, l'histoire nous montre qu'on ne retourne pas en arrière. On
essaiera donc divers moyens d'atténuer, de surmonter les
inconvénients qui se révèlent aujourd'hui dans le monde industriel ; il y aura encore bien des tâtonnements, des transformations, des modifications plus ou moins faciles, plus ou moins
pénibles ; mais tout cela prendra un temps assez long ; les
problèmes sociaux sont lents dans leur solution, et ils se rient
de tous les systèmes qui prétendent leur imposer une termi-
naison rapide et prévue.

I.-A. VERCHÈRE.

PROJET D'ORGANISATION

DU SERVICE DE LA POLICE SANITAIRE

DES ANIMAUX DOMESTIQUES

Concurremment avec le service du recensement, de l'inspection et du classement
des chevaux, juments, mulets et mules pour la France

> Quand la fonction à remplir est d'un caractère incertain ou d'un genre mixte, on peut appliquer la règle suivante, pour décider si elle doit être exercée par l'Etat ou par les particuliers, et pour demêler, en cas de collaboration, quelle portion revient à l'Etat et quelle portion aux particuliers. — Règle générale, si une fonction a pour les particuliers isolés ou associés un intérêt ou un attrait direct et pour la communauté un attrait indirect, elle convient et appartient aux particuliers et non à l'Etat. Au contraire, si la fonction a pour la communauté un attrait direct, et pour les particuliers isolés ou associés, un intérêt et un attrait indirects, elle convient et appartient à l'Etat, non aux particuliers.— D'après cette règle, on peut tracer la limite du domaine privé et du domaine public, et l'on constate que cette limite se déplace en avant ou en arrière, selon le deplacement des intérêts et des attraits directs et indirects. — (TAINE, *la Révolution*. Tome III, page 146).

L'importance de ces deux services n'a pas besoin d'être démontrée, sachant que l'un est établi pour le service de l'armée, en cas de mobilisation, et l'autre pour la conservation de nos animaux domestiques, une des garanties indispensables du parfait fonctionnement de l'ordre économique dans les sociétés humaines.

L'un et l'autre sont impérieusement actes de civisme. Le premier est institué pour la défense de la patrie ; le second, son auxiliaire indispensable, pour la défense et la conservation de la santé de l'homme et des animaux.

Ils ont été établis par des lois et des règlements spéciaux :
Le premier, tout d'abord, par les lois des **24 Juillet 1873,
1er Août 1874** et un décret du **23** Octobre de la même année
portant règlement pour l'exécution de cette loi et, par circulaire du Ministre de la guerre, une instruction pour le recensement des chevaux, juments et mulets à opérer pour l'année
1885 en exécution de la loi, en sont le complément.

Indépendants l'un de l'autre, ils ont cependant quelques
connexités, comme je l'ai démontré plus haut, et, même au
point de vue pratique, si l'on veut bien s'apercevoir que dans
l'exercice de l'un, on a une grande facilité de procéder, au
moins momentanément à l'autre.

Leur fonctionnement date d'assez longtemps pour que l'on
ait pu les apprécier et en reconnaître les qualités et les défauts
ce dont ils ne sont point exempts, car ils sont de ces choses
soumises aux lois incessantes du progrès qui serait un vain
mot sans les imperfections occasionnées par les imprévoyances
de l'homme et, surtout, par les changements inévitables qui
surviennent à chaque instant avec les nécessités nouvelles qui
font évoluer notre civilisation lentement, il est vrai, mais sans
trève ni repos, vers l'éternel infini.

L'application de ces services a nécessité une organisation
comprenant un personnel et un budget importants. Cette
partie, toute d'administration, est la pierre d'achoppement de
l'institution. C'est ici que l'on a trouvé et que l'on trouve
encore de sérieuses difficultés pour l'exécution, pour la mise
en pratique, des lois et des règlements de police sanitaire
surtout.

Ces difficultés ont surgi aussitôt après que la loi de **1881** fût
promulguée; parce que cette loi a fait, du service sanitaire,
une institution départementale dont l'organisation a été livrée
aux appréciations diverses des préfets et des conseils géné-

raux. C'est pour cela, on le comprendra bientôt. que l'on est obligé de revenir à une révision du service administratif sanitaire.

Les modifications, au point de vue technique, sont affaires très importantes dévolues aux savants qui les résoudront, sans nul doute et sans retard, au fur et à mesure qu'elles se présenteront.

Quant aux modifications administratives, elles comportent non moins de gravité que les précédentes, mais sont plus difficiles à résoudre parce qu'elles sont principalement affaire de budget et qu'en cette manière l'économie est visée avant tout.

Cependant, disons, avant de terminer ce préambule, que dans tout service administratif, l'économie résulte de l'utilité de ce service et de son parfait fonctionnement, et non pas d'autre chose.

Recensement, Inspection et Classement. — Etablis depuis treize ans bientôt par les lois de 1873 et 1874, on a dû ne pas tarder à les réviser pour y introduire de nouveaux détails concernant des objets et une économie considérable que l'on n'avait point prévus tout d'abord.

Le recensement, l'inspection et le classement des chevaux, juments, mulets et mules, font partie inhérente de la loi nouvelle (3 Juillet 1877) qui est relative aux réquisitions militaires en général. Elle est composée de neuf titres.

Dans le premier titre sont indiquées les conditions générales selon lesquelles s'exerce le droit de réquisition ; dans le titre II, les prestations à fournir par voie de réquisition ; dans le titre III, le logement et le cantonnement des troupes, en station ou en marche, chez l'habitant, faute de casernement

spécial, avec leur matériel et leurs animaux ; le titre IV indique la forme de la demande et de l'exécution des réquisitions ;
le titre V, le règlement des indemnités dues aux réquisition-
nés ; le titre VI s'occupe des réquisitions relatives aux chemins de fer et le titre VII de celles que peut exiger l'autorité
maritime ; le titre VIII contient spécialement les dispositions
relatives aux chevaux, mulets et voitures nécessaires à la mobilisation et enfin, le titre IX comprend les dispositions spéciales aux grandes manœuvres et les dispositions générales
pour l'exécution de la loi.

Chacun de ces titres mériterait d'être cité textuellement,
parce que tous contiennent des notions importantes à connaître. Pour le but que nous poursuivons, il suffira de nous
occuper de ce qui a trait au recensement, à l'inspection et au
classement.

TITRE VIII.

Dispositions relatives aux chevaux, mulets et voitures nécessaires à la mobilisation (1).

Art. 36. — *L'autorité militaire a le droit d'acquérir par
voie de réquisition pour compléter et pour entretenir l'armée au
pied de guerre, des chevaux, juments, mulets et mules, et des
voitures attelées.*

37. — Tous les ans, avant le 16 Janvier, a lieu dans chaque
commune, sur la déclaration obligatoire des propriétaires et,
au besoin, d'office, par les soins du maire, le recensement des
chevaux, juments, mules et mulets susceptibles d'être requis
en raison de l'âge qu'ils ont eu au 1ᵉʳ Janvier, c'est-à-dire six

---

(1) Les dispositions nouvelles introduites dans la loi en 1877 sont en
italiques.

ans et au-dessus pour les chevaux et juments, quatre ans et au-dessus pour les mulets et mules.

L'âge se compte à partir du 1er Janvier de l'année de la naissance.

Tous les trois ans, avant le 16 Janvier, a lieu dans chaque commune et de la même manière que ci-dessus, le recensement des voitures attelées de chevaux, et de mulets autres que celles qui sont exclusivement affectées au transport des personnes.

38. — Chaque année le Ministre de la guerre *peut faire procéder*, du 16 Janvier au 1er Mars ou du 15 Mai au 15 Juin, à l'inspection et au classement des chevaux, juments, mulets ou mules, recensés ou non, ayant l'âge fixé à l'article précédent.

La même opération peut être faite aux mêmes époques dans l'année du recensement pour les voitures attelées.

L'inspection et le classement ont lieu, en temps de paix, dans chaque commune à l'endroit désigné à l'avance par l'autorité militaire, en présence du maire ou de son suppléant légal.

Il y est procédé par des Commissions mixtes désignées dans chaque région par le général commandant le corps d'armée et composée chacune d'un officier président et ayant voix prépondérante en cas de partage, d'un membre civil *choisi dans la commune* ayant voix délibérative, et d'un vétérinaire militaire ou d'un vétérinaire civil, ou, à défaut, d'une personne compétente, désignée par le maire, ayant voix consultative.

Il ne sera pas alloué d'indemnité au membre civil de la Commission.

39. — Les animaux reconnus propres à l'un des services de l'armée, sont classés suivant les catégories établies au budget pour les achats annuels de la remonte ; *les chevaux d'officiers* *forment, dans chaque catégorie des chevaux de selle, une classe à part.*

Sont exempts de la réquisition, en cas de mobilisation, et ne sont pas portés sur la liste de classement par catégories:

1° Les chevaux appartenant au chef de l'Etat.

2° Les chevaux dont les fonctionnaires sont tenus d'être pourvus pour leur service.

3° Les chevaux entiers approuvés ou autorisés pour la reproduction.

4° Les juments en état de gestation constatée, ou suitées d'un poulain, ou notoirement reconnues comme consacrées à la reproduction.

5° Les chevaux et juments n'ayant pas l'âge de six ans, les mulets et mules au-dessous de quatre ans.

6° Les chevaux de l'Administration des postes ou ceux qu'elle entretient pour son service par des contrats particuliers.

7° Les chevaux indispensables pour assurer le service des administrations publiques et ceux affectés aux transports de matériel nécessités par l'exploitation des chemins de fer. *Ces derniers peuvent toutefois être requis au même titre que les voies ferrées elles-mêmes conformément aux dispositions de l'article 29 de la présente loi.*

43. — Un tableau certifié par le président de la Commission mixte et par le maire, indiquant pour chaque commune le signalement des animaux classés ainsi que le nom de leur propriétaire est adressé au bureau de recrutement du ressort.

Un double de ce tableau reste déposé à la mairie jusqu'au classement suivant.

Il est dressé de la même manière un tableau de classement

des voitures en double expédition, les numéros de tirage y sont inscrits.

44. — Le contingent des animaux à fournir en cas de mobilisation, dans chaque région, pour compléter et entretenir au pied de guerre les troupes qui y sont stationnées est fixé par le Ministre de la guerre, d'après les ressources constituées au classement pour chaque catégorie.

Ce contingent est réparti, dans la région, par l'autorité militaire, de manière à égaliser les charges provenant des réquisitions prévues par les besoins successifs de l'armée. Toutefois, cette répartition n'est modifiée qu'en cas de mobilisation.

L'insuffisance des ressources dans un corps d'armée sera compensée, sur l'ordre du Ministre de la guerre, par l'excédant d'un autre corps d'armée.

Les mêmes dispositions sont applicables aux voitures attelées.

45. — Dès la réception de l'ordre de mobilisation, le maire est tenu de prévenir les propriétaires que :

1° Tous les animaux classés présents dans la commune ;

2° Tous ceux qui y ont été introduits depuis le dernier classement et qui ne sont pas compris dans les cas d'exemptions prévus par l'article 40 ;

3° Tous ceux enfin qui, pour un motif quelconque, n'auraient pas été déclarés au recensement, ni présentés au dernier classement, bien qu'ils eussent l'âge légal, doivent être conduits, aux jour et heure fixés pour chaque canton, au point indiqué par l'autorité militaire.

Le maire prévient également les propriétaires des voitures d'après les numéros de tirage portés sur le dernier état de clas-

sement suivant la demande de l'autorité militaire d'avoir à les conduire tout attelées au même point de rassemblement.

Les animaux doivent avoir leur ferrure en bon état, un bridon et un licol pourvu d'une longe.

46. — Des Commissions mixtes, désignées par l'autorité militaire, procèdent, au dit point, à la réception par canton des animaux amenés, et opèrent le classement non encore fait de ceux qui se trouvent compris dans les cas spéciaux indiqués à l'article précédent.

Si le nombre des animaux présentés à la Commission est supérieur au chiffre à requérir dans la catégorie, il est procédé à un tirage au sort pour déterminer l'ordre dans lequel ils seront appelés.

47. — Le propriétaire d'un animal compris dans le contin-gent a le droit de présenter à la Commission de remonte et de faire inscrire à sa place un autre animal non compris dans le contingent, mais appartenant à la même catégorie et à la même classe dans la catégorie.

48. — Après avoir statué sur tous les cas de réforme, de remplacement ou d'ajournement demandé pour cause de ma-ladie, la Commission de réception, en présence des maires ou de leurs suppléants légaux, prononce la réquisition des ani-maux nécessaires pour la mobilisation.

Elle procède également à la réception des voitures attelées.

Elle fixe le prix des voitures et des harnais d'après les prix courants du pays.

Les animaux qui attèlent les voitures admises entrent en déduction du contingent requis en vertu du présent article et sont payés conformément à l'article 49 ci-après.

49. — Les prix des animaux requis sont déterminés à l'avance et fixés d'une manière absolue, pour chaque catégorie, aux chiffres portés au budget de l'année, augmentés du quart pour les chevaux d'attelage d'artillerie.

Toutefois cette augmentation n'est pas applicable aux chevaux entiers.

50. — Les propriétaires des animaux, voitures ou harnais requis, reçoivent sans délai des mandats en représentant le prix et payables à la caisse du receveur des finances le plus à proximité.

51. — Les propriétaires qui, aux termes de l'article 45, n'auront pas conduit leurs animaux classés ou susceptibles de l'être, leurs voitures attelées désignées par l'autorité militaire, au lieu indiqué pour la réquisition, sans motifs légitimes admis par la Commission de réception, sont déférés aux tribunaux et, en cas de condamnation, frappés d'une amende égale à la moitié du prix d'achat fixé pour la catégorie à laquelle appartiennent les animaux, ou la moitié du prix moyen d'acquisition des voitures ou harnais dans la région.

Néanmoins, la saisie et la réquisition pourront être exécutées immédiatement et sans attendre le jugement à la diligence du président de la Commission de réception ou de l'autorité militaire.

52. — Les maires ou les propriétaires de chevaux, juments, mulets et mules, de voitures ou de harnais, qui ne se conforment pas aux dispositions du titre VIII de la présente loi sont passibles d'une amende de vingt-cinq à mille francs (25 à 1,000 francs). Ceux qui auront fait sciemment de fausses déclarations seront frappés d'une amende de cinquante à deux mille francs (50 à 2,000 francs).

53. — Lorsque l'armée sera replacée sur pied de paix, les anciens propriétaires des animaux requis, pourront les réclamer, sauf restitution du prix intégral de payement et sous réserve de les rechercher eux-mêmes dans les rangs de l'armée et d'aller les prendre, à leurs frais, au lieu de garnison des corps ou de l'officier détenteur.

(Bulletin des lois de la République française, XII⁰ Série, pages 8 et suivantes).

Plus explicite et non moins sévère que celle de 1874, quels que soient les soins que l'on ait pris à mettre les points sur les *i* de cette loi de 1877, elle en comporte encore les inconvénients capitaux.

Après avoir bien étudié le système dont elle est la teneur, il semble que cette loi est inachevée, qu'elle est incomplète à tel point qu'aussitôt que sont finies les opérations qu'elle comporte, il n'y a rien de suffisamment assuré et que, nouveau sisyphe, la Commission doit sans cesse recommencer son travail.

Expliquons-le :

Tout d'abord, le mode de procéder dans les préliminaires (le recensement) utiles aux opérations d'inspection et de classement ne permet pas d'avoir les renseignements précis, formels qu'elle exige, parce que les personnes préposées à ce travail préparatoire ne sont point compétentes, n'ont point les connaissances nécessaires pour fournir exactement les renseignements signalétiques. De telle sorte que les Commissions sont astreintes à rectifier à peu près constamment les tableaux de recensement qui leur sont fournis au moment de leurs opérations. C'est là, déjà, un grave inconvénient.

Le mode de procéder à l'inspection et au classement pêche en ce sens qu'il ne fournit pas assez de données ; les indications qu'il procure sont forcément restreintes par l'exiguité des colonnes du tableau. C'est un travail trop sommaire, éphémère et fugitif, sans fixité presque ; parce que, aussitôt qu'il est terminé, il n'offre aucun repère en dehors des tableaux de classement, parce que les chevaux, juments, mulets ou mules classés sont trop sujets à échapper et beaucoup échappent à la vigilance de l'autorité à cause des exigences commerciales qui peuvent disperser tous les animaux d'une circonscription et qui en dispersent toujours un certain nombre pour les transporter dans d'autres. De là, une confusion dans l'ordre des listes qui nécessite la refonte complète des tableaux de classement.

Cependant, si l'on parcourt les débats auxquels on s'est livré au sein de la Commission qui a élaboré le projet primitif de cette loi, on voit qu'à un moment donné on a eu l'idée de ne point perdre de vue d'avoir le plus commodément possible à la disposition de l'administration de la guerre, les animaux inscrits sur le tableau de classement, au moins à partir du jour de l'ordonnance de la mobilisation. Ce qui le prouve, c'est qu'il y avait dans ce projet primitif un article 11 ainsi conçu :

« Art. 11. — A partir du jour où la mobilisation est ordon- » née et jusqu'au jour où la réception est prononcée, les ani- » maux inscrits sur le tableau de classement ne peuvent être » l'objet de transaction d'aucune sorte.

« Sur la demande de la Commission qui n'en a pas fait » connaître le motif, cette disposition a été supprimée. »

Si l'on a abandonné cette restriction, c'est qu'elle était vraiment trop draconienne, je ne crains pas de le croire ; car parmi les nombreuses charges gênantes déjà imposées rigoureusement par la loi, celle-ci eût été la pire : elle pouvait atteindre ou compromettre la fortune privée par l'immobilisation forcée d'un capital représenté par l'animal, capital précieux, capital sauveur quelquefois, dans les circonstances précaires et difficiles de la vie industrielle et agricole.

Cette mesure à laquelle on n'a su donner aucune compensation pratique immédiate a été sagement abandonnée.

L'insuffisance de ces tableaux est bien plus évidente encore lorsque l'on parcourt le texte de l'article 53 du titre VIII de la loi qui reconnaît le droit aux anciens propriétaires des animaux requis de réclamer ces animaux, sauf restitution du prix intégral de payement et sous réserve de les rechercher eux-mêmes dans les rangs de l'armée et d'aller les prendre à leurs frais au lieu de garnison du corps ou de l'officier détenteur.

On entrevoit déjà les nombreuses confusions inévitables qui surgiront alors et qui feront abandonner ce droit à tous, quelle que soit l'affection portée à l'animal et, peut-être, quelle que soit sa valeur.

Cela fait songer aux embarras que l'on va éprouver, après le premier essai de mobilisation, pour rendre respectivement chaque animal à son propriétaire.

Les difficultés que je viens de signaler n'ont point totalement passé inaperçues sous les yeux de l'autorité militaire. C'est pour cela que le premier octobre 1884, le Ministre de la Guerre envoyait à MM. les Gouverneurs militaires de Paris et de Lyon, les Généraux commandant les corps d'armée, les Généraux commandant les divisions, brigades et subdivisions de région ; les intendants et sous-intendants militaires ; les préfets des départements et sous-préfets, les commandants de bureaux de recrutement, une circulaire portant « Instruction pour le recensement des chevaux, juments, mulets et mules à opérer pour l'année 1885 en exécution de la loi du 3 juillet 1877 », avec des modèles de tableaux pour l'état numérique de ces animaux existant au 15 janvier 1885 dans chaque commune, un même état général pour le ressort du bureau de recrutement et un certificat de déclaration à donner par le Maire de chaque commune, aux propriétaires qui se seront conformés aux exigences du recensement. (Voir le *Journal militaire officiel*, page 417, année 1884.)

Malgré tout, ces mesures sont insuffisantes et n'atteindront point totalement le but que l'on s'est proposé.

II

Police sanitaire, organisation du service. — Depuis cinq ans, nous avons la loi sur la police sanitaire si nécessaire et tant demandée ; mais on en cherche encore le mode d'application pratique durable et en harmonie avec les intérêts publics et les intérêts professionnels.

Il est inutile d'en indiquer le texte pour l'intelligence de ce qui va suivre. Elle est apparemment suffisante pour les maladies réputées contagieuses connues jusqu'au moment de sa promulgation. Cependant les nouvelles découvertes scientifiques semblent devoir ne pas tarder à augmenter le nombre de ces dernières et nécessiter quelques additions à l'article premier de la loi.

Cette loi a laissé la faculté aux conseils généraux d'ajourner son application en quelque sorte, pendant six ans, soit jusqu'au 21 juillet 1887. Ce qui a été adopté dans un certain nombre de départements. C'est regrettable.

Dans les départements où elle a été adoptée d'emblée son organisation est loin d'atteindre le but que doit se proposer une administration profondément convaincue de l'utilité du service sanitaire, au moins pour un très grand nombre. On peut dire que cette organisation émane, en fait, des différents chefs de service des divisions préfectorales qui ont ces attributions. Excellents comptables assurément, mais qui n'envisagent le côté économique de cet exercice que par les dépenses qu'il doit occasionner et non par des résultats qu'il doit produire.

Les assemblées départementales, composées généralement d'un trop grand nombre de gens étrangers aux choses de l'agriculture, passent, avec une rapidité et une sérénité étonnante, sur ces questions si intéressantes, sans considérations, comme s'il n'existait aucune crise économique, aucune crise agricole. Elles votent un budget pour ce service sanitaire comme la plupart des municipalités en votent un pour leur garde-champêtre ; à ceux-là on alloue cent cinquante, deux cents, quelquefois trois cents francs par an ; mais les propriétés sont gardées en conséquence : la maraude, le pillage et la destruction des nids et le braconnage vont leur train, et sont commis avec une placidité bien justifiée.

Pour les émoluments attribués au service sanitaire, les conseils généraux ne votent que des sommes insignifiantes et, encore, parce que cette dépense doit figurer au budget ; peut-être que sans cela ils n'alloueraient rien. Comment donc appliquer les exigences des règlements, de la loi ? Cette parcimonie est plus préjudiciable que l'absence complète du service ; dans ce cas, on économiserait une dépense inutile par son insuffisance.

Pour surmonter ces difficultés, c'est principalement à nous d'agir, j'en suis convaincu, à nous qui connaissons l'utilité immense du service, et qui avons à cœur de faire arriver à bien l'œuvre bienfaisante qui doit résulter de son parfait fonctionnement ; aux vétérinaires dont les travaux ont guidé le législateur pour établir la loi, fondement et première partie de cette œuvre inachevée.

Le moment est opportun ; on revient aujourd'hui à l'idée

d'organiser ce service administrativement, à l'idée excellente,
je crois, d'en faire un service spécial avec des vétérinaires
spéciaux, c'est-à-dire qui ne feraient point (le chef de service
au moins) de clientèle, qui seraient nommés au concours.
C'est ce que l'on pressent par ce qui est dit dans certaines publications vétérinaires.

Si cette idée est admise avec cette forme, il y aura encore
à surmonter les difficultés budgétaires pour son établissement
sérieux. C'est ce que nous allons étudier en essayant de montrer que ces difficultés peuvent être vaincues.

De nombreux travaux ont été publiés à cet égard. Mais je
crois que personne ne s'en est occupé plus sérieusement que le
regretté Urbain Leblanc. Homme éminent par le savoir, par
l'éducation, par la fortune et les hautes relations sociales, il
a néanmoins échoué tout d'abord dans ses projets. Cet échec
n'a été que momentané, peut-on dire, car aujourd'hui la loi
de 1881 est établie et M. Leblanc, nous lui devons cet hommage, a contribué par ses écrits et dans une large mesure à
l'établissement de cette loi.

Avec la nouvelle législation sanitaire, a disparu ce véritable
fouillis d'arrêtés, d'édits, composant l'arsenal de la vieille
législation. Dans de telles conditions, la loi de 1881 était un
grand bienfait, malheureusement son application est loin
d'être satisfaisante. A cet égard, nous nous trouvons encore
aujourd'hui à peu près au même point qu'avant 1881. On ne
saurait mieux le démontrer qu'en rapprochant les appréciations formulées dans le travail de M. Leblanc, appréciations
encore toutes d'actualité.

Disons d'abord qu'avant 1852, l'administration centrale de
l'agriculture avait, dans ses attributions, tout ce qui était
relatif aux enzooties et aux épizooties, notamment le règlement

des frais de traitement de ces maladies, par conséquent le règlement des honoraires des vétérinaires.

« Le décret de 1852 (25 mars), par la décentralisation, a modifié cet état de choses et les frais dont il vient d'être question sont devenus à la charge des budgets particuliers des départements. L'administration centrale a été privée ainsi de l'un des moyens d'être renseignée sur tout ce qui a rapport aux enzooties et aux épizooties. (U. Leblanc *De la nécessité d'instituer un service sanitaire vétérinaire pour toute la France.* Paris 1870)

Pour obvier au manque de renseignements qu'elle ne pouvait plus se procurer par cette voie, en 1855, elle a adressé à tous les préfets une circulaire, par laquelle elle demandait à ce que, au commencement de chaque année, il lui fût adressé un rapport « sur les maladies qui ont attaqué les diverses espèces de bétail dans leur département, sous la forme épizootique ou enzootique pendant l'année précédente ».

En 1864, par une nouvelle circulaire, l'administration centrale confirmait la précédente, mais la simplifiait en expliquant les documents à fournir et la forme sous laquelle ils devraient être présentés. (U. Leblanc, *loc.*, *cit.*)

Malgré ces instructions, la forme adoptée, par chaque préfet, pour l'établissement de ces rapports était toujours variable et le fond présentait de notables différences dans les descriptions et dans les détails de ces rapports qui n'éclairaient pas suffisamment l'autorité supérieure ou ne l'éclaircit pas du tout. Le service n'était point conforme entre les départements où il était établi.

En 1862, à la suite d'une circulaire ministérielle « l'administration centrale, par les réponses des préfets à cette circulaire, put connaître quels étaient les départements où il existait un service vétérinaire administrativement constitué ».

« Le dépouillement de l'enquête faite par le ministre auprès des préfets a appris quel était l'état des ressources dont pouvaient disposer ces préfets pour rémunérer les vétérinaires qu'ils chargeaient de missions diverses en vue des enzooties et des épizooties, et aussi pour appliquer les mesures de police sanitaire. Il n'y a pas deux départements où ces ressources soient les mêmes. Si elles ont des analogies entre elles, c'est par la parcimonie qui existe dans la rémunération des services que l'on demande aux vétérinaires. (U. Leblanc, *loc., cit.*) »

Cet auteur, dans sa brochure, traite la question d'ordre économique en commençant par exposer l'immense « intérêt général » que comportent les conséquences des enzooties et des épizooties ; « intérêt général qui fait partie de l'ensemble des règles fondées par l'homme, règles qui constituent la civilisation. Cette question, dit-il, n'a pas été prise suffisamment en considération pour les organisateurs de la société humaine, par les civilisateurs qui se sont occupés de choses beaucoup moins importantes au bonheur du genre humain, car il est de toute vérité que les animaux domestiques sont indispensables aux besoins et au bien-être de l'homme civilisé. »

Puis, il montre ce qui est arrivé en Hollande et en Angleterre, notamment, à l'occasion du typhus contagieux des bêtes à cornes. « Là comme chez nous, dans la plupart des cas d'enzootie ou d'épizootie, les mesures organisées ont été tardives. Et si chez nous le typhus n'a pas produit beaucoup de ravages, c'est en grande partie parce que, dans le département du Nord, où il s'est montré d'abord, il préexistait exceptionnellement un service vétérinaire organisé, dont les membres, dévoués à leur profession et aux intérêts publics, ont généreusement agi, quoique leur rétribution de fixe qu'elle était en 1844, soit devenue éventuelle plus tard, par suite d'une décision du Conseil général. »

« Le danger une fois signalé à l'administration centrale, cette administration a cherché et a trouvé les moyens de le conjurer en demandant ces moyens à la science et aux hommes qui la représentent et qui l'appliquent avec intelligence et résolution. On a agi : le danger a disparu, a cessé. »

« Il est à craindre que les choses ne se fussent pas passées aussi heureusement dans les départements où il n'existe pas de service vétérinaire, et il y a un grand nombre de ces départements. Il est évident que si, dans la plupart des États de l'Allemagne, il n'existait pas de service médical vétérinaire, le typhus serait venu nous visiter un grand nombre de fois. »

Après avoir exposé que les ressources employées en France, à son époque, n'étaient pas suffisantes pour prévenir et surtout pour détruire les maladies contagieuses, M. Leblanc recherchait, dans son excellente étude, les moyens d'arriver à des résultats plus parfaits et il s'élevait avec ardeur contre la faiblesse et l'impuissance d'un service sanitaire organisé en dehors d'une direction centrale.

Il est indispensable, disait-il, qu'il y ait une bonne organisation départementale, « mais aussi, il est de toute nécessité que dans les cas d'épizooties, les services sanitaires d'un grand pays comme la France, soient tous organisés de la même manière et mis à la disposition d'un pouvoir central qui puisse faire agir un plus ou moins grand nombre de membres de ces services en même temps. »

Il faut une loi, disait M. Leblanc, mais une loi qui ne laisse pas toute latitude aux préfets d'organiser ou de ne pas organiser le service sanitaire de leur département. En d'autres termes, il convient qu'une loi soit faite dans toute la France, que cette loi puisse être appliquée d'une manière uniforme dans chaque département. Avec la décentralisation du service sanitaire, l'application sera différente suivant les points, et les avantages recherchés ne seront qu'imparfaitement obtenus. Il faut une organisation forte et puissante du service sanitaire et que ce service soit centralisé, pour la partie technique, dans les mains d'un chef de service placé au Ministère de l'agriculture.

En ce qui concerne la nomination des chefs de service dans les départements, deux systèmes ont été invoqués : nomination par le concours ; nomination par une élection à laquelle prendront part tous les vétérinaires du département. Quelle que soit la voie à laquelle il doive sa nomination, le chef de service devrait abandonner toute clientèle afin de pouvoir se consacrer tout entier à sa fonction.

M. Leblanc estimait que « la loi pourrait stipuler qu'une caisse serait destinée à rétribuer le service général vétérinaire et serait créée au Ministère de l'agriculture et serait alimentée : 1° par une subvention de l'Etat ; 2° par une subvention des départements ; 3° par une subvention des communes dans des proportions déterminées. »

Pour moi, je suis partisan avec M. Leblanc de la création au Ministère de l'agriculture d'une caisse destinée à payer les émoluments affectés aux membres du service sanitaire des épizooties, je voudrais que cette caisse fût subventionnée seulement par les propriétaires des animaux et non par le budget de l'Etat, du Département ou des communes. L'application de mon système serait de toute justice comme de toute équité.

III

Je ne crois pas m'être trop avancé en manifestant la prétention qu'il y aurait moyen de supprimer les allocations que le ministère, les départements et les communes ordonnancent chaque année pour rémunération du service sanitaire vétérinaire.

L'expérience faite jusqu'à ce jour ayant montré jusqu'à l'entière évidence la vérité des allégations de M. Leblanc, nous permet de dire que dans le plus grand nombre de départements nous n'avons qu'un semblant de ce service.

« *Qui veut la fin veut les moyens.*» Avons-nous la fin ? Assurément, non. Parce que nous n'avons pas les moyens suffisants pour arriver à cette fin avec toute l'efficacité désirable. Nous ne sommes pas dans les conditions nécessaires d'organisation pour obtenir des résultats complets immanquables. Pour cela, il faut une dépense en rapport avec les services demandés, en rapport avec leur importance.

Cette importance est bien démontrée par les millions et les millions représentés par le bétail que perd notre pays tous les ans ; par les chances toujours plus nombreuses qu'accumulent, à chaque instant sur nous, les voies ferrées, la percée des isthmes, en un mot toutes les voies rapides qui, avec les immenses bienfaits qu'elles nous procurent, sont trop souvent redoutables à cause des maladies épidémiques ou épizootiques qu'elles peuvent nous amener de contrées lointaines.

Le service demandé, c'est d'opposer par la science et par une sage application des règlements administratifs, une barrière infranchissable à ces maladies contagieuses, à ces fléaux qui peuvent ruiner de fond en comble notre agriculture ou l'atteindre avec une gravité dont elle pourrait longtemps se ressentir, comme cela s'est vu naguère en Hollande, en Angleterre, et, autrefois, en France et bien ailleurs aussi. Nous savons grâce à qui et à quoi nous avons été épargnés en 1864.

IV

Rappelons-nous ce que j'ai dit au sujet de la loi de 1877 qui a pour objet l'inspection et le classement des chevaux, etc.

J'ai démontré la fragilité et le peu de consistance des documents obtenus par ces opérations qui ne fournissent qu'à peine, pour mémoire, des données numériques qui indiquent l'état des ressources dont on pourrait disposer le cas échéant, mais ne garde aucun repère en dehors des tableaux de classement, pour retrouver, sans coup férir, l'animal classé dans quel lieu du territoire français que ce soit où l'on a pu le transporter dans les cas de vente, d'échange ou de changement de domicile.

J'ai démontré que les moyens pratiques d'application de la loi sont insuffisants et onéreux à plus d'un titre. Ce que l'on peut éviter.

Dans les tableaux, le signalement par son exiguïté, laissera toujours des doutes sur l'identité d'un animal classé, la commission et les agents qui peuvent être préposés à la recherche des contrevenants, seront souvent embarrassés pour reconnaître s'il y a eu fausse déclaration ou changement d'animal, et, dans ce cas, il serait bien difficile à l'autorité d'appliquer les peines résultant des articles 51 et 52 de la loi du 6 juillet 1877.

Nous avons fait entrevoir que l'article 53 de cette loi, dans les conditions actuelles, est plutôt un leurre qu'une garantie réelle.

Pour éviter de recommencer les travaux déjà effectués aux précédents recensements, aux précédents classements et les conséquences qui peuvent s'en suivre, il faut absolument assurer l'identité de l'animal recensé et classé ou réformé.

On ne peut parvenir à cela qu'en munissant chacun de ces animaux d'une feuille d'identité et de mutation.

Cette feuille de mutation comporterait tout d'abord l'origine et la date de la naissance de l'animal, le nom de son propriétaire au moment du recensement et, surtout, son signalement complet (1). Elle contiendrait, en outre, les mesures utiles à connaître pour la ferrure et le harnachement des animaux des catégories attelées. Ces dernières indications renforceraient considérablement les signalements.

Les mutations, c'est-à-dire les changements de maître, par suite de vente ou d'échange d'un animal, seraient inscrits à la suite chaque fois qu'elles surviendraient.

Enfin toute feuille de mutation devrait revenir à son origine ou plutôt être rendue à la mairie du lieu où l'animal disparaîtrait, soit par mort, soit par exportation ; et, par l'intermédiaire du vétérinaire sanitaire ou autrement, la mairie retournerait périodiquement ces feuilles au ministère en suivant l'ordre hiérarchique. Pour les animaux exportés, la feuille de mutation serait retirée par la douane au passage de l'animal à la frontière et échangée contre un certificat de santé, puis renvoyée également au ministère (2).

---

(1) Les savants et les praticiens savent que dans un signalement les indices généraux sont souvent ceux sur lesquels il faut le moins compter. Si l'on compulse les signalements dans les procès-verbaux de classement, où ils sont toujours trop écourtés, on s'en convaincra bien vite. C'est dans les grandes sociétés, comme la Compagnie générale des omnibus de Paris, où il y a des agglomérations considérables de chevaux, que cela devient évident. Il n'est pas rare de voir à la suite les unes des autres des feuilles signalétiques présenter des indices généraux très identiques. Pour obvier à cet inconvénient, on a toujours bien soin d'y ajouter les signes accessoires, les marques particulières, sans elles, souvent, on serait dans le dédale.

(2) En Suisse, aucun animal ne peut pénétrer sans ce certificat.

Si cela existait, on entrevoit sans peine les facilités que procurerait ce mode d'agir et les économies de temps, pour les propriétaires et pour la Commission, que l'on gagnerait, mais à condition que les opérations du recensement fussent faites par des hommes compétents, absolument comme pour l'inspection et le classement : d'abord, les animaux présents dans la commune, lors d'une ordonnance de classement, qu'ils fassent partie du dernier classement local ou d'un classement étranger à la commune, étant munis de feuilles de mutation, ne seraient plus que l'objet d'un simple contrôle ; on inscrirait les nouveaux à la suite en suivant les indications de leurs feuilles de mutation.

Quant aux animaux réformés, ce serait encore plus simple: au moment des opérations de classement, on exigerait seulement le dépôt de leurs feuilles de mutation à la mairie, où la Commission l'examinerait pour son édification.

Le signalement extrêmement complet, contenu dans la feuille de mutation, éviterait toute confusion pour reconnaître l'identité de l'animal, lors même que celui du tableau de classement resterait sommaire. Il est bien entendu que la feuille de mutation porterait un numéro correspondant à celui sous lequel serait inscrit l'animal dans le tableau de classement.

Il est inutile d'insister sur les avantages pratiques que procurerait ce système, ils sont trop évidents. Bientôt nous allons en entrevoir d'autres plus considérables encore.

V

Nous avons dit que le service sanitaire vétérinaire est une institution départementale dont l'organisation est laissée à la direction des Préfets. Certaines dispositions, cependant, sont du ressort direct du Ministère de l'agriculture, par exemple :

celles qui ont trait à l'inspection du bétail importé (article 67, loi de 1881) ; les indemnités à accorder en cas d'abattage pour causes prévues (art. 65, *ibid.*). D'autres sont du ressort des communes, telles sont l'inspection des foires et marchés et la surveillance des abattoirs (art. 80 à 89, *ibid.*)

Jusqu'à un certain point, ces services sont délimités et nécessitent une administration spéciale, des émoluments spéciaux. Cependant tous concourent au même but, tous intéressent au même degré et directement, les agriculteurs, les propriétaires d'animaux domestiques et, indirectement, toute la nation. L'un d'eux, le service des abattoirs, réunit à lui seul ces deux conditions directement ; il importe aux consommateurs, qui sont tout le monde.

Les subsides nécessaires au fonctionnement administratif proviennent jusqu'à présent de sources variables suivant la nature des branches dont est formé l'ensemble du service sanitaire vétérinaire.

Il y a là des complications qui n'ont raison d'être que très accessoirement et que l'on peut corriger sans perturbation, au contraire, en prenant la base même sur laquelle on les a établis. En effet, dans certaines circonstances, et rien n'est plus juste, on fait payer le service aux intéressés directs eux-mêmes, comme cela se fait pour le service sanitaire à la frontière et pour l'inspection des foires et marchés *(art. 39 et suivants, articles 67 et suivants de la loi de 1881).*

En se basant sur ce principe et après avoir examiné et reconnu que tout service sanitaire vétérinaire a pour but commun d'éviter la diffusion des maladies contagieuses, aussi bien parmi les animaux d'une telle contrée que parmi les animaux de telle autre, aussi bien parmi les animaux présents aux foires que parmi ceux qui n'y sont pas *(parce que, étant allumé, un foyer de contagion peut se propager, s'étendre de*

toutes parts et atteindre, sans distinction, ici à la foire des ani-
maux présents, demain ailleurs, des animaux éloignés, infec-
tés par le contact de ceux-là) ; on ne peut éviter d'être frappé
de la solidarité qui doit découler des responsabilités mutuelles
que peuvent engendrer les irrégularités, la mobilité de la contagion.

Si ce raisonnement est juste, et je n'en doute pas, que l'on
me permette cette forme de langage: il est juste aussi que tous
les animaux, pour leur sauvegarde, payent leur quote-part du
service administratif. C'est ce qui se fait en Suisse ; tout certificat de santé, qu'il soit délivré à un animal du pays ou à un
étranger, est payé selon le tarif et dans ce but.

Si l'on admet la justesse de ce que je viens d'exprimer, il
ne me reste plus qu'à indiquer les moyens pratiques d'arriver
à la solution que je recherche.

VI

Avant d'aborder ce chapitre, il est nécessaire de faire une
digression pour exposer que dans des cas particuliers, chez
nous, pour arriver à produire certaines justifications au sujet
du bétail de certaines parties de notre territoire, on a dû
mettre en usage des certificats d'origine et de santé, moyens
qui ne troublent en rien le commerce des animaux et qui permettent d'appliquer équitablement les règlements, les lois, les
traités internationaux qui régissent la protection de nos produits agricoles et industriels (au point de vue douanier).

Ces moyens ont toute analogie avec ceux que je voudrais
voir se pratiquer pour le recensement, l'inspection et le classement des chevaux et pour la police sanitaire de tous nos
animaux en général, avec cette différence que les certificats
d'origine exigés par la douane sont temporaires, tandis que

les feuilles que je voudrais voir en usage comporteraient des conditions semblables avec une situation plus étendue que l'on verra bientôt, et seraient permanents (1).

Je vais m'expliquer plus amplement.

Par une prévoyance connue de tout le monde, il est établi des lignes de douane à la périphérie de tous les États civilisés, pour protéger les industries respectives de chaque nation. Mais ces lignes de douane ne sont pas toujours placées à la limite extrême du territoire à protéger, de sorte qu'il reste quelquefois en dehors de ces lignes une certaine zône soumise à un régime particulier de douane : les produits de ces pays zônes peuvent être introduits à l'intérieur, traverser la ligne de douane avec franchise de droit, à condition d'en justifier la provenance, l'origine locale. Cela a lieu également pour les animaux.

Or, les conditions d'entrée en franchise de tout animal né et élevé dans ces zônes neutres, c'est d'être pourvu d'un certificat d'origine délivré par le maire de la commune où il

(1) En Suisse, les chevaux et le gros bétail sont toujours munis d'un certificat de santé individuel temporaire comportant les conditions ci-après :

« Le présent certificat est valable pour   jours à dater du moment où il a été délivré. Si l'animal est conduit à un marché, le présent certificat doit être présenté à l'Inspecteur du marché et remis à l'acheteur ou à l'échangeur en cas où l'animal changerait de propriétaire. L'acquéreur doit dans les deux fois vingt-quatre heures, après avoir introduit l'animal, présenter ce certificat à celui qui les délivre au lieu de son domicile. »

« Dans le cas seulement où l'animal aurait été acheté au marché et serait revendu avant d'être arrivé au domicile de son nouveau propriétaire, cette revente peut s'opérer exceptionnellement avec le même certificat. »

« Si l'animal n'est pas vendu, le présent certificat doit, à l'expiration du temps pour lequel il a été accordé, être rendu à celui qui l'a délivré. »

« Toute contravention aux dispositions ci-dessus peut entraîner une amende de 5 à 100 francs. » (Règlement du 20 Novembre 1872. § 5. P. A.)

se trouve dans le moment, certificat qui est la production de
la souche d'un registre spécial où sont inscrits, obligatoirement par numéros, tous les animaux, au fur et à mesure de
leur naissance ou de leur entrée dans chaque localité. Ce certificat, en tête duquel sont inscrits le nom du département, de
l'arrondissement, etc., contient, avec le nom du propriétaire,
le signalement de l'animal ou des animaux que l'ou veut introduire dans l'intérieur du territoire français.

Au vu de cette pièce, et si elle est accompagnée d'un certificat de santé, l'animal ou les animaux entrent en franchise,
c'est-à-dire sans payer les droits dont sont taxés les animaux
de provenance étrangère.

Voici un modèle de chacune de ces pièces.

ZONE NEUTRE DE L'AIN

RÉPUBLIQUE FRANÇAISE

CERTIFICAT D'ORIGINE POUR CHEVAUX

N°   de la déclaration
fondamentale sur laquelle
est (ou sont inscrits) l'animal (ou les animaux).

POULAINS

MULETS ET BÊTES A CORNES

Bureau de ... ...

Commune de ... ...

Hameau ou Lieu dit

Nous soussigné, Maire de la Com-

(A) Indiquer avec soin le
signalement et les marques
distinctives, s'il ne s'agit
pas de bêtes à cornes.

mune de (A) . .

Certifions que le Sieur ... .

demeurant dans cette commune, à

est détenteur de ... ...

... ...

...

(B) Cette commune ou dans
la commune de   ... .
(zône).

né le ... ... *188 et élevé dans* (B)

... ... *commune* ...

qu'il . ... *nous a déclaré* ... . .

(C) Tirer un trait sur les
indications ci-contre qui
ne sont pas nécessaires.

(C) *conduire à la foire de* ..

vouloir *envoyer au pacage*   *dans*
l'intérieur
introduire ... . . *de la France*

Fait à . ... *le* . ... *188* ·

LE MAIRE.

DÉPARTEMENT
de

ARRONDISSEMENT
de

COMMUNE
de

CERTIFICAT DE SANTÉ DU BÉTAIL

*Nous, Maire de la Commune de
Certifions qu'il n'existe dans la commune aucune épizootie sur les bêtes à
cornes.*

*Qu'en conséquence, l
domicilié dans cette
commune peut disposer, par vente, ou
autrement, des têtes de bétail ci-après
désignées :*

1º sous poil âgé de

2º sous poil âgé de

Fait en Mairie, le 188

LE MAIRE,

Ce dernier certificat n'a rapport qu'aux formalités de police
sanitaire d'usage général en France (1).

Le premier est essentiel pour obtenir l'entrée en franchise
dont nous avons parlé plus haut. C'est une pièce qui supplée
jusqu'à un certain point au bordereau d'expédition des produits
de la zône pour l'intérieur de la France, bordereau qui n'est

(1) Ces deux certificats dans la zône devraient toujours être réunis sur
une même feuille, si ce régime devait continuer, parce qu'il arrive très
souvent que dans les foires et les marchés des vendeurs inconscients ou peu
scrupuleux ne remettent aux acheteurs que le certificat de santé, qui ne
remplit pas les conditions nécessaires du certificat d'origine. Ils leurrent
ainsi les acheteurs qui sont alors obligés de payer les droits de douane tout
en se croyant parfaitement en règle.

délivré que par le contrôleur des douanes de la zône. Elle est
admise pour éviter aux importateurs des pertes de temps et
des dérangements qu'occasionne le parcours nécessaire et
souvent très long pour se rendre au lieu de résidence de ce
contrôleur. Elle est renvoyée sans retard au bureau spécial de
douane du ressort du lieu d'origine de l'animal introduit où le
chef de bureau (le contrôleur) en vérifie l'exactitude. Si elle
était entachée de fausseté, il en résulterait une répression sévère pour le délinquant. (1)

(*Décision du 26 octobre 1866. Tarif officiel des douanes de
France, n° 257*).

En exposant cela, ce sont des précédents que je veux indiquer pour arriver à dire que ce que l'on fait, sans difficultés
généralement en Suisse, et pour une région chez nous, on
peut indubitablement le faire pour tout le territoire français.

Ce certificat d'origine, en supposant qu'il soit adopté régle-
mentairement pour toute la France, y aurait-il un inconvénient à ce qu'il soit permanent, c'est-à-dire qu'il suivit l'animal toute sa vie?

Evidemment non.

Cependant pour l'espèce bovine, cela ne serait point rigoureusement essentiel, un simple certificat individuel d'origine
et de santé, comme cela se pratique en Suisse, suffirait, sauf à
numéroter chaque nouveau certificat délivré au même animal,
comme nous le verrons plus loin.

D'autre part, y aurait-il un inconvénient quelconque si l'on
inscrivait sur ce certificat, lorsqu'il serait relatif aux chevaux,
juments, mulets et mules, le classement établi par la Commission du Ministère de la guerre?

(1) Je dois la plupart des renseignements sur les règlements de douane
à la gracieuse obligeance de M. Malen, sous-inspecteur des douanes a Bellegarde (Ain). Ce dont je ne saurais trop le remercier.

Non, encore.

Si cela se faisait, on aurait en usage la feuille d'identité et de mutation, dont j'ai parlé, ce qui procurerait des avantages importants et sans nombre.

Les documents que ces feuilles fourniraient, assureraient une statistique certaine (ce que l'on n'a jamais obtenu) parce que le recensement serait exact et qu'à la mort de chaque animal, obligatoirement, chaque feuille de mutation serait versée à la mairie de la commune de la dernière résidence de l'animal, puis expédiée hiérarchiquement au Ministère de l'agriculture.

Le Ministère qui aurait déjà régulièrement l'état des naissances, verrait avec les états des feuilles, qui lui seraient envoyés périodiquement, la quantité des animaux qui disparaîtraient de France, soit par cause de mort, soit par expropriation.

Il n'y aurait qu'à ouvrir le registre d'inscription de ces états et on en verrait la balance en un clin d'œil.

Au point de vue de l'inspection et du classement des chevaux, par le moyen précédent, on verrait avec la même facilité les diminutions qui s'opéreraient, soit par mort, soit par exportation, dans le nombre des chevaux, juments, mulets et mules classés.

Ce qui serait encore précieux dans ces feuilles, c'est qu'elles permettraient de retrouver partout l'animal classé, de le reconnaître. Elles simplifieraient les opérations du classement, en évitant le renouvellement, à chaque inspection, d'un classement déjà fait par une autre Commission ; elles leur imprimeraient une sûreté immuable par un signalement minutieusement établi et renforcé par les mesures de la ferrure et du harnachement, qui seraient fidèlement inscrites sur ces feuilles.

Par ces moyens, l'application des articles 45 à 53 de la loi de 1877 se ferait avec sûreté et sans hésitation, ce qui n'est pas possible dans l'état actuel des choses.

Et en police sanitaire ? Je l'ai déjà dit, elle serait le fil d'Ariane qui conduirait à la source initiale des épizooties, de toutes les maladies contagieuses qu'elles permettraient d'atteindre jusque dans leurs racines.

Par leur retrait, au moment des épizooties, on empêcherait toute fraude, on résoudrait d'un seul coup le problème difficile indiqué par toutes les ordonnances de dénombrement et d'interdiction de ventes prévues dans l'article 22 du décret portant règlement d'administration publique pour l'exécution de la loi sur la police sanitaire.

Dans les circonstances ordinaires et au point de vue douanier, par l'obligation rigoureuse à laquelle, sous peine d'amende, seraient soumis les propriétaires de rendre la feuille de mutation à la mairie, on supprimerait un abus qui, malgré toute la vigilance du service des douanes, se fait souvent sur la zône : c'est celui de faire passer en franchise des animaux d'origine étrangère, en se servant pour cela des certificats d'origine du bétail de cette zône, bétail livré à la boucherie locale ou exporté, et dont le certificat d'origine devient disponible pour ce genre de fraude.

Il y aurait une telle sécurité au point de vue des transactions commerciales, que tout acheteur ne pourrait faire autrement que d'applaudir à l'adoption d'un tel système.

Voici le projet d'un modèle de ces feuilles:

« Au premier folio sont les détails que nous avons déjà indiqués ; au second, sur le recto, le texte des articles de la loi de 1877, concernant l'inspection et le classement des chevaux et, au verso, le texte des articles de la loi de 1881, concernant la police sanitaire, articles qui, des deux parts, intéressent particulièrement les détenteurs des animaux spécifiés dans chacune de ces lois et qu'ils doivent connaître. »

RÉPUBLIQUE FRANÇAISE

MINISTÈRE DE LA GUERRE **MINISTÈRE DE L'AGRICULTURE**

Corps d'armée .... Arrondissement d ....
Subdivision .... Canton d ....
Département .... Commune d ....

Feuille signalétique et de mutation établie pour l'organisation des services suivants : Recensement et classement des chevaux, juments, mulets et mules (Loi du 6 juillet 1877) Police sanitaire. Service général vétérinaire (Loi du 21 juillet 1881).

Signalement ....

Noms du propriétaire ....

Classement   Catégorie   Numéro fondamental du registre de recensement
              ....

MESURES DU HARNACHEMENT ET DES FERS								Pied antérieur		Pied postérieur		
LONGUEURS												
de la bride	de la sous-gorge	des rênes	du collier	des sangles	de la plate-longe	de la croupière	du bras d'avaloir	Longueur	Largeur	Longueur	Largeur	OBSERVATIONS

Certifié sincère le classement ci-dessus   Réformé le ....
L'Officier président de la commission   *L'Officier président*
du ....
Le .... 188 .....

MUTATIONS
Vendu ou échangé à M. ....
le .... depart. de .....
le 188
Signature du vendeur
Enregistré au livre de récensement de
la commune de .... sous le n° .....
Le Maire,

| Timbre |
| de |
| mutation |

CERTIFICATIONS DE SANTÉ
Vu en bonne santé par
le vétérinaire soussigné
aux dates ci-après :

A .... départ. de ....
le 188
A .... départ. de ....
le 188

Sceau

de la Mairie

MUTATIONS	CERTIFICATIONS DE SANTÉ
Vendu (ou échangé) à M	*Vu :*
de .... départ.	
le *188* .	*Vu :*
	Vu :
Id.	
	Vu :
Id.	*Vu :*
Id.	*Vu :*
	Vu :
Id.	
	Vu :
Id.	*Vu :*

Mort ou abattu à .... *département de*   *le* .... *188* ·

Maladie .... *ou abattu pour la boucherie.*

Autopsie sommaire :

... .

. ...

. .. .

N.-B. — A la mort de l'animal pour quelle cause que ce soit, ou un cas d'exportation de l'animal, cette feuille doit être remise au Maire de la commune de la dernière résidence de l'animal.

EXTRAIT DE LA LOI DU 6 JUILLET 1877

(Indiquer, de cette loi, tout ce qui intéresse les détenteurs de chevaux, juments, mulets et mules) (1).

(1) On s'en dispensera pour le bétail.

Suite de la feuille de mutation.

EXTRAIT DE LA LOI DU 21 JUILLET 1881

———

(Indiquer, de cette loi, tout ce qui intéresse les détenteurs d'animaux domestiques).

VII

Ces feuilles de mutation auraient un avantage que rien autre ne peut procurer avec autant de facilité, c'est celui d'assurer le service administratif de la police sanitaire vétérinaire d'une manière complète et uniforme pour toute la France ; elles résoudraient le problème le plus difficultueux que présente l'organisation de ce service ; elles permettraient une répartition juste et proportionnelle de l'impôt à prélever sur chaque animal pour arriver à produire le budget nécessaire au bon fonctionnement du service.

Par elles, la caisse destinée à rétribuer le service général vétérinaire pourrait être instituée. Cette caisse aurait son siège au Ministère de l'agriculture, selon la judicieuse indication de M. Leblanc, et l'on n'aurait plus besoin qu'elle soit alimentée par l'Etat, par les départements et par les communes.

Cette caisse serait affectée au service sanitaire vétérinaire, aux subventions à accorder dans les cas du chapitre IV du décret portant règlement d'administration publique pour l'exécution de la loi sur la police sanitaire, chapitre relatif aux indemnités à accorder en cas d'abattage pour cause de peste bovine ou de péripneumonie contagieuse, prévu par les articles 7 et 9 de la loi, etc ..

Elles permettraient d'étendre plus largement ces indemnités ; on pourrait, on devrait les accorder en cas d'abattage pour toutes mesures de police sanitaire ; bien entendu, dans les conditions très strictes de la loi.

Agir autrement serait de l'arbitraire, puisque les animaux de chaque espèce apporteraient leur contingent de ressources à la caisse générale. Ils auraient donc tous droit à ces subsides.

Un seul service pourrait être exclu de ce régime commun, c'est le service de l'inspection des viandes de boucherie. Il est essentiellement d'ordre public ; il est plus largement étendu que les précédents ; il intéresse tous les consommateurs. On pourrait laisser aux communes, aux municipalités, la charge de le subventionner.

J'ai cherché pendant longtemps le moyen de percevoir les cotisations que nécessiterait ce système pour éviter l'entremise des bureaux et les frais qui en résultent. Après divers modes que j'avais imaginés, sans être complètement satisfait, le hasard m'a fait découvrir le plus simple, le plus facile, le plus expéditif, le plus économique, puisqu'il ne coûte rien dans son exécution : c'est d'appliquer un cachet volant spécial dans le genre des timbres-poste de la valeur de   sur chaque feuille de mutation ou sur chaque certificat d'origine et de santé, s'il s'agit de menu bétail.

En outre, en cas de vente ou d'échange, c'est-à-dire à chaque mutation, chaque changement de maître, il serait enjoint au vendeur et à l'acheteur d'inscrire immédiatement cette mutation dans la colonne spécialement affectée à cela dans cette feuille et d'y apposer un timbre semblable à celui déjà apposé en tête. L'oblitération de ce timbre serait de rigueur et se ferait dans les mêmes conditions que l'oblitération des timbres-quittance.

Il s'agirait maintenant de s'entendre sur le mode de délivrance des feuilles de mutation. Ce sera une affaire administrative que l'on peut réserver pour le moment. Mais je dois répéter encore que les chevaux, juments, mulets et mules, les ânes et les animaux de l'espèce bovine devraient être pourvus d'une feuille individuelle, comme cela se pratique en Suisse.

Les animaux des espèces ovine, caprine et porcine seraient soumis indirectement au régime de certificat de santé individuel ou collectif suivant le nombre, certificats renouvelables à chaque mutation.

Et pour répartir équitablement les cotisations à prélever pour les besoins du service et de la caisse d'indemnités, il faudrait réglementer le nombre de têtes que comporterait chaque certificat, ou établir un tarif indiquant le nombre de timbres à apposer lors des mutations, ainsi on appliquerait sur la feuille un timbre de 25 centimes, je suppose, de 1 à 20 têtes, deux de 25 centimes, à 40 têtes, et ainsi de suite progressivement.

Afin de ne point apporter de trouble à la statistique et de lui fournir au contraire des données fondamentales, chaque nouveau certificat que l'on délivrerait au même animal serait une reproduction du premier et porterait à la 2me, 3me, 4me mutation, et, enfin, le dernier certificat mentionnerait la disparition de l'animal et sa cause.

De tous nos animaux domestiques, les chiens sont ceux qu'il faudrait le moins laisser échapper à l'impôt sanitaire.

Il resterait à indiquer l'âge auquel les animaux devraient être ainsi pourvus. C'est une étude à faire par une Commission qui résoudra certainement le problème si mon système est pris en considération.

Il en est de même pour le taux des cotisations.

Mais je puis donner un aperçu du produit moyen que ce système procurerait.

Selon les statistiques connues, mais qui ne sont point ce qu'il y a de plus précis, nous pouvons dire, sans exagération, que nous avons au moins vingt-quatre millions d'animaux, tant chevaux que mulets et individus des espèces bovines et canines.

Or, si de ces vingt-quatre millions d'animaux, chacun était pourvu d'une feuille de mutation sur laquelle un timbre spécial de 25 centimes serait nécessairement appliqué en guise de taxe, il en résulterait la production immédiate d'une somme de six millions En outre, le même emploi du timbre devant être répété à chaque mutation, il en résulterait encore une somme que l'on peut estimer au cinquième de la précédente, soit douze cent mille francs, en tout sept millions deux cent mille francs.

Les années suivantes, on n'atteindrait plus que les animaux qui arriveraient à l'âge convenu pour l'application de cette partie du règlement administratif. Supposons qu'il n'y ait qu'un dixième de la population animale que nous avons admise plus haut, qui soit dans ce cas, soit deux millions quatre cent mille animaux, alors la somme produite serait de six cent mille francs, mais il y aurait encore les mutations de l'année courante, dont le chiffre ne différerait jamais bien sensiblement de celui admis plus haut pour la même circonstance

On aurait donc une somme de 7,200,000 francs la première année et les années suivantes, une somme qui pourrait varier entre quinze cent mille et deux millions de francs (1).

(1) Dans ce calcul, je suppose que les animaux de l'espèce bovine sont munis individuellement d'une feuille de mutation permanente. Si cette feuille semble peu pratique, on préférera probablement l'usage des certificats de santé individuels et temporaires ; le produit de ces derniers ne serait, dans tous les cas, pas inférieur à celui des feuilles permanentes.

En Suisse, où tout animal ne peut être transporté d'un lieu dans un autre sans certificat de santé, tous ces certificats, qu'ils soient délivrés pour l'intérieur ou pour l'exportation, sont payés selon le même tarif qui est réglé par le § 11 du règlement pour l'exécution de la loi fédérale du 8 Février 1872, sur les mesures de police contre les épizooties. En voici la teneur.

§ 11. Le coût d'un certificat de santé d'après le formulaire A ne doit pas

Un calcul et un raisonnement analogues peuvent être faits au sujet du menu bétail, ce qui élèverait dans d'énormes proportions les ressources que nous venons d'entrevoir.

Avec ces ressources et les intérêts des capitaux dont elles seraient formées, non seulement on parviendrait sans peine à rénumérer annuellement le service, mais encore à créer un fonds de réserve considérable pour les secours et les indemnités prévus (et non prévus) par l'article 65 de la loi du 21 Juillet 1881.

Par ce système, on réunirait indirectement les services du recensement, de l'inspection et du classement avec la police sanitaire des animaux sans aucun trouble de part ni d'autre. Les premiers services fourniraient un appui moral et une précieuse occasion d'une inspection sanitaire générale. Le dernier, par les mutations inscrites, rendrait les autres plus commodes, plus prompts et plus effectifs.

VIII

Avec une bonne organisation du service sanitaire, il n'est pas douteux que dans un avenir peu lointain, les maladies contagieuses deviendraient de plus en plus rares ; ce qui permettrait une épargne annuelle considérable.

Les charges de la caisse de secours et d'indemnités deviendraient minimes assurément ; il en résulterait une plus-value qui s'ajouterait à l'épargne des timbres de taxe et aux intérêts de ces sommes pour former un très important capital.

dépasser 50 centimes. Chaque certificat n'est valable que pour très courte durée, il faut le renouveler à toutes les ventes ultérieures.

Voilà un tarif adopté et en usage qui laisse une très large marge pour l'établissement du nôtre.

N'y aurait-il pas là, tout créés, pour les cultivateurs eux-mêmes, les éléments de la fondation du crédit agricole tant demandé (1).

En 1875, j'ai fait un travail qui a quelque analogie avec celui-ci, mais qui n'en serait actuellement que le corollaire.

A cette époque, la Commission mixte du classement des chevaux était composée de quatre membres payés, dont l'un, délégué par la préfecture, ne semblait avoir pour attribution que la surveillance ou le contrôle du classement ; sa présence ne me paraissait nullement nécessaire pendant toute la durée des opérations, et, à ce propos, je disais dans mon opuscule : « Je crois que la Commission pourrait être diminuée sans inconvénient d'un membre, le désigné de la préfecture ; il peut être remplacé par le maire ou un conseiller de la commune. Pour l'Etat, il y aurait là une économie considérable.» (2)

C'est ce qui a été fait, grâce à M. Camille Leblanc, qui avait mis un certain nombre d'exemplaires de cet opuscule entre les mains de la Commission extra-parlementaire chargée, à cette époque, de l'élaboration du projet de la loi de 1881.

C'est par cette Commission que cette idée est parvenue à la connaissance du Ministère et a provoqué le paragraphe 3 de l'art. 38 de la loi de 1877.

Il est résulté, par la suppression de la permanence, dans la Commission, du délégué de la préfecture et de ses émoluments

(1) On m'a fait remarquer, très judicieusement, que ces sommes très importantes ne pourraient suffire à cela, mais que l'on pourrait très bien les utiliser à la création d'une assurance générale contre la mortalité du bétail.

(2) A. Clément. *De la conscription des chevaux*, page 5. — Meaux, 1876.

ou, par chaque exercice de l'inspection et du classement, une économie de plus de sept cent mille francs. J'ai l'espérance que ce nouveau travail sera encore de quelque utilité.

Bellegarde, Mai 1886.

A. CLÉMENT.

Médecin-vétérinaire, Inspecteur du service sanitaire près le bureau des douanes de Bellegarde (Ain).

LA

PROMENADE DE LA TREILLE

A GENÈVE

La Treille est aujourd'hui la plus ancienne promenade de
notre ville. De celles qui existaient ou qui existent encore, les
unes ont dû céder peu à peu la place à des rues et à des quartiers, telles que les plateformes ombragées des siècles antérieurs entre Longemalle et la Fusterie ; les autres sont plus
récentes, comme celle de Saint-Antoine, qui ne date guère que
du commencement du siècle dernier, et celle des Bastions,
dont l'établissement remonte à l'année 1730 C'est donc une
étude éminemment genevoise que nous entreprenons aujour-
d'hui ; elle l'est aussi par les souvenirs que ce lieu nous rappelle
à tous Nos mères nous y ont promenés enfants : qui sait si
Jean-Jacques Rousseau, mollement bercé dans les bras mater-
nels le long des allées de la Treille (1), ne puisa pas dans la
contemplation de ces dômes verdoyants le germe de cette
passion pour la belle nature qui fut la source de ses joies les
plus vives ? Adultes, nous y avons, en compagnie d'amis, plus
ou moins savamment devisé de choses et d'autres ; vieillards,
nous venons encore y réchauffer nos membres engourdis par
l'âge, et suivre d'un œil attendri les joyeux ébats de l'enfance
insouciante et heureuse.

En considérant cette belle promenade, on peut se demander

(1) *Confessions*, liv. I.

quelle est la raison qui a présidé à une création dont l'aspect
a quelque chose de monumental, dans une ville où l'État n'avait
pas un trésor qui lui permît de viser au luxe, où le goût des
dépenses improductives ne pouvait exister, où le genre de vie,
en un mot, de la communauté genevoise était aussi simple que
possible. Pourquoi donc, à fur et mesure des besoins de la
population, et pour remplacer les faubourgs extérieurs qu'on
avait été forcé de détruire, n'avoir pas utilisé cette portion
de la ville par l'établissement de quartiers et de rues grim-
pantes, comme la Cité, la Tour-de-Boël, la Pélisserie, le
Perron, les rues Verdaine et de la Fontaine ? Pour chercher
à répondre à cette question, il nous faut interroger les textes.

Lorsqu'en 1535, Genève devint maîtresse de ses destinées,
il fallut songer au plus pressé, c'est-à-dire à la défense de la
ville car l'ennemi ne voulait pas lâcher si facilement sa proie
et il dressait en secret maintes embûches.

Aussi dès 1536 le Conseil s'occupe sans relâche de l'organisation de la défense « Le danger de guerre nous menace, et
nous pourrions être facilement surpris, lit-on dans le *Registre*
du 13 Janvier (1). » Le seigneur de Verey (2) demande qu'on
convoque le Conseil des Deux-Cents pour qu'il prenne une
série de mesures défensives, entre autres : qu'on ferme les
portes de la Corraterie et de Saint-Antoine (on avait déjà
fermé celle de St-Léger), qu'il n'y ait qu'une seule entrée
dans la ville par la porte Baudet, que les maisons proches des
murailles du côté de la Corraterie soient abattues, principalement la maison de Pesmes près de la porte Neuve, et que les

(1) Magnum imminet belli periculum propter minas et acrem agressum,
quod si contingeret, facille possemus offendi, *Registre du Conseil*. Toutes
les notes qui suivent, à part deux, sont puisées à cette source.

(2) Officier français, qui nous avait amené des secours de la part du roi
de France.

fenêtres donnant sur les murailles soient bouchées, par crainte
du « scandale » (1). Le Deux-Cents décida que les citoyens,
nommés pour la garde de nuit, s'assembleraient en armes sur
les places du Molard et de St-Gervais dès cinq heures du soir,
et pour les autres propositions de de Verey, il nomma une
Commission qui ne paraît pas pour le moment les avoir
adoptées. On se contenta de décider que les clefs des portes
demeureraient entre les mains des syndics pour empêcher le
passage sans permission (2). Le 6 Juin, on ferme les portes
Baudet et de la Tertasse « sauf le guichet », on place un garde
à la tour de Saint-Pierre, on fait un rôle de ceux qui surveil-
leront les factionnaires placés devant les chaines et on pose
deux hommes à celles des portes qui demeurent ouvertes (3).
Le 15 Février 1538, sur le rapport qu'un personnage malin-
tentionné, M. de Montchenu (4), « a demandé à aulcungs
pescheurs si l'on faisoit bon guedt sur le lach et que d'aultres
disent que nous soyons minassés, que bien toust nous aurons.

(1) Quod janue Corraterie et sancti Antonii claudantur et sit tantum
modo transitus et exitus a civitate et in civitatem per portam Baudet. Item
quod il'e domus prope menia a parte Corraterie debeant dirrui ad causam
periculi nobis earum causa imminentis, presertim domus de Pesmes prope
portam. Item quod omnes fenestre super menia civitatis facte debeant
obturari, neper eas oriatur scandallum.

(2) Ut omnibus non sit ad suum libitum inordinatus exitus, statutum
fuit claves portarum civitatis debere manere in manibus d. sindicorum,
donec aliter advisum fuerit desuper.

(3) Quod fiant excubie, ponatur custos in turri. S. Petri, claudantur
porta Tartasse omni mo et porta Baudet, salvo guicheto, et pro cathena fiat
rotulus de debentibus visitare excubias, et in appertis portis ponantur duo
homines, etc.

(4) Ce gentilhomme avait été chargé par le roi de France, qui ambitionnait
la conquête de Genève, de venir s'assurer des moyens de défense de cette
ville.

quelque mauvais assault », on arrête de faire bon guet, que, dès que la cloche du soir sonnera, on devra fermer les grandes portes de la ville, tendre les chaînes, etc. ; on changera aussi les verrous et clefs des portes. Le 1ᵉʳ Mars, ces résolutions sont encore plus accentuées (1).

Mais une bonne garde des portes n'était pas encore une mesure suffisante : il fallait revoir tout le système des murailles qui laissait beaucoup à désirer. Il y eut en ce sens une grande activité tout autour de la ville dans la période de 1540 à 1550. L'argent manquait : on battait le rappel partout. Le 19 Mars 1540, il est décidé que l'argent des lods, des bourgeoisies, des transactions et accords, des abergements, des ventes, sera employé « pour furnyr esdittes murallies et az esté donnez charge de cella recovré az le Sʳ Pernet de Fosses, maystre des murallies. » On arrête, le 5 Juillet, de contraindre dans ce but tous les débiteurs de la Seigneurie à payer ce qu'ils doivent. Malgré les travaux incessants qui se firent de 1541 à 1546, des fissures et des pertuis se faisaient constamment, comme le constataient les seigneurs préposés à la visite des murailles. Le 29 Mars 1547, ils rapportent que la portion des

---

(3) Pour ce que nous avons aoys et entendus quelques nouvelles que soyons minassés par noz anciens ennemys de prendre nostre ville et nous faire un maulvais tort, avons proposé l'ordre de serrer et de ovrir les portes de nostre ville et par bonne considération nous fûmes résolus que les portes de nostre ville docgent estre serrées le soyer ainsi que la clouche de la Retraicte sonnera, c'est ascavoir celle clouche que l'on sonne [au] soleil couchant, et qu'elles demeurent serrées toute la nuyct et jusques à six heures du matin, réservé que la porte Sainct Antoenne et la porte de la Corraterie porront estre overtes plus tard par ce moyeng que censuyt, ascavoir que deux fealles hommes de la porte Sainct Antoenne demeureront en icelle à la garder dès l'heure qu'il est temps serrer les aultres jusques l'heure soit venue de ovrir les aultres.

murailles de la porte Tertasse jusqu'à la vieille maison des prisons (la Monnaie) tombe en ruines. Commandement est fait à tous les propriétaires que « ayent à racoustrer et retenyr les dictes murallies ung chascun à l'endroict de sa mayson et ce dans ung moys prochain ». Le 23 Mai, comme il est dit qu'il n'y a point d'argent pour la fortification des murailles, on décide de vendre les terrains des cures et autres appartenant à la Seigneurie, et de se faire de l'argent par tous les moyens possibles « pour furnir à l'eouvre. » On fixait une amende de soixante sols pour quiconque se permettait de voler des matériaux dans les terrains vagues et aux murailles (1). Et quand l'ouvrage était mal fait, on obligeait les maçons à le refaire, en partie à leurs dépens (2).

De tout ce qui précède, il ressort que cette position de la Treille, faisant suite aux Bastions qui la bordaient au midi, et permettant de planer sur les alentours, entrait forcément dans le système de défense. De bonne heure on y plaça quelques pièces d'artillerie (3) et l'on veillait à ce que rien n'em-

(1) Plusieurs particuliers retirent les pierres des chosaulx. Surquoy az esté advisé que personne n'aye az retiré pierres, quartiers, tyolles (tuiles), boes, ny aultres choses tant des chosaulx que de laz ville sus poienne de LX sols (24 Février 1541).

(2) Sur ce que plussieurs murallez de la ville tant au bellouard de Louez (l'Oie) est tombée à la défaulte des massons et aultrement. Sur quoy ordonné que les dictz massons doibgent reffaire lad. muraillie et q:e la moytié soyt à leurs despens (4 Mai 1545).

(3) Le 26 Juillet 1555, le Conseil, dans une série de mesures pour la défense de la ville, arrête que le Seigneur De l'Arche, capitaine du boulevard de l'Oie aura aussi « la charge de la plateforme dernier la maison de la ville, pour laquelle y aura trois petites pièces sus roues, deux de fonte, et une de fer, et une sus chevalet, de fonte, deux arquebus [es] à croq, l'une de fonte et l'autre de fert. »

péchât les regards de s'étendre au loin (1). Plus tard, au dix-
septième siècle, alors que la République avait un peu plus de
sécurité et redoutait moins les alertes, on songea à joindre
l'agréable à l'utile et à faire de cette esplanade un lieu de
promenade commode et plaisant à la vue. Les Magistrats,
auxquels incombait l'administration du lourd ménage de la
République, ne devaient pas être fâchés d'avoir à leur portée
un espace aéré et ensoleillé pour se secouer pendant quelques
instants du tracas des affaires. En outre, ces Conseillers, qui
étaient traités par leurs concitoyens de « magnifiques Seigneurs » et auxquels les Autorités du dehors prodiguaient les
noms de « très-puissants, très-redoutés Seigneurs » pouvaient
éprouver le besoin d'agrémenter de quelque manière le siège
et les abords de leur puissance.

Ainsi, nous lisons dans le *Registre* de 1584, le 23 Septembre : « Sur ce qu'a esté proposé qu'il serait beau de faire
des balustres aux degrés de céans (la Maison de Ville), comme
il y en a en d'autres palais, a esté arresté qu'on le face et
qu'on les baille en tasche à raison de deux florins la pièce, de
façon. » Le 15 Août 1612, M. le Syndic Savyon rapporte « que
la dernière pluye qu'il a fait a percé jusques dans la chambre
où sont les titres et papiers de la Seigneurie qui sont au ma-
nyement d'Egrège Marin Gallatin, commissaire général (2),
lesquels papiers ont esté en quelque façon gastez et tellement
mouillez qu'il faut tenir des personnes à grands frais pour les
essorer, et remuer tous l'un après l'autre en une autre chambre.

(1) Le 24 Mars 1612, le syndic Rosel remontre que « la Tour de la
Treille (la Tour de l'Hôtel-de-Ville) empesche la veue et descouverte de
Plainpalais et en temps de guerre pourroit apporter beaucoup de nuisance. »
et demande de faire le toit de la Tour plat et de tuiles coupées. Il est décidé
que la Chambre des Comptes y pourvoira aux moindres frais possibles.

(2) Nom qu'on donnait alors à l'archiviste.

Que pour remédier à cela, il ne suffit pas de raccoustrer le plancher de dessus, mais que le mal vient du toict de celle Maison de Ville qui est trop plat et tout pourry, et partant qu'il est nécessaire de le refaire plus en pante, et mesmes pour l'ornement de la rue et de ceste maison publique qu'il est requis de faire tout le toict de la hauteur, avance et façon de celui de Mr Michely, et griser la muraille, et la peindre à façon de pierres de taille pour faire un front semblable à celuy de la maison voysine qui est celle du dit Sr Michely. Le dit advis a esté trouvé bon et arresté qu'on l'exécute au plus tost ».

Nos ancêtres « ces Rois dont on a dit tant de mal » sous le rapport des jouissances que procure un beau paysage, y étaient-ils d'ailleurs si inaccessibles que nous devions leur dénier tout sentiment de la belle nature ? En cherchant bien, on trouverait dans les auteurs plusieurs paysages qui prouvent qu'ils avaient eux aussi leurs jouissances esthétiques. J'en cite quelques-uns. David Piaget, dans sa relation de l'Escalade, parle de la vue des maisons de la Cité « sur le pays que le Rhône et l'Arve embellissent ». Jacques Goulart, dans une description faite en 1623 du lac Léman et des contrées avoisinantes, s'écrie en parlant des rochers qui surplombent la contrée de Montreux et qui ressemblent à des dents ou à des glaives effilés « qu'on ne peut les décrire qu'avec un style plus subtil et plus saisissant encore, ou qu'il faut se taire. » A Genève même, le Magistrat se préoccupait de contribuer autant que faire se pouvait à l'ornementation de la Ville. En 1558, il ordonna de faire planter des arbres comme sauges, noyers et autres autour des murailles et boulevards, et « généralement que chacun s'ayde de sa part pour la décoration, profit et honneur de la ville. » Les places vides, tant au dedans qu'au dehors « devaient estre embellies au profit du public pour l'advenir » (1572).

Il est vrai qu'on pensait avant tout au côté pratique de l'existence ; on ne voulait pas que la recherche de la vue et des mille agréments de la nature pût nuire à cette dernière considération, mais on était bien aise que l'utile fût en même temps agréable. Ces arbres dont on couvrait les alentours et les chemins de la ville et dont on bordait les rivières, étaient commodes aussi « pour s'en servir en nécessité et avoir du bois pour faire gabions (1561). » Et quand il s'agissait de mesures stratégiques à prendre, la Seigneurie ne plaisantait pas. En 1562, la grande multitude des arbres empêchant de rien découvrir força le Conseil à ordonner à « Messieurs des forteresses» de retrancher tout ce qui serait nuisible. Gros émoi parmi les propriétaires petits et grands dont plusieurs étaient des conseillers, et les requêtes de pleuvoir de tous côtés. « Qu'on exécute les arrêts précédents, dit le Conseil, et que tout soit esgal. » Il fallut même « mettre des billets par les portes », c'est-à-dire des affiches, et faire des criées sur les places.

Les maisons de campagne étaient situées dans des bas-fonds et non loin de la ville, sans doute pour avoir plus chaud, sans que le trop grand air ou une exposition trop exposée au soleil vinssent porter préjudice à l'immeuble, ou pour être plus à portée de tout, et mieux se garer des malintentionnés Car on ne pouvait guère songer à s'écarter d'un centre de quelque importance, vu la difficulté des transports et les routes mauvaises, souvent peu sûres. Et notamment tout ce qui tenait de la montagne était très redouté, en raison de l'isolement et des précipices. Goulart, que je citais tout à l'heure, dit encore « qu'à une lieue de Genève est un mont (le Salève), dont quelques personnes font l'ascension non sans frémir, au moyen de degrés taillés dans le roc par un art plus qu'humain, roides et presque innombrables. Il en est qui, arrivés à la dernière marche, sont tellement saisis par la vue de l'horrible précipice qu'ils s'en retournent aussitôt. » Au reste les jardins, alors très nombreux dans toutes les rues, les petites places de l'intérieur et des bastions qui ceignaient la ville de toutes parts, pouvaient jusqu'à un certain point dispenser les habitants de longues promenades, de même que les bancs que chacun avait devant sa boutique, où le soir pères et mères s'asseyaient, tandis que les enfants prenaient leurs ébats tout autour d'eux. A ce moment de la journée surtout, les mères de famille devaient se sentir un peu lasses, avec un nombreux personnel d'enfants (elles s'en tenaient en moyenne dix à douze), des soins de ménage souvent fort rudes et à peine une servante pour les aider. Ces circonstances défavorables et des horizons aussi rétrécis ne contribuaient guère, on le comprend, à l'essor artistique.

Ainsi, défense et embellissement, tels furent les deux motifs qui poussèrent à l'aménagement de la promenade de la Treille. Avant d'aborder les transformations successives par lesquelles elle passa, qu'on me permette encore une réflexion.

Nos ancêtres ne commirent-ils pas une imprudence par la création de ces promenades si rapprochées de l'Hôtel de Ville, dont la situation dans le cas d'une attaque imprévue du côté du midi se trouvait bien compromise? La porte Neuve n'était défendue que par un ou deux canons, et on arrivait presque immédiatement à la petite porte Baudet, la nuit tour à tour ouverte ou fermée, selon l'impression du moment (1). Si, dans la célèbre nuit de 1602, le brave Isaac Mercier, dont nos Ediles ont jusqu'ici négligé de perpétuer le souvenir par

_____

(1) En 1561, on arrête de la tenir ouverte la nuit « pour la commodité des ouvriers » ; en 1562, de la fermer, parce que les allées et venues « faschent le guet » ; en 1553, de la rouvrir « pour pouvoir accourir à la muraille, si l'on avoit quelque surprise ou escalade. »

une rue ou une place *Isaac Mercier*, n'avait eu la présence
d'esprit d'abattre la coulisse de la porte Neuve, les troupes de
Savoie, pénétrant par ce passage, sans s'arrêter aux trois
pièces d'artillerie de la Treille, n'auraient eu qu'à enfoncer
la porte Baudet, qui du reste cette nuit-là était ouverte, ou
les fenêtres de la Tour de l'Hôtel de Ville, pour être maîtres
du siège des Autorités et du sommet de la colline. Le succès
de cette tentative eût été moins assuré, s'il avait fallu traverser des quartiers populeux et des rues fermées par des
chaînes. Il est vrai, d'autre part, que la vue qui s'ouvrait de
la Treille, alors qu'elle n'était pas restreinte, comme aujour-
d'hui, par le rideau des arbres des Bastions et des bâtisses de
devant, de droite et de gauche, permettait d'avoir l'œil sur
les agissements d'un ennemi séculaire. Mais si, des hauteurs
de la Tour-de-Boël, de la Pélisserie ou du Perron, les regards
n'auraient pu s'étendre, à supposer qu'on n'eût pas créé de
quartiers sur les pentes et à St-Gervais, que sur le pays de
Gex d'où venait rarement une attaque ; — si, de celles
de l'Evêché et de St-Antoine, on aurait principalement
embrassé le panorama du lac et du coteau de Cologny, qui ne
donnaient pas non plus de grands sujets d'inquiétude, un autre
emplacement cependant l'emportait, comme position dominante, sur celui de la Treille. C'étaient les crêts de la Tertasse et des environs immédiats, dont la situation était encore
plus centrale par rapport à l'amphithéâtre de montagnes qui
se dresse au midi de Genève, et qui avaient l'avantage d'être
plus éloignés de l'Hôtel de Ville.

Comme on le pense bien, l'idée de la promenade de la Treille
n'a pas jailli tout d'un coup de la cervelle d'un Conseiller
d'Etat ou d'un Syndic ; il n'y a qu'à jeter un coup d'œil sur
les gravures de l'Escalade, pour constater par la portion de la
Treille qu'on y aperçoit, que le promenoir en 1602 devait être

bien modeste. C'est à fur et mesure que le trésor le permettait qu'on augmentait la promenade par des achats, et par des remblais.

La première mention qu'on en trouve est du 20 Juin 1516. Une pièce de terre, appartenant à Rodolphe de Novelles, et située aux *crêts de la porte Baudet*, fut achetée à cette date par la communauté genevoise pour vingt florins, plus dix florins pour racheter ce qu'on appelait le domaine direct du syndic Hugonin de Bourdigny, du fief duquel mouvait cette terre. Elle était sans doute située devant la Tour de l'Hôtel de Ville dont la construction était relativement récente (en 1489 on commande des bois de charpenterie pour la tour *nouvellement élevée*), et dont on désirait dégager ainsi les abords. Ce fut là aussi, très probablement sur cette petite place, quoique le texte dise à la porte Baudet, qu'on tira le canon, le 2 Décembre 1523, afin de célébrer l'heureux accouchement de la duchesse de Savoie, Béatrix de Portugal, qui séjournait depuis quatre mois dans notre ville. L'endroit regardait le logis du Duc, et il faut croire que les couches de cette princesse avaient été faciles, pour qu'elle pût supporter de bon cœur une pétarade si voisine. Cet emplacement portait le nom, durant le seizième siècle, de « *plateforme dernier la Maison de Ville* » et ce n'est guère que depuis le commencement du dix-septième siècle qu'il prit le nom de *Treille*, apparemment à cause des espaliers et treillis qui couvraient les petites murailles des jardins particuliers, derrière la rue actuelle de l'Hôtel-de-Ville.

Tel fut le premier commencement de la promenade de la Treille. Dès lors le Conseil se préoccupa de l'agrandir à droite et à gauche, et en même temps de l'élargir par des remblais et de la consolider par des murailles. On faisait aussi des plantations sur les pentes des crêts, afin de les garantir des dégâts causés par les pluies qui y creusaient des ravins. En même temps le public avait pris l'habitude d'amener en ce lieu les terres et immondices de la ville, mais il était à craindre qu'elles ne finissent par écraser les murs qui retenaient les terres.

En 1546 (24 Mai), la plateforme tombant en ruyne « par l'inundation des eaulx, que seroit un grand domaige » on charge le trésorier et le contrôleur de la visiter, et, le 17 Juillet, le conseiller Antoine Chicand et le sautier Aimé Des Arts sont chargés de cette réparation. En 1547 (5 Avril), on ordonne de la hausser. Le 12 Mars 1556, on se plaint que la plateforme de la porte Baudet « ruine », et comme cela coûte trop de refaire toujours une muraille de bois, il est résolu de la faire en pierre.

En 1586, les Conseillers d'Etat, ayant été visiter tout l'emplacement de la Treille, observent que les terres chargent toujours plus la muraille qui finirait par tomber dans le fossé, et ils décident de la faire hausser et « qu'on y fasse un front de gazon » comme du reste on avait commencé de le faire pour une petite partie, le tout « afin de soustenir les terres qu'on pourra encore jeter pour quelque temps de ce costé-là et donner forme à la plateforme. » Le Conseil ordonna en même temps qu'on fît disparaître dans l'espace de huit jours tous les fumiers qu'on entretenait le long de la muraille, avec défense d'en remettre, « à peine de soixante sols et perdition du fumier. »

Le 3 Mai 1617, Daniel Roset ayant demandé par requête que la Seigneurie fît, aux dépens de l'Etat, hausser la muraille située au-dessous de la Treille, soit pour se garer « des ordures et décombremens des bâtimens publics et particuliers » qui tombaient chez lui, soit parce que cette muraille ainsi exhaussée pourrait mieux soutenir la plateforme de la Treille, le Conseil « considérant qu'il serait bon pour la forteresse de la ville d'agrandir par cy après la ditte plateforme et l'avancer jusques dans le dit jardin » décide de faire l'acquisition du jardin Roset.

En 1621, nouveaux remblais, et nouvelle gazonnade (talus de gazon) sur l'emplacement du domaine Roset. Vers la fin de ce même siècle (1698), sur la proposition de la Chambre des Comptes, on prolongea la muraille du côté du Bourg-de-Four, en prenant toutes les précautions pour qu'elle s'affermît suffisamment avant de la trop charger de terre. Ce fut dès ce moment jusqu'en 1713 que les travaux les plus considérables eurent lieu pour donner à la Treille l'aspect qu'elle a eu dès lors. Nous trouvons en effet inscrites au long de la muraille qui la soutient actuellement, les dates de 1698, 1704, 1705, 1711, 1713.

En 1702, le Conseil se transporta sur la Treille pour examiner comment on pourrait encore continuer la muraille, de façon à bien soutenir les terres, et aussi comment on pourrait pratiquer un chemin convenable pour descendre du côté du Bourg-de-Four. La Chambre des Comptes fut priée d'étudier l'affaire et d'en faire rapport, mais il ne fut rien décidé pour le moment.

L'année suivante, dans la nuit du 16 au 17 Janvier 1703, une partie de la vieille muraille s'éboula du côté du Bourg-de-Four. Un mois après, le mal augmentant tous les jours, on adjoignit un ancien syndic aux membres de la Chambre des Comptes, des experts furent entendus, on dressa des projets de l'ouvrage et du remuage des terres, on fit rapport, et enfin dix-huit mois après on était en plein travail. Restait la question de la descente à établir du côté du Bourg-de-Four. Le 5 Août 1704, le Syndic Le Fort rapporte « que l'ouvrage de la Treille auquel on travaille incessamment demande que le

Conseil qui s'est transporté sur le lieu, se détermine sur la manière de faire la descente du côté de M. Favre, en y pratiquant des marches de pierre, ou une descente insensible en la commençant dès le milieu ou même plus haut du jardin des Turrettini, ce qui serait facile en la pratiquant le long des murailles de ces jardins. Dont opiné il a été dit qu'on y fasse une descente, la plus aisée qu'il se pourra, et à ces fins qu'on la commence autant haut qu'il sera nécessaire pour la rendre insensible et facile. » La question demeura en suspens encore deux ans. Enfin le Sieur Chatelard ayant présenté trois dessins, l'un avec des degrés dans le bas, un autre qui proposait un chemin le long des murailles des jardins, et un troisième qui indiquait la descente insensible, le Conseil adopta ce dernier projet (17 Mars 1706).

Cinq ans après, en 1711, commencèrent des travaux du côté de Neuve : les mêmes questions relatives aux murailles et au soutien des terres se présentèrent, et ce ne fut qu'en 1713 que tout fut terminé. On avait proposé d'ajouter des contreforts, mais la chose parut inutile. Une proposition de diminuer la Treille pour adoucir la pente, en commençant la descente dès l'alignement de la maison actuelle Rigaud, fut aussi étudiée sur place par le Conseil qui la rejeta.

La canalisation étant très défectueuse, il fallut à plusieurs reprises, dans les XVIe et XVIIe siècles, procéder à des travaux pour empêcher le croupissement des eaux. Encore en 1701 (14 Novembre), l'ancien syndic J. Pictet rapportait que « les eaux qui croupissent au-dessous de la Treille peuvent endommager la courtine, et attirer peut-être et la Treille et la Maison de Ville. » Ce ne fut qu'en 1711 que cet état de choses prit fin définitivement.

La Treille, presque dès l'origine, en temps que petite place, eut comme les autres ses plantations. Le sautier et le secré-

taire Roset furent chargés en 1558 de faire des plantations
tout autour de la ville et en particulier vers la porte Baudet.
Les arbres mentionnés sont des sauges, noyers et mûriers,
qu'on plantait selon les lieux où chaque espèce pouvait le mieux
croître. Il serait donc possible que la Treille reçut alors des
mûriers (1). Il fallait entretenir tous ces arbres et les préserver
de ruine, comme on disait alors : aussi étaient-ils sous la
garde d'un grand forestier, chargé de rectifier les alignements
et de remplacer les vieux arbres. Il y avait fort à faire aussi
pour empêcher les particuliers de faire pâturer auprès leurs
bêtes, chevaux, moutons, etc., et le Conseil devait à plusieurs
reprises prononcer des amendes. Il paraît cependant que ces
plantations réussirent bien, car en 1632, le 17 Janvier, on
représente « que les arbres qui sont sur la Treille sont si haut
qu'ils empeschent la veüe du Plainpalais. Arresté qu'on mande
au Sieur contrerolleur d'en faire étester la cime au croissant
de la lune. »

En 1704 (5 Août), on décida de faire un nouveau plantage
d'arbres, d'une hauteur moyenne, toujours afin de ne pas ôter
la vue de la Maison de Ville. Le 6 Novembre 1706, le premier
syndic annonça que cette plantation était terminée. C'étaient
des tilleuls qui malheureusement ne prospérèrent pas ; un bon
nombre était desséché en 1718. Quelqu'un proposa de planter
des marronniers, et de condamner tous les tilleuls, mais
cette dépense et cette innovation firent peur et l'on se contenta de remplacer les arbres morts. Deux ans après, la condition des tilleuls n'avait fait qu'empirer à cause des vents ;
la plupart, est-il dit dans le *Registre,* sont endommagés par

_____

(1) H. Mallet dans son ouvrage, *Genève ancienne et moderne,* 1807,
dit qu'en 1639 il fut ordonné de vendre les mûriers de la Treille. Nous
n'avons pas trouvé cette indication dans le *Registre du Conseil.*

des vers que la pluye et le soleil y engendrent. On opina quelle espèce d'arbres on devait y substituer et l'avis l'emporta sur les marronniers d'Inde (9 Décembre 1720). Quand on dut décider si l'on ferait deux ou trois lignes, les sentiments étant partagés, on se transporta sur la Treille, et finalement les deux lignes furent adoptées (17 Mars 1721). Mais un incident retarda l'établissement projeté. Dans la séance du 4 Avril, l'ancien syndic Du Pan, un des seigneurs commis pour le plantage des marronniers, exposa : « que la Commission ayant convenu avec M⁰ Daniel Bernier, habitant, jardinier, pour luy fournir les dits arbres d'une telle hauteur et grosseur dont on luy avait donné une mesure en bois, il est arrivé que ceux qu'il a achetés à Lyon en exécution de son marché et qu'il a donnés, sont plus du tiers moindres et plus petits, en sorte qu'ils ont cru qu'il n'est pas à propos de les planter et qu'il est mieux de renvoyer ce plantage à l'automne prochain. Que le dit Bernier s'excuse sur la difficulté de voiturer des arbres plus gros sans endommager les branches, et prétend qu'il est plus seur qu'ils reprendront. Et comme on luy a donné cinquante écus d'avance sur la convention faite avec luy, laquelle Led. Nob. Du Pan a aussi rapportée, on a proposé dans la Commission de prendre les dits arbres pour les conserver en pépinière. Sur quoy, ouïs les autres Nob. Seigneurs commis, et opiné, l'avis a été de laisser les dits arbres au dit Bernier pour son compte et de renvoyer le plantage à l'automne. » Au mois de Novembre, en effet, on procéda enfin à la plantation, et on décida de nouveau de s'en tenir à deux lignes d'arbres, quoiqu'on eût fait encore une proposition de trois lignes. Nos marronniers sont donc à l'heure qu'il est dans leur cent soixante-sixième année.

Quelques années après (1726 et 1727), on aménagea la courtine des Bastions sous la Treille et on confia l'entretien de ces deux promenades à un seul jardinier « et ce pour éviter journées et parcelles. » Un traité fut conclu avec un jardinier, Pierre Soulage. En voici les principaux points : Soulage se charge d'entretenir les promenades de dessous la Treille dès le bastion et la courtine de St - Léger jusqu'à celui de l'Oie, et celle de la Treille avec les pentes de St-Léger et de la porte Neuve . Il ratissera et entretiendra toutes les allées propres et d'une manière convenable ; il fossoiera, mondera, liera et arrosera les jeunes arbres lorsqu'il sera nécessaire et quand il lui sera ordonné ; il nettoiera et ébranchera les grands arbres ; il tondra et coupera avec les ciseaux les charmilles au moins deux fois par année, il les fossoiera, etc., les tiendra liées aux liteaux afin qu'elles ne s'écartent point et forment toujours une ligne droite, et selon le contour des allées ; il replantera les charmes, arbres, arbustes, qui pourraient manquer, lesquels on lui fournira ainsi que les piquets, échalas et osiers nécessaires ; il fauchera et tondra les boulingrins dans les allées et sur les pentes, aussi souvent qu'il sera nécessaire, et du moins une fois le mois, dès Avril à Octobre ; il ôtera la mauvaise herbe, entretiendra l'herbe la plus fine, etc. ; il arrosera les marronniers, leur mettra des perches pour les soutenir et les tenir droits en les liant, et de même mondera, fossoiera, replantera, etc. ; il garantira autant qu'il le pourra les marronniers d'estre endommagés par les hannetons, il les fera secouer et nettoyer lorsqu'ils en seront attaqués. Le tout convenu pour la somme de cent écus blancs par chaque année, et un louis d'or d'étrennes (1).

D'autres questions de moindre importance occupèrent encore relativement à la Treille les membres du Conseil d'Etat. En

(1) 17 Décembre 1727.

1664 le Consistoire priait le Conseil d'y empêcher les promenades de nuit, et le syndic de la Garde était chargé d'y pourvoir au moyen des soldats qui étaient en faction à l'Hôtel de Ville ; en 1705 ces promenades furent tolérées « quant à présent » pendant l'été jusqu'à neuf heures et demie seulement, et le syndic de la Garde devait également y tenir la main. Les propriétaires des jardins donnant sur la Treille ne se gênaient pas d'y faire parfois de petits dépôts très nauséabonds, ce qui donnait à faire à la Chambre de la Netteté ; ils avaient peine aussi à aligner leurs murailles, et il fallait y revenir à plusieurs fois pour forcer les récalcitrants à s'exécuter. Les barrières de bois se pourrissaient souvent ou étaient renversées par le vent, on les refaisait, quoique quelques esprits entreprenants proposassent de les rétablir en fer, mais ce ne fut qu'en 1751 qu'on se décida à cette dépense pour la partie qui descendait vers la porte Neuve, après qu'on eût fait des devis et des plans pour connaître la différence des prix.

En 1707, après deux délibérations, on imagina de faire le long banc qui existe encore au midi, en se servant de la barrière comme dossier, ce qui diminuait de beaucoup la dépense. Et comme derrière ce banc se trouvait immédiatement une pente très rapide, qui causa plusieurs accidents, Mr Pictet Diodati, en 1800, fit don d'une somme destinée à élever une haie tout le long du talus.

La Treille n'est plus guère aujourd'hui qu'un lieu de passage. Les promeneurs enragés qui l'arpentent en toute saison d'un bout à l'autre s'y font de plus en plus rares. D'autres promenades plus spacieuses et moins chaudes lui font concurrence. Grâce à la facilité des transports, le goût des excursions lointaines s'est répandu dans la population, et les pentes du *terrible* Salève se couvrent les jeudis et les dimanches de nombreux ascensionnistes. Les parades quotidiennes qui s'y faisaient jadis et qui attiraient à l'heure de midi un grand concours de personnes ont été supprimées. Néanmoins il est à souhaiter qu'au milieu des changements incessants de notre siècle, la Treille conserve longtemps son caractère de majestueuse solitude, à quelques pas d'une ville qui se fait toujours plus grande et plus affairée.

Louis DUFOUR.

ESQUISSES ET SOUVENIRS[1]

DEUX CONDAMNÉS

De toutes les vues de Genève et des environs, une des plus belles était assurément autrefois celle dont on jouissait de l'extrémité septentrionale de la promenade Saint-Antoine. Les étrangers s'arrêtaient là souvent comme retenus par une invisible étreinte, il aurait été difficile d'admirer le lac sous un aspect plus favorable et plus riant.

En notre qualité d'élèves du Collège, qui était à deux pas de Saint-Antoine, cette promenade semblait nous appartenir en quelque sorte par droit de voisinage; nous la visitions souvent durant les *quarts d'heure*, c'est-à-dire, dans les instants de récréation. A peu près à l'autre extrémité de la promenade se trouvait le pensionnat dirigé par l'auteur des *Nouvelles genevoises*; Rodolphe Töpffer passait quelquefois près de nous, je le vois encore avec ses lunettes de couleur [2].

(1) Ce travail a été lu le 13 mai 1887, dans la séance publique annuelle de l'Institut national genevois, tenue en la grande salle de l'Université de Genève. Les Franchises de Genève avaient été promulguées le 23 mai 1387, juste cinq siècles auparavant.

(2) Un Genevois intelligent, qui devait jouer un grand rôle, disait de Töpffer, lorsque celui-ci n'était pas encore célèbre : « M. Töpffer est un homme de « mérite qui tout à rebours des myopes, voit très bien de loin, et médiocre-« ment de près. » (*Revue de Genève*, 1840, page 94.)

Les fortifications de la ville ayant été détruites dès lors, Genève prit un développement considérable. De nombreuses constructions s'élevèrent, en particulier dans le quartier de Rive, elles masquèrent plus ou moins la vue qui perdit une partie notable de sa beauté.

Malgré tout, je gardais le vivant souvenir du Saint-Antoine d'autrefois, il n'était plus absolument le même et pourtant je l'aimais bien encore ainsi ; il me rappelait ma jeunesse, ces années d'étude auxquelles on se reporte si volontiers, ce printemps de la vie, qui nous sourit toujours de loin. J'éprouvais un vrai plaisir à son aspect; quant à la vue admirable, telle qu'elle existait encore, il y a une quarantaine d'années, à cette vue que l'on ne pouvait assez contempler, que les paroles ne peuvent faire revivre, la génération actuelle ne l'a point connue.

———

Chose étrange ! ce qui avait surtout fait ressortir ce paysage, ce qui l'avait mis le plus en relief, c'était une prison pénitentiaire qui s'élevait alors au milieu des fortifications de Genève, et dont les constructions modernes ont amené la démolition. Les arbres qui l'entouraient se projetaient sur l'azur du lac; dans les jours de la belle saison, en particulier lorsque le vent du nord éveillait et remuait les vagues, lorsqu'il animait cette sereine nature, on se sentait sous le coup d'une insaisissable émotion, ce paysage parlait profondément à l'âme, même de l'homme le plus sec et le plus indifférent.

Peu de gens toutefois, en voyant cette prison, ces arbres, ce lac, ce paysage enchanteur, songeaient aux souffrances cruelles qu'abritait la triste demeure, et qui, pour n'être pas des souffrances physiques, n'en étaient pas moins souvent de véritables tortures.

Celui qui visite les prisons, celui qui tient à les connaître de près doit s'attendre à plus d'un déboire; parfois aussi, plus rarement, il est vrai, il trouvera, au milieu des détenus, une satisfaction réelle et des jouissances inattendues.

Ces malheureux, ces êtres coupables chassés de la société, enfermés pour des années, comme des bêtes fauves, c'est l'*humanité pécheresse*, — elle se rencontre encore ailleurs, — mais déchue et abâtardie, c'est encore l'humanité (1). Ces prisonniers avaient éveillé en moi un véritable intérêt.

Nous étions quelques-uns animés des mêmes sentiments; la prison nous était ouverte. Quoique sous le coup d'impressions qui n'étaient pas toujours agréables, nous y allions souvent; aussi longtemps que d'autres devoirs me l'ont permis, j'ai continué ces visites. Je visitais surtout les condamnés que j'avais été appelé à connaître comme défenseur, ce titre me donnait sur eux quelque influence, j'étudiais, en secourant des malheureux, les bas-fonds de la société, j'ai pu ainsi, de loin en loin, entrevoir, dans ces cellules douloureuses, plus d'une face, généralement ignorée, de notre pauvre humanité (2).

Voilà comment la vue de Saint-Antoine faisait naître en moi deux courants d'idées bien différents. C'était un frappant

(1) « C'est pure déclamation de dire qu'il faut traiter le criminel « comme un malade. Mais ce n'est pas déclamation de dire qu'il doit encore « être traité comme un semblable, car rien ne doit rejeter définitivement un « être humain en dehors de la grande fraternité humaine. » M. d'Haussonville. (*Revue des Deux-Mondes.* 1er avril 1887, page 597).

(2) « Ne serait-ce point une marque particulière de notre condition pré- « sente, a dit un grand penseur, que cette susceptibilité d'émotion dans la « pratique même du bien ? »
Saint-Augustin, *Cité de Dieu*, Livre IX, chapitre 6.

contraste, et qui avait son éloquence ; d'un côté, une riante nature et tous ses charmes, sa sérénité, son calme et sa grandeur, la beauté du paysage, le lac, le ciel et les montagnes :
de l'autre, ces cachots décorés du nom de cellules, ces consciences tarées, ces murs glacés et sans entrailles, le bienfait
de la liberté perdue et toutes les misères sans nombre qui en
sont la conséquence inévitable. A quelques instants de distance, je vivais tour à tour dans deux mondes qui se ressemblaient si peu !

Aujourd'hui, après bien des années, — une génération entière a disparu dès lors, — vieillard, ma pensée se reporte
vers deux de ces infortunés, je les aperçois encore, je me sou-
viens d'eux.

C'était peu de temps après l'époque où, dans le canton de
Genève, fut rétablie l'institution du jury en matière criminelle;
après avoir, comme membre de la commission du Grand Conseil, pris une part très active à la confection de cette loi, j'étais
appelé, comme défenseur, à parler assez longtemps dans une
affaire compliquée qui attirait vivement l'attention publique.

Soit à raison de l'importance de l'affaire en elle-même, soit
à raison de la nouveauté des débats devant un jury de citoyens,
— les débats ne durèrent pas moins de quatre jours, — il régnait une espèce de surexcitation fiévreuse dans le sein du public genevois.

Il s'agissait de vols commis à l'aide de fausses clefs et d'ef-
fraction, dans la ville de Genève, avec une audace habile, et, si
j'ose m'exprimer ainsi, dans un style à peu près semblable,
ou, tout au moins, avec des procédés qui ne différaient guère
entre eux.

Deux hommes étaient assis sur le banc des accusés.

On était alors en pleine effervescence politique. Moins d'une année auparavant, la guerre civile avait éclaté dans Genève, on s'était battu à coups de fusils, précisément dans la promenade de Saint-Antoine et dans une ou deux rues ; quelques semaines auparavant, trois des magistrats les plus distingués du pays, MM. Rigaud, Cramer et Rieu, s'étaient retirés des affaires. — Un des accusés avait fait, disait-on, le coup de feu dans la rue des Chaudronniers. — Les débats donnèrent lieu à des incidents dramatiques que je mentionne à peine, en passant. — Deux ans et quelques mois plus tard, je devais revoir cette promenade de Saint-Antoine sous un autre aspect encore, dans un jour pluvieux d'automne, quand tombaient les feuilles, quand grondait un lugubre canon dans Genève.

L'un des accusés avait contre lui une réputation équivoque, et, avant tout, une clef saisie en son domicile, et qui ouvrait exactement la vieille serrure d'un grenier dans lequel avait été commis un vol de linge de quelque importance.

Son défenseur réfuta habilement, d'une façon des plus originales, l'argument que cette clef fournissait au ministère public. Il présenta à la Cour une collection très considérable de clefs de toute nature, grosses, petites, longues, courtes, neuves et vieilles, un trousseau énorme de clefs, une vraie curiosité, — et tous ces instruments, qui se ressemblaient peu en apparence, ouvraient avec une facilité égale la vieille serrure. Jamais clefs ne préoccupèrent à ce point un public entier. Plusieurs des jurés voulurent renouveler l'expérience, ils émerveillèrent l'auditoire, ils furent émerveillés eux-mêmes, et l'on put deviner, avec une certitude presque complète, que l'accusé serait déclaré non coupable, ce qui eut lieu en effet.

La position de mon client était plus grave ; c'était un homme d'un âge mûr, d'un courage fier et téméraire, d'un caractère bouillant au-delà de toute idée. Serrurier de profession, et ser-

rurier de talent, il avait deux qualités qui ne le recomman-
daient guères, au point de vue criminel. A une éducation des
plus misérables, à une absence complète de ces exemples d'hon-
nêteté et de vertu, qui parlent au cœur de l'homme et élèvent
sa propre dignité, à des défauts incontestables, en un mot, il
joignait certaines qualités assez rares, un sentiment d'honneur
véritable, lorsqu'on savait le prendre et avoir confiance en lui,
un esprit meilleur qu'on n'aurait pu le croire au premier abord,
et, ce qui est toujours une bonne marque, beaucoup de reconnaissance pour ceux qui, tout en le blâmant avec une franchise sévère, ne le repoussaient pas avec dédain et avaient
quelque pitié de son abaissement profond.

Quoique moins coupable qu'on ne le supposait, il l'était encore trop, il devait être condamné. Encore peu de jours, il
allait être bientôt enfermé dans la prison pénitentiaire, près
du beau lac. Je me proposais bien de lui donner signe de vie
et de ne pas l'abandonner.

On a remarqué avec raison que le système pénitentiaire, rude
pour tous les condamnés, l'est plus spécialement encore pour
les caractères vifs et les natures violentes. Ce fut pour lui une
peine terrible; comme il se sentait coupable, il l'accepta avec
une fière résignation et non sans dignité. On aurait dit qu'il
y avait encore en lui un reste d'honnête homme et qu'il tenait
à le prouver. On sentait, en lui parlant, que, malgré ses égare-
ments passés, il n'était pas démoralisé complètement, qu'il
faisait des efforts pour se relever et que les efforts de cet
homme bouillant n'avaient rien de cette hypocrisie sentimentale qu'on rencontre trop souvent dans les prisons. Il m'avait
promis spontanément qu'on n'aurait pas à se plaindre de lui
durant sa détention ; il tint parole. Lorsqu'il était question de

lui, il s'exprimait toujours à la troisième personne. « Mon avocat, mon avocat, me disait-il, quand Malou a promis, Malou
ne se dédit pas ; ce qu'il a promis, il le tiendra quand même
le ciel et la prison devraient tomber sur lui et l'écraser. »

Autant on s'était défié de lui en effet dans l'origine, autant
sa conduite, d'une loyauté peu fréquente chez les prisonniers,
parvint-elle à gagner l'estime du directeur et de l'administration supérieure ; l'épreuve avait été longue, elle lui avait été
favorable.

Toutefois, malgré sa bonne volonté et plus d'un essai sans
résultat satisfaisant, continuait-il à mal réussir dans les travaux manuels dont on le chargeait. « Mon avocat, mon avocat,
« me disait-il, Malou ne peut être qu'un serrurier. » — Un serrurier dans la prison, y pensez-vous? — « Mon avocat, mon
« avocat, ajoutait-il, j'en ai parlé au directeur, Malou a donné
« sa parole, il n'en abusera pas. Malou vous donne sa parole
« à vous-même ; sa parole à vous une fois donnée, il grêlerait
« des pierres sur la tête de Malou qu'il ne broncherait pas,
« vous le savez bien. »

Lorsque j'appris que l'administration supérieure avait décidé de lui faire construire une forge dans la prison, je n'en
éprouvai pas moins, je dois le dire, une grande surprise ;
c'était un arrêté généreux et hardi qui pouvait avoir de graves
conséquences. Notre nature genevoise, qui n'est pas toujours
facilement satisfaite, eût trouvé là volontiers matière à critique. D'un autre côté, ma plus intime conviction me portait
à croire que ce malheureux serait absolument digne de la confiance inattendue qu'on voulait bien lui accorder. Interrogé
moi-même précédemment par l'administration, j'avais parlé
dans ce sens, et, grâce à Dieu, je n'ai pas eu à regretter un

seul instant le préavis favorable dont j'avais pris la responsabilité.

Plus d'une fois, je me suis assis près de la forge du condamné ; cette bienveillance toute particulière de l'administration l'avait haussé à ses propres yeux, et s'il est sorti plus tard
de la prison infiniment meilleur qu'il n'y était entré, s'il a pu
remonter avec énergie une pente âpre et difficile, cette décision,
je ne saurais en douter, y a contribué dans une large mesure.
« Mon avocat, mon avocat, me disait-il, avec un sentiment de
« gratitude qui allait au cœur, j'ai ma forge à moi, je connais
« toutes les clefs de la prison, toutes les serrures, il ne tien-
« drait qu'à moi de sortir dans une heure, si je voulais, de
« prendre la clef des champs, mais Malou a donné sa parole,
« c'est la meilleure serrure du monde pour le garder ; je tra-
« vaille bien, je suis content, on sera content de moi, je gagne
« quelque chose, » — une mince part de son gain lui était réservée, d'après les règlements, pour lui fournir un petit pé-
cule à l'heure de sa libération ; — « on diminuera ma peine,
« beaucoup, je n'en ai pas souci maintenant, j'ai ma forge. Je
« partirai pour l'étranger, vous n'entendrez jamais dire du
« mal de moi. » Il ajoutait en termes reconnaissants qu'il pen-
serait souvent à son avocat.

C'est un beau spectacle, croyez-moi, que celui d'un homme
qui se relève ; quand il vous est donné d'en être le témoin,
vous éprouvez une joie intérieure que rendent bien imparfaitement les paroles.

—————— ———

Près de deux ans plus tard, dans l'année où eurent lieu les
grandes secousses qui changèrent le gouvernement de Genève (1), lorsque l'agitation politique était, pour ainsi dire, per-

(1) 1846.

manente chez nous, et les esprits aigris et hostiles dans les divers camps, comme à certaines époques des républiques du moyen-âge, je fus appelé à prendre la parole dans une affaire criminelle qui fit quelque bruit et où figuraient de nouveau deux accusés ; précédemment, j'avais défendu un serrurier habile ; cette fois j'étais appelé à défendre un Allemand, ébéniste de profession, très habile également dans son métier. Il était fortement chargé sur un point, tant par ses propres aveux que par l'enquête elle-même, il devait s'attendre, et je m'y attendais moi-même, à une grave condamnation. L'affaire se compliquait de détails plus ou moins mystérieux qu'on entrevit à peine dans les débats ; elle présentait, d'ailleurs, à certains égards, des questions dramatiques, surtout en ce qui avait trait à l'autre accusé que défendait un de mes jeunes confrères, et qui, dans ma conviction intime, était innocent, malgré quelques apparences contraires et quelques présomptions défavorables. Je laisse de côté, à dessein, cette face de la question, extrêmement curieuse au point de vue juridique, encore davantage au point de vue humanitaire.

———— —

L'accusé que je défendais était père de famille, il y avait des pères de famille dans le jury ; en plaidant, je fis allusion à cette circonstance. Bref, après de longs débats, il fut déclaré coupable, sur un point. J'ai vu rarement un homme si accablé, si abattu, si brisé, puis-je dire, que ce malheureux ; je compris, dès le premier moment, que la peine qui lui était infligée, à juste titre, serait essentiellement lourde pour lui.

La peine est bien plus acérée et plus dure pour l'homme qui est le soutien d'autrui, parce qu'elle le frappe non-seulement dans sa personne, mais aussi dans celle des êtres qui lui sont le plus chers et lui tiennent de plus près. Cette considération avait été développée devant le jury. Un de ses devoirs les plus difficiles est, en effet, non-seulement de peser la culpabilité morale de l'individu, mais encore l'influence que la peine peut exercer sur lui. Une peine semblable, à première vue, est loin d'être la même pour ceux auxquels elle est appliquée Elle est plus pesante pour l'un, plus légère pour l'autre ; cela dépend d'une foule de circonstances, de l'âge, de la santé, de la position sociale, de la famille, d'autres circonstances encore.

Je ne doutais pas que le jury n'eût tenu compte scrupuleusement de la considération qui lui avait été présentée, j'en eus bientôt la preuve évidente ; j'ai gardé le silence pendant la vie de celui auquel je la dois ; bien des années après sa mort, j'use aujourd'hui de ma liberté pour rappeler tout haut un acte généreux qui l'honore et qui ne doit pas être oublié.

La condamnation avait été prononcée bien avant dans la nuit ; le matin même, de bonne heure, je reçus de l'un des jurés la lettre suivante que je recopie textuellement, en me rappelant cette parole d'un auteur contemporain : « Les belles « actions valent mieux que les meilleurs conseils et les plus « beaux discours (1). » Voici cette lettre :

« Monsieur. — Si la nuit dernière j'ai dû remplir une fonction bien pénible en n'écoutant que ma conscience, je suis heureux, ce matin, de remplir un devoir d'humanité en vous adressant un secours pour la malheureuse femme et les enfants du condamné. Je ne puis choisir un intermédiaire plus convenable que celui du défenseur dont les talents et les bienveillants efforts ont été consacrés à adoucir en leur faveur les ri-

(1) Cormenin.

gueurs de la loi. — Ayez la bonté de vous charger de ce soin, de garder entre nous ce qui précède.

Veuillez agréer mes meilleurs et bien dévoués compliments. Jeudi matin. *(Suit la signature)*. 17 septembre 1846.

Comme on le voit, cette lettre était écrite moins de trois semaines avant la révolution genevoise du 7 octobre. Malgré des jours pleins d'orages, riches chez nous en graves préoccupations et qui marquent dans notre histoire, cette lettre revint souvent à ma pensée.

Après avoir rempli sans retard la mission honorable qui m'était confiée par un homme de bien, je me rendis à l'Evêché (1), avant que le malheureux condamné fût conduit à la prison pénitentiaire pour y revêtir désormais le costume des criminels.

L'abattement de cet homme dépassait toute idée, il eût été difficile d'être plus accablé que lui ; c'était une masse inerte qui ne pouvait qu'avec le plus grand effort prononcer quelques paroles. Il inspirait vraiment une profonde pitié, il luttait pour tâcher de me remercier, et il ne le pouvait pas. Sa physionomie, dans ce mutisme involontaire, parlait plus haut que toutes les paroles imaginables.

Lorsque j'abordai le sujet de la lettre, il jeta sur moi un regard méfiant, plein de doute, mais lorsque je lui lus la lettre elle-même, émanant d'un des hommes les plus respectables de Genève, lorsque je lui dis que j'avais vu sa propre famille, lorsqu'un rayon de soleil se montra tout à coup pour lui, comme

(1) Prison de Genève.

au milieu de la nuit la plus épaisse, il demeura quelques instants en apparence insensible, puis soudain, il se prit à répandre une abondance de pleurs sincères, comme on en voit rarement une pareille, un vrai torrent de larmes.

Ce fut une secousse physique, une secousse morale surtout, des plus violentes; cet acte généreux, absolument inespéré, avait soudain remué cet homme dans les profondeurs de sa conscience ; en sortant de la prison, ce jour-là, j'eus l'intime pressentiment que ce malheureux pourrait redevenir meilleur; des pressentiments de cette même nature, dans des circonstances analogues, — j'aimerais pouvoir dire le contraire, — je n'en ai pas eu souvent dans ma vie.

Cette lettre qui jouait un rôle dans mon existence juridique, je l'ai conservée avec soin, je ne la relis pas sans émotion, elle me rapprocha du bienfaisant juré qui me l'avait écrite, j'eus l'occasion de le voir plus d'une fois, j'entretins avec lui les rapports les plus agréables ; je l'ai accompagné à sa dernière demeure, avec un sentiment d'affectueuse sympathie.

Il me parlait toujours du condamné et s'intéressait vivement à lui ; il s'établissait ainsi, par mon intermédiaire, entre ces deux hommes, dans des positions si différentes, des relations d'une nature excellente. Elles tendaient à relever de plus en plus le prisonnier, elles ont dû être douces au bienfaiteur. Des actes pareils, sans ostentation et sans témoin, ont en eux-mêmes leur récompense, on est heureux de pouvoir en être le confident.

Peu de jours après, la révolution éclatait dans Genève ; dans la semaine qui suivit, j'allai revoir mes prisonniers. Le bruit du canon avait fait sur eux une impression extraordinaire ; je fus extrêmement étonné d'apprendre par eux de minutieux détails sur les événements dont Genève venait d'être le théâtre ; en reproduisant ailleurs mes souvenirs personnels sur ces

journées orageuses (1), j'ai déjà rappelé la surprise toute particulière que me firent éprouver ces communications inattendues. Les nouvelles avaient à la lettre traversé les murailles.

Je revis alors mon serrurier qui travaillait courageusement
à sa forge et dont l'administration continuait à être fort satisfaite; il n'abusa pas jusqu'à la fin de la grande confiance qu'on
lui témoignait. C'était par le sentiment d'honneur qu'il fallait
s'emparer de cette bouillante nature, on y réussit ; la décision
était audacieuse; avec un système différent, on eût peut-être
échoué.

L'autre malheureux, sur lequel avait agi puissamment, par
sa lettre, l'un des jurés même qui l'avaient déclaré coupable,
espérait avoir bientôt dans la prison, de l'ouvrage comme ébéniste ; le travail obligatoire pour tous les condamnés était généralement désiré par ceux qui étaient le plus susceptibles
d'amélioration, il y avait, d'ailleurs, une véritable garantie
dans un travail accepté et fait de bon cœur. Loin d'être une
peine pour l'ébéniste, le travail allait être pour lui un encouragement et une consolation ; le malheureux pouvait ainsi
gagner quelques deniers pour sa famille. Ouvrier habile, d'un
autre côté, il dépassa bientôt tout ce qu'on pouvait raisonna-
blement attendre de lui. Sa conduite fut un modèle, un homme
sans tache eût difficilement fait mieux.

---

(1) *Revue de Genève*. Livraison du 25 mars 1886. — *Esquisses et Souvenirs, Le Sept Octobre,* par Jules VUY. Genève 1886 (brochure in-8°, de
19 pages). — « Dans la règle, les condamnés ne doivent pas s'adresser la
« parole les uns aux autres ; mais malgré les précautions les plus minutieuses,
« ce silence obligatoire est si contraire à la nature humaine, qu'en réalité
« il ne s'observe pas. » *Le Livre des Familles,* 1856, page 104.

Trève de détails, ils devaient l'un et l'autre, à raison de leur excellente conduite, laborieuse et franche, obtenir une notable diminution de peine.

L'un, citoyen genevois, mû par un sentiment d'honneur qui se comprend bien, devait partir pour l'étranger où il pouvait en qualité de serrurier intelligent et adroit, à l'abri de tout mauvais souvenir, de toute connaissance dangereuse, loyalement gagner sa vie. L'autre avait si bien conquis estime et confiance, que, contrairement à une règle générale et rigoureuse, par une exception des plus rares, et dont il se montra digne, non-seulement il obtint, quoique étranger, l'autorisation d'habiter le canton de Genève, mais qu'il put s'y établir comme maître ébéniste. L'ouvrage ne lui manqua pas jusqu'à sa mort. Il répondit pleinement à la faveur qui lui avait été faite, son allure fut irréprochable.

Comme le serrurier, après une chûte coupable, il s'était relevé d'un abaissement profond, il était sorti honnête homme de la prison pénitentiaire. Ce sont là des exemples qui honorent l'humanité chez les plus humbles de nos semblables, on ne les rencontre malheureusement pas tous les jours.

———————

Tous deux avaient obtenu déjà, dans la prison même, une autorisation spéciale, celle de travailler l'un et l'autre, durant une partie du temps de leurs récréations, et de confectionner une œuvre commune, un pupitre, l'un comme serrurier, l'autre comme ébéniste. Ils prenaient chaque jour quelques minutes sur les instants du repos *réglementaire*, et, comme je l'ai su depuis, travaillaient avec verve et entrain.

Un jour, rentrant à la maison après une journée bien remplie, j'aperçus ce pupitre, et lorsque je sus d'où il venait, j'éprouvai à la fois une grande surprise, et, pourquoi ne le dirai-je point, une grande joie. Ils le destinaient l'un et l'autre pour les honoraires de leur avocat ; je l'acceptai de grand cœur ; ce n'est pas sans peine que je parvins à leur tenir compte du prix de leur ouvrage.

En écrivant aujourd'hui, à bien des années de distance, ces simples lignes, sur ce pupitre même qui a pour moi une origine précieuse, en reportant ma pensée sur l'ébéniste et sur le serrurier, j'associe leur nom, par un sentiment de justice, à celui de l'homme de bien qui contribua, pour sa part, à faire jaillir l'étincelle de la pierre.

Avant de terminer, laissez-moi reproduire une réflexion fort juste que j'emprunte, précisément, ces jours, à l'un de nos correspondants de l'Institut genevois, membre de l'Académie française :

« ... il suffit parfois d'un incident pour qu'une nature que
« l'on estimait à jamais pervertie, soit modifiée et redressée
« pour toujours (1). »

Jules Vuy.

Bords de l'Arve.

---

(1) M. Maxime du Camp (*Revue des Deux-Mondes*, 15 avril 1887, p. 857). — M. d'Haussonville a fait, dans la même Revue, une observation semblable. « Il suffit parfois d'une brusque secousse qui réveille l'âme, d'une « douleur inattendue qui la purifie, pour que l'être entier semble avoir subi « une sorte de transformation. » 1er avril 1887, p. 582.

L'HÉRÊDITÉ

DES INSTINCTS, DES PASSIONS ET DES SENTIMENTS

INTRODUCTION

—

Messieurs,

L'hospitalité scientifique et littéraire qui caractérise la Suisse et Genève en particulier, manifestée à mon égard par l'accueil bienveillant qui m'a été fait dans la soirée du 20 Décembre à la *Société du progrès pour les études,* m'autorise à faire l'exposé du sujet que je me suis appliqué à étudier avec une assiduité soutenue et m'encourage à l'heure qu'il est d'en donner une seconde lecture devant vous. Cependant ce n'est pas sans une réelle émotion que je me présente devant un auditoire d'élite comme le vôtre.

Je ne pensais pas à l'honneur qui m'est donné de parler dans cette enceinte. Avant de toucher au sujet dont j'aurai à vous entretenir, il est de mon devoir d'exprimer la gratitude que j'éprouve, pour la condescendance que vous m'accordez en voulant bien prêter un instant votre attention au modeste travail que je viens soumettre à votre appréciation.

L'*Institut National Genevois* compte parmi ses membres des autorités incontestées ; ce n'est donc pas sans crainte, mais pas moins sans fierté que je me propose de vous entretenir de l'hérédité des instincts, des passions et des sentiments au point de vue physiologique et psychologique.

J'ose espérer que ma qualité d'étranger me sera une excuse auprès de vous, Messieurs, si l'incorrection du terme vient quelquefois trahir ma pensée ; et si l'indulgence convient aux forts, la vôtre me sera acquise j'en suis sûr, lorsque vous constaterez peut-être quelque lacune dans l'exposé des théories que j'ai essayé de résumer ici.

Certes, Messieurs, jamais l'idée ne m'a traversé l'esprit que je pusse vous apprendre des choses qui vous fussent ignorées. Je suppose que toute tentative faite par un homme qui consacre son temps au travail et à l'étude ne saurait que trouver un encouragement auprès d'un public toujours disposé à approuver tout effort utilitaire. Mon intention n'est dans le court développement de cette question, que d'apporter mon modeste tribut à cette féconde étude que poursuivent avec tant de persévérance les grands savants desquels je me suis inspiré, et dont je m'efforce de comprendre les œuvres.

L'hérédité physiologique [1]

On entend par hérédité, cette tendance de la nature à reproduire chez l'enfant certains caractères physiques ou moraux
de l'organisation des parents. L'hérédité éclate chez l'homme
et dans sa forme générale et dans la proportion relative de
ses parties ; elle se manifeste par les propriétés intimes de la
fibre organique, si l'on peut ainsi dire. Elle est pour l'espèce,
ce que l'identité personnelle est pour l'individu.

Par elle, au milieu des variétés incessantes, il y a un fond
qui demeure ; par elle, la nature se copie et s'imite incessamment. Donc, nous pouvons dire : Le semblable donne naissance à un semblable ; mais il faut bien nous entendre, car
cette conception est purement théorique ; les phénomènes de
la vie ne se plient pas à cette régularité de mathématique,
leur condition d'existence se complique de plus en plus, à
mesure qu'on se lève du végétal aux animaux supérieurs et de
ceux-ci à l'homme.

L'homme peut être considéré dans son organisme, dans les
fonctions qui constituent sa vie physique ou dans leurs opérations qui constituent sa vie mentale. Ces deux formes de la
vie sont-elles soumises à l'hérédité ? Le sont-elles totalement
ou partiellement, et dans ce dernier cas jusqu'à quel point ?

Il nous suffira de montrer par quels faits bien clairs et bien
sûrs l'hérédité s'étend à tous les éléments et à toutes les fonctions de l'organisme à sa structure externe et interne, à ses

(1) La présente étude a été communiquée à la Section des Sciences
morales et politiques dans sa séance du 1er Mars 1887.

maladies, à ses caractères particuliers, et à ses modifications acquises.

Ce qui frappe tout d'abord, même les yeux les moins attentifs, c'est l'hérédité de la *structure externe*. Ce fait est de l'observation vulgaire et rien n'est moins rare que d'entendre dire qu'un enfant « est le portrait de son père, de sa mère, ou de ses grands-parents. » Les anciens le savaient tellement bien, qu'il existait en Crête une loi qui ordonnait de faire un choix des jeunes gens les plus remarquables par la beauté des formes et de les forcer à se marier afin de propager le type L'hérédité de la conformation externe peut être générale, et régir également toutes les parties : toutes peuvent en accuser au dehors l'expression, la tête, le tronc, les membres, les ongles même et les poils ; mais il n'en est aucune qui emporte un plus vif ni une plus habituelle empreinte que le visage : elle s'y étend aux formes particulières des traits et les grave à l'image des types originels.

La ressemblance peut aller jusqu'à faire illusion sur l'identité ou jusqu'à déceler au premier coup d'œil, l'origine des personnes.

Dans d'autres circonstances, il peut arriver que ce phénomène serve d'indice, de filiation et de reconnaissance de parents inconnus. La *Gazette des Tribunaux*, de 1842, a cité un exemple presque romanesque de ces sortes de découvertes. Une dame possédant une grande fortune voyageait en France ; saisie de retrouver dans la physionomie d'une servante d'auberge, le portrait d'une fille dont elle pleurait la perte, elle fait des recherches qui ont pour résultat de prouver que cette jeune fille était de sa famille, et elle lui lègue ses biens.

Il est assez fréquent que cette répétition héréditaire des traits n'apparaisse point toujours dès les premières périodes de l'existence, mais plus tard, et lorsque les enfants touchent à l'âge où les traits des parents offrent le même caractère. Les ressemblances peuvent aussi n'exister qu'un instant et ne faire pour ainsi dire que glisser sur les visages ; les ressemblances de conformation du fils avec la mère et de la fille avec le père peuvent s'effacer après l'adolescence, et être remplacées par celles du fils avec le père, et de la fille avec la mère.

Plutarque raconte qu'il existait à Thèbes une famille qui portait en naissant, sur le corps, la forme d'un fer de lance, particularité qui s'est représentée plus tard en Italie, chez les *Lansada*. Il était assez ordinaire aux Romains de tirer du signe héréditaire local le nom de la famille : de là leurs *Capitones*, leurs *Labeones*, leurs *Nasones*, leurs *Buccones* et une infinité d'appellations de ce genre. Les barons de Vesins naissaient avec un *seing* entre les deux épaules et ce fut à ce signe qu'un de la Tour Landry reconnut dans l'apprenti d'un cordonnier de Londres, le fils posthume et le légitime héritier du baron de Vesins.

Beaucoup d'individus de haute ou de petite taille engendrent leurs semblables. Ce fait consacré par une longue expérience, a été mis dès longtemps à profit par les éleveurs pour créer certaines races. Ce système de sélection voulue et consciente a même été appliqué à l'humanité. Le père de Frédéric II, Frédéric-Guillaume Ier dont on connaît la passion pour les colosses, composa un régiment de géants qu'il avait fait former, opérant pour ses soldats comme l'éleveur pour les animaux. Il ne tolérait le mariage de ses gardes qu'avec des femmes d'une taille égale à la leur.

L'hérédité existe aussi en tout ce qui touche la couleur de la peau, la forme et le volume du corps.

Ainsi l'obésité résulte si bien d'une prédisposition toute particulière de l'organisme que bien des fois on l'a vue surgir, au sein des privations, et sous le poids de la fatigue et de la misère. Si l'hérédité existe pour la *structure externe*, pourquoi n'existerait-elle pas pour la *structure interne* ?

Rien de plus positif que l'hérédité de la forme du volume et des anomalies du système osseux ; celles des proportions en tous sens du crâne, du thorax, du bassin, de la colonne vertébrale et des moindres os du squelette, cela est une observation journalière. Lucas a constaté jusqu'à celle du nombre en plus ou en moins des vertèbres et des dents.

Le système circulatoire, le système digestif, le système musculaire, suivent les lois de transmission des autres systèmes internes de l'organisme. Il existe des familles où le cœur et le calibre des principaux vaisseaux sont naturellement très considérables, d'autres chez lesquels ils sont relativement petits. Donc, l'hérédité a l'influence aussi sur le système nerveux. Elle est manifeste dans les dimensions générales du cerveau, son principal organe ; elle est même très souvent sensible dans le volume et jusque dans la forme des circonvolutions.

L'hérédité des éléments internes a lieu pour les liquides de l'organisme aussi bien que pour les parties solides : le sang est plus abondant dans certaines familles, et cette surabondance transmet ou peut transmettre aux divers membres, une prédisposition aux apoplexies, aux hémorrhagies, aux inflammations.

Le Dr Grimphelt, professeur agrégé et chargé du cours d'arthrologie à la Faculté de médecine de Montpellier auprès duquel j'eus l'honneur d'être préparateur, m'a dit : dans ma clinique, j'ai vu quelquefois de légères piqûres causer une hémorrhagie que rien ne pouvait arrêter.

L'hérédité régit les caractères subordonnés comme les caractères dominateurs. Ainsi, la fécondité, la durée de la vie, ces manières d'être toutes personnelles, elle en transmet les prédispositions, ce qu'on est convenu d'appeler en médecine *Idiosyncrasies.*

L'hérédité s'étend jusque sur la puissance de reproduction des forces génératrices auxquelles la puberté a donné l'essor. Des familles sont remarquables par leur fécondité. Vous me permettrez, messieurs, de vous citer quelques exemples empruntés à Giron de Buzareingues : Cinq filles d'une mère de vingt-quatre enfants, mirent au jour à elles cinq, quarante-six enfants. Dans la vieille noblesse française plusieurs familles ont joui d'une grande vigueur de propagation.

Anne de Montmorency, cet intrépide guerrier qui, âgé de plus de 75 ans, put encore à la bataille de St-Denis briser du pommeau de son épée les dents du soldat écossais qui lui porta le premier coup, était père de douze enfants. Trois de ses aïeux, Matthieu Ier, Matthieu II et Matthieu III en avaient ensemble dix-huit, dont quinze garçons. Le fils et le petit-fils du grand Condé en comptaient dix-neuf à eux deux. Les quatre premiers Guise avaient ensemble quarante-trois enfants dont trente garçons. Dans certaines familles cette fécondité a duré pendant cinq ou six générations.

Il est généralement reconnu que la *longévité* dépend beaucoup moins de la race, du climat, de la profession, du genre de vie et de l'alimentation que de la transmission héréditaire. L'octogénaire se rencontre aussi bien dans la race nègre que dans la race blanche. En Russie, en Ecosse, en Italie, en Allemagne, en Norwège, en France comme en Roumanie, chez les hommes qui ont mené la vie la plus dure aussi bien que chez ceux qui prennent le plus grand soin de leur santé.

Des faits analogues s'observent chez des prisonniers et même chez des forçats. Bien entendu que la vie moyenne dépend évidemment du lieu, de l'hygiène, de la civilisation ; mais la longévité individuelle est complètement affranchie de ces conditions. Tout démontre que la longue vie tient à une puissance interne de la vitalité, puisque ces individus privilégiés l'apportent en naissant. Elle est si profondément empreinte dans leur nature qu'elle se révèle dans tous les attributs de l'organisme.

Cette forme de l'hérédité a été remarquée depuis très longtemps en Angleterre, où les Compagnies d'assurances sur la vie se font transmettre par leurs agents des renseignements sur la longévité des ascendants des personnes à assurer.

En 1554, le cardinal d'Armagnac passant dans la rue, vit un vieillard âgé de quatre-vingt-un ans qui versait des larmes à la porte d'une maison. L'éminence lui demande quelle en est la cause? C'est, répond le vieillard, que mon père m'a battu pour avoir passé devant mon grand-père sans le saluer. Le père avait cent trois ans, le grand-père cent vingt-trois

A la fin du règne de Louis XIV, le 1ᵉʳ Avril de l'an 1716, expirait à Paris, Philippe d'Herbelot, âgé de cent quinze ans, il exerçait la profession de sellier. Admis pour présenter la dernière fois en 1714, un bouquet au grand roi, à l'occasion de sa fête, Louis XIV lui demanda comment il avait fait pour atteindre un âge si avancé. « Sire, répondit le malicieux vieillard, dès l âge de cinquante ans, j'ai fermé mon cœur et j'ai ouvert ma cave. »

Le père d'Herbelot avait vécu cent treize ans et son aïeul cent douze.

En ce qui concerne l'action de l'hérédité sur l'abréviation de la vie, il n'est plus permis d'avoir des doutes. Il y a des familles où une mort précoce est si ordinaire, qu'il n'y a qu'un petit nombre d'individus qui puissent s'y soustraire à force de précautions.

Dans la famille de Turgot on ne dépassait guère l'âge de cinquante ans, et l'homme qui en a fait la célébrité, voyant approcher cette époque fatale malgré toute l'apparence d'une bonne *santé* et d'une grande vigueur de tempérament, fit observer un jour qu'il était temps pour lui de mettre ordre à ses affaires et d'achever un travail qu'il avait commencé, parce que dans sa famille on finissait à cet âge. Il mourut en effet à cinquante-trois ans.

Mais quel est le médecin qui n'a pas eu sous les yeux de pareils exemples et qui n'ait l'expérience de l'impuissance de l'art à reculer ces heures fatales de l'existence, à prolonger quelques moments de plus les vibrations dernières, dans ces tristes familles où la vie n'a qu'un âge, où la mort n'a qu'une forme ? Il y a aussi des familles où les cheveux blanchissent dès la première jeunesse.

L'immunité dont jouissent certaines familles à l'égard des maladies contagieuses, et en particulier de la variole est bien établie.

L'hérédité peut transmettre la force musculaire et les diverses formes de l'activité motrice ; nous n'avons qu'à l'observer chez les chevaux ; l'expérience a appris depuis longtemps à tous les éleveurs que la rapidité de la course, comme les vices du mouvement ou les tics se transmettent.

Chez l'homme, il y a des familles dont presque tous les membres sont d'une adresse et d'une grâce exquise dans leurs mouvements.

L'hérédité des *anomalies* de l'organisation est bien constatée.

Dans l'antiquité il n'y a qu'une seule voix pour l'affirmer ; c'est celle de Isid. G. Saint-Hilaire.

Les physiologistes et les observateurs les plus remarquables, Hippocrate, Aristote, ont explicitement reconnu le principe de leur hérédité. Parmi les modernes, la solution n'a pas été si absolue, ni si unanime, car ils ont repoussé presque en totalité les principes de propagation de tout défaut du corps et de toute espèce de monstruosité. D'autres plus réservés en sont en doute ; le Dr Isid. Geoffrey St - Hilaire paraît refuser leur hérédité. Il dit en parlant du bec-de-lièvre, que les observations données sont peu authentiques.

Malgré tout le respect que j'ai pour ce grand savant, je dois dire que sur l'hérédité des *anomalies*, je ne partage pas ses idées. Il me semble que s'il y a une hérédité bien évidente, c'est celle de l'hérédité des anomalies.

Permettez-moi, Messieurs, de vous citer mes propres observations sur le bec-de-lièvre. Je connais en Suisse un père de famille qui est affecté de cette difformité ; il a six garçons, tous le portrait vivant de leur mère et une seule fille qui malheureusement a hérité du bec-de-lièvre de son père.

Un autre exemple : J'ai vu à Montpellier, à l'hôpital Saint-Eloi, un de mes professeurs, le docteur Blok, opérer un bec-de-lièvre à une petite fille de huit ans ; j'ai eu l'occasion d'observer la mère de cette enfant qui était affectée de la même anomalie.

Pour vous convaincre mieux, j'ajouterai à mes observations un exemple donné par M. le docteur Prosper Lucas, dont on connaît la grande autorité en matière d'hérédité. Le voici :

Le 17 Avril 1844, Alexis Pareille, fort et bien constitué, entrait à l'Hôtel-Dieu, conduit par sa mère, pour se faire opérer d'un bec-de-lièvre double compliqué d'une saillie considérable des os intermaxillaires. Dans les renseignements fournis par la mère, cette femme est née avec un bec-de lièvre double, dont elle porte les traces, et qui présentait la même complication de saillie des os intermaxillaires. Son père et son grand'père étaient affectés de la même difformité, il en était de même de plusieurs de ses frères et sœurs tous morts jeunes. Elle a eu sept enfants : sur sept, quatre sont nés avec le bec-de-lièvre. Nous pouvons donc conclure que l'hérédité de cette anomalie est un fait qu'on ne peut mettre en doute. L'une des anomalies les plus bizarres et des plus connues est celle d'Edouard Lambert, dont le corps, moins le visage, la paume des mains, et la plante des pieds était revêtu d'une sorte de carapace d'excroissance cornée, bruissant l'un contre l'autre. Il donna le jour à six enfants qui tous dès l'âge de six semaines présentèrent la même singularité. Le seul qui survécut le transmit comme son père à tous ses fils, et cette transmission marchant de mâle en mâle s'est ainsi continuée pendant cinq générations.

La *polydactilie* (les doigts surnuméraires) est transmissible, cette transmission va jusqu'à cinq générations successives ; et il y a des cas où elle a disparu à une génération ou deux pour reparaître ensuite. Un point fort intéressant relatif aux doigts surnuméraires est leur propriété de croître après l'amputation. M. White nous donne l'exemple d'un enfant de trois ans, qui avait le grand doigt double à partir de la première articulation ; il lui fait l'opération en coupant le doigt le plus petit qui était doté aussi d'un ongle ; mais quel ne fut pas son étonnement, quand après quelque temps, le doigt poussait de nouveau. Alors, l'enfant fut conduit à un célèbre chirurgien de Londres qui fit l'amputation de nouveau ; mais ce doigt refit encore une fois son apparition apportant avec lui son ongle.

M. Brown-Séquard a présenté à la Société de biologie quelques cas d'hérédité. Cette société était alors présidée par le regretté M. Paul Bert, récemment décédé. Devant cette société, dis-je, M. Brown-Séquard a cité le fait d'un homme qui eut la mâchoire déformée par une arme à feu, et il eut après cet accident deux filles, auxquelles il transmit cette difformité acquise. Un jeune homme à qui on avait amputé deux phalanges, a ensuite un enfant auquel les deux phalanges manquent aussi.

L'albinisme, le rachitisme, la claudication, l'ectrodactylie et la polydactilie, le bec-de-lièvre, bref, toutes les déviations du type résultant soit d'un excès, soit d'un arrêt du développement organique sont transmissibles par la voie séminale, et ces faits sont très intéressants en ce qu'ils montrent que le type individuel est soumis à la loi d'hérédité, tout aussi bien que le type spécifique.

Des anomalies acquises pendant la vie par accident peuvent se transmettre. Un homme blessé à la main droite eut un doigt mal remis : il engendra plusieurs fils qui avaient ce doigt tors. Les déformations artificielles sont transmissibles : trois peuplades du Pérou, les Aymaras, les Huancas et les Chincas avaient chacune leur mode particulier de déformer la tête des enfants, et cette difformité s'est maintenue depuis. Les Esquimaux, dit M. de Quatrefages, coupent la queue aux chiens qu'ils attellent à leurs traîneaux : leurs petits naissent souvent sans queue.

Mais faut-il conclure de là que les déviations du type spécifique, que les anomalies de toutes sortes, strabisme, myopie, atrophie ou hypertrophie des membres restent fixes pour toujours ? Ou bien n'ont-elles qu'une hérédité restreinte et temporaire ?

La question est débattue ; car ces désordres individuels tantôt se transmettent, tantôt ne se transmettent pas. L'expérience semble montrer cependant qu'il y a une tendance vers le retour au type primitif.

Avant d'entrer dans l'étude de l'instinct et des facultés perceptives, pour compléter le coup d'œil général, je dirai, Messieurs, quelques mots sur l'*hérédité des maladies*, car rentre dans cette question qui fera peut-être un sujet à part, comme le temps ni le lieu ne me permettent d'abuser de votre patience, je me bornerai à dire que cette forme d'hérédité a été observée dès l'antiquité et qu'elle est tout aussi vieille que la médecine ; elle est de toutes les époques, de tous les lieux, de tous les peuples. Les médecins grecs distinguaient déjà les maladies héréditaires.

Dans les temps modernes, l'hérédité morbide a soulevé des discussions de toutes sortes chez les médecins.

Il me semble qu'Hippocrate a dit avec raison : *d'un phlegmatique* naît *un phlegmatique*, d'un bilieux un bilieux. Nous avons changé beaucoup de choses, en médecine, mais nous ne pourrons jamais changer cette vérité-là.

L'hérédité des instincts

Quand on parle d'instinct, la première difficulté est de s'entendre : car, sans vouloir donner ici, ce qui serait long, une énumération complète des divers sens de ce mot dans la langue usuelle, on en trouve au moins trois chez les naturalistes et les philosophes.

Tantôt, on entend par instinct l'action automatique, presque mécanique, probablement inconsciente, des animaux pour atteindre une fin déterminée par leur organisation et leurs caractères spécifiques. Tantôt l'instinct est synonyme de désir, inclination, penchant ; ainsi on parle de bons et de mauvais instincts, de l'instinct du meurtre, etc. Tantôt enfin on comprend sous le nom d'instinct tous les phénomènes psychiques qui se produisent chez l'animal, toutes les formes d'activité mentale inférieures à celles de l'homme. Ce dernier sens du mot est évidemment dû au désir de ne pas accorder l'intelligence aux bêtes, et on est ainsi venu à confondre contre toute raison, avec les impulsions vulgaires et inconscientes, les actes conscients résultant pour chaque animal de son expérience individuelle et, par conséquent analogue à ceux que nous appelons intelligents, quand il s'agit de nous-mêmes.

M. Ribot soutient avec raison que l'instinct et l'intelligence sont une seule et même chose, et qu'il n'y a entre eux qu'une différence de degré et non de nature ; il faudrait pour plus de précision commencer par lui donner une bonne définition. Malheureusement elle est encore à trouver. Permettez-moi de dire avec Hartmann, « Un acte conforme à un but, mais sans conscience du but » ou bien se contenter de dire avec Darwin « qu'un acte que nous ne pourrions accomplir qu'à l'aide de la réflexion et l'habitude, lorsqu'il est accompli par un animal, surtout très jeune et sans aucune expérience, ou lorsqu'il est accompli de la même manière par beaucoup d'individus sans qu'ils semblent en prévoir le but, est en général regardé comme instinct. »

L'instinct est inné, c'est-à-dire antérieur à toute expérience individuelle. Tandis que l'intelligence se développe lentement et par une accumulation d'expérience, *l'instinct est parfait du premier coup*. Le canard couvé par une poule va droit à l'eau ; l'écureuil avant de connaitre l'hiver fait une provision de noisettes. L'oiseau né dans une cage rendu à la liberté, se construira un nid semblable à celui de ses parents, avec les mêmes matériaux et la même forme.

L'intelligence tâtonne, essaie, manque son but, tombe dans l'erreur et s'en corrige. L'instinct a une sûreté mécanique : il fonctionne à la façon d'une machine. L'instinct paraît immuable. Il ne me semble pas comme l'intelligence, croître et décroître, gagner et perdre. Il ne se perfectionne pas. Maintenant vient la grande question: l'instinct ainsi entendu est-il transmissible ? Evidemment. L'hérédité des instincts est incontestée.

Il y a dans l'animal deux fonctions principales : l'une qui conserve l'individu, la nutrition, l'autre qui conserve l'espèce, la génération.

La ténacité des instincts est si grande et leur transmission héréditaire si sûre, qu'on les voit quelquefois survivre pendant des siècles.

Darwin dit : « Nous avons des raisons pour admettre une conservation assez durable d'habitudes primitives, même après une domestication prolongée. Ainsi nous voyons comme trace de la vie originelle de l'âne dans le désert, la forte répugnance qu'il éprouve à traverser le plus petit courant d'eau, et le plaisir avec lequel il se roule dans la poussière. Le canard musqué dans son pays, perche souvent et niche sur les arbres ; et nos canards musqués, domestiques, quoique très indolents, aiment à se percher sur les murs, les granges. . . Nous savons que, quoique abondamment et régulièrement nourri, le chien enfouit souvent comme le renard la nourriture dont il n'a pas besoin ; nous le voyons encore sur un tapis tourner longtemps sur lui-même comme pour fouler l'herbe à la place où il veut se coucher. . .

Les chiens et les chats domestiques comme leurs semblables à l'état sauvage, grattent pour cacher leurs ordures, là même où le sable et la poussière faisant défaut, cette opération est inutile. Mais c'est la *survivance* d'une habitude héréditaire.

Plusieurs naturalistes ont signalé de même chez l'homme la persistance d'instinct à l'état rudimentaire. Pour exprimer le dédain, on découvre les dents canines, pour exprimer la colère, le ratelier complet, quoique l'homme civilisé n'ait pas pour but en montrant ses armes, d'effrayer son ennemi.

Les instincts acquis sont transmissibles. L'instinct n'est pas un instrument aussi souple que l'intelligence, mais il est modifiable dans certaines limites.

Si les instincts tenus longtemps pour primitifs sont acquis, pourquoi n'en serait-il pas de même de tous les instincts ? Ce problème ne s'est posé que dans ces derniers temps, logiquement amené par le grand débat, sur l'origine et la variation des espèces. Il est bien clair que sur une question ouverte, vraiment discutée entre les maîtres, peut être insoluble, nous n'avons la prétention de rien décider. Il ne s'agit ici que d'exposer une hypothèse ; mais cette hypothèse étant fondée sur l'hérédité, et lui attribuant un rôle de premier ordre, nous ne pouvons la passer sous silence. On sait comment une théorie ébauchée au siècle dernier, reprise par Lamarck, modifiée par Darwin et Wallace, s'est rapidement répandue de nos jours dans tous les pays civilisés. Elle admet que les espèces sont variables, et se sont formées par l'accumulation de petites différences que l'hérédité a fixées.

Les genres et les espèces actuellement existants, si nombreux qu'ils soient, ont dû dériver de trois ou quatre types primitifs, peut-être d'un seul. Pour cela il a suffi de quelques variations spontanées. Si elles ont été appropriées à des conditions nouvelles d'existence, si elles ont fourni à l'individu une arme de plus pour la bataille de la vie, si l'hérédité les a transmises, il s'est formé une espèce qui sous l'action continue des mêmes causes, s'est éloignée de plus en plus du type primordial. Les variations, la concurrence vitale et la sélection, le temps, l'hérédité : tels sont les facteurs à l'idée desquels s'expliquent l'évolution des êtres, la formation et la disparition des espèces. Cette hypothèse a jeté un jour tout nouveau sur les instincts.

Darwin a développé cette thèse avec une science et une

habileté consommées. Il s'est bravement attaqué aux instincts les plus compliqués, les plus merveilleux, les plus inexplicables : ceux de la fourmi et de l'abeille, s'efforçant de faire voir comment ces phénomènes si singuliers ont pu sortir par la sélection et l'hérédité, de quelques instincts très simples.

En définitive que faut-il penser de cette solution sur l'origine des instincts ? Nous n'avons pas à la juger ici, ce serait hors de notre compétence. Cette question est due à celle de l'origine des espèces et la science ne l'a pas encore tranchée. Y parviendra-t-elle ? On ne peut nier que chaque jour le transformisme gagne du terrain Si un jour l'hypothèse de Darwin est complètement justifiée, il faudra bien admettre alors que tous les instincts sont acquis, que ce qui est stable actuellement fut variable à l'origine ; que toute stabilité vient de l'hérédité qui conserve et accumule, et que dans la formation des instincts, son rôle est souverain.

L'hérédité des facultés perceptives

Avant de rentrer dans ce chapitre, nous devons nous demander : qu'entendons-nous par perception ? La perception est un fait d'une nature mixte, à la fois physiologique et mental : il commence dans les organes, il s'achève dans la conscience.

Nous devons nous demander aussi : Les facultés perspectives, les modes d'activité sensoriale de l'être, sont-ils soumis à l'hérédité ?

Nous allons passer en revue les cinq sens admis de tout le monde, commençant par le toucher.

Du Toucher

Le toucher est le sens général primitif, celui dont aucun animal sentant n'est dépourvu. Un médecin, dans l'antiquité, disait que tous les autres sens ne sont qu'une modification de celui-ci.

D'abord, l'organe tactile par excellence, la main, est modifiée par la transmission héréditaire. Herbert Spencer dit : « C'est une opinion établie que les hommes et les femmes, dont les ancêtres ont mené une vie laborieuse, ont de grandes mains, et, qu'au contraire, ceux dont les descendants ont été pendant plusieurs générations déshabitués du travail manuel, ont communément la main petite. »

Les recherches de Walker ont montré qu'en Angleterre, les mains des ouvriers sont, dès la naissance, plus fortes que celles des classes aisées. De même pour les gauchers, il y a des familles où l'usage de la main gauche est héréditaire. Giron de Buzareingues a connu une famille dans laquelle le père, les enfants et la plupart des petits-enfants étaient gauchers ; l'un d'eux le fut dès le berceau, malgré le soin qu'on avait de lui emmailloter la main gauche.

La race où nous trouvons la plus grande sensibilité et le toucher le plus développé est la race méridionale, et là où on le trouve le plus obtus, c'est chez les peuples du Nord. Le Lapon qui boit l'huile de tabac pour calmer une colique, n'a proprement pas la peau irritable. Là, comme le dit Montesquieu : « Il faut écorcher l'homme pour le faire sentir. »

Rien de plus varié que le type individuel de sensibilité à la température.

Fuster pose en principe, et ce principe est vrai, que les qualités de l'air n'impressionnent l'économie que d'après ses tendances propres ou de la nature de ses dispositions.

La sensibilité organique, selon lui, n'obéit pas seulement à l'action physique de l'atmosphère ; elle ne cède à son empire que dans les limites toujours incertaines de ses aptitudes ac- quises ou originelles.

Il y a des animaux qui pressentent d'avance un change- ment de température. Zimmermann dit : « Un air épais et hu- mide abat sur-le-champ, et les personnes de ce tempérament perdent tout courage, un air serein et très élastique les rani- me subitement, elles deviennent gaies, allègres, pensent et agissent aisément, et sentent déjà le matin, avant de se lever, quelle sera la température de l'air. »

Cet état de l'air s'annonce, chez quelques-uns, par la sensa- tion, ils jouissent avec extase ou souffrent avec torture de tout ce qui agit sur l'épiderme.

Haller et Zimmermann parlent des femmes à qui le contact, le bruit, l'approche même du taffetas, d'une étoffe de soie, ou du velouté d'une pêche causaient des spasmes et des horripi- lations. On a vu ces effets aller, chez un médecin, jusqu'à la sueur froide.

Je ne contesterai pas que ces dispositions du tact et du toucher ne puissent s'acquérir jusqu'à un certain point ; elles peuvent se développer, elles peuvent se perdre ; mais toutes celles d'entre elles qui ne sont point de cet ordre, qui n'appartient point à la maladie, sont nécessairement naturelles aux êtres et proviennent chez eux ou de l'*innéité* ou de l'*hérédité*.

La Vue

La vue est le plus intellectuel de tous les sens, le plus im- portant pour la science et pour l'art. Il est inutile de le dé- montrer. Rappelons seulement que la cécité accidentelle peut amener la folie.

Les particularités de la vision, qui tiennent à des causes mécaniques, sont le *strabisme*, la *myopie* et la *presbytie*. Rien n'est plus fréquent que leur transmission.

Portal, dans ses *Considérations sur les maladies de famille*, signale un strabisme incomplet, appelé : l'hérédité de la vue à la Montmorency, dont presque tous les membres de cette famille étaient affectés.

Un des cas les plus frappants de l'influence héréditaire sur la vision, c'est le nombre toujours croissant des myopes chez les peuples livrés aux travaux intellectuels. Ce qui amène la myopie, c'est le travail assidu de près.

Donders, en parcourant des relevés statistiques, remarque, avec étonnement, que la myopie est la maladie des classes riches, que les habitants des villes lui payaient un gros tribut, que la campagne en était presque exemptée.

En France, les conseils de révision ont fait la même remarque. En Angleterre, à l'école militaire de Chelsea, sur 1300 enfants, trois seulement étaient myopes, mais dans les collèges d'Oxford et de Cambridge, le nombre des myopes est considérable. En Allemagne, les résultats sont encore plus décisifs. Le docteur Cohn, de Breslau, s'est imposé la tâche d'examiner, dans les écoles de son pays, les yeux de dix mille écoliers ou étudiants ; sur ce nombre, il a trouvé 1004 myopes, soit un dixième.

Dans les écoles de village, ils sont peu nombreux Dans les écoles urbaines, le nombre des myopes s'élève en proportion du degré des écoles : écoles primaires, 6,7 ; écoles moyennes, 10,3 ; écoles normales, 19,7 ; Université, 26,2 pour cent.

C'est ce qui explique pourquoi, en Allemagne, la myopie n'est pas une cause de réforme devant les conseils de révision.

La lecture assidue créant la myopie, et l'hérédité la perpé-

tuant le plus souvent, le nombre des myopes doit nécessairement s'accroître chez une nation livrée aux travaux intellectuels.

C'est un fait avéré, dit Liebreicht, que la myopie est en voie
continuelle d'accroissement dans les pays civilisés.

Nous trouvons, dans Portal, un fait très curieux d'hérédité : Deux frères, l'un de dix-sept ans, l'autre de quinze ans ;
ces deux frères ne pouvaient pas rester avec la tête baissée,
quelques moments, sans perdre la vue, mais sitôt qu'ils rele-
vaient la tête en arrière, la vue recommençait.

Le père de ces enfants possède aussi comme eux, cette disparition de vue momentanée.

Un cas, recueilli par Brown, est encore plus remarquable :
Les membres de la famille Lecomte, dit-il, voyaient clairement jusqu'à l'âge de 16 à 17 ans ; à cet âge, sans cause
apparente, quelques-uns d'entre eux s'apercevaient d'un
obscurcissement dans leur vue, et cette obscurité croissait
graduellement jusqu'à ce qu'elle fût devenue une cécité complète ; tel fut le cas *pendant trois générations*.

Fabrice de Hilden a vu la cécité poursuivre ainsi sa marche
pendant cinq générations dans la même famille.

La principale forme d'anesthésie est cette singulière anomalie de la vue qui ne permet de voir que le jour, ou qu'à la
condition de la présence du soleil au-dessus de l'horizon.

Ovelgun rapporte l'exemple d'une famille dont les membres
devenaient aveugles pendant la nuit. Mais le plus remarquable
que nous connaissons de l'*innéité* et de l'*hérédité* est celui que
l'on doit au docteur Cunier. Dans l'observation qu'il a
recueillie, on voit toute une commune, celle de Vandermon,
près de Montpellier, infectée en quelque sorte depuis six générations dans toute la descendance d'un nommé Nougaret, de
ce vice héréditaire.

L'amorose, la nyctalopie, la cataracte des parents peut devenir cécité chez les enfants.

Chez les animaux, les éleveurs ont fait remarquer qu'il serait facile de créer une race de chevaux aveugles. Un superbe étalon étant devenu aveugle par accident, tous les produits qui en naquirent devinrent aveugles avant l'âge de trois ans.

L'incapacité de distinguer les couleurs connue sous le nom de *daltonisme* est héréditaire. L'illustre chimiste anglais Dalton en était affecté, ainsi que deux de ses frères. On sait que le daltonisme existe plus souvent chez les hommes que chez les femmes. Dans huit familles alliées, le daltonisme a persisté pendant cinq générations et a atteint 71 individus (1).

Il est aisé de comprendre qu'une pareille anomalie de la vision, n'est pas sans influence sur l'esprit ; au moins au point de vue esthétique. Un vieillard qui depuis son enfance avait remarqué qu'il ne pouvait nommer les couleurs par leurs noms, se désespérait de ne voir dans les tableaux qu'un aspect gris et sombre, dans un panorama, qu'une fumée obscure dans le lever du jour, dans le coucher du soleil, dans les plus riches nuances de l'arc-en-ciel, dans les plus magnifiques scènes de la nature qu'une teinte inanimée, une froide et terne uniformité (2).

Dans certaines races et certaines familles, la vision parait douée d'une puissance extraordinaire. L'infériorité des Européens comparée aux sauvages sous le rapport de la vue et des autres sens, est sans aucun doute un effet du défaut d'usage, accumulé et transmis pendant un grand nombre de générations, car Rengger dit avoir observé à plusieurs reprises des Euro-

---

(1) Darwin, *Variations* II, p. 70.
(2) *Revue scientifique*, 23 Mai 1878.

péens élevés chez des Indiens sauvages, ayant passé avec eux
toute leur vie et qui cependant ne les égalaient pas par la
subtilité de leurs sens.

Darwin a remarqué que les Fuégiens (habitants de la Terre
de feu), quand ils étaient à bord de son navire, pouvaient voir
des objets éloignés beaucoup plus distinctement que les matelots anglais, malgré leur pratique. Evidemment, c'est là une
qualité acquise, accumulée et fixée par l'hérédité. Ainsi, toutes
les espèces animales, depuis l'aigle jusqu'à la chouette, depuis
le ver avec ses points oculaires jusqu'à l'araignée avec ses
yeux à facettes, ont un appareil visuel d'une structure, d'une
puissance optique qui leur est propre et que l'hérédité conserve et transmet comme tous les autres caractères spécifiques.

De l'Ouïe.

Sans avoir l'importance scientifique et esthétique de la vue,
l'ouïe est encore l'un de nos principaux sens.

Il sert de base à une science, l'acoustique, à un art, la musique ; enfin, ce qui est encore plus important, il rend possible
le langage articulé, la parole et la pensée réfléchie.

Nous avons vu qu'il y a des yeux qui ne peuvent distinguer
certaines couleurs, de même, il y a des oreilles qui ne peuvent
percevoir certains sons.

L'infirmité de la surdi-mutité est-elle transmissible ? Cette
question est encore controversée.

Darwin dit : Lorsqu'un sourd-muet de l'un ou de l'autre
sexe se marie avec une personne saine, il est rare que les
enfants présentent l'infirmité.

Nous dirons seulement que les observations faites à Londres
à l'Institut des sourds-muets sont assez concluantes en faveur
de l'hérédité.

Dans une famille que je connais personnellement à Montpellier, les deux parents sont sourds-muets ; ils ont des enfants qui n'ont aucune difformité, mais la surdité a reparu à la génération suivante, chez les petits-enfants.

La surdi-mutité des descendants peut se métamorphoser chez les descendants en une infirmité *d'une autre forme* : la dureté d'oreille, l'obtusion des facultés mentales ou même l'idiotie.

Nous verrons tout à l'heure qu'il n'y a peut-être pas de talent artistique qui offre des cas plus concluants de transmission héréditaire (les Mozart, les deux Beethoven, plus de cent vingt membres dans la famille de Bach). Mais, en faisant la part aussi large qu'on voudra à l'influence de l'imagination et des facultés intellectuelles, il faut bien accorder que le talent musical n'existe pas sans une certaine disposition de l'ouïe.

L'éducation n'y peut rien ou peu de chose : c'est la nature qui donne une oreille juste.

De l'odorat et du goût.

Il n'est guère possible de séparer ici ces deux sens qui sont si intimement liés qu'on peut dire que l'odorat n'est qu'un goût qui s'exerce à distance.

L'homme se trouve certainement placé au-dessous des animaux sous le rapport de la finesse de l'odorat. Il n'est pas possible de trouver même chez les nègres une subtilité égale à celle du chien, des carnassiers en général, et de certains insectes. Gratiolet, dans son *Anatomie comparée du système nerveux*, raconte qu'un vieux morceau de peau de loup usé jusqu'au cuir présenté à un petit chien le jetait par son odeur affaiblie dans des convulsions d'épouvante ; ce petit chien n'avait jamais vu le loup ; comment donc expliquer cette terreur, sinon par une transmission héréditaire de certains sentiments, liés à une certaine perception de l'odorat ?

Dans l'espèce humaine, les races sauvages ont une finesse d'odorat qui les caractérise en les rapprochant de l'animal. Dans l'Amérique septentrionale, les Indiens peuvent poursuivre leurs ennemis ou leur proie à la piste ; aux Antilles, les nègres marrons distinguent au nez la trace d'un blanc de celle d'un noir.

Toute la race nègre est douée à cet égard d'une pénétration inconcevable.

L'anesthésie du goût, l'antipathie pour certaines saveurs sont héréditaires.

Un auteur anglais, M. Schook, était d'une famille dont presque tous les membres ne pouvaient supporter l'odeur du fromage : à quelques-uns, elle causait des syncopes. Cette *antipathie* est souvent héréditaire.

On sait que le penchant à l'anthropophagie est tenace au plus haut degré.

Un Néo-Zélandais, fort intelligent, à demi civilisé par un long séjour en Angleterre, tout en convenant que manger son semblable est mal, soupirait impatiemment après l'époque où il pouvait se procurer cette jouissance.

Chez certaines familles, il existe une hydrophobie naturelle : trois membres d'une maison, la grand'mère, la mère, une fille, ne boivent pour ainsi dire pas. Leur répugnance contre les liquides est telle, qu'elle résiste à la fièvre même (1).

Les travaux récents sur les localisations cérébrales ont fait voir que le toucher, l'ouïe, la vue, le goût, l'odorat, le sens

(1) Lucas, *Ibid.*, 388.

musculaire ont pour organe intérieur des régions spéciales dans le cerveau.

L'hérédité des facultés perspectives est donc au fond une hérédité cérébrale ; elle tient aux conditions essentielles de la vie psychique.

L'hérédité de la mémoire et des habitudes

La mémoire est considérée comme une propriété vitale, comme une aptitude du système nerveux à conserver certains états et à les reproduire.

Il suffit à notre but de la considérer sous deux formes principales, l'une organique, l'autre consciente.

Le vrai type de la mémoire organique doit être cherché dans ce groupe de faits qu'on a appelé actions automatiques secondaires, par opposition aux actes automatiques primitifs ou innés. Ce sont les mouvements acquis qui constituent le fond même de notre vie journalière. Cette mémoire des mouvements est-elle transmissible par hérédité ?

J'essaierai de donner quelques exemples qui conclueront en faveur des habitudes héréditaires.

Le plus ancien est dû à Giron de Buzareingues. J'ai connu, dit-il, un homme qui avait l'habitude lorsqu'il était dans son lit de se coucher sur le dos et de croiser la jambe droite sur la gauche. Une de ses filles a apporté en naissant la même habitude, elle prenait constamment cette position dans son berceau, malgré la résistance des langes. Darwin transcrit une observation de Galton relative à une habitude qui s'est rencontrée dans trois générations consécutives et qui, ne se produisant que pendant un profond sommeil, ne peut être attribuée à l'imitation. Il s'agit d'un homme qui, lorsqu'il était étendu sur le dos dans son lit et profondément endormi, élevait le bras droit lentement au-dessus de son visage jusqu'au front, puis par une secousse l'abaissait en sorte que le poignet tombait pesamment sur le dos de son nez. Ce geste ne se produisait pas chaque nuit, mais de temps en temps, et il était indépendant de toute cause appréciable. Parfois il se répétait pendant une heure, et plus, laissant le nez tout meurtri des coups qu'il recevait.

Son fils se maria plusieurs années après la mort de son père, avec une personne qui n'avait jamais entendu parler de cette particularité. Cependant, elle fit précisément la même observation sur son mari. . . .

Ce tic ne se montre jamais dans le demi-sommeil. Il est intermittent chez le fils comme chez le père. Parfois il dure une partie de la nuit ; il s'accomplit également avec la main droite.

Un de ses enfants, une fille, a hérité du même tic. Elle se sert aussi de sa main droite, mais d'une manière un peu différente ; après avoir élevé le bras, elle ne laisse pas son poignet tomber, mais avec la paume de la main demi-fermée, elle frappe à petits coups rapides sur son nez (1).

Les faits qui établissent l'hérédité de la mémoire ne sont pas nombreux. Cependant on pourrait citer, les deux Sénèque ; leur père Marcus Anneus, pouvait répéter deux mille mots dans l'ordre où il les avait entendus ; son fils Lucius était de la même force.

Une personne digne de toute confiance m'a dit avoir connu à Pitesti, en Roumanie, un Français nommé Michel Ququrny,

(1) Darwin, *L'expression des émotions*, p. 35, 36.

qui pouvait réciter tout Voltaire par cœur ; vous savez, Messieurs, qu'il y a plus d'une centaine de volumes.

Galton croit avec raison, qu'une mémoire puissante,
exacte pour toutes les questions de détails, caractérise la race
juive.

Nous ferons remarquer que certaines formes déterminées
de la mémoire doivent être héréditaires dans les familles
d'artistes. Il me semble fort clair qu'on ne peut être un bon
peintre sans avoir la mémoire des formes et des couleurs, ni
être un compositeur de mérite sans avoir celle des sons.

La mémoire, malgré son incontestable utilité, ne joue dans
la vie humaine et par conséquent dans l'histoire qu'un rôle
secondaire effacé.

Elle ne produit point des œuvres comme l'intelligence et
l'imagination, ni des actes d'éclat comme la volonté.

L'hérédité de l'intelligence

L'homme est capable de s'élever de la sensation concrète et
confuse à la simplicité de la notion abstraite ; il peut ramener
une masse innombrable de faits à une idée générale, unique,
fixée par un signe, il peut par le raisonnement, atteindre les
conséquences les plus compliquées ou les plus lointaines et
deviner l'avenir d'après le passé. C'est parce qu'il peut comparer, juger, abstraire, généraliser, induire et déduire que
les sciences, les religions, les arts, la morale, la vie sociale et
politique sont nés et depuis ont continué leur incessante évolution.

Posons notre problème qui est celui-ci :

Les modes supérieurs de l'intelligence sont-ils transmissibles comme les modes inférieurs ? Nos facultés d'abstraire, de juger, de raisonner, d'inventer, sont-elles régies par l'hérédité comme nos facultés perceptives ? ou en terme plus simple, le bons sens, le génie, le talent, la finesse, les aptitudes artistiques, scientifiques, pratiques, sont-ils héréditaires ?

L'intelligence est une fonction dont le cerveau est l'organe ; le cerveau est transmissible comme tout autre organe, comme l'estomac, les poumons, le cœur, la fonction est transmissible avec l'organe, l'intelligence est donc transmissible avec le cerveau.

Candolle, en parlant des mathématiciens et des musiciens, dit : en ce qui concerne les mathématiques il y a des faits soit dans l'histoire des savants soit dans l'observation ordinaire, d'après lesquels une certaine facilité de calculer serait héréditaire à peu près comme celle de comprendre instinctivement la musique. On peut avoir cette facilité sans aller loin dans les mathématiques, comme on peut avoir l'oreille juste sans être compositeur. Mais pour être mathématicien, il faut avoir le point de départ d'une aptitude naturelle au calcul, car sans cela on se dégoûte de travaux trop lents et trop fatigants.

Examinons l'activité intellectuelle sous l'une de ses formes les plus nettes : l'*imagination*. L'histoire de l'art nous montre que l'imagination créatrice est transmissible par l'hérédité. Il est fréquent de trouver des familles de poètes, de musiciens et de peintres. Les familles de poètes nous ont paru les plus rares, et en voici la raison. On ne peut être musicien sans une sensibilité exquise de l'oreille, ni peintre sans un don inné des couleurs et des formes, qui suppose une certaine conformation de l'organe visuel. Ce sont là des conditions physiologiques que la poésie ne réclame pas au même degré. On peut donc dire que le talent musical ou plastique dépend plus que le talent poétique de la conformation des organes.

Je commence par les musiciens. Le sentiment de la musique, dit Candolle, c'est-à-dire une aptitude à mesurer le temps et à distinguer les notes, est une disposition de naissance chez beaucoup d'enfants et une disposition dont on trouve l'origine clairement, dans beaucoup de cas, chez le père, la mère ou les ascendants.

Quand les parents des deux côtés sont musiciens, presque toujours les enfants naissent avec l'oreille juste. Quand l'un des deux est seul musicien ou que, dans l'une ou l'autre famille cette qualité n'est pas ordinaire, on voit souvent des frères et sœurs différer sous ce rapport.

Le développement de l'art musical est assez récent. Il ne date guère que de trois siècles.

Je citerai quelques noms de musiciens et de peintres que je prends au hasard. Je commencerai par les musiciens:

BEETHOVEN. — Son père *Jean* était ténor de la Chapelle de l'électeur de Cologne. Son grand-père *Louis* fut d'abord chanteur, puis maître de la même Chapelle.

BACH. — Le plus grand de la famille. Cette dernière présente le plus beau cas d'hérédité mentale. Huit générations.

BELLINI. — Fils et petit-fils de musiciens fort distingués.

HAYDN. — *Lui et son frère* excellents organistes et compositeurs de musique religieuse.

MENDELSSOHN (de famille juive). — *Son grand-père Moïse* fit des travaux sur l'esthétique, *son père*, fin connaisseur en musique Sa *sœur*, pianiste habile, associée à tous les travaux de son frère.

MOZART. — *Son père*, maître de Chapelle de Salzbourg. Son *fils Charles* cultiva la musique en amateur. Son *fils Wolfgang* montra de bonne heure d'heureuses aptitudes musicales comme compositeur et virtuose.

Peintres

JEAN VAN EYCK et *Hubert van Eyck*. — Deux frères dont les noms sont inséparables ; *leur père* fut un peintre obscur, leur sœur *Marguerite* cultiva passionnément la peinture.

MURILLO. — Fut élève de son oncle *Jean de Castillo*, peintre d'un grand mérite. Son oncle *Augustin del Castillo* et son cousin *Salvedra* tous deux peintres de mérite.

PAUL VERONÈSE. — Son père *Gabriel* fut sculpteur. Son *oncle Antonio*, un des premiers peintres vénitiens qui se soient affranchis du style gothique. *Son fils Carletto* plein de talent, mort à 26 ans.

TÉNIERS DAVID. — Le plus célèbre de la famille. *Son père David* (le vieux). *Son frère Abraham.*

VECELLO TITIEN. — On trouve dans sa famille neuf peintres de mérite, dont son *frère Francesco* et ses fils *Pomponio* et *Horatio*. Les autres sont des *cousins*, des *petits-neveux*.

VAN DICK. — *Son père* était peintre. *Sa mère* brodait des paysages avec un art merveilleux.

Quant à l'hérédité chez les *poètes* nous citerons ce que Gœthe dit de lui-même :

> Mon père eut ma figure
> Me laissa son sérieux
> Ma mère sa douce nature
> Le don des contes curieux.

> Grand-père aimait les belles
> Moi je ne dis pas non
> Grand'mère, or et dentelle,
> Moi de même dit-on.

En ce qui concerne l'hérédité des poètes, on sait que de tout temps, ils ont formé une race impressionnable, passionnée, ardente, dont la vie est souvent pleine de désordres, de bizarreries et d'extravagances.

Ces conditions sont peu favorables pour fonder une famille. On ne peut être un grand artiste que par un mélange de qualités extra-naturelles.

Galton, d'après un travail sur ce point, constate la proportion de quarante pour cent.

L'hérédité chez les philosophes est assez rare. On ne s'en étonnera pas si l'on a remarqué que la plupart n'ont pas laissé de postérité. Ainsi dans les temps modernes, Descartes, Leibnitz, Malebranche, Kant, Spinoza, Hume, Comte, Schopenhauer, etc., n'ont pas été mariés, ou n'ont pas laissé d'enfants.

L'hérédité des sentiments et des passions

La force sentimentale embrasse toute la sphère de l'activité pathétique de l'être, tous ses types d'*impression, d'impulsion* et d'*état*, sentiments, goûts, penchants, qualités, passions ; elle est en d'autres termes la forme autrefois dite *sensitive* de l'âme, par ceux des philosophes de l'antiquité qui avaient admis la pluralité du principe de la vie ; tels que les Stoïciens, les Platoniciens, les Péripatéticiens ; aucune des trois écoles n'a contesté la part originelle de la génération à cette nature de l'être. Mais la question n'a été nettement posée que par Zacchias. Après avoir traité de la ressemblance de forme et de tempérament, il se présente dit-il à examiner une autre ressemblance, celle du moral et de l'âme : ainsi, d'un père bon, doux, miséricordieux, juste, tempéré, *naît-il* un fils bon, doux, miséricordieux, juste, tempéré comme lui ? Naît-il au contraire d'un père méchant, impie, sans pitié, sans justice, sans tempérance, un fils d'une méchanceté, d'une impiété, d'une intempérance semblable à la sienne.

D'accord en général sur l'affirmation, les autres se divisent cependant sur la cause, sur le caractère, l'étendue du fait.

Nous verrons tout à l'heure la loi de prépondérance dans la transmission. Pour le moment, jetons un coup d'œil d'une manière générale sur les sentiments et les passions.

En naissant, nous tenons de nos parents ou ancêtres une prédisposition à prendre dans tel ou tel sens, plutôt que tel ou tel autre. En même temps nous recevons la faculté de favoriser les bons penchants et de résister plus ou moins aux mauvais. De là une responsabilité morale.

Non seulement nous tenons des parents les penchants que nous avons, mais même les gestes.

Les auteurs parlent de familles chez lesquelles les petites doses d'opium produisent un état de convulsions. Zimmermann cite une famille entière où le café noir les prédispose à dormir ; cette boisson produit sur ces personnes le même effet que l'opium.

D'autres familles ne peuvent supporter des vomitifs, d'autres des purgatifs. La passion la plus triste connue sous le nom de dipsomanie, *alcoolisme,* est très fréquemment transmise ; non que la passion de boire se transmette toujours sous cette forme aux descendants, mais alors, elle dégénère en manie, idiotie, hallucination. De même, la folie des ascendants peut devenir alcoolisme chez les descendants. Rien n'est plus propre que cette incessante métamorphose à faire voir combien la passion se rapproche de la folie, à montrer par quels liens intimes toutes les générations se tiennent, et par suite quelle responsabilité pèse sur chacun de nous. Un des effets fréquents de l'alcoolisme c'est l'atrophie partielle ou générale du cerveau : cet organe est diminué au point de ne plus remplir la boîte osseuse. De là, une dégénérescence men tale qui chez les enfants produit des fous ou des idiots. Voici d'après Huss et Morel un exemple frappant.

Un jeune homme s'adonne de bonne heure et meurt d'alcoolisme chronique laissant sept enfants dont telle fut la destinée. Les deux premiers moururent en bas âge par suite de convulsions. Le troisième devint aliéné à vingt-deux ans et mourut idiot. Le quatrième après des essais de suicide tomba dans l'idiotie la plus dégradante. Le cinquième irritable et misanthrope a rompu ses relations avec toute sa famille. La sœur souffre d'un état névropathique avec prédominence des phénomènes hystériques et folie intermittente. Le septième, ouvrier fort intelligent mais très nerveux, donne sur son avenir de graves inquiétudes.

Trélat rapporte qu'une dame régulière et économe était prise d'accès de dipsomanie irrésistible. Furieuse contre elle-même, elle s'injuriait, s'appelait misérable et ivrogne, mêlait à son vin les substances les plus dégoûtantes ; mais vainement, la passion était toujours la plus forte. La mère et l'oncle de cette femme *étaient également dipsomanes*.

Si l'on passe des penchants qui sont purement physiques à des passions d'un ordre plus complexe et qui sont, ou plutôt qui semblent indépendantes de l'organisme, comme le jeu, l'avarice, le vol, l'homicide, nous les trouvons également soumises à la loi de l'hérédité.

La passion du jeu atteint souvent un tel degré de fureur qu'elle est une forme de la folie et transmissible comme elle. Quant à l'avarice, je crois que le docteur Maudsley a parfaitement raison. Il dit avoir remarqué chez un homme qui a b aucoup travaillé pour arriver de la pauvreté à la richesse, pour établir solidement sa famille, qu'il en résulte chez les descendants une dégénérescence physique et mentale qui amène quelquefois l'extinction de la famille à la troisième ou à la quatrième génération. Quand cela n'a pas lieu, il reste toujours une fourberie et une duplicité instinctives, un extrême égoïsme, une absence des vraies idées morales.

Quelque opinion qu'on puisse avoir d'autres observations expérimentées, je ne soutiens pas moins que l'extrême passion pour la richesse, absorbant toutes les forces de la vie, prédispose à une décadence morale ou intellectuelle et morale tout à la fois. L'hérédité de la tendance au vol est si généralement admise qu'il est superficiel d'insister ici. Nous avons une quantité de faits dans les journaux judiciaires.

Nous ne voulons pas soutenir que toute passion violente ou tout crime ne soit qu'une variété de la folie, mais seulement que dans beaucoup de cas, les conditions qui les engendrent sont identiques. Rien n'est tranché et isolé dans la nature. Tout s'y lie par des anneaux intermédiaires que l'observation attentive finit par trouver là où l'on n'eut pas osé les soupçonner de prime abord. Il serait à souhaiter dans l'intérêt de la science que l'on fît des recherches sur les ascendants des criminels, en remontant à deux ou trois générations au moins. Ce serait un excellent moyen de mettre en évidence cette parenté qui existe entre les infirmités cérébrales, qui donnent lieu aux anomalies psychiques génératrices du crime, et les affections pathologiques des centres nerveux et du cerveau en particulier.

On a observé que la folie est bien plus fréquente chez les criminels que chez les autres hommes ; n'est-il pas une preuve que le crime et la folie ont des liens qui les unissent intimemen' ?

Pour terminer cette question, nous dirons : 1° Que des passions qui restent inexplicables, tant qu'on les considère dans l'individu isolé, s'expliquent dès qu'on les suit dans leurs métamorphoses à travers les générations et qu'on les rattache à la grande loi de l'hérédité ; 2° que la passion est si voisine de la folie que les deux formes d'hérédité au fond n'en sont qu'une.

La loi de prépondérance dans la transmission des caractères

En matière d'hérédité comme en toute science, nous avons des lois que nous avons établies à la suite d'observations.

Je ne parlerai ici que d'une seule de ces lois, de la plus importante et qui m'a paru la plus intéressante.

Examinons un peu : Que faudrait-il pour qu'on trouvât dans l'enfant ce parfait équilibre des qualités paternelles et maternelles ? Il faudrait de la part des deux parents une parfaite égalité d'action, car on peut poser en fait, que dans toutes les races, la prépondérance soit générale, soit partielle dans l'acte de reproduction appartient à celui des deux parents chez qui la force générale ou partielle d'organisation l'emporte Puis il faudrait qu'il y ait une correspondance parfaite entre la constitution physique et mentale des parents.

Supposons ces premières conditions remplies, ce n'est pas tout. Il ne s'agit pas que la constitution physique et mentale des deux parents soit en équilibre d'une façon générale ; il y a encore des conditions particulières d'âge et de santé qui sont indispensables.

La disproportion d'âge quand elle ne produit pas la stérilité, amène la prépondérance du plus jeune Les expériences faites par Giron de Buzareingues sur divers animaux démontrent que les produits d'un vieux mâle et d'une jeune femelle ressemblent d'autant moins au père qu'il est plus décrépit, et que la mère est plus vigoureuse ; et ceux d'une vieille femelle et d'un jeune mâle ressemblent d'autant moins à la mère que le mâle est plus vigoureux.

Bornons-nous à rappeler ici que rien n'est moins rare que la faiblesse intellectuelle des enfants engendrés dans l'état d'ivresse ; qu'une tradition populaire adoptée par plusieurs auteurs et en une certaine mesure appuyée par l'histoire veut que les enfants illégitimes aient plus d'esprit, de beauté et de santé que les autres, parce qu'ils sont les enfants de l'amour.

En voici quelques exemples : Don Juan d'Autriche était supérieur à Philippe II, Vendôme à Louis XIII et à Gaston d'Orléans, puis Dunois le bâtard de Savoie, le Connétable de Bourbon, Maurice de Saxe, etc.

Au contraire, quand les parents, dit Burdach, ont de l'aversion l'un pour l'autre, ils produisent des formes désagréables, leurs enfants sont moins vifs et moins dispos. On comprend sans peine qu'il y a un grand nombre de circonstances de cette sorte qui doivent influer sur l'acte de la génération.

Pendant la première moitié de ce siècle, bon nombre de physiologistes ont soutenu que le cas le plus général est celui de l'hérédité qui va d'un sexe au sexe du nom contraire.

C'est ce qui explique pourquoi tant de grands hommes ont eu des fils médiocres.

Voyons donc les faits à l'appui, nous les empruntons à trois sources : les croisements de races, les maladies mentales et l'histoire.

Je ferai remarquer qu'on voit généralement la gibbosité, la

claudication, le rachitisme, le sexdigitisme, la surdi-mutité, la microphtalmie, bref, toutes les imperfections organiques passent du père aux filles, de la mère aux fils.

Au point de vue psychologique, Gall cite l'exemple curieux de deux jumeaux de sexe contraire, le garçon ressemblait à la mère femme très bornée, la fille au père, homme plein de talent.

Ce fait se manifeste aussi dans le métissage.

Les maladies mentales fournissent aussi un bon nombre de faits en faveur de l'hérédité croisée.

Quant aux faits empruntés à l'histoire, nous nous bornerons aux cas les plus connus et les moins contestables.

Hérédité de la mère au fils. Cornélie et les Gracques. — Livie et Tibère. Agrippine et Néron. — Blanche de Castille et Louis IX. — Louise de Savoie et François Ier. — Catherine de Médicis et ses fils. — Marie de Médicis et Louis XIII. — Les deux Chénier et leur mère, etc.

Buffon qui a soutenu la thèse de l'hérédité croisée devait tenir beaucoup de sa mère ; il avait pour principe qu'en général les enfants tenaient de leur mère leurs qualités intellectuelles et morales.

Gœthe ressemblait physiquement à son père, psychologiquement à sa mère par son instinct prodigieux de conservation personnelle, son horreur de toute impression violente, sa verve mordante et caustique. Il eut de sa domestique, femme d'un esprit vulgaire, qu'il épousa, plusieurs enfants, dont un seul garçon ; ils moururent tous jeunes. Ce fils ressemblait à Gœthe pour la force du corps, mais il était borné comme sa mère, et Wieland l'appelait le fils de la servante *(der Sohn der Magd).*

Hérédité du père à la fille. Quelques auteurs la signalent

dans l'antiquité pour Cicéron et Tullia. — Caligula et Julia
Drusilla. Citons dans les temps modernes : Alexandre VI et
Lucrèce Borgia. - Henri VIII et ses filles Élisabeth et Marie.
—Henri II et Marguerite de Valois. — Cromwell et ses filles.
— Gustave-Adolphe et Christine de Suède. — Necker et Mme
de Staël.

On se plaignait à Caligula de ce que sa fille, âgée de deux
ans, égratignait les petits enfants qui jouaient avec elle et
tentait même de leur arracher les yeux ; il répondit en riant :
« Je vois bien qu'elle est ma fille. »

Je regrette que le temps ne me permette pas d'entrer dans
la loi de l'atavisme, nous comprendrions peut-être mieux la
question.

Que devons-nous conclure de tout cela ?

Pour être juste, il faut dire que la prépondérance a lieu de
deux manières : d'un sexe, au sexe du même nom, d'un sexe
au sexe du nom contraire.

Tous les deux sont possibles, mais d'après mes simples
observations, il me semble que les faits et les exemples sont
plus nombreux du côté du sexe au sexe contraire.

Comme conclusion, je dirai que l'individu est soumis à
l'hérédité autant en ce qui concerne sa forme externe qu'en ce
qui concerne ses formes intellectuelles et morales.

Par conséquent l'*être humain entier est soumis aux lois de
l'hérédité.*

Il faut n'avoir pas d'esprit d'observation, ou, n'avoir pas
fixé son attention sur des faits d'une évidence palpable, pour
méconnaître les ressemblances les plus frappantes qu'on
remarque chez les membres de mêmes familles, et chez leurs
descendants.

Pour l'observateur et mieux encore pour le savant, l'hérédité
n'existe pas seulement dans l'individu, mais encore dans les

races, dans les peuples, dans les grandes familles des nations.

Qui peut contester que les Suisses de nos jours ne sont pas
les dignes héritiers de ces braves Helvètes d'autrefois, qui ont
rempli l'histoire des hauts faits de leur héroïsme héréditaire,
de leur amour pour l'indépendance et la liberté, grâce auxquels ils doivent la situation morale et politique, pour laquelle
l'Europe entière professe une aussi grande admiration.

Tels furent les ancêtres, tels sont les descendants de la
grande famille suisse : c'est la loi immuable de l'hérédité
devant laquelle le savant s'incline et qu'il proclame comme
une vérité.

CONSULTATION DU PRÉSIDENT FAVRE[1]

AVANT-PROPOS

Voici une consultation relative aux affaires de Neuchâtel dans le commencement du XVIIe siècle ; elle a été écrite sur la demande d'un ami du duc de Longueville (2) et n'a jamais, que je sache, été mentionnée ni publiée. En tout cas, si je ne me trompe, elle n'est guère connue, et, quoique ce soit une des œuvres les plus humbles de son auteur, il est bon de la conserver. C'est ce que je me propose de faire en la reproduisant en entier, d'après l'original signé par lui, « à la fois, comme on l'a dit, homme d'Etat et jurisconsulte, orateur et poète » ; j'ai nommé le président Favre.

Antoine Favre, à qui est dû le *Code Fabrien*, si souvent cité et qui a eu bien des éditions successives, était, comme on le sait, avec Jacques Godefroi, un des plus célèbres jurisconsultes de cette époque ; il est connu par différents ouvrages

(1) La Section des sciences morales et politiques, d'archéologie et d'histoire de l'Institut national genevois a voté l'impression de ce travail.

(2) De Henri II, prince de Neuchâtel et Valengin, né le 27 avril 1595, mort le 11 mai 1663.

qui lui ont valu un grand nom dans la science. Il fut successivement président du Sénat de Savoie et gouverneur de cette
petite et illustre contrée des Alpes.

Comme les savants en général de son époque, il cultivait
volontiers les lettres ; nous lui devons, entre autres, des poésies
et une œuvre dramatique. Ce ne sont pas des chefs-d'œuvre,
je l'avoue, toutefois ces productions ont leur valeur ; elles
nous prouvent, à elles seules, qu'il n'y avait pas, de son temps,
divorce entre les études littéraires et les études purement
scientifiques.

On s'en aperçoit, d'ailleurs, facilement en lisant les lettres
françaises du président Favre, dont un certain nombre ont été
publiées ; j'ai eu la chance heureuse d'en retrouver moi-
même une quinzaine, entièrement inédites, et de les mettre
au jour (1). Quoiqu'elles renferment, çà et là, une ou deux
expressions surannées, dont la disparition est toutefois regrettable, elles présentent un véritable intérêt et ne sont pas à
dédaigner.

Malgré les petites jalousies qui ne lui furent pas épargnées,
Antoine Favre fut très apprécié de son vivant ; aussi était-il
souvent consulté, soit dans les affaires d'Etat, soit dans les
affaires purement privées ; on le voit, en particulier, à plusieurs reprises, choisi comme arbitre dans des questions particulières et importantes, tandis que l'arbitre de la partie
adverse appartenait au culte *protestant ;* je mentionne, en particulier, le fameux Julius Pacius qui enseigna le droit tour à
tour à Genève, à Heidelberg et dans d'autres villes d'Europe.
Dans un temps où les passions religieuses étaient vives, il
arrivait souvent que les parties choisissaient leur arbitre dans
leur propre camp ; l'esprit élevé du président Favre lui acquit,

(1) *Philothée,* tome deuxième, p. 167-209.

même dans ce domaine, une réputation méritée. Avec des
convictions nettes et prononcées, sa science et son impartialité étaient au-dessus de toute controverse. La profondeur
de ses connaissances le recommandait, autant que sa droiture; il n'était pas en vain l'ami de saint François de
Sales (1).

La pièce que je publie aujourd'hui a été soumise à l'Institut
genevois. Je la reproduis textuellement, sans m'arrêter plus
longtemps sur son auteur; ceux qui désireraient en savoir
davantage à son égard ne liront pas sans fruit les biographies
qui lui ont été consacrées, en particulier celle qui est due à
M. le sénateur Avet.

Cette consultation était destinée au duc de Longueville, en
sa qualité de prince de Neuchâtel; elle avait pour but de lui
indiquer les moyens de fortifier son autorité, comme souverain, et d'opposer une digue à l'influence bernoise. Au milieu
de ces luttes ardentes entre diverses classes de la société neuchâteloise, luttes que rappellent à certains égards celles de
Genève dans le XVIII° siècle, il conseillait au duc d'employer
avant tout les moyens pacifiques, et, si cela devenait nécessaire, de mettre, autant que possible, de son côté, le plus
grand nombre. C'était une politique habile et sagace de la
part d'un esprit conservateur, comme était celui du fameux
jurisconsulte. Il entrevoyait très bien le grand courant qui

(1) Voir entre autres, un acte du vingt-six juillet 1596, reçu, dans le
château de Beauregard, par M° Jacques Guigonnat, de Corsier, notaire,
entre Bernard d'Allinge, seigneur de Collombier et autres lieux, et Antoine
d'Allinge, son frère, seigneur de Servette, et ratification d'une sentence
arbitrale, y mentionnée, rendue par le président Favre, conseiller de Son
Altesse, sénateur, et Julius Pacius, « docteur ès droits et lecteur de lois
dans la ville de Genève ». Cet acte cite, outre divers testaments qui intéressent la famille d'Allinge, plusieurs personnes de cette famille.

entraînait avec force l'Europe vers les idées modernes, à une
époque où ce courant était encore plus ou moins souterrain et
plus ou moins caché. On se souvient que le président **Favre** ·
était, en matière juridique, un novateur, « *audax novarum
inventor opinionum* », et qu'il ne craignait pas de soumettre
les questions les plus difficiles du droit à l'examen de sa propre raison (1). Lorsqu'il était encore jeune, Cujas a dit de lui
qu'il avait du sang sous les ongles.

CONSULTATION

Il semble au soussigné que Monseigneur le Duc de Longueville pour réunir ses sujets devrait procéder à cette sorte, sauf
le meilleur avis du conseil qu'il a pris de sa personne.

Premièrement, il doit le faire avec connaissance de cause et
la plus grande qu'il pourra faire, mais sommaire néanmoins,
afin que le dit acte puisse être pris et donné pour exemple à
l'avenir pour un acte de judicature comme aussi ce sera une
approbation expresse du décret mis sur le premier article des
plaintes des bourgeois internes par lequel décret avait été
ordonné que le dit article serait montré aux forains pour,
iceux ouïs, être pourvu ainsi que de raison, de sorte que cela
servira d'un principe à l'avenir non seulement contre les
ministraux, afin qu'en semblables occasions ils ne puissent
ni doivent s'adresser à autre qu'à leur souverain, mais encore

----

(1) Voir la notice de M. le sénateur Avet.

contre les seigneurs de Berne, afin que sur semblables plaintes des dits ministraux, quand ils viendraient à en faire, ils n'entreprennent si facilement d'en vouloir être les juges, comme ils ont fait à cette fois.

Secondement, il sera à propos que mon dit seigneur le Duc, ayant fait appeler tous ses dits sujets internes et externes, leur fasse entendre par sa proposition le désir qu'il a toujours eu de réunir ses dits sujets, et les causes et motifs qui le lui ont fait désirer, entre lesquelles causes la principale sera pour le bien de leur repos commun et des autres commodités qui suivent ordinairement l'union et la bonne intelligence des sujets quand ils sont bien les uns avec les autres, et pour faire cesser les troubles qu'il voit que la désunion leur apporte depuis dix-huit ans, comme encore, afin qu'étant bien réunis entre eux ils demeurent aussi tant plus unis en l'égalité de l'obéissance qu'ils lui doivent, comme à leur prince souverain qui, de son côté, sera toujours prêt de leur faire toute sorte de bon traitement, tel qu'ils ont toujours eu et de lui et de ses prédécesseurs, lesquels n'eussent jamais perdu aucune occasion qui se puisse présenter de leur bien faire.

En troisième lieu, il leur remontrera que son intention avait toujours été telle, ainsi qu'il leur aurait bien démontré par les décrets faits sur les articles des dits ministraux (1), lorsqu'il

---

(1) Comme Genève et d'autres villes leurs quatre syndics, Neuchâtel avait ses quatre *ministraux*. Ils représentaient la bourgeoisie (*communitas burgensium*). Les *forains*, nouvelle couche de la société, aspiraient à conquérir une place à côté de la bourgeoisie. Le gouvernement bernois prenait parti dans cette lutte entre des classes différentes ; avec une politique habile il tendait à acquérir une influence de plus en plus grande au sein de la principauté de Neuchâtel. Le président Favre estimait qu'il fallait contre-miner cette influence bernoise ; c'est le conseil qu'il donnait au duc de Longueville.

aurait révoqué la concession des privilèges qui avait été
accordée par Madame de Bourbon, sa mère, à ses sujets forains
désunis afin qu'ils fussent tant plus conviés de se réunir eux-
mêmes, n'ayant jusques ici voulu user de son autorité souveraine, comme il pouvait, pour les faire ranger les uns et les
autres à leur réunion ou à leur désunion, attendant si, d'eux-
mêmes, ils s'y pourraient porter, comme il savait qu'ils ont
été sur le point de faire ; mais, puisqu'enfin cela n'étant pas
réussi, il s'est résolu de ne les laisser pas croupir si longuement en cette incertitude qui ne pourrait leur causer que des
grands troubles, et sur ce, il les en sortira, et leur comman-
dera absolument la dite réunion, sous telles lois et charges
qu'il ordonnera, après avoir ouï les plaintes des uns et des
autres.

En quatrième lieu, étant ainsi la réunion faite par son commandement absolu, il entendra les dites plaintes des uns et
des autres, et, s'il trouve celles des forains plus justes, comme
l'on présuppose qu'elles sont, il devra leur prouver en telle
sorte qu'il les oblige de lui conserver l'affection qu'ils lui ont,
comme aussi en toutes autres occasions qui se pourraient présenter ci-après, autant que la conscience et la raison lui pourra
permettre, afin que, par ce moyen, comme les dits forains
feront la plus grande partie de toute la communauté, ils puissent aussi empêcher que les autres moins affectionnés n'entreprennent rien contre leur devoir et les autorités de leur Prince,
et même qu'ils ne recourent jamais aux Seigneurs de Berne,
pour implorer leur secours, au lieu de la justice de leur Prince, .
comme ils ont fait cette fois.

En procédant de cette sorte, les dits sujets n'auront point
l'occasion de croire que la dite réunion a été faite, ni pour la
crainte des Seigneurs de Berne, ni pour autre respect quelconque, au lieu que pour leur propre bien, et pour les traiter

tous, comme un bon Prince doit traiter ses sujets. De quoi, ils lui devront tenir une grande obligation et ceux qui lui ont de l'affection particulière la conserveront tant plus grande.

Moins il y aura à craindre que les Seigneurs de Berne puissent prendre la dite réunion à leur avantage, ni comme y ayant contraint mon dit Seigneur le Duc de Longueville, puisqu'il la fera de son autorité et comme souverain de Neuchâtel, et pour des causes qui ne portent sur le front autre qu'un grand zèle d'un bon et sage Prince.

Que, si la connaissance de cause de laquelle a été parlé ci-dessus portait les affaires à trop de longueur qu'il fût trop incommode à mon dit Seigneur de la finir lui-même, ou, si elle était pleine de tant de difficultés qu'il ne pût la résoudre sans le consentement des uns ou des autres de ses sujets, il sera plus à propos s'il semble qu'il s'en décharge sur ses magistrats et sur les plus grands qui sont les Etats, lesquels manient sa justice souveraine et représentent sa personne plus dignement que ne le pourraient faire les premiers juges et moindres magistrats ; mais il faudra se prendre garde que, dans le corps de ceux qui auront à juger les dits différends, les ministraux ne s'y trouvent point, comme aussi ils ne pourraient, s'agissant de leur intérêt, ou du moins que leur parti n'y soit pas le plus fort, afin que le jugement puisse passer par là où mon dit Seigneur le Duc marquera et trouvera raisonnable, sans que, pour cela, ni les dits ministraux ni autres s'en puissent plaindre. Le tout sauf meilleur avis.

Délibéré à Chambéry en Août 1618.

(Signé) A. Favre.

Cette consultation est publiée d'après l'original signé par le président Favre.

Jules VUY.

L'ANTI-MACHIAVEL

DE GENTILLET

Peu d'écrivains ont été plus violemment attaqués et en même temps plus chaudement défendus que Machiavel. Nul n'a rencontré des panégyristes plus enthousiastes et des détracteurs plus impitoyables. Les uns se sont ingéniés à excuser, sinon à justifier les plus étranges maximes du politique de Florence ; les autres le traitent simplement comme un scélérat. Le débat n'est pas clos et il se noircira encore bien des pages avant que toutes les questions relatives à Machiavel soient tranchées en dernier ressort. Lorsqu'on lit le *Prince* de Machiavel, on éprouve presque à chaque page une sorte de saisissement, un sentiment de véritable stupeur. Après avoir raconté avec complaisance les effroyables cruautés de César Borgia, l'auteur du *Prince* ajoute le plus tranquillement du monde : « En rassemblant toutes ces actions du duc, *je ne saurais lui reprocher d'avoir manqué en rien.* » Plus loin il affirmera avec la plus étonnante désinvolture qu'un prince prudent doit éviter de tenir ses promesses, lorsqu'elles sont contraires à ses intérêts. Enfin, Machiavel a choisi pour ses héros César Borgia et son père Alexandre VI, deux hommes qui ne méritent que le mépris et l'exécration par leur sauvage corruption et leur cruauté. La politique du *Prince* se résume en ces termes fort simples : pour s'emparer du pouvoir ou pour s'y maintenir, tous les moyens sont bons. Tuer, tromper, violer les engagements les plus sacrés sont choses licites, louables même, pourvu toutefois que le succès couronne le crime. La doctrine de Machiavel est si étrangement cynique qu'on a cherché à l'interpréter, à la purifier, mais ces tentatives paraissent singulièrement fragiles et l'opinion commune n'en a tenu aucun compte ; le *machiavélisme* reste ce qu'il est, la doctrine de l'indifférence des moyens en politique.

Le *Prince* de Machiavel provoqua, comme on pouvait s'y attendre, de très vives protestations ; à la fin du XVIe siècle, dans les rangs des catholiques aussi bien que des protestants, des voix indignées s'élevèrent pour réfuter les maximes contenues dans le livre du *Prince*. Ce fut le côté huguenot qui produisit la réfutation la plus complète et la plus virulente, et c'est à Genève que l'ouvrage fut écrit et publié. Peut-être m'accorderez-vous quelques instants de bienveillante attention pour vous entretenir du livre et de l'auteur, tous deux injustement oubliés.

C'est en 1576 que le livre parut sous le titre de : *Discours sur les moyens de bien gouverner et maintenir en bonne paix un royaume ou autre principauté contre Nicolas Machiavel florentin.* L'auteur était Innocent Gentillet, jurisconsulte de mérite, originaire de Vienne en Dauphiné. On sait peu de chose sur ce Gentillet. Senebier dit de lui assez lourdement : « L'histoire de cet homme de lettres est enveloppée des ténèbres les plus épaisses. » Malgré l'épaisseur de ces ténèbres, nous savons que Gentillet avait embrassé avec ferveur les idées de la Réforme et qu'il chercha un asile à Genève après les massacres de la St-Barthélemy. Il passa à Genève plusieurs années dans une retraite studieuse, composant des ouvrages de jurisprudence et de controverse, entre autres sa fameuse réfutation de Machiavel. Lorsque les armes victorieuses de Condé et du Palatin contraignirent Henri III et Catherine de Médicis à faire des concessions au parti huguenot, Gentillet rentra en France et fut aussitôt appelé à siéger au Parlement de Grenoble. D'abord simple conseiller, il devint plus tard président de Chambre. Mais en 1585, dès les premiers symptômes de réaction, Gentillet fut dépouillé de sa charge et il reprit le chemin de Genève ; il s'y fixa d'une manière définitive et y devint l'oracle de la jurisprudence, suivant l'expression d'un contemporain. Il s'attacha si complètement à sa nouvelle patrie, il s'identifia si bien aux intérêts de la République que plusieurs écrivains lui donnent le titre de Syndic, quoiqu'il n'ait jamais exercé ces fonctions. Gentillet mourut à Genève en 1595.

Voilà en peu de mots ce que nous savons de la vie de Gentillet ; revenons à son livre, à cette réfutation du *Prince* de Machiavel, à notre sens, un des meilleurs traités de controverse et de science politique que le XVIe siècle ait produits.

En composant son Anti-Machiavel, Gentillet avait évidemment un double but : d'une part réfuter les immorales maximes du célèbre écrivain de Florence, de l'autre combattre la politique astucieuse de Charles IX et de Catherine de Médicis. En effet, ce que Gentillet attaque sous le voile de Machiavel, c'est Catherine de Médicis, Charles IX, la cour de France, en un mot c'est la politique florentine transplantée à Paris. Nous ne sommes pas en présence d'un livre de théorie pure, mais d'une œuvre de polémique, d'un véritable pamphlet où l'on sent bouillonner l'indignation d'un honnête homme.

La méthode suivie par Gentillet est fort simple ; il groupe sous trois chefs principaux les maximes les plus saillantes de son adversaire et il les réfute point par point en s'appuyant d'une foule d'exemples tirés de l'histoire. Pour Machiavel, le Prince, le Souverain n'a d'autre règle que son bon plaisir ou son intérêt personnel : la raison d'Etat prime toutes les autres

raisons. Gentillet soutient au contraire que le Prince est soumis, comme le plus humble de ses sujets, aux prescriptions
éternelles du droit et de la justice. Au principe du pouvoir
absolu et tyrannique il oppose la doctrine de la monarchie
constitutionnelle, doctrine dont Montesquieu sera deux siècles
plus tard le plus illustre interprète. Gentillet réclame pour la
France la monarchie soumise aux lois, tempérée, contrôlée
par les Etats-Généraux et par les Parlements. Il accepte en
principe l'institution de la noblesse héréditaire, mais on sent
déjà vibrer en lui les légitimes fiertés du Tiers-Etat. Il a le
courage de braver ces gentilshommes qui ont les sciences et
les lettres en grand mépris, qui estimeraient déroger à leur
noblesse s'ils savaient quelque chose et qui se moquent de
ceux qui manient la plume et l'écritoire. Il va plus loin : il
proclame hardiment la supériorité du mérite et de la vertu
sur toute autre noblesse. Ce parlementaire de 1576 a déjà
dans le cœur toutes les généreuses révoltes des Constituants
de 1789.

Ce qui fait le charme, l'attrait particulier du livre de Gentillet, ce n'est pas seulement le libéralisme sincère de la doctrine, c'est encore l'élévation des sentiments, la sereine
philosophie qui s'y reflètent à chaque page. En tête du livre
de Gentillet, comme en tête des Pensées de Montaigne, on
pourrait inscrire cette épigraphe : Ceci est un livre de bonne
foi. L'auteur écrivait à une époque de troubles civils et religieux, dans un moment où le fanatisme ne reculait devant
aucun crime, il venait de ce Dauphiné où les chefs huguenots
et catholiques rivalisaient de violence et d'exactions. Eh bien,
aucune trace de ces passions sauvages ne se fait sentir dans
le livre de Gentillet. Ce proscrit n'est dominé que par un seul
sentiment, l'humanité et la clémence. Sans doute il flétrit avec
une légitime indignation l'odieux massacre de la Saint-Bar-

thélemy, mais, bien loin de se laisser emporter par les passions du moment, il s'efforce de démontrer que le catholicisme
et le protestantisme ne sont pas séparés par des abîmes in-
franchissables, et qu'ils peuvent se développer côte à côte. Au
milieu des haines les plus irréconciliables, au milieu des passions déchaînées, le savant jurisconsulte conserve toute sa
liberté d'esprit et parle le langage de la modération et de la
froide raison ; et ne croyez pas que la gravité du sujet exclue
chez notre auteur la fine plaisanterie gauloise, le trait acéré
qui se grave dans la mémoire. Il y aurait à citer bien des
pages charmantes où se manifeste le vieil esprit gaulois, mélange de bonhomie, de finesse et d'humour ; permettez-moi du
moins de vous en lire une qui vous donnera l'idée de la manière et du style de Gentillet ; il s'agit du choix des magistrats :

« Ce n'est rien, dit Gentillet, que d'avoir de bonnes loix, si
l'on a quand et quand des bons magistrats pour les faire
observer : car le magistrat est l'âme de la loy, qui lui donne
force, vigueur, action et mouvement, sans lequel la loy serait
comme une chose morte et inutile. C'est donc une chose
excellente qu'un bon magistrat, voyre des plus excellentes
qui soyent en ce monde ; mais c'est aussi une chose fort rare,
du moins en ce temps... Dion escrit que l'Empereur Caïus
Caligula avoit un cheval, nommé Velocissimus, lequel il ai-
moit tant, qu'il le faisoit souvent disner et souper à sa table
et luy faisoit servir de l'orge en un grand vaisseau d'or, et du
vin en des grandes chaudières qui estoyent aussi d'or. Non
content de faire cest honneur à Velocissimus, il se délibéra
de l'avancer aux estats et offices, et au gouvernement de la
chose publique, et se résolut de le faire consul de Rome. Et
l'eust fait, dit Dion, s'il n'eust esté prévenu de la mort. Les
Machiavelistes de ce temps qui liroyent cela, sauroyent bien
dire que cela estoit un acte d'homme insensé, de vouloir

RAPPORT DE CONCOURS

MESDAMES ET MESSIEURS,

Le 25 Octobre 1885, la *Section des Beaux-Arts de l'Institut*, dans le but de stimuler et encourager les jeunes architectes et sculpteurs, tout en fournissant à la population genevoise l'occasion de se former une opinion sur les travaux d'art à exécuter pour parachever l'embellissement de la place Neuve, ouvrit un concours pour l'exécution d'un projet de fontaine décorative à placer contre la terrasse de Sellon.

Etaient admis à y prendre part les artistes genevois et suisses et les étrangers résidant à Genève.

Les projets pouvaient être exécutés en peinture, dessin ou modelage, et devaient être déposés au Bâtiment électoral le 15 Mars 1886.

Le programme était rédigé dans l'esprit le plus large et laissait le champ libre à l'imagination qui en se manifestant exprime seule la valeur personnelle et réelle de l'artiste.

Quinze projets ont été envoyés, comprenant onze compositions d'architecture, deux de sculpture et deux du genre rustique.

Le Jury, à l'unanimité, a classé premier, en lui attribuant un prix de 500 francs, le projet d'architecture ayant pour devise *Egérie*, lequel s'impose, tant par son originalité, dénotant chez l'auteur un réel effort d'imagination, que par sa qualité de bien exprimer que la fontaine monumentale a été composée spécialement pour l'emplacement auquel elle devait s'adapter, en en complétant heureusement le grand effet décoratif. Quelques détails de celle-ci et en particulier le fronton central sont sujets à critique, mais les proportions générales en sont bonnes, elle est parfaitement à l'échelle de la terrasse à laquelle elle est adossée et des édifices qui l'avoisinent, le dessin en est largement exécuté, d'une grande sûreté de main et d'un rendu pittoresque.

Fluctuat. Projet classé second, avec une récompense de 200 francs, est correctement composé et dessiné, habilement rendu, en particulier le charmant frontispice encadrant le dessin d'ensemble, mais le monument n'ayant pas de caractère spécial, semble pouvoir s'appliquer contre quelle surface verticale que ce soit et divisant la terrasse en trois parties sans liaisons entre elles, a le défaut de manquer d'unité.

Sursum corda. Projet classé troisième avec une récompense de 100 francs, a pour principale qualité l'étude sérieuse et bien entendue du plan.

Enfin le Jury a classé *ex-æquo* avec une mention très honorable :

1° *Aquam tuam non bibam.* Projet d'architecture, assez bonne étude, quoique peu originale et trop grande d'échelle.

2° *Le Travail.* Composition sculpturale, allégorie à quelques grands travaux exécutés dans notre pays. Maquette d'une habile exécution, d'une certaine originalité, mais qui ne s'appliquerait pas d'une façon heureuse à l'emplacement désigné.

En terminant ce bref rapport, et avant que Monsieur le Président de l'Institut proclame le nom des Lauréats, je viens au nom du Jury exprimer son entière satisfaction du degré de force du concours, du nombre des projets envoyés, de la somme de travail et des efforts tentés qu'ils représentent.

Genève, le 19 Mai 1886.

Henri JUVET, architecte.

COMPTE-RENDU

DES

TRAVAUX DE L'INSTITUT

PENDANT L'ANNÉE 1885

Publications. — En 1885, l'Institut a fait paraître le tome XXVII du *Bulletin* et il a commencé l'impression du tome XVI des *Mémoires*.

Bibliothèque

La Bibliothèque s'est enrichie de 221 volumes et de 177 brochures.

Section des Sciences naturelles, physiques et mathématiques

Pendant l'année 1885, cette Section a entendu les communications suivantes :

M. REBER-BURCKHARDT. Exploration d'anciens cimetières à Hermance, Landecy, etc.

M. C. VOGT. Note sur les travaux de M. Duclaux, relatifs à la nécessité de microbes dans la vie des plantes ; note sur l'anatomie d'un crinoïde, le *Cornatula rosacea* ; sur les mœurs et la distribution géographique de l'élan.

M. Gabriel OLTRAMARE. Sur une nouvelle méthode de calcul d'intégration.

M. G. LUNEL. Sur les oiseaux de Paradis.

La Section a élu 2 membres correspondants :

MM. KOLLMANN, professeur à l'Université de Bâle, et MARION, F.-A., professeur à la Faculté des sciences de Caen.

II
Section des Sciences morales et politiques, d'archéologie et d'histoire

Cette Section a tenu, dans le cours de l'année 1885, treize séances ordinaires et une de membres effectifs.

Les travaux suivants lui ont été soumis :

M. le prof. GALIFFE : Le Jubilé de 1835 et le Jeûne genevois ; les principaux évènements d'octobre 1846.

M. Henri FAZY : Le procès de Jacques Gruet (1546).

M Jules VUY. Pages posthumes d'un écrivain genevois (Amédée Roget) ; Souvenirs de Marc Monnier.

M. FONTAINE-BORGEL. Histoire paroissiale et communale de Pregny et Saconnex-le-Grand.

M. le prof. JAQUEMOT. Etude sur la méthode en économie politique.

M. le prof. E. RITTER. Une requête inédite de l'évêque François de Sales au Conseil du roi Louis XIII.

M. DU BOIS-MELLY. Le siège de Turin en 1640.

M. A. FLAMMER. Essai sur les limites du Code fédéral des obligations.

M. SENÉ. Les rapports de l'autorité avec la moralité publique.

III

Section de Littérature

Cette Section a tenu en 1885 cinq séances d'effectifs et huit séances ordinaires. Elle a publié des fragments du *Journal* de Joseph Hornung, précédés de la notice de M. le prof. Oltramare.

Les travaux suivants ont été communiqués à la Section :

M. Paul OLTRAMARE. Monuments épigraphiques du Cambodge.

M. Charles RITTER. Communication sur Homberger.

M. le prof. André OLTRAMARE. Le Pænulus de Plaute.

M. J. SALMSON. 1° *Sarmiento*, drame; 2° Poésies.

M. le prof. E. RITTER. 1° *Le Roi de Rome*, poésie genevoise de 1811 ; 2° Correspondance entre Amiel et Hornung.

M. H. MAYSTRE. *De divorce en divorce*, nouvelle.

M. L. TOGNETTI. 1° *Maître Pétrus*, nouvelle ; 2° Poésies.

M. A. CARTERET. Poésies : 1° *Le devoir*; 2° *Le Rat*; 3° *L'Ecureuil et le Lièvre*, fable.

M. E. REDARD. Etude sur Schelley, 1re partie.

M. L. DUCHOSAL. *Le Péché*, nouvelle.

M. E. JULLIARD. Notice sur Blanvalet.

M. CUENDET. Poésies : *Aux Jeunes ; Ma Gaieté.*

M. GRANGER. Poésies ; *La Mère du Cosaque* et *Lénore.*

M. E. STRŒHLIN. Notes d'un voyage en Italie.

M. SENÉ. Poésies d'Arthur Dubois.

La Section a renouvelé son bureau et a nommé :

MM. Maystre, *Président.*
E. Redard, *Vice-Président.*
Duvillard, *Secrétaire.*
E. Ritter, *Trésorier.*

Pendant l'année, la Section a perdu quatre de ses membres :

Marc Monnier, professeur, membre effectif ; B. Dufernex, procureur général, membre émérite ; Méril Catalan et Segond, professeur à la Faculté de théologie, membres honoraires.

Ont été élus membres correspondants : MM. Clément-Rochat, publiciste à St-Croix ; Roger de Bons à Sion et Martin Gisi, professeur à Soleure.

IV

Section des Beaux-Arts

La Section des Beaux-Arts a tenu, pendant l'année 1885, huit séances ordinaires et deux de membres effectifs.

Elle a entendu des communications de M. Henri Silvestre : Sur un ancien cloître rural du XIV* siècle, à Aïre, et sur le château de Vufflens, près Morges.

De M. Charles Menn : Sur les musées archéologiques et d'Art industriel de la Suisse ; sur l'école des Arts industriels de Genève.

A la demande du Conseil administratif, la Section a émis un préavis sur l'emplacement à affecter au Musée des Beaux-Arts. Après discussion, elle s'est prononcée à la presque unanimité des membres présents pour la promenade de St-Jean ; elle a également émis le vœu que le Musée des Arts industriels soit installé dans le même bâtiment que le Musée de peinture et de sculpture.

La Section, considérant que les conditions prévues par le programme de la Souscription et du Concours pour l'exécution du buste de Diday étaient remplies par l'ouverture d'une salle consacrée aux ouvrages des Artistes suisses, au Musée Rath, a décidé de remettre le buste au Conseil administratif ; il sera placé au Musée, dans la Salle Diday

Pendant l'année qui vient de s'écouler, la Section a admis trois nouveaux membres : MM. Gédéon Dériaz et Georges Kaufmann, architectes, Georges Hantz, graveur, conservateur du Musée des Arts décoratifs.

V

Section d'Industrie et d'Agriculture

Pendant l'année 1885, la Section d'Industrie et d'Agriculture a tenu huit séances ordinaires et deux de membres effectifs.

La Section a entendu des communications :

De M. L. Archinard. Sur les avantages de la plantation en butte des arbres forestiers, fruitiers et autres, d'après le système du baron de Manteufel ; — Sur divers tourteaux d'huile employés pour la nourriture du bétail ; — Sur un concours ouvert à Zurich par M. Schindler-Escher pour des plans de maisons d'ouvriers à la campagne ; — Sur les résultats obtenus de la culture dans le canton de divers osiers de vannerie ; — Sur les moyens de tirer parti des fruits dans les années d'abondance, surtout par la dessiccation par les séchoirs américains et allemands ; — Sur un nouveau mode de culture de la vigne ; — Sur les fumiers et les ruelons dans leurs rapports avec les maladies infectieuses et en particulier la diphthérie, d'après M. Ferrand, pharmacien à Lyon ; — Sur l'alimentation rationnelle du bétail, d'après le livre de M. Crevat, mémoire couronné par la Société des Agriculteurs de France.

De M. GRANDCHAMP, horticulteur. Sur la culture des poiriers; — et sur les meilleures conditions d'établissement d'une pêcherie.

De M. Francis LACHENAL. Sur la culture du saule marseau (salis caprea) et son utilisation ; — et sur l'utilité d'établir une canalisation amenant l'eau et le gaz dans les communes rurales.

De M. Ch. MENN. Sur les écoles de perfectionnement et les écoles professionnelles d'art industriel et d'horlogerie dans les cantons de Bâle, St-Gall, Tessin, Vaud et Neuchâtel ; — et sur quelques industries préconisées par M. Gfeller dans son mémoire primé au concours de Zurich.

De M. PAUCHARD, régent secondaire à la Plaine. Sur les jardins d'écoles et leur utilisation pour un enseignement pratique d'horticulture et de jardinage ; — Sur les résultats qu'il a obtenus de la culture de plants de tabac.

De M. PASCHOUD, négociant. Sur diverses machines et outils d'importation américaine.

De M. POUZET, opticien. Sur les thermomètres maxima et minima et sur un thermométrographe.

De M. RUSSENBERGER. Sur la machine à écrire perfectionnée de Remington.

MM. ARCHINARD, LACHENAL et GRANDCHAMP ont présenté à la Section des plantes d'ornement, des fruits, des légumes et plantes comestibles ; il a été fait à plusieurs reprises des distributions de graines.

Suivant l'usage de ces dernières années, la Section a fait donner des conférences publiques et gratuites.

. M. L. ARCHINARD a fait au Bâtiment Electoral une conférence sur le rationnement du bétail et le moyen de le nourrir économiquement pendant l'hiver, une seconde au Grand-Saconnex, sur la culture fourragère et une troisième à la ferme du Jonc, sur la culture des osiers.

Pendant l'année, la Section a perdu quatre de ses membres correspondants : MM. Charles Rogier, l'éminent homme d'état belge ; Pignat, ancien Conseiller d'Etat du Valais ; Elie Teysseire, ancien directeur de l'école d'agriculture de Bois-Bougy, et Georges Grandclément, de Bourg, publiciste qui a été membre effectif de la Section pendant son séjour à Genève. Elle a perdu aussi deux de ses membres honoraires : Henri Heunisch et Wilhelm Sillem.

M. Edouard Uhler, ingénieur, ayant quitté Genève, a été classé au nombre des membres émérites.

La Section s'est recrutée de cinq nouveaux membres honoraires : MM. César Cusin, boucher; Louis Decorges et Auguste Delafontaine, jardiniers ; Olivier Pauchard, régent secondaire, et Zoppino-Roch, entrepreneur.

COMPTE-RENDU

DES

TRAVAUX DE L'INSTITUT

PENDANT L'ANNÉE 1886

Pendant l'année 1886, l'Institut a publié un volume de *Mémoires* qui forme le tome XVI.

La Bibliothèque s'est enrichie de 308 volumes, 912 brochures, 1 carte et 5 atlas.

Sept sociétés ou académies et l'administration d'un musée ont demandé à entrer en échange de publications :

L'Académie des sciences, lettres et arts de Lucque; l'Académie des sciences mathématiques de Naples ; l'Institut canadien-français d'Ottawa ; the New-York Academy of sciences; the California Academy of sciences ; the Academy of natural sciences of Philadelphia ; le naturhistorisches Hofmuseum de Vienne.

I

Section des Sciences naturelles, physiques et mathématiques.

La *Section des Sciences naturelles et mathématiques* a tenu six séances durant l'année 1886. Elle a entendu les communications suivantes :

M. Denis Monnier, professeur. Sur un procédé organique de désagrégation naturelle des roches.

M. Emile Yung. Sur les mouvements centrifuge et centri-pète des membres chez l'homme et les animaux.

M. Gust. Cellérier. Sur quelques propriétés de l'intégrale d'une équation aux dérivées partielles, obtenue dans l'étude des régénérateurs.

M. le docteur H. Oltramare. Sur la possibilité d'une surin-fection syphilitique.

M. Emile Yung. Sur la structure intime de l'organe de Bojanus chez les Mollusques Lamellibranches.

M. Ch. Vogt, professeur. Sur l'histoire naturelle de l'île de Sardaigne et en particulier sur une nouvelle Méduse, la *Lipkea ruspoliana*.

M. Oscar Messerly. Sur le cadastre et ses rapports avec les sciences mathématiques appliquées.

M. le docteur Oltramare. Sur le microbe de la blennor-rhagie.

M. Ch. Vogt, professeur. Sur les draguages sous-marins pratiqués dans le golfe de Naples par M. le professeur Ch. Chun, de Königsberg.

La Section a élu quatre membres correspondants : MM. Fredericq Léon et Van Beneden, professeurs à l'Université de Liège ; Plateau Félix et Van Bambecke, professeurs à l'Université de Gand, et a admis M. Ch. Margot comme membre honoraire.

II

Section des Sciences morales et politiques, d'archéologie et d'histoire

Dans le cours de l'année 1886, la Section a tenu dix séances ordinaires et une séance de membres effectifs.

Elle a entendu les lectures suivantes :

De M. Henri FAZY. Note sur un écrivain huguenot de la fin du XVIe siècle (Innocent Gentillet).

De M. DU BOIS-MELLY. Traduction des Etudes critiques des *Miscellanea*, de M. le baron Antonio *Manno*, secrétaire de la députation royale pour l'histoire nationale à Turin, membre correspondant de la Section ; — *Sur le bourg féodal du Valentin, à Turin, et études de mœurs au XVIe siècle* ; — Etude critique du IVe volume de la Bibliothèque historique italienne.

De M. FONTAINE-BORGEL, Claudius. *Notices historiques et biographiques* sur Nicolas *Céard*, ingénieur (1745 à 1821) et sur Robert *Céard*, son fils (1781 à 1860).

De M. GALIFFE, John. *La Constitution genevoise de 1814*, appréciation du régime dit de la Restauration.

De M. DUFOUR-VERNES, Louis. *Historique de la Colonie genevoise de Constance* (1785-1798).

De M. KARCHER, Laurent. *Notice sur Isaac Cornuaud*, d'après les manuscrits de ce personnage.

De M. BROCHER DE LA FLÉCHÉRE, Henri. *L'Eglise et l'Etat dans l'empire franc.*

De M. VODOZ, Auguste. Une communication sur les *Associations coopératives.*

De M. SENÉ, Louis. *Sur le choix d'une vocation.*

La Section des sciences morales et politiques a perdu deux de ses membres correspondants, Guillaume Vigier, landammann de Soleure, et Thomas Winkworth à Londres, et six de ses membres honoraires, John Auldjo, consul d'Angleterre, Bally, Antoine, Lutz, Louis, conservateur des hypothèques, Louis Margot, John Portalès, et Placide Reverchon. Elle a élu quatre membres correspondants : MM. le chevalier Bertollotti, archiviste à Mantoue, Ernest Gaullieur, à Bordeaux, Dʳ Kummer, statisticien, et H. Tavernier, juge de paix à Tanninge.

III

Section de Littérature

La Section a pris l'initiative d'une souscription pour l'achat du buste d'Albert Richard, dû au ciseau de M. Iguel, et elle a publié, avec le concours de M. E. Redard, des fragments du journal de Joseph Hornung, précédés d'une notice de M. le professeur Oltramare.

La Section a tenu dans cette année cinq séances d'effectifs et huit séances ordinaires, remplies par les travaux suivants :

MM. CARRARA. *Etude littéraire à propos du centenaire de Corneille.*

KAUFMANN. *Causerie sur Alfred de Musset.*

MILKOWSKI. *Etude sur la Suisse dans la poésie polonaise.*

E. REDARD. *Fragments inédits tirés des manuscrits de J. Hornung.*

A. WAGNON. *Portrait de Périclès.*

A. OLTRAMARE. *Le Hasard,* travail philosophique.

Ch. DARDIER. *Notice biographique sur Rabaut-Saint-Etienne.*

Eug. RITTER. *Pensées morales inédites de J. Hornung.*

A. LEMAITRE. *Les rois à Salamine. Tragédie du poète Finlandais Runeberg.*

Ch. Du BOIS-MELLY. *Articles d'un glossaire du XVIᵉ siècle.*

H. MAYSTRE. *Un poète inconnu.*

Des poésies ont été communiquées par

MM. BONIFAS et ODIER. *Vieilles amours*, comédie.

J. VUY. *Rêverie ; A mon Railleur.*

E. CHAMPURY. *Lieu natal.*

FAVON. *Le départ des soldats.*

COUGNARD. *Deux enfantines.*

DUCHOSAL. *Paradis terrestre. — Art féminin. — Intermède maternel. — Chants d'automne.*

BONIFAS. *Sois triste. — Suprême amour. — Le sapin mort. — Sa morte.*

WAGNON. *La Sirène.*

DURET. *Cantate suisse.*

DUVILLARD. *Les Corsaires grecs.*

SALMSON. *Souvenirs de jeunesse.*

J. TROUBAT. *Une montre de fabrique genevoise.*

La Section de littérature a perdu deux de ses membres correspondants : Roger de Bons, littérateur à Sion, et Eugène Rambert, professeur à l'Académie de Lausanne. Elle a élu M. Emile Redard, professeur, membre effectif, et a admis comme membres honoraires MM. Ant. Granger, littérateur, Edouard Rod, professeur à l'Université.

IV

Section des Beaux-Arts

La *Section des Beaux-Arts* a tenu pendant l'année 1886 neuf séances dont trois des membres effectifs.

Elle s'est occupée de l'application de la loi fédérale pour la protection de la propriété littéraire et artistique à propos d'un cas de contrefaçon dont un de ses membres a eu à se plaindre.

Elle s'est occupée de nouveau de l'emplacement du Musée des Beaux-Arts, lorsque le Conseil administratif a fait piqueter les diverses places qui étaient proposées et elle l'a fait pour confirmer le préavis qu'elle avait donné au moment où les Sociétés artistiques avaient été consultées.

En vue de l'Exposition municipale des Beaux-Arts elle a étudié les modifications qui pourraient être apportées au règlement et a demandé, de concert avec les autres sociétés artistiques de Genève, qu'elle ne soit pas installée au Musée Rath, où des déménagements répétés pouvaient détériorer les tableaux et autres objets d'art et en priver le public, amateurs et artistes pendant un certain temps.

L'*Association internationale littéraire et artistique*, ayant modifié son règlement, la Section en a profité pour demander son affiliation.

Une conférence diplomatique ayant été convoquée à Berne pour discuter et signer une convention internationale pour la protection de la propriété littéraire et artistique, la Section en a profité pour demander que le Congrès annuel de l'Association se tînt à Genève et s'est chargée de l'organiser ; l'Etat et le Conseil administratif ont bien voulu faciliter sa tâche par des allocations et en acceptant d'y prendre part ; M. le Conseiller fédéral Numa Droz a présidé la séance d'ouverture.

Le Concours ouvert par la Section, pour un projet de fontaine monumentale sur la place Neuve, a amené quinze concurrents. Ce Concours a été jugé et déclaré très satisfaisant, par un jury de sept membres, quatre nommés par les concurrents et trois par la Section. Trois prix et deux mentions honorables ont été décernés : 1er prix à M. Paul Bouvier, de Neuchâtel ; 2e prix à MM. Réné de Wurstemberger et Henri de Fischer à Berne ; 3e prix à M. Joseph Marschal à

Genève; les deux mentions à M. de Morsier, de Genève, à Paris, et à MM. Massaroti et Sartorio, sculpteurs, à Genève.

La Section, désireuse d'étudier les antiquités de notre pays, a organisé, au mois de Juin, une excursion à Avenches, où elle a visité le Musée si riche en antiquités romaines ainsi que les ruines de cette antique cité, théâtre et camp retranché; de là, les visiteurs se sont rendus à Morat, où ils ont étudié les constructions du moyen-âge et visité le Musée où se trouvent des armes, dépouilles de Charles-le-Téméraire, une chaire et des stalles, très beaux spécimens de travail en bois. Plusieurs des participants à l'excursion y ont exécuté des études qu'ils ont exposées plus tard dans une des séances

Le Comité central du Tir fédéral ayant décidé d'ouvrir des concours pour la médaille du Tir, les coupes, les affiches, etc., la Section s'est chargée du concours et du prix à décerner pour la médaille et a voté une somme de 300 francs à affecter à ce prix; le jury nommé par le Comité central du Tir a décerné le prix à M. Edouard Lossier, qui a présenté six projets de médailles différents, et une mention à M. L. Chatillon.

V

Section d'Industrie et d'Agriculture.

Pendant l'année 1886 la *Section d'Industrie et d'Agriculture* a tenu treize séances, y compris quatre séances des membres effectifs.

Elle a entendu des communications :

De M. Louis ARCHINARD. Sur un remède contre le puceron lanigère ; sur la culture de la courge Hubbard ; sur le badigeonnage des murs des celliers avec le bisulfate de chaux pour conserver les légumes et fruits pendant l'hiver: sur les séchoirs américains pour la conservation des fruits ; sur la culture du lupin et son utilisation comme fumure et nourriture du bétail ; sur la culture fruitière aux Etats-Unis ; sur un nouveau mode d'ensilage employé par M. Cochard, propriétaire belge ; sur la falsification des vins, d'après M. Ferrand, pharmacien à Lyon.

De M. Bruno-Gambini. Sur la composition des engrais ; sur l'utilisation rationnelle des ruclons de la Ville de Genève ; sur la culture de la vigne.

De M. Jacques Bonnet Sur le Brésil, avec exposition de produits rapportés d'un voyage dans ces contrées.

De M. Grandchamp. Sur le puceron lanigère et le moyen de s'en préserver; sur la reproduction des plantes par boutures.

De M. Lachenal. Sur les résultats de la culture des haricots d'Espagne et de la courge Coutor.

De M. Charles Menn. Sur le pétitionnement demandant une loi fédérale sur les brevets d'invention ; sur l'école de travaux manuels de Berne et les travaux de l'école de vannerie de Saint-Gall.

De M. Louis Menn. Sur une industrie à introduire à Genève : la fabrication des bijoux de deuil.

De M. Paschoud. Sur le séchoir Aellen pour la conservation des fruits ; sur un pèle pommes de terre ; sur une marmite américaine se chauffant avec des briquettes d'amianthe ; sur une lampe au pétrole brûlant sans tube ; pour ces communications, M. Paschoud a présenté des appareils ou instruments de fabrication américaine.

De M. Schæck-Jaquet. Sur une baraque d'ambulance dont il a présenté un modèle à petite échelle, qui a figuré à l'Exposition ouverte en vue d'un concours pour lequel l'Impératrice d'Allemagne avait affecté un prix.

Le Département de l'Intérieur ayant envoyé à la Section le Rapport d'une Commission chargée d'étudier la convenance d'autoriser dans le canton des essais de culture de vignes américaines obtenues de semis, avec demande d'un préavis, la Section a répondu qu'il était utile et nécessaire que ces essais se fassent en vue de la lutte contre le phylloxera.

Une distribution de graines ayant été faite au mois d'Avril, MM. Archinard et Lachenal ont rendu compte des résultats qu'ils en avaient obtenus. M. Archinard a également rendu compte des résultats obtenus par l'utilisation du séchoir américain.

Dans le rapport de l'année 1885, nous disions que deux mémoires avaient été envoyés pour le concours demandant un manuel d'agriculture pratique. Le jury, auquel ils ont été soumis, a décerné le prix à M. Gustave Dumur, en lui demandant de vouloir bien condenser son travail en vue de l'impression.

Deux autres des concours ouverts par la Section arrivaient à échéance en 1886. Pour celui : Sur la conservation des fourrages verts en silos, il a été envoyé un Mémoire, auquel le jury a décerné le prix ; ce travail qui contient quelques aperçus nouveaux était de M. Charles Borel.

Le Concours ouvert par la Section, de concert avec la *Section des Sciences morales et politiques* et celle des *Beaux-Arts*, pour l'histoire de l'Industrie à Genève, n'a pas donné de résultat, aucun mémoire n'a été envoyé.

Pour 1887 la Section a ouvert des Concours libres, sous le titre de : « Prix pour innovations utiles. » Les postulants devront adresser, soit directement, soit par l'intermédiaire d'un membre, un Mémoire détaillé avec les renseignements nécessaires sur l'instrument, la machine ou l'objet présenté, et une Commission fera un rapport d'après lequel les membres effectifs décideront s'il y a lieu de décerner une récompense. La Section récompensera surtout des cultures nouvelles et utiles, la construction d'instruments ou d'appareils qui se fabriquent ordinairement à l'étranger.

Une Commission a visité au nom de la Section les plantations de tabacs de M. Collon, à Carouge.

La Section a publié la vingt-neuvième année de l'*Almanach de la Suisse romande* ; elle l'a fait de concert avec la *Section de littérature.*

M. Gustave Dumur a été élu membre effectif en remplacement de M. Uhler, qui a quitté Genève.

La Section a perdu pendant l'année quatre de ses membres correspondants : MM. Schatzmann, directeur de la station laitière de Lausanne, Ambroise Verschaffelt, horticulteur à Gand, directeur de la *Revue horticole,* Varentrap, médecin de l'Hôpital du St-Esprit à Francfort, et Guillaume Vigier à Soleure, et cinq de ses membres honoraires, MM. Auguste Borel, propriétaire à Lancy, Charbonnier, marbrier, François Forestier, Jules Plojoux, et Jean Quirin. Elle a admis neuf nouveaux membres honoraires.

INSTITUT NATIONAL GENEVOIS

Comptes de l'exercice 1885, arrêtés par l'Assemblée générale.

Recettes

Solde disponible au 1er Janvier 1885	Fr. 776	45
Allocation de l'Etat	5,000	»
Recettes provenant de la vente des *Bulletins* et *Mémoires*	75	70
Total....	**Fr. 5,852**	**15**
A déduire les dépenses	5,288	80
Solde disponible	Fr. 563	35

Dépenses

Allocation à la Section de Littérature	Fr. 400	»
» à la Section d'Industrie et d'Agriculture	400	»
Frais d'impression du tome XVI des *Mémoires*	1,000	»
Frais d'impression du tome XXVII du *Bulletin*	1,700	»
Composition et impression de planches	239	»
Impression de convocations	48	—
Indemnité du secrétaire général	300	—
» du bibliothécaire	300	—
Menus frais de la Bibliothèque	123	90
Frais de reliure	243	60
Entretien du mobilier, armoires, rayons pour la Bibliothèque	272	55
Frais d'éclairage, de chauffage, et gratification au concierge du Bâtiment Electoral	219	40
Prime d'assurance	36	35
Frais divers	6	—
Total Fr. 5,288		**80**

INSTITUT NATIONAL GENEVOIS

Comptes de l'exercice 1886, arrêtés par l'Assemblée générale

Recettes

Solde disponible au 1er Janvier 1886	Fr. 563	35
Allocation de l'Etat	5,000	»
Recette provenant de la vente des *Bulletins* et *Mémoires*	221	65
Intérêts	6	45
Total....	**Fr. 5,791**	**45**
A déduire les dépenses	5,696	95
Solde disponible	Fr. 94	50

Dépenses

Allocation de la Section de Littérature	Fr. 400	»
Solde du compte d'impression à la Section des Beaux-Arts	400	»
Frais d'impression du tome XXVII du *Bulletin*	500	»
Frais d'impression du tome XVI des *Mémoires*	2,880	»
Convocations et circulaires	43	»
Indemnité du secrétaire général	225	»
Indemnité du bibliothécaire	300	»
Menus frais de la Bibliothèque	89	10
Frais de reliure	251	»
Acquisition d'un tapis pour la salle de l'Institut	137	»
Frais d'éclairage, de chauffage et gratification au concierge du Bâtiment Electoral	221	15
Prime d'assurance	36	35
Frais d'expédition	213	15
Frais divers	1	20
Total Fr.	**5,696**	**95**

TABLE DES MATIÈRES